KB245528

북조선을 만든 고려인 이야기

장학봉 외 지음
기획 우즈베키스탄 고려인유가족후원회

景仁文化社

중국의 정풍운동을 본받아 김일성은 1954년 북한에 자백운동을 벌여 놓고 무고한 백성들을 고통 속에 처넣은 다음 숙청하기 시작했다. 바로 이 당시에 자기가 살던 조국을 버리고 소련으로 떠나온 우리 동포들은 고향 땅을 떠나고 싶지 않았으며 또 소련에서도 누가 기다리지 않았지만 달리 방도가 없는 형편에 봉착하였다. 그리하여 한숨과 함께 피눈물을 흘리며 둘도 없는 조국 땅을 돌아보면서 압록강과 두만강을 건넜다. 왜 이들은 조국 땅을 떠나야만 되었던가?

그들은 자신들의 부모들 시대에 고향인 조선을 떠나 압록강, 두만강, 만주, 러시아의 원동변강까지 오게 된 이야기를 들으며 자라온 사람들이다. 부모들은 주로 1910년대인 일제 침략시기에 착취와 탄압을 피해 이주했으며 많은 사람들이 민족을 되찾기 위해 궐기한 의병대에 자의 가담하여 일본과 항전을 벌이기도 했다.

조국을 일본에 앗긴 민족의 수모를 먼 곳 원동변강에서 다시 겪어야 했던 우리 부모 세대를 이어, 우리 2세대들도 편안한 시대를 보낼 수는 없었다. 일본에 항쟁한 이후 소련 군대에 초모되어 대일본 군사 작전에도 투입되었고, 조선 해방 이후에는 북한으로 들어가 새로운 정부를 세우기 위해 노력하기도 했다. 그러나 김일성이 저지른 한국전쟁으로 인해 웅대한 민족국가를 세우는 일은 물거품이 되었고, 김일성의 정권 유지를 위해 우리는 사상검토를 통해 토사구팽 당하는 신세가 되기도 했다.

그동안 수많은 동지들이 처형되었으며, 중앙아시아와 러시아 등지에서 천명을 다하고 죽기도 했다. 그들 대부분이 8C후반의 고령으로 접어

든 시점에 민족 역사의 장에 진실을 기록하여 두는 것이 후세를 위한 자
료 가치가 높다고 생각하여 이 책을 기획하였다.

이 책에 기술된 자료의 일부는 이미 『레닌기치』, 『고려일보』 등에 기
고되었었다. 그러나 그 후 자료를 더욱 수집하고 정리하였던 고로 이제
는 민족 역사의 일부로 남길 수 있을 듯 하다.

특히 전 북한 전권대사였던 리상조 장군이 1956년에 북한 조선 노동
당 중앙위원회 위원장인 김일성에게 보낸 편지 등은 역사적 사료로서
중요한 역할을 할 것으로 생각된다. 이는 북한 정부의 비인도적인 부분
을 당시대에 상세히 비판하였으며 현재까지 어느 곳에서도 발표하지 않
았던 비밀문서이기도 하다.

이 책에는 선생, 동지들 80명의 경력, 회상담, 결론들이 수록되었는 바,
그 자료들은 전부 그들의 부인이나 자식들 혹은 멀고 가까운 친척들이
각이한 조건에서 각이한 방법으로 나에게 전달하였으며, 몇 분들은 직접
나를 찾아와 자료를 건네주고 담화를 통하여 자료를 보충해 주기도 했
다. 예를 들면, 남봉식, 유성철, 박병율, 강상호, 리상조 선생들과 허익 선
생의 부인 윤 옐레나, 안운경 선생의 부인 송동산 여사들이 그러하였다.
나는 이 분들에게 진심으로 고마움을 표한다.

나는 이 책을 먼저 가신 동지들과 후세의 우리 민족 역사학자들에게
바친다. 한편 양분된 조국의 한쪽인 북한의 세습된 공산체제가 하루빨리
민주화되어 올바른 국가로 통일되기를 바란다.

2006년 5월 타슈켄트에서
유가족 후원회장 **장학봉**

여기에 실린 80여명의 '고려인'(재 러시아 동포)들의 프로필은 일본 제국주의의 압제를 피해서 러시아 극동지역으로 망명한 조선 사람들의 끈질긴 정신을 보여주고 있습니다. 이들은 1890년대에 있었던 을미사변, 거문도사건, 아관파천 등의 어지러운 정세와 1900년대의 을사조약, 헤이그 특사파견, 의병연합군의 서울진공 실패, 1910년의 경술국치 등 국권을 빼앗기던 시대의 의분을 지니고 나라를 떠난 사람들과 그 후손들이 대종을 이루고 있습니다. 현재 90세가 넘는 사람들도 러시아에서 태어났을 정도로 러시아 이민의 역사는 오래 됩니다.

그들은 조국을 되찾고 민족번영의 힘을 구축해 나가기 위해 교육사업에 힘을 모았고, 조선사람들의 지적 수준을 높이고 후세대 교육 일꾼들을 양성하기 위한 청년교육을 위해 사범대학을 만드는 등 민족혼이 담긴 과업을 추진해 나갔습니다.

그러나 러시아 볼세비키 혁명세력인 공산주의자들은 러시아의 국호를 소비에트연방공화국(소련)이라 바꿨고, 소련 공산당 중앙위원회는 내각 결정(1937. 8. 21)으로 연해주와 하바롭스크 등 러시아 극동지역에 살던 조선 이민자들을 카자흐스탄과 우즈베키스탄 등 중앙아시아로 강제 이주시켰습니다.

고려인들은 러시아 극동지역에서의 모든 생활을 접고, 교육기관까지 전부 빼앗긴 채 낯선 중앙아시아 지역으로 옮겨가 삶의 터전을 만들기 위한 고난의 행군을 시작하지 않으면 안 되었습니다.

이들이 중앙아시아 지역으로 옮겨 생존을 위해 처절하게 투혼을 발휘하여 정착할 때 쯤 한국전쟁(1950년)이 발발합니다. 해방 후 소련군 장교로 입북한 김일성이 수령으로 만들어질 때 고려인의 일부는 북한정권 수립에 참여하였습니다. 여기 소개되는 고려인의 많은 수가 북한정권 수립에 참여한 경험이 있습니다.

이들의 증언은 북한 김일성 정권 초기와 6·25남침에 관한 진실을 알려주는 사료가 될 것입니다. 그리고 고려인들의 고난의 역사와 민족재결합을 위한 소망과 노력을 알 수 있을 것입니다. 이들의 말은 이해관계를 떠나 생을 마감하기 전에 증언한 말이기에 많은 부분 진실을 담고 있습니다.

조선노동당 조직지도부장 박영빈
모스크바 주재 북한대사를 지낸 이상조
조선내무성 부상 강상호
문화선전성 부상 정상진
방송위원장 남봉식
인민군 작전국장 유성철
전시 중 인민군 군단장을 지낸 이춘백, 심수철, 허진… 등

지금은 불귀의 객이 되었지만 북한사회에서 김일성 정권에 중용되었던 분들을 수차례에 걸쳐 타슈켄트, 알마아따, 모스크바 등지에서 만나면서 통일문제를 걱정하던 일들이 새롭게 떠올려 집니다.

나는 북한민주화협의회를 조직하여 워싱턴, 도쿄, 서울 등지에서, 전남로당 지하총책이었다가 공산당의 사술에 실망하고 자유민주조국을 꿈꿔왔던 박갑동 선생의 구국전선과 함께 북한의 자유와 인권을 회복시키기 위한 국제대회를 개최한 바 있습니다. 이때마다 고려인들이 적극 참여하였습니다. 아직 민주통일 조국을 실현시키지는 못하였지만 노구를 이끌고 진실을 말해주고, 자유대한의 주도하에 통일이 이룩되도록 소망

하는 마음으로 참여한 고려인 동포를 나는 존중하고 사랑하고 있습니다.

6·25전쟁 후 북한의 김책정치사관학교장을 지냈고, 타슈켄트에서 고려인유족후원회를 조직한 장학봉 선생의 다년간에 걸친 노력으로 80여 명의 고려인들에 대한 기록이 우여곡절 끝에 그나마 출판되게 된 것을 다행으로 생각합니다. 이 책이 출판되기까지 오랜 시일 동안 사실 확인과 고려인들의 옛 지방어를 한국 표준말로 고치는 어려운 작업을 맡아 하신 이신철 선생의 노력에 깊은 감사를 드립니다.

2006. 5.
북한민주화협의회장 **이연길**

　어느 날 출판계에 종사하는 한 지인이 북조선과 관련된 원고를 검토해달라는 요청을 해왔다. 80명이나 되는 사람들의 증언을 담은 4,000매가 넘는 방대한 원고에 기가 질렸지만, 북의 정권수립기에 핵심적인 역할을 한 고려인들의 이야기라 반가운 마음에 원고를 읽어 내려가기 시작했다. 새로운 이야기도 많았고, 때론 충격적인 내용도 있었다.

　그런데 원고가 지나치게 감정적이었다. 북조선 정부에 대한 아쉬움과 김일성에 대한 분노가 원고 곳곳에 묻어났다. 그러다 보니 사실이 과장되거나 소문을 진실이라고 믿어버린 경우가 너무 많았다. 뿐만 아니라 육필원고를 비전문가들이 다시 컴퓨터로 옮기다 보니 오탈자가 부지기수였다. 그대로 출판을 감행하기에는 무리였다. 우선 사실 확인 작업을 시작했다. 그러나 그것은 쉬운 작업이 아니었다. 하루 이틀 시간이 흘렀다. 더 큰 문제는 원고의 대부분을 집필한 장학봉 선생이 너무 멀리 계시다는 것이었다.

　특별히 다른 이들의 지원을 받지 않는 상황에서 계속 전화통을 붙잡고 있을 수도 없었다. 더구나 고령인 장학봉 선생과 사실 확인을 전화나 팩스로 계속한다는 것은 무리였다. 결국 역사비평사 김백일 사장에게 사정 설명을 하고 비행기표지원을 받아 타슈켄트로 날아갔다. 그곳에서 장학봉 선생과 1주일을 묵으면서 일일이 대조작업을 벌였다. 80이 넘은 노인과 함께, 매일 시장에 들러 먹거리를 사서 끓여먹으며 보낸 일주일은 매우 유익한 시간이었다. 물론 사실을 전부 확인하기에는 턱없이 모자라는 시간이었다. 일부 유가족들이 직접 원고를 확인해 준 것은 그나마 다행이었다.

　다시 서울로 돌아온 나는 출판작업을 서둘렀지만, 아직도 확인해야 할 사실과 손보아야 할 부분이 너무 많았다. 타슈켄트에서 기다리는 장학봉 선생과 다른 유가족들은 애가 타 들어갔다. 급한 마음은 나도 마찬가지였다. 그래도 책을 마구잡이로 낼 수는 없는 상황이었다. 사실 확인이 안 되는 부분과, 이미 사망한 증언자들과 관련된 부분에 대한 판단이 필요했다. 책이 세상에 나온 후에 생각의 다름이나 부정확한 기술이 시빗거리가 될것이 분명했다. 이런 저런 고민 끝에 결국 사실과 명백히 다른 기억이지만 그것 자체가 가지는 인류학적, 구술사적 의의를 도피처로 삼기로 했다. 다만, 각주를 통해 그러한 사실에 대해 개입하는 방식을 택하기로 했다.

　몇가지 결함에도 불구하고 사회주의 조국 건설에 쏟아부었던 80명의 열정과 숙청에 대한 분노, 무력해진 자신들에 대한 안타까움 등을 고스란히 묻어 두어서는 안 된다는 역사적 의무감이 나를 짓눌렀던 것이다.

　어렵게 출판과 그 방향이 정해졌지만, 엎친 데 덮친 격으로 어느 신문에 원고를 먼저 활용하자는 의견이 들어왔다. 그 신둔사와 협의를 거치면서 또 몇 달이 흘렀다. 학위논문에 집중하고 있던 나로서도 더 이상 시간을 내는 힘든 상황이었다.

　그렇게 시간은 흘렀고, 우여곡절 끝에 어느 덧 5년의 시간이 지나가 버렸다. 더 이상 출판을 미룰 수 없는 상황에서 다시 출판을 서둘렀지만, 이번엔 출판사에서 문제가 생겼다. 출판이 연기되면서 잡아놓았던 일정들이 모두 헝클어졌고 결국 단기간에 출판하는 것은 무리가 되었던 것이다. 다행히 이런 저런 경로를 거쳐 경인 문화사 현정희 사장이 일정을 맞추어 주기로 했다. 다시 편집 작업이 시작되었다. 그동안 지나간 시간에 비하면 일사천리로 일이 진행되었다. 출판사 원태 일정들을 미뤄가며 막무가내로 밀어 부쳤다. 사람 마다하지 못하는 신학태 부장이 없었으면 불가능한 일이었다. 이 자리를 빌어 이들과 800쪽에 가까운 편집과 수정을 묵묵히 진행해준 권성순님 등 출판에 도움을 주신 모든 분들께 저자들을 대신해 깊이 감사드린다.

이 책에는 새롭게 밝혀지는 부분이 적지 않다. 이원조의 편지도 그러하지만, 전쟁시기 맨손으로 임진강 방어전에 나섰다 죽어간 청년들의 이야기도 새로운 것이다. 그들의 이야기는 처연하다 못해 역사의 아픔에 모골을 송연하게 만든다. 2차세계대전 종전 이전에 이미 소련이 조직적으로 고려인들을 조선에 파견한 사실도 처음 확인되었다. 또한 북조선 건설을 위해 고려인들이 조직·동원되는 과정이 새로 밝혀졌다.

여기에 글을 남긴 80명 모두가 정권수립과 초기 북조선사회 건설에 핵심적 역할을 수행한 사실은 이들의 역할을 새삼 되돌아보게 한다. 이들은 실로 정치, 경제, 사회, 문화의 각 분야에서 없어서는 안 될 역할을 수행한 것이 확인되었다. 이같은 사실은 소련과 북조선의 관계를 비롯한 북조선 역사 연구에 많은 시사점을 줄 것이다.

이 책에 수록된 사실들은 모두 증언과 기억에 기초했음을 다시 한 번 밝혀둔다. 사실 확인이 된 부분은 장학봉 선생의 동의를 구해 수정했다. 그리고 기억의 원형을 전달하는 의미에서 그대로 둔 부분은 각주를 달았다. 그럼에도 불구하고 사실 확인이 되지 않았거나 연구가 더 필요한 부분이 적지 않을 것이다. 관련 연구자들이 내용을 인용할 때는 주의를 기울여 줄 것을 부탁한다. 더불어 이 책의 편집상의 원칙들을 아래와 같이 밝혀두니 참고하기 바란다.

〈편집에 대하여〉
1. 되도록 저자나 구술자들의 원문을 그대로 유지했다. 다만 문법에 어긋나거나 명백한 오자 등은 수정하였다.
2. 여기에 실린 증언들은 그 일부가 국사편찬위원회를 비롯한 몇몇 곳에 수집되어 있다. 그러나 그 자료들은 사실 확인이나 오류 수정이

이루어지지 않은 상태의 것들이기 때문에 여기 실린 것들과 차이가 있다. 여기에 실린 글들은 필자(또는 유가족)나 장학봉의 검증을 거친 것이므로 이 책의 글들을 원본으로 삼는 것이 바람직하다.

3. 존칭이나 불필요한 경어는 생략하였다.

4. 제3자가 집필한 경우, 시제를 3인칭으로 바꾸었다. 글의 끝부분에 필자를 밝혔다. 특별히 언급되지 않은 경우는 장학봉이 집필한 것이다.

5. 한국에서 사용하지 않는 용어이거나 이론이 있는 용어이더라도 당시의 정황이나 구술자들의 인식을 보여주는 경우에는 그대로 두었다. 예를 들면, 6·25, 동란, 조선전쟁 등의 용어를 혼용하여 그대로 둔 것과 같은 것이다.

6. 용어나 사실에 대한 보충설명 등의 사항은 괄호 안에 덧붙이거나 각주로 처리하였다. 이 책의 모든 각주는 편집자가 붙인 것이다.

7. 작성일자는 그대로 두었다. 글 속에 나오는 현재라는 용어는 각 글의 작성 당시를 일컫는다. 그것은 이 책이 십년을 훨씬 넘기는 작업의 결과이기 때문에 발생한 일이다.

8. 이 책은 증언에 의존한 것이기 때문에 때로 사실과 어긋나는 것들이 있다. 특히 증언자나 장학봉이 주변의 소문이나 증언을 옮기는 과정에 발생한 것들이 많다. 편집자가 일일이 확인하였지만, 누락된 것들이 적지 않을 것이다.

9. 장학봉을 비롯한 이 책의 저자들은 조선민주주의인민공화국에 대해 섭섭함과 안타까움, 심지어 적대적인 인식을 가진 이들이 적지 않다. 그러한 과잉된 감정이 자칫 증언의 객관성을 잃는 경우도 있지만, 사실에서 크게 벗어나지 않는 경우 그대로 실었다. 그러한 감정의 표현조차 역사적 사료로서 가치가 충분하기 때문이다.

2006년 5월
성균관대학교 동아시아 학술원 연구교수 **이신철**

목차

○ 피와 눈물의 역사를 쓰면서
○ 책이 나오기까지
○ 출간에 붙여

강병율
(1916. 3. 14 ~ ?)

전 모스크바 주재 조선민주주의인민공화국 대사관 제1서기관

강병율은 1916년 3월 14일, 청진시에서 태어났고 1920년에 부모들과 함께 소련 원동변강 연해주 수청구역 시영동에 정착하게 되었다. 1933년 시영동에서 초중을 마치고 1936년에 원동변강 우쑤리 시에 있는 한인 사범전문학교를 졸업하였다.

곧 이어 1937년 한인 강제이주로 인하여 카자흐스탄 공화국으로 실려 온 강병율은 딸디꾸르간 주 내 여러 학교에서 교원으르 근무하였다. 1940년에 우스또베 시에서 2년제 교원대학을, 1944년에는 까라간다 탄광도시에 있던 사범대학을 졸업하였다. 그 뒤 강병율은 딸디꾸르간 주로 돌아가서 아바이 협동조합 경리를 역임하였고, 고중 교원 겸 교장으로 근무하였다.

1948년에 강병율은 소련공산당중앙위원회의 결정에 의하여 평양으로 파견되어 국제공산당 임무를 수행하게 되었다. 강병율은 1948년부터 노동당 중앙당학교 역사학 강좌장 겸 조선노동당사 상급교원으로 일하였다. 1953년부터 1954년까지는 신의주 교육대학 교장으로, 1954년에서 1956년까지는 중앙정부 내무성 정치관리국 부국장을 시작으로 내무성 외부통보국 정치부장으로 일하게 되었다.

1956년부터 1959년 말까지는 모스크바 주재 조선민주주의인민공화국 제1서기관으로 근무하다가 1960년 초에 소련으로 귀환하였다. 그후

강병율의 전 가족은 알마아따 시에 삶의 거처를 정하게 되었고, 1960년부터 1965년까지 카자흐스탄 공화국 교통성 철도관리국 건재관리부장으로 근무하였다. 이후 12년간을 귀금속 가공 공장에서 기술안전부장으로 근무하였고, 1997년에는 공화국 공훈 연금생으로 넘어가게 되어 휴식의 삶을 살게 되었다.

강병율은 북한에서 일할 때 그의 업적과 공훈에 의하여 국기훈장 3급을 수여 받았으며 소련 정부로부터도 많은 메달과 표창장을 받았다.

2000년 2월 16일 타슈켄트에서 장학봉

전 내무성 차관

1936년 원동변강 하바롭스크 공산대학생 시절의 강상호.

1945년 북한 파견 직전에 타슈켄트 농촌에서 찍은 강상호 가족사진. 뒷줄 좌로부터 강상호, 장녀 리라, 차녀 알라, 앞줄 좌로부터 3녀 류다, 아들 유리. 부인 김 나제스다.

약력

- 1909년 3월 5일 러시아 연해주 수청구역 강태준의 장남으로 태어남.
- 1917년 어머니 사망.
- 1920년 4월 4일 부친 강태준 일본군과의 전투에서 스꼬또브시 역전 부근에서 전사. 빨치산 전사자들 형제 합장묘에 안치됨. 부친 강태준

은 1919년 3·1운동에 참가한 이후, 한인 청년들과 함께 연해주에 침입한 일본 군대와 싸우기 위하여 러시아인 빨치산 부대에 입대했음.

- 1927년 고아가 된 강상호는 조선인 빨치산 대장 한창걸 부대의 후견에 의하여 초중을 졸업함.
- 1930년 공산청년회의 파견에 의하여 연해주 육성중학 졸업.
- 1930~1931년 추풍지구 공청동맹위원회 책임비서로 사업.
- 1931년 말 원동변강 공산대학 당학부에 입학하여 1934년에 졸업.
- 1934~1935년 우쑤리 시당 위원회 강사 역임.
- 1936~1937년 원동변강 뽀시예트 구역 공산 청년동맹 위원회 책임비서 역임.
- 1937년 7월 원동변강에 살고 있던 전체 한인들의 강제이주로 인하여 우즈베키스탄 공화국 타슈켄트시에 도착.
- 1937년 말~1942년 우즈베키스탄 공화국 교육성 한인 학교 담당 시학으로 근무.
- 1943년 소련군에 초병되어 원동변강 주재 제 25군단 정치부 지도원으로 복무(군사칭호 소위)
- 1945년 10월 북한 함흥시 주재 소련군 제 40사단 정치부 상급지도원(군사 칭호 상위)
- 1946년 3월 평양 내각 직속 고급지도간부 학교 정경학 강사로 임명됨.
- 1948년 말 소련군의 북한 철수로 인하여 소련군에서 제대. 동시에 자신의 의사에 의하여 소련공민에서 제적되어 조선공민으로 입적. 또한 소련 공산당원에서 조선 노동당원으로 전당.

조선 노동당원으로서의 활동[1]

1949년 여름에 노동당중앙위원회는 나를 내각 직속 학교에서 소환하여 강원도 도당 위원회 부위원장으로 임명하였다. 여기에서 나는 6·25 동족상잔을 겪었다.

1950년 6월 25일 새벽 5시에 북한 내각회의에 참가하였다. 이 회의는 6·25 전쟁을 비준하는 회의였다. 이 회의에서 내각수상 김일성은 전체 회의 참석자들에게 다음과 같이 낭독했다.

"1950년 6월 24일 밤에 국방군은 38선 전역을 통하여 북한 땅을 침범하였으므로 나는 최고사령관의 명의로 반공격에 대한 명령을 인민군에 하달하였다. 따라서 이 반공격에 대하여 본 내각회의에서 비준하기를 요청함."

내각 회의는 만장일치 가결로 그 제의를 비준하였다.

나는 이때 상부 당 기관의 각종 문헌 등 보도 수단을 통하여 남한이 북침을 준비하고 있었다고 생각했고 이승만이 북벌을 주장하면서 북한의 평화 제안을 거부하고 있었다는 것과 미 국무장관 덜레스가 남한에 입국하여 북침을 지시하였다는 보도들을 믿고 있었다.

동란이 시작된 3일 후, 즉 6월 28일에 나는 38선 인접지역 지방시찰을 떠났다. 철원군, 금화군, 화천군을 시찰하였는데 아무런 전쟁의 흔적도 발견하지 못하였다.

북한의 보도에 의하면 국방군이 38°선 이북에 침공해 들어 왔다가 인민군의 반공격에 의하여 쫓겨갔다고 하였으나 이 곳에는 포탄이 떨어진 구멍이나 허물어진 집, 파괴된 도로, 사상자, 부상자 등을 발견하지 못하였다. 38°선 지방주민들에게 국군 침입에 대한 사실을 물었지만 그들은 이구동성으로 그런 사실이 없다며 극구 부인하였다. 다만 인민군만이 남진하여 나갔다는 것이었다.

---

1) 이하의 기록은 강상호의 육필.

나는 화천을 떠나 춘천을 향하여 나가면서 전투흔적을 발견하려 하였
으나 전투장은 전혀 없었고 다만 국방군들의 포진지만 발견할 수 있었
다. 그런데 그 진지에 있는 포 곁에는 포탄 상자들이 줄줄이 쌓여 있었
지만 포탄 깍지는 발견하지 못하였다. 그것은 국군들이 포를 쏴보지도
못하고 인민군의 습격을 받고 후퇴했거나 전사하였다는 것을 증명하여
주는 것이었다. 이 시찰에서 나는 국군의 북침설은 거짓말이고 인민군
의 남침이란 것을 확인하게 되었다.

1951년 여름 나는 폐병이 발작하여 평양에 있는 소련 적십자 병원에
서 1개월간 치료를 받은 후 노동당중앙 위원회 소환으로 내각직속 지도
간부학교 교장으로 임명되었다.

1953년 1월에는 중앙당학교 교장으로 전근되었다가 동년 6월에는
내무성 차관 겸 정치국장으로 배치되었다. 1953년에 조선전쟁이 끝나
자, 김일성은 박헌영을 위주로 한 남로당 숙청 및 연안파, 소련파, 지방
파 등의 숙청 작업을 시작하였다.

김일성은 왜 박헌영을 숙청하여야 했을까? 6·25 동란이 끝난 이후, 북
한 고위급 간부들 중 내무상 박일우, 상업상 장시우, 당중앙위원회 농업
부장 박훈일 등이 6·25 동란을 조직한 책임과 이 동란에서 인민군이 패
배한 총책임을 김일성에게 추궁했다고 한다.[2] 김일성은 그 책임을 박헌
영에게 전가하기 위하여 박헌영을 숙청해야 했으며 또 자기의 가장 유
력한 정치적 적이며 경쟁자이기 때문에 그를 숙청해야 했다. 박헌영은
국제 공산당원이었고 국내 공산주의자들이 공인하는 조선 공산당의 조
직자이고 지도자라는 것을 경계하지 않을 수 없었던 것이었다. 김일성은
자신이 계획하고 실패한 전쟁에 대한 모든 책임을 박헌영 때문이라고

---

2) 박헌영이 체포된 것은 1953년 3월 하순(아직 정확한 날짜는 공개되지 않고 있음)이고, 이
승엽 등 남로당 계열이 체포된 것은 그 보다 빠른 1953년 2월이다. 남로당 숙청사건은
전쟁 중에 일어난 것이다. 전쟁 후 김일성에 대한 박일우 등의 책임추궁으로 인하여 박
헌영과 남로당에 대한 숙청이 단행된 것으로 설명하는 것은 부적절하다. 강상호가 시기
를 잘못 기억하고 있거나 잘못된 추측이라고 할 수 있다.

그에게 전부 넘겨씌웠다. 결국 김일성은 남로당 수백 명을 깡그리 숙청한 다음 소련파 숙청을 시작하였다.

이때는 소련공산당 총비서 니기따 흐루시초프가 스탈린의 개인 숭배 사상을 비판하고 그 후유증을 청산하는 때였으며, 동구 및 기타 공산당에서도 개인 숭배를 비판하고 그 후유증을 청산하는 시기였다. 이 개인 숭배와의 투쟁의 영향이 평양에도 밀려 들어왔다.

자신에게 가장 불리한 시기라고 인정한 김일성은 자기에게 가장 위험한 적수는 조선 노동당 내에 있는 소련 간부들이라고 인정하고 소련파 숙청을 시작하였다. 김일성에게 가장 두려운 정적이었고 경쟁자였던 허가이는 이미 암살하여 치웠지만3) 그 외에도 많은 흐루시초프 수정주의자들(김일성은 소련 출신 당원들을 이렇게 불렀다)이 조선 노동당 내에 있기 때문에 그들을 숙청해야 된다고 생각하였다.

그리하여 박창옥 당 중앙 선전부장(정치위원)·박영빈 조직부장(정치위원)·고히만 산업부장·박의완 부수상·최종학 인민군 총정치국장·서춘식 도당 위원장·허빈 도당 위원장·박창식 도 인민위원회 위원장·김동철 최고 재판소 부소장·김태건·김원길·김칠성·김일·리춘백·장철 및 기타 50여명의 간부들과 인민군 장령들이 숙청되어 일부는 총살당하고 일부는 정치범 수용소와 유형지에서 죽었고 극소수만이 소련에 귀국하였다.

1945년에 한반도가 해방된 후, 중국에서 일제를 반대하여 조선 해방운동을 치열하게 전개한 혁명가들이 연안을 거쳐서 평양으로 수천명이 들어왔다. 그들 중에는 독립동맹위원장 김두봉·위원 박일우·최창익·무

---

3) 허가이의 죽음에 대한 북한의 공식발표는 자살이다. 자살 경위는 다음과 같다. 1953년 6월 30일 당 정치위원회에서 허가이가 당 및 국가사업에서 아무런 책임성과 적극성과 창발성을 발휘하지 않고 태공한데 대하여 지적하였고, 허가이는 시간적 여유가 필요하다는 구실 밑에 당정치위원회의 정당한 비판을 접수할 것을 회피하였다. 당 정치위원회는 자기비판의 시간적 여유를 주는데 동의하였다. 그런데 허가이는 7월 2일 출석을 명령받은 당정치위원회 회의 소집 직전 자살하였다.

1945년 조선민주주의 인민공화국 내무성 차관으로 근무할 때의 강상호. 군사칭호 중장

정 장군·허정숙·김창만·윤공흠·서휘·김강·박효삼 등 유명한 간부들이 있었다.

1957년 8월 전원회의에서 윤공흠, 서휘 등이 김일성에게도 개인 숭배가 있다고 비판하고 나서자, 연안파는 전부 반당종파분자란 감투를 씌워 수백 명을 숙청하여 검거·투옥·유형살이로 정배살이를 보내었다.

여기에 열거한 숙청 사실은 내가 1953년부터 1958년까지 내무성 부상 겸 정치국장으로 일하는 동안 목격했던 북한 숙청 역사의 한 토막일 뿐이다.

소련파에 대한 숙청이 거의 끝날 무렵인 1958년 초에 당중앙위원회는 나를 내무성에서 전근시켜 개성 판문점 군사 정전위원회 수석대표로 임명하였다. 이것은 영전이 아니었다. 김일성의 탄압·숙청·테러에 참가하여 그것을 집행하는 부상 자리에 흐루시초프 수정주의자 강상호가 앉아 있어서는 김일성에게 절대 불리하였기 때문에 전근시킨 것이었다. 내가 내무성 정치 국장으로 일할 때에 내무성 신문에 「개인 숭배는 마르크스 레닌주의와는 아무런 관련도 없다」란 논문을 발표하였기 때문에 나에게 흐루시초프 수정주의자란 낙인을 찍었던 것이다. 그래서 나를 정전 위원회로 보냈던 것이다.

정전 위원회에서 일하면서 나는 북한의 정치 행정에는 참가할 수가 없었다. 그래서 나는 오직 정전 협정 조건을 적군측이 준수하느냐 하는 것을 살피고 그 문제를 정전위원회에서 토의, 검토하는 일에만 심취하였다. 그러나 결국 1959년 4월 내각수상 김일성의 명령에 의하여 나는 정전위원회 수석대표 직무에서 해임되어 장차 사상검토 대상으로 집에 앉아 있었고, 당중앙위원회와 내무성은 나를 숙청하기 위한 자료 수집에 광분하였다.

드디어 1959년 8월 중순에 나에 대한 사상검토를 내가 일하던 내무성 정치국에서 시작하였다. 사상검토는 다음과 같은 절차르 진행되었다.

먼저, 내무원들에게 널리 알리기 위하여 내무성 큰 회의실에서 당 열성자 회의를 열고 거기에서 내가 당 앞에 지은 죄과에 대하여 당 앞에 솔직히 자백하라는 것이었다. 그런 후, 정치국 어느 방에서 나를 검토하였는데 검열원은 한 조에 4명씩이었다. 매 조마다 중성 군관 2명과 소성 군관 2명이 있었다. 매 조는 8시간씩 나를 검토하고 다른 조와 교체했다. 그들은 1주야에 3번 교체하지만, 나는 1주야에 3기 먹는 시간만 주고 자는 시간이나 휴식 시간을 전혀 주지 않았다. 뿐만 아니라 그들은 의자에 앉아서 질문하고 나는 줄곧 서서 대답하여야 했다. 나는 밤잠을 자지 못하여 계속 졸고 있었고, 나는 자신이 자고 있는지 깨어 있는지 똑똑히 분간할 수 없었다. 구타는 하지 않았다. 한 검열원이 자기 구두를 벗어 들고 나를 위협한 적은 있었으나 정작 때리지는 못하였다.

검토내용 중 중요 문제는 내가 반당종파분자 그룹에 가담했는가와 거기서 어떤 활동을 했으며 어떤 과업을 받았는가하는 등이었다. 내가 종파 그룹에 가담한 일이 없었다는 것을 여러 날 동안 계속 주장하니까, 그 다음부터는 그들이 없는 사실을 날조하여 내 놓고 그것을 인정하라는 것이었다. 예를 들어, 두 개의 문건을 내 놓고 하나는 외무성 참사 전동혁의 진술서 철이라 하고, 다른 하나는 중앙당학교 교장 허익의 진술서 철이라고 하면서 그 두 사람은 나에게 흡수되어 내가 시키는 반당종파분자 공작을 했다는 것이다. 그때 나는 말하기를 전동혁의 필적은 내가 잘 알고 있으니 그의 자백서를 나에게 보여달라고 했고, 허익 선생은 평양에 있으니 나와 대면시켜 달라고 요청하였다. 그랬더니 진술서와 자백서에 대하여 더 언급치 않고 그저 내가 지은 죄를 다 자백하라고 하면서 솔직히 자백만 하면 당은 관대히 처리 할 것이라고 하였다. 또 다른 날조는 1957년 8·15기념 경축 내무성 준비회의에서 전 내무성 부상 박은익과 내가 같이 앉아서 기념연단에 나선 김일성을 내무원들을 통하여 체포할 안을 토의했다는 주장이었다. 나는 그에 대하여 그런 기념 준비 위원회에는 내무원 경리 일꾼, 노무자까지 참가하는 회의기에 그런 중대한 비밀 문제는 그런 자리에서 토의할 수도 없었을 것이라고 하였다. 또 다른 주장은 내무성에서 일하던 강병율을 모스크바 주재 북한 대사관 영사로 임명하여 보내고, 그를 통하여 소련의 어떤 기관들과 연계를 갖고 있으며 그 기관의 지시에 의하여 김일성을 타도할 공작을 하고 있는 것을 알고 있으니 그런 사실을 자백하라는 것이었다. 역시 강병율과의 대면을 요청하였더니 그에 대하여 더 질문이 없었다. 이런 식으로 나를 3개월 동안 검토하였는데 마지막 시기에는 "다리가 너무나 부어 올라 서 있을 수가 없으니 이제부터는 앉아서 대답해도 좋다"고 하였다. 나는 눈을 뜨고 있었으나 머리는 자고 있었다. 앉아서도 쓰러지곤 했다.

1959년 11월 어느 날 이것으로 사상검토를 종결짓는다고 하면서, 반당 그룹에 가담했다는 것은 확증되지 않았으나 사상적으로 김일성의 주체 사상에 위반되는 흐루시초프 수정주의에 오염된 자이기 때문에 노동 과정을 통하여 사상개변을 해야 한다며 노동과정에 보내겠다고 하였다.

그때 나는 오른 손을 보이면서 이런 손으로 노동하기는 불가능하니 소련에 가서 동생의 부양 가족으로 살게 해 달라고 요청하였다. 그랬더니 수정주의 나쁜 사상을 가진 자라고 소련으로 추방할 것이 허락되었다.

결국 1959년 11월 중순 모스크바에 도착하여 당 중앙의 수속을 거쳐

1994년 10월 28일 서울 제2차 대회에서 좌로부터 박갑동. 강상호. 쫀상진

레닌그라드에서 일하고 있는 장녀의 부양 가족으로 있으면서 주택 문제와 연금에 대한 문제가 해결되었다. 그 뒤 건강한 몸으로 사회생활에 열성적으로 참가하였다.

나는 조선 민주 통일구국전선 의장으로 있으면서 1993년 10월 워싱톤 제1차 대회와 1994년 10월 서울 제2차 대회에 참가하였다. 나는 북한의 탄압 정책 등 반민족 행위를 낱낱이 폭로하는 논문들을 『꼼쏘몰쓰까야 쁘라우다』·『고려일보』·『중앙일보』·『구국신문』·『오고녹크』 등에 수 차례에 걸쳐 게재하였으며 또 이런 자료들을 미국, 영국, 독일, 일본, 한국 등의 각 신문 기자들에게 계속 주고 있다. 이 외에도 한국의 학계와 사회단체 정부기관들에서 종종 개최하는 학술 토론회, 강연회, 논문회 등에 「조국의 평화통일과 북한의 비인간적 인권의 난폭한 위반 정책」 등의 제목 하에 자주 출연하였다.

1995년 8월 29일 뻬쩨르부르크에서 강상호

전 임업상

고히만은 1909년 5월 7일 원동변강 연해주 스꼬또브 군소재지의 빈농에서 태어났다. 그곳에서 한인소학교를 1922년에 마친 다음, 러시아 소학교 4학년에 편입하여 1923년에 졸업했다. 러시아 학교에서 초중을 마치고 1930년에는 고중까지 졸업했다. 고히만은 어려서부터 무관이 되고 싶었으나 원동변강 구역에는 반반한 사관학교가 없었다. 러시아 중앙지역으로 가야 군사학교에서 공부할 수 있었지만 가난한 가정 형편이 허락하지 못했다.

고히만은 고중을 졸업한 후, 향촌에서 소학교 교원으로 일하면서 러시아 중앙으로 들어 갈 수 있는 자금을 벌었다. 그 일환으로 옴쓰크 시에 가서 일년간 공장 노동자로 일하였고 그 공장에서 좋은 평정서를 받은 다음, 드디어 옴쓰크 육군사관학교에 1932년에 입학했다.

1학년 재학 중에 뻬르미 시 항공학교 학생으로 전학하여 1934년에 졸업하고 항공 전투기 비행사가 되어 항공부대에서 비행사로 복무했다. 1936년 스페인에서 프랑코가 스페인 공화국에 반대하여 내란을 일으켰을 때, 소련은 지원병을 조직하여 프랑코 편에 파견하였다. 이 때 고히만도 27세의 젊은 비행사로, 소련의 유일한 한인 지원군으로 1936~1937년 사이에 스페인 상공에서 싸웠다.

그의 회고에 의하면, 당시 파쇼 독일과 이태리 비행사들과 대전하였다고 한다. 그는 야간 공중전에서 적기를 추락시키던 무용담을 하곤 했다. 그는 자기는 항상 구름 밑의 음형 쪽에서 적기를 달빛 쪽으로 뜨게 하여 공격하였다는 작전에 관해 이야기했다. 고히만은 열세인 전투 환경 속에서도 적기를 5대나 격추시켰으며, 연합군의 수많은 전투기 속에서도 용맹스럽게 싸웠다고도 말하였다.

그러나 파시즘 연합군이 끝내 승리하게 되자, 남아 있던 몇 명의 지원병들은 프랑스 국경을 통하여 소련으로 귀환하게 되었다. 그런데 당시 프랑스는 파시즘의 연합에 겁을 먹고 스페인과 프랑스 사이의 국경을 봉쇄하고 비행사들의 통과를 막고 있었다. 이런 상황에서 에바루리 호세 지아스가 지도하는 스페인 공산당을 돕기 위해서 지원병으로 스페인에 수로를 통하여 들어갔던 많은 노(老) 공산당원들은 빨치산의 형식으로 국경을 통과하여 프랑스로 탈출하게 되었다. 고히만도 각 나라의 공산당원들로부터 부분적인 도움을 받아 폴란드를 지나 갖은 고생을 겪으며 소련으로 돌아오게 되었으나 표창과 승급은 고사하고, 어이없게도 강제로 제대를 당하고 말았다.

고히만과 같이 스페인 전투에 참여한 편대장 이와노브 대좌는 고히만을 소련영웅칭호를 수여 받을 수 있도록 당 중앙위원회에 내신 하였다. 그러나 당국은 적기 훈장을 수여하면서 그를 하루빨리 소련항공대에서 제대시킬 것을 요구했다. 고히만을 일본스파이로 항공대에 침입했다는 이유로 검거하여 처단할 계획이 상부에서 있었다면서 고이 제대를 시키는 것도 천만다행이라는 투였다. 이와노브 대좌는 고히만과 같이 프랑스 국경을 통과하면서 소련에 귀국하면 큰 표창과 승급할 수 있도록 내신하겠다는 것과 군사 까제미야를 끝마치고 자신과 같이 생의 마지막 날까지 조국 소련에 복무하자고 약속했었다. 그런데 모든 꿈이 허망하게 사라지고 대신 강제로 제대를 당하게 된 고히만은 생각할수록 어이가 없었다. 소련당국은 1937년 12월 원동에 살고 있던 전체 한인들의 강제이주를 시작하면서 사회 인텔리 층과 군속을 모두 감금하고 처형하였다. 결국 늙은이와 어린아이들만 중앙아시아로 가게 되었는데 군속에 속해 있던 고히만을 처단하지 않은 것만 해도 다행이지 않느냐는 것이었다.

고히만은 간부국장의 사무실 복도를 나와 제대장과 파견장을 열어 보았다. 제대장에는 타슈켄트시 군사동원부로 가서 등록을 한 후, 1년간 6백원씩 군사칭호에 대한 지원금을 받으라고 적혀있었다. 파견장에는 타슈켄트 비행기 공장 지배인이 고히만에게 적당한 직무를 주어 일할 수 있도록 하며, 급속한 시일 내에 주택 문제를 해결하여 주라는 내용이 담겨 있었다. 파견장은 총참모장의 명의로 되어 있었으며 서명은 간부국장이 한 것이었다.

'소비에트 조국은 그 곳에서 살고 있는 모든 인민들의 조국이며, 그 모든 인민들은 똑 같은 자유와 권리를 향유한다"고 항상 교양하던 내 조국이, 또한 아버지보다 더 높이 믿은 소련공산당과 그 지도자 스탈린이 자신에게 이렇게 배신적인 결론을 내리다니 …'

고히만은 어이가 없었다. 봉투를 들고 밖으로 나온 그는 긴 의자에 앉아 잠시 눈물을 흘리다가 이 모든 것이 러시아인이 아닌 조선인으로 태어난 때문이라는 생각을 하게 되었다.

'조선인은 예로부터 성실하고 믿음성 있는 인민들인데 일본 스파이로 확인하였다니 …'

고히만은 진실은 언젠가 반드시 해명되리라 생각하면서 방금 맡은 임무에 대해 성실하게 일하면 모든 것이 제대로 풀리리라 다짐하였다. 고히만은 그 후 2개월간의 휴가를 이용하여 모스크바에서 1938년 새해를 맞아 송구영신하며 1개월을 지내고 타슈켄트로 돌아왔다. 그리고 남은 1개월은 친척들과 많은 친구들을 만나면서 시간을 보냈다. 그들을 만나는 동안 예전의 자유롭고 행복스럽던 생활상과 강제이주로 인해 춥고 배고픈 생활을 하는 현재 한인들의 모습이 비교되어 감회가 남달랐다. 이때 블랴르나야 스베스다에 몇 번 가서 친구들과 만나면서 평생의 배필인 김영선을 만나게 되었다.

당시 강제이주로 우즈베키스탄에 실려 온 한인들은 칠치크 강을 경계로 하여 강의 오른쪽인, 갈대가 50% 이상 있는 밭 구역에서 살게 하였는데, 그들은 시내로 들어가 살 수 없었다. 또한 한인청년들은 대학에서 공부할 권리조차 없게 되었다. 이러한 정책은 1941년 독·소 전쟁이 시작되기 전까지 계속되었다. 독·소 전쟁이 일어나자 많은 노동자와 사무원들이 전선에 동원되어 나가게 되었고, 그 빈자리를 보충하기 위해 한인들을 타슈켄트시내에 살 수 있도록 하였다. 한인들은 비로소 공민증에 도장을 받고 사증을 받게 되었다. 물론 이러한 조치가 내려지기 전에도 고히만은 모스크바의 파견을 받아 왔기 때문에 별 탈 없이 타슈켄트에서 살 권리를 부여받았고 군사비밀에 해당되는 비행기 공장에서 근무할 수 있었다.

고히만은 처음 1년간은 생산 공정기사로 일하다가 그후 2년은 생산 공정기술 통제기사로 일했다. 1943년 초부터는 쩨흐(공장 내의 전문공장) 직장장으로 일하게 되는데 여기에서 많은 일을 하여 신문에도 기사가 여러 번 실릴 정도였다. 그리고 소련 중앙 휴양소에도 여러 번 다녀올 수 있었다.

1945년 4월 초 타슈켄트 84호 비행기 공장장에게 모스크바 중앙당으로부터 급속 전문이 내려왔다.

"고히만을 3일 이내로 모스크바 당 중앙조직부에 도착하도록 대책을 취할 것."

비행기 공장지배인은 간부장에게 명령하여 고히만을 24시간 이내에 출발시켜 당 중앙조직부에 도착할 수 있도록 만반의 채비를 갖추라고 지시했다. 고히만은 자신을 당 중앙에 보낸다는 파견장과 1개월치 봉급을 들고 집으로 가서 "내일 아침 비행기로 모스크바에 가게 되었다"고 부인에게 말했다.

1945년 4월 5일 모스크바에 도착한 후, 당 중앙조직부에서 예전부터 알고 있던 김원봉을 만나게 되었다. 예전에 모스크바에서 두 사람이 만났을 때, 두 사람은 향후 같은 사명으로 자주 만날 수 있으리라는 대화를 나누었으나 현실은 그렇게 되지 않았었다. 한 사람은 군인이요, 한 사람은 신문기자라 서로의 현실이 그렇게 자주 만날 수 있는 여건이 아니었던 것이다. 김원봉과의 이번 만남에서도 오래 애길 할 수 있는 시간이 없었다.

고히만이 당 중앙조직부에서 파견장을 받아 돌아서려 할 때 조직부 지도원이 곁에 서 있던 중위 군관을 가리키며, "이 분을 따라가서 약 3개월간 공부를 하시오. 외부와는 연락을 하지 말고 급한 일이 발생하면 나에게 전화를 주시오."라며 자신의 전화번호를 적어 주었다. 고히만은 "당 조직부의 승인 하에 이 곳 모스크바에서 공부를 하게 되었다. 몸 건강히 잘 있으니 걱정 말라"는 내용의 편지를 부인에게 보냈다.

고히만이 중위 군관을 따라 간 곳은, 모스크바 주변 서쪽 지방의 삼림 속에 위치한 4~5층 건물들로 둘러싸인, 어찌 보면 광산노동자 구역 같은 곳이었다. 그곳이 외국으로 파견하는 정보요원을 양성하는 정찰학교라는 것을 전혀 알 수 없었다. 학교라고는 하지만 강당에서 강의를 청취하면서 공부하는 것이 아니라 각 개인이 독거방에서 교원들로부터 과제를 받아 가지고 공부하는 것이었다. 고히만은 여기서 주로 조선 경제와 지리, 정치제도, 지역별 주민 성분, 조선어, 예절, 문화, 풍습, 일제의 경찰망과 군대들의 주둔 구역 등을 배우게 되었다.

이렇게 8월초까지 연구 과제를 끝마친 다음, 8월 5일에 비행기로 원동 우쑤리 시 제25군단사령부에 도착하여 집단군 부대와 연합부대들의 뒤를 따라 중국 만주 지역인 훈춘, 목단강, 연길을 거쳐 철도로 조선 땅에 들어 가 8월 말경에는 평양에 들어가게 되었다.

고히만은 평양에 들어가서 김원봉을 다시 만나게 되었다. 김원봉은 그때 여러 동무들과 함께 조선신문인 『소비에트 신보』를 만들어 북한 인민들에게 배포할 예정이라고 했다.

고히만은 평양 도착 직후부터 로마넨코 민정사령부에서 산업·공업 계통 통역원 역할을 하였다. 조선이 해방된 직후부터 북한에서는 인민위원회가 공장제조소들을 지도한다고 하였지만, 민정사령부 고문(소련군 계통)들이 공장 운영에 전적으로 참관하였다. 그들은 공장 제품의 용도에도 전적으로 간섭하였다. 이것은 공장제조소들은 조선 영토 안에 놓여 있지만 전쟁 패전국인 일본의 것이었다는 논리에서 그렇게 판단한 것이었다. 1946년 5월에 공장제조소들이 '산업국유화' 정책에 따라 인민위원회의 소유로 넘어간 다음부터는 간섭이 덜 하였으나 소련군이 철수하기 전까지는 각 공장들을 고문들이 계속 지도하였다.

고히만은 1946년 4월부터 성진 제철공장 지배인으로 일하였으며 1947년과 1948년에는 흥남 화학공장 지배인으로 일했다. 그리고 1948년 말부터는 중공업성 제1부상 겸 내각 직속 군수품 생산관리국장으로 일하였다. 이즈음 북한에서는 무력 통일을 준비하면서 군수품 생산에 전력을 다하였는데 여기에서 고히만의 역할은 지대한 것이었다. 원래 북한에는 군수품 제조공장이란 없었던 터라 이를 새로 조직하기 위해서는 기술 기재도 필요했지만 그 기계들을 다룰 줄 아는 인재가 절실히 필요하였던 것이다.

당시 김일성은 스탈린의 동조 하에 소련의 조국전쟁(제2차 세계대전) 때 다수 건설해 두었던 자동총 공장, 박격포 공장, 각종 탄약공장들을 북한의 산 곳곳에 옮겨 짓기 시작했다. 작업은 소련 기술자들의 지도 아래 이루어졌으며, 폭격 위험도 예방하면서 공장들이 지어졌다. 공장 설비들은 소련으로부터 가져 왔는데, 고히만의 증언에 의하면 공장 설비들을 가져다 놓고 조합하여 조업준비는 마쳤지만 자동총, 장총 등의 총신을 제조할 철재가 없었다. 북한은 철광이 풍부한 지역이지만 특수한 재질의 철은 생산할 수 없었기 때문에 소련으로부터 제공받았다. 소련도 그러한 총신 재질은 비밀리에 제조하는 것이므로 기술에 대한 전수를 해 주고 싶은 마음이 없었을 것이다. 여하간 이때 대대적으로 생산된 무장설비는 남한의 지리산 빨치산들에게 보내졌다.

전쟁은 정치의 연속이라고 누가 말했던가. 북한의 김일성은 정치적 계산에 의해 계획적으로 1950년 6월 25일 일요일 오전 5시에 동족상잔을 개시했다. 불의의 기습으로 3일 만에 서울을 점령한 인민군은 남으로 계속 전진하였으나 9월 15일 유엔군이 인천에 상륙하면서부터 전세는 반전되어 인민군은 기진맥진한 상태에서 낙동강 계선에서부터 북으로 북으로 후퇴를 시작했다. 9월 25일 유엔군이 서울을 다시 점령하자, 황해도에 살던 간부들의 가족은 구월산 쪽으로, 평안남도와 평양에 살던 간부 가족들은 평북 강계, 만포, 갑산, 심지어는 청진, 부령까지 후퇴하는 피난을 시작했다.

인민군대는 후퇴하는 중이었지만 무장한 집단이라 대충 먹을 것과 입을 것을 보전할 수 있었다. 그러나 그들의 가족들의 고생은 이루 말할 수 없었다. 어린아이와 부녀자들은 울음바다를 만들었고 늙은이들은 지친 몸을 이끌고 걸어야 했으므로 아비규환이 따로 없었다. 이러한 때에 중앙당이나 내각의 고위간부들 가족은 자동차를 타고 야밤에 남몰래 훌쩍 피난을 가버리곤 했다. 그렇지 못한 하급 간부들의 가족은 처참하다고 할 정도로 어려움을 겪어야 했다.

당시 평양 사동 간부학교에서 일하던 소련 출신 3가족 현히안, 강왈렌찐, 장학봉의 가족들은 10월 15일까지 피난을 가지 못하고 있었다. 그 가족들의 가장들은 모두 전선에 나가 있었다. 이 소식을 전해들은 고히만은 자기 관하의 화물자동차 1대를 동원하여 사동 간부학교에 있는 3가족을 피난 가도록 조치했다. 만약 이때 고히만의 도움이 없었다면 그들은 큰 욕을 보았을 지도 모를 일이었다.

고히만은 3년간의 전쟁 동안 많은 일을 하였다. 전쟁은 어느 누구에게도 승리를 주지 못하고 휴전되고 말았다. 이제 남은 것은 전쟁으로 파괴된 산업 시설의 복구 문제와 새로운 공업시설을 일구어 내어야 하는 과제였다. 당 중앙은 고히만을 송환하여 중앙당 건설부장으로 임명하였다. 이때, 즉 1954년부터 시작하여 북한은 자동차공장, 트럭공장 등을 새로 건설하였고 성진제강, 홍남비료, 황해제철, 평양 곡산공장 등을 잿더미 위에 다시 일구어 세웠다. 수많은 방직공장과 직조공장, 고무공장, 식료품공장 등도 건설하였다.

1956년 북한에서는 사상 검토운동이 최고조에 달하고 있었다. 고히만이 조직 사업했던 부분도 예외가 되지 못했다. 여러 가지 감찰이 시작되었다. 특히 반소련파 거두인 김창만이 눈에 불을 켜고 고히만이 사업한 부분에서 문제점을 찾고 있었다. 문제점이 보이지 않자 조작하기 시작했다. 고히만은 당 중앙 건설부장 직에서 1954년부터 1956년까지 일하였고, 1956년 말에는 임업상으로 조동되었다.[4]

중앙당 간부부는 간부들을 철직, 처벌함에 있어서 여러 가지 교묘한 수단을 이용했다. 위신 있게 높이 중용되던 간부들을 철직할 때는, 한순간에 상급 직무에서 노동자 계급으로 강직하기에는 여론이 성성할 거 같으므로, 직급을 한 단계씩 낮추어 내려보냈다. 이러한 방법에 의해 고히만도 중앙당 부장에서, 부상, 임업상, 임업소 소장, 임업소 노동자로 차례로 강직시켜 1959년에는 임업노동자 계급으로 떨어지는 수모를 당하였다.

고히만의 부인 김영선은 딸 하나, 아들 형제를 데리고 있으면서 1960년부터 1961년 사이에 양강도의 임업소에서 일하고 있는 고히만을 면회하러 다녔다. 그런데 가지고 간 물건들을 전달하는 시간외에 면회시간은 5분 정도 가질 수 있었다. 그것도 일년 동안 2회 이상이 허용되지 않았다. 부인은 자식 삼 남매를 데리고 평양에서 더 이상 살수가 없었다. 고히만으로부터는 봉급이나 그 무엇도 바라볼 수 없는 지경이

---

4) 고희만은 1948년 8월 최고인민회의 제1기 대의원으로 선출되었다. 제1차 내각에서는 농업성 부상으로 선임되었다. 1956년 4월 당 중앙위 후보위원으로 선출되었다. 11월에는 당 중앙위 농업부장직을 수행했다. 1957년 8월 최고인민회의 제2기 대의원, 1958년 9월 제2차내각에서는 임업상이었다. 고희만이 1956년부터 이미 임업상이었는지 현재 정확하지 않다. 또한 남측의 학계에서는 1959년 숙청된 것으로 알려져 있다.

었기 때문이었다. 평양에서 가족들에게 배급하는 것도 하루에 쌀 100g, 잡곡 200g이었으므로 매일 죽으로 연명하기도 부족한 식량이었다. 소련 대사관에서 예전의 소련공민이라 하여 쌀이나 밀가루를 조금씩 주기도 했으나 그것 또한 구입할 수 있는 돈이 없으면 구할 수 없었다. 그렇게 구차한 삶을 이어가던 고히만과 부인은 드디어 결단을 내렸다. 1961년 9월 면회를 온 부인에게 고히만은 자신의 복안을 말했다.

"이제는 나를 더 이상 찾아오지 마시오. 집에 있는 물건을 전부 팔아 돈을 마련하여 아이들을 데리고 소련으로 가서 친척들에게라도 도움을 청하시오. 나는 이미 죽은 목숨이나 마찬가지이니 내 생각은 그만하시오. 영선 씨, 대단히 고맙구려. 내가 가족을 돌보지 못함을 용서해 주시오."

두 사람은 흘러내리는 눈물을 닦을 여유도 없이 울었다. 부인은 고히만의 모습이 시야에서 사라질 때까지 하염없이 눈물을 흘리면서 마지막일지도 모를 남편의 모습을 바라보고만 있어야 했다. 부인은 면회를 마치고 돌아 나올 용기도 없을 정도였다. 수십 년을 생사를 같이해오며 아이들을 키워오던 남편과 마지막으로 생이별을 하고 있다는 생각에 낭떠러지로 떨어지는 느낌만 가득했다.

힘없이 발자국을 떼면서 겨우 평양까지 돌아 온 부인은 고히만이 가르쳐 준대로 소련 대사관에 가서 입국허가를 신청했다. 그런 후 소련까지 입고 갈 의복만 남겨두고 모든 것을 팔아 여비를 마련하니 겨우 타슈켄트까지 갈 수 있는 기차 삯을 마련할 수 있었다. 드디어 소련으로의 귀환 허가가 떨어진 날, 소련 대사관에서 내 준 자동차에 짐을 싣고 평양역으로 나갔다. 몇 년간 하루도 빠질 날이 없이 눈물로 보내던 평양 생활을 마지막으로 접는 날이었다. 마음고생들이 주마등처럼 지나갔다. 앞으로의 삶은 또 어떻게 진행될지, 남편의 생사는 어떻게 될지, 그저 아이들만 어루만지며 또 속으로 그 심정을 삭혀야만 했다.

김영선은 모스크바에 도착하여 외무성에서 간단한 입국수속을 밟은 후 소련 무력성 간부부에 가서 몇 가지 수속을 밟았다. 거기에서 보조금 5,000루블리와 1인당 1개월에 200루블리를 받는 수속을 거치고 그들이 주는 편지를 한 장 받았다. 그 편지에는 타슈켄트에 도착하여 중앙당 조직부를 찾아가면 아이들의 공부 문제, 부인의 취직 문제, 사택 문제까지 해결 받도록 지시되어 있었다.

우즈베키스탄 공화국 당 중앙본부에서는 모스크바에서 지시한 대로 고히만의 가정에 소요되는 문제들을 모두 원만히 처리해 주었다. 부인은 한동안 친척들을 찾아다니며 북한에서의 굴곡 많았던 세월과 눈물로 세운 날들에 대해 이야기를 하였다. 6개월이 지나서, 부인은 소련 외무성을 통해 북한으로 들어 갈 비자를 수속하였다. 우선 남편부터 만나보고 와서 일을 할 생각이었다. 고히만이 눈에 아른거려 아무 일도 할 수 없었다. 친척들이 방조해 준 돈과 생활비의 일부를 떼 내어 북한으로 들어가는 채비를 했다.

평양에 도착한 부인은 소련 대사관 영사부에 등록을 마치고 곧바로 양강도 임업소의 고히만을 찾아갔다. 임업소 접대실장이 장부에서 고히만의 이름을 찾더니, "여기에는 그런 인물이 없다"는 것이었다. 부인은 다시 임업소 간부장을 찾아 고히만의 행방을 물었다. 그는 "금년 2월 7일에 중앙당 간부부에서 고 선생을 속히 데려오라는 몇령을 받았다는 지도원이 고 선생을 데리고 갔다"는 말을 했다.

부인은 곧바로 버스를 타고 평양으로 향했다. 평양의 중앙당 간부부에 가서 고 히만의 행방을 물었으나 그들은 모두 처음 듣는 소리라며 모른다고 했다. 부인은 다시 양강도의 임업소로 찾아 갔으나 그 쪽에서의 말은 매일반이었다. 모른다는 간단한 대답이었다. 다시 평양으로 돌아온 부인은 중앙당 간부부에 호소해 보았지만 허사였다. 불과 6개월만에 남편의 생사가 묘연해진 것이었다. 그때 부인의 뇌리에 스쳐 지나가는 일이 전율처럼 흘렀다.

남편의 생사 문제는 마치 예전에 있었던 '김두환 납치사건'과 흡사하다는 것이었다. 김두환도 중앙당 간부부에 갔다가 언제부터인가 행적이 묘연하여 지금까지 생사를 모르는 것이었다. 부인은 소련 대사관 영사부에 가서 이런 사실을 고발하고 소련으로 돌아가야 할 도리밖에 없음을 파악했다. 김일성의 지시에 의해 위해를 가했다면 남편의 행적을 북한에서 찾아내기란 전혀 불가능했기 때문이었다.

소련으로 돌아 온 부인은 소련 공산당 조직부 부장, 소련 외무상, 소련 국방성, 조선민주주의인민공화국 김일성 주석 등에게 수 차례에 걸쳐 편지를 썼으나 모두의 대답은 한결 같았다. 행처를 알 수 없다는 것이었다. 이렇게 허망하게 남편의 생사조차 모르게 된 부인은 그래도 혹시 북한에서 소식이라도 올까하여 하루도 빠짐없이 편지를 기다리다가 결국 1978년에 세상을 떠나고 말았다.

고히만이 그토록 귀여워하던 딸 따냐는 고히만이 북한에 있을 때 레닌그라드 종합대학 어문학부를 졸업하고 북한 김일성종합대학에서 교원 생활을 한 적이 있었다. 그녀는 어머니와 함께 소련으로 귀국하여 현재는 3남매를 키우며 모스크바에서 지내고 있다. 장남 웍똘은 쩰리노그라드 건설대학을 1968년에 졸업하고 현재는 쩰리노그라드 시 동력관리부장으로 있다. 1961년에 가정을 이룬 후 아이들 오누이를 잘 키워, 딸은 알마아따에 살고 있고 아들은 사관학교를 나온 후 현재 잠불 시에서 정규군 중좌로서 군대에 복무하고 있다. 차남은 우쓰찌까메노골쓰크 자동차 및 도로 운수대학을 나온 후 현재까지 카자흐스탄 공화국 자동차 운수교통성에서 책임간부로 일하고 있다. 현재 고히만의 장남 고 웍똘은 카자흐스탄 공화국 민주통일구국전선 상임위원으로 열성적으로 일하면서, 1997년 10월에 있은 구국전선 동경대회에서 자신의 의견을 피력하기도 했다.

1997년 11월 5일 알마아따에서 장남 고웍또르

전 육군 대학 총장

　기석복은 1913년 원동변강 연해주 니스니 블라디보스토크 구역 네지노 촌 빈농의 가정에서 태어났다. 그는 8살 되던 해부터 향촌 소학교에서 공부를 시작하여 1925년에 소학교를 졸업하고, 그 해에 블라디보스토크시 초중에 입학하여 1928년에 필하였다. 그후 니꼴쓰크 우스리스크시에 있는 원동변강의 유일한 한인 사범전문학교에 입학하게 되었다. 1932년 블라디보스토크시에 사범대학이 열리기 전까지는 이 전문학교가 가장 수준이 높은 한인학교로써, 당시 많은 한인 간부들을 양성하였다.

　기석복은 이 학교를 우수한 성적으로 1931년에 졸업한 다음, 원동변강 공산당 중앙 위원회의 파견에 의하여 하바롭쓰크시 한인 공산대학에 가서 신문기자 강습을 1년동안 받았다. 그리고 원동변강 교육 출판국 교과서 편찬관리국에서 부책임자로 1932년 9월말까지 일했다. 1932년 10월부터 1937년 7월까지는 연해주 올긴 구역 초중에서 부교장 겸 교무주임으로 일하였다. 그러다가 다시 1937년에 블라디보스토크 한인 사범대학에 입학했다. 그러나 원동변강에 살고 있던 전체 한인들의 강제 이주로 말미암아 카자흐스탄 공화국 크슬오르다시로 대학을 따라 오게 되었다.

　원동변강에서 한인들과 함께 이사해 온 대학은 처음에 질서가 잡히지 않았다. 특히 선생들 중 유식한 박사나 학사들은 전부 블라디보스토크에서부터 체포, 감금되어 버렸기 때문에 조선어로 강의할 수 있는 교원들이 모두 없어지고 말았다. 대학은 할 수 없이 카자흐스탄 공화국 교육성의 지침에 따라 다른 도시들로부터 교원들을 충원 받게 되었다.

기석복은 여러 가지 상황을 각 방면으로 판단한 다음, 강제 이주에 의하여 자기 부모 친척들이 도착한 사마르칸드 시에 전학하여 가게 되었다. 한국어로 대학을 졸업하려던 계획이 깨지자, 자신의 친척과 부모들이 사는 우즈베키스탄 공화국 사마르깐드 시의 종합대학 어문학부에서 공부를 계속하기로 생각했던 것이었다. 이 때, 즉 1938년 학년도부터는 조선어 교육체계가 1학년부터 대학까지 폐지되고 노어화로 완전히 넘어가게 되었다. 이것이 바로 현재 구 소련에 살고 있는 한인들이 자기 언어, 문화, 풍습까지 잃게 된 비극의 시작이었다. 스탈린은 전체 한인들의 얼을 영영 청산하기 위하여 전체 한인 인텔리들을 검거, 투옥, 처단하였다. 처단 받은 모든 한인들의 죄명은 일본스파이라는 명목 하나뿐이었다.

기석복은 1941년 대학 어문학부에서 노어를 필하고 싸마르간트주 빼쓰트 다르곰쓰크구역 고중 교장으로 임명받아, 1945년 8월까지 소련 조국전쟁의 가장 어려운 시기에 전력을 쏟아 일하였다.

소련은 조국전쟁 4년을 거쳐 파쇼 독일군을 완전히 패망시키고 1945년 5월 9일 승리한 후 곧바로 대일전을 준비했다. 소련정부는 서부전선에서 전투에 참가하고 있던 부대들을 급속하게 원동변강 연해주, 서 바이칼 중국국경 전선에 배치하했다. 이때 기석복도 다른 많은 한인 인텔리들과 함께 구역 군사동원부의 초병 명령을 받게 되었다. 전쟁 시기에는 불신임분자로서 현역에 징병하지 않아 많은 불만을 품고 있던 한인 청년들은 아주 즐거운 마음으로 군사 초병 명령서들을 접수하고 동쪽 전선으로 나가게 되었다.

1945년 8월 초 소련군에 초병된 기석복은 원동변강 만주 국경선의 일제 관동군과의 결전에 만반의 준비를 갖추고 있던 소련군 제25군단 치스챠꼬프 대장의 관할에 있는 정치부 부장 그로모프 대좌의 통솔 밑에서 복무하게 되었다. 만주와 북한 지역을 일제로부터 완전히 해방시키기 전까지 기석복은 소·만 국경으로부터 평양에 이르기까지 전체 동만 지역을 횡단해 가면서 소련군 정치부의 통역관으로 복무했다. 그후 1946년 말까지는 소련 고문관들과 함께 김일성 빨치산 부대를 주체로 한 조선 인민군 조직에 주력했다.

1947년 초 기석복은 소장 군사칭호를 받고 군사 정치학교 교장으로 임명되어 1948년 1월까지 복무하였다. 1948년 2월에는 조선 노동당중앙위원회 선전선동부장으로 전근되었다. 1948년 7월 소집되었던 조선 노동당 제2차 당대회는 기석복을 조선 노동당 중앙위원으로 선출하면서, 조선 노동당중앙위원회 기관지인 『노동신문』의 주필로 임명하였다.

이 시기 기석복의 활동은 대단하였다. 남북 연석회의 이후, 공화국 당정부 지도층에 많은 남한 간부들이 선출·배치되면서 북한의 정치적 환경은 아주 광활해지면서도 복잡하게 되었다. 북한 정부는 남한에서 비밀리에 선출되었다는 남한 대의원들을 초청하여 놓고 소위 연립정부를 꾸민 다음에 남한을 통일하기 위한 사회정치적 분위기를 인위적으로 조성하기 위하여 각 출판물들을 통하여 대남 보도를 몇 배 확대하였으며 라디오 방송시간도 대대로 확대하여 밤낮 천지를 진동시켰다.

6·25 직전에 북한정부는 남북통일은 남북한 인민들의 결의에 따라 할 수 있다는 명목 하에 남한 정부, 국회, 인민들에게 보내는 최후 통첩의 문건을 만들어 남한 대의원 3명을 통하여 서울로 보냈다. 그들이 불법 월경자로 체포된 지 3일 후 북한은 남침을 개시했다. 이렇게 인공적으로 전쟁 환경을 조성시키고 수많은 동족을 살해한 부정의 전쟁을 정의의 전쟁으로 확정한 북한 정부는 당 조직 선전 사업을 강화하였고, 기석복은 그러한 사실도 모르고 계속 열심히 일하기만 했었다.

1950년 8월부터 인민군의 전진이 완전히 봉쇄되고 낙동강 전선에서 패잔병이 된 인민군대는 무질서하게 분산되어 산길을 통하여 후퇴하기 시작하였다. 물론 이 시기에는 출판물이나 라디오 방송 등의 매체로는 상황을 크게 호전시킬 수 없었다. 그런데도 노동당중앙위원회는 기석복을 1950년 11월에 문화선전성 차관으로 승진시켰다.

한편 이 시기에 북한은 1차 진격에서 실패했으나 완전 몰락한 상태는 아니며, 앞으로 얼마든지 발전할 수 있다는 자신감을 공산권 국가에 선전하기 위하여 인민군 협주단, 공화국 중앙 예술단 등을 조직하여 각 나라에 돌아다니며 순회공연도 하였다. 그렇게 순회하는 나라들과 우호 관계를 견고히 하며 경제적 협조도 받았던 것이다. 이러한 활동에 기석복의 역할은 아주 컸다.

기석복은 문화 선전성 부상으로 유럽 여러 나라들과, 몽고, 중국, 월남, 인도, 캐나다까지 일주하면서 공화국의 국제적 위신 제고와 문화 교류에서 큰 성과를 이루어 내었다. 1953년 정전이 되자 기석복은 공화국 외무성 제1부상으로 취임하여 내각 부수상 남일 장군과 함께 개성 및 제네바 시에서 열린 조선전쟁 평화 담판회의에서 조선민주주의 인민공화국을 대표하여 공화국의 이익을 옹호하며 수 차례 출연하였다. 기석복은 수 차례 중국, 월남, 소련 등을 다니면서 전쟁에서 북한의 역할과 그 정책의 정당성을 설명하기 위하여 많은 노력을 했다.

1954년이 끝날 무렵, 김일성은 간부 청산, 사상검토 운동을 높이 추진시켜 중국의용군 출신 간부들 중 우두머리는 모조리 자르기 시작하였다. 그 무렵인 1954년 11월 기석복은 육군대학 총장으로 발령을 받았다. 그가 발령 받기 전까지 육군대학 총장은 제6야전군 사령관·공화국 2중 영웅·중국 의용군 출신이며 전투에서 가장 용맹스럽다고 명성을 떨쳤던 군사간부 방호산 중장이 맡고 있었다.

방호산은 육군대학 총장 직무에 가장 적임자로 평가받았으며, 전체 교직원들의 존경을 받아왔다. 그러나 사상검토 운동이 가열하게 진행되면서, 그 지혜스럽고 총명한 군사 간부 방호산도 철직, 투옥 당하게 되었던 것이다. 방호산은 6·25전쟁 제1차 공격 시에 3일 만에 서울을 점령하고 수원, 대전 등 남한 도시들을 영웅적으로 해방시켰다는 공훈으로 영웅 칭호를 받았다. 그리고 후퇴시기에도 자기 관할 부대들을 하나도 분산시키지 않고 집체적으로 통솔하면서 적의 포위망을 뚫고 삶의 길을 개척하여 중국 국경까지 도착한 공로로 다시 한번 영웅칭호를 수여 받은 2중 영웅이었다. 가장 용맹스럽고 지혜로운 야전사령관으로, 육군대학 총장으로 많은 사람으로부터 높이 존경을 받았으나 사상검토 대상이 되자 모함이 시작되었다. 방호산은 1차 진격 시 서울 점령을 일부러 늦추었다는 추궁을 받아, 공격전에 해독을 준 반당 반혁명 분자라는 누명을 쓰고 철직 투옥 당했던 것이다.

이런 환경에서 기석복은 최고인민회의의 정령에 따라 군사칭호 중장을 받고 육군대학 총장으로 추대되었다. 이렇게 기석복은 육군대학 총장으로 1955년 12월에 옮겨가기는 하였으나, 그곳은 그가 숙청되기 전에 잠시 머물었던 임시 정박소와 같은 것이었다. 인민군 총정치국장 최종학 대장은 최고사령부 군사위원회에서 기석복이 그 직무에 적임자라는 것을 설명하기 위하여 다음과 같이 말하였다.

"최고 사령관 김일성 원수는 공화국 최고간부들 중에서 육군대학 총장의 직무에 적임자를 선출하기 위하여 공화국 내 9명의 도당 위원장들의 명단을 내 놓고 보다가 또 다시 다른 수첩을 열어 본 다음, 당시 외무성 부상으로 개성 및 제네바 평화 담판회의에 공화국 대표로 남일 대장과 같이 참석한 기석복 장군을 적임자로 지적했다."

물론 당적·정치적으로 준비된 면을 따져볼 때 기석복은 완전히 준비된 간부였다. 그러나 육군대학 총장 직무에는 군사과학에 대한 경험이 풍부한 간부가 요구되었다. 그렇게 군사 과학 방면에서 노숙한 간부들이 얼마든지 있었지만 그들이 전부 중국 의용군 출신이어서 김일성은 인정하지 않았던 것이다. 김일성과 같은 빨치산 출신에는 그런 간부들이 없었다. 왜냐하면 그들 대부분이 군사이론적으로 무식했기 때문이었다.

기석복은 육군대학 총장으로 약 1년 6개월 가량 있었다. 비록 짧은 기한이나마 대학 내에서 많은 일을 해 놓았으며 대학의 권위를 전국적 범위에 올려 세웠다. 우선 군사규율, 상학체계 등의 일반 지도 수준을 엄격하게 하여 그 어느 때보다도 군대 규정대로 제도화 시켰다. 특히 사회과학 부문은 사회학부장 손예정 박사를 그 부문 담당 지도자로 배치하고 전국 과학계의 질을 높였다. 그 결과 공화국 최고간부들의 모임에서 진행되는 정치·사회과학 강연들과 각 대학 교원들을 위한 세미나와 또 각급 선전 일꾼들을 위한 세미나 및 토론회 등은 거의 독점하다시피 했다. 나아가서 군사과학 분야에서의 조직, 이론 상학들도 문제없이 잘 진행하였다. 기석복은 전략 전술에 대한 문제와 군사 예술에 대한 문제에서 중요한 주제들을 취급할 때에는 대학 내에 있는 군사 전술 교원들 외에 김웅 부상이나 박송파 일반 부참모장, 장평산 제4군단장 등 아주 유식하고 군사적 면에서 경험이 풍부한 인재들을 효율적으로 이용하는가 하면, 소련 군사 아카데미를 졸업한 유성철, 정학준 등 조국전쟁의 작전 지도를 작성하던 간부들을 이용함으로써 육군대학 교육체계를 질적으로 높여놓았다.

그러나 이런 노력도 다 필요 없었다. 김일성은 기석복의 노력을 단순하게 보았다. 김일성은 육군대학을 조직, 지도하는 사람이 소련 출신 간부라는 것은 위험한 일이라고 생각했다. 김일성은 기석복을 교체해야 할 때를 노리고 있었다. 결국 때가 돌아 왔다. 그것은 바로 '당의 사상노선에 있어서 교조주의, 관료주의, 사대주의 등 독소를 청산할 때 대한 당의 제 과업'이라는 문제를 노동당 전원회의에서 취급한 때였다.

1955년 12월 당의 문화 노선에 있어서 교조주의, 관료주의, 사대주의를 반대하여 정동혁, 정율, 기석복 등 소련파 문화노선 일꾼들을 비판할 때가 되어서야 기석복은 자신이 김일성에게 속았다는 것을 알게 되었다. 이 회의에서 기석복 총장, 정율 문화선전성 부상, 전동혁 등 많은 소련출신 간부들이 당적으로 엄중 경고·책벌을 받고 모두 현직에서 철직 되어 하급으로 좌천 되었다.

관료주의니 교조주의니 또 사대주의니 하는 명목으로 처벌, 철직 당한 것이 당의 문화 정치노선에서 소련파를 청산하자는 김일성의 술책이란 것을 명확하게 알게 될 때쯤 기석복은 공화국 도서 출관사 사장으로 임명되었다. 이때부터 기석복은 속을 태우며 주야로 크게 고민하게 되었다. 국가 요직의 간부로써 나라를 건설하여 놓고 그 나라 간부들이 서로 신임하면서 같이 사업하여야 함에도 불구하고, 모든 사람들이 외형으로는 서로 인사는 하나 내심은 전혀 다르게 비판, 감시를 해야 하니깐 서로 만나기 무서워하고 말하기 두려워하는 지경에 이르렀다. 이것이 김일성이 저질러 놓은 사상검토 결과였다. 이제는 가까운 친구도 벗도 동지도 없는 상호간 적이 되어 가지고 누가 어디서 누구하고 무슨 말을 하는가 하는 것을 입수하여 상부에 밀고하고, 그래서 자신들의 신임만 높여 출세의 야욕을 부추기는 꼴이었다.

이런 조건에서는 어떤 일도 손에 잡히지 않아 일을 할 수가 없었고, 내일에 대한 믿음이 없어져서 안착할 수도 없었다. 기석복은 밤낮 생각하고 또 생각을 거듭하여 결국, '내가 부모의 고향, 조선을 해방하고 나라를 건설하고 행복하게 살면서 그 행복을 후손 만대에 넘겨주자고 열심히 노력한 것이 이제는 우리들 모두가 보따리를 걸머지고 살길을 찾아 원동변강에 가야하는 모양이 되지 않았는가?'라는 결론에 도달했다. 자신이 사상검토 결과에 의하여 비판받고 철직되고 또 좌천된 것은 둘째치더라도 앞으로 또 어떤 상황이 닥쳐올 것인가, 가족이나 살려 두겠는가하는 두려움을 떨칠 수가 없었다. 2~3년 전에 이런 일을 당하였던 간부들의 경우를 보면, 탄압이 한번의 고비로써 끝나는 것이 아니라 반복되어 결국에는 농촌협동조합이나 탄광, 철광산, 벌목장 등으로 정배를 보내는 것을 보아 왔던 것이다. 먹지도 입지도 못하는 것은 참을 수 있겠지만 인권과 도덕적 멸시에 이어 병이 나서 죽거나, 그렇지 않으면 하부 노동당 열성자들에게 매맞아 죽는 일이 허다했다. 또 그들의 야유와 놀림에 시달려 길가에서 억하심정의 홧병이 도져 객사하는 일도 종종 있었다.

탄압 당한 간부들을 하부로 내려보낼 때에는 1~2년 후에 당은 관대하게 처리하여 다시 복귀하겠다고 하였지만, 아래로 내려갔던 사람이 다시 복귀한 사람은 없었다. 아래로 내려가는 간부들은 대학 다니던 학생도 퇴학시켜 같이 내려보내었고 심지어는 외국에 유학 갔던 유학생들도 호출하여 정치범 수용소에 보내곤 하였다. 이러한 사정을 잘 알게 된 기석복은 자신은 시한부 인생을 살 지라도, 자라나는 아이들에게 공부라도 시킬 수 있기를 바라며 소련으로의 귀환을 준비하였다.

기석복은 1957년에 평양을 눈물로 이별하고 아들 3형제를 데리고 압록강을 건너 만주를 횡단하였다. 그는 1945년 8월 조국 해방을 위하여 소·만 국경을 넘어 산채거우, 훈춘, 길림을 통과하여 심양을 거쳐 평양에 들어가던 일이 회상되어 와 그만 눈시울을 적시고 말았다.

1957년 11월 기석복은 모스크바시에 도착하였다. 평양을 출발하여 모스크바시로 오는 8일 동안 기석복은 한숨도 많이 쉬었고 아이들이 보지 않게 눈물도 많이 흘렸다. 할 수 없이 떠나오기는 하였으나 낙심하지는 않았다. 그래도 2~3년 정도 지나면 북한의 정치도 변경되어 다시 돌아가게 될 것을 희망하였다. 모스크바시의 소련 공산당 지도부에서도 그런 취지의 말을 했다.

"중앙 아시아에 친척, 친구들도 있고 또 기후 조건도 아주 따뜻하니, 가서 고급당 학교에서 한 4년 간 정치 경제적 이론을 잘 연마하면서 시간을 보내노라면 조선의 정치적 환경도 바로 잡힐 터이니, 그 때에 다시 나가도록 하고 지금은 좀 휴식하도록 하시오."

나중에 알고 보니 이런 말은 조선에서 돌아오는 모든 간부들에게 말했던 것이었다. 여하튼 기석복은 소련 공산당중앙위원회의 파견서를 받아 가지고 우즈베키스탄 공화국 공산당중앙위원회에 도착하였다. 그는 공부를 위해 중앙당 학교로 갔다. 그가 갔을 때는 벌써 새 학년도를 시작하여 약 3개월 동안 공부하고 상반기 시험 준비를 하고 있는 때였다. 그러나 기석복은 16년 전에 대학을 필한 노숙한 이론가였기에 먼저 시작한 학생들과 연구생들을 따라잡아 나중에는 앞서가면서 공부하였다.

타슈켄트시에 도착하자, 국가의 혜택으로 일급 사택인 방 3개짜리를 배정 받았다. 재정적으로도 학비 1천 800루블리, 부양가족당 200루블리, 합계 2천 600루블리나 지원받아 경제적으로 넉넉한 생활을 하면서 공부하였다. 당시 소련 루블리는 달러와의 환율이 1달러에 2,8루블리로 계산되었던 바, 당시 2천 600루블리는 아주 큰돈이었다. 예를 들면 백미 1Kg당 70~80전, 쇠고기 1Kg당 1,5~2루블리, 고급 양복 1벌에 80~100루블리였다.

당학교에서 학습을 시작하고 보니 우선 제일 좋은 것은 절대적 자유가 보장된 것이었다. 그로 인하여 내일에 대한 믿음이 생겨 모든 사업을 자신의 계획대로 움직일 수 있었다. 북한에서 돌아온 사람들은 자기 친척을 따라 각 도에 나간 사람들을 제외하고는 대부분이 타슈켄트시 칠란사르 동에 사택들을 배정 받아 모두 한 친척처럼 살게 되었다. 아이들도 대학생들을 제외하고는 모두 한 학교에서 인민반 초중 및 고중까지 다니게 되어 꼭 평양생활 같기도 하였다. 특히 누구의 생일이나 명절날이면 모두 한 집에 모이곤 하였다.

유가족 후원회에서 파악하고 있는 통계에 의하면 북한으로부터 우즈베키스탄에 돌아온 전체 가족은 86가족이며 타슈켄트시내에서 살고 있는 가족은 62세대였다. 공화국 중앙 고문서 통계에 의하면 262가족이 1945~1948년 사이에 우즈베키스탄에서 북한으로 들어갔다고 밝히고 있다. 이 중에서 다수가 사상검토 운동이 시작되자, 농촌·탄광·목재소 등에 가서 중노동에 지치고, 먹을 것을 먹지 못하고 입을 것을 입지 못하여 비참하게 죽었던 것이다. 때문에 수천 명의 소련 관광단이 북한을 방문할 때, 예전에 알고 있던 사람이나 친척들을 만나보자고 하면 99%는 안 보인다. 그나마 천명에 한 명 꼴로 보는 것마저 돌아오는 비행기에 탑승하기 전에 약 30분간 여유를 두고 잠시 만나게 한다. 그들이 입고 있는 의복은 더 말할 수 없이 누추하며 용모는 중병을 앓다가 겨우 일어나서 잡혀 온 사람과 비슷하였다고 모두들 이구동성으로 말하였다.

기석복은 4년 동안 공부하는 동안 떠나온 조국에 대한 기록도 많이 남겼다. 특히 같이 북한으로 나갔으나 돌아오지 못하고 농촌으로 쫓겨간 리 알레체이, 김해경, 김두환, 안철, 최철환, 박영, 정학준, 최원, 리종인, 장두익 등 많은 동지들에 대하여 종종 이야기하며 눈물도 흘렸다.

이럭저럭 세월이 많이 흘러 내렸으나 북한 정세는 점점 민주주의에서 멀어졌고 일인 독재체제가 완전히 구축되면서 국가 정책이 반소정책으로 넘어가는 한편, 소련과의 외교관계도 점점 나빠지고 있는 환경에서 소련 귀국동지들은 고급당 학교를 졸업하고 자기 기능대로 각자의 직무에 임하게 되었다.

기석복은 과거 신문기자, 교정원, 신문사 주필도 하여 본 경험이 있었기 때문에 신문계통으로 장래의 방향을 잡고 소련에서 유일한 조선인 신문 『레닌기치』 신문의 타슈켄트 주재 기자부 부장으로 배치 받고 일하게 되었다. 기석복은 본래 우즈베키스탄 공화국에서 대학공부를 하였고, 특히 우즈베키스탄 공화국 총책임비서 라시도브 동지와 같이 싸마트깐트 대학을 졸업한 인연으로 그의 도움도 많이 받았다. 그의 도움으로 주택 배정 때, 시내 중앙 위치에 보기 좋은 건물에 평수도 넉넉한 사택을 마련하였고, 연금으로 나올 때도 공화국 최고인민회의 정령으로 '공훈 문화 일꾼'이란 칭호를 받게 되었던 것이다.

물론 기석복 자신이 일생을 걸어오는 동안 그만한 공로는 북한에서도, 또 귀환 후 우즈베키스탄에서도 세웠다. 특히 당학교를 졸업한 후, 무려 18년 동안이나 『레닌기치』 신문 특파기자, 우즈베키스탄 공화국 주재소 소장 등으로 일했다. 매일을 전야에서 일하고 있는 한인들의 생활을 묘사하여 그들의 높은 수확고 향상을 고무 격려하였으며, 또 한인 노동자들이 방방곡곡에 분산되어 일하고 있는 조건에서도 먼 거리도 불문하고 찾아가서 방문하고 자료들을 취재하여 신문에 발표함으로써 많은 지도간부들의 절찬과 존경을 받았다. 그 중에서도 '뽈랴르나야 스베스다' 꼴호즈 관리위원장이었고 사회주의 노동 이중 영웅인 김병화, '뽈릿옷젤' 꼴호즈 관리위원장이며 사회주의 노동 영웅이었던 황만금 등은 한인 꼴호즈 지도자로써 기석복과 긴밀한 연계를 가지고 사업하였으며 서로 간에 매우 존경하였다.

기석복은 성질이 겸손하고 생활이 청백하였고, 논리 정연한 사람으로써, 그를 알고 지낸 모든 사람들은 그의 참된 인간성을 존경하였으며 높이 받들어 맞이하였다. 기석복은 모순과 야합에 대하여서는 절대로 묵과하지 않은 성질이었다. 기석복은 간장암으로 입원하여 1979년 10월에 병원에서 사망하였다. 기석복의 부인인 김계순은 그가 사망한 후, 3남 기 에두아르드와 같이 경제적 면에서는 넉넉하게 근심 없이 지냈다. 그러나 지병인 신경병으로 인하여 1994년 9월에 세상을 떠났다.

기석복이 죽을 때, 아들 3형제는 사회의 간부로서 일하고 있었다. 맏아들은 대학을 나온 다음 계속 모스크바시에서 살고 있었고, 차남 기 에지쏜은 미술가로써 우즈베키스탄 공화국 예술동맹 성원이었다. 그는 공화국 미술가 전시회에 그의 작품이 수차례 전시되어 높은 평가를 받았다. 삼남은 계속 어머니를 모시고 있다가 어머니가 죽은 후부터 우즈베키스탄·한국 합작 기업소 부지배인으로 아주 열성적으로 활동하면서, 조선민주통일구국전선 성원으로써 적극적으로 사업에 참가하고 있다. 차남 에지쏜도 구국전선 위원이며 사업에 열성적으로 나오고 있다. 삼남은 구국전선 위원회 후보위원으로써 한인 유가족 후원회의 어려운 가족들을 위하여 자금 기부도 다소 조직하고 있다. 이들 3형제는 북한을 자기의 법적 조국으로 인정하며 통일이 되면 하루 속히 고향에 돌아가 아버지가 채 못했던 일들을 계속 하겠다고 손꼽아가며 기다리고 있다.

1995년 10월 10일 타슈켄트시에서 아들 기에지쏜, 기에두아르드

김 단
(1912. 4. 29 ~ 1974. 7. 23)

전 조선인민군 제4군단 군사위원, 소장

김단은 1912년 4월 29일에 원동변강의 수도 하바롭스크 주변에서 빈농의 아들로 태어났다. 1918년에 부모가 하바롭스크를 떠나 우쑤리쓰크 시로 옮겨 갔다. 이 도시에는 당시 한인들이 많이 살고 있었다. 김단은 소왕령이라 불리던 오르실로브시에서 초등학교와 중학을 마쳤으나 경제적인 어려움으로 인해 학업을 중단하고 1928년부터 1930년까지 2년 동안 부모와 같이 씬두히녜츠 협동조합에서 일하였다. 씬두히녜츠 협동조합은 우쑤리쓰크시에서 멀지 않게 떨어져 있는 원동변강 한까이 구역에 위치하여 있었다.

거기서 2년 동안 모은 돈으로 김단은 1930년에 우쑤리시에 있는 한인 사범전문학교에 입학하였다. 김단은 다른 학생들에 비하여 숙성한 편이었고 공부도 잘 하였다. 특히 청년조직 사업에 항상 앞장섰다. 김단은 1933년에 사범전문학교를 우수한 성적으로 졸업하고 부모가 살고 있는 씨두히녜츠 협동조합 초중 수학 선생으로 파견되어 1936년까지

일하였다. 1936년에 김단은 우쑤리 교육부의 추천으로 원동변강에 하나
뿐인 한인 사범대학에 공부하러 가게 되었다. 당시 한인 사대는 블라디
보스토크시에(당시 한인들은 해삼시라고 칭하였음) 있었다. 김단은 사범
대학에서 1년간 공부하고 1937년 한인들의 강제 이주 때 카자흐스탄 공
화국 크슬오르다시에 오게 되었다. 김단은 사대 3학년을 수료하고 생활
고로 인해 학업을 중단하게 되었다. 1939년에 우즈베키스탄 공화국에 이
주하여 타슈켄트 주 교육부의 추천으로 중칠칙 구역 카라쑤 초중에서 1
년간 일한 다음 중칠칙 '북극등대' 협동조합 위원장의 초청을 받아 동 조
합 문화부장 겸 구락부 주임으로 1940년부터 1945년까지 일하였다.

　김단은 1945년 8월에 소련군 제25군단과 함께 통역관으로 북한에 들
어가게 되었다. 북한 땅에 들어서자, 김단은 소련군 제25군단 정치부의
파견 명령에 따라 함경북도 웅기시 민정사령관의 책임 통역관으로 1년
간 일하고, 1946년 6월부터 소련군이 북한에서 철수하던 1948년 말까지
군단 정치부 제7부 통역관으로 일하였다. 소련군이 1948년 12월에 북한
에서 철수하면서 김단은 소련 국적
에서 제명되어 조선민주주의인민공
화국 국적으로 넘어가게 되었다.
또한 공산당적도 소련공산당중앙위
원회의 지시에 의하여 제적되었다.

　그 후 김단은 북한정부 내각의 지
시에 따라 김책 부수상의 비서직에
취임하였다. 이 직무는 김책 부수상
이 이행하는 책임적 범위에 걸맞게
아주 광범위하였으며 막중한 책임이
부여되는 일이었다. 김책 부수상은
유식하지는 않았으나 개성이 뚜렷하
고, 정직하며, 진실한 간부였기 때문

1946년 정치부 통역단 시절의 김단

에 인민들은 김일성 못지 않게 김책 부수상을 신뢰하였다. 김책 부수상은 주로 산업을 지도하였으며 군무자 회의에서나 농업경리 회의서도 그의 결론은 실생활을 반영하고, 진심에서 나오는 말을 하였기에 인민은 그를 굳게 믿었다.

김책 부수상은 소련군 제88여단에 있을 때도 김일성보다 높은 직무에 있었고, 동북에서 항일 빨치산 운동을 할 때도 김일성은 연대나 사단 범위에서 활약하였으나 김책 부수상은 집단군 정치위원으로 김일성 보다 훨씬 지도자적 수준에 있었다. 해방 후 조선에 나와 일하던 무정, 김웅, 리상조, 리익선, 박일우, 장평산, 방호산 등도 전부 애매하게 목숨을 잃었으나, 그 사람들은 모두 진정한 군인들이었으며 김일성보다 2, 3계단 위에서 지도자로 일했던 간부들이었다. 1950년 동족상잔이 시작되자 직접 전선을 지도한 사람들도 바로 이 사람들이었다.

이로 말미암아 김일성은 모든 전선 지도자들을 두려워하면서 하나 하나씩 철직, 강직시키기 시작하였던 것이다. 확실한 증거는 없지만 여러 신임할 만한 고급간부들의 소문에 의하면, 김책 부수상이 1950년 12월 31일 밤에 방에서 취침 중에 심장마비로 사망하였다고 하나 실제로는 허가이의 자살과 유사한 암살이라고 하기고 했다.

김단은 김책 부수상의 비서였으나 그 날은 설날 밤이라 동무들과 밤 늦게까지 놀고 늦잠을 자고 있었는데 총참모부에서 김책 부수상이 사망하였다는 통고를 받았다. 급히 김책 부수상의 숙소에 가보니 이미 그 장소에는 없었고 중앙 군의소에 안치된 것을 볼 수 있었을 뿐이었다.

김책 부수상이 사망한 후, 김단은 약 1개월간 무직으로 있다가 1951년 2월 중순부터 105근위사단의 정치부장직을 임명받았다. 105근위사단은 탱크사단으로 소련출신 안동수 대위가 1950년 7월 중순에 수원시 쟁취를 위한 전투에서 영웅적으로 싸우다가 전사한 공로로 그의 부대에 근위라는 공화국 영웅칭호를 수여하여 붙여진 명칭이었다. 105근위사단은 유경수 소장의 지휘아래 영웅적으로 서울을 쟁취하고 수원, 평택,

천안, 대전까지 점령한 후 낙동강 전선까지 나갔다가 추풍령 전투에서 제10탱크 사단과 함께 주력군을 다 잃고 신의주까지 후퇴하였다. 거기서 다시 소련으로부터 기술 및 기자재들의 보충을 받아 다시 꾸려놓은 연합 부대였다.

김단은 105근위사단에서 1952년까지 정치부장으로 있다가 동년 2월 말일에 인민군 후방 방송국 기술기재 계획부 부장으로 자리를 옮겨 1954년 5월까지 일하였다. 1954년 6월부터 1956년 6월까지는 인민군 총참모부의 특수 정치부의 정치부장으로 있었고, 1956년 10월부터 1958년 9월까지는 조선인민군 제4군단 군사위원으로 일하였다. 조선인민군 제4군단은 배치 지역이 평양 서쪽방향에서 동해 바다까지였으며, 또 남으로는 대동강, 북으로는 청천강이라고는 하였으나 사실은 남포시, 강서 제강소, 용강, 송림, 황철 등이 주요 관할 지역이었다.

김일성은 군간부들을 숙청할 당시 '위험성'이라는 단어를 내세웠다. 김일성이 우려한 것은 외부의 위험성보다 내부의 위험성이었는데 그것에 기인한 단어였다. 국내파인 박금철과 이효순을 숙청할 때, 남한 정부와 내통하여 남한 군대를 동원하여 38선을 넘어 북벌할 계획이었다고 죄를 씌었다. 김일성은 유사한 죄를 뒤집어 씌워 제4군단 간부들도 전부 숙청하였다.

그 당시 제4군단장은 장평산, 군사위원은 최학일이었다. 그때 당중앙위원회 지도원들은 강서 제철소, 용강 기계공장, 황철 제강소 등 각 군 소재지에 자위대들을 조직하여 놓고 위험이 닥치면 상부에서 공급하여 주는 무기를 들고 평양으로 들어오는 적들을 소탕할 것을 명령하여 두었다. 그러나 얼마 후 제4군단 반당종파분자들의 지도아태 평양을 전복하려는 반당·반정부 군사 반란을 하려했다는 죄목을 뒤집어 씌워 중국에서 나온 유명한 간부들을 전부 사정없이 숙청하였다. 무정 장군은 이미 1950년도 말에 숙청당하였지만, 이 시기에는 학식과 군사적 측면에서 아주 유식한 김웅, 장평산, 이익선, 박송파, 리림 선상 등이 모두 숙청되었던 것이다.

김단은 이 시기에 제4군단 군사위원 최웨라를 대신하여 군사위원에 취임하였다. 높은 직책에 앉기는 하였으나 중앙으로부터 반당종파분자들의 집단으로 평가된 연합부대의 사기는 저하될 대로 저하되어 있어서 이를 다시 올려놓기는 쉽지 않았다. 죄 없는 사람들에게 죄를 꾸며 처단하였으니 하급 근무자들도 죄인과 같은 기분으로 있었다.

김일성의 정책은 간교하여 먼저 소련파의 아주 높은 장군들을 숙청한 후, 아래 사람을 높여 이용하다가 시간이 지나면 이 사람들까지도 없애는 것이었다. 이와 같은 방식으로 총정치국장 최종학도 함흥에 유배시킨 다음, 김단과 김학천에게 소장 군사칭호를 수여하여 각각 군단 군사위원으로 추켜세웠다가 이 사람도 저 사람도 다 떼내어 버렸던 것이다.

김단은 제4군단 당 정권 대표인 군사위원으로 약 1년 간 있다가 1958년 초에 최고 사령부 총참모부 공급부장으로 강등되었다. 이렇게 당 정권 대표가 식량 공급부장으로 떨어져 내려와 보니 조선 속담에서와 같이 '볼기를 맞는 놈이 엉덩이가 아픈 것보다 남의 눈앞에서 모욕당하는 것이 더 고약하다'는 것을 실감할 수 있었다. 하위직이지만 일은 계속 할 수 있겠으나 군사위원이 공급부장의 직무로 쫓겨 내려왔다고 곁눈질하는 것과 회의나 기타 모임에서 계속적으로 소련파, 허가이 졸개, 소련 사대주의자, 관료주의자니 하는 것이 매번 귀에 거슬리고 속청까지 훑어 내는 듯하여 견딜 수가 없었다. 또, 이렇게 내려 앉혀 놓은 것이 이 직무에 계속 두려는 것이 아니라 소련파 숙청을 위한 중간 과정이라는 것이 다른 동지들의 예를 보아서도 확연하였던 것이다.

김단은 은근히 손을 써서 소련에 귀국수속을 하여야 된다고 결심하였다. 그러나 김단은 만약 이런 생각을 하고 있다는 것을 노동당 앞잡이들이 눈치채면 악질분자로 몰려 북한에서 귀신이 되고 말 것이라는 것을 알고 있었기 때문에 아무에게도 말하지 않았다.

총참모부 특수군부대 정치부장으로 근무할 때 관하 연합부대들의 현지 전투훈련어 참가하던 광경. 앞줄 좌르부터 첫 번째가 김단. 태윤준 대좌(제12 고사포 사단장, 사진 두 번째)의 상황 설명을 듣고 있다

이즈음 김단에게 아주 불행한 일이 닥쳐오고 있었다. 1958년 말 김단의 부인이 위암에 걸린 것이었다. 부인은 김단과 26년간을 함께 했고, 슬하에 3형제를 두고 있었다. 그런데 이 불행이 오히려 북한에서 빠져 나오는 데는 큰 도움이 되었다. 김단은 1959년 4월부터 당에 청원서를 내고, 부인의 병 치료를 위하여 친척이 살고 있는 소련에 갔다오겠다고 요청하였다.

노동당은 1959년 9월에 가서야 이를 승인하였다. 그러나 소련 대사관에서 수속을 하는 동안 애석하게도 김단의 부인은 눈을 감았다. 이렇게 김단은 1959년 10월 29일에 부인을 잃고, 평양을 출발하여 함북 청진, 후룡을 통하여 소련 땅에 들어가 1960년 1월 10일에야 하바롭스크에 도착하여 아이들을 만나게 되었다. 이즈음 북한에서 노어를 가르치는 학교가 없어져, 김단의 세 아이들은 소련 하바롭스크에 들어가 합숙을 하면서 공부하고 있었다.

김단이 북한에 갈 때에는 해방된 조국 땅에서 살려고 마음을 먹었었지만 소련출신 간부들에게 누명을 씌워 당회의에서 비판을 가하는 일이 벌어지고, 김일, 천이반, 천율, 김철우, 장학봉 등 간부들에 대하여 죄를 찾아내기 위해 되지도 않는 말을 되풀이하며 이리 저리 돌려 부치던 일이 아주 부당하다고 판단했었다.

소련으로 돌아온 후 김단은 북한에서 일하다가 추방되어 되돌아온 소련파 간부들이 많이 살고 있는 타슈켄트시 보다 하바롭스크에서 살려고 하였다. 그러나 김단의 생활 양식과 행동 상 풍습이 전혀 러시아인들과 잘 어울리지 않는 관계로 하바롭스크에서 약 1년간 지내면서 하바롭스크 난방시설 공장 공급부장 직무를 그만두고 타슈켄트시로 이주하여 오게 되었다. 타슈켄트시에 도착하자 외국에 장기간 출장한 간부로써의 모든 생활조건을 보장받은 다음, 1961~1965년까지 택시 사업소에서 택시운영 사업 기술공정 기사로 일하였다. 자동차 기술 부문에서 생전 일하여 본 경험이 없었던 김단은 택시사업소에서 오래 동안 일하지 못하고 1964년 초에 레닌기치 신문사 신문기자로 취직하여 1970년까지 일하고 다음 해부터는 연금으로 생활하게 되었다.

김단은 하바롭스크에서 타슈켄트시로 이사오면서 모든 생활 문제가 국가로부터 잘 해결되자 새장가를 들게 되었다. 새 부인은 1961년부터 타슈켄트시내에서 살고 있던 박 웨라인데 아주 마음씨가 곱고 인자하며, 북한에 가서 전기 공업성 부상직을 맡았던 김영삼의 부인인 박은희의 여동생이었다.

김단은 1974년 7월 23일에 심장마비로 타슈켄트시에서 세상을 떠났다. 현재 부인 박 웨라는 김단의 아들 3형제, 딸과 같이 타슈켄트에서 조선의 통일을 기다리며 살고 있다.

1975년 8월 1일 장학봉

김 동 수
(1910. 2. 27 ~ 1996. 6. 1)

전 내무성 보안국장, 소장

김동수는 1910년 2월 27일에 원
동변강 니꼴쓰크 우쑤리 주 한까이
구역 오제르노예 촌의 빈농 가정에서
태어났다. 1918년에 인민학교에 입
학하여 1922년에 졸업하였다. 1923
년에 쑤이푼 구역 뿌찔롭까 촌의 중
학에 입학하여 1929년에 필하였다.
중학생 시절, 특히 1926년부터 레닌
공산청년회에 입회하여 학생들 속에
서 공청사업을 열성적으로 진행하였 
다. 그는 학교 공청단체 책임비서로 선출되기도 했다.

1929년부터 1930년까지 1년간 구역 민청위원회 책임 지도원으로 일
하면서 소련 공산당에 후보 당원으로 입당하였다. 1930년 나이 20세에
벌써 농촌 인민들의 신임을 받아 뽀크롭까 농촌인민위원회 위원장으로
선출되었다. 당시 원동변강에서는 지주들을 청산하여 토지들을 몰수하
고 빈농·중농들을 결속하여 농촌 집단경리를 만들어 가는 정책을 전면
적으로 써왔던 바, 김동수는 청년 간부로써 이 농촌 단일화 정책에 열성

적으로 참가하였다.

1932년에는 한까이 군당 파견에 따라 블라디보스토크 당학교에 입학하여 3년 동안 공부하고 1935년에 졸업하면서 군당 지도원이 되었다. 1937년에 원동변강에서 한인들을 강제 이주시킴에 따라 공산대학을 수료하지 못하고 중앙아시아 타슈켄트 주 중칠직 구역에 도착하여 2년간 군당 지도원으로 일하였다. 소련인민의 위대한 조국 전쟁시기인 1941년부터 1942년 말까지는 중칠직 군당 제2책임비서로 일하였다.

김동수는 1939년 중칠직 구역 '10월의 20주년' 꼴호즈에 있는 리 니꼴라이 빤젤레몬노위치의 딸인 리 따찌야나와 결혼했다. 1942년 11월 군당 제2책임비서였던 김동수는 께게베(KGB)의 호출을 받아서 모스크바시에 출장을 갔다. 그런데 빨리 온다며 집을 떠났음에도 불구하고 2년, 3년이 지나도 김동수는 집에 돌아오지 않았고 편지 한 장, 전화 한번도 없었다. 그런데도 매월 20일이 되면 우편국을 통하여 모스크바시에서 꼭꼭 송금이 되어왔다. 송금액은 마지막 직무의 봉급보다 약 50% 더 많은 금액이었다. 부인과 부모들은 김동수가 어디 가서 무엇을 하고 있는지 도저히 알 수가 없었기 때문에 그의 생일날이나 기념일이면 울고 있을 수밖에 없었다. 그나마 송금이 되어오니 무슨 일이든지 하면서 살아 있다고 짐작하여 희망을 가질 수 있었다. 그런데 1944년 12월부터는 송금이 두절되었다. 그렇게도 정확하게 오던 돈이 딱 끊어졌던 것이다.

부인과 부모들은 기가 막혔다. 누가 데려간 것이라도 알았다면, 그 기관에 편지로 문의라고 할 수 있겠는데, 께게베 호출로 모스크바시에 출장간다고만 했으니 더 이상 소식을 추적할 길이 없었던 것이다. 김동수가 일하던 군당에 가서 문의하였지만 거기서도 도저히 알 수 없다는 대답뿐이었다. 모두들 그렇게 정확하게 오던 돈이 안 오는 것을 보니 사람이 죽은 것이라고 추측하기에 이르렀다. 급기야 부인과 양측 부모들은 김동수가 필시 죽었다고 결론을 내리고 생일날에 제사를 지내기로 했다.

1945년 2월 27일 집에다 가까운 친척들과 동무들을 청하여 놓고 울면서 제사를 지내었다.

한편 집을 떠났던 김동수는 1942년 11월 모스크바시에 도착하였다. 타슈켄트 역전에서 떠날 때에 김동수에게 어떤 대위가 기차표를 끊어다 주었다. 그는 김동수를 모스크바행 타슈켄트발 제5호 급행열차에 앉혀 주면서 모스크바시 까잔 역전에 도착하면 누가 맞아 줄 것이니 근심하지 말라고 했다. 또 만약 맞아주는 사람이 없으면 노기나 광장에 있는 소련공산당 중앙본부 제7층에 있는 외사부 부장을 찾아 타슈켄트시에서 왔다고 하면 잘 맞아줄 것이라고 하였다.

김동수가 모스크바시에 도착하니 군관 대위 한 명이 마중을 나와 있었다. 그를 따라 역전 광장으로 나오니 거기에는 월가 승용차 한 대가 기다리고 있었다. 차안에는 운전기사 외에 또 한 명의 군관 대위가 앉아 있었다. 그 대위는 김동수를 보고 밖으로 나와서 아주 반갑게 맞이하며 인사말을 건네었다. 어디론가 가면서 군관 대위가 말을 자꾸 걸었다. 김동수는 묻는 말에 건성으로 대답을 하면서도 도대체 어느 방향, 어떤 기관으로 가는지 알 수가 없어서 가슴이 답답했다. 그렇지만 행선지를 묻지 않고 꾹 참으며 차가 가는 방향만 살펴보았다. 차는 계속 달려 모스크바시 교외의 모자이쓰크 대통로 옆에 있는 특별살림 구역에 도착하였다.

김동수의 생각에는 어떤 정찰학교에 가는 것으로 생각하였는데 도착한 곳에서는 아무런 학교 냄새가 나지 않는 보통 살림구역 같았다. 7층 아파트 앞에서 차가 멈추어 섰고 김동수는 군관 2명과 같이 엘리베이터를 이용하여 5층에 올라갔다. 사무실 벨을 누르는 소리에 문을 열고 나온 사람은 카프카스 사람 같았다. 그 사람은 군관들을 보더니 허리 굽혀 인사를 하며 문을 열면서 어서 들어오라고 권하였다.

복도에 들어서니 군관 대위가 어느 방을 가리키면서 '이것이 장군님의 방'이라고 했다. 김동수에게도도 방이 하나 배정되었다. 김동수가 자신의 방에 짐을 옮겨 놓는 사이에 군관들은 맞은 편에 보이는 다른 방의 문을 열었다. 거기에는 책상 4개가 놓여있었는데 마치 도서관과 비슷한 방이었다. 또 다른 방을 열었는데 그 방은 어떤 물리학자의 살림살이 같기도 하였다.

김동수를 마주하던 군관은 말하기를 "이 도서실에서 공부하고 이 실험실은 무전기에 대한 이론과 실질적으로 발신·수신 연습을 하는 방"이라고 하였다. 그러니 결과적으로 긴 복도 하나에 작업실 2개, 침실 2개, 식당 1개, 화장실 하나가 있었다. 복도에는 전화기 1대가 있었지만 받을 수만 있었지 자기 마음대로 전화를 걸 수는 없게 되어 있었다. 편지도 전화도 금지되었다. 외출도 금지되었다. 단지 매주 토요일과 일요일에는 나갈 수 있었지만 그것도 같이 있는 동무들 3명이 조직적으로 극장이나 장마당과 상점에 다녀오는 것에 한했다.

이틀 간 휴식을 한 다음 학습이 시작되었다. 학습은 매일 오전 중에는 무전 통신에 대한 이론 2시간, 무전기 실습 2시간을 하였다. 점심 2시간 휴식 후에는 2시간 동안 이론 상학이었으나 아무런 강의도 없었다. 군관 교원들이 프로그램과 보충 자료들을 갖고 와서 간단한 담화를 한 다음, 과제를 주면서 자료들을 연구하라고 했고, 몇 개의 강의 자료들은 직접 가져다주었다. 그러나 대부분은 책장을 가리키며 그것을 이용하라고 하였다. 교원은 벽에 붙은 과정표를 가리키며 2주일 후에 만나게 된다고 했다. 그때는 김동수의 이해 정도를 직접 확인하겠다고 하였다.

김동수는 일반·사회·자연·과학의 과목 등도 공부했다. 대략 2년 동안 공부할 양이었고 전체 강령은 세미나 형식으로 학습이 진행되게 되어 있었다. 그리고 김동수는 당시 조선의 경제·자연·지리·정치제도·제 국가들간의 외교관계·일제의 침략 정책의 세계화·특히 만주, 중국, 소련과의 관계·조선어와 일어에 대한 개념 등도 연구하였다.

김동수가 살고 있는 옆방에는 2명이 더 살고 있었다. 한 사람은 인도 사람이었고 다른 사람은 이란 사람이었다. 3명이 살고 있었으나 서로 통화할 수는 없었다. 다만 쉬운 러시아 말로 대충 의사전달만 가능할 정도였다. 그들이 공부하는 방법은 김동수가 공부하는 방법과 유사하였으나 교원들은 전혀 다른 사람들이었다.

식사는 러시아 여인 한 명이 와서 매일 준비해 주었는데 그 당시 전쟁의 어려운 환경임에도 불구하고 특별한 수준이었다. 소고기나 닭고기는 떨어지지 않았고 귀한 마른 버섯까지 가지고 와서 요리하곤 하였다. 식량을 실어오는 것을 보면 1주에 두 차례씩 러시아 군인들이 싣고 와서 부려 놓고 가곤 했다. 식사는 3명이 같이 한 자리에서 같은 시간에 먹었다. 몇 달을 그렇게 살아가면서 그 집 주변의 환경을 살펴보니 그런 형식으로 공부하는 사람들이 꽤 많은 듯 했다.

이런 시간외에 1개월에 몇 번씩 일정한 장소에서 진행하는 군사 전략 전술에 대한 강의, 군사예술, 특별한 국제 정세에 관한 강연회에 초대받아 가곤 하였다. 그런데 2년 동안 공부하는 사이에 안면 있는 사람은 한 명도 만나보지 못하였다. 김동수의 짐작에는 안면 있는 사람들이 30여 명은 중앙아시아 우즈베키스탄 공화국에서 왔으리라고 짐작했으나, 한 명도 만나보지는 못했다. 교육 강령에 멤버를 그렇게 구성하여 같은 고향 사람들은 서로 만나 볼 수 없게 만든 것이었다. 왜 그런고 하면, 한 고향 사람들이 한 곳에서 공부하고 있다가 실제 공작 때 한 명만 체포되면 전체가 다 파탄될 우려 때문에 그렇게 조직한 것이다.

김동수는 교육을 마친 후 모스크바시를 출발하여 원동변강, 만주를 거쳐서 평양으로 그리고 서울 주변에 도착하였다. 김동수는 자기 내막을 탄로시키지 않기 위하여 만주에서 조선으로 나가는 청부업자 건설노동자들과 동행하였는데 그들은 막노동판에서 굴러먹은 노동자, 반 불량자, 반 강도와도 비슷하였다. 그들과 사상적·문화적 공통성은 좁쌀만치도 없었지만 자신의 목적을 달성하기 위해서 그들에게 복종하며 참고 견디었다. 그들에게도 김동수 같은 지식이 있는 사람이 한 명 정도는 꼭 필요하여서 계속 같이 지낼 수 있었다.

김동수는 서울에 도착하여 건설 청부업자들의 문건을 봐 주기도 하
고, 건설·수리 계약을 체결할 때는 청부업자들의 이익을 옹호하기도
했다. 이렇게 일을 조직하고서는 자기는 경상도 태생이라면서 어려서
고향을 떠나 만주에 갔었다고 했다. 그러면서 가끔 대구에 다녀오겠다
고 수차 대구를 오가며 임무를 수행하였으며, 다른 한편으로는 사과 장
사를 하여 돈을 벌기도 했다. 대구에서 사과 1봉에 1원을 주고 20봉을
사서는 서울에 도착하여 과일상점에 넘겨주기만 해도 4원씩 받았다. 그
리하여 대구에 한 번 다녀오면 왕복 차비와 다른 비용들을 다 제외하고
서도 35~40원은 떨어졌다. 김동수는 서울에서 적당한 일자리를 찾았
으나 함경도 출신에겐 누구도 일자리를 주지 않았다. 하는 수 없이 경상
도 대구출신으로 가장하고 경상도를 오가며 낙동강 구경도 하고 자신의
임무를 수행하였다.

1945년 8·15에 일본이 항복하였으나 김동수의 임무는 계속 남아 있어
1950년 6·25전쟁 때 북한이 서울을 점령할 때까지 남아 있었다. 인민군
이 서울을 점령 하자 김동수는 마지막 무전으로 모스크바에 임무를 보
고하고 북한 정부에 복무하기 시작하였다.

한편 김동수의 부인과 부모들은 김동수가 죽었다며 제사를 지냈는데,
제사를 지낸 지 1개월이 지나자 다시 송금이 정기적으로 매월 20일이면
우편국을 통하여 들어오는 것이었다. 입맛을 잃고 앓는 몸으로 아이들
을 데리고 맥없이 살던 따찌야나는 4월에 피는 난초 모양으로 되살아나
웃는 낯으로 자기 남편이 살아있다고 주변사람들에게 자랑하였다. 이때
에 이르러서야 따찌야나는 남편 김동수가 정찰 임무를 맡고 조선에 나
가있다는 것을 대략 짐작하였다. 때문에 일제가 패망한 1945년 8·15 이
후부터는 자기 남편을 만나 볼 날이 가까워 온다고 생각하며 손꼽아 그
날을 기다렸다.

그러나 일본이 패망한 지 5년이 지났음에도 김동수에게서 아무런 소
식이 없자 다시 속을 태우기 시작하였다. 떠도는 소문에 의하면 중칠칙

구역 제2기계 트랙터 임경소 정치부장 황 니꼴라이, 조선극장 예술지도자 겸 감독 김진 등이 평양에서 호감자 장사 노릇을 하고 있는 것을 보았다는 사람도 있었고, 김동수를 평양 어느 극장에서 보았다는 사람도 있었다. 그러나 자세하게 아는 사람은 없었다.

어쨌거나 송금은 계속 되고 있었기 때문에, 김동수의 생명은 보존되어 있다는 사실은 믿을 수 있었다. 그래서 항상 슬프면서도 마음은 든든하였다. 살아가는 살림살이는 국가에서 보내주는 돈이 계속 있었기 때문에 큰 근심 없이 사는 편이었다. 또 한편 그때까지 부친 니꼴라이 빤쩰레모도위치가 계속 사회 보험저금소 책임자로 일하였고 누이동생, 남동생들이 꾸준하게 살고 있어 남부러운 일은 없었다. 다만 남편이 그리운 것이 문제였으나 그것도 임시적이라고 생각하면서 아들 형제를 잘 보살피며 교육시키고 있었다.

김동수가 조선해방을 위하여 어려운 환경 속에서 1944년 일제시대부터 남한에서 정찰운동을 하였다는 평정서가 소련 께게베 중앙본부로부터 조선 노동당 중앙본부에 도착하자, 김일성은 1950년 8월에 김동수를 내무성 정보국 부국장으로 임명하였다. 전쟁의 혹독한 시기에 평양을 내어놓고 후퇴하였다가 다시 회복한 다음인 1951년 7월, 김동수는 평양 특별시 내무부장으로 임명되었다. 군사 칭호는 소좌이었다.

김동수는 엄폐된 환경에서 일하다가 광명스러운 양지로 떳떳하게 나서서 일하게는 되었으나, 소련에 살고 있는 부인 따찌야나와 두 아들을 평양으로 데려 올 수는 없었다. 그것은 전쟁시기의 경제난 때문이기도 했고, 유엔 폭격기들이 매일 평양을 폭격하는 조건에서 평양에 나와서 살게 하는 것이 불안하기도 했다. 전쟁 시기에는 평양 수뇌부 전체 간부들의 가족들은 모두 중국으로 피난시켜 목단강, 연길, 하얼빈, 용정 등 여러 도시에서 살게 하였다. 이 가족들을 편안하게 하기 위하여 중국정부는 특별지시로 각 곳에 대표부라는 것을 조직하고, 각 가족의 인원수 효에 따라 일정한 보조금을 지불하였다. 이것은 정전이 조인된 1953년 8

1957년 내무성 보안국장으로 근무할 때의 가족사진

월까지 계속되었다.

김동수는 1952년에 우즈베키스탄 공화국에 출장을 다녀왔고, 1953년 말에는 자기 가족을 평양으로 데려갔다. 부인 따찌야나는 남편을 따라 북한에 가기는 하였으나 아직 북한의 경제난으로 인하여 물질적으로 평화로운 생활을 할 수는 없었다. 건물이 전쟁으로 모두 파괴된 시점이라 평양 내무부는 평양에서 30리나 떨어진 순안에 자리잡고 있었다. 때문에 김동수의 가족도 순안 주변 농촌에서 살게 되었다. 그 후 평양은 급속히 복구되어 중앙정부기구들은 1953년 말에서 1954년 초까지는 모두 평양에 이주하게 되었다.

김동수는 1957년 초에 평양특별시 내무부장 직무에서 내무성 보안국장으로 영전되었다. 당시 내무상으로는 소련 께게베 간부출신이었던 유명한 방학세였다. 방학세는 소련군 제25군단 정치안전부 부장 보자긴 소장과 함께 일하면서 북한에 입국하였던 바, 북한으로부터 소련군 철거 시기인 1948년 말에 김일성과 스탈린과의 특별교섭에 따라 북한에 남아 있게 되었던 사람이었다.

방학세는 그 후 계속 중요한 요직들에서 근무하였다. 처음엔 당중앙위원회 대남사업부장, 정치보위국장, 1955년도부터는 내무상이었다. 조선 노동당의 간부숙청, 간부처단, 지방으로 유형, 파견 등 가장 비극적인 일들은 전부 방학세의 손을 거쳐서 집행되었다. 이렇게 김일성의 지대한 신임을 받고 오른팔 역할을 하면서 살인자 역할을 대신하던 방학세도 1959년 소련 간부들에 대한 문제로 숙청을 할 때, 전직 당하여 무임소 상으로 격하되었다. 그리고 함흥에 내려 보내 노동사상을 재교양 받게 하였다. 결국 그는 거기서 병들어 죽고 말았다.

방학세가 내무상 직무에서 떠나자 그 직무에는 빨치산 출신의 비교적 진보적인 간부 석산이 임명되었다. 새로운 내무상 석산은 얼마 지나지 않아 김동수를 부상으로 추대하려고 수차 동의를 물었다. 그러나 김동수는 그 제의를 매번 거절하였다. 그것은 내무성에 방학세가 상으로 있을 때, 제일 중요 요직에 소련출신 간부로 강상호, 주광무, 김 알렉쎄이, 김동수 등 전부 5명이 일하였으나, 1959년에 와서는 다 청산되고 김동수 한 명만 남았다. 그런 상황에서 영전이 된다면 웃음거리가 될 것이기 때문이었다. 또한 그가 부상직을 마다한 것은 숙청의 회오리 속에서 견딜 재간이 없다고 생각하고, 기회만 주어진다면 소련으로 귀환할 것을 결심하였기 때문이기도 했다. 김동수는 공식적으로 내무상 석산에게 제기하기를 자기는 이제 연금생활 연령도 되고 몸에 병도 있고, 늙은 부모들과 오랫동안 떨어져 살게 된 관계로 소련으로 귀향하여 부모들을 살펴보며 살겠다고 요청하였다.

김동수는 소련 공민으로써 북한에 파견되어 전쟁 전까지 약 6년 간 일한 공로자였으므로 김일성은 내무상의 제의에 그 즉석에서 소련 귀환을 비준했다. 김동수는 소련으로 귀환한 간부 중 사상검토를 받지 않은 간부였으니 김일성 일파의 괄세를 모면한 셈이었다. 그런 사람은 불과 10명 미만이었다.

김동수는 소련에 귀환한 후 연금을 수속하고, 타슈켄트시에 사택을 배정 받았고 아이들의 학교를 준비했다. 그러면서 약 1년간 집에서 지내다가 부인과 함께 유명한 크림반도의 휴양소에 가서 약 1개월간 휴식하였다. 돌아오는 도중 모스크바시에 들러 여러 친구들을 만나 이전에 북한에서 일하던 이야기, 사상검토에 걸려 고생하던 이야기 등을 주고 받으면서 눈물도 짓고, 웃기도 하였다. 그들이 모여 하는 이야기의 화제는 불쌍하게 암살 당한 허가이, 박창옥, 박의완, 최종학, 최홍국, 박헌영, 이승엽, 김두봉과 조만식 등에 대한 것이 주종이었다. 두 부부는 약 2주일간 모스크바시의 이집저집 동무들을 만나면서 휴식하다가 타슈켄트시로 돌아왔다.

그 후, 타슈켄트시에 도착한 지 일년만인 1962년 말부터는 일을 하고싶어서 시 내무부장에게 취직을 부탁하였다. 내무부장은 김동수의 요구에 따라 타슈켄트시 레닌 구역 경비부장으로 임명시켜 주었다. 김동수에게 이 직무는 아주 적당하였다. 그는 이 직무에서 무려 16년 간 일하였다. 1978년부터는 집에서 휴식하며 일년에 한 번씩 동부인하여 소련의 여러 휴양소에 다니며 휴양하였다.

김동수는 1993년에 세상에서 가장 귀중한 자신의 만년배필 리 따찌야나를 잃게 되었다. 따찌야나가 세상을 떠난 후 김동수는 아들 알렉산드라와 같이 살았다. 부부가 살던 집은 손자에게 양도하였다. 김동수는 1996년, 86세의 나이로 세상을 떠났다. 김동수는 노년에 비교적 건강한 몸과 정신 상태를 유지하면서 항상 손자들을 만나며 신문 잡지 등을 빼놓지 않고 매일 보았으며 조국통일에 대한 염원을 잊지 않았었다.

1996년 12월 10일 타슈켄트시에서 장학봉

전 조선인민군 최고군사재판소장

김동철은 1912년에 원동변강 연해주에서 태어났다. 1939년에 카자흐 공화국 크슬오르다시에서 사범대학을 졸업하고 일년 동안 중학교에서 교편 생활을 하였다. 전쟁시기(1941~1945)에는 김병화 꼴호즈에서 당 조직원으로 일하였으며 여유 시간을 이용하여 같은 기관 내에 있는 타슈켄트 국립종합대학 법학부를 통신 방법으로 졸업하였다. 파쇼 독일을 반대하는 소련인민의 조국전쟁이 끝날 무렵, 1945년 8월에 소련 군대에 초병되어 극동사령부 전선에 배속되었고 북한 해방전투에 참가하게 되었다.

북한에 들어온 후 김동철은 제 25군단 정치부 민간사령부 지도원으로 일하다가, 1946년 6월부터는 역시 소련군 정치부에서 지도하는 북한정부 내각고급지도간부학교에서 정치학교원으로 1948년 말까지 일했다. 소련군이 철퇴하고 난 후 국적과 당적을 바꾸어 북한 공민으로 전적하였다.

그 후 공화국 최고재판소 부소장으

1952년에 찍은 김동철과 김옐렌나 그리고 아들 김와씰리

로 일했으며 6·25 동족상잔이 벌어지자 최고사령관 김일성의 명령에 따라 조선인민군 최고군사 재판소장으로 활동하게 되었다. 1952년 말에 전선부대들의 사업 시찰 중 아주 심한 포격을 당하면서 중상을 입었다. 모스크바시로 후송되어 3개월 동안 치료를 받았으나 결국 불구자가 되고 말았다.

동족상잔이 끝난 후 철도성 차관 겸 정치국장으로 임명되어 1957년 말까지 근무하다가, 사상검토가 치열하게 진행되어 수백만 명이 철직·투옥·광산이나 농촌에 추방되었던 1958년 초에 철도성 차관 직책으로부터 철직되어 교육성 출판사 사장으로 일하게 되었다. 그해 10월에는 그 자리에서도 철직되어 집에 앉아 있으면서 소련으로 귀국할 준비를 하였다.

김동철은 이미 1948년에 조선국적으로 전적한 사람이기 때문에, 먼저 조선국적에서 제적되어야 다시 소련국적으로 넘어갈 수 있게 되었다. 북한 정부는 국적 제적 수속을 질질 끌더니, 1958년 12월 30일 정치안전부 군관 2명이 집에 와서 '당 중앙 간부부로 호송하도록 명령이 내려졌다'고 하면서 김동철을 데리고 갔다.

김동철이 잡혀 간 일주일 뒤였다. 정치안전부 군관 2명이 집으로 와 모든 짐과 책 등 집안에 있는 모든 물건들은 전부 수색 검열했다. 그런 다음, 그 모든 것을 모두 한 방에 넣고 자물쇠로 잠궈 버렸다. 김동철이 가지고 다니던 권총 한 자루와 출조시에 가지고 다니던 들가방, 수첩 등을 모두 가지고 가면서 '짐을 하나도 손대지 말라'고 하였다. 집에는 또 한 자루의 권총이 있었다. 김동철이 소련 군대에서 복무할 때 가지고 다니던 것이었다. 그의 부인은 그 권총을 문 밖에 있던 석탄굴 밑에 파묻었다.

이렇게 집에 있는 모든 가구 등을 전부 몰수당한 다음, 부인은 소련대사관에 달려가 도움을 요청하였다. 당시 부인의 국적은 소련 국적이었다. 2~3일이 지난 뒤였다. 집을 수색·몰수하러 왔었던 군관들이 다시

와서 몇 개의 짐, 주로 아이들 물건과 부인의 물건을 얼마간 다시 돌려주었다. 그때도 부인은 겁이 나서 또 다른 권총에 대해서는 아무 말도 못하였다. 그런데 약 10일 지난 다음, 돌려주었던 짐을 다시 다 실어갔다. 그리고는 방 두 개를 압수하여 다른 가족에게 넘겨주었는데 그 가족이 바로 박영빈의 가족이었다.

당시 박영빈도 당 중앙 조직부장 겸 정치위원까지 하던 북한 일류간부였는데 대외무역 차관으로 철직되었었다. 그러나 그는 그때까지는 풀이 그다지 죽지 않고 일터에 꿋꿋하게 다니고 있었다. 그가 그렇게 고개를 들고 다닐 수 있었던 배경에는 그의 부인 덕도 적잖게 작용했다. 그의 처 마리야는 소련서 나온 여인들은 입고 다니지 않던 한복 치마저고리를 입고 다니며 동사무소 열성자로써 치마꼬리를 단단히 흔들었다. 이러한 치마꼬리 바람은 동사무소 정치안전 군관들에게 아주 필요하였다. 그 이유는 소련서 나온 가족들의 비밀을 그녀를 통해서 알아내려고 한 것이었기 때문이다.

박영빈의 가족이 김동철의 집에 와 살고있던 어느 날 저녁, 박영빈의 아들이 석탄을 가지러 석탄굴에 나갔다가 감춰놓은 권총을 발견하고 자기 어머니에게 그것을 말하였다. 마리야는 그 말을 듣자 즉시에 우리 방에 나와 김동철의 부인에게 물어보기 시작했다.

"이 집에 김동철 선생이 사용하던 금지 물품이 정말 더 없는가?"

"그런 것은 절대 없다!"

대답을 들은 마리야는 곧 자신의 방으로 돌아갔으나 김동철의 아내는 불안감을 감출 수 없었다. 그녀는 마리야가 김동철의 권총을 발견하고 달려나와 수메뜨기로 물은 것을 단번에 알아차린 것이었다. 그녀의 심장은 세탁기 발동기가 돌아가듯 쿵당거렸다. 왜냐하면, 이 문제는 자신 있어서도 또 검거 당한 남편에게 있어서도 생사가 걸려 있는 문제였기 때문이었다. 북한 당국에서는 소련에서 나온 간부들을 걸어 소위 '허가이가 조직한 소련종파 반 김일성 쿠데타 준비'에 대한 고소를 제기하였는데, 권총 두 자루가 집에 있었다면 이것은 김동철을 고소한데 대한 결정적 증거물이 될 수 있었기 때문이었다. 때문에 권총 문제를 그 날밤 안으로 해결하여야 되었다. 내일 아침 9시면 동사무소가 일하게 되는바 그때에는 이 문제가 반드시 밀고될 것은 확연한 일이었다.

그래서 부인은 밤 10시경, 그 권총을 집에 가지고 와서 권총을 쌌던 보자기는 벗기고 다른 보자기로 그 권총을 싸서 큰아들에게 주면서 말했다.

"이 권총을 다른 사람들이 보지 않도록 은밀히 가지고 가서 대동강에 던져 버려라."

와씰리는 어두운 밤에 권총을 들고 밖으로 나가기 대단히 무서웠으나 눈물겨운 어머니의 눈길을 쳐다본 후, 이를 악물고 대답도 없이 문을 열고 밖으로 나가 대동교를 찾아갔다. 밤 열시라 하여도 정월의 한 중순 날씨인지라 대동교에는 사람들이 어쩌다 하나 둘씩 보였다. 와씰리는 수심이 가장 깊은 다리 한복판에 이르자 책처럼 겨드랑이 밑에 끼고 가던 물건을 대동강에 던져버리고 혹시 그런 행동을 본 내무원이 없는가 하고 주변을 훑어보았다. 그런 후 계속 손교리 쪽으로 걸어 가다가 다시 돌아서서 조심스럽게 사방을 살펴보면서 집으로 돌아왔다.

와씰리가 문을 열고 집으로 들어오니 부인은 아들을 끌어안고 눈물을 흘렸다. 와씰리도 대동교 중간에서부터 집까지 오는 동안 떨리는 몸으로 수차 뒤를 돌아보면서 왔던 때라, 집에 들어서자마자 어머니의 목을 끌어안고 소리 없는 울음을 울었다. 이때 침대에 누워 자던 어린 동생이 깨어나 눈을 비비면서 영문을 몰라하다가 역시 어머니 목을 끌어안는 것이었다. 어머니는 목에 매달리는 월로자를 자리에 다시 눕히고 이불을 덮어준 후 나직한 목소리로 말했다.

"권총을 쌌던 보자기에다 월로자의 장난감 권총을 넣은 후, 문밖에 있는 석탄굴속 깊이 잘 파묻었다. 그리고, 장남감 권총은 네가 월로자하고 감추기 놀이를 하면서 그렇게 파묻은 것이라고 대답하라."

위쎌리는 그때 그 말이 진실은 아니지만 어머니가 그렇게 말하니 아마도 그렇게 해야 된다고 결심하고 누워서 자다가 깨곤 했는데 그때마다 어머니가 잠을 이루지 못하고 뒤척이는 모습을 보았다.

다음날 두시 경이 되자, 드디어 정치안전부 군관 2명이 찾아 왔다. 안전부 군관들은 집에 있는 권총을 자발적으로 내놓으라고 윽박질렀다. 그러나 부인은 군관들에게 단호하게 말하였다.

"권총은 무슨 권총이오! 권총 한 자루 있던 것을 몰수해가고 또 무슨 권총 말씀입니까?! 권총이 집에 있기는 몇 자루 있지만 그건 전부 월로자 장난감입니다!"

그러면서 책장과 침대 밑 또 책가방에서 몇 자루 내어 보였다.

"이런 장남감 권총들은 어딘가에 더 있을 겁니다"

그러자, 성이 오른 안전군관은 고함을 지르며 말했다.

"아니 석탄굴에 권총 한 자루 묻어놓고도 솔직히 고백하지 못하겠느냐?!"

부인이 잠자코 앉아있으니 안전군관 한 명이 밖에 나가 자기 손으로 권총을 파내는 것이었다. 그 군관은 그 권총을 들고 와서 부인의 눈앞에서 보자기를 헤쳤다. 그런데, 보자기 안에는 장난감권총이 있는 것이 아닌가. 군관은 기대와는 달리 어이없는 일을 당하고 보니 기가 막히었으나 밀고에 의하여 수색하는 일이었기에 옆방의 마리야 집 식구들을 불러다 증인을 세울 수도 없었다. 하는 수 없이 동사무소에 가서 마리야를 불러 따로 심문하고, 그 다음 부인을 불러가야 했다. 오후에 옆방 아주머니와 7~8세 되는 그 집 아이는 장시간 파출소에 가 있었다.

그들이 집에 돌아온 후 약 3시간이 경과했다. 파출소 내무원은 부인에게 호출장을 전하였다. 그런데, 그 호출장은 파출소로부터가 아니라 시 내무부에서 호출하는 것이었다. 부인은 호출장을 받아 쥔 후 가슴이 천길 만길 떨어지는 듯하여 아무 말도 못하고 눈물만 흘리고 앉아있었다. 내무원은 돌아서 나가면서 내일 아침 9시 정각까지는 시 내무부로 꼭 오라는 당부를 하였다. 어머니는 세상일이 다 끝난 것으로 생각하고 계속 눈물을 흘리다가 몸을 가다듬어 정숙한 다음 아들에게 당부했다.

"아마 이것이 나를 검거할 호출장이 분명한데 만약 내가 갔다가 점심 때까지 오지 않으면 얼마 안 되는 돈이지만 얼마쯤 꺼내어 빵이라도 사다가 점심, 저녁으로 먹고 저녁에도 안 오면 또 무엇이든지 사다가 먹어라. 내일 아침엔 우리 방은 열쇠를 꼭 잠근 후 월로자를 데리고 길을 물어서 소련대사관에 가야 한다. 대사관에 가서는 눈치 빠르게 소련 아주머니들이 나오면 자세한 이야기를 하고 대사관 내부로 안내하여 달라고 부탁해야 한다. 내무원 수비대에 붙잡히면 끝장이 난다. 대사관 안에 들어가서는 대사관 직원들이 일하고 있는 방 옆 복도에 앉아 있다가 직원 중에 누가 물으면 아버지와 어머니가 모두 검거되어 감옥에 가고 우리는 갈 데가 없어서 여기 왔으니 소련 고아원에 보내달라고 부탁하라."

그런 말을 하면서 부인은 공책에 글을 써 주었다. 남편의 성명, 생년월일, 출생지, 조선인민국 연월일, 마지막 직무, 자신의 성명 등을 적은 다음, 자기는 소련 공민이기에 구원하여 달라는 것과 아이들이 소련 공민의 적에 매여 있으니 수속하여 고아원에 보내어 달라는 부탁의 글이었다. 그것을 쓰고 아래에 수표(서명)하였다. 종이를 아들에게 주면서 부인은 '아무에게도 보이지 말라'고 부탁에 부탁을 하였다. 무조건 대사관에 가서 그 곳 직원에게만 주라는 것이었다. 이 말을 하고 나서 부인은 얇은 천 머리수건으로 집안에 있는 몇 푼 안 되는 돈을 거기에다 넣고 몇 번 겹치어 감은 다음 그것을 나의 가슴팍 위에 휴대하라고 하면서 또 말을 이었다.

"우리에게 있는 돈이라곤 이것뿐인데 조금씩 절약하여 무엇이든 먹을 것을 사서 월로자를 잘 걷어주어야 한다."

그러면서 부인은 소리 없는 울음을 아주 서럽게 울었다. 어머니가 슬픈 눈물을 흘리면서 자신의 등을 쓰다듬는 모습을 느끼고 있는 순간, 아들은 비로써 어머니가 억울한 혐의에 빠져 남편을 잃고 가정이 파괴되고 아이들까지 남에게 부탁하게 되는 심정을 이해하게 되었다.

부인은 그 날 밤을 뜬눈으로 지내고 아침 8시경에 다시 한 번 아들에게 주의를 주고 평양시 내무부으로 갔다. 부인이 집에서 나간 다음, 아이들은 어머니가 말한 대로 방문 자물쇠를 안으로 잠그고 전날 먹던 음식물을 나누어 먹으면서 있었다. 시간이 오후 2시가 되어도 어머니는 오지 않았다. 아이들은 밖에 나가 빵과 호감자 3개를 사 가지고 왔다.

집에 돌아오니 어머니가 와 있었다. 와씰리는 너무도 반가워서 들고 오던 빵과 감자를 식탁 위에 던지듯 버리고 어머니를 붙잡고 울었다. 어머니도 월로자도 같이 울었다. 부인은 울면서 말하였다.

"내무부에서 권총 건에 대하여 오래 취조하다가 내가 모른다고 계속 우기니까 할 수 없이 집으로 가라고 하면서 어디에도 가지말고 집에 꼭 있으라고 하더라."

그 후, 부인은 약 6개월 동안을 동사무소와 내무부 등에 호출 당하여 다녀야 했다. 호출이 끝나자, 우리 가족은 화물차에 실리어 서평양 보통 강변 반토굴막 약 6평방미터 되는 방으로 이주되었다. 그 곳에는 같은 형편을 당하고 있는 가정이 두 호가 있었다. 그것은 김칠성, 김원일의 가정이었다.

그 곳의 모든 가정들은 6~7평방미터가 되는 반토굴막에서 살았다. 위생 조건하고는 거리가 멀어 목욕탕이나 세면시설 같은 것은 상상도 할 수 없는 형편이었다. 평양 기후에서 장마철이 되면 무서운 호열자 전염병에 직면할 것이 분명할 정도였다.

아이들이 학교 갈 때는 가까워 오고 난방 장치라고는 없고, 또 화목이나 탄 같은 땔감도 없었다. 세 집 어머니들은 서로 토의를 열어 평양에 계속 산다하더라도 남편들에 대한 소식이나 행방을 알 수 없는 형편인지라 소련대사관을 통하여 소련 입국허가를 받아 다 같이 모스크바에 가서 모든 문제를 해결키로 하였다.

그러나 김동철의 가족은 소련 외무성의 지시에 의하여 모스크바시에 가지 못하고 우즈베키스탄 공화국에 오게 되었다. 모스크바 중앙정부는 우즈베키스탄 공화국 정부에 가족들의 요구 조건들을 해결하여 주라는 지시를 내려보냈다.

부인은 두 아들을 데리고 친척도 없는 조건에서 약 6개월 동안 남의 집에 셋방을 얻어 살았다. 형제는 학교에 다니고 어머니는 프라쓰마쓰 공장에서 노동하였다. 반년이 지난 후, 가족은 셋방에서 이사하게 되었는데 소련의 사회보장법에 의하여 무상으로 사택이 나오게 된 것이었다. 두 형제는 부양자를 잃은 자손으로써 국가보조금을 받으면서 중앙대학까지 나왔다.

부인은 남편의 소식도 모르고 살면서 형제를 남부럽지 않게, 애비 없는 자식으로서의 서러움을 겪지 않도록 노심초사하면서 키워왔다. 형제는 종종 명절 때나 또 누구의 생일 때면, 어머니가 홀로 외로워하며 자신의 그 서글픈 삶을 조명해 보는 것을 보아야했다. 구구만리에서 생사조차 불확실한 남편 김동철에 대한 그리움이 어머니의 가슴을 애간장으로 만들고 있었다.

그렇게 홀로 울며 살아왔던 부인은 30여 년 동안 계속 슬픈 감정으로 살다가 끝내 남편을 만나지 못하고 가슴에 한을 품은 채 1988년에 저세상으로 떠났다. 형제는 돌아간 어머니의 원을 풀어야 하는 과제가 주어진 것을 알고 있다. 그것은 돌아가신 부모를 되살리겠다는 말도 아니다. 그렇다고 누구에게 이 복수를 하고싶다는 말도 아니다. 아버지가 돌아간 날짜와 아버지의 묘지는 알아야 할 것 같다는 생각이다. 그들의 제사라도 제대로 지내야 하는 것이 살아 생전에 못했던 효도의 마지막이라고 생각되기 때문이다.

와씰리는 1994년 12월 28일 서울에서 열렸던 구국전선 2차 대회에 참가하였다가 아버지의 6촌 동생인 김동허를 만나 보았다. 그는 1948년도에 평양에 들렀다가 김동철을 만나 본 일이 있었다고 했다. 와씰리는 그를 따라서 7촌 아저씨 집에 가서 하루 밤을 자고 왔다. 이제 형제

들은 하루빨리 북한에 길이 열리고 아버지의 소식을 알 수 있기만을 고
대하고 있다.

　　　1995년 2월 20일 김와씰리·김월로자의 증언을 토대로 장학봉

전 대외무역성 부장

정부 호위처 시절의 김두환 소장

김두환은 1905년 10월 13일 함경북도 회령읍에서 태어났다. 일제가 조선을 강점하자, 김두환은 부모를 따라 원동변강 아누친 구역 고르제옙까 촌으로 이주하여 갔으며 그 촌에서 1918년에 소학교를 나왔다. 1919년부터 1924년까지 부모의 농사일을 도왔다. 1924년부터 1927년까지는 원동변강 소비에트 구역 한흥동에서 초중을 필하였다.

김두환은 1927년부터 1930년까지 원동변강 특립군단 제 26사단 76연대에서 저격수로 붉은 군대에 복무했다. 그리고 1930년에서 1932년까지 '새길' 꼴호즈 회장으로 활동했다. 그리고 1932년부터 1935년까지 원동변강 하바롭스크에서 공산대학을 필했다. 그 후 북한에 입국하기까지 김두환의 간단한 이력은 다음과 같다.

1936～1937년 원동변강 한까이구역 '씬두힌까' 꼴호즈 당 위원장

1937~1939년 호레즘 주 공산주의 구역 초중교장
1939~1943년 호레즘 주 추르민 구역당 지도원
1943~1945년 호레즘 주 추르민 구역 '바이날 미날' 꼴호즈 당 위원장

  1945년 해방이 되자 김두환은 북한으로 들어가 함경남도 소련사령부 출판물 검열원으로 1948년까지 활동했다. 1948년부터 1950년까지는 북한 내무성 경비국 정치부장으로 재임했다. 1950년에 동족상잔이 시작되었을 때는 삼팔선 경비군 여단장으로 활동했다. 그는 6월 25일 아침 5시에 맨 처음으로 38선을 돌파하고 남침한 여단장이었다. 그는 그 공로로 북한 정부로부터 수차에 걸쳐 극기 훈장, 자유독립 훈장을 수여 받았고, 1953년 전쟁 말엽에 임박하여 북한육군대학 단기강습을 필했다. 그 후 정부 호위여단 여단장으로 임명되어 1955년 초까지 복무하였다.

  1955년부터 1957년에는 동독주재 조선대사관 참사로서 복무했다. 그리고 1957년부터 1959년까지는 평양특별시 시 인민위원회 상업부장으로, 1959~1962년에는 대외무역성 부장으로 활동했다. 1963년 중순에 함남도 함흥주변 소기업소 부지배인으로 파견 근무했다. 이렇게 왕성하게 활동을 하던 김두환이 1964년 8월 14일 평양에서 납치 당한 후 종적이 묘연해졌다.

  사건의 발단은 김두환이 대외무역성에서 일할 때 시작되었다. 당시 정치안전부 간부들은 소련에서 나온 간부들에 대한 자료를 김두환에게 조사 보고하라고 지시하면서, 전혀 알 수 없는 자료들을 요구하였다. 김두환은 차일피일 미루기도 하고 거절도 하였다. 김두환은 소련 간부들 중 사업 경험이 가장 풍부한 노숙한 간부였다. 그는 소련에서도 소련군 정규군 복무를 법적으로 끝마치고 소련공산대학을 필한 사람이었다.

  김두환에게서 자료제출을 거절당한 정치보위부 간부들은 김두환을 평양에 계속 두어보아야 자기들에게 별 유익이 없을 것을 확인한 다음, 함경남도 함흥으로 유형살이를 보내었다. 정직한 김두환은 그들의 요구대

로 유형지에 가 있었다. 1년여의 시간이 지났던 1964년 8월 14일 당 중앙 간부부에서 속히 평양에 올라오라는 전화가 왔다.

김두환은 즉시 평양 자기 사택으로 갔다. 그런데 자기 부인 박 예까쩨리나는 집에 없기에 만나보지도 못하고, 옆집 사택에 사는 사람들을 만나 부탁했다.

"내가 함흥에서 바로 올라오는 길인데 우리 집사람이 없기 때문에 만나보지 못하고 당 중앙 간부부에 잠시 다니러 가니, 집사람이 오면 집에서 기다리라고 전해달라."

김두환이 그런 말을 남기고 간부부로 간 지 30분쯤 뒤에 예까쩨리나가 집으로 돌아왔다. 이웃사람들이 전하는 남편의 소식을 듣고 예까쩨리나는 마침 광복기념 전날이라서 왔다고 생각하고서는 기뻐하면서 구차한 살림살이지만 맛있는 음식으로 정성스럽게 저녁식사를 준비했다. 그런데 무슨 일인지 낮 3시경에 동네 사람들이 다 만나보고 인사하였다는데 저녁 7시가 되어도 김두환이 오지 않았다. 예까쩨리나는 문밖에서서 이제나저제나 하면서 기다렸지만 남편은 12시까지 도 돌아오지 않았다. 예까쩨리나는 세상에 태어난 지 오십이 넘도록 누구를 한 번도 속인 일이 없고, 남하고 높은 목소리로 말해 본 일도 없는, 정직하고 인자한 자기 남편 김두환을 무한히 존경한 여인이었다.

그 날 밤 한숨도 이루지 못하고 뜬눈으로 밤을 지냈고 8월 15일 날이 다가왔다. 광복절임에도 불구하고 아침 8시도 되기 전에 당 중앙 정문에 가서 접대원을 찾았다. 그러나 보초병들은 아무것도 보지 못하게 하며, 안에 아무도 없다고 하면서 근방에 서 있지도 못하게 하였다. 예까쩨리나는 하는 수 없이 집에 돌아와 알만한 몇 사람에게 전화를 하여도 남편의 행방을 알기 어려웠다. 그래도 예까쩨리나는 광복절이 지나가면 당 중앙 간부부에 가서 김두환의 행방을 알 수 있으리라고 생각하였다.

예까쩨리나는 광복절이 지나자, 16일, 17일, 18일 연 3일을 당 중앙 간부부에 면회를 요청하였으나 중앙당 출입구 근방에도 갈 수가 없었다.

당 중앙 본부로부터 나오는 사람들에게 김두환의 행방을 물으면 모두가 입을 맞춘 듯이 이구동성으로 '알 수 없습니다'라고 외치고는 자기 걸음을 걸어가는 것이었다.

생생한 사람을 잃고도 알아 볼 수 없으니, 예까쩨리나는 중앙전화국에 가서 김두환이 내려가서 일하던 함경남도에 전화를 걸어 물어보았다. 그러나 '당 중앙 간부부의 송환에 의하여 벌써 8월 13일에 인사하고 떠났다'는 말만 들을 수 있었다. 14일에 집에 왔던 것은 사실이고 옆집 사람들이 만나 봤다는 것도 사실인데 사람은 종적이 묘연하니 일을 해결할 길이 도저히 없었다. 하는 수 없이 그 이튿날부터는 평양주재 소련대사관으로 다니면서 도움을 청했다. 대사관은 정식공문을 내여 조선 외무성에 보냈는데 외무성은 3일 후에 회답하기를 '김두환의 행방을 알 수 있는 아무 근거가 없으니, 차후 어떠한 통보가 입수되면 알리겠다'고 할 뿐이었다.

그 후 예까쩨리나는 계속 대사관으로 다니는 한편, 중앙당 간부부에 '경애하는 어버이 김일성 주석에게'라는 편지를 내고, 시 내무부와 시 경무부에 다니면서 각 구급처치소에서 입수되는 자료를 보며 죽은 사람들 중에서라도 김두환을 찾아보려고 하였다. 그러나 그런 노력에도 불구하

조선민주주의 인민공화국 동독 주재대사관 참사로 근무할 때의 김두환(뒷줄 오른쪽 첫 번째). 부인 박 계까쩨리나(뒷줄 가운데), 당시 영사(뒷줄 왼쪽 첫 번째). 아들(앞줄)

고 아무것도 알아낼 수 없었다. 예까쩨리나는 매일 날이 밝으면 대사관, 중앙당, 시 경무부 등에 다니면서 2개월 동안을 애타는 걸음에 눈물을 흘리며 보냈다. 날이 저물어 어두워지면 집에 들어가 출입문만 쳐다보면서 이제나저제나 들어오는가 하는 기다림만 남았다.

예까쩨리나는 답답한 마음에 김두환이 정배살이를 하던 함경남도 경수리 경수탄광에 가 보려고 결심하였다. 함흥까지는 기차로 간 다음, 버스로 갈아탔다. 버스에서 내린 다음에는 산골길을 12시간 동안 계속 걸어가야 했다. 탄광에 도착하고 보니 참으로 두메산골이었다. 어렸을 때 옛말로 들었던 그런 곳이었다. 그때 예까쩨리나는 이런 곳에서 자기 남편이 얼마나 고생하였는가를 실감할 수 있었다. 예까쩨리나는 김두환이 일년 동안 한숨을 쉬면서 통분하며 눈물을 흘리던 방에서 하루 밤을 지냈다. 저녁과 아침은 순옥수수 밥 한 그릇을 얻어먹었다. 탄광 사무실에서 지배인과 당 조직원을 만나 김두환의 소식을 물으니 그들은 이구동성으로 8월 12일에 일을 끝내고 평양 당 간부부에서 왔다가라고 하기에 간다고 하면서 13일 새벽에 일찍이 떠나갔다고 했다.

그들은 김두환의 성격에 대하여 말하면서 '참으로 법 없이도 살 어른이더라'라며 김두환에 대한 찬사를 많이 했다. 예까쩨리나는 다시 김두환이 살던 집으로 돌아와 김두환의 짐을 전부 헤쳐보고 그것을 다 가지고 평양에 오려다가, 주인 아주머니를 보고는 '그대로 두고 가니 년 말까지 다른 소식이 없으면 집에서 다 사용하시라'고 하였다.

예까쩨리나니는 농촌 살림이 그렇게 구차하리라고는 짐작도 하지 못하였다. 주인집에는 네 식구에 방이 둘이었는데, 집안에는 옷장이나 세간, 그릇장 같은 것은 전혀 없고 옷도 단벌이었다. 내복은 저녁에 빨아서 새벽에 다시 입고 가야하는 형편이었다. 먹는 것은 옥수수, 조가 대부분이고 입쌀은 20%도 되지 않는 배급을 노동자 700그램, 아이들은 300그램씩 주었다. 그 양은 턱없이 부족해 절반은 굶는 형편이었다. 또한 네 식구에 이불 한 채를 가지고 어른들은 덮고 자고, 아이들은 자기 옷이나 어른들의 옷으로 가리우고 자는 형편이었다. 신발은 시월 중순에도 학교에 다니는 아이들의 반이 맨발로 다닐 정도였다. 겨울에 짚신이나 혹은 요행히 고무신을 얻어 신으면 제일 좋은 행장이라고 말하였다. 이런 형편에서 예까쩨리나는 자기 남편의 물건을 가지고 갈 형편이 아님을 깨달았던 것이다.

평양에 돌아온 예까쩨리나는 아이들은 대사관을 통하여 소련으로 공부하러 보내고 본인은 소련대사관에 노무자로 취직하였다. 우선 평양에 계속 남아 있자니 먹고 살 돈이 필요하였다. 그녀가 대사관에 취직한 것은 소련 대사관 노무원은 집에서 내쫓지 못하였던 당시 정황을 이용한 셈이었다. 또한 본인의 신변 안전도 어느 정도 보장되리라고 생각하였기 때문이었다.

당시에 평양은 소련서 온 사람들에게 한하여 무시무시한 도시였다. 소련에서 온 간부들은 평양에서 거의 일망타진된 형국이었다. 소련 간부로써 감옥살이나 유형살이를 안하고 일하는 사람은 김봉율, 방학세, 김학인 3명뿐이었다. 예까쩨리나는 이웃 가족들을 본래 잘 알지 못하였다. 한 번도 그들 집에 갔다온 일도 없었다. 그렇지만 김두환이 유형지로 떠난 다음엔, 예전에 아주 가깝게 지내던 이웃사람들마저도 길에서 만나면 인사도 받지 않으려고 얼굴을 돌리고 지나가는 정도가 되어 버렸다.

이렇게 무시무시하고 가슴이 조여오는 듯한 암흑 속에서 남의 눈치를 보고 살기란 여간 힘든 일이 아니었다. 그러나 남편의 행방을 언젠가는 알게 되리라는 실오라기 같은 한 가지의 믿음이 그녀를 지탱시키고 있었다. 남편 김두환을 그리며 하루하루 살다보니 세월은 흘러 김두환의 자취가 없어진지 열 한해가 지난 1975년이 되었다. 예까쩨리나도 평양에 계속 있어 보아야 김두환을 만나볼 수 있는 희망은 없다고 판단하고 아이들을 따라 소련으로 돌아왔다.

예까쩨리나가 울면서 평양을 떠난 지 벌써 20년이 지나고 보니, 불쌍하게 자란 맏아들의 환갑이 돌아왔고 예까쩨리나는 85세가 되었지만 김두환에 대한 위로와 정성을 드리지 않은 날은 하루도 없었다. 매끼 식사할 때마다 김두환의 수저도 같이 준비해놓고 저녁에 자리에 누울 때는 김두환의 침구도 같이 펴놓고 잠을 자곤 했다.

이제 호호백발이 된 예까쩨리나는 언제까지 계속 이렇게 지내겠는가? 아마 북한 정부로부터 공식적 부고를 받기 전에는 이러한 고통이 계속될 것이다.

1994년 2월 20일 장학봉

김 알렉산드로 막시모위치
(1911. ? ~ 1992. ?)

전 김일성종합대학 노어 어문학부 상급교원

김알렉싼드로는 1911년 원동변강 연해주 깔리닌 구역 이만시 부근에 있는 아우구스토브까 촌에서 중농인 김막심의 차남으로 태어났다. 향촌에서 초중을 졸업하고 그 향촌의 초급 공청단체 책임서기로 1924년부터 1926년까지 일하였다.

농촌 청년들 속에서 공청사업을 열성적으로 조직 진행하여 새로운 사회주의 사상을 깊이 인식시키고 그들을 군중적 노동조직에 잘 궐기시킨 결과, 김알렉산드로는 레닌그라드 시 공청대학에 파견되어 1926년부터 1933년까지 공부하게 되었다. 공청대학을 마친 그는 원동변강 블라디보스토크시 공청회에 파견되어 그 곳에서 한인 중앙신문인 '선봉신문' 편집위원회 사무국장으로 1933년부터 한인 강제이주 시기인 1937년까지 일했다.

강제이주를 당하여 우즈베키스탄에 도착한 그는 기존 직업이었던 신문사 일을 그만두고 교편을 잡았다. 타슈켄트 주 중칠칙 구역 몰로또브 꼴호즈에 있는 초중에서 로어 교원으로 일하다가 1941년부터 1945년까지는 교장으로 근무했다.

1945년 군속으로 북한에 파견된 김알렉산드로는 1945~1946년 사이에는 민정사령부 소련 고문들의 통역관으로, 1946~1947년 사이에는 인민군 정치군관학교 교관으로 일하였다. 그리고 1947년에서 1950년까지는 김일성 종합대학 로어 강좌에서 상급교원으로 일했다.

1950년 동족상잔이 시작되어 김일성 종합대학이 중국 만주로 후퇴하면서 그는 서둘러 소련으로 귀환했다. 모스크바에 도착한 그는 제대 수속을 거쳐 카자흐스탄 크슬올르다 시에 가게 되었다. 그 곳에서 1971년까지 국가 종곡 수매 계통에서 열심히 일하다가 1971년에 연금 보장을 받고 1992년 세상을 떠날 때까지 가족들과 행복하게 살았다.

김 알렉산드로는 대일본 전쟁에서 전승메달을 받은 것을 비롯해, 조선해방메달, 소련군 30주년 메달, 조선인민군 군공메달 등을 수여 받았다.

2001년 1월 21일 타슈켄트에서 장학봉

전 내각 직속 전기 · 동력 관리국장

김영삼은 1910년에 원동변강 연해주 나호드까시 근방 동호동에서 태어났다. 향촌에서 소학교와 초중을 졸업한 후에 학업을 계속하기 위하여 1926년 다우지미 촌으로 갔다. 그곳에서 1930년 고중을 졸업하였다. 같은 해에 원동변강의 항구 도시인 블라디보스토크 한인 사범대학에 입학하여 2년간 수학하였다. 3학년 때부터는 경제가 어려워 학업을 중단한 채 부모가 살고 있는 신영동 꼴호즈 (우즈베키스탄으로 강제이주 후에 시영거우 쓰웰드로브라고 개칭했음) 촌으로 들어가게 되었고, 그 곳에서 초중 교원으로 2년간 근무하였다.

2년간 열심히 일하면서 모은 돈으로 다시 학업을 계속하고자 1934년에 러시아 중앙지구 꾸이비세브시 종합기술전문대학 동력학부(에너지)

에 입학하였다. 김영삼은 향학열이 뛰어났고 기본 상식도 탁월하였던 관계로 새로 배우는 기술공학에서도 발군의 실력으로 늘 수석의 자리를 놓치지 않았다. 워낙 뛰어난 인재였기에 이미 5학년 과정에서 근무 추천을 받을 정도였다. 졸업도 하기 전에 쓰벨드로브 꼴호즈 집행위원회는 꾸이비셉 종합기술전문대학 지도부와 소련정부 고등교육성에 건의서를 넣어 자신들의 꼴호즈에 추천, 파견하여 줄 것을 요구할 정도였다. 소베트 정부와 대학 지도부는 꼴호즈 회원들의 요청에 의하여 대학을 수석으로 졸업하는 젊은 기술자 김영삼을 자신의 향촌 꼴호즈에 가서 일하도록 파견하였다.

향촌의 꼴호즈 집행위원회에 도착한 동력기사 김영삼은 꼴호즈 수력발전소 건설 문제를 해결하기 위하여 조속한 시일 내에 수력발전소 건설에 필요한 제반 사항을 검토해 줄 것을 요청 받았다. 수력발전소의 위치·설계도·건설에 필요한 물자 등을 세밀하게 계산하여 집행위원회에 제출하여 줄 것을 위임을 받은 것이었다. 1941년에 수력발전소 건설을 위임받은 김영삼은 1년 6개월 뒤인 1943년 5월에 발전소 준공을 마쳐 꼴호즈 회원들에게 전기를 보급하는 중요한 역할을 해결해 냄으로써 꼴호즈의 크나큰 영웅으로 부각되었다. 당시 수력발전소는 꼴호즈의 동력원이 되었고 꼴호즈의 수입 제고에 큰 이익을 주는 것이었다. 김영삼은 그 후, 꼴호즈 집행위원회 동력부장 겸 수력발전소 소장으로 근무하였다.

1946년 소련공산당중앙위원회는 김영삼을 북한으로 파견하는 결정을 내렸다. 북한에 도착한 김영삼은 내각 직속 전기·동력관리국장의 직무를 부여받았다. 1950년 6월 25일 동족상잔이 야기되자 유엔군 사령부는 북한에 대하여 대대적인 폭격을 시작하였는데, 동년 6월 28일에는 평양 중앙비행장을 대폭격하였고, 7월 1일에는 수풍 발전소를 대폭격 하였다. 유엔군들은 댐 자체를 폭격하지는 않고 주변시설인 변전소실과 고압선들이 집결된 중심 요소만을 대파하였다.

　김영삼 전기·동력 관리국장은 이 폭격이 끝나자마자 수풍 발전소를 직접 방문지도하였다. 그런데 그는 동력 고압선에 접근하다가 감전되어 오른쪽 팔과 다리에 중상을 입게 되었다. 그 후 중앙정부병원에 입원하여 오른쪽 팔을 절단하게 되었고 불행 중 다행으로 다리는 완치되어 걸어다니는 데는 큰 불편이 없게 되었다. 그 후 퇴원하여 자신의 직무에 다시 복귀하였다.

　한편, 유엔군은 북한에 대하여 맹폭격을 퍼부었다. 평양은 성한 집이 하나도 없을 정도로 폐허더미가 되었고, 피난민들이 속출하였다. 그들은 깊은 산골짜기나 동만주 등으로 피난을 가기 시작했다. 김영삼의 가족들도 본인을 제외하고는 중국 하얼빈시로 피난을 갔다. 3년간의 전쟁은 38선을 경계로 다시 고착화되었다. 북한 전역의 농민 생활은 비참하기 이를 데 없었다. 농사는 물론이고 공장, 제조소, 상점 등이 모두 파괴되었으니 빈궁한 삶을 영위할 수밖에 없었다. 유엔군 폭격은 날로 심도를 더했고 그들은 움직이는 물체라면 무조건 기총소사 하였다. 따라서 농민들이나 인민들이 낮에 무슨 작업을 할 수가 없었다.

　개성에서 정전 담판회의가 계속 진행되고 있던 1953년 6월 28일, 즉 정전 조인을 한달 여 앞둔 시점이었다. 평양 모란봉 지하극장에서 중앙정부 간부회의가 진행되고 있었다. 김영삼도 회의에 참석하였다. 회의를 마치고 출입구를 나서던 김영삼은 유엔군 비행기 한기가 기총소사를 하는 바람에 탄환을 맞아 병원으로 후송되었으나 끝내 세상을 떠나고 말았다. 김영삼은 전쟁의 와중이라 가족들의 간호도 못 받았고, 그렇게 쓸쓸한 임종을 맞고 말았다.

　김영삼이 사망한 1개월 뒤 정전이 비준되자, 피난민들은 평양으로 들어와 반토굴막을 짓고 살기 시작했다. 이때서야 김영삼의 가족들도 평양으로 들어 와서 장례를 치렀고 애달픈 제사를 지내게 되었으니 그 눈물바다는 글로써 형언하기 어려울 정도였다. 김영삼의 가족들은 3년상을 치른 후 1955년에 소련 우즈베키스탄으로 귀국하였다. 김영삼의 슬

하의 6형제는 나무랄 데 없이 성장하여 사회에 진출하였고 부인 박인히
도 행복을 누리다가 1995년에 남편 곁을 찾아 세상을 떠났다.

2000년 2월 20일 장학봉

김 영 선
(1917. ? ~ 1988. ?)

전 김일성종합대학 노어 어문학부 상급교원

　　김영선은 1917년 원동변강 연해주 우쑤리스크에서 태어나 우쑤리 시의 소학교와 초중을 졸업하고, 같은 도시에 있던 한인 사범전문학교를 1937년에 졸업하였다. 1937년에 실시된 한인 강제이주에 관련하여 카자흐스탄 공화국으로 거처를 옮긴 후 크슬오르다시에서 국립사범대학 어문학부를 1941년에 졸업하였다. 사범대학을 수석으로 졸업한 김영선은 동 대학에서 1941년부터 1947년까지 교원으로 근무하였다. 1947년에 소련공산당중앙위원회의 결정에 따라 조선민주주의 인민공호국의 평양으로 파견되어 나갔다. 국제공산당의 임무 수행을 위하여 1947년부터 1950년까지 김일성종합대학 노어 어문학부 상급교원으로 근무하였다.

　　김영선은 1950년에 소련으로 귀환하였다. 그는 곧바로 크슬오르다 사범대학으로 복귀하였고, 1977년까지 상급교원, 부교수로 근무하였다. 1977년에 연금생으로 넘어갔으며 1988년에 크슬오르다시에서 세상을 떠났다. 김영선은 소련정부와 북한정부로부터 수많은 메달과 표창장을 수여 받았던 인물로, 살아 생전에 북한의 민주화에 관심을 가지고 애정어린 눈길로 조국을 바라보고 살았었다.

1973년 7월 4일 장학봉

전 사회안전성 정치국 선전선동부 부장

김영철은 1918년 10월 19일(음력 무오년 9월 19일) 원동변강 아누친 구역 무명촌 3호 동리에서 태어났다. 당시 아버지는 제정 러시아가 관리하지 않던 황무지를 개간하여 먹고살았다. 아버지 김윤보는 함경북도에서 1889년에 태어나 나라가 망한 후인 1917년 만주로 와서 남의 집 고용살이를 하면서 결혼하여 살다가, 1918년에 원동으로 이주하여 왔다. 이주민들은 한 곳에 집중적으로 살지 않고 2, 3, 4호씩 분산하여 살았으며 그 작은 마을도 거리가 각각 3~10Km까지 떨어져 있었다. 따라서 학교에 간다는 것은 상상도 못하던 시절이었다.

그런 조건에서도 이 작은 마을의 부모들은 자식들에게는 글을 배우게 할 요량으로 가까운 몇 개 마을의 아이들이 공부를 할 수 있도록 개인 서당방을 열어 공부를 시켰다. 김영철은 이렇게 조직된 서당에서 2년간 천자문을 공부하였는데 학생이라 봐야 전부 5명이었다.

---

5) 이 글은 대부분 김영철의 자필 회상기에서 옮겼다.

1927년 부모들이 아누친 구역에서 야꼬블레브 구역으로 이사하여 감에 따라 김영철은 러시아 인민학교 1학년에 입학하여 공부를 하게 되었다. 서당과는 달리 학교에서 공부하는 환경은 훨씬 좋았으며 교원들도 훌륭하였다. 그러나 김영철은 학교에서 러시아 아이들이 "검은머리", "꼬맹이"라는 말로 계속 놀려서 공부를 할 수 없을 지경까지 되었다.

1929년 여름에 소년단 대회(각종 경기대회)가 야꼬블레브 군 소재지에서 있었는데 거기에 참가한 김영철은 실력을 인정받아 주 소년단 대회에 나가게 되었다. 1930년에 꼴호즈가 조직되었고, 꼴호즈에서는 아동교육을 위해 소학교를 열었다. 그때부터 김영철은 다시 공부를 시작하여 1933년에 초중 1학년에 진급했다. 그러나 불행히도 김영철은 호열자(콜레라)에 전염되어 5학년 때 중퇴하여야만 했다. 김영철은 다시 1934년부터 러시아 학교에서 공부하게 되었고, 집이 먼 관계로 러시아 학생들과 같이 합숙생활을 하였다.

원동에서 러시아 초중 2학년을 마칠 무렵 중앙아시아로 강제이주가 결정되어 1937년 10월 24일 저녁에 타슈켄트시에, 다음 날인 25일에는 타슈켄트 주 중칠칙 구역인 '크슬발가' 꼴호즈에 도착하였다.

군 공산청년동맹 비서로
재직할 시 부인 김 클라
브지야 그리고 군 공청회
제2비서와 함께

우측이 부인. 좌측은 자녀들

가정형편은 넉넉하지 못했지만 젊어서는 꼭 공부를 해야겠다는 결심으로 크슬오르다 수의 전문학교에 입학하여 공부하였다. 김영철은 늘 시험 성적이 우수하여 70루블리의 장학금까지 받기도 했다. 그러나 어느날 동생 2명이 병으로 인해 죽었다는 편지를 받고는 곧장 집으로 돌아와야만 했다. 그가 집에 왔을 때는 동생들이 죽은 후 어머니도 뒤따라 세상을 떠나고 난 후였다. 이런 사정에서는 다시 학교로 돌아가기 어려웠다. 그래서 1939년부터 김영철은 중칠칙 구역 까라수 촌 소비조합 서기장으로 일하면서 남아 있는 어린 동생들의 뒷바라지를 하게 되었다. 그 해에 소련 공산당에 입당하였고, 1940년 1월 7일에는 김 클라브지야 표도르나와 결혼하였다.

1941년 소련 조국전쟁이 시작되자 어려운 경제형편을 타개하고자 꼴호즈 건설 건축 책임자로 일하였다. 1년 후인 1942년 12월 김영철은 노력전선에 징병되어 타슈켄트 주 안그렌 탄광건설장에 도착하여 그 곳에서 건설기업소 공급부장으로 약 1년간 일하였다. 그 후 도 군사동원부의 명령에 따라 중칠칙 군 군사동원부에 도착하여 '굴리스탄' 꼴호즈 건축책임자로 일했다. 1944년 3월 중칠칙 구역 공산청년회 대회가 진행되었는데 여기서 김영철은 구역 공산청년회 비서로 선출되었다. 군 공청 동맹 직무에서 1946년 말까지, 즉 북한에 파견될 직전까지 일하여 많은 군중들로부터 위신있는 간부로 존경을 받았다.

1947년 정월에는 중칠칙 군당위원회의 파견에 의하여 북한에 파견할 간부 단기 강습에 선출되어 타슈켄트시 교육성 산하 강습소에서 약 11

1952년 북한 사회안전성 정치국 선전부장으로 근무할 때 안전성 협주단 성원들과 함께

개월간 강습받았다. 강습 후 1947년 12월 북한으로 파견되어 '동양' 여관 이란 곳에 자리를 잡았다. 김영철은 중앙당학교 로어 교원 및 소련 인민 역사 교원으로 임명받았으며, 부인 김클라브지야도 로어 교원으로 일하게 되었다. 김영철은 중앙당학교 교원으로 있으면서 로대 및 법률대학교 교원까지 겸했다. 또 거기에 번역사업까지 했다.

1950년 6월 25일 일요일에 북한은 전쟁을 시작하였다. 모두들 말하길 1개월, 늦어도 한달 보름 남짓하여 북한이 남한을 접수하고 통일하리라고 예견하였으나 미군이 남한 쪽에 개입하는 관계로 전쟁은 예견할 수 없게 되었다. 이러한 상황에서 김영철은 친구인 김철우, 박춘 등과 토의하고 가족은 북한의 최북단인 회령으로 피신시키도록 중앙당학교 졸업생인 군당위원장 최씨에게 부탁하였다. 그러나 그런 조치도 오래가지 못했다. 10월 초순이 되자 회령도 위험한 지역이라 하여 이 곳의 가족들을 군당 주선에 의해 중국 하얼빈으로 옮겨야 했다. 북한 정부어서 파견한 정부 대표가 가족들의 모든 문제를 돌보아 주었다. 그 후 간부 가족들은

사회 안전성에서 근무할 때 모란봉에서

1953년 8월까지 그 곳에서 국가보조금으로 살면서 아이들의 공부도 계속 시켰다. 가끔 고급 간부들이 자신들의 가족을 보러 가기도 했으나 몇 명에 국한되었다.

김영철은 중앙당의 파견 명령에 따라 1950년 7월 19일 평양을 출발하여 기차로 3일만에 서울시 중앙청에 도착하였다. 남한의 중앙당 간부부에 들어가니 영등포구 당학교 교장으로 발령을 내렸다. 그 곳에서 약 1개월간 일하면서 단기 강습으로 당, 행정기관 일꾼들과 내무기관, 기타 사무기관 일꾼들을 가르쳤다. 그 후 김영철은 다시 대구시 당학교 교장으로 임명되어 대구로 내려가려 했지만 마땅한 운수기재나 전투기재도 없었다. 모두 전선에 징발되어 여유가 없었던 것이다. 할 수없이 같이 파견된 사람과 대구까지 걸어서 가기로 작정하고 2주일간 갖은 고생을 거치면서 결국 대구시 근교에 도착했다. 그때까지 대구시는 전투 중에 있었고, 도 지도부 간부들은 안동에 있다고 했다. 다시 안동으로 가서 도당위원장을 만나 도당학교를 안동시에서 열기로 했다. 수업기간은 15일간으로 정하고 제1기생을 배출했다. 제2기생들이 모여 수업하는 도중에 도당위원장에게서 비밀서한이 왔다. '적들이 추풍령과 낙동강 유역의 방어선을 돌파하고 급속으로 북진하고 있으니 속히 전원을 인솔하여 평양으로 후퇴하라는 것이었다. 이 때가 9월 중순이었다. 후퇴할 인원은 교직원까지 합해 모두 130여명이었으나 고향이 안동 근방인 많은 사람들이 고향을 떠나기 싫어해서 실제는 90여명을 데리고 행군을 시작했다.

적기들이 기총소사를 계속하기 때문에 낮에는 행군이 전혀 불가능했다. 더군다나 행군에 나선 전원이 북한지방에서 내려 온 사람들이라 지리도 지형도 모르는 상태였다. 길가는 군중들에게 북한으로 가는 길을 물으면 이상하게 여길지 몰라서 그냥 북쪽의 큰 도시로 가는 길만 물어가며 매일 35~40Km정도 행군했다. 잠을 자고 나면 하루 4~5명씩 성원들이 줄어들었으나 새로 찾아 온 성원들이 더 많아 하루에 20~30여 명이 되었다. 그래서 북 강원도 평강에 이를 때는 성원이 180여명에 달했다. 그런데 본래 목적지가 평양이었으나 10월 초순에 들어서면서 미군이 서울을 점령했고, 다음 목표로 평양을 지정했다는 소식을 듣고 행군 방향을 변경했다. 목표지점을 평북 초산으로 정하고 후퇴를 시작했다. 거의 대부분의 성원들은 발이 붓고 진물이 나는 등 상황이 비참하였다. 피부가 터져 피가 흐르는 성원들이 한 둘이 아니었다. 그래도 적에게 잡히면 안 되었기 때문에 계속 행군을 하면서 걷지 못하는 성원은 총살하여 큰길 옆의 시궁창에 버리기도 했다. 그러니 누구를 막론하고 걷고 또 걸어야 했다. 걷는 것도 문제지만 먹는 것도 문제였다. 인민들은 이미 전쟁을 원망하며, '대체 누가 이런 전쟁을 일으켜 전체 인민, 특히 어린 아이까지 굶어 죽게 했느냐'고 말하는 통에 그 집에 있던 쌀을 가져 나오다가도 다시 놓아두고 나오기도 했다. 그래서 행군하는 사람들은 지방 농민들의 밭에 있는 호박, 감자, 배추, 무, 심지어 마른 옥수수까지 삶아 먹으며 배를 채우곤 했다. 이렇게 농민들의 작물을 뺏는 방법으로 먹어치우는 사람이 우리뿐만이 아니라 북한 전역에서 수십만 명이 그렇게 하다보니 뒤늦게 따라오는 사람은 그것조차 먹을 수 없었다

양덕, 맹산을 지나 회천, 덕천, 운곡을 거쳐 초산에 도착하고 보니 헐벗은 성원들은 돈도 옷도 없어 추위에 떨기만 하였다. 이 곳에서 다시 지시를 받아 쯔반(동만주 국경도시 집안)에 도착하니 항미부즈 위문단의 명의로 지급된 더운밥과 국을 먹을 수 있게 되었다. 추위에 떨던 불쌍한 군중들에게 동복도 지급되었다. 옷을 갈아입으려고 보니, 남한에서 행군을 시작한 이래 40일간 한번도 옷을 갈아입기는커녕 목욕도 못해서인지 온 몸에 이가 득시글거렸고 피부는 긁어서 피딱지가 군데군데 맺혀있었

다. 새옷으로 갈아입으니 그나마 살아 있다는 느낌을 가질 수 있었다.

김영철은 동만주 이만뽀우 시에 중앙당학교가 들어 와 있으니 그 곳으로 가라는 접대인의 지시에 따라 이만뽀우 시로 갔다. 김영철은 자신을 따라 온 전체 성원들을 다 데리고 가서 중앙당학교에 등록시켰다. 김영철은 안동에서부터 후퇴하여 온 과정에 대한 총화보고를 중앙당학교 교장인 허익에게 제출한 다음, 예전처럼 소련 역사교원 및 로어 교원으로 임명받고 함경북도 회령을 거쳐 하얼빈 시의 가족을 보러 다녀왔다.

그 후 김영철은 중앙당학교에서 약 2개월간 일하고 다시 중앙당의 지시에 따라 평양에 도착하여 사회안전성 정치국 선전선동부 부장으로 임명을 받았다. 그후 8년간 사회안전성 산하 각급 부장 직무에서 일하였다. 긴 세월을 가장 복잡다난한 사회안전성에서 일하다보니 여러 가지 일들을 취급하고 해결하였다. 이와 관련된 김영철의 자서전 중 일부를 옮겨 본다.

1954년 사회안전상과 같이 당 열성자 회의를 마친 후 찍은 단체 사진

바로 1951년 8월 14일 이른 아침이었다. 평양시 상공은 물안개가 자욱하게 끼고 궂은 비가 밤부터 계속하여 흐르고 있었다. 먼저 사이렌 소리가 들려온 다음 하늘이 진동할 듯한 비행기 발동기 소리들이 남쪽하늘로부터 들려오고 있었다. 나는 평양시 남쪽 시 부근 선교리, 한 개 중등(절반)이 뚝 잘라진 벽돌집 1층에 자리잡고 있는 사회안전성 정치국 사무실 밖으로 뛰어나와 무슨 괴변이 나서 천지를 진동시키는 발동기 소리가 들리는가 하고 하늘만 쳐다보았다. 하늘에서는 미국에서도 가장 명성 높은 B-29형 비행기 22대가 한 개 분조를 지어 날아오고 있었다. 그런데 다시 하늘을 쳐다보니 이러한 분조가 하나가 아니라 가까운 간격을 두고 4개나 있었다. 이 평양시 폭격에 미국 비행기 B-29형이 몇 대나 참가했는지 알 수 없었으나 폭격은 그 이튿날 아침까지 계속되었다.

그 결과에 대한 내무성의 조사에 따르면 시민이 1만 6천명이 사망했고, 평양의 중앙 지역은 한 채의 집도 없이 모조리 잿더미가 되었으며, 전기, 가스, 수도 시설들이 전부 폐허로 변했고, 평양 중앙부 거리는 다 파괴되어 자동차는 고사하고 사람이 걸어다닐 수도 없게 되었다.

김영철은 1951년 3월 초순부터 전쟁이 끝날 때까지 저속 평양시에 있으면서 모든 것을 목격하고 질서를 수습하였다. 힘든 전쟁이 끝나게 되자 평양 전체 인민과 인민군대는 평양시 복구 사업에 전력을 다하여 일했다. 복구 사업이 조금 추진되자 군중들은 여러 가지 여론을 돌리기 시작했다.

"전쟁 3년간 전 인민이 다 같이 피를 흘리며 투쟁하였는데 김일성이 혼자만 대원수가 되었으며 훈장과 메달도 빨치산 출신에게만 주고 중국 연안 출신은 아무 것도 없이 처벌만 하는가? 중국에서 누가 주력으로 활약한 것을 알면서 공로를 왜 김일성에게 다 돌리려 하는가? 무정 장군은 어디로 갔는가?"

이러한 소문은 주로 중국출신 간부들이 많이 했지만 남한출신 간부들도 불만이 적지 않았다. 특히 박 헌영, 이 승엽 등의 남로당 지도간부들을 처단하면서 크게 불만이 고조되었다. 이런 환경에서 당 중앙에서 일하던 아부꾼인 김창만(연안파로서 변절하고 자신의 동료들을 모두 처형

하였고 나중에는 자신도 처단 당함) 부위원장이 선두가 되어 전체 노동당원들의 사상을 검열한다는 사상 검토위원회를 조직하고, 1956년 초부터 각 당 단체, 각 성, 인민군대까지 포함하여 북한 전역에 걸쳐 사상 검토 사업을 시작하였다.

사상 검토 사업은 어떤 기관이든, 사회단체나, 행정기관, 군대 건 할 것 없이 노동당원이 참가하는 총회를 매일 일과 시작하기 전 약 2시간 혹은 2시간 반정도 진행시켰다. 총회는 반드시 상부 당 단체에서 파견한 대표가 열고, 약 20일간은 매 총회 시작하는 첫 번째 순서로 상부파견자의 취지 설명이 있었다.

내용은 주로 '새 민주사회 건설이란 무엇이며, 인민의 수령 김일성 원수에 대한 충성이란 무엇이며, 매개 당원들은 사상적으로 건전하여야 하며, 겸손과 정직성이 있어야 한다'는 것들에 대한 설명이었다. 그 뒤에 각 당원들이 순차적으로 토론에 참가하여야 했다. 토론에 참가하는 각자는 자기의 충성심, 정직성, 겸손성에 대해 말하며, 지나온 과정에서 실제 그대로 나타내었다는 것을 증명하여야 했다. 혹은 자신이 어떤 과오를 범하여 당과 국가에 어떤 해독을 끼쳤는가에 대해 낱낱이 열거해야만 했다. 만약 자신의 과오가 많음에도 불구하고 드러내 놓지 않다가 다른 당원에 의해 문제가 제기되고 비판을 받게되면 당과 국가보다 개인적인 야망에서 속였다는 것으로 간주되었다. 그들은 출당, 철직되었고, 법적인 책임추궁을 받아야 했다. 이 때는 각자에 대하여 내무성, 정치안전성 등에서 모든 자료를 모아 왔다.

토론자의 논설이 불분명하면 그 자에게 2~3일간의 휴식을 주어 다시 연구하여 토론에 임하라고 명령하고 다른 사람을 대상으로 토론이 넘어갔다. 2~3일 후에도 전날과 비슷하다면, 즉 자아비판이 철저하지 못하면 출당시켜 철직시키고 농촌으로 정배살이를 보내든지 감옥에 가두든지 했다. 그렇게 작성된 사상 검토회의 결정서는 누구든지 시정하거나 변경시킬 수 없는 무소불위의 완전 무결한 문건으로 취급되었다.

많은 지도간부들이 사상 검토회의 결정이 내려지기 전까지는 의자에 앉아 지도 지시를 하다가도 검토회의 결정만 나오면 그 시각부터 그 간부는 회의록에 기록된 대로 철직, 출당 혹은 재교양 목적으로 농촌이나 탄광 혹은 벌목장이나 어장으로 파견되었다. 재판의 판결은 상부 재판이나 최고 재판소에 이르기까지 고소를 할 수 있었지만, 이 결정서는 그보다 더 우선권이 있었다. 이 문건은 상부에서 내려 온 검토회의 지도원과 그 해당 단체 당위원장이 만들어 낸다. 그런데 사상 검토회의가 시작되기 전에 당 위원장은 이미 자기의 초안을 만들어 가지고 상부 당 단체와 해당 지도원과 협의하여 다 꾸며 놓은 상태에서 회의가 시작되면 먼 산 보듯 코방귀만 끼고 있었다.

이 사상 검토에는 처음엔 남로당 출신 간부들이 걸려들어 남로당은 허물어졌으며, 다음으로 중국 출신, 소련 출신 차례로 모두가 허물어졌다. 소련 출신 간부들은 예전부터 친구들에게 자신의 속성을 속이지 않고 남김없이 털어놓으며 지냈다. 이런 저런 말을 여과 없이 있는 대로 말하는 것이 소련 출신 간부들이었다.

김창만은 소련 출신 간부들의 이런 속성을 간파하고 교묘한 방법으로 숙청 작업에 이용했다. 그 실례로 해군 참모장 출신인 김칠성장군의 경우를 들 수 있다. 사건이 있기 3년 전 김칠성은 가장 친했던 친구인 해군 군관학교 교장 출신 리세호에게 이런 말을 했었다.

"내가 너이니깐 하는 말이지, 우리 사령관이 아편쟁이며 일하기 싫어해. 제 때에 출근도 하지 않으니 어떻게 군사 규율이 확립된다는 말이냐? 우리 군대는 정규군인만큼 무엇이나 다 군사규정대로 일하며 행동해야지. 우리 군대는 중국 빨치산 부대가 아니란 말이다."

이렇게 술좌석에서 한 말이 그의 목숨을 가지고 가게 한 것이다. 사상 검토 운동이 소련파에게 미치자, 김창만은 소련 출신 간부들을 일시에 영창에 집어넣고 심문은 하나씩 따로 하도록 지시했다. 본래 입이 무거운 김칠성은 술좌석 같은 곳에서 있었던 말을 꺼내거나 남의 속심을 밀고하는 따위의 행동을 극히 싫어했던 인물이었다. 김칠성의 입을 통해서는 어떠한 꼬투리를 만들 수 없게되자 리세호를 심문했다. 하루는 김칠성, 하루는 리세호 이런 식이었다. 여기서 리세호는 자신의 청백성을 알리기 위해 3년 전의 술자리 이야기를 꺼내 놓았다. 물론 김칠성을 공격하거나 곤란하게 하려는 의도가 아니라 있었던 그대로를 털어놓으면 문제될 것이 없다는 생각에서였다. 그러나 그 술자리서의 말 때문에 그렇게 친했던 동지이며 친구인 김칠성이 죽게 되었다.

그때 내린 사상 검토회의 결정문을 보면 '전 해군사령부 참모장 직무를 차지하고 있던 반당, 반인민, 반혁명분자 김칠성이는 사령관 리영호의 직위를 박탈하기 위하여, 그리고 그 자리를 자기가 차지하기 위하여 여러 가지 허위적 조건을 붙여 그의 위신을 전락시켰으며 영웅적 항일 김일성 빨치산 부대에 대하여 규율이 없느니 하면서, 지금 자기가 지도하는 해군부대만 정규군이니 하면서 각 방면으로 위신을 제고시키도록 전사들을 교양할 대신에, 정반대로 교양 방침을 돌려 반혁명, 반인민적 정책을 펼쳐놓고 인민군 하전사들에게 침투시키고 있다. 이런 형편에서 김칠성이는 절대로 해군사령부 직무에 해당되지 않음으로 그를 속히 그 직무에서 철직시켜 군사재판에 회부할 것을 인민군 최고사령관에게 제의한다'라고 적혀 있다.

3년 전 술자리에서 있었던 이야기가 이렇게 사람의 목숨을 앗아갈 수 있을 만큼 중대한 국가 문제이던가. 다른 예를 하나 더 들어본다.

전선 정치국장 김철우는 상부에서 파견되어 온 정치간부를 자기 관하의 부대의 정치 직무에 임명 파견하면서 연대장에게 전화를 통해 "그 사람이 대학은 나오지 않았으나 아주 총명하고 단정하며 헌신적으로 일할 수 있는 사람이니 연대장 동무가 접수하여 잘 이용하십시오."라고 말했다. 이 말이 사상 검토회의에서 문제되었다. 인민군 총참모장 김광협은 말하기를 "전선 정치국장으로 전체 항일 빨치산 성원들이 대학을 나오지 못한 줄을 빤히 알면서 이런 말을 한 것은 김일성 장군을 위시한 전체 항일 빨치산 간부들에 대한 모욕이며, 반당적, 반혁명적 언사이니 전선 정치국장의 자격이 없다. 즉시 그 직무에서 철직시켜 져대시킨 후 사회에 내보내야 한다"라고 주장을 한 것이다.

또 다른 예로, 연안에서 나온 혁명 간부 리익선은 당 사상 검토회의가 진행되는 과정에서 친한 동무끼리 남몰래 조용히 말하기를 "그거 뭐 … 상부 당 단체에서 지도 나왔다는 사람을 보니 아무 것도 모르는 째째한 사람이 뭣 땜에 오라가라 하면서 거털을 쓰는 거야? 우리가 중국에서 사업할 때는 김일성보다 훨씬 위에 앉아서 김일성이를 오라가라 하였는데, 오늘은 김일성 혼자만이 위대한 혁명장군이고 어쩌고 하면서 우리보고 오라가라 호령하지 않는가?"라고 말했던 일이 있었다. 그 며칠 후 누구에 의해서인지 이 말이 김일성에게 그대로 전해졌다. 김일성은 즉석에서 리을설(당시 평양시경무부장, 이전에는 김일성 부관)을 오라고 하여 "리익선이란 놈을 당장 붙잡아 가지고 서평양 공동묘지에 나가서 굴을 파고 산매장하도록 금일 내로 처리하라"고 지시했다. 리익선은 그로서 목숨이 날아갔다. 어찌 인간 세상에서 한 마디 말로 생명이 왔다갔다하는가. 김일성의 표독함이 아니면 이런 일이 있을 수 없는 노릇이었다.

이 사상 검토운동에 걸려 많은 소련 출신 간부들이 군사재판을 받고 투옥되었으며 유형

북한에서 일하다가 소련으로 귀국한 여러 동지들과 모스크바에서.
좌로부터 인민군 제4집단군 군사위원 乙단 소장, 제3집단군 군사위원 김학천 소장, 평양 제6고중 교장 천이완, 제4집단군 사령관 정철우 소장, 사회안전성 선전선동부장 김영철 대좌(1959년)

지에 나가서 헤매다 죽었다. 또 현재 어디에서 죽고 묘지는 어디에 있는지도 모르는 죽음들이 헤아릴 수 없다.

김영철은 사상 검토를 통해 소련 사대주의, 소련 가족주의, 소련 관료주의적이라는 표제로 엄중 경고와 책벌은 받았으나 철직은 당하지 않았다. 그러나 언제, 어느 장소, 어떤 사람에 의해 시비가 될 자료가 제출될지 모르는, 한마디로 감시 체제 속에 있게 되었다는 것을 피부적으로 느끼고 결심을 내려야 했다. 이렇게 피비린내가 진동하는 내 조국을 떠나 소련에라도 들어가서 아이들의 공부를 계속 시키고 제대로 숨을 쉴 수 있는 자유라도 가져야겠다는 생각에 부인과 협의를 했다. 결국 남몰래 소련 대사관을 찾아가 소련으로의 귀국 청원을 넣었다. 김영철은 그런 뒤에도 출근은 계속 하였으며 출장도 다녀오곤 했다.

1959년 5월 초순에 제출한 소련 입국 허가 청원은 9월 초순에야 허가되었다. 김영철은 곧 조선 정부의 승인을 얻어 9월 27일에 한 많은 북한에서의 생활을 결산하게 되었다. 김영철은 9월말에 북한을 떠나 10월 10일 모스크바에 도착했다.

소련 공산당 중앙위원회와 외무성에서 수속을 마친 후, 10월 25일에 타슈켄트에 도착했다. 타슈켄트 공산당 중앙위원회에 귀국 문건을 접수시킨 다음 1960년 2월부터 우즈베키스탄 공화국 내무성에서 일하게 되

말년에 동지들과 찍은 사진. 좌로부터 김영철, 신철, 박병율, 주광무

었다. 사택도 배정받고 아이들은 전부 학교에 입학되었다. 부인은 방직 공장에서 방직공으로 일하게 되었다. 김영철은 내무성 각 요직에서 1983 년 말까지 근무하였다. 그 후 공화국급 개별적 공훈 연금생활로 수속밟 아 부인과 함께 아들 둘, 딸 둘을 데리고 여생을 단란하게 보내다가 1986년 혈압으로 세상을 떠났다.

김영철이 세상을 떠날 때쯤에는 아들, 딸 형제들은 이미 사회로 진출 하여 일하고 있었다. 자식들은 모두 대학을 졸업한 인텔리들이었으며 이웃으로부터 항상 존경받는 인물들이었다. 장남 김왈열은 타슈켄트 의 대를 졸업하고 타슈켄트시 칠란사로구 종합병원에서 외과 과장으로 일 하고 있으며, 차남은 모스크바 기계 건조대학을 졸업하고 현재 우스데우 합작기업소 책임공정사로 일을 보고 있으며 딸 둘은 모두 사대 출신으 로 현재도 교육 사업에 전력을 다하고 있다.

부인 김클라브지야는 북한에 있을 때에도 교육사업에 종사했듯이 수 십 년간 교육사업에 종사하다가 1975년에 연금생으로 넘어갔다. 그녀 는 장남과 함께 살다 1992년 4월 3일에 72세의 일기를 마치고 세상을 떠났다. 부인이 세상을 떠날 때 큰딸은 벌서 33세가 되었고 장남은 40 세를 넘겼었다.

현재 김영철의 장, 차남은 '조선민주평화통일 구국전선'의 성원으로 사회 군중사업에 열성적으로 나오고 있으며 하루속히 자신의 조국으로 돌아가 살 수 있는 순간을 기다리고 있다. 이들은 청년 대열에서도 열성 자이기 때문에 평양에 관광단으로 다녀 온 일이 있으며, 구국전선 회의 참가차 남한에도 여러 번 다녀왔다. 김영철의 자녀들의 염원은 오직 평 화 통일된 자기의 영원한 조국에 돌아가 사는 것이다.

1998년 3월 21일 타슈켄트에서 장학봉

전 '조·소 친선사' 부주필

김영활은 1910년 11월 23일에 원동변강 니꼴쓰크 우쑤리스크에서 철도 노동자 가정에서 태어났다. 김영활의 부친은 1914년부터 1920년까지 수정탄광(현재 빨찌산쓰크)에서 광부로 일하였으며 1920년에는 나호드까 항구로 이주하여 어장 노동자로 일하였다.

김영활은 1924년에 소학교를, 1928년에 초중을 졸업하였다. 도중에 아버지의 급작스런 사망으로 인하여 공부를 계속하기 어려웠으나 나호드까 부두 노동자로 일하면서 공부를 이어갔다. 그렇게 힘겨운 과정에서도 1931년까지 공부를 마쳤다.

1934년에는 블라디보스토크 동방국립 종합대학 동양학부 중어과에 입학하여 공부하였으나 1937년 한인 강제이주와 관련하여 대학 공부를 중단하고 카자흐스탄 공화국으로 이주했다. 카자흐스탄에서는 아쓰뜨라한 시의 물고기 가공 공장에서 한인 노동자들을 위한 문화일꾼으로 일했다. 강제이주로 인하여 그 곳까지 실려온 한인 노동자들은 빵은 사 먹

을 수 있었으나 밥이 그
리워 도저히 살 수가 없
어서 많은 사람들이 노
자 돈을 벌어서는 자신
의 비용으로 중앙아시아
로 이주하여 가곤 하였
다. 김영활도 이런 어려
운 환경에서 2년간 고생
하다가 어머니와 동생들
과 함께 중앙아시아 타
슈켄트 주 중칠칙 구역
볼세비키 꼴호즈로 이주
하였다. 그 곳에서 김영
활은 볼세비키 협동조합
내 초중학교 교장으로
1944년까지 일하였다.
그리고 1945년 10월말
까지 우즈베키스탄 공화
국 한인극장 당조직원 겸
부지배인으로 일하였다.

1944년 타슈켄트에서 부인 유수라와 함께

조－소 친선신문사 부주필로 근무할 때인 1954년, 사회주의 출판절
기념 평양특별시 보고대회에서 기념보고를 하는 김영활

김영활은 1945년 10
월 소련군 군사동원부의 명령을 받고 북한에 주둔하고 있는 제25군단
정치부에 소속되었다. 그는 주로 평양에서 출판물 계통에서 일하게 되
었다. 김영활은 1945년 11월부터 1948년 12월까지 '조·소 친선사' 부
주필, 1948년 말부터 1954년까지 '소비에트 신보사'에서 문화 고정원으
로 일하였다. 1954년부터 1956년까지는 다시 '조·소 친선사' 부주필
로 일하였다. 그 후 1956년부터 1958년까지 공화국 정부 내 출판물

1956년 3월 내각정보국 제9부장으로 근무할 때. 좌로부터 김철우 전선 군사위원. 제7군단 군사위원 리춘백. 김영활. 유경수 군단사령관. 군단참모장

북한 생활 말기인 1960년, 농업출판사 편집인 겸 번역원으로 근무할 때. 좌로부터 림용검. 김 필리프. 박병율. 주 마트베이. 김영활. 심수철

관.리부 및 부지도부 부장으로 내각 정보국 제9부 부장으로 평양에서 계속 근무했다.

1958년부터 1960년까지는 조선민주주의인민공화국 상무위원회 위원장 최용건의 보좌관으로 일했다. 이때는 이미 대부분 소련출신 간부들이 철직, 처단 당하던 때였다. 당시 높은 책임적 직위에 있던 간부들은 전부 숙청하였고, 몇 명의 간부는 형식적으로 높이 중용하면서 봉급도 높이고, 군사 간부들은 군사칭호도 높이면서 부분적으로 책임적 직위에 임명하였다. 그렇지만 그들도 1960~1961년에 완전히 숙청을 해버렸다.

내각 부수상 박의완도 농촌 협동조합으로 쫓겨가서 상임위원회 김두봉과 같은 처지에서 똥 두엄 쪽지게를 지고 다니다가 지방 노동당 열성자들에게 매맞아 죽었다. 노동당 열성자들은 쫓겨 내려온 고급 간부들을 노동당 중앙의 지시대로 처리해 버린 것이었다. 사상검토에 걸린 간부들에게 말로는 하부 협동조합에 내려가 재교양을 받으라고 했지만, 쪽지게에 실린 짐이 너무나 무거워 논두렁에 넘어지면 부축하여 일으켜 세워주지 않고 발길로 차면서 '중앙에서 소고기에 이밥만 먹고살던 놈들아! 협동조합 일이란 것을 좀 알아야 하지!' 하면서 욕과 손가락질까지 하렸다. 그 결과 협동조합에 재교양을 받으라고 내려보내진 간부들은 전부 각 협동조합에서 비참한 최후를 맞는 일이 허다했다. 조선인민군 대장 최종학과 노동성 부상 박태군, 최고인민회의 상임위원장 김두봉도 다 그런 운명을 면하지 못하였다.

소련출신 간부들 중 다른 간부들을 숙청할 때 마지막까지 미끼로 이용을 당한 간부들은 김두환, 유성철, 김영활, 정학준 등이었다. 이것은 소련출신 간부들을 단번에 숙청하면 조직적으로 항거할 것에 대비한 정책이었다. 김일성은 특유의 '자기들 손으로 자기들을 집어 뜯으며 까부시게 하라'는 말을 이용하였던 바, 사상검토에 걸려 든 몇몇 간부들에 대한 총회에서 이렇게 이용당한 간부들에게 선별적으로 발언권을 주어 간부 숙청의 목적을 아주 쉽게 처리할 수 있도록 활용한 것이었다. 소련 출신 양기연은 체신성 사상검토 총회에서 소련출신 부상을 철직, 정배살이 시켜야 한다고 열변을 토하였다. 민족보위상 사상검토 총회에서는 유성철, 정학준이 소련출신 간부들에 한하여서는 제일 먼저 철직, 제대, 군사재판에 회부하라는 결론을 지었다. 그러나 소련출신 간부들을 숙청하는 작업에 심혈을 쏟았던 정학준도 대동강에서 수영하다가 인민군대 내 고급간부들의 손에 의하여 수장 당하고 말았다. 이것을 목격한 유성철은 겁이 나서 급히 소련대사관을 통하여 소련으로 망명하고 말았다.

소련출신 간부들은 대부분이 어떤 편견이나 종파주의 경향은 없었다. 또한 전우들을 폄하하고 깎아내려 구덩이에 처넣고 자기가 올라서고 싶은 사람도 없었다. 김일성에게 아첨하여 높이 등용되고자 하는 생각은 더욱 없었다. 이렇게 순박하고 정직하게 교양된 간부들은 자신들이 김일성에게 이용당하면서도 이용당하는 줄도 모르고 그들에 대하여 사상검토 지도원

들이 물으면 묻는 대로 없는 자료 있는 자료를 다 주었다. 언제든지 물으
면 있는 그대로 다 주곤 하였으나 그들이 간부들에게 대하여 특별히 연구
하지 아니한 이상 새로운 자료를 조작해 낼 수는 없었다. 마지막까지 다
풀어내고 난 후 그들이 더 이상 필요 없는 시간이 닥쳐오면 그들을 없애
버렸다. 이렇게 해서 정학준은 미역감다가 수장 당하였다. 김두환은 정배
살이를 보냈는데 어느 날, 당 간부국에서는 안 올라왔다고 하고 지방에서
는 올라갔다고 하면서 중간에서 납치하여 없애버린 것이다.

소련파들이 거의 사라진 다음인 1958년 2월 김영활은 승급되어 최고인
민회의 상임위원회 위원장실 보좌관으로 전근되었다. 그런데 김영활이 실
제로 하는 일은 최용건의 접대실 실장이지 아무 것도 하는 것이 없었다.
접대실 통역관으로 중·소 두 나라의 통역을 책임지라고 하였으나 최용권
의 부인이 중국 여자요, 또 최용건이 중국 군관학교 졸업생이어서 중국말
을 조선말만큼 잘했으니 김영활의 역할은 무용지물인 셈이었다. 게다가
당시는 소련과는 관계가 갈등 상태였으므로 아무런 소련 기관도 상임위원
회에 찾아오지 않았다. 이렇게 쓸모없는 직무에 간부를 들여놓고 2년 동
안 할 일 없는 사람으로 만든 후, 국립 농업출판사 번역원이라는 하급직

1945년 타슈켄트에서 찍은 가족사진.
뒷줄 좌로부터 장남 아나똘리, 부인 유수라, 김영활, 누나 김영희, 앞줄 좌
로부터 딸 클라라, 차남 위싸리온, 조카 나따샤

으로 내려보냈다.

'조·소 친선사' 신문 부주필로 근무하던 김영활을 농업출판사 번역원으로 임명하여 내려보냈으니, 한마디로 강직에다가 '이제는 더 쓸 가치가 없으니 가라!'는 것이었다. 그때가 1960년경이었으니 필요 없다고 생각한 간부들을 전부 청산한 때였다. 소련출신 간부로써 중앙 직무에 남아 있는 사람은 438명 중,6) 단 3명이었으니 남일, 김봉율, 김학인 등이었다. 김영활이 강직되기 며칠 전까지 방학세, 최종학이 있었으나 그들마저 함경남도에 내려보내졌다.

김영활은 이런 상황에서 조국을 떠나기가 아주 아쉬웠다. 특히 김영활은 조국에서 살며 일해야 될, 또 그렇게 준비된 간부였다. 그는 한글 구사가 아주 능숙하였으며, 한인들의 풍습, 예절 등을 가장 잘 아는 사람이었다. 그렇지만 그도 결국 눈물을 삼키면서 소련으로 돌아갈 수속을 하였다.

1961년 6월 모스크바에 도착한 김영활은 당 중앙 조직부의 파견에 의하여 원동변강 화태도에서 발간하는 화태도 당 기관지 『레닌의 길』 신문사 편집원으로 일하게 되었다. 김영활은 화태도에서 4년간 일하고, 다시 당 중앙의 허가에 의하여 카자흐스탄 공화국 수도 알마아따에서 발간되는 한인들의 신문사 『레닌기치』에서 문화교정원으로 일하게 되었다.

김영활은 소련에 돌아온 후, 몇 번 직무를 옮겨 다니며 일하였지만 항상 북한에 대한 관심을 끊지 않았으며 조국통일의 염원을 품고 살았다. 김영활은 1975년에 연금생활로 나오게 되자, 우즈베키스탄 타슈켄트시에 와서 부인 유 수라와 아들 형제, 딸 하나를 데리고 행복하게 살다가 1978년 7월 13일에 세상을 떠났다.

1991년 3월 타슈켄트에서 장학봉

---

6) 현재 정확한 인원은 알 수 없다

전 조선인민군 항공사령부 참모장, 소장

김원길은 1912년 원동변강 연해주 수청시(현재 빨치산쓰크)에서 태어났다. 1934년 원동변강 블라지보스톡 시 고려사범대학에 입학하였는데, 1937년에 고려인들의 강제이주로 말미암아 그 대학과 함께 이주하였다. 1938년 카자흐스탄 공화국 크슬오르다시에서 사범대학 역사학부를 졸업하였다. 그 후 타슈켄트 주에 파견되었다. 타슈켄트 주 인민위원회 교육부는 김원길을 중칠칙 구역 끼로브 국영경리 내에 있는 고급중학교 역사교원으로 파견하였다. 여기에서 김원길은 리에까쩨레니나를 만나 가정을 이루게 되었다. 그의 맏아들은 1939년에 태어났으며 딸 밀라는 1942년에 출생하였다. 오누이는 아버지와 어머니의 지극한 사랑을 받으며 아주 평화롭고 화목하게 자랐다.

1944년, 소련 인민들의 조국전쟁이 반타격전의 국면으로 접어들면서 각 전선에서 아직 피가 흐르고 있는 시기에 김원길은 군사동원부의 명령을 받고 원동변강 태평양 함대 블라지보스톡 시 해군기지에 도착하게 되었다. 여기에서 그는 일제의 침범을 경계하고 있던 전체 해병들과 함께 군사 복무를 수행하였다.

일·미 간에 계속되고 있는 전쟁을 조속히 끝낼 목적으로, 소련군 수뇌부는 연합군의 의무로 1945년 8월 9일 아침에 공격개시 명령 하달과 함께 일본 정부에 선전포고를 하였다. 이에 따라 원동변강에 위치하고 있던 육군 제1, 2전선과 때를 같이하여 소련 태평양함대도 대일본 전투에 참가하게 되었다. 바로 이때 김원길은 태평양함대 해군 육전대로서 나진 해방 전투에 참가하였다.

김원길은 1947년 8월 모스크바 당 중앙의 명령을 받고 소련군에서 제대하면서 곧바로 가족들을 데리고 조선민주주의인민공화국에 파견되어 일하게 되었다. 조선에 도착한 이후 김원길은 조선인민군 총참모부 작전국 부국장, 항공사령부 참모장, 직속 독립여단 여단장 등의 직책에서 일하였으며 군사 칭호는 소장이었다.

1958년 12월이 되자, 김원길은 얼굴에 수심을 품으면서 고민하기 시작하였고, 종종 한숨을 쉬기도 했다. 얼마 후인 1959년 정월 16일 금요일 아침 김원길은 특별한 말없이 일하러 나갔는데 저녁에 집에 돌아오지 않았다. 김원길의 처는 너무 이상하여 여러 곳에 전화를 했으나 남편의 행방을 알 길이 전혀 없었다. 그렇게 이틀이 지나서 월요일이 되어 사무실에 나가 물어본 즉 '아마 출장 갔을 것입니다'라고 말하였다. 한 국가의 정규군 소장이었던 김원길은 이렇게 소식도 없이 사라지고 말았다.

당시 아들은 소련에 유학 중이어서 김원길의 처 혼자 애를 쓰면서 인민군 총참모부, 당 중앙 간부부, 소련 대사관 등을 다니면서 김원길의 행방을 알려고 하였으나 전부 헛된 일이었다. 나중에 알고 보니 김일성이 자기의 정치적 불신임자들을 직접 체포할 아무런 근거도 없을 때에, 이렇게 슬그머니 납치하여 처단해 버리는 것이었다.

당시 내무성 호위처장 직책에서 일하던 김만석도 출장 보내었다하고 슬그머니 처단하였으며, 노동성 부상 박태준도 납치하여 처단하여 버렸다. 그때 김일성은 인민의 국가요, 또 민주의 국가요 하면서 자신의 과거 내막을 잘 아는 소련 출신 사람들은 죄다 처단하여 버린 것이다.

리에까쩨레니나는 김원길과 결혼하기 전에 중학교에서 공부하였고 출가 후 오누이를 낳아 1944년까지는 그런 대로 행복한 생활을 하였다. 김원길은 본래 축구선수로서 아주 건강한 몸으로 대학 시절에는 카자흐 공화국 축구시합에까지 참가한 체육가였다. 리에까쩨레니나는 김원길이 해군에 징병되어 집을 떠난 후에도 학교에서 계속 일하면서 일가 친척들의 도움을 받아 큰 고생은 하지 않았었다.

그러나 김원길과 그의 처는 북한에 도착하면서 인생이 급격하게 변하기 시작했다. 처음엔 고급 군관의 가족으로 상등 대우와 이웃의 존경을 받으며 생활하다가, 1950년 6·25 전쟁이 발발하자 그녀는 자식들을 데리고 중국 만주에 후퇴하여가서 살았다. 중국에서 3년간 살다가 다시 평양에 도착하였는 바, 전후 복구시기 평양 생활은 좀 힘들었으나 참을 만 했다. 그러나 마지막시기 즉 김원길이 감금당한 이후 평양 생활은 생지옥이었다. 반당·반인민 종파분자로 몰려서 평양 보통강 주변 토굴막에서 1년간이나 아이들과 거지같은 생계를 이어가야만 했다. 그래도 행여나 김원길을 구출하여 볼까해서 여러 상부기관을 돌아 다녔다. 그러나 어제까지도 사모님으로 부르며 존경하여 잘 접대하여 주던 사람들이 모두 그녀의 정치적인 적이 되어 "반당·반인민 분자인 당신이 무슨 말이 그리 많은가? 그래도 불쌍히 여겨 농촌으로 내려보내는데 가지는 않고?"라고 질책했다.

김원길의 처는 농촌으로 가면 죽음의 길이라는 것을 알고 소련대사관에 호소하여 소련 최고 소비에트에 국적을 회복해 달라는 청원서를 제출하였다. 국적이 회복되었다는 통지서를 소련대사관에서 받았으나 그녀는 오랫동안 소련으로의 귀국을 미루었다. 그렇지만 결국 아이들의 목숨이라도 구하고자 귀국을 결심하게 되었다. 일생을 같이 살기로 약속한 김원길의 생사도 모른 채, 자식들을 데리고 우즈베키스탄으로 돌아 온 그녀를 오빠가 친절히 맞아주어 생계를 유지하게 되었다. 그러나 아무리 친오빠의 집이라 하여도 그 집에서 계속 밥을 얻어먹을 수는 없었다. 그래서 아직 중학교에서 다니는 딸 밀라를 오빠네 집에다 맡겨두고 우크라이나, 백러시아, 카프카스 지방 등을 돌아다니며 협동조합들의 계절 노동자로 남자를 대신하여 해마다 갖은 고생을 다하면서도 자나깨나 김원길로부터 반가운 소식이 오기만 기다리며 울면서 살아왔다.

그렇게 20여 년간 외지를 돌아다니며 힘에 부치는 노동을 계속한 그녀는 중환에 걸려 오래 앓다가, 속에 가득 찬 원한을 풀지 못하고 1977년 세상을 떠났다. 김원길의 아들은 1960년에 대학을 졸업하고 차르조우 선박수리 공장 동력 총기사로 1975년까지 일하다가 어머니가 있던 타슈켄트시에 이주하였다. 현재는 타슈켄트 전기시설품공장 실험실 상급기사로 일하고 있다.

약력

- 1912년 원동변강 수청시 (현재 빨치산시)에서 출생.
- 1934년 원동변강 블라디보스토크시 고려사범대학 입학.
- 1938년 카자흐스탄 공화국 크슬오르다시 사범대학 졸업.
- 1938년 리에까쩨레니나와 결혼
- 1944~1947년 8월 원동변강 태평양함대 블라디보스토크시 해군부대에서 근무.
- 1945년 나진, 청진, 원산 등 상륙전 참가.
- 1947년 9월 제대. 북조선 도착.
- 1947년 9~1958년 12월 조선인민군 총참모부 작전국 부국장. 항공사령부 참모장(소장).
- 1959년 1월 16일 출근 이후 행방불명

  　　　　　1982년 3월 20일 김원길 소장의 아들 김 로베르트

전 조선인민군 총정치국 부국장

김일은 1920년 5월 5일 함경북도 청진시에서 태어났다. 그의 부친 김유경은 1919년 대한독립만세 사건과 관련하여 1920년에 투옥되어 1년간 감옥생활을 한 다음, 1921년에 석방되었다. 그는 조국을 해방하여야 한다는 정신을 품고서 소련 원동변강 지역에서 홍범도 항일부대가 활동중인 것을 알고 소련으로 망명하였다. 김일의 러시아 명은 '김 리와니드 유리예위치'이다.

김일은 1925년에 어머니를 따라 누이동생과 함께 소련 원동 쓰빠쓰크 시로 오게 되었다. 쓰빠쓰크 시에서 초중을 졸업하고, 로어를 잘 배워야 한다는 마음을 가지고 1935년에 집을 떠나 쓰워르드롭쓰크 시 노동학원에 입학하였다. 1937년에 학원을 졸업하고 타슈켄트시 사대에 입학하여

---

7) 북한 정권 수립시기에 중요한 역할을 한 인물 중 김일이란 이름을 가진 사람은 둘이다. 큰 김일로 불리던 사람은 전선 총정치국 국장으로 활동했었고, 작은 김일이라 불리던 사람은 전선 총정치국 부국장으로 큰 김일 아래에서 일했던 사람이다. 여기서는 작은 김일로 불렸던 김일을 일컫는다.

1942년에 졸업했다. 이후 1945년까지 타슈켄트 주 끼로브 국영농장 부락에서 중학교 역사교원으로 일했다.

1945년 8월에 소련군에 초모되어 제25군단 소속으로 북한에 들어온 후 1946년 말까지 소련군 행정사령부 지도하에 통역원으로 일하면서 북한에서의 토지개혁, 산업국유화 사업에 많은 활동을 하였다. 1947년부터 조선 인민군을 조직하기 시작하자 역시 통역원으로 일하면서 소련군 정치고문의 사업을 도와주다가, 1948년부터 조선 인민군 편제에 의하여 인민군 총정치국 부국장으로 임명되어 1950년 동족상잔 때까지 일하였다. 1950년 6월부터 1950년 10월까지 전선 정치국장, 1950년 11월부터 1952년 1월까지 총정치국 부국장, 1952년 2월브터 1956년 1월까지 서해 사령부 군사위원을 역임했다.

해방직후 북한에서 처음 공산당(차후 노동당)을 조직할 강시 책임적으로 당 조직 건설사업을 하다가 죽은 허가이를 일러 모두들 '당 박사'라고 불렀다면, 김일은 인민군대 내 당 정치사업에 있어서 박사였다. 왜 그렇게 불렀냐면 1947년 인민군대 조직을 창시하던 때, 군대 내 당 정치사업이란 첫 단어부터 그의 입에서 나왔고 곧바로 전군에 그렇게 불려졌기 때문이다.

허가이 부위원장이 소련 공산당 강령과 규약을 번역하여 조선 노동당의 것으로 만들었다면 작은 김일은 소련 군대 규약에서 군인들의 전투시, 정찰시, 행군시, 전투훈련시 당 정치사업보장, 정치상학, 정치 보도란 무엇이며 그의 조직 진행방법과 강령 작성법, 하부에 하달하는 지령서 작성법 및 인민군대 내 당 정치기관과 민청단체들의 편제표 및 그 구분대, 부대, 연합부대와 군구, 전선, 총정치국에 이르기까지 그들이 해야 할 임무에 대하여 소련 군대 규약에 적힌 것을 번역, 수정하여 인민군대의 것으로 만들었다. 김일은 인민군대 조직 창시부터 오랜 기간 총정치국 부국장으로 지내면서 큰 김일, 박헌영, 김재욱 같은 유력한 간부들을 국장으로 모시고 일했으나 실제로 인민군대 내의 당 정치사업은 김일이 전담하였다고 할 수 있다.

군대 내의 전투 위력은 그에 속한 군인들의 자각성에 의지되기 때문에, 또 그 각성은 군대 내 당 정치간부들에게 관련되어 있기 때문에 간부들의 역할은 대단했다. 김일과 같이 인민군 조직 초시기부터 군대 내 당 정치기관을 조직했던 많은 정치 일꾼들은 6·25 동족상잔에 대해 '미제에 붙어살고 있는 남한의 형제들에 대한 해방을 위한, 정의의 전쟁'으로만 알고 생명을 아끼지 않는 투혼으로 임했다. 자기 대오들을 고무 추동하여 전진시키면서 영웅적으로 싸웠다. 김일과 가까운 친구이며 동지였던 안동수, 박춘 등은 군인으로서, 전투원으로서 모범적인 용사들이었으며, 한성천은 휴전조약이 체결되던 날 전사하기도 했다. 이들은 모두 연합부대 정치부장들이었다.

김일은 전선 정치국장 임무를 수행하면서 전투부대 선열에서 그들의 전투공격을 당 정치적으로 보장하면서 아군의 선진부대인 제105탱크장갑차 사단장 유경수와 정치부장 안동수와 함께 서울에 입성하고 서울 라디오를 통하여 남한 인민들에게 '해방'에 대한 인사를 드렸다. 이어 서울 창경원(현재 창경궁)에 전선정치국을 자리잡게 하고 전선사령부는 중앙청에 설치하였다. 그러나 김일은 하루도 서울에 머물러 있지 않고 항상 전선사령관 김책과 같이 최전선 지휘관들의 전투지휘를 협조하면서 주야를 같이 지냈다. 그가 후방에 온 것은 지뢰폭발로 인해 전사한 강건 참모총장의 장례식에 다니러 평양에 온 것과, 대전 전투에서 전사한 안동수의 장례식 참여 차 서울 남산 공동묘지에 온 것뿐일 정도로 최전선에 붙어살았다. 전선에 투입된 지휘관으로서의 임무를 최대한 수행한 것이었다.

초기 파죽지세로 밀고 내려가던 인민군대의 진격이 낙동강에서 막혀 도하작전이 지연되고 있던 중에 유엔군은 인천 상륙작전을 계획하고 미군 제7함대를 전부 동원시켜 9월 11일부터는 대대적으로 공중포격과 함포사격을 밤낮으로 해대었다. 인민군은 있는 역량을 전부 동원하여 금강, 추풍령, 낙동강 계선에 내몰았다가 실패하고 패잔병들이 북으로 후퇴하던 시기인지라 인천으로 보충병을 보낼 여지도 없었다. 당시 인천에는 2개 포대가 있었다. 1개 대대는 월미도에 배치하고, 1개 대대는 인천항에 배치하고 있었다. 그 외에 경소대 성원 약 50명, 통신중대에 약 30명의 통신수, 여단 참모부에는 김창히 참모장을 위시하여 20명의 군관, 정치부에 정치부장 이하 10명의 군관이 있었다. 당시 인천 해안 방어 226여단 여단장 리청송은 2개대대 병력을 인솔하여 군산, 목포 방향으로 떠나간 상태에서 연락이 되지 않았다.

인민군 최고사령관 김일성은 낙동강 도하작전이 실패 직전으로 가자, 엄한 명령을 군부대에 하달했는데, 상부의 명령을 실천하지 못했거나 명령을 거역한 자, 자기 임의로 군대를 이탈한 자, 후퇴하는 자의 상관은 그 군인들을 즉시 총살할 권리를 부여하였다. 이 명령을 하달 받은 김일은 전투중인 전선을 바삐 다니면서 그 명령의 당적, 정치적 보장을 위하여 많은 회의를 진행하였다. 그래서 정신재무장을 한 상태에서 미군과 결사적으로 싸웠으나 결과는 인천 월미도에서 1개 대대 성원 전체가 전사하고 부소대장 1명이 살았으며, 전체 인천여단 성원에서 총 46명이 살아 남은 것으로 밝혀졌다. 김일의 가장 친근한 벗인 박춘 32사 정치부장은 연천과 개성 사이의 임진강 전투에서 연대 성원 제일선에 서서 격전을 벌이다가 장렬하게 전사하였다.

제1차 공격으로 남한을 3주 이내에 점령하겠다던 김일성의 작전은 제3차 공격에도 실패하여 서울과 평양까지 유엔군에게 점령당하자 하는 수 없이 청천강 계선을 넘어 양강도 산간벽지의 바위 동굴, 즉 일제 때 동로강(양강도 부근) 발전소를 짓기 위해 파 놓았던 동굴에서 당 전원회의를 열고 1차 공격의 실패 원인을 총화하였다. 이 자리에서 김일성은 1차 공격의 참패 원인은 모두 무정장군, 2중영웅인 방호산 제6사 사단장과 큰 김일 및 남로당에 덮어씌우고 자기는 하늘에서 그 모든 것을 낱낱이 살펴보면서 구경만 한 사람처럼 모든 책임에서 빠졌다. 그러면서 며칠만 있으면 다시 남한을 점령한다고 허언장담하였다. 이 회의를 기회로 하여 김일성은 인민군대 내 많은 고급지휘관들을 철직, 강직, 등용 및 재배치하면서 전선 지도체계 편제를 변경시켜 2개의 전선사령부 즉 동부전선과 서부전선으로 조직했다. 전선 정치국은 없애고 군사위원제로 바꾸었다. 그는 새로 전투에 인입되는 중국지원군과 인민군대가 합동작전을 펴면 대성공을 거두리라고 판단했다. 중국 지원군은 사상적으로나 군사 규율로 볼 때 강한 군대였지만, 그들의 장비는 말할 여지없이 저급한 수준이었다. 첫 단계에서는 초산, 청천강 계선에서 포위전을 조직하여 성공을 거둔 후 평양, 서울시 등을 재차 해방하였으나 다시 서울시를 내어놓고 38선 계선까지 후퇴하여야 했다.

새로운 편제 개편에 따라 김일은 서부전선 군사위원으로 배치되고 동부전선 군사위원에는 최종학이 임명되었다. 조선인민군 총정치국장에는 평남도당 위원장으로 있던 김재욱이 추대되었다. 이 때 김일이 관리하게 된 서부전선은 옹진반도로부터 시작하여 철원 계선까지 속하였는데, 이 지역은 비교적 평야가 다수이고 인구밀도가 조밀하여 군사전술적 행동에 불리한 여건이었다. 반면에 적의 군사 정찰과 암해 공작의 가장 중요한 목표가 되는 지역이었다. 그와 더불어 조선 정전 담판위원회도, 개성 판문점도 이 지역 내에 속했다.

김일은 당·정권 대표권리를 수행하는 전선 군사위원 직무를 충직하게 수행하면서 연합부대들의 전투력 강화를 위하여 군대 내 당 정치기관, 민정단체들을 동원시켜 군인들의 전투 사기를 제고시키는 동시에 지휘관들의 전략전술에 대한 상식을 높였다. 또 적개심과 경각심 제고에 많은 관심을 돌리면서도 주민 지역에서 가까이 위치하여 군사행동이 진행되고 있음과 관련하여 발생될 수 있는 안일부화성에도 많은 염려를 돌렸다.

전선에 있어 양측의 군사행동은 벌써 1952년 초부터는 완전히 멈추다시피 하여 서로의 실력을 시위하는 위력적인 정찰만 하였고 대대적 공격은 없이 완전히 진지전으로 바뀌었다. 군대란 전투동작이 없이 그 대오를 장기간 유지하자면 군인들의 긴장성 해이에 대하여, 군관들의 안일부화한 생활에 대하여 많은 정치사업을 조기 진행하여야 하는 법이다. 이러한 철칙을 잘 알고 있는 김일은 각 연합부대와 부대, 구분대에 이르기까지 하부 정형에 대한 통보제를 강화하는 한편 군대 내 당 정치사업을 가일층 강화하게 되었다.

휴전협정이 비준된 지 약 1년이 넘은 1954년 말에 인민군 각 군부대에는 '인민군대 내 강하고 유력한 전투력을 보존하며 적 동향에 대한 경각성을 가일층 높이기 위하여'라는 명령서가 민족보위상 최용건 차수의 이름으로 하달되었다. 명령서에는 전쟁 3년간과 휴전 후 1년 반 사이에 군부대들에서 발생한 일절 부정행위들을 대표적으로 지적하면서 앞으로는 그와 유사한 행위들이 다시는 반복되지 않기 위하여, 또 군인들의 사상을 당과 최고사령관 김일성 장군이 지시한 방향으로 계속 고취하기 위하여, 전체 연합부대, 부대, 구분대들에서 당 세포회의로부터 시작하여 초급당 단체, 또 연합부대 범위에서는 당 열성자 회의들을 진행하는 한편, 군부대 내 각조 단위별로 정치학습, 신문낭독, 정치보도 또 개별적 정치담화까지 포함하여 김일성 최고사령관의 전설적 항일 빨치산 투쟁사의 연구를 강화하며, 극진한 조국애와 영웅적 투쟁심이 충만된 영화 상영과 강연 등을 중대, 소대, 분대들에까지 어떤 방식으로 진행해야 한다는 것을 상세히 지적해 주었다.

인민군대 내 당 정치사업에는 누구를 부러워하지 않을 정도로 잘 알고 있던 김일은 그 명령서를 읽어보고, 그러한 문건은 원칙적으로 총정치국장의 지령으로 하부에 하달되어야 하는 것인데 보위상의 명령으로 당 정치기관에 내려보내진 것이 기본원칙을 이탈하였다고 생각했다. 또 보위상의 명령으로 되었다 하더라도 그 명령의 근본 정신과 방향을 지적하여 총정치국장에게 명령하면 총정치국장의 지령으로 하부 군부대에서 명령의 집행을 검열할 것인데 그 반대로 되었으며, 명령서에 서술된 문장과 집행하라는 제조직적 대책들은 아주 낮은 수준에서 기록되어 있는 반면, 민족보위상의 명령에 중대, 소대, 분대들에서 정치상학과 담화, 강연과, 영화를 상영하라는 것은 아래의 정형은 전혀 고려하지 않은 막무가내로 내려보내어지는 격이 되었다는 것을 감지했다. 김일은 전화로 총정치국 조직부장을 불렀다.

"당신이 대관절 전선사령부를 어떻게 보고서 그따위 명령을 작성하여 보위성의 비준으로 하부에 하달하였소?! 아래에서 일하는 사람들을 로봇으로 만들 예정이오? 그렇지 않으면 우리가 아무 것도 못하는 심부름꾼이란 말이오? 민족보위상의 명령이란 미명아래 기본방향을 지적하고, 그 달성하려는 목적을 지적하면 될 것이오. 그런데 당신이 작성한 명령서에는 우리의 분대 내 일까지 다 하다보니 우리도 거저 입만 벌려 거기에서 떨어지는 것을 삼키기만 하면 되겠구려."

김일에게서 이런 전화를 받은 조직부장은 그 즉시 총정치국장에게, 총정치국장은 민족보위상에게, 민족보위상은 김일성 최고사령관에게, 이런 단계를 밟아 그 내용이 빠짐없이 그대로 전달되었다.

조선 노동당 본부에서는 인민군대 내 당 정치사업의 형식과 방법이 사회의 그것과 다르므로 직접 간섭치 못하고 있었으나, 군대 내 소련 간부들의 세력이 만만치 않다는 것을 알아채고 인민군대 내 중국 해방군 간부들을 먼저 숙청한 다음, 소련파를 숙청하기 위하여 가장 악질적인 반소분자인 당 중앙 선전부장 김창만을 인민군대 내 당 사상 검토 총지도자로 임명하여 놓고 준비중이었다. 김창만은 '인민군대 내 당 정치사업이 왜 소련의 그것과 똑같은가? 이것은 어느 친소파 놈이 고의적으로 그렇게 만들어 놓은 것 아닌가?' 하면서 인민군대 내 전체 당 정치일꾼들을 모조리 훑어가면서 소련간부들을 축출하기 위해 눈에 심지를 키우면서 자료를 찾고 있을 때였다.

김일에 대한 자료는 '상부지시에 대한 멸시, 그의 집행에 대한 거역'이었다. 김창만은 그것이 가장 중대한 자료임을 인정하고 김일을 잡기 위하여 행동감시를 한시도 늦추지 않고 있었다. 그러던 차에 1954년이 다 지나고 1955년 새해가 되었을 때 체코 인민공화국 인민군 협주단이 조선 인민군을 축하하기 위해 평양을 방문하였다. 새해 설맞이 공연은 체코 인민군 협주단과 조선 인민군 협주단이 공연 연주자들을 서로 교대하면서 연합공연을 하기로 하고 장소는 모란봉 지하극장에서, 총지도는 북한 문화선전상 허정숙이 맡아 진행하기로 하였다. 설맞이 공연 연회에서는 조선 인민군 계통 각 군단, 집단군, 전선사령부 및 보위성 전체 고급간부들이 참가하는 한편, 각 성상들과 내각 중요 직원들이 참석하였다. 연회는 질서정연하게 잘 진행되었는데 국내 중요 간부 외에 외국 각 나라 육해군 무관, 각 대사관 성원들이 많이 관람하였다.

김일은 총정치국 부국장 직위를 다년간 지낸 간부로서, 사회주의 국가들의 인민군 정치일꾼들을 잘 알고 있었다. 특히 체코 협주단을 인솔하여 온 총정치국장을 아주 잘 알아 서로가 반가워했다. 연회에 자기 부인 박 세냐도 데리고 가서 인사를 시킨 다음 과거 개성 정전 단판회의서 만났던 이야기, 또 함께 황해도 벌판에서 꿩 사냥을 다니던 이야기 등을 나누었다. 협주단 여성들의 초청에 의하여 무도에도 몇 번 참가한 다음, 체코 총정치국장은 다음날인 정월 초하루에 인뚜리스트 레스트랑에서 열리는 신년맞이 연회에 김일과 부인을 초청했다. 그 외에도 소련출신 간부인 리춘백 소장, 장학봉 대좌 등도 동부인하여 참석해 줄 것을 요청했다. 장학봉 대좌는 당시 김책 정치군관학교 교장으로 있으면서, 이미 3일 전에 체코 인민군 협주단이 그 군관학교로 별도로 신년축하 공연을 갔을 시 체코 협주단 단장과 총정치국장을 만나 따뜻한 축하연설을 나눈 다음이었다.

그런데 당시 중앙당 선전부장 김창만은 군대 내 소련간부들의 허물을 잡을만한 행동들을 잡느라고 당과 인민군대 내 전체 루트를 동원시켜 그들이 어디서, 또 누구의 집에서 명절놀이나 생일잔치를 하는가, 술추렴을 어떻게 하느냐, 무슨 말들이 오고가는가 등을 살피고 있었다. 이러한 조직들이 감시를 하고 있음을 김일은 이미 알고 있었다. 그러나 당과 정부에 대하여 충성을 다하는 한 무엇하나 겁날 것이 없다는 신념으로 개의치 않았다. 그러나 그것은 김일의 오산이었음을 뒤에 알게 되었다. 김창만은 군대 내 사상 검토사업을 지도하는 책임을 자기가 자청하여 맡은 후 소련출신 간부들 중에서도 군대 내에서 당·정권 대표로 군인들의 사상 방향을 조절하는 군사위원들부터 때려잡아야 한다는 단단한 계획을 잡아두고 매일 감시를 하고 있었다.

이러한 상황에서 1955년 신년맞이 체코 협주단 연회는 김일에게 있어서 숙명적인 사건의 시작이 되었다. 1955년 1월 1일 오후 6시경, 김일은 부인 박 세냐를 데리고 레스트랑 현관에 들어섰다. 동부인 하여 미리 와 있던 장학봉, 리춘백, 리청송 등과 현관에서 서로 악수하고 홀로 들어선 순간, 체코협주단은 일체 기립하여 민족보위상을 영접하듯 잔잔한 음악을 연주하였고 많은 사람들이 박수를 치기 시작했다. 그런데 의아한 것은 총정치국 책임자나 중앙당 선전부 간부들이 보이지 않은 것이었다. 김일은 체코인들은 소련말로 대화를 하니깐 소련 출신 간부들이 아니면 대화를 잘 알지를 못해서 참석을 않았는가 하고 가볍게 지나쳤다.

귀빈들이 실내에 다 들어오자 체코측 고급군관 한 명이 장내의 좌석을 가르키며 모두 앉으라고 권하였다. 이어 체코 총정치국장이 신년 행복을 기원하는 간단한 축사를 했다. 조선 인민군 측에서는 김일이 새해 신년 축사를 했고 곧이어 무도회가 시작되었다. 참석자들은 서로 자리를 바꾸어가면서 춤도 추고 대화를 나누고 축배를 권하기도 했다.

그러던 중 김일은 총참모부 외사부 정문홍이 그의 부하 통역원을 데리고 좌석에 앉아 있는 것을 발견했다. 그들을 보고 그때서야 김일은 의혹감을 가지게 되었다. 연회에 왜 소련출신 간부들만 모였는가 하는 의문부터였다. 김일의 생각에는 정문홍이 소련출신 간부들을 감시하러 왔다는 것을 예감할 수 있었다. 그런데 그들은 김일을 주로 감시했다. 외국 손님들도 많은 자리인데 오직 김일의 행동을 따라 눈길을 돌리는 것이었다. 심지어 김일이 화장실을 가더라도 통역원이 따라 으곤 했다. 너무나도 노골적인 감시를 하기에 김일은 두 번째로 화장실을 갔을 때 그 외사부장에게 물었다.

"너, 왜 사람 뒤를 따라다니느냐? 대체 누구의 명령으로 나를 감시하느냐?!"

그러자 외사부장은 화를 벌컥 내며 조롱하듯이 대꾸했다.

"나는 아무도 감시하지 않소. 내가 화장실에 오는 것도 군사위원 동지에게 허가를 받아야 되오?"

화가 난 김일은 외사부장의 멱살을 틀어쥐고 흔들면서 화장실 출입문 쪽으로 밀면서 말했다.

"시시하게 놀지 말고 외국 사람들 앞에서 썩 물러가라"

이렇게 화장실 쪽에서 작은 소동이 있게 되자 어느 새인가 곁에 와 있던 사람들이 김일을 말렸다.

"앞으로 두고 보자! 누가 이기는가! 하하하!"

외사부장은 큰 목소리로 말하면서 밖으로 나가버렸다.

연회는 이 작은 소동으로 인하여 시들해져 버렸고 급기야 부랴부랴 인사들을 하고선 다들 집으로 돌아갔다. 난장판처럼 되어버린 연회는 참으로 외국손님에게 수치스럽게 되고 말았다.

그 일이 있은 지 8개월 뒤 민족보위성 열성자 회의가 있었다. 민족보위성 중앙청사 회의실에 소집된 회의에는 군단 이상급 전체 책임자들이 모였다. 당 열성자 회의 주석단에는 민족보위상, 총참모장, 총정치국장, 당 중앙 선전선동부장인 김창만 등 간부들이 자리했다. 총정치국장이 회의 개최를 선언하고 회의 순서를 거수로 결정한 다음 열성자 회의 보고를 총정치국장이 읽었다. 회의 의제는 단 하나, '인민군대 내 일부 책임 간부들의 당 정치적 규율 위반에 대하여'였다. 보고서에는 금일의 국내 국제 정세를 간단히 분석한 다음 집중적으로 사상 문제를 걸고 나왔다.

"당 중앙과 최고사령관이 요구하는 노선과 정반대로 일부 인민군대 내 장령들이 안일부화한 사상에 봉착하여, 민족보위상의 명령서를 정중히 여겨 어떠한 상황에서도 사소한 기회와 조건을 이용하여 문자 그대로 집행해야만 할 것임에도 불구하고, 이러한 내용을 군인들에게 전달하지도 않고 이런 저런 핑계를 대며 수정주의 경향을 발휘하는 한편 군대 내 유일 관리제를 파괴하고 상부와 하부의 조직체계를 이탈시키는 위험한 경향을 꿈꾸는 자도 있다. 예를 들면, 서부전선 군사위원 김일 소장은 인민군대 내 군사규율을 강화하기 위하여 각급 연합부대들과 부대 각급 구분대들에 이르기까지 당 정치사업을 강화할 각급 당 총회를 진행할 목적으로 하달한 민족보위성 명령을 거역하고 조롱하면서 자기의 개인적 반당적 의견을 대입하려고 시도하였다. 그 외에도 김일 소장은 항공사령부 군사위원 장학봉, 7군단 군사위원 리춘백과 더불어 자기 부인들을 데리고 자기 마음대로 외국인들이 주최한 신년 기념축하 행사에 참가하여 근무상 필요에 의하여 그 연회에 참가한 외사부장과 추태를 부리면서 싸움을 하는 한편, 전설적인 빨치산 부대와 그의 지도자들을 비방하였다. 이러한 행동은 우리의 경애하는 수령 김일성 항일 빨치산 부대 전통을 계승하는 조선 인민군대 장령으로서 도저히 용납될 수 없다."

보고가 끝나자 약 2~3분간 침묵을 지키다가 사전에 준비시킨 토론이 시작되었다. 보고서를 김창만 부장이 비준한 것인 만큼 각자들의 토론내용도 그가 이미 알려주었을 것임에 틀림없었다. 손을 들어 토론에 참가한 자는 제2전선(서부) 사령관 리권무 중장, 총참모장 김광협, 군사교육장 허봉학, 제2집단군 사령관 최현 중장, 정치안전부장 석산 소장, 정찰국장 유성철, 일반부참모장 정학준 등의 순으로 발언하였다.

토론 참가자들은 정치적으로 보아 엄중하기에 김일을 인민군대에서 제대시켜 사회로 내보라고 주장했다. 최현 중장과 정치안전부장 석산 소장은 과거의 공훈을 고려하여 엄중 경고하는 선에서 제한하자는 의견을 내었고, 정학준과 유성철은 어떤 정치적 방향보다는 개인적 혐의로, 없는 말도 많이 첨가하여 토론하면서 자기 신변을 공고하게 하려 했으나 다 허사였다. 이 토론이 있은 후 1년도 가지 않아 유성철은 철직 제대 추방되었으며, 정학준은 미역을 감으러 강에 나갔다가 빨치산 부대 젊은 아이들에게 맞아 죽고 말았다. 훗날 유성철이 후회한 말에 의하면, 토론할 당시까지는 당 사상 검토운동의 지시대로만 하다보니 소련 출신 간부들을 숙청하는 판세임을 눈치 채지 못하고, 빨치산파와 협력하여 자기편을 때려잡은 꼴이 되었다고 했다.

당 열성자 회의 토론이 끝난 다음, 연단에 올라 선 보위상 최용건은 결론을 내리면서 김태건 군사위원에게 총살형의 언도를 내렸다. 그는 곧 이어 김일에 대한 언도도 이어갔다.

"김일이 감행한 군사 규율 위반은 인민군대 내에서의 상부와 하부를 이탈시키려는, 아주 용납할 수 없이 유해한 행동이다. 특히 외국 손님들이 참여한 장소에서 위대한 김일성 장군의 항일 빨치산의 전설적 위신을 말살시키며 웃음거리로 만들기 위하여 그 빨치산 부대출신 외사부장 정문흥 상좌를 구타한 것은 우리 인민군대 내에서 용허할 ㅅ 없는 군법 위반이며 범죄적 행위였기 때문에 나는 김일 소장을 전선 군사위원 직무에서 철직 제대시키며, 김일 소장과 같이 동 연회에 참가하여 추태를 부린 항공사령부 군사위원 장학봉 대좌도 그 직무에서 철직하여 정치군관학교장으로 전근한다."

당 열성자 회의가 있은 지 1개월이 지나자, 김일은 건설대학 로어학부 상급교원으로 전근되었다. 이 일이 있은 후, 군대 내 당 사상 검토사업은 김창만의 지휘하에 성공적으로 진행되었는데 소련출신 정치간부들에 대한 공격은 다음과 같은 결과를 나타내었다.

• 총정치국장 최종학 상장 : '인민군대에서 김일성 항일 빨치산 역사를

고의적으로 미약하게 연구했다'는 죄목으로 철직 제대되어 함남 농촌 협동조합에 가서 2년 후 사망. 최종학 상장의 아들 최아파나시는 소련 유학중인 것을 중퇴시키고 북한으로 소환 후 평양부근 강동 정치범 강제수용소에 구금.

- 동부전선 군사위원인 김철우 소장 : 새로 배치되어 내려 온 정 부장을 소개할 때 "대학을 나오지는 못했지만 아주 총명하고 사업 경험이 풍부하여 좋다"고 말했다가 '빨치산 출신들이 대학을 나오지 못한 무식장이'라고 표현하여 모욕을 준 것으로 간주하여 철직 제대시켜 자강도로 추방.
- 제1집단군 군사위원 천율 : 김일과 연계되어 있고 소련파 사대주의자 다라는 평계를 대고 철직 제대.
- 제2군단 정치부장 김학천 : 소련파 사대주의로 몰려 철직 제대, 추방.
- 항공사령부 정치안전부장 박창선 : 소련파 사대주의로 몰려 철직 제대, 추방.
- 항공사령부 초대 군사위원 김태건 : 소련파 사대주의로 몰려 철직, 처단.
- 제4군단 군사위원 김단 : 소련파 사대주의로 몰려 철직 제대, 추방.
- 제3항공사단 정치부장 (작은)리춘백 : 소련파 사대주의로 몰려 철직, 유형지에서 사망.
- 군사 아까제미야 정치부장 김용택 : 소련파 사대주의로 몰려 철직, 추방.
- 제105탱크사단 정치부장 안동수, 30민청사단 정치부장 박춘, 9사 정치부장 한성천 등 동지들은 전선에서 전사하였고, 기타 부책임적 직위에서 일하던 박태업, 허학철, 림용검, 신철, 김파, 장일, 김철우 동지들도 모두 철직 제대, 추방되었는데 이유는 단 한가지 소련파 사대주의라는 것이었다.

　이렇게 소련 출신 간부들은 모두 철직, 추방, 처단 등의 방법으로 숙청당하고 마지막 남아 있던 김봉율 부상은 계속 근무를 하다가 사망하였다.

　1956년 8월 인민군대에서 철직되어 소련으로 추방된 김일은 1956년에서 1960년까지 소련 타슈켄트 중앙 고급당학교에서 수강했다. 1960년에서 1964년까지는 카자흐스탄 공화국 잠불 주 문화부 부국장, 1964년에서 1973년까지 잠불 시, 발하스 시, 알마아따 시 등에서 식료품 생산기업소 지배인, 1974년부터 1985년까지 월고그라드 주 국영 벼재배 농장 당위원회 위원장, 그 후로는 연금생활을 하다가 1987년 12월 3일에 고혈압의 중환 끝에 세상을 떠났다.

　국가 표창으로 국기훈장 2급 2개, 자유독립훈장 2급, 몽고인민공화국 훈장을 받았다. 소련 메달로는 대독전승 메달, 대일전승 메달, 조선해방 메달 등 각종 메달 10개 이상을 받았다.

　김일의 부인 박 세냐는 현재 알마아따 시에서 아들 딸 각 한 명을 데리고 많은 손자들의 재롱을 보면서 행복한 모습으로 살고 있다. 당년 74세이나 아직 건강하여 동네 출입도 꽤 잘하고 있으며 월고그라드의 아들집도 다녀오고 타슈켄트에도 가끔 친구들을 만나러 가기도 한다.

　1990년 2월 20일 알마아따에서 장녀 김 엘라의 증언으로 방학봉

전 교육성 교육관리국장

김 찌모페이는 1917년 2월 7일 원동변강 뽀씨에트 구역 노보끼옙쓰크시에서 태어났다. 향촌인 노보끼옙쓰크시에서 1935년에 사범전문학교를 졸업하고, 1937년 한인 강제이주로 인하여 카자흐스탄 공화국으로 삶의 거처를 옮길 때까지 소학교 교원으로 근무하였다. 1937년 거처를 옮긴 후부터 딸디쿠르간 주 카라딸 구역에서 중학교 교원으로 근무하면서, 동부 카자흐스탄 주 쎄미빨라찐쓰크시에 있는 교원대학을 1939년에 졸업하였다. 교원대학을 졸업하면서 중학교 교장으로 근무를 시작하게 되었다. 김 찌모페이는 교장으로 있으면서도 학업을 계속 해 1944년에는 알마아따 사범대학을 졸업하였다.

1948년 소련 공산당중앙위원회의 결정으로 북한에 파견되어 2년 동안 평양에 있는 김일성 종합대학에서 교원으로 근무하였다. 1950년 6·25 전쟁이 시작되면서부터는 인민군대에 초병되어 책임간부로 복무하였다. 1952년 군대에서 제대하여 문화선전성 관리국장으로 1년간 일하였다. 그 후 자리를 옮겨 황해도 해주시 교대 부학장으로 1년간 근무하였다. 이후 1953년부터는 신의주 교대 학장, 1954년부터는 평양으로 가서 교육성 교육관리국장으로 1958년까지 근무하였다.

김 찌모페이는 김일성의 사상검토 바람을 이기지 못했고, 숙청 대상이 되어 급기야 1958년 소련으로 귀환을 요청했다. 그렇게 모스크바에 도착한 김 찌모페이는 소련공산당중앙위원회에서 수속을 밟아 알마아따 시에서 1958년부터 1962년까지 알마아따 중앙 고급당학교에서 공부를 더 하였다. 학교를 졸업한 후, 1962년부터 1966년까지 카자흐스탄 공화국 국가 기술전문학교 위원회 부책임자로 일하였다. 1966년부터 1974년까지는 산업기술전문학교 교장으로 근무하였다.

김 찌모페이는 1974년 공화국 공훈 연금생의 생활로 넘어가게 되었다. 그 후 매일처럼 조국의 통일을 염원하면서 특히 북한의 민주화가 빨리 시행되도록 바라고 기원하다가 1991년 6월 1일에 세상을 떠나고 말았다.

1999년 9월 27일 타슈켄트에서 장학봉

전 조선중앙은행 총재

김찬은 1905년 10월 10일 원동변강 연해주 뽀시예트 구역 랴사놉까 촌 지식층의 가정에서 태어났다. 그는 향촌에 있는 중학교에 다니기 시작하여 1922년 졸업하였다. 당시 김찬의 부친은 그 중학교에서 교원 사업을 하였다.

김찬은 1919년에 민주청년동맹에 가입하였다. 그 후 원동변강에 소비에트 주권이 확고하게 되자 그 단체는 공산청년회로 개칭되었다. 1919년부터 1923년까지의 기간은 원동변강의 국제 정세가 아주 복잡한 때였다. 그렇게 복잡한 정세의 한편으로 모스크바에 소비에트 주권이 확립되자, 국내전쟁이 가열되었다. 쎄묘노브 백파 군대와 꼴차크 짜리군대 패잔병들이 시베리아를 걸쳐 원동변강 연해주에 밀려나왔다. 또 동해 바다와 조선 및 만주로부터 일본 침략군대가 기어들어 와 원동변강에 살고있는 고려인들에게 각자의 권력을 강요하면서, 예전에 의병대에 참가했던 자들 또는 3·1 독립만세 참가자 등 조선의 애국자들을 붙잡아 가기도 했다. 그 외에도 간도 십오만 사건으로 인하여 붙잡힌 조선의 애국자들도 서울로 붙잡혀 갔다. 당시 원동변강에서 살고 있던 조선 민족들은 어느 편을 지지해야 좋을지 분간하기 어려웠다.

조선사람들은 일본군대를 가장 큰 적으로 여겼다. 일제는 조선인들을 회유하기 위해 원동변강 지역에 각종 학교들을 열고 책값·학비를 무료로 하는 한편, 각 농촌에는 병원과 진료소들을 열고 약값과 치료비를 전부 무료로 하였다. 그 외에도 어렵게 사는 농민들에게는 양곡을 대주며 농사철에는 농사할 준비에 도움을 주기도 했다. 그러나, 조선인 청년들은 일본 강점군을 철천지 흉악한 원수로 인정하고 독립군에 가담하여 싸우러 나가는 한편, 집에 그대로 있던 나이 어린 청년들은 러시아 붉은 군대에 도움을 주었으며 비밀리에 민청사업, 소비에트 주권 수립에 대한 준비사업에 참가하기도 했다. 더러는 집을 떠나 독립군을 따라 다니기도 했다.

1922년에 일본 강점군을 원동변강 지역에서 내몰았고, 백계 러시아 군대도 몰려서 중국지역으로 넘어갔다. 그런데도 소련군대는 무기를 주며 자위대를 조직하도록 했다. 이때 김찬은 자위대에 참여하 분대장, 소대장으로 1925년까지 열성적으로 참가했다. 또한 그는 농촌 소비에트 조직의 선두에 서서 촌 소비에트위원으로, 소비에트의 책임비서로 일하였다.

1925년에 김찬은 군당과 군 인민위원회 명의로 뽀시예트 구역 쑬라뱐까 지역 신용차관 동지회를 조직했다. 나중에 이 동지회는 꼴호즈로 개편되었다. 1926년에는 뽀시예트 구역 공청회위원으로 선출되어 군 공청동맹 검열위원장의 직무를 수행하였다. 김찬은 1927년 전연맹 공산당 후보당원으로서 입당하였으며 1931년 5월에 정당원이 되었다. 그리고 1928년 9월에 블라디보스토크 당의 파견에 의하여 모스크바 중앙은행 재정대학에 입학하여 1932년도에 필하였다. 그후 그는 1937년 조선인들의 강제이주 때까지 소련은행 뽀시예트 지부 은행장으로 사업하였다.

김찬은 1937년 조선인 강제이주 시기에 우즈베키스탄 코칸드 시에 도착하여 시 상업부 재정계획과장으로 일하면서 싸마르깐트 상업대학 경제계획 통신학부를 수료했다. 1942년에 마르겔란 시 상업부장으로 선출되어 일하였으며, 1943년부터는 마르겔란 시당 위원회 제2비서로 활동했다. 1944년부터 1945년 8월까지는 페르가나 주 당 위원회 조직 부장으로 지내다가 군사동원부의 명령에 따라 소련군 제 25군단에 속하여 조선해방전쟁에 참가하였다.

김찬은 귀국 후 초기에는 주로 재정경제 분야에서 일하면서 북한 중앙은행 사업을 총책임지고, 1947년과 1949년의 2차에 걸쳐 북한 화폐 개혁을 조직하였다. 그 후 소련을 중심으로 사회주의 진영 경제 호상 협조위원회가 모스크바에 조직되면서, 그에 따르는 각종 조직사업을 지도하면서 재정성 차관의 직위에서 일했다. 조선 동족상잔이 개시되자 제2군단 군사위원으로 철원, 양구, 인제를 거쳐 서울, 수원 계선까지 나갔다가 전투에서 중상을 입은 김찬은 모스크바 제2외과 병원에까지 후송되어 약 6개월 간 치료를 받았다. 그 후 인민군대에서 제대하여 다시 재정은행 사업에 복무하게 되었다.

김찬은 소련에 귀환할 때까지 계속 중앙은행 총재로서 진실하고 정직하게 사업하였다. 그런데 김찬이 북한에서 추방된 원인은 사업에서 과오를 범하여서가 아니었다. 1956년 김찬이 김일성에게 아들에 관련한 부탁을 한 것이 원인이 되었다. 당시 김찬은 제1항공 방사기 사단에서 비행사로 복무하던 자신의 아들인 비행중대장 김 게오르기를 송환하여 6·25 전쟁 전에 공부하던 레닌그라드 건설대학 제4학년에 편입하게 해 달라고 김일성에게 사정하고 청원하였다.

제1항공 방사기 사단에는 100여명의 비행사들이 있었는데, 모두가 소련에서 공부한 유학생들로 조직되어 있었다. 그런데 그 중에서 사상검토가 진행되어 반당종파분자 누명을 쓰고 처단된 간부들의 자식들과 또 그런 사람들과 친척 관계나 친우 관계가 있은 사람들은 전부 제대·검거 청산하였기 때문에 전쟁 경험을 가진 비행사들은 불과 50%정

도였고 나머지는 신임 보충병들이었다.

이런 환경에서 김찬의 아들을 공부시키려고 소련으로 보낸다면 전투 경험을 소유한 비행사 전부를 소련에 보내야 되는 상황이었다. 김일성은 이 청원을 빌미로 김찬을 내각회의에 불러내어 몰상식한 인간으로 장시간 모욕했다. 그런 다음날 당장 아들을 데리고 소련으로 가라며 추방하고 말았다. 그런데 당시 김 게오르기는 평양 처녀와 결혼을 했는데 아이까지 있음에도 불구하고 그녀가 조선공민이라 소련으로 갈 수 없다며 북한 당국은 억지를 부렸다.

1956년 말에 귀국한 김찬의 가족들은 모스크바시를 거쳐 중앙아시아 페르가나로 돌아오는 길에 맏아들 김 게오르기를 레닌그라드의 건설대학에 다시 수강케 했다. 김찬은 페르가나 주 은행 부지배인으로 임명받아 일하다가, 1958년에는 우즈베키스탄 정부의 파견에 의하여 레닌그라드 고급 재정간부 연구원에서 1년간 연구생으로 있었다. 1960년부터 국가계획위원회 재정부장의 직책에서 복무하다가 1975년 70주년 진갑을 치르고 공훈 연금생으로 사직하였다.

김찬에게는 많은 친구들이 있었다. 김찬을 아는 사람들은 전부 그를 존경하고 총애했다. 김찬의 처인 말파 미하일로브나는 언제나 인자하고 따뜻하게 사람들을 대하였다. 그 덕택으로 김찬도 고생을 덜하였고 가정은 항상 화기애애했다. 그래서 주변 사람들은 그녀를 '쪼쨔 말파'라고 별칭하여 불렀고, 김찬을 '쟈쟈 빠샤'라고 사람들이 불렀다. 이런 별칭은 '아주버니' '아주머니'라는 뜻의 높임말로 두 사람에게 최대의 존경심과 감사를 표하여 부르는 말이었다.

김찬 부부는 자기 집에 찾아오는 손님들을 어느 때든지 인자한 모습으로 아주 후하게 접대하였다. 보잘 것 없는 음식이라도 아주 따뜻하게 데워서 꼭 맛있게 잡수시라면서 시중하여 주니까 그들의 집에는 어느 때나 손님이 끊이지 않았다. 타슈켄트시에서 살면서 북한에 가서 사업하다 돌아온 조선사람중 이들의 따뜻한 대접을 받아보지 않은 사람은 하나도 없을 정도였다. 김찬은 여러 친구들의 따뜻한 존경을 받으면서 연금생활을 하다가 1992년 7월 28일에 87세를 일기로 하고 세상을 떠났다.

김찬은 돌아가는 날까지 조국통일을 염원하면서 자식들에게 유언하기를 "조선의 건설과 부흥 발전을 돕기 위하여 조선에 파견되어 갔지만, 김일성에게서 멸시와 정신적 타격을 받고 추방되어 온 고통스러운 일생에 대해 자식들이 잊지 말고, 대대로 후손들이 자라서 활기찬 조국이 되도록 일을 하라"고 했다. 김찬은 죽기 전에 조국통일 구국전선 상임위원으로 있었다.

1993년 김 찬의 딸 김 엘라의 증언으로 장학봉

김 창 국
(1916. 8. 22 ~ 1981. 11. 10)

전 조선인민군 정찰국 부국장

창국은 1916년 9월 원동변강 연해주 수청 구역 시영동 빈농의 가정에서 태어났다. 향촌에서 소학교와 초중을 나오고, 소왕령시에서 1년간 사범전문학교에다닐 때쯤 전체 한인들에 대한 강제이주로 인하여 1937년, 타슈켄트 주 상철칙 구역 스베르들롭 꼴호즈에 오게 되었다. 김창국은 학업을 계속하고 싶었지만, 강제이주로 인하여 부모들의 생활이 안정되지 않은 상태에서 공부하러 떠나갈 수 없었다. 그리하여 부모와 같이 살면서 2년간 꼴호즈에서 일하다가 1939년부터 타슈켄트 농촌관계 시설대학 기계학부에서 공부하였다.

파쇼 독일의 침략자들을 반대하는 소련 인민의 위대한 조국전쟁이 시작되자, 소련의 방방곡곡에는 "모두가 전선으로, 모든 것은 전쟁의 승리를 위하여"란 표어들이 나 붙었다. 조국의 수호자들은 전선으로 나갔고, 지원자들도 빨치산 부대를 조직하여 구국전선에 나섰다. 그러나 조선 청년들은 이 성전에 참가할 권리를 박탈당하고 있었다. 스탈린주의자들에 의해 전체 조선사람들은 친일 민족이라 하여 불신임자로 인정되었다. 그러나 소련에 살고 있는 많은 조선 청년들은 어떠한 방법을 써서라도 전선에 나가서 수치스러운 누명을 벗어버릴 결심으로 충만되어 있는 모습이었다.

이런 준엄한 시기에 타슈켄트시내 각 대학에서 한인 대학생들을 모스크바 나리마노브 정찰 군관학교에서 선출한다는 소문을 듣게 되었다. 그런데 이 선출은 께게베 본부 제 5호실에서 하였는데 공산당중앙위원회의 결정에 의하여 벌써 작성되어 있는 명단에 따라 호출하여 담화한 다음 선출한다고 하였다. 김창국은 당시 농업성 관계시설 대학에 재학중이었다. 소문을 들은 김창국은 모스크바 정찰 군관학교에 한인 학생들을 선출한다는 것은 필시 조선 해방을 예견하고 조직하는 일이라는 것을 인식하였다. 김창국은 농대는 조선이 해방된 다음에 졸업해도 되니까 우선 조국부터 해방하여야 된다는 애국심에 충만된 마음으로 께게베 본부 제 5호실로 찾아가 자신을 꼭 정찰 군관 학교에 보내 달라고 빌었다.

께게베 특별 취급부 소장은 자기 혼자서 해결할 수 없으니 3일 후에 다시 오라고 하였다. 이때 국립종합대학에서 신붕남, 정학준, 리봉인, 인민경제대학에서 김예핌 등이 일차로 구성되어 먼저 모스크바시로 떠난 상태였다. 그 때가 제2차 선출이었던 바, 그 후 수차 이런 선출은 계속되어 우즈베키스탄 공화국적으로 많은 동지들이 선출되어 모스크바시로 가게 되었다. 한일무, 박창옥, 김동수, 정태선, 박길남 등 동지들이 같이 출발했다. 많은 동지들이 조선으로 들어가게 되었다. 그러나 조선에 들어간 동지들은 대부분이 발을 붙이지 못하고 체포되고 말았다. 당시에 김예핌, 신붕남 일행 7명 중에 신붕남을 위시하여 모두 붙잡혀 1945년 7월에 6명은 사형 당하고 김예핌 한 명만 평양 감옥에 살아 있었다. 그런데 1946년에 그들의 공판 문건을 평양 형무소에서 발견하게 되었다. 거기에는 김예핌이 변절하여 동지들을 밀고한 사실이 적혀 있었다. 그 후 김예핌은 모스크바시에 들어와 소련 형법에 의하여 20년 형기를 받고 시베리아 어느 감옥에서 옥사하고 말았다. 이렇게 조국의 해방을 위하여 많은 한인대학생 동지들이 애국심을 품고 일제와 싸우다 목숨을 잃었다.

김창국은 3일 후에 또 다시 께게베 5호실로 찾아갔다. 김창국은 마침내 자원서를 접수시켰고, 김예핌 그룹에 편입되어 모스크바시로 가게 되었다. 그들은 모스크바시의 군관학교에서 2년간 공부하였으나 자기 일행 7명 이외에 다른 동무들은 한 명도 만나보지 못하였다. 정찰 학교 는 이렇게 엄격한 비밀 속에서 학습시킨다는 것을 김창국은 그때야 깨 달게 되었다. 정찰학교에서 김창국은 시간이 모자랄 정도로 바빴다. 조 선어도 완전히 모르는 형편에서 일어를 꼭 배워야 했으며, 일본국가는 필수로 외우고 부를 줄 알아야 했다. 또 2년이라는 긴 세월을 모스크바 삼림 속에 파묻혀 비밀리에 공부를 하다보니 적적하기란 디루 말할 수 없을 정도였다. 그러나 이미 마음먹고 결정한 일이며 조국 해방과 연결 시켜 생각할 때 백 번 죽더라도 공부를 마치겠다는 마음이었다.

김창국은 본디 어려서부터 운동을 즐겼는데 축구를 잘하여 구역내와 도내에서 진행되는 시합에는 빠짐없이 참가하였다. 그는 아주 튼튼한 신체를 가진 스포츠맨이었다. 때문에 그가 척후병, 정탐원이 된 것도 우 연한 일이 아니었다. 그는 청년시대에 어떤 싸움판이라도 웬만한 젊은 이들을 2~3명 정도는 상대할 수 있을 정도의 힘이 있었다. 때문에 그 는 타고난 척후병이었다고 불러도 손색이 없었다. 이런 건강체질에 정 찰 학교에서 공부하면서 유도까지 배우다보니 본래 실력을 더 배가할 수 있었다. 그는 적과 싸워 이기자면 육체적 건강과 함께 전략 전술을 잘 아는 동시에, 적을 잘 알아야 이긴다는 군사 전략상 본질을 깊이 인 식하고 진실한 의미에서 자기를 파견한 상부의 귀와 눈이 디려고 성실 히 배웠다. 특히 조상들의 신성한 땅을 짓밟고 있는 일본제국주의를 대 상으로 하고 싸울 생각을 할 때마다 그는 마음 속 깊이 긍지심이 꿈틀거 렸다.

김창국은 군사학교를 우수한 성적으로 졸업한 후 1943년 7월에 소련 원동변강 제2전선 정찰국 특수 정찰 여단에 배치되어 전투 임무수행에 착수하게 되었다.8) 여단에 편입된 후 만주에서 넘어온 김일성 대위가 자

---

8) 88여단과 관계된 증언은 대부분 기억과 소문에 의존하고 있기 때문에 사실과 다른 부분
이 많다. 인용에 각별한 주의가 필요하다.

기의 대대장, 최용건 상위가 정치 부대대장이 되었다. 제3대대의 강건 대위가 지도하는 대대 성원들은 모두 북한, 만주 혹은 소련 중앙아시아 각 공화국에서 선출되어 모스크바시에서 정찰 군관 학교를 마감하고 왔다는 것을 알게 되었다.

김창국이 파견 받아 온 88정찰여단은 하바롭스크에서 약 60Km 동남쪽으로 아무르 강변 좌안을 따라 내려가다가 나나이 족들이 살고 있는 민족 자치현 뱌트쓰코 촌에 위치하고 있었다. 이 곳은 블라디보스토크와 연결된 자동차 대통로에서 아무르 강변 쪽으로 약 3Km쯤 들어가 있었는데 수림이 무성하고 아무르강의 작은 만을 끼고 앉아 경치는 아주 훌륭하였다. 당시 88여단의 군부대 번호는 44810이며 그 부대의 편제를 보면 다음과 같았다.

제1대대 대대장 대위 김일성, 주로 한인들로 구성
제2대대 주로 중국인들로 구성
제3대대 대대장 대위 강건[9]
제4무전 라디오 통신대대
군의소 소장에 리동건 소좌(소련 이르쿠트스크 출신)
박격포중대 중대장 러시아인 체뿌르노이 상위
경리소대

88여단에서 복무하던 군무자 중 4명이 타슈켄트시에서 살고 있던 사람이었다. 그들은 바로 김창국과 유성철, 알렉쎄이 위또로비치 싸돕스끼(이 사람은 한인이었으나 할아버지가 러시아성을 가졌기에 그도 러시아성을 가지고 있었음), 그리고 박격포 중대 부중대장으로 복무하던 중위 낄레 이싸이 와씨레위치(나나이츠족)였다.

88여단 여단장에는 중공부대에서 큰 공훈을 세운 항일투사인 대좌 주보중이었으며, 참모장에는 시린쓰끼 중좌, 여단 정치부장에 쎠료긴 소

---

9) 와다 하루키의 연구에 의하면 제3대대장은 허형식이다. 강건은 제2대대 정치부영장이다.

좌, 정치부부장에 중국인 장수창, 정치부 지도원으로 김책, 최용권 상위는 제1대대 정치부대대장, 정치 보위부장에 아르부소브 중좌가 있었다. 당시 88여단은 제2전선 정찰국장 쏘르낀 소장, 부국장 안꾸지노브 대좌에게 배속되어 지시를 받고 있었다.

그런데 김창국이 정찰부대에 배치 받고서야 알게 된 것은 정찰이 여러 계통이라는 것이었다. 타슈켄트시에서 떠날 때에는 같은 군사동원부에서 떠났으나 다시 만나 보지 못했던 동무들이 대다수였기 때문에, 김창국의 생각에는 합격되지 못하여 집으로 돌아간 것으로 생각했었다. 그러나 그런 것이 아니라 정찰 계통이 다르고 학교가 다른 것을 인식하지 못했던 것이었다. 알고 보니 당 계통 정찰일꾼, 께게베 계통, 군인 계통에서도 육군정찰, 해군정찰 등이 있는 것이었다.

88정찰 여단에는 근본적으로 만주에서 항일 빨치산 투쟁을 하다가 일제의 탄압이 심했기 때문에 소련 국경을 허가 없이 무조직적으로 넘어온 김일성 이하 한인 부대들과 공식적 허가 하에 국경을 넘어 다니며 공작하던 중국 빨치산 부대원들이 있었다.10) 여기에 소련 지역에 살던 한인들로 정찰 학교를 필한 후, 배치된 인원이 약 30명 가량 더 있었다. 또 지방 동양족으로 조직된 박격포 중대도 있었다.

김일성 부대는 처음에 소련국경을 월경하다가 국경수비대에게 몽땅 체포되어 블라디보스토크의 수용소에 감금되어 있다가 중국공산당 주보중 여단장이 보증을 서주어 석방되었다. 1940년도에 아직 주보중 부대에 편입되기 전에 김일성 부대는 블라디보스토크 주변 오께안쓰크에서 채소 농사를 지었다고 주보중 부대 사람들은 말하였다.

대대장 김일성은 간호장 김정숙에게 장가들어 부대주변 군관 사택에서 살았으며 그 때에 벌써 1942년도에 탄생한 김유라(김정일)가 자라고 있었다. 아이는 자라고 있어도 김정숙은 군의소에서 일하고 있었으며 많

---

10) 김일성도 중국 빨치산 부대 소속이었다.

58여단 군관 사택.
이 집에서 김정일(유리)이 1942년에
태어났으며 현재는 혁명역사 유적으
로 보존 중이다(1991년 촬영)

은 군무원들에게 항상 따뜻한 간호를 해주었다. 1944년 말엽에 또 아들 하나가 태어났다는데 그 아이는 수라라고 불렀으며, 김정숙은 부대 내에서는 왈랴라고 불렀다.

여단은 계속적으로 전투 임무수행을 목적으로 만주와 북한에 때로는 한 명 또는 두 명씩 파견하였으며, 아주 드물게 세 명씩 보내는 때도 있었다. 이런 형편에서도 군사 정치 학습은 계속 진행되었는데, 상학 시간에는 통용어가 중국어였다. 물론 노어 연구 시간도 있었다.

부대 내에 있던 경리소대는 부업경리를 지도하였던 바, 주로 돼지치기도 하고 감자와 양배추, 파, 마늘 등을 심어 부대 내에서 먹기도 하고 상부기관에 수확을 보내 주기도 했다. 여단 부업 중에는 고기잡이와 산짐승 사냥도 있어 부대 내의 부식 공급에 많은 보탬을 주었다. 이 부업은 주로 나나이 민족으로 구성된 박격포 중대가 실행하였다. 그 중대의 부중대장으로 있던 낄레이싸이 와씰레비치는 현재 타슈켄트시에 살고 있다.

김창국은 정찰 여단에 도착한 후, 약 한 달 동안에 여단에서 같이 복무하는 대원들과 지휘관들을 잘 알게 되었다. 김창국은 제1대대 제1소대 성원으로 명령받았다. 소대장에는 카자흐스탄 공화국 크슬오르다시에서 온 군관 중위 박길남 동지가 지도하였다.11)

김창국은 시간이 있으면 전투 임무수행 차로 파견지에 갔다가 돌아온 대원들에게서 또는 이미 오래 전부터 북한이나 만주에서 살다가 월경한 김일성 부대 성원들에게서 국경 건너편의 이야기와 비밀자료 수집경험 등의 방법을 듣곤 하였다. 이렇게 바쁘게 하루하루를 보내던 중 어느 날 아침 식사 후에 여단 본부로부터 호출장을 받았다.

김창국은 전투 임무를 받으러 오라는 호출장이라는 것을 알아채고 조심스럽게 군복 차림도 하고 구두도 잘 닦아 신고 여단본부로 행하였으나 어떻게 된 일인지 몸도 좀 떨리는 것 같고, 발걸음도 좀 서툴러졌다. 김창국은 잠시 걸음을 멈추고 정신을 정돈한 뒤, 다시 걸으면서 조국을 위한 영예로운 전투 임무를 접수하러 가는 걸음이 되어야 된다고 생각하면서 절도 있는 모습으로 걸어갔다. 여단 본부에 도착하여 여단 정찰 과장실에서 정찰 임무를 받게 되었다.

과장실에는 정치부장, 참모장, 정치안전부장 등 지도자들이 같이 있었다. 정찰 과장은 벽에 걸린 동만주와 북한 지도를 가리키면서 각 도시, 각 군사 주둔 지점 등 정찰 행동을 위한 통행로까지 기입한 작은 지도를 주면서 그 지도에 기입된 기호들과 통행로 및 도시 명칭들을 금일 하루 동안에 이 사무실에 앉아 완독한 후 저녁에는 기차로 떠나야 된다고 하였다. 떠날 때는 그 지도를 본부에 다시 주고 가야 한다고 하였다.

1943년 10월 25일 저녁 5시, 김창국은 첫 전투 임무를 수행코자 빠뜨쓰꼬에서 떠났다. 소대장 박길남과 향촌 친구 유성철 동무 등이 송별해 주었다. 김창국은 유성철 동무에게 "유성철 동무. 만약 내가 전사하고 돌아오지 못하면 동무가 알고 있는 내 주소로 어머니에게 편지나 한 장 꼭 써 부쳐달라"고 하였다.

김창국은 자동차 안에서 전투 임무를 다시 한 번 곰곰이 생각하였다. 그의 임무는 동북의 각 도시와 비행장에 주둔한 관동군 부대들의 이동

---

11) 박길남은 제1대대 제2소대 제1분대장이었다(와다 하루끼).

88특별 정찰여단 본부.
현재 혁명 유적지로 지정되어 철조망
으로 보호하고 있다(1991년 촬영)

상황에 대하여 병종 별로 자료들을 수집하여 본부에 통지하라는 것이었다. 목적지에 도착하면 항일투사들의 단체, 특히 항일 빨치산 부대들을 만날 수 있으니 그들이 임무수행에 많은 도움을 줄 것이라고 하였다.

김창국은 유성철 동무도 약 1개월 전에 동만주에 가서 전투 임무를 성공적으로 수행하고 왔는데 나라고 못할 것인가 하는 마음으로 긴장을 삭였다. 그런데 잊을 수 없는 말이 자꾸 생각났다. 다름아니라 유성철 동무가 "쉬운 전투가 어디 있겠소? 거저 예리하고 민첩하게 동작하면 별 일이 없을 것이오"라고 한 말이었다. 유성철은 아주 태연하게 그렇게 말했었다.

나중에 무사히 임무를 마치고 돌아 온 김창국은 어느 정도의 세월이 지난 뒤, 유성철 동무를 만나 자신이 정찰 임무수행 시에 겪은 에피소드를 이야기하기도 했다. 그러니까 그때는 바로 10월말이었다. 벌써 저녁 때엔 찬바람이 손을 호주머니에 넣게 하는 날씨였다. 화룡시에서 두 시간 동안 사방을 둘러보았으나 만나야 할 사람은 나타나지 않았다. 저녁에야 한 사람이 나타났고, 김창국은 필요한 자료를 받아 뒷산에 올라가 타전했다.

김창국은 어두컴컴해진 다음에야 지난 밤을 새던 집을 찾아가게 되었다. 저녁 식사 후 주인은 마음놓고 쉬라고 하였지만, 이상하게도 그 말이 전혀 믿어지지 않았다. 바로 그때 밖에서 인기척이 났다. '끝장이구나!' 하는 생각이 그의 머리 속을 번개 치듯 지나갔다. 김창국이 권총에 장탄을 하고 창문 구멍으로 내다보니 키가 구척이나 되어 보이는 한사람과 또 다른 한 사람이 함께 아랫방에 들어서면서 집주인에게 물었다.

"집에 누가 있는가?"

"먼 곳에서 온 신임할 만한 손님 한 분이 있다."

그 말을 듣고서야 김창국은 조금 안심하고 권총을 다시 베개 밑에 집어넣고 손님들의 눈치를 살펴보았다. 구척 장신은 김창국을 찾아온 사람이었다.

"추운데 다녀오시느라고 수고하였습니다. 동무에 대하여 나는 이미 알고 기다리고 있었습니다. 나는 김일성 동무와 함께 조선 해방을 위하여 항일 투쟁에 참가하는 사람이오. 지난 여름 동안 김일성 동지와 기타 동무들이 몸 건강히 잘 지내고, 부대 전투 정치 훈련도 잘 진행하고 있는지요? 여단장 주보중씨의 건강은 어떠한지 돌아가시면 안부나 잘 전하시오. 그리고 이제부터 나의 말을 자세히 듣고 돌아가 본부에 전하시오. 기본 내용은 무전으로 전달되었으나 가장 중요한 비밀은 무전으로도 전하지 못하오. 때문에 동무를 파견한 거요. 왜냐하면 무전 내용은 적들이 즉시 해독하기 때문이오."

이렇게 말하고 나서 그는 김창국이 아직 가보지 못한 통화, 심양, 공주령, 길림, 하얼빈 등 비행장들에 대한 자세한 자료들과 지상군들에 대한 자세한 자료들 그리고 병종 별로 집결소, 주둔 지역, 이동 상황 등을 명백하게 알려주었다.

"… 다음으로 조양천, 목단강, 연길, 밀산, 훈춘 등지의 군인들의 집결과 이동에 대하여서는 최근 자료들이 없기 때문에 여기에 주목을 돌리면서 자료를 수집하되, 단단히 주의할 것은 최근 일제는 전체 병력을 소련 국경에 집결시키는 관계로 이 곳들에서의 적들의 감시가 아주 심할 것이오."

말을 끝낸 그는 곧 잠이 들었다. 그러나 김창국은 눈을 뜬 채 밤을 세우면서 구척 장신에 대해 생각해야만 했다.

'이 사람이 도대체 누구이기에 여단 일도 잘 알고 또 나를 기다렸다고 하는가? 왜 출발할 때 여단 본부에서는 여기에 대한 얘기가 없었는가? 여단 본부에서 한가지 말한 것은 항일 빨치산 성원들을 만날 수 있을 것이다라고 말했을 뿐이었다. 그런데 그가 주는 지시와 여단본부에서 주던 지시하고 딱 맞아떨어지는 것이 아마도 이 사람은 우리편이다'

그러나 '짐작이나 추측하는 일에 있어서는 어느 때이던 속마음을 주지 말고, 자기가 아는 것을 절대로 남에게 말하지 말고, 될 수 있는 대로 남의 말을 많이 듣고 그것을 다시 걸러서 사용하라'는 정탐 원칙에 의하여 행동해야 될 것을 다시 한 번 다졌다. 내일의 행동에 대해 생각하는 동안 어느 덧 날이 밝아서 김창국은 그들과 작별하게 되었다.

김창국이 그 날 잠을 잤던 곳이 화룡현 소재지였는데 그곳으로부터 약 20Km 떨어진 곳에 간도 시가 있었다. 김창국은 그 곳에 가보고 싶은 생각이 꿀떡 같았으나 행동 계획에 들지 않아 포기했다. 간도 시, 그곳은 원동변강에서 살고 있는 청년들의 희망이었고 행복을 공상해 보던 곳이었다. 그 당시 한인들의 문화 중심, 조선 독립운동의 중심지, 인텔리들이 많이 양성되던 동흥중학교, 각종 체육 특히 동흥학교 축구팀은 전설적으로 소문이 나있었다. 그런 도시의 입구까지 왔다가 가보지 못하니 쓸쓸하기는 했지만, 전투 임무를 수행하는 국가의 몸이라 임무부터 실행해야 되기 때문에 김창국은 발길을 조양천 방향으로 돌렸다.

정탐군에게 있어서 근심스러운 하루 밤은 십년 맞잡이라고, 몇 십년이나 지나간 것처럼 느껴지는 피곤한 몸으로 1943년 12월 초에 훈춘 시에 겨우 도착했다. 거기서 안내원의 도움을 받아 소련국경을 넘어 뽀시예트 구역 크라쓰끼노 시에 들어서니 숨을 크게 내쉴 수 있었다. 김창국은 본부까지 무사히 도착하여 여단장 사무실에서 전투 임무수행에 대한 보고를 하였다. 여러 사람의 질문을 받았는데 김일성의 자문자답이 의외였다.

"동무를 화룡시에서 만나준 사람이 누구인 줄 아는가?"

"그 양반이 우리 여단 정치부 지도원 김책 선생이오. 그것 참 잘 만났었소."

여단장은 김창국의 첫 전투 임무수행 보고를 듣고는 끌어안으며 수고를 많이 했다고 치사를 한 후, 명령하기를 김창국 동무를 적성 훈장에 내신했다고 했다. 김창국은 차렷 자세를 취하고 "조국에 복무함!"하고 여단장에게 경례를 올렸다.

김창국은 약 6개월간 부대에서 군사정치 훈련에 참가하면서 전투과업 수행에서 잃어버린 에너지를 보충하였다. 1944년 7월 초순에 다시 정탐 임무를 부여받은 김창국은 이번에는 북한으로 들어가게 되었다. 태평양 함대의 도움으로 북한 나진항 부근에 도착하여 타고 왔던 고무보트의 공기를 빼고 물밑 돌바위 틈에 감추어 놓은 다음, 이미 정해진 목표인 큰돌 바위 곁 소나무 두 그루가 서 있는 곳으로 접근하는 슨간, 어디에 서인가 가는 휘파람 소리가 들려왔다. 그런 휘파람 소리는 김창국이 접선하는 방법이 아니었기에 큰 바위 뒤에 몸을 감추고 숨어 있노라니 휘파람 소리가 다시 반복되었다. 김창국은 생각하기를 이제는 자기가 발견된 것만은 사실이고, 하여튼 자기를 부르는 신호인 것은 틀림없다고 판단하고 속히 큰 바위의 소나무 부근에 접근하자 어떤 청년이 나타났다.

"요사이 기후는 어떠합니까?"

김창국이 물었다.

청년이 대답했다.

"기후는 아주 나쁘지만 어부들은 바닷가로 나갔습니다."

접선 암호가 맞았다.

같은 편이라는 것을 알고 청년에게 가까이 갔다.

"제가 바로 명철입니다."

그는 접선 대상자가 분명했다. 김창국은 그 청년의 뒤를 따라 나진 시로 들어가는 어귀 산기슭에 자리 잡은 초막에 들어가게 되었다. 그런 후

청년은 주인을 소개한 다음, 편히 주무시라고 말하고 가버렸다. 김창국
은 그래도 저녁식사나 같이 하면서 도움될 만한 이야기나 좀 들을까 했
는데 휙 가버리니 섭섭하기 짝이 없었다. 나진 시는 동만주보다 퍽 깨끗
하고 큰 도시였다. 그러나 처음 보는 도시, 처음 보는 사람들, 처음 듣
는 말씨인지라 지나는 사람마다 김창국을 의심스레 보는 것 같기도 하
였다.

김창국은 자리에 눕기는 하였으나 한 잠도 이루지 못하고 내일에 대
한 근심만 하였다. 어느 덧 동이 터서 아침 세면을 하고 식사를 하고 있
는데 중학생 교복을 입은 청년이 나타나서 김창국의 일거일동을 살펴보
면서 말을 걸어 보려고 시도하는 것이었다. 김창국은 얼른 식사를 끝마
치고 집을 떠나면서 저녁 10시경에 돌아오겠다고 주인하고 약속하고 나
진 시로 내려갔다.

처음 도착한 도시라 정해진 지점을 찾으려 하여도 방향과 거리를 알
아야 할 터인데 무엇 한가지도 모르니 모든 것을 일일이 물어서 찾아야
했다. 어렵기만 하고 걸음을 걸으면서도 곁눈으로 주변을 살펴보기도 해
야 하니 등골에서 땀만 흐르는 것이었다. 점심때쯤 접선자를 만나서 식
당에 들어가 점심식사를 같이 하면서 몇 마디 나누었다. 그 사람의 도움
에 의하여 오후에는 뒷산에 올라가 자료들을 발송하고 지난밤을 세운
주인집 근방에 오기는 했으나 그 집에 들지 않고 약 200미터 떨어진 뒷
산 강냉이 밭에 들어가 주인집을 살펴보았다.

그런데 10시가 되자, 주인집 마당에는 아침에 김창국의 거동을 살피
던 중학생이 일본 순사 두 명과 함께 마당에 들어서는 것이 보였다. 김
창국은 정신을 차리고 민첩하게 행동하여 몸을 피해야 되겠다는 것을
결심하고 뒷 산정을 향하여 가시밭 속, 돌담, 숲 속을 마다하지 않고 뛰
었다. 어두운 밤이라 몇 번이나 넘어지면서도 앞을 향해 나가야했다. 벌
써 뒤에서는 총소리가 울리기 시작했다. 계속 산 깊이 들어가니 추격하
는 소리가 없어지기 시작했다. 완전히 피한 것을 확증하고 산 속의 관목

밑에 누워서 한시간 정도 숨을 돌린 후, 공중에 있는 별들을 보면서 서쪽의 회령 방향으로 걸음을 채촉했다.

김창국은 나진과 회령 사이에는 도시들이 없고 화전민 부락들은 있을 수 있으니 거기에 들러 무엇을 좀 얻어먹을 수 있으리라 믿었다. 김창국은 지도를 생각하며 걸어가는 도중에 반드시 오룡천 상류 세 개를 건너야 갈 수 있다고 생각했다. 김창국은 이틀 사이에 약 150Km 거리를 돌파하고 회령 부근에 있는 탄광촌에 도착하였다. 그 곳에서 접선자를 만나 같이 산정에 올라가 비행장도 내려다보면서, 비행장에는 교도 연대만 남고 전투부대는 동만주로 이동하였다는 것을 확인하고 여러 가지 자료들을 종합하여 본부에 타전하였다.

1945년 조국이 해방되자, 김창국은 빠드쓰크 여단 본부를 출발하여 대대장 김일성 대위의 인솔하에 이동했다. 일행은 1945년 9월 19일에 소련군 운송 군함 뿌가쵸브를 타고 원산항에 도착하였다. 김창국은 북한에 도착한 이후, 인민군대 조직에서 소련군 고문들의 통역원으로 중요한 활동을 하였으며, 1948년에 소련군이 북한에서 나간 이후부터 조선인민군 정찰국 부국장 직무에서 복무하였다. 당시 인민군 정찰 국장은 최원 소장이었다. 최원은 소련 출신으로써 모스크바 정찰학교를 1942년에 나온 후 88정찰여단에서 김일성 대대장과 같이 복무하였다. 그는 사상검토에서 철직, 투옥된 후 행방불명되었다.

1950년 6월 25일 조선 동족 상잔이 개시되었다. 김창국은 긴밀히 정찰 활동을 진행하면서 아군 부대들의 전투 활동에 큰 역할을 하였다. 정찰국장과 작전국장은 입수되는 정찰 자료에 따라 작성한 지도를 상부에 제출하였지만, 정찰국 부국장 김창국 대좌는 제1전선 부대들과 같이 동과 서에서 기동하면서 전투에 큰 역할을 하였다.

1950년 12월에 김창국 대좌는 전선에서 지뢰 폭발로 인하여 중상을 당했다. 그는 중국으로 후송되어 약 2개월간 치료를 받다가 조선으로 귀환했지만, 또 다시 소련으로 후송되어 약 3개월간 치료를 받았다. 김창국은 완치되지는 않았지만 퇴원하여 귀국하였다. 이후 민간 항공부대들의 대표로 몽고, 소련, 중국 등의 나라들을 상대로 사업하다가 1958년 말에 소련으로 귀국하였다. 귀국 후 과거 정찰여단에서 조선해방을 위하여 갖은 고생을 다하면서 복무하던 업적들에 근거하여 연금생활을 수속한 후, 국가로부터 무료로 사택을 보장받고 아들 3형제를 중학, 대학 등에 입학시키고 부인도 취직시킨 후 평안히 지내다가 조선 전쟁에서 입은 부상으로 인하여 1981년 11월 10일에 65세를 일기로 세상을 떠났다.

조선민주주의 인민공화국은 김창국 대좌의 공로를 높이 평가하여 그에게 국기 훈장 1급, 국기 훈장 2급, 자유독립훈장 2급 등 기타 메달을 많이 주었고 소련 정부는 적성 훈장을 비롯하여 많은 훈장과 메달을 수여했다.

현재 김창국의 아들 3형제는 모두 대학을 나오고 각자의 직장에서 책임적 일들을 하고 있다. 김창국의 부인 김혜수는 현재 환갑이 훨씬 지났으나 아주 건강한 몸으로 행복하게 지내고 있다.

1995년 10월 5일 장남 김니꼴라이

김 철 운
(1904. ? ~ ?)

전 민족보위성 군사과학국 부국장, 대좌

　　김철운은 1904년 북한 길주에서 태어났다. 당시 부모들은 중등 이상의 부유한 가정으로서 토지도 몇 정보 있었고, 또 적으나마 병원에 약국까지 구비한 집안이었다. 김철운의 아버지는 의사로써 시민들의 존경을 받으며 살았다. 김철운에게는 위로 형 김한운, 아래로는 1915년에 태어난 여동생 하나가 있었다. 김철운의 부모들은 아들 형제를 공부만 할 수 있도록 조치를 취했다. 당시 한인들은 빈궁한 살림으로 인해 대부분 농사를 짓고 살았으니 김철운은 그들에 비해 윤택한 생활을 하고 살았던 것이다.

　　김철운의 할아버지가 살아 생전 총애하는 둘째 손자가 장가드는 것을 바래, 김철운은 1915년 11세 되던 해에 동리에서 아주 부유한 남 선달의 딸 봉숙과 결혼하게 되었다. 당시 남봉숙의 나이는 14세였다. 김철운은 장가를 들었지만 18세 되던 해에 처음으로 부인과 동침을 시작했다고 한다. 김철운의 할아버지는 김철운이 부인과 동침하는 것을 싫어하자 항상 손자를 불러놓고 음양의 이치에 대한 교육을 했다고 한다. 때로는 남봉숙과 한방에서 같이 자면 아침에 감초도 주고 대추도 준다고 달래기도 했으며, 개구쟁이 짓으로 집안 물건을 파손해도 책망을 주지 않을 정도로 동침하도록 요구했다는 것이다.

김철운은 1923년에 길주에서 고등과를 졸업하고 그 해에 동경으로 유학을 갔다. 동경에 도착한 김철운은 그 곳에서 유학중인 청년들을 만나 세상의 정세를 많이 알게 되었고 선진 문화의 영향도 많이 받게 되었다. 동경제대에 입학한 김철운은 1927년에 법학부를 졸업하였다. 대학 생활 4년간 일본 제국주의에 대한 배타심과 적개심이 생겨 김철운은 어느덧, 애국주의자요, 민족주의자로 변해 있었다.

고향으로 돌아 온 김철운은 고등 동창생들은 물론 전체 한인 청년들을 모아서 공산청년회 대열을 결속하면서 일제로부터 조국을 해방시키는 일에 참여할 것을 앞장서서 운동하였다. 이미 동경에서부터 일제의 '블랙리스트'에 올라 있던 김철운은 거의 매일 경찰서에 호출 당해 조사 받았으며, 자유로운 외출도 금지 당하였다. 이러한 애국 운동에는 김철운 뿐 아니라 형과 누이도 열성적으로 참여했다.

그러던 중 김철운은 조선 내에서 민족해방운동의 한계를 느끼고, 고향을 떠나 중국이나 소련 지역으로 가야 혁명사업이 가능하다는 판단을 하게 되었다. 1929년에 김철운의 형이 일본 경찰에 검거되자, 김철운은 일행 5명을 데리고 소련의 원동변강 블라디보스토크로 향했다. 당시 14세이던 여동생은 동네 청년 빨치산들과 함께 이미 동만주로 떠난 상태였다. 그 후 감옥에 잡혀간 김철운의 형은 옥사하였으며 친구들 대부분은 동만주로 가서 살았다.

자식들이 다 떠난 후, 고향에서 살 재미를 잃어버린 김철운의 부모는 어디로든 떠나 살아야겠다는 생각을 가지게 되었다. 매일 같이 일본 경찰의 감시를 받으며, 때때로 경찰서에 호출되어 가서 '자식들과 연락이 없는가?' 등의 조사를 받는 일이 이젠 힘들게 느껴진 것이다. 김철운의 부모는 며느리 남봉숙과 손자 손녀를 데리고 원동변강으로 여행 겸 한바퀴 들렀다. 원동이 살만하면 하나 남은 아들을 찾아 이사할 계획이었다.

그러나 당시는 소련 정책이 바뀌는 시기였다. 1929년까지는 소련 국경에 대한 통제가 엄하지 않아 원동에 살고 있던 한인들이 소련, 중국, 조선을 자유로이 왕래하며 살았으나, 1930년부터는 통제가 심해져서 월경하는 사람은 붙잡아 감금시키거나 수개월간 강제노역을 시켰다. 이런 상황이 되자 김철운의 부모는 소련 원동변강 지역보다는 동만주 연길현이 살기에 적합하다고 판단하여 그리로 이사를 했다. 그 곳에서도 길주에서처럼 치료실과 약국을 차려 놓았다. 그들은 얼마 되지 않아 한인들로부터 존경을 받으며 위신있게 살게 되었다. 이렇게 긱철운의 일가가 길주에서 모두 떠나게 되자, 남봉숙의 친정은 일본 사람들에 의해 파산되었다고 한다. 남봉숙이 조선 해방이 되면서 고향을 찾았을 때는 친척들은 물론이고 아는 사람은 그 누구도 만날 수 없었다고 한다.

한편, 원동으로 이사해 온 김철운은 가족들을 데리고 와서 살림을 제대로 꾸려야 했다. 김철운은 원동변강 다반재라는 곳에서 한인학교를 조직했다. 이 학교가 점점 커지면서 초중, 고중이 되었으며, 김철운은 한인 강제이주 때인 1937년까지 교장으로 일하게 되었다. 한인들의 중앙 아시아 지역으로의 강제 이주로 인해 김철운의 가족들은 우즈베키스탄 공화국 안지산 주 자흐리잡 구역 스탈린 꼴호즈에 도착하게 되었다.

1932년 원동변강 다반재에서 가족들과

　당시는 한인들에 대한 탄압이 가장 심하던 때였다. 특히 조선 출신 인텔리들은 모두 검거하여 투옥 혹은 처형했었다. 소련의 이런 만행으로 인해 김철운은 대단히 많은 고민을 하였으며 하루도 편하게 잠을 이룰 수 없었다. 김철운은 조선에서 왔을 뿐 아니라 일본 동경제대 법학부 출신의 최고 인텔리였으며, 1929년 입국이후 소련에서의 생활도 짧은 기간에 불과해 어느 하나 불리한 조건뿐이었다.

　김철운은 안지산 주 자흐리잡 구역 스탈린 꼴호즈에서 2년간 한글교원을 하면서, 강제 이주로 인해 빈궁해 진 살림살이의 개선을 위해 친구인 최영필 동지를 만나러 다니곤 했다. 최영필은 타슈켄트 주 굴리스탄 꼴호즈 회장으로서 김철운과는 원동에서부터 사귄 친구였다. 최영필은 1940년부터 꼴호즈 부회장 겸 생산부장 직을 맡아 일하면서 위신도 높았고 잘 살고 있었다. 그래서 최영필을 만나 여러 가지 이야기를 나누었다.

　당시 한인들은 소련정부로부터 불신임 인민으로 인정 당하여 몇 명의 극소수 한인들을 제외하고는 활동에 제한도 많았다. 특히 전쟁에는 초모조차 하지 않았으며 국가에 내는 세금도 상당히 많았다. 그 외에도 재공격으로 해방된 지역에 보낼 식량, 의복, 전투무기 생산에 필요한 재원 확보 등의 명목으로 생산이익을 전부 소련정부로 보내야만 했다. 심지어는 소련에서 가장 살기 어렵다는 꼬미 자치국에 보내어 철도를 부설하는 일을 시키는 등 한인들을 '노동전선'이라는 미명 하에 혹독하게 대우했다. 한인들과 비슷한 처지에 있던 독일인, 체첸인, 깔미크인 등도 항상 긴장감을 늦추지 않았다.

　이렇게 숨죽이며 살던 형편이 조금 나아진 것은 독소전쟁에서 승리한 1945년 5월 이후였다. 숨을 조금 돌리려고 하던 어느 날 점심때였다. 군관 2명이 지프차에 타고 자동 소총으로 무장한 호송병 1명과 함께 굴리스탄 꼴호즈 관리위원회 앞에 도착하여 김철운이란 이름을 찾는 것이 아닌가. 이러한 광경을 목격한 관리위원회 회원들은 모두 낙담하였다.

1937년과 1938년 사이에 한인 인테리
들을 잡아가던 모습이 주마등처럼 나타
났다. 순식간에 꼴호즈 관리위원회 앞
마당에는 20여명의 군중들이 모여서
눈을 휘둥그레 뜨고 군관들의 행동과
김철운의 모습을 번갈아 보면서 다들
안타까운 표정을 짓고 있었다. 지프차
를 둘러싼 군중들을 향해 중좌급 견장
을 단 군관이 말했다.

북한으로 나갈 때. 맏딸 김진옥은 결혼에서
소련에 살았다

"김철운은 공화국 군사동원부 명령
에 의하여 금일 소련 군대에 초모되어
간다. 바로 이 분이 공화국 군사동원부
대표이시다."

그렇게 말하면서 옆에 서 있는 중좌 군관을 가리켰다. 이어서 군사동
원부 부장 중좌가 김철운을 보고 말했다.

"김 동지는 지금 곧바로 집에 돌아가서 준비를 마쳐 군사동원부에 가
야 되며 거기서 수속을 마치고 금일로 모스크바로 가야한다. 집에 가서
특별히 준비할 것 없이 가족들과 작별하고 내의 두 벌만 가지고 나오라.
모스크바로 떠날 기차표는 이미 준비되어 있으니 저녁 5시까지는 타슈
켄트 역으로 나오라."

김철운이 집으로 가자 이미 소식을 들은 부인은 비오듯 눈물을 흘리
고 있었다. 군사동원부에 남편이 갈 이유도 없거니와 예전에 께게베들
이 한인들을 처형할 때의 모습과 비슷하기에 부인의 입장에서는 청천벽
력이 아닐 수 없었다. 김철운이 군사동원부에 뽑혀간다는 소문은 삽시
간에 꼴호즈 전체에 퍼졌다. 수십명의 꼴호즈 회원들이 김철운의 집마
당에 모여서 나름대로의 의견을 말하고 있었다.

김철운은 맏딸 김진옥을 불러 "내가 돌아 올 때까지 네가 어머니를 잘

모시고 어린 동생들도 잘 거두어라"고 일렀다. 그런 후 집마당에 모여 있는 동지들을 일일이 포옹하면서 작별을 나누었다. 지프차에 올라 탄 김철운은 곧바로 10Km쯤 떨어진 군사동원부로 갔다. 그 곳에는 이미 꼴호즈 관리위원회 회장을 비롯하여 10여명의 간부들이 모여 있었고 김철운의 가족들도 뒤이어 버스에 실려오고 있었다.

김철운은 꼴호즈 관리위원장 회장 이하 많은 성원들이 여기까지 나와 준 것이 고맙기만 하였다. 최영필, 박창선, 김칠성, 김영철 등의 동지들과 또 한번 포옹으로 작별을 나누었다. 어쩌면 다시는 돌아오지 못할 곳으로 떠날지 모르기에 가족들과 작별을 나누는 김철운의 눈에서는 어느새 눈물이 흐르고 있었다. 이렇게 예고 없이 찾아 온 군관으로 인해 천지가 개벽하는 느낌을 가지고 모스크바에 도착했다.

모스크바 역에는 모스크바 총참모부 무력성 대위가 마중을 나와 있었다. 그 군관의 승용차를 타고 모자이크 거리를 지나고 있는 것을 본 김철운은 자신이 어디로 가는 지 판단할 수 없었다. 깊은 삼림 속에 안전하게 파묻힌 몇 개의 건물 앞을 지나면서 탄탄하게 만들어진 철창 울타리가 쳐져 있는 것이 보였다. 그 중 어느 한 건물 앞에 차가 멈추었다. 그 곳은 다름 아닌 외국으로 파견하는 정찰병 훈련소 혹은 정찰병 군관학교라 불리던 나리마노브 군관학교라는 것을 김철운은 알지 못했다.

김철운은 군관을 따라서 4층으로 올라갔다. 입구의 벨을 누르니 다른 군인이 문을 열어 주었다. 안으로 들어서니 사무실 형태가 아니라 사택 같은 느낌을 주었다. 한쪽으로 침실, 식당, 세면실이 있었고 또 한쪽으로 사무실과 작은 도서관 모양의 방도 보였고 벽면에는 여러 가지 지도가 걸려 있었다. 군관이 말했다.

"이것이 당신의 침실이니 여기서 유숙하시고 식사도 하시오. 내일 아침 8시 30분에 당신을 모시러 올 테니 기다리시오. 이제부터는 여기서 유숙하면서 출근은 무력성 작전국으로 해야 할 것이며, 되도록 외출은 사양하고 외부와의 연락도 삼가야 합니다. 선생의 가정으로 무사히 모스크바에 잘 도착했다는 편지를 우리가 보낼 것이니 염려 놓으시오."

그는 옆의 군인을 가리키면서 '선생에게 전적으로 배속된 통신원 겸 연락병'이라고 했다. 그 군인에게는 김철운의 안위에 특별히 신경을 써서 잘 봉사하라고 명령하였다. 김철운은 정해준 사택에서 식사도 하고 목욕도 하면서 잠을 잘 잤으나 왜 자신에게 이런 호의를 베풀어주는 지에 대해서 궁금하기만 했다. 의문은 다음날 아침 9시에 소련 무력성 작전국에 가면서 풀리게 되었다.

작전국 비밀서류 가운데는 조선, 일본, 중국 등지에서 입수된 각종 적정 상황에 대한 자료들이 일어로 기록된 것이 무수하였다. 일부 자료를 노어로 번역하였으나 아직 손대지 못한 자료들이 방대할 정도로 많았다. 무력성 작전국은 이때 이미 대일본전 작전계획을 수립하고 있었다는 것을 김철운은 직감할 수 있었다. 이 방대한 사업은 전체 무력성 수뇌부가 극비로 진행하고 있었다. 일본과의 전쟁계획이 현실적으로 작성되려면 수천, 수만 가지의 정찰 자료들이 이용되어 작전 지도에 기입되어야만 하였다. 김철운은 작전국에서 매일 그 정찰 자료들을 번역하는 일뿐 아니라 그 번역한 자료들을 수정, 검열, 정정하는 일도 하였다. 이렇게 2개월간 복잡하고 힘든 사업을 하던 중 무력성 명령에 의하여 원동변강 제1전선사령부로 배속을 받게 되었다.

1945년 8월 7일 블라디보스토크에 도착하여 소련군대와 같이 북한의 평양으로 들어서게 되었다. 김철운은 그제서야 지난 여름나내 자신이 작업한 일의 가치를 알게 되었다. 김철운은 무력성 간부국으로부터 적기훈장을 받았다. 소련군대가 8월 27일 평양으로 대거 입성하면서 평양시 소련군 경무부가 조직되었다. 김철운은 여기에서 책임 번역관으로 주력하였으며 군사 칭호는 대위였다.

당시 평양의 정세는 대단히 복잡하였다. 아직 김일성 부대도 조선에 들어서지 않았고, 소련군 민정사령부도 조직되지 않아서 소련군이나 일본군에 대한 문제 해결을 시 경무부가 해결하는 수준이었다. 사회 인민

단체에 대한 문제들이 숱하게 제기되는 시기라서 평양의 정치적 환경은 무척 복잡성을 띄고 있었다. 1945년 8월 15일 이전까지는 일본 경찰서나 헌병대가 치안을 유지하고 있었으나 해방 이후부터는 한국인들은 누구도 일본인에게 복종하지 않았다. 한국인들이 조직한 자위대가 있었으나 인민기관이 없는 조건이라 우선은 소련군대의 지배를 인정하지 않을 수 없었다. 소련군대가 평양에 도착한 후, 그들은 시민들에 대해 강탈, 강간, 음주폭력 등을 끊임없이 발생시켜 시 경무부에는 하루도 쉴틈 없이 사건이 접수되고 있었다.

소련군의 평양 입성 2달 후 임시 인민위원회가 나오고, 소련군 제25군단 내 민정사령부가 조직된 후부터는 질서가 유지되기 시작했다. 김철운은 시 경무부에 1946년 3월까지 있다가 소련 사령부 명령에 따라 제25군단 민정사령부로 이동하였다. 여기에서 북한 전지역에 대한 토지개혁과 산업국유화 등의 중대한 정치적 깜빠니야가 실행될 시 책임적 번역관으로 일했다. 1946년 말부터는 전적으로 인민군대 조직에 복무하였다.

북한 인민정부는 인민군대를 조직하려고 하였으나 군대조직에 대한 규정이 없었으며, 군대 간부들도 준비되지 않은 상태였다. 그래서 인민정부는 우선 군대 조직 전에 정치군관학교를 조직하여 소련 고문들의 도움을 얻어 간부들을 양성하기 시작했다. 김철운은 이 정치학원에서 약 1년간 교원으로 일했다. 인민군대가 조직되자 곧 민족보위성 군사과학국 부국장으로 임명되어 군사과학을 전문하면서 소련 군대의 모든 규정(내무, 위병, 대열, 전투, 야전 규정 등)을 번역하고 출판하는 사업을 벌였다.

김철운은 이 때 북한으로 들어 온 누이동생과 매부를 만나서 부모들이 동만주 연길현에 살고 있다는 것을 확인하였고, 곧바로 평양으로 모시어 가족들이 모두 한 가정에서 살도록 했다. 김철운의 부모들은 하나 남은 아들과 잘 지내다가 1962년에 부친이, 1967년에는 모친이 세상을

1945년 10월 누이동생과 매부를 찾고 난 후, 예전의 동지들과 함께 찍은 사진. 앞줄 중앙에 아이를 안고 있는 이가 김철운, 뒷줄 오른쪽부터 매부와 누이동생

1954년 정전이후에 찍은 가족사진

떠났다. 김철운의 누이동생은 14세에 빨치산부대를 쫓아 동만주에 가서 복두하다가 조국해방과 때를 같이하여 고향 길주로 돌아와 방직공장의 책임자로 일하고 있었다.

김철운은 조국해방 첫날부터, 6·25 전쟁시기의 어려운 때, 사상 검토운동으로 매일 수십명이 철직, 추방, 검거되는 형국에서도 죽으나 사나 내 나라를 떠나 타국에서는 살지 않겠다고 다짐하고 있었다. 특히 많은 간부들이 자녀들을 소련으로 유학 보냈지만 자신의 자식들은 북한의 대학에서 공부할 것을 고집했다. 김철운은 인민군대를 위한 각종 규정들을 모두 번역하고, 3년간의 전쟁을 경험으로 닳은 부분을 첨가, 삭제하여 출판하였고, 최고사령부 총참모부 각조 상한에 열심히 참가하여 군사과학에 대한 지식을 제고시켰다.

사상 검토운동으로 소련출신 간부들이 숙청을 많이 당하자, 김철운을 알고 지내던 많은 친구들이 "당신은 사위와 딸이 소련에서 살고 있고, 소련에 공도 많이 세웠으니 소련으로 같이 들어가서 연금생활로 편히 살자"고 의견을 낼 때마다, "갈 사람은 가라"고 말하였다. 자기는 죽어도 조국 땅에서 죽겠다는 것이었다. 그렇게 조국만 생각하던 김철운에게도 사상 검토의 바람은 피해가지 않았다.

사상 검토에서 청백하기 이를 데 없다고 소문이 자자한 김철운에게 있지도 않은 범죄사실을 토해놓으라고 윽박지르기 시작했다. '허가이, 박창옥과 내통하고 있지 않았는가?', '지은 죄를 스스로 폭로하라'는 등의 얼토당토않은 주문을 요구하는 것이었다. 특히 '왜 소련군대 규정을 번역하면서 인민군대에 맞게끔 수정하지 않았는가?'하는 대목에 이르러서는 기가 막힐 따름이었다. 또한 그러한 일을 두고 '소련을 과대 평가하는 소련 사대주의'라고 공격을 하는 것이었다. 김철운은 '나는 소련파도 관료주의자도 아니다. 소련 것에 좋은 것이 많다고 한 적은 있다. 그게 죄가 된다면 할 수 없지 않은가?'라고 주장했다.

2개월을 끌며 속태우던 당 사상 검토회의는 반소 거두인 김창만의 지도하에 죄없는 김철운에게 '책임 직무에서 철직시켜 태생지인 길주로 보내라. 당에서는 엄중경고를 하고 불온 등록카드에 이름을 기록할 것이며, 2개월 이내에 평양의 살림집을 국가에 내놓도록 할 것이며, 대학에서 공부하는 아이들도 출학시켜 같이 내려보내라'는 결정을 내렸다. 하부로 내려가 육체노동으로 살아가라는 것이었다.

이후 김철운의 가정 운명은 당 사상 검토회의 결정 그대로였다. 길주에 내려간 김철운은 농사를 지어 본 적이 없는 선비라서 아무 것도 할수 없는 지경이 되었다. 매일 배급량은 200g의 잡곡과 100g의 쌀이 전부였다. 결국 김철운 부부와 아이들 2형제는 모두 농촌으로 나가 막노동으로 연명하여야만 했다. 어른들은 그나마 심정을 다스릴 수 있었으나 아이들의 고생은 참으로 난처하고 불쌍하였다. 그들의 생활은 1982년 김철운의 막내 자식(당시 37세)이 누이인 김진옥에게 쓴 편지에서도 드러나고 있다.

형 둘은 부모님과 같이 농촌에 내려 온 이후로 공부를 중퇴하고 협동조합에서 막일을 하였다. 맏형은 현재 길주 기계 공장에서 일한다. 나는 부모님들이 돌아가신 후 둘째 형과 같이 맏형 집에 같이 살고 있다. 맏형이 폐결핵으로 고생하는데 페니실린이 있으면 좀 보내달라.

김철운의 딸인 김진옥은 약을 구해 보냈는데, "우편국에 가니 외국수입품에 대한 세금이 워낙 높아서 소포를 찾는 것을 포기했으니 앞으로는 보내지 말라"는 답장만 왔다. 그 후 편지 왕래도 전부 두절되었고 십여년 이상 소식도 알 수 없었다. 우즈베키스탄 타슈켄트에 살고 있는 김철운의 딸 형제는 부모들이 죽은 후 먼 곳에서 그리워만 할 뿐이었다. 딸 김진옥은 대학을 나오지 못했으나 악바리로 소문이 날 정도로 노력하여 남편은 대학을 나오게 내조했다. 또한 그녀의 두 아들도 모두 대학을 나올 수 있도록 고생했다.

현재 그녀의 장남(김 펠릭스)은 타지크 공화국 두산베 시에서 알루미늄 생산 연합 합작기업소에서 지배인으로 지내면서 행복하게 살고 있다. 그의 자녀들도 벌써 대학을 졸업하고 사회로 진출하고 있다. 둘째 아들인 김 윌로자는 타슈켄트의 큰 기업소에서 책임기사로 일하고 있으며 딸 둘을 키우고 있다.

김진옥의 여동생인 김선옥은 모스크바 의대를 졸업하고 한동안 북한에 가서 의사로 일하기도 했다. 그녀는 다시 모스크바로 돌아와서 일하다가 1993년부터 연금생활로 들어가 현재는 타슈켄트에서 자식들과 잘 살고 있다.

독소전쟁이 한창이던 시기에 김철운과 같이 타슈켄트 굴리스탄 꼴호즈에서 일하다가 북한으로 들어갔던 박창선, 김필

북한 길주 기계공장에서 일하는 김철운의 장남 김연식이 부인과 찍은 사진. 1982년

딸 김진옥과 김선옥 그리고 외손녀

립 등은 북한에서 추방되어 타슈켄트에 와서 죽었고, 굴리스탄 학교 교원을 하다가 북한에 나갔던 김칠성은 가까운 동지의 밀고에 의해 검거되었다. 그는 '전사들 앞에서 공공연히 김일성 빨치산 부대의 군사규율을 비방하였다'는 죄목으로 총살당했다. 그나마 다행으로 그의 부인과 아이들은 우즈베키스탄에 귀환하여 대학을 나오고 현재는 경공업부 차장 등 요직에서 일하고 있다.

오늘도 김철운의 딸 김진옥은 이렇게 말한다.

"나의 최후의 소망은 조국이 빨리 통일되어 인민들이 마음대로 내왕하였으면 하는 것이다. 내 선조의 고향인 북한 길주에 가서 남동생들이 어떻게 살고 있는지 내 눈으로 보았으면 좋겠고, 아버지 어머니 묘지에서 제사나마 드리고 절이라도 할 수 있다면 내가 지금까지 품고 있는 원망들이 다 풀어질 것 같다."

딸 김진옥이 제공한 것을 1996년 11월 24일 장학봉이 정리.

김 칠 성
(1926. 9. 17 ~ ?)

전 조선인민군 해군사령부 참모장

김칠성은 1926년에 원동변강 연해주에서 태어났다. 1937년에 강제 이주 당한 후, 새로운 지방에 온 김칠성의 부모들은 살아갈 수 있는 생활의 토대를 잡지 못하고 이 지방 저 지방으로 이주하여 다녔다. 결국 어머니는 3살 때 돌아가시고 아버지는 체포되어 행방불명되었다. 그 후 김칠성은 고아원에 맡겨졌다가 아버지 친구가 꼴호즈 '굴리스탄'으로 데려왔다.

1940년 우즈베키스탄 국립종합대학 역사학부에 입학했다. 재학중이던 1942년 다른 11명의 조선인과 함께 소련군대에 자원입대했다. 그 후 그는 시베리아의 꼬미 자치공화국으로 파견되어 소방대에 배치되었다가 1945년 종전 후 귀환했다.

그는 1945년에 타슈켄트 국립종합대학교를 졸업하고 3개월간 타슈켄트 주변에 있는 "북극 등대" 꼴호즈 내에 있는 중학교에서 교편을 잡고 일하였다. 1946년에는 우즈베키스탄 공화국 교육성의 명령에 의하여 단기 강습을 마친 후, 1947년 북한에 파견되어 해군 군관학교 노어 강사로 일했다.

1948년 10월 1일 김칠성은 해군참모부 작전부장으로 임명되었다. 그는 이 직무를 맡던 중에 6·25 동족상잔을 맞이하게 되었다. 젊은 나이의 작전부장은 김일성의 명령을 받고 소련 고문들의 지도 하에 전쟁 2주일 전부터, 전쟁이란 '불의의 공격으로 먼저 손을 써야 승리한다'는 기본 전투원칙에 따라 작전 지도를 작성하는 한편, 하부 연합부대와 해군 기지들에 하달할 전투공격명령을 작성하여 사령관 한일무의 비준을 받아 총참모부 작전국에 제출하였다. 최고사령관의 비준을 받은 전투공격명령은 전투 개시 3일 전에 준비하였고 그때 총참모장의 명령을 받았다.

"전투공격명령을 각 해군 기지들과 연합부대들에는 1950년 6월 24일 24시까지 전달할 것이며, 각 군함·어뢰정·해군 육전대들에는 전투 개시 2시간 전에 개봉 낭독하도록 지시를 내리라."

총참모장의 이러한 명령에 의하여, 명령서를 참모부 기무과 금고에 넣고 하부 부대 기지들에 파견할 특별 파견 군관들과 자동차들을 준비하고 있었다. 김칠성은 구태여 자신이 하부 연합부대에 내려가 전투 지휘를 할 의무가 없었지만 전방 전투장에 나가 전황대로 전투 지휘를 하겠다는 의지를 밝혀 한일무 사령관의 특별 허가를 얻어냈다. 김칠성은 제일 큰 해군기지인 원산기지로 전쟁 개시에 대한 최고사령관의 명령서를 가지고 내려갔다. 그는 명령대로 아침 3시에 각 어로정장, 함장, 해안방어, 해군 육전대 지휘관들을 모아놓고 6·25 동란의 개시 명령을 낭독하였다. 그런 다음 원산기지장은 기지에서 지도케 하고 자기는 전투 서열에 따라 어뢰정에 앉아 남진할 것을 계획하고, 1950년 6월 25일 새벽 5시에 공격개시에 대한 명령을 원칙적으로 기지장이 내리도록 하였다. 새벽 5시 드디어 남한을 공격하는 북한 인민 해군부대들의 남침이 시작되었다. 38선을 넘어 주문진, 강릉, 울진, 포항까지 나가는데 국방군이나 남한 군함과의 만남이 없었다. 즉, 아무런 저항력이 없는 항구들을 계속 점령하면서 나갔던 것이다. 각 항구에는 경비대원들 몇 명이 있었고 경찰들이 몇 명씩 있었으나 그들은 남한정부 상부 명령을 받지 못하였기에 아무런 전투도 하려하지 않았다.

상부 명령에 의하여 울릉도를 점령해야 되었다. 북한 해군 20명이 어뢰정 1척과 어부들의 보통 발동선 1척을 몰고 가서 경찰 몇 명을 무장해제하고 북한식으로 내무원 몇 명을 임명하고, 몰수한 무장들을 그들에게 다시 주었다. 소위 북한식 해방이었다.

북한 해병들은 포항에 도착하여 기대도 하지 않던 미국함대를 만나게 되었다. 그들은 대대적 반공격으로 북한 해군들을 타격하기 시작하였던 것이다. 이때부터 북한 해군들은 미 함대의 대 타격을 감당하지 못하고 이미 점령하였던 항구들을 하나씩 내주었다. 약한 힘으로 영웅적으로 싸우던 북한해군은 작전부장 김칠성의 의견에 따라 주문진 항구에서 결사전을 계획했다. 후퇴하여 들어오던 어뢰정 2척과 소정, 경비정 등 몇 척을 잘 준비하였다가 해안부대들의 엄호 하에 미군 군함들어 반타격을 가하였다. 이 전투에서 어뢰정들은 직사 단거리 500m까지 접근하면서 미군함들에 어뢰 타격을 주었다. 이 전투에서 미해군은 미 함대에서도 으뜸가는 대군함 '발찌모르'가 침몰되고 다른 소군함 2척이 대파되는 손실을 입고 패퇴하였다. 이처럼 주문진 해전에서 북한 해군들이 비교적 큰 성과을 얻었지만, 결국 항구는 미군에게 내주고 또 후퇴를 계속하게 되었다.

이제 북한 해군에게 전투를 계속할 수 있는 해병 전투 기재라고는 어뢰정 2척밖에 남지 않았다. 때문에 남아있는 배들은 전부 원산에 들여보냈다. 북한은 해안 방어 부대들의 포를 이용하여 미군함들의 북한 항구로의 접근을 저지하려 하였다. 그러나 그도 역시 거센 함포사격과 항공대의 무차별 집중적 포격에 의하여 무너져 북한의 항구를 하나 하나씩 내어주며 원산기지까지 후퇴하였다.

북한 해군은 원산항에서 다시 한 번 마지막 결사전을 계획하고 생사

김칠성(왼쪽)이 해군 참모부 작전부장으로 근무할 때인 1953년 9월. 조선민주주의인민공화국 영웅칭호를 받은 김국록 대좌(현 평양군사박물관 소장)와 찍은 사진

의 항쟁을 하였다. 이 전투에서도 적 군함 1척을 침몰시키고 다른 한 척은 대파시켰다. 그러나 북한 함대의 피해는 더욱 심각했다. 마지막 전투 기재들을 다 침몰시켰기 때문이었다. 이제는 미 해군이 해군 육전대로 완전히 변하여 원산에서부터는 해군들이 전부 육지로 올라 양덕, 맹산을 지나 만포진까지 진군하여 왔다. 당시 인민군 최고사령부도 김일성 최고사령관을 위시하여 모두 만포진에 와 있었다.

해군 사령부는 최고사령관의 명령에 의하여 중국인민 지원군과 협동작전을 하면서 다시 평양에 나가게 되었다. 평양에 도착한 해군은 제1차 공격을 총화하고, 미군함들을 침몰 대파시킨 어뢰정장 김군옥, 리완근과 동해안 해군들의 전투들을 잘 조직 보장한 해군사령부 작전부장 김칠성에게 1950년 12월 30일 최고인민회의 상임위원회의 정령으로 조선민주주의인민공화국 영웅 칭호를 수여하였다.

1951년 1월 말 최고사령관의 명령에 의하여 작전부장 김칠성은 블라디보스톡의 소련 해군 고급지휘관 대학에 파견되었고, 1953년 6월까지 2년 반 동안 공부하고 우수한 성적으로 필했다. 그 후 김칠성은 최고사령관의 명령으로 해군사령부 참모장으로 임명되었으며 군사 칭호는 해군 소장으로 승급되었다.

1955년, 김일성이 주창한 정풍 운동이 드디어 인민 군대 내에서도 시

해군소장 시절인 1955년, 소련 출장 중 뻬쩨르부르그 해군대학 박물관을 찾아
감상록을 기록하고 있는 김칠성

작되었다. 그것은 순전히 김일성을 탐탁지 않게 생각하는 간부들의 숙청을 위한 조작인 바, 맨 처음 중국에서 나온 잘 준비된 간부들부터 물어뜯기 시작하여 남한에서 입북한 간부, 소련 출신의 간부들, 한 마디로 말해서 김일성과 같은 출신인 빨치산 출신만 남기고 다른 사람들은 모두 철직, 투옥, 탄광이나 철광 등에 유형살이를 하게 되었던 것이었다.

소련에 공부하러 갔다가 귀국한 김칠성 소장도 1956년 말 이 정풍 바람에 휩쓸리게 되었다. 참모장 김칠성의 사상검토 경로를 그의 부인 박소야 빠블로브나는 이렇게 이야기하고 있다.

1956년 말에 군대 내 사상검토 운동이 가장 절정으로 오를 무렵 즉, 6월 말쯤 되어서 니꼴라이(김칠성의 러시아 이름)는 기분이 상당히 저하되고 초조한 기색의 수심을 띠고 다녔다. 그는 아무 말도 하지 않았으나 표정과 행동에서 확연하게 그런 심리가 나타나고 있었다. 그가 한 번은 나에게 말하기를

"한 고향에서 같이 온 사람을 다정한 친구라고 믿고서 사실 이야기를 나누었더니,

그 사람은 그 말을 전부 뒤집어 사상검토 용으로 상부 당 기관에서 내려보낸 지도원에게 다 고자질했으니 나는 아마도 이제 잘못된 것 같소"

하고 말하였다.

"아니, 그게 무슨 말씀입니까? 한 고향서 온 다정한 사람이란 여기 해군사령부에 한 사람밖에 더 있어요? 아니, 그 사람이 그런 망측한 일을 하였단 말입니까?"

"이제 내가 말하는 것은 누구에게도 다시 말하지 말고 혼자 갈무리하여 알고 있으시오"

니꼴라이는 다시 계속하여 말하기를,

"내가 '백주에 … 이영호 사령관은 본디 아편쟁이라서 사령부 군의소에 있는 몰핀(마취제)을 전부 자기 집에 갖다두고 아편주사를 맞으면서 일하는 시간의 절반 이상을 집에 누워 있다오. 이런 판이니 사령부 군관들 사이에 무슨 군사 규율이 확립된다는 말이오'라고 그 친구에게 말하였더니 이 말을 더 꾸며서 내가 사령관의 자리를 빼앗기 위하여 고의적으로 거의 뒤를 밟는다고 당지도원에게 밀고하였지 않겠소. 그러니 나는 앞으로의 일이 잘못되어 갈 것 같다는 것이라오. 만약에 내가 이 일로 잡혀 들어가면 당신은 아이들을 데리고 소련에 돌아가 창수 형님을 만나시오. 그를 만나면 아이들이나 살려달라고 내가 부탁하더라고 전해주시오"

니꼴라이는 서글프다는 듯 눈물을 흘렸다. 나는 니꼴라이와 10년을 같이 살아도 그가 눈물 흘리는 것은 처음 보았다. 그 후 술책이 교활한 사령부 안기부는 소련에서 온 두 사람을 다 검거하고 심문하기 시작하였다. 그 후 니꼴라이와 가까이 지내던 정치안전부 군관들이 전하는 바에 의하면, 니꼴라이의 한 고향 친구는 예심 과정에서 또 한가지 첨부 자료를 주었는 바, 그것은 "김칠성이 조선 인민군은 정규군인데 빨치산 대원처럼 총을 거꾸로 메고 다니는 무질서는 용납할 수 없다고 하면서 유서 깊은 김일성 빨치산을 공연하게 전체 군관들 앞에서 비난하였다"는 말이었다. 이렇게 니꼴라니의 한 고향 친구는 이런저런 말들을 많이 날조 왜곡하여 자기는 사상검토를 아주 솔직하게 잘하였다는 평가를 받아 석방되고, 니꼴라이는 애매한 혐의를 받아서 결국은 김일성 악당의 감옥에서 나오지 못하고 말았다.

나는 이렇게 김일성에게 남편을 잃고 다만 입은 옷 한 두벌만 남기고 가구 일절을 전부 몰수당하였고, 세 아이를 데리고 화물자동차에 실려서 서평양 보통강 역 근처의 반 토굴막집의 한 방에 가게 되었다. 그 방의 면적은 겨우 7~8평방미터였다. 나는 그 방에서 약 1년 동안 소련 대사관의 도움을 받으면서 니꼴라이의 행방을 알려고 해군사령부, 최고사령부, 중앙당 간부부, 외무성 등에 수차 청원을 올리고 문의하였으나 어떤 회답도 받지 못하였다. 소련대사관을 통하여 공식적으로 외무성에 문의하여도 아무런 소식이 없었다. 당시에 나와 꼭 같은 형편에 처한 가정은 소련

1955년 소련 고문관들과 기념 촬영. 오른쪽 첫 번째가 김칠성

에서 온 김동철, 김원길 가정들이었는데, 이들도 나처럼 어린 아이들의 목숨이나 구하고자 소련 정부에 청원을 올리며 국적 및 입국 허가를 받아서 피눈물을 흘리며 조국 땅과 이별하게 되었다. 우리 세 가정은 주인이 없는 가정들이기에 귀국 도중에 납치 당할 수도 있음을 예견하고 소련 대사에게 청원을 제출하였더니 소련국경도시까지 대사관 직원이 호송하여서 안전하게 오게 되었다. 조국의 국경인 압록강을 건너 올 때와 평양역을 떠날 때에 참으로 많이 울었다.

김칠성의 처 박 소야 빠블로브나는 1932년에 태어났다. 부모가 이혼한 후, 삼촌의 집에서 자라다가 1947년 삼촌 박 레오니드가 북한에 파견될 당시 삼촌의 가족을 따라 할머니를 모시고 북한에 들어갔다. 1948년에 김칠성 해군 군관학교 교관에게 출가하였다.

할머니는 1952년에 사망했고 삼촌 박 레오니드는 1953견 2월에 해군 군관으로써 출장 도중 기총소사에 의하여 전사하였다. 때문에 소련에 친척이라고 하면 고모 한 사람뿐이었다. 박 소야는 남편 꼴랴(니꼴라이의 애칭)가 말한 대로 세 아이들을 데리고 사촌 시형 김창수 집에 찾아와 그 집 사랑방에서 살면서 아이들은 학교에 입학시키고 자기는 직조 공장에 취직했다.

그런 다음 소련군 무력성, 외무성 및 당 중앙 외무부에 자세한 편지를 내어 사택 문제, 부양자를 잃은 아이들에 대한 보조금 등을 요청하는 한편, 꼴랴에 대한 향방을 알아달라는 요청까지 자세히 써 올렸다. 사택문제와 보조금에 대한 문제는 2개월 내로 해결되었으나, 꼴랴의 향방에 대한 문제는 조선민주주의인민공화국에서 아무런 회답도 주지 않기 때문에 해결할 수 없다는 회답만 계속 받았다. 그러나 소야는 이에 멈추지 않고 아이들의 이름으로 자기 아버지를 찾아달라는 편지를 여러 기관들과 북한 주재 소련대사관, 북한 국방성, 김일성 등에게 수차 썼으나 북한 측에서는 아무 답도 없었다. 1967년에는 국제적십자를 통해 청원을 하였지만, 북에서는 그런 사람이 없다고 회신을 했다.

당시 소련은 자유롭고 살기 좋은 나라로 소문났지만, 부모나 가까운 친척이 없고 밑천이 없는 형편에서 남의 집 사랑방 살림에 세 아이를 공부시키자니 밤잠은 오지 않았고 눈물만 앞을 가렸다. 직장에 나가 돈을 좀 벌어볼 생각으로 기본 기술은 재봉공이면서도 직조공으로 노동하다 보니 2개월이 넘지 않아 질병에 걸리어 입원하게 되었다. 병원 침대에 누워서 지나간 일을 회고하니, 앞으로 살길이 허망하고 일이 태산같은데 이 모양으로 병원에 있게되니 미칠 노릇이었다. 너무나 기가 막혀 한숨과 눈물은 끊일 사이가 없었다. 밤이면 잠이 오지 않아 밖으로 나가 하늘만 바라보곤 하였다. 만사 시름 다 잊고 저승에나 가면 편안하려니 하는 생각이 떨어질 시간이 없었으나 '나를 믿고 살아가야 할 세 아이가 있지 않은가?'라고 생각하면서 마음을 가다듬었다.

박 소냐는 퇴원 후 힘겨운 직조공장에서 퇴직하고 피혁잡화공장에서 자기 기능에 따라 재봉공으로 일하면서 여유 시간을 이용하여 열심히 공부하였다. 2년 후에는 기술공정 검열원으로, 다음 1965년도부터는

기술공정기사로 일하다가 1980년도부터는 부직장장, 1985년부터는 직
장장으로 일하게 되었다.

소련의 후한 사회제도의 혜택에 의하여 무상으로 훌륭한 사택을 분배
받고 사촌시형 사랑방에서 이사할 수 있었다. 아이들은 국가 혜택으로
전부 중학, 대학까지 나와 현재에는 남부럽지 않은 일을 하고 있다.
1988년부터 현재까지 연금 생활을 하며 사회사업으로 유가족후원회 사
업과 구국전선 사업에 참가하고 있다.

박 소냐는 약 5년 전에 관광단원으로 평양에 갔었다. 관광은 명목이
었고 실제로의 기본 목적은 남편 꼴랴에 대한 향방을 알아보려는 것이
었다. 평양에 도착한 즉시 자신의 이름을 말하고 책임 안녀원에게 꼴랴
에 대해 질문하였다. 책임 안내원은 정치 보위부에 보고했다고 하였으
나 아무런 회답도 없다가 집에 돌아오기 전날, 출발 전날이야 말하기를
아무것도 알 수 없다고 하였다. 북한은 아직도 이렇다. 자기들이 검거한
사람에 대하여서도 모른다고 하니 이 나라에서 대관절 무엇을 믿고 산
단 말인가?

부인 박 소냐의 자료에 의해 장학봉 정리

김 학 인
(1913. ? ~ ?)

전 정치안전성 사회안전부장

　김학인의 본명은 김 와씰리 이와노위치로서 1913년에 원동변강 연해주에서 태어났다. 원동변강에 한인 강제이주 바람이 불 때 카자흐스탄 공화국으로 삶의 거처를 옮겼다. 김학인은 1938년 알마아따시에 있는 끼로브 카자흐스탄 국립종합대학 법학부를 1941년에 졸업하였다. 대학을 졸업한 직후 카자흐스탄 공화국 크슬오르다시에 파견되어 시 검찰소 예심원으로 1941년부터 일하기 시작했다.

　1947년에 소련공산당중앙위원회의 결정에 따라 조선민주주의 인민공화국으로 국제공산당의 임무 수행을 위하여 파견되어 갔다. 북한에 도착한 김학인은 정치안전성 사회안전부장으로 근무하였으며 군사칭호는 소장이었다.

　김일성의 주도 하에 있었던 사상검토 바람이 거세어지면서 김학인은 재정성 부상으로 전근되어 일하다가 북한의 장래가 불투명한 것을 감지하고는 소련으로 귀환하였다. 그 뒤 1973년까지 소련에서 일한 후 사회보장 연금생으로 넘어갔다. 김학인은 북한정부와 소련정부에서 많은 메달과 표창장을 수여 받았던 뛰어난 인재였다.

2000년 1월 12일 타슈켄트에서 장학봉

전 조선인민군 제2집단군 정치부장, 소장

김학천은 1915년 2월 28일 원동변강 우쑤리 주 그로데꼬브 구역 신운촌 빈농의 가정에서 태어났다. 그 당시 신운촌은 러시아인들이 많이 살고 있었기 때문에 점차적으로 이름을 러시아명으로 많이 바꾸었는데 신운촌은 야리차촌이라고 부르기 시작했다.

1928년에 처음으로 꼴호즈가 조직되자, 야리차 조합이라고 명명하였다. 그 후 농촌경리 협동화가 당의 농촌에 대한 근본적 당적, 정치적 정책으로 되고 협동조합이 본격적 성격을 띠면서, 다시 뽈랴르나야 스웨스다(북극성)라고 칭하였다. 이 명칭은 한인들이 원동변강으로부터 강제이주 이후에도 지금까지 보존되고 있다. 북극성 협동조합 조직 당시에는 한인들 외에도 러시아 사람들도 조합원으로 많이 입회하였으나, 강제이주와 관련하여 한인들만 중앙아시아로 이주하여 들어오고 기타 민족들은 원동변강에 떨어져 있게 되었다. 회원들 중 절대다수가 한인들이었으며 그 조합의 기본 지도자들이 한인들이었기 때문에 그 조합의 명칭도 그대로 가지고 이주하여 왔다.

1929년 농촌경리 협동화의 첫 시기에 김경욱이 원동변강에서 20여 호의 빈농들로 조직했던 조합은 원동변강에서 8년 간 굳어지고, 회원들이 확장되어 150명까지 증가되었다. 우즈베키스탄에 이주하여 온 후 조합은 더 확대되어 200여 호의 농민들이 집단생활에 참가하였다. 당시 우즈베키스탄 원주민들은 벼농사를 제대로 할 줄 몰라, 그 수준이나 수확이 저급한 수준이었다. 그에 비하여 한인 조합은 정보당 벼 수확을 80~100쎈타(1쎈타는 100Kg)까지 내는가하면, 생전에 경작하지 않던 목화 생산도 지방 민족들의 도움을 받아 정보당 40~50쎈타의 수확(당시 평균수확 15~30쎈타)을 만들어 내었다. 이때 협동조합 위원장은 김병화였다.

김학천은 강제이주 전까지는 원동변강의 북극성 꼴호즈에서 교원으로 일하였으나 강제 이주 이후, 1940년부터는 협동조합 부기원으로 일했다. 1945년에 북한에 나갈 때까지 부기부장 겸 조합의 경제 부책임자로 아주 신용있게 일했다. 이 무렵에 조합에는 경제발전의 성과로 26명의 사회주의 노동 영웅이 배출되었으며 협동조합 위원장 김병화는 소련 2중 노동 영웅 칭호를 받았고, 두 차례나 금별을 수여 받았다.

소련 조국전쟁이 시작되면서, 즉 1937년 7~8월에 독일은 소련에 불의의 침공을 했다. 그때 소련군대는 한인들은 불신분자라고 군대 복무에 징병하지 않도록 했었다. 소련에 와 살면서 공민으로 인정을 못 받는다는 것은 이주민들에겐 안쓰러운 일이었다. 독·소 전쟁은 소련의 대승리로 끝났다. 그런데 김학천은 국가의 명령을 받들어 조국의 위업을 수행하는 군무에 동원하라는 공화국 군사동원부의 명령을 받고서 부모형제 처자를 뒤로하고 원동변강으로 나가게 되었다. 무엇 때문에 한인 청년들을 지금에 와서야 군대에 징병하여 원동변강으로 내보내는지 짐작할 수 없었다.

정식 명령은 없었으나 대일본 조국 해방전투에 통역관으로 참가하게 되리라는 소문을 많이 들었는데 그 말은 아주 기쁘고도 통쾌한 일이었다. 세상에서 가장 존귀하고도 사랑스러운 말은 아마 조국이라는 말일 것이다. 김학천이 원동변강에서 살고 있었을 때, 일제에 굴복하여 살기 싫다고 노령으로 건너온 한인들이 항상 그리워하던 그 조국에 자신이 해방에 보탬이 되는 일을 할 수 있음이 오히려 고마울 정도였다. 달리는 기차 창문너머로 원동변강 땅이 보이기 시작했다. 원동변강 땅은 조국은 아니었느나 자신이 태어나고 잔뼈가 굵은 곳이었다. 자신의 유년, 학창 시대를 지낸 야리차 촌을 지날 때에는 슬그머니 눈물을 흘리기도 했다.

7월 말에 우쑤리 시에 도착하여 제2원동변강전선 제25군단에 소속되어 동만주 국경 훈춘 쪽에 배치되었고 상부의 공격명령을 기다리고 있었다. 1945년 8월 9일 아침 5시에 소·만 국경을 돌파하고 훈춘 방향으로 진격하여 그 날로 훈춘시를 해방하였다. 김학천이 배속된 1618 탱크여단은 거기에서 방향을 돌려 북조선 국경도시 후릉시로 향하게 되었다. 후릉에서 처음으로 선조들의 고향 땅인 조선의 흙을 밟게 되니 감개 무량하였다. 회령, 부령, 청진 등 큰 항구도시를 거치고 함흥을 지나 9월 30일에야 평양시에 소련군 제25군단 선발대와 같이 도착하게 되었다.

평양시에 들어선 제25군단은 일제 때 도청으로 사용하던 건물에 본부를 정하고, 거기에 군단참모부와 군단정치부를 주둔시켰다. 평양시 한복판에 있던 일제 때의 평양시청 건물 옆에는 제25군단 민정사령부를 조직하고, 사령관으로 로마넨꼬 소장이 임명되었다. 북한에 조직되어 있는 각종 한인 기관들을 로마넨꼬 소장이 지도하게 되었던 바, 소련으로부터 북한에 도착한 전체 한인 통역원들은 전부 여기에서 복무하였다.

김학천은 북한에 도착하면서부터 인민군대 창건에 전적으로 복무하게 되었다. 처음에는 대대 군사 고문의 책임통역으로 있었다. 1950년 초기에 중국 인민해방군으로부터 다수 군인들이 북한에 넘어오게 되자 보병 연합부대수가 증가되어 38개의 사단과 8개 군단이 조직되기 되었다. 김

1950년 9월 25군단 민정사령부 번역관으로 근무할 때

학천은 1950년 6·25 동족상잔 당시에 제32사단 정치부부장으로 있다가 1951년 1월 인민군대의 전반적 후퇴 후 제32사단이 동만주 연길현에 배치되어 있을 때, 정치부장으로 승격되었다.

1951년 7월에 제32사단이 다시 38선 계선으로 남진하자, 상부의 명령으로 동 사단은 6군단에서 제적되어 제2야전군단에 배속되었다. 김학천은 제2군단에 속하게 되자 자기 직책을 아주 명예롭게 생각하였다. 그것은 제2군단은 항상 전선부대였으며 사령관은 항일 빨치산의 전설적 영웅인 최현 장군이었다. 또 제2군단의 전체 연합부대들은 항일 투쟁의 많은 경험들을 소유한 군부대들이 소속되어 있었기 때문이었다.

당시 2군단은 동부전선에 속하여 철원, 양구, 인제 계선에 배치되어 전진도 후진도 하지 않고 진지전에 고착되고 말았다. 전선 전투부대들은 산, 계곡, 하천 등을 이용하여 적대적 계선을 정하고 전호들을 굳건히 굴설하였다. 1951년 봄부터 별다른 전투 동작들이 없어, 전투원들의 도덕적 사상성을 마비할 목적으로 각종 수단들을 이용하여 대적 선전사업을 강화하면서 척후 정찰사업을 강화하였다. 군인이란 전쟁이 없이 장기간 전선에 배치되어 전투 태세를 보전하려 하여도 긴장감이 감도는 전투 행동이 없으면 맥이 풀리고 신경이 해이되어 안일무사 사상이 전염되어 규율이 와해되는 법이다. 전쟁이 시작된 지 벌써 2년이 지나고 있었으나 국내 산업은 말할 것도 없이, 농촌 경리마저 파괴되어 남의 나라 구호물자를 바라보고 사는 형편에서 전선부대들의 공급 보장 문제는 아주 저조하였다. 이런 환경에서 1951년 정초부터 인민군대 내에는 장티푸스 전염병이 대폭 발병되어 군부대들은 많은 전투력을 상실한 형편에 처하여 있었다.

김일성은 단시일 내에 무
장통일을 하려고 호언장담
하며 수백만 인민을 동원하
여 전쟁의 불길 속에 빠지게
하였으나 무장 투쟁의 전략
이 완전히 실패하게 되었고,
그 전략의 실패 원인을 다른
지도자들에게 전가하기 시
작했다. 1956년에 들어서서

1956년 조선인민군 제2군단 정치부장으로 근무할 때.
좌로부터 김학천, 차남 알렉싼드로, 부연 유 또나, 장남 그리
고리

남한출신 간부, 중국에서 항일투쟁 했던 간부들의 청산이 거의 끝났다.
그러자 이어서 소련출신 인민군 간부들을 청산하기 시작하였다.

사상검토 운동에서 소련파에 대한 기본 죄목은 소련 가족주의, 소련
사대주의가 주종이었다. 그것이 부족하면 전쟁 때 지시를 잘못 내려 전
쟁을 실패하게 만들었다는 트집으로 일관했다. 인민군 내에서 복무한
소련출신 간부들은 장령급만 하여도 20여명이 넘어섰다.

1958년 동부전선 정치부장 겸 군사위원인 김철우 소장이 철칙 제대
되어 자강도 인민위원회 부장으로 강직되자, 김학천은 제2군단 정치부
장으로서 다음 사상검토 차례는 반드시 자신의 차례라고 생각했다. 그
는 사상검토 회의에 걸려 몇 달 동안 고생한 다음에 철칙, 제대되어 농
촌으로 정배살이 가기 전에, 자원하여 군대에서 제대한 후 소련으로 돌
아가는 것이 상수였다.

이렇게 계획을 세운 김학천은 총정치국장 허봉학에게 인민군대에서
제대시켜 소련으로 귀국시켜 달라는 청원을 제출하였다. 청원은 아주
순조롭게 접수되었고 보위상의 결재를 받아 인민군대에서 제대한 후,
평양주재 소련대사관에서 귀국 허가가 나왔다.

김학천은 1959년 6월에 모스크바시에 돌아온 후 소련군대의 제대 수

속으로 소련군 중좌의 칭호를 받고 소련군 연금생으로 제정되었다. 자신의 친척과 고향 친구들이 살고 있는 우즈베키스탄 공화국 타슈켄트시에 와서, 그 곳 정부의 주선으로 무상으로 사택을 배정 받았으며 아이들은 대학에 수속하고 자기와 부인은 취직도 하였다.

김학천은 자기 생애의 마지막 날까지 우즈베키스탄 공화국 건설성 설계부 관리부장으로 일하다가 1978년 6월 30일에 세상을 떠났다. 그는 항상 조국을 그리워하였으며, 조국 통일을 염원하였다.

김학천이 사망한 후 그의 부인 유 뜬냐는 현재까지 건강히 큰아들과 같이 살고 있다. 장남인 김 그리고리는 우즈베키스탄 가스 도관 배설관리국에서 책임 동력기사로 일하고 있으며, 차남 김 알렉싼드로는 타슈켄트시 함자군 내무부 부부장으로 품위있게 살고 있다.

1982년 2월 10일 타슈켄트에서 장학봉

전 조선중앙은행 부총재

김호의 본명은 김 꼰스딴찐이며 1912년 6월 25일에 원동변강 연해주 하싼 구역에서 태어났다. 1930년에 고향인 크라쓰끼느에서 사범전문학교를, 이어 1934년에 원동변강 국영종합대학 경제학부를 졸업하였다.1937년 한인들의 강제이주로 인하여 카자흐스탄 공화국으로 실려 왔으며 딸디꾸르간 주 우스또베 시에서 시 인민위원회 재정부장으로 1946년까지 일하였다.

1946년에 소련공산당중앙위원회 결정에 의하여 국제공산당 임무를 수행하기 위하여 조선민주주의 인민공화국에 파견되었다. 북한에 도착한 1946년부터 1955년 말까지 소비조합 중앙위원회 부의원장 직책에서 일하였고, 1955년 말부터 1957년 초까지는 도량형 계기관리 중앙위원회 위원장 직무를 역임하였다. 이어서 1957년 말까지는 산업 중앙위원회 부위원장, 그리고 1958년 초부터 1962년 말까지는 조선 중앙은행 부총재로 근무하였다.

김호는 김일성의 사상검토 바람으로 인해 1962년 말에 소련으로 귀국하고 말았다. 참으로 억울하고 답답한 노릇이었지만 독재주의자의 산하에서는 일할 수 없음을 여실히 깨달은 조치였다. 모스크바에 도착한 김호는 카자흐스탄 공화국 알마아타 시에 파견하여 줄 것을 소련공산당 중앙위원회에 건의하였고 받아 들여졌다.

　　알마아따시에 도착한 김호는 사택을 배정 받고 전 가족의 취직 문제
도 해결하였다. 김호는 소비조합 알마아따 주인민위원회 위원 직책을 임
명 받아 1972년까지 무려 10여 년을 근무하였다. 1972년 만 60세가 되는
해부터 공화국 공훈 연금생으로 넘어가게 되었다. 김호는 북한에서 일할
때 국가 표창으로 국기훈장 2급·3급을 수여 받았으며, 소련 정부로부터
도 여러 가지의 메달을 수여 받은 참 일꾼이었다.

　　　　　　　　　　　　2000년 1월 28일 타슈켄트에서 장학봉

남 봉 식
(1910. 7. 6 ~ 1998. 7. 24)

전 조선중앙방송위원회 위원장

서문

내가 이 글을 쓰자고 책상 앞에 앉아 생각을 추스르니 앞이 캄캄하고 아득하다. 그것도 그럴 수밖에 없는 것이 찢기고, 퇴색된 나의 과거에서 그 무엇을 찾아 기술한다는 것이 내 나이에 그리 쉬운 일이 아니다. 85년이란 긴 시간을 보내 온 내가, 기억을 더듬어 젊은 날의 역사를 모두 다 기술한다는 것은 참으로 무리한 작업일 것이라는 생각이 뇌리를 스치지만, 우리 민족의 역사 중심을 지나온 인물 중의 한 사람이기에 충실하고 진실된 과거를 적으려 한다.

남봉식이라는 하나의 인간을 두고보면 훌륭한 사람들처럼 별다른 교훈이 있을 리는 없겠지만, 나는 내 어린 유년의 시간부터 북한 정권 창출의 시기까지 그리고 이후 소련에서의 삶을 통해 재소련교포들 즉 고려사람들의 역사를 기록하여 후세 후학들에게 진실을 보고하고자 하는 것이다.

고향

내가 1910년 7월 6일(음력) 함경북도 종성군 계해면 봉산동의 어느 한 빈농에서 태어나던 해는 바로 일제가 조선을 합방한 해였다. 봉산동은 산간벽지라 땅이 좁고 메마르고 돌이 많아서 벼농사가 어려워 주로 조, 옥수수, 보리, 기타 작물들을 심었다. 농민들이 등이 휘도록 온종일 고된 일을 하지만 항상 보릿고개를 넘기기 힘들었다. 그래서 초근목피로 모자라는 식량을 보태었다.

나의 부모도 봉산동의 본토박이였으며, 한 가족으로 일곱 식구가 산간 초가집에서 비좁게 살았다. 우리 집 재산이래야 뜰 앞의 배나무 두 그루, 뽕나무 한 그루, 뙈기 터전, 돌담 이것이 전부였으며 그것도 산밑에 위치했었다. 어느 해 여름 큰 홍수가 나서 종성군 일대를 휩쓸었다. 이때 산사태가 나는 바람에 우리 집이 몽땅 무너졌다. 이런 사고가 낮에 있었으니 말이지 밤에 있었다면 온 식구가 몰살할 수도 있었다. 집을 당장 수리해야 했다. 그래서 할아버지가 집수리를 하자고 산에서 나무 두 그루를 베어왔다. 이때 공교롭게도 일본 순사들의 눈에 띄어서 할아버지는 일본 경찰 형무소에 가서 3개월 강제노동을 했다. 할아버지는 생전 그 누구도 꾸짖지 않던 어르신이었는데 집에 돌아와서 화가 난 모습으로 말하였다.

"일본 놈들이 적반하장 격으로 우리나라에 와서 제멋대로 조선을 좌지우지하고 있다. 저 꼴이 사나워서 꼴이 보이지 않는 어디로든 가야겠다."

할아버지의 이 말이 나중에 우리 집이 다른 곳으로 이사하게 된 동기가 되었다. 할아버지는 한문이 아주 거벽한 어르신이었다. 항상 손에 책을 들고 살았다. 밤에 쉬면서도 글을 읽는 것을 내가 아이 때 꿈결에도 들었다. 나도 할아버지에게서 천자를 배웠다. 할아버지는 나에게 가르치기를 항상 선하고 양심 있는 사람이 되라고 하였다. 할아버지는 유교를 독실하게 섬기는 어르신이었다. 그리고 한때 의병으로 출전하였다. 그 때문에 일본순사들은 할아버지를 감시하는 눈길을 거두지 않고 있었다. 그런 눈치를 모를 리 없는 할아버지는 늘 불안하게 지내야 했다. 그때 우리 마을에는 축문이나 입춘이라는 한문을 쓰는 사람은 우리 할아버지 한 사람뿐이었다. 할아버지는 이 마을 저 마을 다니면서 아이들에게 글을 가르쳤다. 그래서 마을 사람들이 할아버지를 깊이 존경했다.

아버지는 할아버지가 '서당에 가라'고 하면 한사코 학교에 보내 달라고 떼를 썼다고 한다. 그 당시는 촌에 학교가 없고 회령이나 종성에 학교가 있기는 했으나 돈이 없어서 할아버지는 외아들을 학교에 보내지 못했다. 하는 수 없이 집에서 자습을 했다고 했다. 학교에 가 본 적이 없는 아버지는 정규교육을 받지 않고도 글을 쓰고 지어 남을 가르치기까지 했다. 한번은 할아버지가 나를 자신 앞에 세우고 말을 했다.

"애야. 여기서 보이는 저 바위가 무슨 바위인지 아느냐? 오늘 우리 저 바위에 가보자. 재미난 이야기가 있다."

할아버지는 내 팔을 이끌고 바위를 찾아 거기에 얽힌 전설을 이야기해 주었다. 봉산동에서 잘 보이는, 높이가 거의 30미터에 달하는 바위였는데 봉산동 사람들은 이 바위를 '선돌박이'라고 불렀다. 종성군 출신이라면 '선돌박이'를 모르는 사람이 없었다. 이 바위는 깎아 자른 듯한 네모 반듯한 바위 세 개가 나란히 쌓여있는 모습이었다. 그런데 바위 꼭대기에 가보면 사람의 왼쪽 발자국 흔적이 아주 크게 패여 있었다. 그런가하면 이 바위에서 십여 리 가량 되는 곳에 이와 똑같은 바위가 또 솟아 있었다. 이 바위 위에는 사람의 오른쪽 발자국 모양이 있었다. 그래서 사람들이 이것을 보고서 하는 말이 '옛날 어느 한 장수가 이 바위에서 저 바위를 뛰어 넘은 발자국'이라고 말했다. 또 이 바위 밑돌에 장기판이 있는데 사람들이 이것을 보고 장수들이 놀던 장기판이라고 했다.

한번은 아버지가 길게 숨을 내쉰 후 가족들에게 말했다.

"지금까지 근근히 연명하며 힘들게 살아왔다. 이제는 더 이상 이렇게 살 수 없다. 일본인들이 우리 땅을 짓밟고 있다. 이것을 보고만 있을 수 없다. 어디 가서 무슨 일을 해야겠다."

아버지는 그렇게 말한 후 집을 떠났다가 두 달만에 돌아왔다. 그 동안에 중국, 러시아를 다녀왔다고 했다. 한달 후 아버지는 집과 얼마 되지 않는 가재도구 등을 팔고 떠날 차비를 하셨다. 이 소문을 듣고 나의 삼촌이 처자식들을 데리고 찾아왔다.

"형님이 떠나가시면 우리는 여기서 누구를 믿고 산단 말입니까?"

그러면서 엉엉 울기에 우리도 다같이 따라 울었다. 이러한 일은 그때의 일제치하라는 사회가 빚어낸 비극이었다. 나의 유년은 모든 주변 환경이 그렇게 힘든 시기였다.

이주

1916년 봄에 우리 식구들은 정든 고향을 떠나 황제러시아로 이사했다. 그러나 그 곳은 산 설고 물 설은 타향이라 쓸쓸하고 냉정하기만 했다. 누구 하나 우리들을 거들떠보지 않았다. 그래도 아버지는 붙박을 곳을 찾아서 추풍사사를 다 돌아보았다. 그러나 헛수고뿐이었고 마땅히 정착할 곳이 없었다. 그 당시에 추풍사사에는 원로(황제러시아 국적을 가진 사람들을 말함)인들이 살고 있었다. 그들은 자신들이 지고지대하다고 여기는 사람들이었다. '자기들은 양반이오, 이주민들은 쌍놈들'이라면서 우리를 깔보고 있었다.

아버지가 살 곳을 찾아 이리저리 찾아다니다가 마지막으로 아주 궁벽한 중심여창이라는 마을을 찾았다. 이 마을에는 원래 살던 러시아인은 없고 구차한 사람들이 모여 살고 있었다. 약 30호 정도 모여 사는 순전한 고려 촌이었다. 이 마을이 장차 독립부대 근거지가 되었다. 이 마을에 남씨 한 호가 살고 있었는데 같은 동성이라고 해서 우리에게 자기 집의 사랑방을 빌려주었다. 그러나 이 집에서 오래 살지 못하고 쫓겨났다.

그 집은 소, 말, 돼지를 가지고 있었다. 그때에는 그만하면 괜찮게 사는 편이었다. 그런데 어느 날 아버지가 저녁에 도끼를 들고 나가서 산 밑에 서있는 참나무 두 그루를 땔나무로 잘라 왔다. 알고 보니 그 참나무는 집주인 할머니가 집에 무슨 사고가 생기게 되면 밥을 짓고 찬을 갖추어 가지고 치성을 드리던 나무였던 것이다. 우연이겠지만 아버지가 나무를 잘라 온 바로 그 날 밤에 마구간에서 말들이 서로 물고 차고 하면서 야단법석이 심했다. 주인 할머니가 이것을 보고 "내가 믿는 나무를 잘라 와서 말들이 서로 싸운다"고 하면서 우리를 당장 집에서 나가라고 했다. 할 수 없이 그 집에서 쫓겨났다. 하늘이 무너져도 솟아 날 구멍이 있다 는 격으로 마침 촌의 개울 곁에 창고로 쓰다가 내버린 빈칠 하나가 있었 다. 아버지는 이 움집을 대충 수리하고 식구들을 여기로 옮겼다. 이 허 름한 집이 나중에 독립군들의 참모본부가 되었다.

1918년 가을 중국에서 오창환이 식구들을 데리고 중심여창으로 왔다. 이 사람은 여기에 오자마자 자기 집에 교회를 열었다. 소문을 듣고 마을 사람들이 토요일에 예수를 믿으려고 이 집을 찾았다. 차측 교회가 크게 되었다. 우리 식구들은 아버지의 권유에 따라 교회를 다녔다. 그러나 할 아버지는 한사코 반대하고 교회를 다니지 않았다. 교회에서는 주로 오창 환이 기도했는데 기억나는 내용은 이렇다.

"다들 머리를 숙이고 눈을 감고 기도합시다. 전지전능하신 하나님 아 버지시여! 오늘도 저희들을 이 자리에 모이게 하시고, 지난 주 저희들이 범한 죄를 회개할 기회를 베풀어주시어서 감사합니다. 거룩하신 하나님 아버지시여, 나라를 빼앗기고 온갖 멸시와 모욕과 천대를 받는 이 인간 이 하루바삐 나라를 찾게 해주시옵소서 … 아멘."

예배가 끝나게 되면 아버지와 오창환이, 모인 사람들 앞에서 국내외 정세와 특히 조선독립에 관하여 주위를 환기시켰다. 오창환의 집은 외 형은 교회지만 내용은 독립군 선전실이었다. 그런데 교회는 오래 유지 하지 못하였고 오창환은 우쑤리스크에 고려사범학교가 열리자 거기에 가서 고려문전을 가르치게 되었다. 그러다가 1926년에 체포됐다. 그때 오창환 선생뿐 아니라 사범학교에서 교편을 잡고 있던 라현, 채동선, 정종식 등이 모두 검거되었다. 오창환의 맏아들 오병세도 사범학교를 졸업하고 문학에 취미를 가지고 한창 발전하던 22살 때 체포되었다. 듣자니 오병세는 악형 고문을 못 이겨 감옥에서 죽었다고 했다. 오병세의 어머니는 여러 가지를 고민하던 끝에 자살했다. 그야말로 오창환 가정이 철족한 셈이다. 악명 높았던 스탈린 시대 때 이와 같이 철족된 가정이 부지기수다. 지금도 생각하면 무섭고 떨리던 일이다.

이 글을 쓰자고 하니 그때의 일상 중에 새삼스레 머리에 떠오르는 것이 있다. 예전, 황제러시아 때 악치즈(세관에서 일하는 자를 말함)가 고려사람들의 촌락을 자주 찾아왔다. 촌사람들의 발음이 똑똑하지 못해서 그저 '악치'라고 불렀다. '악치'가 온다는 소리만 들어도 사람들이 제각기 몸을 감춘다. 특히 처녀들이 더 무서워했다. 그것도 그럴 것이 '악치'는 생김새가 무서웠다. 대다수가 키가 크고 몸은 뚱뚱하고 검은 제복에 군도를 차고 긴 채찍을 들었다. 머리에는 붉은 테에 혀 끝만한 차양이 달린 모자를 썼는데 그 모습이 건방지게 보였다. 어느 때나 술에 얼큰히 취해서 말 위에서 당장 떨어질 것 같았다. 마을에 오게되면 조선사람들을 깔보고 반말로 다짜고짜로 술을 내놓으라는 것이다. 술이 없다고 하면 채찍으로 사정없이 갈기고 군도를 빼들고 자라는 곡식을 모조리 없애 버리겠다고 호통을 친다. 그렇게 되면 막무가내로 닭을 가져온다, 달걀을 가져온다, 술을 가져온다, 야단법석이었다. 그들은 뇌물도 잘 받았다. 이것이 황제러시아 제도하에서 고려사람들이 살아온 사소한 실례의 하나다.

우리는 그때 우리 촌에서 그리 멀지 않은 '까자끼예미츠' 러시아촌 아이들과 자주 싸움도 했다. 러시아 아이들은 우리보고 '추미즈(좁쌀이란 말)'라고 했고, 우리는 그 아이들을 일러 '초르니홀레브(검은빵)'이라고 대꾸했다. 서로 두들겨 패는 일도 있었다. 아이 때는 고만고만해서 이런 일이 있을 수 있다. 그러나 어른들은 아이들 다툼에 간섭한 일이 없었다. 러시아 사람들은 성품이 유하고 인내성 있는 민족이라고 해야 정당할 것이다. 고려 촌과 러시아 촌이 멀지 않게 살면서도 서로 틀어져서 편싸움을 한 일이 없었다. 비교적 화목하게 지냈다.

혁명 전 고려 촌 중에 서당이 있는 촌이 드물었다. 중심여창에는 서당이 없었다. 그래서 나의 부친은 이 촌으로 오자 곧장 촌에 학교를 설립하는 활동을 전개했다. 속히 주민총회를 열고 이 촌에 학교를 세울 문제를 제의했다. 제안이 만장일치로 통과되었다. 회의적인 태도를 취하는 사람들이 없지는 않았다.

"저분(아버지를 말함)이 학교가 무엇인지 알기나 하면서 저런 말을 하는가? 우선 학교 건물이 없지, 교원이 없지, 교과서가 없지, 책상도 없지, 백 가지에 한 가지도 없는 형편인 곳에서 어떻게 학교를 세운다는 말인가?"

그렇게 말하며 조롱하는 사람도 많았다. 그러나 아버지는 그 누구의 말도 듣지 않고 시작한 일을 묵묵히 계속했다. 동네에 있는 8간 집을 한 채 사서는 집수리에 착수했다. 목수들이 낡은 지붕을 벗기고 널빤지를 덮고 장판도 깔았다. 그리고 책상도 만들었다. 매질꾼들은 벽을 바르고 도벽을 했으며, 우마차가 있는 사람들은 원목을 실어왔다. 학교 길도 닦았다. 아이들은 운동장에 모래를 덮었다. 나중에는 온 동네사람이 소매를 걷고 나섰다. 지성이면 감천이라고 마음만 있으면 무슨 일을 못 하겠는가? 한 달이 못 되어서 학교가 만들어졌다. 학교 입구에 '우리학교'라고 곱게 쓴 현판이 걸리었다. 사람들은 너무 기뻐서 춤을 추었다.

9월 초에 학교 문이 열렸다. 아이들이 책가방을 들고 학교로 달려 왔다. 첫 신학시간은 애국가로 시작되었다. 1, 2, 3학년이 있었는데 나는 1학년에 다녔다. 선생들은 모두 내지(조선)에서 온 사람들이었다. 그때 가르쳤던 과목들은 산술, 국어, 고려지리, 한문, 습자, 도화, 일어, 체조 등이었다. 조선에서 가져 온 교과서를 가지고 공부했다. 중심여창에 학교가 열렸다는 소문이 주변 동네로 퍼졌다. 양재거, 왕거우, 남북심여창 솔밭관기라 마을 등에서 아이들이 중심여창 학교로 공부하러 왔다.

중동 철도사변 때 영웅이 된 김유경, 최종학(전 조선인민군 총정치국 장), 오기찬 등이 우리 학교에서 공부했다. 우리는 그 당시에 매년 돌아오는 3·1절 기념 행사도 굉장히 크게 진행했다. 학생들이 태극기를 만들고 '대한독립만세!'라고 쓴 구호판을 만들고 연단도 만들었다. 기념날 학교 운동장에 마을 사람들이 다 모였다. 학생들이 태극기를 높이 들고 군중 앞에 서서 '대한독립만세!'라고 하늘높이 외쳤다. 그러면 군중도 따라 대한독립만세를 불렀고, 이윽고 리영호 선생이 연단에 올라 눈물 섞인 열변을 토했다.

"동포 여러분! 지금 이 시각에도 일본군들이 우리의 금수강산을 짓밟고 있습니다. 우리는 이것을 그저 보고만 있을 수 없습니다. … 하루바삐 우리 땅에서 왜적을 몰아 냅시다. 이 위업을 위해 굳게 뭉칩시다. 3·1운동 때 우리 겨레들이 흘린 피는 아직도 식지 않았습니다. 다같이 일어나 적과 싸웁시다 … 우리의 힘은 무진장합니다. 대한독립만세!"

군중들이 하나같이 호응했다. 기념식이 끝나게 되면 학생들은 태극기를 높이 흔들어 독립만세를 외치면서 거리를 행진했다. 학생들 시위는 한때 안중근 의사가 권총사격 연습을 하던 희차막 거리의 바위 앞에 와서 끝났다. 학생들이 모자를 벗고 바위 앞에 와서 묵도를 드렸다. 우리가 아이 때 희차막 거리를 지나게 되면 반드시 그 바위 앞에 가서 머리를 숙이곤 했었다. 희차막 거리는 불과 5~6호를 넘지 않는 아주 작은 마을이었다. 그러나 1909년 하얼빈 정거장에서 이등박문을 총살한 안중근 의사가 와 있었다. 희차막 거리가 비록 작기는 하지만 우리 민족 역사에 기재해야 할 의미가 충분한 마을이라고 생각된다. 지금은 치따 시에 가서 사는 홍성남, 끼르기지야의 수도인 프룬제 시에서 사는 정선 길이 이 촌에서 살았다. 이 사람들은 나와 동년배들이다. 내가 한국기자에게 희차막 거리에 대한 이야기를 했더니 '처음 알게된 이야기'라고 하

면서 큰 관심을 주었다. 그러나 지금까지 아무 소식도 없어 안타깝기만
하다. 모든 일이 때가 있는 법이다. 이러한 정보도 우리들이 살아 있는
때를 놓치면 그만이다.

1921년 겨울 어느 날 아버지가 달구지를 준비하고 거기에다가 돼지
새끼 두 마리, 광주리 몇 개를 실었다. 그리고는 나를 불러 달구지에 타
라고 했다. 나는 영문도 모르고 올라탔다. 어머니가 아버지에게 물었다.
"어디로 갈 차비를 하세요?"
아버지는 아주 태연하게 대답했다.
"어디 좀 다녀 올 곳이 있소."
집을 떠나 달구지가 달렸다. 아이 때라 무척 재미가 있었다. 그러나
아버지가 어디로 가는지 알지 못했다. 여러 시간이 지난 후에 우리 달구
지가 소왕령(당시에 고려사람들은 우쑤리 시를 이렇게 불렀다)에 들어
섰다. 나는 그 곳이 처음이었는데, 이상하게도 총을 메고 칼을 찬 일본
군들이 활개를 치고 다니는 것이었다. 아버지가 어쩌자고 일본군 소굴
로 오셨는가 겁이 덜컥 났다. 이때 꼴싸꼼까 거리에 고려사람이 경영하
는 작은 여관이 있었다. 아버지가 내 손을 끌고 여관으로 들어가셨다.
여관 주인이 그 전부터 아버지를 잘 아는 모양이었다. 우리를 아주 반갑
게 맞이했다. 주인이 내 손을 잡고 머리를 어루만지는 등 친절히 대하여
주었다. 그 여관에서 사흘을 묵고 아침 일찍 떠날 준비를 했다. 남들이
보라는 듯이 달구지 뒤에 뒤지 하나, 물동이, 삿자리 등을 싣고 복판에
나를 앉혔다. 달구지가 그 곳을 떠나 집까지 무사히 도착했다.

아버지 친구들과 어머니가 우리를 기다리고 있었다. 아버지의 친구들
이 '큰 수고를 했소!'하면서 아버지와 악수를 했다. 날이 어둑해지자 짐
을 풀기 시작했는데, 알고 보니 달구지 밑에 총과 탄환이 실려 있었다.
사람들이 그것을 집안으로 옮겼다. 득시글거리는 일본군들의 눈을 속이
기 위해 아버지가 나를 데리고 다닌 것을 알게 되었다. 그후 아버지는
나를 데리고 수차 소왕령을 다녀왔다. 이것은 대단히 위험한 일이라 혁

명에 생명을 바친 사람이 아니고서는 이런 대담무쌍한 일을 도저히 할수 없다.

1922년 4월 29일, 일본군 여단 병력이 독립군들이 5·1절을 준비하느라고 한창 바삐 보내는 틈을 타서 솔밭관을 습격했다. 40시간이나 포격을 가했다. 40여 호나 되는 솔밭관이 온통 잿더미가 되었다. 그 결과 중요한 문건들과 인쇄기가 다 타버렸다. 당시 독립군 부대들은 지방 행군에 나가 있었고, 허승환 부대만 남아 있었다. 허승환 부대는 적군이 너무 우세해서 맞서 싸우지 못하고 후퇴해야만 했다.

그 사건 이후 독립군 참모부를 중심여창으로 옮긴 것이다. 중심여창은 독립군들이 비교적 안심하고 활동할 수 있는 곳이었다. 좌우에는 높은 산들이 있었고 그 계곡을 따라 서남쪽으로 한참 가게 되면, 북심창, 남심여창이라는 작은 마을들이 있었고 좀 더 가게 되면 중국으로 뻗쳐진 큰 산맥들이 있었다. 사실 중심여창은 솔밭관 사건 전에도 독립군들의 지부였다. 당시 우리 집에 리중짐, 리영호, 황원오, 최추송, 최찬식, 로상렬, 리용, 허승환, 오지섭, 기타 유능한 인사들이 많이 와 있었다. 우리 집 한쪽 구석에는 항상 총과 탄환 그밖의 병기들로 꽉 차 있었다. 말하자면 우리 집이 병기고였던 것이다.

1922년 6월 12일이라고 짐작된다. 아침에 소낙비가 내리다가 개이고 하늘은 구름 한 점 없는 맑은 날씨였다. 여느 때와 마찬가지로 학생들이 수업시간을 끝내고 떠들썩하게 운동장에서 노는데 난데없이 콩볶는 듯한 총소리가 요란하게 났다. 운동장에서 놀던 아이들이 놀라서 개울 숲 속에 제각기 몸을 감추었다. 한참 있노라니 총소리가 그쳤다. 그래도 아이들은 숲 속에서 나오지 않았다. 운동장에 집합하라는 선생님의 구령을 듣고서야 학생들이 숲 속에서 나와 운동장에 모였다.

알고 보니 혈성단 군대가 지방 행군에서 돌아와 중심여창에서 쉬고 있었는데, 정보를 입수한 일본군 소부대가 마차에 황거우(크로놈까) 토호들을 앞세우고 중심여창에 달려들었던 것이었다. 일본군은 유리한 고지를 차지하고 마을에 총을 쏘아대었다. 그러자 맞 총질이 시작되었다. 일본군 저격수 한 놈이 중심여창이 잘 내려다보이는 자리를 차지하고 우리 군인들을 쏘았다. 이것을 발견한 혈성단 저격수 한사람이 포태(적을 막기 위해 돌로 둘러막은 초소를 말함)에 올라 일본군 저격수의 이마를 바로 쏘았다. 그러자 놈은 방아쇠도 미쳐 못 당기고 즉사했다. 이것을 본 일본군들은 겁을 집어먹고, 자기 군인 시체도 못 걷고 부상당한 통역도 내버리고 뺑소니쳤다. 이날 문두언, 문경무, 김택선 세 사람이 사망하고 일본군 세 명이 죽었다. 아군은 그 날로 남심여창으로 이동했다. 중심여창 주민들도 러시아인들만 남겨두고 다 피신했다.

그 이튿날 일본군 대부대가 중심여창을 포위하고 장교 몇 명만 마을로 들어왔다. 그러자 러시아인들이 장교들을 맞이했다. 촌에 불을 지르고 총칼로 사람들을 사정없이 죽이던 일본군 장교들이 러시아인들에게는 아무런 행패도 가하지 않고 자기들 시체만 걷어 가지고 조용히 가버렸다. 아마 일본군들이 이 땅에 와서 붉은 물이 든 모양이라고 사람들이 말했다. 그 후, 중심여창 사람들이 다시 돌아와 살았다. 아버지는 이 촌에서 최성률이라는 사람의 소작농으로 생계를 유지했다.

생활의 전변

1922년 10월에 일본이 원동변강에서 철병했다. 원동변강 전 지역이 소비에트화 되었다. 아버지는 이 해 봄에 재피거우로 이사했다. 재피거우는 1880년경에 개척된 것으로 알고 있다. 개척 초기에 리공묵, 리공권, 김향유 등 여러 사람들이 살았다. 리공권이 이 촌에 심은 버드나무가 자라서 사람들이 그 곳을 '리공권 방천'이라고도 불렀다. 리공권은 나의 장인이다. 원력 있고 의지가 강한 사람이었다고 전했다. 나는 장인을 보지 못했다. 병으로 오래 앓다가 살 가망이 없다고 엽총으로 자살했다고 했다.

재피거우는 물남, 물북, 당나무 촌(당나무 고목 한 그루가 서 있다고
해서 당나무 촌이라고 불렀다)으로 나누어져 있었다. 우리는 물남에서
살았다. 이 촌에서 살 때 우리가 겪은 몇 가지를 이야기해야겠다.

추풍사사에서 첫 소비에트가 재피거우에 설립됐다. 아버지가 첫 소비
에트의 위원장으로 선출됐다. 그때부터 아버지는 전문적으로 사회사업
에 나섰다. 촌의 질서가 바로 잡히기 시작했다. 머슴군 제도가 점차적으
로 폐지되고 투전과 협잡으로 살아오던 건달배들이 차차 없어졌다. 그
런데 부호농들이 소비에트를 은근히 미워했다. 신제도에 겁이 나서 일
부 부호농들은 미국으로 도망했다.

당시에 파종시기나 추수시기에 시 소비에트나 시 당에서 농촌으로 지
도원을 파견하곤 했다. 한번은 파종시기에 시 당에서 우리 촌으로 남홍
건을 지도원으로 보냈다. 남홍건은 우리 집에 와 있으면서 시 사업을 지
도했다. 그런데 어느 날 점심때쯤 마을사람 20여명이 몽둥이를 들고 우
리 집 마당에 들어섰다. 그 중 한사람이 고함치듯 호령했다.

"시에서 온 지도원을 빨리 내어놓아라. 우리가 그 놈을 불에 태워 죽
이겠다."

그때 아버지가 집에서 이 소리를 듣고 밖으로 나와 사람들 앞에 서서
따지듯 말했다.

"이것이 어찌된 일이오?"

그러니까 또 한 사람이 말을 더했다.

"시에서 온 놈을 태워 죽이겠다!"

그래서 아버지는 팔을 걸어 부치고 나서며 크게 소리쳤다.

"당신들 소원이 정 그렇다면 나를 태워 죽이시오! 그 사람은 시 당에
서 온 분이오. 우리를 도우려면 오히려 앞에 나서서 일해주시오."

그러니깐 다들 대답이 없었다. 한참 서로 눈치만 보다가 하나 둘씩 흩
어지고 말았다. 이후 아버지는 이 일이 누구의 작당인줄 알면서도 그저
내버려두었다. 그 후 그런 일은 다시없었다. 온 마을 사람들이 소비에트

를 믿고 떠받들었다.

또 이런 일도 있었다. 아이들이 저녁을 먹고 학교 촌(학교가 있다해서 학교 촌이라 부름)으로 놀러 다니는 것이 상습으로 되어 있었다. 거기 가서 유희도 하고 어떤 때는 영화도 구경했다. 어느 날 저녁에 여느 때와 마찬가지로 아이들이 학교 촌으로 왔다. 그 날 저녁에 마침 학교에서 활동사진(영화)을 보여주었다. 지금에 비하면 유치하기 짝이 없는 흑백 무성영화였다. 그것마저 전기가 없어서 모터를 손으로 돌리면서 영화를 구경했다. 그래도 영화가 촌으로 온다 하면 아이, 어른 구분 없이 영화구경을 하러 온다. 그만큼 구경거리로서는 활동사진이 최고였던 때였다.

그 날 저녁에 아이들이 영화를 늦도록 구경하고 집으로 오던 때였다. 내가 집에 거의 다 왔는데 난데없는 총소리가 들렸다. 나는 무슨 영문인지도 모르고 같이 오던 아이들을 데리고 수수밭 고랑에 들어가 몸을 감추었다. 한참 있노라니 뾰죽산(산봉우리가 뾰죽이 내밀었다 해서 뾰죽산) 밑에서 인기척이 났다. 그래서 나는 동네에서 무슨 일이 생겼다고 짐작했다. 얼마 후에 인기척이 없어지고 사방이 조용하다. 그래도 조금 더 기다렸다가 조심스럽게 수수밭에서 나와 집으로 돌아갔다.

나는 집안에 무슨 불행한 일이 생긴 것을 단번에 알아차렸다. 할머니, 어머니, 두 누이가 낯이 흙빛이 되어서 아무런 말 없이 서 있었다. 아버지가 항상 계시는 방문을 열고 들여다보니 아버지는 없었고 할아버지도 안 보였다. 반 쏘비에트분자 강도들이 아버지와 할아버지를 붙잡아 간 것을 알았다. 갑자기 집안이 스산하여 더 말할 수 없는 우울과 비통 속에 잠겼다. 할머니는 "저 놈들이 내 아들을 죽이겠구나" 하면서 눈물을 계속 흘렸다. 어머니는 눈물도 말랐는지 말없이 서서 황혼만 바라보고 있었다. 우리는 뜬눈으로 그 날 밤을 보냈다.

날이 밝자 동네 사람들이 이 소문을 듣고 어머니와 할머니를 위안하려고 왔다. 그날 밤에 강도들이 할아버지와 아버지, 소비에트 서기인 김

니꼴라이, 김병화(장차 고이중 영웅), 박병섬 등 기타 20여명을 붙잡아 갔다. 그런데 아침 10시경에 아버지가 집에 오셨다. 그야말로 기적이었다. 할머니와 어머니는 어쩔 줄 몰라 그저 아버지를 보고만 있었다. 동네 사람들이 아버지에게 악수를 청하며 물었다.

"이것이 어찌된 일이요?"

또 한 사람이 아버지를 보고 고개를 갸웃거리며 물었다.

"그 놈들이 형님을 어떻게 그렇게 쉽게 놓아주었소?"

"놈들이 나를 그렇게 쉽게 놓아 줄리 있소. 내가 빠져 나왔소. 놈들이 내 손을 결박한 그 순간부터 내가 두 팔을 놀리기 시작했소. 그러자 결박한 두 손이 풀렸다오. 바로 김 니꼴라이가 내 뒤에 왔었기에 내가 손을 뽑으라고 암시했다. 그러나 니꼴라이는 이 눈치를 못 알아차리고 '형님 빨리 걷지 못하고 왜 그렇게 주춤주춤 하시오?' 했다오. 나는 도망칠 기회를 엿보다가 좌우에 초목이 무성한 오솔길을 지날 때, 나를 지키고 있는 총을 멘 두 놈을 힘껏 밀쳤소. 그러자 그 두 놈이 쓰러졌고 그 순간을 놓치지 않고 숲 속에 뛰어 들었다오. 놈들이 총질을 해댔지요. 캄캄한 밤이라 나를 붙잡는 것이 어렵다고 판단했는지 내 뒤를 쫓지는 않았소. 숲 속에 숨어 있다가 동이 트자 집에 온 것이오."

아버지가 사람들 앞에서 당당한 듯 상황을 설명해주었다.

놈들은 붙잡아간 사람들을 차례로 문초했다. 마지막으로 할아버지를 문초했다. 할아버지는 '이놈들이 내 아들을 붙잡자고 하는구나'라고 생각했다. 그래서 할아버지는 "내가 소비에트 위원장의 부친이다"라고 말하면 다른 사람들을 놓아주리라는 것을 알고 도적들에게 말했다.

"내가 소비에트 위원장의 아버지다. 이 사람들 속에는 내 아들이 없다."

문초하던 놈이 할아버지에게 물어왔다.

"밤에 도망간 사람이 당신 아들이 아닌가?"

할아버지는 그렇다고 대답하였다. 그러니까 문초하던 놈이 혀를 차며 말했다.

"저런 고약한 사람 보았나. 아버지를 두고 도망가다니 …."

일이 이렇게 되자 그들은 할아버지를 볼모로 남겨두고 다른 사람들을 보내주었다. 며칠 뒤 밤중에 뾰죽산 산봉우리에서 총소리가 한 번 났다. 그것은 강도들이 보내는 신호인 것을 알고, 아침에 산봉우리에 올라가 보니 아니나 다를까, 쪽지가 들어있는 병이 돌 위에 놓여 있었다.

"총 몇 자루, 탄알 몇 개, 돈 얼마를 아무 날 병이 놓였던 자리에 갔다 놓아라. 만약 이 요구를 거부한다면 당신 부친의 생명이 위험하다."

협박 쪽지의 내용이 알려지자, 동네의 몇몇 사람들이 아버지를 찾아 와서 빨리 손을 쓰라고 졸랐다. 사실 당시에 그런 요구를 들어 줄 수 없었다. 아버지는 이런저런 권고를 듣는 척 마는 척하고 꾹 참고 있었다. 한 달만에 할아버지가 무사히 집에 돌아 오셨다.

우리는 그 시기에 여름이면 집에서 잠을 못 자고 자리를 가지고 나와 수수밭고랑에서 자곤 했다. 춥고, 배고프고 무섭던 어린 시절을 지금 더 듬어 보니 어제 같다.

우리가 이 촌으로 이사해 온 이듬해 여름에 남심여창에서 비극이 있었다. 이 비극을 아는 사람은 그리 많지 않다. 어떤 글에도 이 내용을 싣지 않고 비밀에 붙이고 있었다. 70년이나 지난 오늘에 와서 그런 역사를 밝힐 필요가 있겠는가 하고 시비할 사람도 있을 수 있다. 그러나 역사의 사실을 묵과한다는 것은 아주 해롭다. 그런 의미에서 남심여창 비극을 좀 자세히 말해야겠다.

1922년에 고려 빨치산들이 무장을 해제하고 평화적 노동에 착수했다. 물론 다 그런 것은 아니었다. 일부 부대들은 무장한 채로 중국으로 가버렸다. 이때 한 소부대가 무장을 해제하지 않고 남심여창에 근거지를 두고서, 먹고살아야 하기 때문에 촌으로만 돌아다니면서 털어먹고 있었다. 그러나 사람을 죽이거나 구타하는 일은 없었다. 이런 정보를 받은 붉은 군대 본부가 기병 몇 명을 남심여창으로 보냈다.

그때 남심여창에 허승환 군대에서 복무하던 청년 30명이 있었다. 기병들이 이 사람들을 한 줄로 앉혀놓고 마치 칼 연습을 하듯이 전부 목을 잘라 버렸다. 아마 기병들이 이곳으로 올 때 목을 다 잘라버리라는 본부의 명령을 받고 와서 이런 끔찍스러운 일을 저지른 것 같았다. 그나저나 이것은 만행이라는 말 외에는 달리 표현할 말이 없다.

그때 재피거우 공청원들이 남심여창에 가서 칼에 목을 잘린 청년들을 매장하고 왔다. 나는 그들에게서 이 비극에 대한 자세한 이야기를 많이 들었다. 그런데 그 장례식에 참가한 사람들은 지금은 모두 사망했다. 나는 그때 소년단원이었다. 그래서 그 장례식에 참가하지는 못했다. 그 당시에 이런 풍설도 있었다. 중심여창에 있던 젊은 사람들이 먼저 총질을 하니 기병들이 격분해서 그들의 목을 벤 것이라는 것이다. 이것은 혹자들이 자기의 잘못을 남에게 전가하기 위해 꾸며낸 말이 틀림없다.

우리는 물남에서 일곱 식구가 3간 초가집에서 비좁게 살았다. 삶 속으로 가난이 점점 파고들었다. 그때 아버지가 소비에트 위원장으로 있으면서 19루블리를 월급으로 받았다. 그 돈만으로는 생계를 유지할 수 없었다. 그래서 아버지는 당나무 촌으로 이사할 준비를 했다. 소비에트 일을 하면서 당나무 촌에서 짬짬이 벼농사를 해 보시려는 계획이었다. 그런데 이 촌에 마침 8간 빈집 한 채가 있었다. 아버지가 이 집을 돌아보고 마을사람에게 물었다.

“이 집은 왜 비어 있소?”

사람들은 끔찍하다는 듯 대꾸했다.

“아마 모르시는 모양인데, 이 집에서 살던 두 사람이 집을 내버리고 갔습니다. 이 집에서 밤이면 곡소리가 들리고 사이 문들이 절로 개폐한답니다.”

아버지가 동네사람들을 보고 다시 물었다.

“내가 이 집으로 이사하는데 당신들은 반대가 없소?”

동네사람들은 알아서 하라는 말을 했다.

"그것은 당신이 할 탓이오, 그러나 공연한 생각을 하지 마시오. 이 집은 터가 세서 와도 못 사오."

아버지는 동네사람들의 말을 못들은 척하고 집수리에 착수했다. 집을 세운지 오래지 않아서 별로 수리할 것은 없었다. 그리고 우리는 그 집으로 이사했다. 한 사람이 아버지에게 와서 이상하다는 듯이 물었다.

"이 집에서 살기 무섭지 않소?"

그러자 아버지는 웃으면서 말했다.

"무섭기는 무엇이 무섭단 말이요. 나는 미신을 믿지 않소. 겁이 많으면 귀신이 있는 법이오."

그 집에서 거의 두 해나 살아도 사람의 곡소리도 못 듣고 사이 문들이 저절로 열리거나 닫히는 일이 없었다. 아버지가 농사를 해서 살림살이가 조금 나아졌다. 나도 이 촌에서 9년제를 졸업하고 1924년에 우쑤리스크 고려사범학교에 입학했다.

1928년 초에 사업상 필요에 의해 꼴사꼽까(고려사람들이 이 촌을 허거우라고 했다)로 이사했다. 꼴사꼽까는 추풍사사에서 손꼽히는, 거의 300호나 되는 큰 촌으로 현대적 촌락이었다. 중등학교, 우체국, 상점, 제분소, 음식점, 나중에 촌 청년들이 교회당을 재건하고 구락부를 만들었다. 이 촌에 꼴사꼽까, 크로우놉까, 재피거우가 통합해서 '태평양조합'을 설립했다. 이 조합에서 아버지는 여러 가지 책임사업을 했다.

1929년은 큰 흉년이었다. 심었던 곡식이 가뭄으로 다 말라 버리고 다음해에 파종할 씨도 못 거두었다. 당시 책임자들은 아주 겸손하고 양심적으로 일했다. 그 당시에 '태평양조합' 당비서로 차병무가 책임지고 있었다. 그는 가뭄 때문에 조합원들이 굶는 것을 보고 조합원들을 먹여 살리겠다고 곡식을 감춘 것이 발각되자, 겁이 나서 중국으로 도망쳤던 일도 있었다. 아버지가 조합에서 책임적 사업을 했음에도 불구하고 집에는 늘 먹을 것이 없었다. 하루에 겨우 두 끼를 먹고살았다.

꼴사꼽까에 소련 최고 소비에트 여성 대의원인 리 예브또기야가 살고 있었다. 그때 이 여사가 고려사람들 중에서 유일한 대의원이었다. 무식하나 조합에서 분조장으로 일하면서 조합원들의 칭찬을 받았다. 이 여사가 이 촌 소비에트 위원장으로 활약할 때였다. 가을에 시 소비에트에서 지도원 한사람을 보냈다. 이 지도원이 농장시찰을 나갔다가 땅이 질다고 곡식단을 밟고 다닌 것이 리 예브또끼야에게 보고되자 예브또끼야는 그 지도원을 그 이튿날 쫓아 버렸다. 그리고 그 사실을 시 당에 보고하면서 그 지도원을 당에서 출당시키라고 제의했다. 시 당에서 할 수 없이 그를 출당했다. 그 당시에 시에서 무슨 기념행사가 있으면 리 예브또끼야를 기념행사에 초청했다. 그때 대의원의 위신이 이렇게 높았다.

　나는 1924년 가을에 우쑤리스크 고려사범학교에 입학했다. 오창환의 집에 와 있으면서 공부했다. 고려사범학교는 3년제였다. 3학년에서 공부하다가 두 동창생과 공모하여 집에서 돈을 훔쳐 가지고 공부를 하기 위해 모스크바시를 향해 떠났다. 당시에 모스크바시로 공부하러 가는 것이 유행이었다. 막씸까(하등열차)에 앉아 2주일을 지내고서야 모스크바시에 도착했다.

　모스크바시에는 고려구락부가 있었다. 고려구락부 내에 학생 소비에트가 있었는데 이 학생소비에트가 각지에서 온 학생들에게 입학소개서를 내주었다. 우리가 늦게 왔기에 모스크바시에는 자리가 없고 우크라이나의 수도인 하리코프 시로 가라고 했다. 그래서 나는 하리코프 시로 갔다. 그곳의 쵸보따르스크 거리에도 고려구락부가 있었고, 그곳에서 나를 니꼴라예브 시로 파견했는데 돈이 한푼도 없었다. 어차피 굶는 판이니 하는 생각에 무엇이던 못하랴하는 마음으로 니꼴라예브 시 공청위원회로 찾아가 공청비서를 만났다. 그가 나에게 이동증이 있는가 하고 물었다. 당시에는 공청원이 타지방으로 가자면 이동증이 있어야 했다. 이동증이 없다고 하니 공청원이 어떻게 다닐 것이냐면서 나를 책망했다. 내가 지금 돈이 없어서 굶는다고 하니 공청비서가 한참 생각하다가 소개서를 써주면서 나를 '미성년 노동학원'으로 가라고 했다.

그래서 학원으로 갔는데 학원 원장이 나를 친절히 대했다. 학원 아이들도 나를 기쁘게 맞이했다. 학원은 주로 노동자 자식들이 여러 가지 기술을 배웠다. 작은 공장이었다. 철공실, 목공실, 재봉실 등이 있었다. 나는 목공실에 배치되어 일하다가 9월에 노동학원에 입학하여 1930년에 졸업했다. 노동학원은 니꼴라예브 조선(造船)대학 산하에 있었다. 그래서 노동학원을 졸업한 학생들은 무시험으로 대학에 갈 수 있었다. 나는 대학에 입학하여 3학년을 다니다가, 몸에 병이 나서 정기휴학을 하고 집에 왔다.

그 후 건강이 회복되었으나 여러 가지 사정에 있어서 다시 공부하러 못 갔다. 대학 공부는 그렇게 끝이 났다. 그러나 지금에 와서 생각해 보면 당시 공부하러 안 간 것이 다행이었다. 왜냐하면 나의 동창생들인 김 세르게이, 김 니꼴라이가 졸업반에서 공부하다가 검거됐다. 그 도시에서 뿐만 아니라 소련의 다른 도시들에서 공부하던 고려학생들이 모조리 체포됐다. 나라고 예외일 수는 없었을 것이다.

1933년 가을이었다. 당시에 가을이면 조합원들이 의무적으로 산림 속에 가서 채벌해야 했다. 하루는 아버지가 목재소로 가면서 나에게 당부했다.

"너는 아직 젊으니까 공부는 나중에 하고 식구들을 먹여 살려라. 나는 이번에 목재소로 가게 되면 언제 올 지 알 수 없다."

봄이면 목재소로 갔던 조합원들이 다 돌아오는데 아버지만 안 돌아왔다. 그래서 어머니 크게 걱정하다가 당비서를 찾아가 물었다.

"우리 주인이 왜 지금까지 돌아오지 않으오?"

"나는 잘 모르겠다."

당비서는 딱 잘라 대답했다. 어머니가 목재소에 직접 가서 알아보겠다고 떠날 차비를 하는데 뜻밖에 우쑤리 시 라나드문르스크 거리 32번지에서 사는 '꼴쪼브'라는 러시아 사람이 어머니에게 돈 150루블리를 보내왔다. 그 돈을 받고 어머니와 나는 아마 아버지가 어딘가에 가서 일하시는 것으로 짐작하고 좀 안심했다. 나는 반중등학교에서 교편을 잡고 일하게 되었다.

1934년 가을 어느 날 밤에 아버지가 집에 왔다. 참으로 뜻밖이었다. 우리 식구들의 기쁨은 한이 없었다. 어머니는 아버지를 보고 울었다. 한 해 동안에 아버지의 면모가 몹시 변했다. 머리가 허연 백발이 되고 이마에 깊은 주름이 잡히고 안색이 흐릿했었다. 그때 아버지를 바라보니 '무슨 일을 하셨기에 한 해 동안에 저렇게 늙으셨을까…'하는 마음이 안타깝게 다가왔다. 마을에 아버지와 같이 일하던 동지들이 많았는데 아버지는 밖으로 나가 사람들을 만나지도 않고 마냥 집에만 있다가 사흘만에 집을 떠났다. 그때 나에게 나지막한 어조로 말했다.

"우쑤리스크에서 멀지 않은 랴리츠 촌에서 최추송, 라형기가 산다. 그들은 나의 전우들이다. 거기 가서 그들을 믿고 살아라."

그때 어머니, 나, 또 나의 처 베라가 우쑤리스크까지 아버지를 전송했다. 아버지가 우리 모두에게 사진을 찍자고 했다. '이것이 마지막 길'이라는 듯 우리에게 무언의 암시를 하는 느낌을 받았다. 그때 찍은 사진을 내가 지금까지 가지고 있다. 나는 아버지가 그리우면 사진을 내놓고 본다. 그 뒤로 아버지는 정말 영영 돌아오지 않았다.

1935년 초에 아버지의 지시대로 나는 랴리츠로 이사했다. 그때 아버지의 친구 라형기는 학교 교장으로 있었고, 최추송은 당비서로 있었다. 랴리츠는 백호를 넘는 큰 러시아 촌이었다. 촌에는 초가집이 없고 양철 지붕집들이 있었다. 대개 부호농들이 살고 있었던 것이다. 그러던 것이 '러시아 부호를 지주계급으로 보아 청산하자'는 구호가 나타나자, 촌에서 살던 부호농들을 깡그리 청산하고 고려사람들에게 촌을 넘겨주었다.

고려사람들이 촌에 오면서 '극성(極星) 조합'을 조직했다. 당시 극성 조합이 변강에서 명성을 떨쳤다. 이사해 온 첫 해에 촌 주변에 있는 처녀지를 개간하고 벼농사를 시작했다. 농사는 아주 잘 되었는데, 특히 벼농사에서 높은 수확을 냈다. 곡물수매(국가에 바치는 현물세)에서 언제나 첫 자리를 차지했다. 구역 출판지에 극성 꼴호즈가 자주 실렸다. 고려사람들처럼 부지런한 민족은 드물 것이다. 랴리츠에 사는 러시아 사람들이 이것을 은근히 미워했다. 그래서 그들은 때로는 우물에 독약을 집어넣는 일도 서슴지 않았다.

아마 1936년 가을에 있었던 일이라고 기억된다. 극성 꼴호즈 농장은 본 촌에서 멀리 떨어져 있었다. 그래서 주로 공청원들이 밤이면 농장을 지키고 있었다. 나는 당시 공청비서였다. 하루는 전날과 마찬가지로 김용손, 박형식, 두 공청원에게 파수를 서라고 농장으로 내보냈다. 밤에 어떤 놈들이 두 공청원이 있는 파수막에 불을 질렀다. 파수막이 전소되고, 두 공청원이 타죽었다. 그때 법적 기관들이 이 사실을 밝히겠다고 무척 힘을 썼으나 아무 결과도 못 거두고 말았다. 러시아 사람들이 극성 조합에 대한 반감을 나타낸 것으로 밖에는 생각할 도리가 없는 일이었다.

강제이주

1937년 9월이었다. 원동변강에 사는 고려사람들은 중앙아시아로 이주시킨다는 말이 떠돌았다. 나는 소문을 듣고 처음에는 믿지 않고 그럴 리가 없다고 했다. 하루는 구역에서 사복 차림의 두 사람이 와서 당비서와 조합위원장을 찾았다. 이 사람들이 다녀가자 꼴호즈 총회가 소집됐다. 총회에서 당비서가 긴말 없이 간단하게 명령하듯 말했다.

"원동변강에서 살던 고려사람들을 중앙아시아로 이주시킨다는 상부의 지시가 있소. 우리 꼴호즈는 9월 10일에 떠나게 되었소. 몇 일 먹을 양식과 이부자리 등 간단한 소지품만 준비하시오!"

청천벽력이었다. 여기에 오랫동안 묻혀 살던 사람들은 집, 가축, 터전, 가구, 아직 절이지 않은 채소 등 그밖에 살림에 필요한 재물을 가지고 있었다. 그것들을 팔 시간도 없거니와 사는 사람도 없었다. 이 촌에 사는 러시아사람들은 고려사람들이 다 떠나게 되면 남은 것이 자기들 것이 되리라고 생각하고 좋아했다. 그나마 국가에서 헐값으로 집, 가축, 알곡을 샀다. 어떤 사람들은 격분하고 심술이 나서 집안에 있는 가구, 꽃병들을 도끼로 모조리 부셨다. 돼지, 닭, 오리 같은 것은 몽땅 다 잡아 가지고 떠났다.

9월 10일 구역에서 사복한 몇 사람과 내무원 몇 사람이 와서 빨리 떠날 차비를 하라고 윽박질렀다. 젊은 사람들은 걷고 아이들, 늙은이들, 병든 사람들은 화물 자동차를 타고 역으로 나갔다. 저녁 아홉시나 되어서야, 한때 목축을 수송하던 화물차를 역에 들이대었다. 빨리 차에 오르라고 내무원들이 명령했다. 아이들 울음소리, 아이들을 찾는 어머니들 소리, 병든 사람들의 신음소리, 마치 전쟁 피난민을 연상시켰다. 그때 그 장면을 촬영했다면 이 영화를 보고 울지 않을 사람이 없었을 것이다.

저녁 11시나 되어서 기차에 올랐다. 차량에 우리 가족 8식구가 탔다. 차량 안에는 가축냄새가 풍기었고 차량 복판에 난로가 있을 뿐 다른 시설은 없었다. 우리 식구 중에는 태어난 지 석 달 된 갓난아기가 있었다. 아이를 이불에 놓고 눕혔다. 하나의 열차 차량에 거의 400여명이 올랐다. 그 중에는 병든 사람들도 제법 있었다. 그러나 위생열차는 없었고 의사도, 간호원도 없었다. 우리가 탄 화물열차가 목축을 수송할 때에는 수의가 꼭 따라다녔다 했다. 그러니 정권 당국이 이주민들을 소나 돼지보다도 못하게 취급한 셈이었다. 그런데 웬일인지 차가 떠나다말고 서있다가 다음날 아침 열한시나 되어서 천천히 떠났다.

기적소리가 들렸다. 마치 강제로 실려 가는 사람들이 울분을 토하는 것 같았다. 차량 문 앞에서 '원동변강이여 잘 있거라 슬퍼 말라. 또 올 날이 있으리라'고 고함지르면서 수건을 내흔드는 사람도 있었다. 러시아 사람들도 섭섭해서 그러는지, 미워서 그러는지 알 수 없으나 손을 내흔드는 사람도 있고 발을 내흔들며 욕을 하는 인간쓰레기도 있었다.

우리가 탄 열차는 연기를 토하면서 힘차게 달렸다. 그런데 웬일인지 당에서 일하던 최추송, 꼴호즈 위원장 김낙선이 보이지 않았다. 차가 떠날 직전에 그들을 체포했다고 했다. 그들은 영영 소식도 없이 사라지고 말았다. 그때 나는 이런 생각에 잠겼었다. '아버지가 여기에 있었다면 저들과 같은 운명을 면치 못 했으리라.' 한때 아버지가 저들과 같이 사업을 했었기 때문이다. 결국 극성 꼴호즈는 지도자들을 다 잃은 고아가 된 셈이었다. 그래도 세상이 무서워서 시시비비를 가리고자하는 사람이 없었다.

열차는 달리다가도 아무 때나 도시 바깥에 세워졌다. 그것은 도시가 더러워지고 우리에게서 병균이 옮겨져 전염병이 번짐을 방지함이라고 했다. 한 번은 이런 일이 있었다. 우리가 탄 열차가 시베리아의 벌판을 달리다가 어느 한 소도시에 섰다. 우리가 탄 열차를 보고 그 시의 시민들이 와하고 몰려 나왔다. 우리가 탄 열차가 그동안 그렇게 많은 도시들을 통과해도 우리를 환영하는 일이 없었는데 이 시의 주민들이 우리를 환영하는구나 하고 퍽 기뻐했다.

그러나 알고 보니 사람들이 우리를 환영하려 나온 것이 아니라 마치 동물원의 짐승을 구경하려 모여드는 것과 마찬가지로 고려 사람들이 키가 작고, 피부가 검고, 코가 원숭이 코처럼 생기고 이마에 털이 있는 흉한 괴물로 알고 구경하려 나온 것이었다. 무서워서인지 우리 곁으로 다가오지는 못하고 먼 곳에서 저희끼리 무어라고 수군거리면서 웃고 손가락질을 해대었다. 우리 청년들이 그것을 보고 그 사람들 앞에 가서 손을 내밀어 악수를 청하면서 말했다.

"당신들이 우리를 구경하려 왔소? 우리는 당신들과 같은 사람이오. 아마 고려 사람들을 처음 본 모양이오. 우리 서로 면목을 익힙시다."

그 중 한사람이 나와 악수를 하며 말을 했다.

"우리가 이제야 고려 사람이 어떤 사람이라는 것을 알았소."

군중이 손을 내흔들었다. 이 광경을 살피던 내무원들이 군중을 쫓아 버렸다. 이런 일이 한두 번이 아니었다. 우리는 시베리아 사람들의 문화 정도가 낮다는 것을 알았다. 그러나 그 사람들의 잘못은 없다. 상부에 앉은 사람들이 말로는 민족정책이 다 해결된 듯이 말했지만 사실은 말장난뿐이었던 것이다.

10월 말에 우리 열차는 타슈켄트시 주변에 와 닿았다. 차량에서 밤을 샜다. 날이 밝고 차창으로 밖을 내다보니 내무원들이 왔다갔다했다. 열두시쯤 되어서 내무원들이 출입구를 열고 차량에서 다들 내리라고 명령했다. 손에 종잇장을 든 한 내무원이 극성 조합원들을 따로 한 장소에 모이라고 소리쳤다. 그때 거의 300여명(아이들 포함)이나 되는 조합전원이 집합했다. 집합한 상태에서 한참 있다가 우리는 외줄로 서서 내무원들의 뒤를 따라 뜰로 나왔다. 짐차들이 대기하고 있었다. 스무 명씩 차에 타라고 내무원이 명령했다. 잠시 후 우리를 태운 짐차들이 떠났다. 당시에 우리는 솔직히 어디로 실려 가는가하는 걱정에 무서워했고 왠지 무시무시했다.

짐차들이 한참을 달리다가 우리를 갈대밭 속에 내려놓았다. 어디인지 몰랐지만 우즈베키스탄 사람들이 살다가 내버려 둔, 무너져 가는 흙집 몇 채가 있을 뿐 다른 건물은 없었다. 모기떼와 벌레 떼들이 득실대었다. 사방을 살펴보니 마을하나 없었다. 미개척지였다. 황무지였다. 사람들은 묵묵히 어느 누구도 말없이 서 있기만 했다.

"이 갈대밭 속에서 아이들을 데리고 어떻게 산단 말인가?"

저마다 그런 말을 내뱉으며 앞으로의 장래를 의심하는 모양이었다. 그러나 낙심하는 사람은 하나도 없었다. 고려 사람의 생활력은 어느 민족에 비할 바 없이 강했다. 우리는 마음을 가다듬고 곧장 조합총회를 열고 임시위원장을 선출했다. 당에서는 당비서를 선출했다. 일이 시작되었다. 아이들이 많은 어머니들과 노인들을 현재 몇 개 보이는 흙집에 기거하도록 했다. 다른 사람들은 천막에서 살게 했다. 한편, 유르따(시베리아 유목민 천막)를 세우기 시작했다. 한 주일이 지나자 밭 속에 수십 개의 유르따가 나타났다. 꼴호즈 전원이 총동원되어 흙집을 짓기 시작했다.

석 달이 지나자 거리 좌우에 많은 흙집들이 세워졌다. 완전한 마을이 된 것이었다.

다음으로 학교, 탁아소 건설이 시작됐다. 우즈베키스탄 사람들은 우물을 안 먹고 흐르는 물만 먹기 때문에 우물이 하나도 없었다. 그래서 우리는 집집마다 우물을 팠다. 제일 큰 문제는 새해 농사준비였다. 주변에는 갈밭뿐이고 뙈기밭도 없었다. 갈밭을 일구고 벼를 심어야 했다. 이듬해 봄에 벼를 심었다. 처녀지라 벼가 잘 되었다. 가을에 우즈베키스탄에서 전례 없는 벼 수확고를 거두었다. 식량 때문에 근심할 필요가 없었다. 국가에서 삼 년 동안 국가현물세를 면제받았다. 조합원들의 생활이 안착되기 시작했다. 거의 집집마다 자전거를 가지게 되었다. 새해가 지나자 주택문제가 완전히 해결되었고 학교, 탁아소, 구락부가 열렸다. 극성 꼴호즈의 소문이 타슈켄트시에서도 널리 알려졌다.

1938년 삼월이었다. 잘 살아보겠다고 밤낮 일하던 우수한 조합원 30명이 이유도 모른 체 밤중에 붙잡혀 가는 판이었다. 나는 3·1절 날 체포되었다. 밤에 자는데 푸른 모자를 쓴(그때 내무 인민부 위원을 이렇게 불렀다) 세 사람이 차를 타고 와서 내 방에 뛰어들어서는 다짜고짜 나보고 옷을 입어라 했다. 어느 명령이라고 불복종하겠는가. 옷을 입었다. 말도 없이 손짓으로 밖으로 나가라는 것이다. 밖으로 나오니 한 사람이 나에게 수갑을 채우고 차에 타라고 했다. 타슈켄트시의 쇠문이 여덟 개나 되는 큰 감옥으로 나를 실어갔다. 머리를 깎고 목욕을 시켰다. 그리고 옷에서 단추를 다 뜯어낸 후 감방에 넣었다. 감방에 들어서니 거의 60살이 된 죄수 한 사람이 나에게 물어왔다.

"젊은이는 무슨 죄가 있어서 감옥에 들어왔소?"

"저는 아직 제 죄를 모릅니다."

사실 나는 무슨 죄목으로 감옥에 왔는지도 모르고 있었다. 그러나 곰곰이 생각해 보건대 누군가의 모함에 의해 반동분자로 몰리게 된 것이라는 것을 알 수 있었다. 그렇지 않고서야 아닌 밤중에 홍두깨를 맞을 이유가 없었기 때문이었다. 이전에 50명이 있던 감방이 지금은 200명이 있게 되었다. 죄수들을 닭처럼 몰아 넣었다. 감방의 공기가 무겁게 가라앉아 있었다. 한구석에 똥통이 놓여있는데 거기서 악취가 풍겼다. 그런 곳은 처음이어서 견디기 힘들었다. 그러나 몇 일 지나가니 습관이 되었다. 내가 있던 감방에 160명이 있었는데 젊은 사람은 나 하나밖에 없고 다 늙은 사람들이었다. 지금은 죄수인 그 사람들을 알고 보니 모두 당원들이었고 큰일을 하던 사람들이었다.

"진짜 간첩들이 거리에서 활개를 치고 다니는데 우리를 간첩이라고 하니 원통한 일이다"

죄수들이 그런 말을 내뱉으며 불만을 토하기도 했다. 나의 감옥생활이 시작되었다. 어느 날 밤중에 나를 나오라고 불렀다. 한 간수가 나를 데리고 어느 방으로 데려갔다. 그 방에는 심씨라는 사람이 책상 앞에 앉아 있었다. 그 사람이 구역 내무부에서 일하고 있다는 것을 알고 있었다. 그러나 그 사람은 나를 모를 수도 있다고 생각했다. 앉으라는 말도 없었다. 무슨 문서철을 서랍에서 끄집어내어 상 위에 놓고는 그때서야 의자를 가리켰다.

"거기 앉아라."

나는 아주 점잖게 대꾸했다.

"감옥 안에서는 반말 밖에 할 줄 모르오?"

그러자 심이라는 작자가 벌떡 일어서면서 고함을 질렀다.

"네가 여기가 어딘지 아느냐?!"

나도 반말로 말했다.

"모르기는 왜 몰라. 감옥이다!"

심은 화가 벌컥 났는지 펄펄 뛰었다. 그러다가 나보고 달래듯 취조를 시작했다.

"그렇게 하지말고 내가 묻는 말에 대답해라."

"네 소원대로 해라. 나는 너와 말할 생각이 없다."

나는 그때부터 입을 다물었다.

심은 눈살을 찌푸리더니 문서를 서랍에 넣으면서 벨을 눌러 간수를 불렀다.

"어디 두고 보자! 이 죄인을 다시 감방으로 데려가라."

이튿날 나의 심사를 담당하는 심사원 중위 메르스니쳴꼬가 밤에 불렀다.

"당신은 어제 왜 심이 묻는 말에 대답을 하지 않았습니까?"

나는 질문을 미리 짐작했었다.

"나는 그런 교양 없는 사람과 말하고 싶지 않았습니다. 그리고 나에게 비밀도 있습니다. 그런 사람에게 비밀을 말할 수 없었습니다."

심사원이 눈이 커지면서 물었다.

"무슨 비밀입니까?"

"꼴초브라는 사람이 어머니에게 매달 150루블리를 보냅니다. 더 이상 보탤 것이 없습니다."

"그래요? 알만 합니다. 보름이면 그 일을 알아볼 수 있습니다. 그 동안 감방에 가 있으시오."

감방 내에서 쓰는 은어가 있었다. 점심(러시아말로 오베드)을 빨란드(짠밥과 유사한 말)라고 하고 죄인들을 싣고 다니는 차를 검다고 해서 까마귀라고 불렀다. 내가 있던 감방에 정신병 환자 두 사람이 있었다. 그 중 한사람은 멍하게 앉아 있다가도 자기수염에 불을 붙였다. 그래도 뜨거운 줄 몰라했다. 다른 한 사람은 앉아서 그저 웃기만 하다가 한 곳에 눈동자를 고정시킨 채 바라보면서 말없이 앉아 있기도 했다.

감방에서는 장기를 자주 두었다. 죄인들 중에 빵을 주물러서 장기 알을 훌륭히 만드는 사람이 있었다. 장기판은 손수건에 그렸다. 그러다가 방 검열이 있게되면 몽땅 다 뺏기곤 했다. 검열이 지나면 또 장기 알을 만들었다. 나는 장기를 좋아했기 때문에 그리 심심하지 않게 시간을 보낼 수 있었다.

내가 있던 감방에는 형사범은 없었고 정치범들만 있었다. 그들이 서로 다투거나 때리는 것을 나는 못 보았다. 서로 돕고 조연하고 화목하게 지냈다. 사식이 들어와도 혼자 먹는 법이 없이 적은 것이라도 서로 나누어 먹었다. 죄수들은 옆방과 서로 연락도 잘했다. 벽에 컵을 엎어대고 신호를 했다. 단식투쟁도 가끔 했다. 우리 감방에서 한 사람이 종이와 붓을 달라고 했으나 요구를 들어주지 않자 몇 일을 굶었다. 결국 군 검사가 들어와 그의 말을 다 듣고 나서 요구에 응한 일도 있었다.

나의 심사원 메로스니첸꼬가 2주일이면 해결하겠다고 한 것이 두 달이 지나도 아무런 말이 없었다. 그 동안 나는 정말 몹시 상심했다. 아버지가 일을 하시다가 무슨 오류를 범한 것은 아닌가하는 생각 중에 어느덧 5·1절을 감옥에서 맞이했다. 큰 명절이라 한끼라도 잘 먹겠는가 해서 은근히 기다렸다. 그런데 반대로 명절 발란드가 더 못해졌다. 그것은 어쩌면 당연한 일인지도 모를 일이었다. 죄인들에게 무슨 명절이 있겠는가. 나는 바로 5월 1일 밤에 꿈을 꾸었는데 그 꿈이 아주 이상했다. 타슈켄트 감옥의 담이 갈라지면서 나의 처인 베라가 찾아왔다.

"오랫동안 여기에 있었으니 이제는 집으로 가자."

그러면서 내 손을 잡아당겼다. 깨고 보니 꿈이었다. 나는 꿈을 믿는 사람이 아니었다. 그러나 꿈이 하도 이상해서 혼자 여러 가지를 생각했다. 혹시 석방을 알려주는 꿈은 아닌가하는 생각도 들었다. 5월 8일 밤 3시에 "짐을 가지고 나오너라"는 소리가 들렸다. 죄인들에게 무슨 짐이 있겠는가. 짐을 가지고 나오라고 하니 어이없기도 했다. 호출이 나게되면 죄수들이 떠들썩했다. 새벽 호출을 받은 사람은 다른 감방으로 이동했다느니, 강제수용소로 가게 했다느니, 심지어는 총살당했다 등 말이 분분했다. 그러나 한 사람도 석방됐다는 말은 없었다. 나는 실로 두려움이 앞섰다. 감옥 앞에 나서니 '까마귀'가 벌써 나를 기다리고 있었다. 심사원 메로스니첸꼬가 안내했다. 차는 몇 분간 달리더니 창고 비슷한 길다란 단층 건물 앞에 섰다. 심사원이 나를 데리고 그 건물 안으로 들어

갔다. 건물 안 탈의실에는 수천 벌의 옷이 걸려있었다. 그것이 다 죽은 사람들의 옷이라고 생각하니 앞이 아득해졌다. 심사원이 웃는 모습으로 말했다.

"여기서 당신이 마음에 드는 옷을 골라 입으시오. 지금 입고 있는 옷을 입고 어디를 가겠소."

나는 마음에 드는 옷을 골라 입을 기분이 없었다. 아무것이나 닥치는 대로 입었다. 그랬더니 심사원이 나보고 또 말했다.

"왜 좋은 것을 골라 입지 않고 그런 것을 입으시오?"

나는 아무 대꾸도 안 했다. 심사원은 나를 비슷한 옆 건물로 데려갔다. 건물 안에 길다란 상이 있었는데, 그 상 위에 자모 표로 수천 개의 공청증이 놓여있었다. '이것이 다 총살당했거나 감옥에서 신음하는 공청원들의 맹증이구나'하고 생각하니 기가 막혔다. 맹증을 찾으라기에 나는 쉽게 맹증을 찾았다. 건물을 나오니 '까마귀'는 없었고 승용차 한대가 서 있었다. 심사원이 나를 차에 태웠다. 오분도 안 되어 우리가 탄 승용차가 공화국 내무인민위원회 건물 앞에 와 섰다. 심사원은 나를 케리고 건물 내의 국장실로 갔다. 입구에서 한참 기다리며 앉아 있으니 들어오라고 했다. 국장이 일어서서 나와 악수하고 자리에 앉으라고 했다. 국장이 말했다.

"당신이 감옥에 와 있는 것을 노여워 마시오."

그러면서 서랍을 열더니 문서철을 꺼내었다. 그 속에서 종이 한 장을 내 앞에 내놓고서 읽어보라고 했다. 나는 종이에 쓴 글을 다 읽을 생각이 없었다. 그저 누구의 수표인가를 살펴 볼 뿐이었다.

"알만합니다."

그렇게 간단히 말하면서 그 종이를 국장에게 다시 주었다.

"당신 부친이 소비에트 주권을 위해 많은 일을 하고 있는데, 늘 말없이 뒤에서 열심히 합니다."

그때서야 나는 아버지의 현재 처지를 대충 알 수 있었다. 국장에게 아버지에 관한 말을 물어보고 싶었으나 그만 두었다. 국장이 나에게 당부를 했다.

"당신이 집에 가서 이 사람들과의 불만을 말해서는 안됩니다. 그것은 당신에게 불리합니다."

"예. 알았습니다."

국장실에서 나오니 메로스니첸꼬가 기다리고 있었다. 그를 따라 널빤지로 높이 돌려 막은 곳으로 들어가니 단층 벽돌집 하나가 있었다. 그 안으로 들어가니 군인들이 있었다. 메로스니첸꼬가 한 군인에게 명령했다.

"이 분을 잘 대접하시오."

"예, 알았습니다."

군인이 깎듯이 경례를 붙이며 기착했다. 심사원이 나가면서 나에게 말했다.

"그러면 식사를 하십시오. 잠시 후에 또 오겠습니다."

취사원이 아침식사를 가져왔다. 배고픈 터라 잘 먹었다. 잠시 후 심사원이 다시 들어왔다.

"식사는 하셨습니까?"

"예. 많이 먹었습니다."

"이제 열두시가 되면 당신 부인이 당신을 데리러 옵니다. 당신이 감옥에 하도 오래 있어서 길을 못 찾을까 봐 당신 부인을 오라고 했습니다."

심사원은 소박하고 침착하고 예절 있는 사람이었다. 그도 사실은 푸른 모자를 쓴 사람이었다. 당시에 푸른 모자 쓴 사람들이 얼마나 사람을 못살게 굴든지 아이들이 울다가도 '푸른 모자 온다'고 말하면 울음을 그칠 정도였다. 열두시에 정말 베라가 왔다. 심사원이 나의 처를 보고 또 농담을 걸었다.

"똑똑히 보시오. 저 분이 당신 남편이 맞소?!"

나는 심사원과 인사를 마치고 베라를 데리고 밖으로 나왔다. 심사원이 바깥까지 나와서 우리를 전송했다. 꾸이류크로 나왔다. 거리를 걸어가는데 '극성 꼴호즈' 운전기사들이 우리를 보고는 차에 타라고 했다. 그러나 나는 듣지 않고 아내와 둘이서 집까지 걸었다. 집에 들어서니 어머니가 기다리고 있었다. 나를 포옹하고 울었다. 그래서 나는 어머니를 위안했다.

"울기는 왜 웁니까. 내가 돌아 왔는데 ⋯."

내가 감옥에서 나왔다는 말을 들은 동무들이 집으로 찾아왔다. 늦게까지 동무들과 이런저런 이야기를 나누었다. 다음 날 어머니가 나를 보고 말했다.

"네가 간 후에 우리 집에서 권총과 반동삐라가 나왔다는 헛소문을 어떤 사람이 퍼트렸다. 내가 출당 당했다가 이제 복당되었다."

"제가 다 알고 있습니다."

그것은 큰 문제가 아니었다. 더 큰 문제는 사람이 죽은 것이었다. 감옥으로 붙잡혀간 자의 식구라 해서 유치원에서 일하던 나의 처를 먼 농장으로 내보냈다. 아내의 젖을 못 먹어서 그렇게 실하던 아이가 뼈만 남았다. 때가 늦었다. 결국 굶어 죽었다. 두 살배기 딸도 잘 먹지 못하고 잘 거두지 못해 죽었던 것이다. 두 달 동안에 두 어린것을 잃어버렸다. 비극을 이겨내지 못해 베라가 병이 나서 거의 죽다가 살아났다. 하긴 그런 비극을 내 식구만 겪은 것이 아니었다. 이사온 후 한 해 동안 우리 조합에서 거의 백여 명의 아이들이 죽었다. 그럴 수밖에 없었다. 아이들이 유랑 생활을 하니 여러 가지 병에 걸려 죽었다. 그것이 이사 후 제일 큰 비극이었다. 그러나 정권 당국은 아랑곳하지 않았다. 어느 한 꼴호즈에서 돼지새끼 몇 마리 죽게 되면 꼴호즈 책임자를 불러놓고 야단을 치고 심지어는 출당까지 시켰으나, 조선 꼴호즈들에서 아이들이 떼죽음을 당해도 걱정하는 사람은 하나도 없다. 과연 격분하고 통분한 일이 아닐 수 없었다. 그러나 나는 나를 모함한 사람도 나를 구속한 소련인들도 모두 마음속으로 용서하고 있었다.

일본이 전쟁을 발발하게 되면 조선 사람들이 일본 편으로 넘어 갈 위험이 있다고 해서 조선 사람들을 강제로 중앙아시아로 몰아넣고, 또 무엇이 위험해서 조선 사람들을 대중검거를 하는지 알고도 모를 일이었다. 조선 사람들을 죄인으로 취급하고 그들에게 죄인공민증을 내준 것이 사실이 아닌가. 조선 청년들은 군복무에서 제외되고 기술대학에도 입학허가가 나오지 않고 통행범위도 제한되었다. 이보다 더 큰 모욕과 괄시가 어디에 있겠는가. 고려 청년들이 전선에 내보내 달라고 애걸했으나 소용없었다. 일부 청년들이 다른 민족의 성을 빌어 가지고 전쟁에 참가한 일도 있었다.

나는 '극성 꼴호즈'에 있으면서 주로 문화사업을 했다. 벽보도 내고 농장을 돌아다니면서 국내외 정세도 이야기하고, 특수한 조합원들에 대한 찬양도 했다. 꼴호즈에 구락부를 건설하는데 많은 힘을 썼다. 어느 한 꼴호즈 집행부 회의에서 구락부를 건설하자는 의견을 제의하자 다수 집행위원들이 내 의견에 반대했다. 꼴호즈에 돈이 없다고 했다. 그때 꼴호즈 위원장은 김병화라는 사람이었다. 그는 내가 재피거우에 있을 때부터 아는 친구였다. 그때 나는 소년단원이었고 김병화는 공청원이었다. 내가 꼴호즈에 구락부를 건설하자고 김병화에게 바득바득 졸라댔다. 그랬더니 김병화가 집행부를 소집하고 꼴호즈에 구락부를 건설하기로 결정했다. 시작이 절반이라고 한 해만에 구락부가 일어섰다. 구락부에 영화가 배치되고 도서관이 열렸다. 구락부가 문화 중심지였다. 조합원들이 저녁이면 그곳에 와서 영화도 구경하고 책과 신문을 읽었다.

1943년 8월 15일은 어머니의 환갑날이었다. 한평생 편한 날 없이 삼재팔난을 겪어온 어머니를 위해 환갑상을 차리고 동네 할머니들을 모시고 즐기자 하니 어머니가 만류하면서 말했다.

"지금 사람들이 전쟁판에서 죽어가고 너의 아버지도 안 돌아 오셨는데 내가 어떻게 편안히 앉아서 환갑상을 받겠느냐. 아예 그런 생각을 하지 마라."

"어머니의 말씀이 지당합니다."

결국 환갑날을 뒤로 미루었다. 그러다가 1945년 전쟁이 끝난 9월에
야 어머님의 환갑 상을 차리게 되었다.

평양 - 하바롭스크

1945년 8월 9일 소련이 일본에 선전포고했다. 쓰레드니 칠칙구 구역
군사동원부에서 처음으로 조선 청년들을 군복무에 불렀다. 으리 조합에
서 나, 김학천, 오기찬이 구역 군사동원부의 징병장을 받았다. 징병장을
받아 든 나의 기쁨은 두 가지였다. 하나는 조선 사람들을 군복무에 부르
니 이제는 조선 사람이 사람의 구실을 하게 됐다는 생각이었고, 또 하나
는 조선에 가게 되면 혹시 아버지를 만날 수 있을 것이라는 느낌이었다.

타슈켄트 주 각 구역에서 29명이 징병에 선발됐다. 8월 15일, 우리 일
행은 타슈켄트시를 떠나 연해주 우쑤리스크에 도착했다. 그곳에서 2~3
일간 체류하면서 연해주 군사사령부의 지시사항을 받아 군복을 입고, 어
느 한 포병부대에 편입되어 중국도시인 훈춘, 룡성, 길림, 루민을 지나
조선 땅에 들어섰다. 군용 열차가 종성 역에 와 닿았다. 종성 시 '선돌박
이'에서 내 고향인 봉산동은 지척이었다. 사람이 어찌 자신이 태어난 땅
을 잊을 수 있겠는가. 봉산동으로 들어가 보고 싶은 생각이 간절했다. 그
러나 군인이 된 몸이라 할 수 없이 봉산동 쪽을 바라만 보아야 했다.

우리가 탄 군용열차가 회령, 부령, 청진, 주을, 성진, 단천, 흥원, 흥
남, 함흥, 고원, 그밖에 많은 역들을 지나는데 우리는 시민들의 열렬한
환영을 받았다. 시민들이 조선음식을 많이 갖추어 가지고 나와서 우리
에게 먹으라고 했다. 너무나 기뻐서 우리를 포옹하고 우는 사람도 있었
다. 어린이들이 우리를 둘러싸고 웃으면서 기뻐했다. 시민들이 우리에게
이런 질문을 했다.

"러시아 사람이 아닌 사람들도 군인 복무를 할 수 있는가? 이대까지

어떻게 조선말을 잊지 않았는가? 소련에 조선학교가 있는가? 음식제도는 어떠한가?"

드디어 8월 27일 우리 군용열차가 평양역에 들어섰다. 평양 시민들이 '붉은 군대는 우리의 해방자', '붉은 군대 만세', '조선인민과 소련인민 친선 만세' 등 많은 플래카드를 들고 나와 열렬히 맞이했다.

평양에 도착하자 나는 25군단 7호 정치부에 배치됐다. 7호 정치부에서 얼마간 일하다가 평양 방송국에 가서 일하라는 정치부의 명령을 받고 완전히 파괴된 방송국에서 일을 시작했다. 소련 기술자들의 아낌없는 방조로 단기간 내에 방송시설들을 복구하고 방송을 시작했다. 해방된 조선사람의 첫 목소리가 울려 나왔다. 사람들이 자기나라 말로 전하는 새소식, 사회인사들의 연설, 노래를 듣고 퍽 반가워했다.

물론 다 그런 것은 아니었다. 방송을 악의로 대하는 사람들도 있었다. 한 번은 이런 일이 있었다. 소련군 방송원(당시 소련말 방송도 있었다) 아끼세브와 일을 끝마치고 집에 돌아오는 길에 돌팔매질을 당해 아끼세브가 경상을 입은 일이 있었다. 당시는 그런 일이 자주 있었다.

해방된 첫 해에 모란봉 경기장에서 처음으로 28주년 10월 혁명 기념 행사가 성대히 진행되었다. 나도 기념식에 참가했다. 그 날 주석단에 제25군단 사령관 치스쨔꼬브 대장, 평남인민정치위원회 위원장 조만식을 비롯한 사회인사들이 등장했다. 치스쨔꼬브 대장이 기념보고를 하고 조만식이 축하연설을 했다. 치스쨔꼬브의 보고는 전동혁이 번역했다. 기념식 주석단에는 김일성도 없었고 그의 측근자들도 없었다. 그 날 처음으로 조만식을 보았다. 그는 흰 두루마기에 흰 수건으로 머리를 지긋이 둘렀다. 키는 작은 편이었다. 이분이 조선 청년에게 널리 알려져 있다는 것을 알고 있었기에 조만식을 유심히 눈여겨보았다.

조만식은 뜻밖의 사건으로 연금되었다. 1946년 여름경이었다. 거리에는 마르크스, 레닌, 스탈린 초상화들이 걸려 있었다. 어느 날 밤에 누군가 이 초상화들에 기총 사격을 했다. 그 사실을 둘러싸고 말썽이 많았다. 그러다가 그것은 조만식이 조직한 것이라고 어느 한사람이 결론을 내렸다. 조만식을 팽 시키기 위한 모함이었다. 그러자 하루바삐 조만식을 재판도 없이 '고려 호텔'에 가두었다. 그리고 그를 엄격히 감시했다. 그런 뒤 6·25전쟁이 시작됐다. 후퇴시기에 조만식을 재판도 없이 총살했다. 이 엄청난 진실을 아는 사람은 거의 없다. 출판물이 이에 대한 사실을 싣지 않고 방송은 침묵을 지켜야 했다. 북조선에서 이런 엄중한 사실들을 깔아뭉개는 것이 상례로 됐었다. 그러나 때가오면 이 범죄적 만행들이 표면에 나타날 것이라고 나는 굳게 믿는다.

여하튼 당시 평양시와 북조선의 각 도시들과 마을에는 조소친선을 내용으로 한 표어와 구호들이 굉장히 많이 나붙어 있었다. 마르크스, 엥겔스, 레닌, 스탈린 초상화들도 걸려 있었다. 매년 8·15해방 기념행사가 진행되었는데 그 기념행사에 김일성이 빠진 적이 없었다. 김일성 자신이 '조소친선은 불멸'이라고 외쳤다. 1947년 1~2월에 평양시에서 도, 시, 군 인민위원회 대회가 진행됐다. 이 대회에서 스탈린 대원수에게 보내는 감사문이 채택됐다. 그 감사문의 첫 머리는 이랬다.

"평화와 안전을 갈망하는 전 인류의 태양이시고 불의와 침략에 빠져 무명 속에서 헤매는 인민을 광명의 세계로 오르게 한 희세의 후원자 스탈린이시여!"

김일성이 이 대회에서 목청껏 강조했다.

"오늘 북조선 인민들의 민주주의적 발전에 있어서 소련의 방조가 컸다는 것을 우리는 잊어서는 안 된다!"

김일성은 소련에 대한 찬사를 아끼지 않았다. 그런데 개구리가 올챙잇적 생각은 못한다는 격으로 김일성은 얼마 전에 자신이 했던 말을 다 까먹고 엉뚱한 소리를 하기 시작했다. 1956년 8월 당 전원회의가 있은 후 소련에 대한 김일성의 태도가 180도로 돌변했다. 반소 경향이 노골적으로 표현에 나타나기 시작했다. 여기에는 그럴만한 이유가 있었다. 소련에서 1953년에 독재자 스탈린이 죽고 흐루시초프가 정권을 장악했다. 흐루시초프가 정권을 잡은 첫 날부터 스탈린의 만행을 낱낱이 폭로하기 시작했다. 이에 겁을 뒤집어 먹은 김일성은 모택동을 등에 지고 소위 '사상검토'라는 표명 하에 소련, 연안, 남조선에서 온 유능한 많은 간부들을 죽이고 가두고 정배살이를 보내고 외국으로 축출하기 시작했다. 김일성은 소년단, 공청에서 자라서 입당한 당원들을 설득하기 어려우리라는 것을 깨닫고 아주 묘한 술책과 방법으로 소련에서 온 간부들을 숙청했다. 허가이를 암살한 사건이 이에 대한 실례의 하나다.

김일성이 한번은 김책대학 총장 유성훈에게 말을 건네었다.

"유성훈 동무, 허가이 묘에 비석을 세우는 것이 어떻소?"

고지식했던 유성훈이 자신의 감정을 감추지 않고 간단히 말했다.

"그것이 좋겠습니다."

그 후 유성훈은 김대 총장에서 쫓겨났다. 소위 국가를 다스린다는 사람이 이렇게 비겁한 방법으로 사람을 잡을 수 있겠는가. 이것은 홍길동전의 홍성관 애첩이 홍길동을 암해하기 위하여 꾸며낸 추악하고 악랄한 행동을 떠올리게 했다. '사상검토'에 대한 이야기는 앞으로 계속하기로 하고 6·25전에 대해 잠깐 말하겠다.

6·25전쟁은 누가 먼저 시작했는가하는 문제에 대하여 사회주의 나라들의 많은 군사 전문가들, 법학자들 그 밖의 권위 있는 인사들이 남한의 북침설을 증명했었다. 나는 군인이 아니다. 그래서 이 문제에 대해 언급하지 않고 6·25 당시에 우리 방송 일군들이 어떻게 일했는가에 대해서 좀 자세히 말하려고 한다.

북조선 방송이 6·25전쟁을 앞두고 리승만 군대가 전쟁을 준비하고 있고, 인민군대가 38선을 넘어 들어오는 리승만 군대에 반격을 가하고 있다는 보도를 매시간마다 전했다. 6·25전쟁이 발발되기 3일 전에 중앙당 선전부장 박창옥이 나를 불렀다. 박창옥 선전부장은 엄한 목소리로 지시를 내렸다.

"내 말을 자세히 들으시오. 이제 사흘 후에 무슨 사변이 있을 것이오.

동무는 직장에 돌아가서 주야로 작업을 조직하고 우수한 방송원들을 어디로도 보내지 마오. 이것은 동무만 알고 있어야 하오. 누구와도 말하지 마시오."

나는 부장실에서 나온 후 직장으로 돌아 와서 24시간 당번제를 조직하고 일곱 명의 방송원들 모두를 어디로도 보내지 않고 있었다. 아니나 다를까 선전부장의 말이 틀림없었다. 6·25일 아침 다섯시에 중앙당에서 나에게 밀봉한 봉투를 가져다주었다. 동시에 "아침 여섯시가 되면 개봉하고 방송하라"는 지시가 있었다. 여섯시가 되자 방송실 마이크 앞에서 봉투를 열고 적혀 있는 그대로 읽었다.

"오늘 아침 다섯시에 리승만 군대가 우리 국경을 침범했다. 북조선 인민군이 반격을 가하고 있다."

그때 평양방송은 매시간마다 이 보도를 전했다. 김일성은 전쟁이 시작된 이튿날 직접 방송 연설을 했다.

"괴뢰정부를 타도하고 남반부를 해방시키고 조선민주주의 인민공화국의 기치 하에 위대한 통일을 끌어내자!"

지금 와서 생각하면 중앙당 선전부장이 사흘 후에 전쟁이 시작된다는 것을 어떻게 미리 알았는지 가히 알만한 일이다. 전쟁을 먼저 시작한 자들이 아니고서는 이런 말을 할 수 없다는 것이 너무나 뻔한 사실이다. 사흘 후에 인민군이 서울을 점령했다. 그 소식을 매시간 마다 되풀이했다. 그러나 기쁨이 오래 가지는 못했다.

10월 20일 평양이 함락됐다. 바로 전날까지 방송일꾼들은 평양을 떠나지 않았다. 선전성이나 다른 성들은 이미 평양에서 후퇴했다. 그러나 우리는 후퇴하라는 중앙당의 지시가 없었다. 밤 11시가 돼서 중앙당에서 허가이가 전화를 걸어왔다.

"당신 정신이 있소? 오늘밤으로 직원들을 데리고 당장 떠나시오. 짐차 두 대를 보내겠오."

그래서 나는 급히 회의를 소집하고 떠날 준비를 했다. 방송원들 중 여성들을 짐차에 태우고 아주 필요한 기자재를 싣고 평양을 떠났다. 멀리서 포성이 들렸다. 순천과 개천 사이에 개고개가 있었다. 이 고개는 고지가 높아서 짐차가 겨우 올라갈 수 있을지 모를 정도로 가팔랐다. 때로는 사람들이 짐차를 밀면서 이 고개를 넘어야 했다. 희천에 다다르니 날이 밝아왔다. 더 갈 수 없었다. 적기들이 길을 지키고 있었다. 밤에는 상공에 초롱을 걸고 도로를 살피는 일도 있었다. 희천에서 차를 가장하고 어두워지길 기다리는데 적기가 우리 차를 발견하고 기총 사격을 했다. 그 결과 짐차 두 대가 전소됐다. 기자재가 다 타버려서 몹시 안타까웠다. 그 곳에서부터는 걸었다. 다리가 아프고 배도 고팠다. 가다가 콩밭을 만나게 되면 생콩을 먹기도 했다. 한 곳에 도착하니 산밑에 작은 마을이 있었다. 직원들이 나에게 부탁하듯 말을 건넸다.

"위원장 동지. 저 마을에 들러봅시다. 혹시나 먹을 것이 있을는지 모릅니다."

배고프기는 직원이나 나나 피차일반이었다. 나도 호기심을 가지고 말했다.

"좋소. 여기 들어가 좀 쉽시다."

어느 집에 들어가니 주인은 없고 돼지 굴에 검은 돼지 한 마리가 있었다. 한 직원이 나에게 돼지를 잡자고 권유했다.

"위원장 동지. 저 돼지를 잡읍시다."

"그래서는 안 되오. 주인의 허가도 없이 어찌 남의 물건에 손을 댄단 말이오. 배고프지만 조금 참으시오."

나는 타이르듯 직원을 나무랐다. 조금 있으니 또 한 직원이 돼지를 잡자고 나를 졸라댄다. 그래서 내가 '저 돼지가 폭격에 죽는 것보다 배고픈 사람들이 잡아먹는 것이 낫지 않을까'하는 생각을 하고는 직원에게 지시를 내렸다.

"그러면 당신들 소원대로 하시오."

다들 좋아라하고 직원들이 손을 걷고 재빨리 잡아서 솥에 넣고 끓였다. 황혼이 짙어지면서 주인이 돌아왔다. 다들 당황해 했다. 나는 주인에게 겸연쩍은 모습으로 사과를 했다.

"주인이 없는데 도적 행세를 해서 안됐습니다."

주인이 뜻밖에 선선히 우리의 사정을 알았다.

"원 … 천만의 말씀입니다. 돼지 잡기를 잘했습니다. 먹일 것도 없거니와 폭격에 없어질 수도 있습니다."

주인은 우리가 배고픈 줄 이미 짐작했던 모양이었다. 주인이 옆방으로 들어가더니 좁쌀을 내다 주면서 밥을 지으라고 했다. 직원들이 얼씨구나 좋아서 주인이 주는 쌀을 반갑게 받아 가지고 밥을 지었다. 고기와 밥을 퍼 놓고 배고프던 김에 잘 먹었다. 그 집에서 한숨 자고 푸름해서 길을 떠났다. 집에서 나오면서 주인에게 돈을 건넸다.

"적지만 고기값을 받으시오."

"그게 무슨 말씀이요. 나도 같이 먹었는데 그리고 반체를 내놓았는데 …."

주인은 사양을 했지만 억지로 손에 돈을 건네어 주었다. 일행이 자강도에서 그리 멀지 않은 별하에 도착했을 때, 불의에 적기 한대가 폭탄을 내리 던졌다. 우리는 길가에 있는 초가집에 들어가 몸을 감추었다. 공교롭게도 그 집이 폭탄의 영향을 받아 무너졌다. 적기가 간 후 직원들이 무너진 집 속에서 나왔다. 그런데 경리부장이 파편에 팔을 상했다. 가제 붕대가 없어서 고의(남자의 여름 홑바지 - 편집자)를 찢어서 상처를 싸맸다.

별하를 떠나 한참 가노라니 개천이 보였다. 직원들이 목욕하자고 해서 그러라고 했다. 전쟁시라 목욕도 제때에 못하고 내의도 못 갈아입어서 몸에서 이들이 득실거렸다. 그래서 모두가 내의를 벗어 돌에 대고 두들겼다. 이가 죽으라고 이런 유쾌한 놀음을 한참 하는데 난데없이 적기 두 대가 우리를 발견하고 내리쏘았다. 저마다 풀숲에 들어가 몸을 피했다. 탄환보다 탄환 파편 조각들이 더 무서웠다. 다행히 부상자는 없었고 우리는 구사일생으로 거의 일주일만에 자강도에 도착했다. 자강도에는 지방 방송국이 있었다. 그러나 출력이 약해서 원거리에서는 듣지 못했다.

한 번은 자강도에서 전 직원이 몰살할 뻔했다. 어느 날 점심시간이 되어 취사실로 모여오는데 'B-29' 2대가 날아왔다. 올려다보니 우리를 폭격하려는 것이었다. 빨리 방공호로 들어가라고 내가 소리쳤다. 방공호에 들어서자마자 폭음이 귀를 째는 듯 했다. 좀 잠잠해지고서 방공호 속에서 나와보니 식당이 직격탄에 맞아 온데 간데 없었다. 그때 적기들이 조금만 늦게 날아들었다면 직원들이 점심을 먹다가 몰살했을 것이다. 지금에 와서도 그때 일을 생각하면 몸에 소름이 돋는다.

또 하루는 'B-29' 3대가 자강도에 휘발유를 내려 뿌리고 불을 붙였다. 자강도가 거의 반이 타버렸다. 그런 일이 있은 후 자강도에 더 있을 수 없어서 만포로 이동했다. 그 곳에서 임시로 방송국을 설치하고 방송을 했다. 그런데 시월쯤이었다. 적기 두 대가 날아와서 자강도에서처럼 만포에도 불을 질렀다. 그 날 병원에 있던 환자들이 병실에서 미처 나오지 못해 모두 불에 타 죽은 일이 있었다. 시민들도 적지 않게 죽었다. 임시로 설치했던 방송국도 소각됐다. 그래서 내가 방송원 몇 명과 기술자 몇 명을 데리고 만포에서 거의 40리나 되는 고산진을 왕래하면서 방송했다. 고산진에는 군대 방송국이 있었다. 고산진은 중국이 지척이라서인지 김일성이 가족들을 데리고 여기로 피신해 있었다.

1951년 5월에 방송위원회 전원이 만포를 떠나 선봉으로 평양에 들어갔다. 거리는 텅텅 비었고, 아직 건물들이 타고 있었고 연기가 자욱했다. 전쟁의 불길이 방금 꺼진 것 같았다. 발붙일 곳이 없었다. 상임위원회 방공호가 비어 있었다. 그 속에서 인민군이 후퇴할 때 사람들을 총살했다 하였다. 정말 피 흔적이 남아있었다. 그러나 이런 것 저런 것을 가릴 때가 아니었다. 직원들이 방공호를 닦아내고 그 곳에서 자고 먹고 하면서 일에 착수했다. 제일 급한 문제가 음료수, 전기, 식량문제였다. 그 문제들도 점차적으로 이럭저럭 풀리었다.

미군과 리승만 군대가 버리고 간 통조림, 사탕, 기름, 가루우유 그밖에 식료품들을 모아 들였다. 바쁜 대로 먹고 살 수 있었다. 처음에는 식료품에 독약을 섞었는가 해서 먹기가 눈치 보였다. 다행히 그런 것은 없었다. 차차 민주국가들에서 원조 물자가 들어오기 시작했다. 먹고사는 문제가 바쁜 고개를 넘었다.

각 성·국들이 평양에 들어왔다. 거리가 좀 활기를 띠기 시작했다. 수도가 복구되고 상점들이 열렸다. 학교, 병원들이 문을 열었다. 그러나 폭격이 심해서 사람들이 폭격 속에서 살아야 했다. 그것도 습관화되니깐 살 수 있었다. 이때 벌써 모란봉 지하극장이 건설되고 방공호를 팠다. 방송국이 모란봉 방공호로 이동했다. 좀 안전한 곳에서 방송을 할 수 있었다. 적기들이 매일같이 모란봉을 폭격했다. 동경방송이 빨갱이 방송이 더는 없다고 수차 전하였다. 그러나 우리 방송이 정지되는 날은 없었다.

조선노동당중앙위원회가 1951년 8월 15일을 대대적으로 기념하기로 했다. 중앙당 지시에 따라 각종 예술단, 무용단, 체육단, 학생들이 기념 준비를 밤낮 없이 했다. 방송위원회가 이 다채로운 문예프로를 매시마다 방송했다. 어느 날 어느 시에 어디서 어떤 예술단이 출연했다는 것까지 방송했다. 그런데 전쟁시에 중앙당 지시에 의해 일기예보가 금지됐다. 일기예보를 듣고 적기들이 폭격하려 온다는 것이다. 이것은 우습기 짝이 없는 일이었다. 적기가 평양의 일기를 모를 리 없었다. 어쨌든 8·15를 앞두고 방송이 자세한 예술프로를 전하는 것이 좀 의문 나서 선전부장을 찾아가 8·15 예술프로를 계속해도 좋겠는가 하고 물었다.

"그냥 계속하시오. 무서울 것 없소. 중앙당 지시오."

분명히 그렇게 말했다. 내가 속으로 '아무 공중 방위도 없이 무엇을 믿고 저런 대담한 소리를 하는가'하고 생각했다. 그러나 중앙당에서 왜 그런 지시가 내려 왔는지 금세 알 수 있었다. 2차 대전 당시 스탈린이 모스크바시에서 굉장한 기념행사를 펼쳤다. 크레믈린 주석단에 스탈린을 비롯한 당 국가 지도자들이 등단했다. 그때 모스크바 상공 방위가 잘되어 있었다. 적기들이 함부로 날아들지 못했었다. 아마 김일성은 그것을 알고 자기도 한번 전쟁시기에 8·15를 기념하면서 대담성을 한번 자랑해보겠다는 허욕에서 나온 것이 틀림없었다.

8월 14일에 전쟁 개시 후 제일 큰 폭격이 있었다. 적기 'B-29' 180대가 동원되었다고 했다. 마침 그 날은 흐린 날씨였다. 폭격이 거의 세시간이나 계속됐다. 이날 인구 밀접 지역인 서평양이 제일 큰 손실을 당했다. 집들이 거의 다 파괴되고 많은 시민들이 죽었다. 낮에 큰 폭격이 있었으니 밤에는 없으려니 생각하고 사람들이 안심하고 집에 있었다. 그런데 낮 폭격에 못지않은 큰 야간폭격이 있었다. 이 폭격에 사람들이 떼죽음을 당했다. 자동차를 들이대고 시체를 실어냈다. 얼마나 죽었는지 모른다. 더 큰 비극이 없다. 지금도 그때 사람들의 울음소리가 내 귀에 쟁쟁하다. 김일성을 비롯한 당시 지도자들이 8·15를 앞두고 적기들의 폭격이 심하리라는 것을 예견하고 사람들을 미리 피신시켰다면 많은 사람들의 생명을 구했을 것이다.

전쟁은 사람의 양심과 심리를 알 수 있는 나침반이라고 할 수 있다. 평화시기에 그렇게 좋던 사람들이 정작 전쟁이 시작되니 친구고 뭐고 다 잊어버리고 제 살아날 구멍만 파는 사람들을 나는 보았다. 후퇴시기 내 식구들이 아직 평양에 있는 것을 뻔히 알면서도 나보고 식구를 빨리 피난 조치시키라는 친구가 하나도 없었다.

10월 10일이라고 생각된다. 늦게까지 사무실에서 일하는데 허가이가 전화로 물어왔다.

"남 동무. 식구들을 보냈소?"

"아직 식구들을 보내라는 상부의 지시를 못 받았습니다."

허가이는 기가 막히다는 듯 말했다.

"내일 저녁에 서평양 역에서 중앙당 문건을 실은 기차가 떠나오. 그 기차에 식구들을 자강도로 보내시오."

그 당시에 기차가 낮에는 못 다니고 밤에만 다녔다. 식구를 기차에 실어 보낸다는 것이 아주 위험한 일인 줄 알면서도 할 수 없이 보내야 했다. 이튿날 저녁에 짐을 대강 꾸려 가지고 식구들을 데리고 서평양 역으로 나왔다. 화물열차가 서 있었다. 그 기차에는 사람이라곤 우리 식구들밖에 없었다. 내가 역장에게 물었다.

"이 차에 식구를 보내도 좋겠습니까?"

역장은 고개를 끄덕이며 말했다.

"그런 지시를 받았습니다. 빨리 태우시오.".

밤이 퍽 늦었는데 기차가 떠나지 않았다.

"왜 기차가 안 떠납니까?"

역장에게 따지듯 물었다.

"지금 당장 떠납니다. 집에 가시지요."

역장이 대답했다. 나는 그 말을 믿고 안심하고 집에 왔다. 뒷날에 알게 되었지만 그 날밤에 기차는 떠나지 않았다. 새벽녘에야 떠났는데 평양서 멀지 않은 룡성터널에 기차를 세웠다고 한다. 왜냐하면 그 날 열두시쯤 'B-29'가 와서 터널을 폭격했는데 적기들이 룡성터널이 두터운 줄알고 터널의 좌우편에만 폭탄을 내리 부었다는 것이다. 사실 룡성터널은 두께가 4미터밖에 안 된다. 만약 그 날 적기들이 터널 복판을 폭격했다면 우리 식구들이 전멸했을 것이다. 그때 서평양 역에 잠입한 미국간첩이 역장과 짜고 기차의 출발을 고의적으로 지연시킨 후 동이 트자 기차를 출발시켜 룡성터널에 몰아 넣은 것이었다. 그 날 저녁에 늦게 사무실에 앉아 있는데 계획위원장인 정준택에게서 전화가 왔다.

"위원장 동지. 식구들이 룡성 굴속에 있습니다. 빨리 데리러 가시오."

그때 나에게는 차가 없었고 다른 사람의 차도 빌릴 수 없었다. 나는 걸어서 룡성터널을 찾아갔다. 밤중이었다. 내가 굴속에 들어가니 아이들이 그때까지도 정신을 차리지 못하고 이불 속에 파묻혀 있었다. 그래서 이부자리, 손가방 등 일체 소지품을 굴속에 몽땅 내버리고 식구들만 데리고 평양으로 돌아왔다. 식구들은 평양에 3일간 더 있다가 조영철의 차편에 자강도로 보냈으나 거기도 안전을 보장할 수 없어 나는 식구들을 하얼빈으로 보냈다. 하얼빈에서 1949년 9월에 평양에서 태어난 셋째 아들 오빠가 병에 걸려 생명이 위험하게 되었다. 중국의사가 아이의 생명을 구했으나 결국 나는 그 은혜를 갚지 못했다.

알몸이 된 식구들은 하얼빈에 가서 중국정부의 신세를 지고 살다가 정권이 안정된 후 평양에 다시 돌아왔다. 식구가 하얼빈에서 오기는 했으나 평양이 살풍경이었다. 발붙일 곳이 없었다. 사정이 딱하게 되었다. 그래도 인간세상이니 어딘가는 살 곳이 있겠지 하는 생각으로 모란봉 방공호 주위를 다 돌아다니며 살피다가 결국 폭격에 벽만 남은 집 하나를 발견했다. 그 집을 대강수리하고 식구들을 살게 했다. 그 집에서 약 1년이나 고생스레 살다가 해방산 기슭에 2층 간부들 주택이 건설되자 거기로 이사했다. 주택은 비교적 현대적이었다. 난방장치, 목욕탕, 수도 그밖에 편의시설이 갖추어져 있었다. 그런 대로 살 수 있었다. 하루는 베라가 나보고 말했다.

"이제는 정전도 되고 살만한 집도 있으니 우리 어머니를 모셔옵시다."

그렇게 하자며 베라를 우즈베키스탄으로 보냈다. 그때 어머니는 '극성조합'에서 맏딸과 같이 살고 있었다. 그런데 출국수속이 잘되지 않아 베라가 극성 꼴호즈에서 며칠 더 묵게 되었다. 그러니깐 어머니가 베라에게 야단치듯 말했다.

"나는 못 가도 일 없다. 병든 사람(내가 그때 몸에 병이 나서 입원중이었다)을 두고 와서 이렇게 오래 있어서 되겠느냐. 빨리 집으로 가거라."

베라가 속히 집으로 가라고 어머니는 수면제를 과음하고 세상을 떠났다. 이것은 참으로 비극이었다. 자식에 대한 어머니의 사랑은 무궁무진

한 것이었다. 나는 평양의 그 집에서 소련으로 다시 올 때까지 살았다.

우리 집 곁에 기석복, 전동혁, 허익 그밖에 여러 동무들이 살았다. 일요일이면 동무들이 우리 집에 와서 주패(트럼프와 비슷한 노름)와 장기놀이를 하며 지냈다. 점심도 우리 집에서 먹었다. 내가 소련으로 온 후에 김단(김책 비서)이 하바롭스크에 와서 우리 집에 얼마동안 있었다. 김단이 옛날을 기억하면서 말했다.

"봉식 아우. 우리 그때 일요일이면 봉식의 집에서 모두 모여 놀지 않았소. 그때 우리가 놀면서 여러 가지 이야기를 하지 않았소. 그런데 누가 우리가 한 이야기를 하나도 빼놓지 않고 평양안전국에 가서 다 일러바치었다오. 봉식 아우도 알다시피 그때 소련서 온 동무들 밖에 없었는데 아마 우리 속에 고자질하는 놈이 있었던 모양이오. 그리고 안전부 놈들이 봉식 아우의 집을 반동소굴이라고 했다오. 봉식 아우는 여기로 오길 잘했소. 안 왔더라면 놈들의 밥이 될 뻔했소."

그래서 내가 그의 말에 이렇게 대답했다.

"돼지 눈으로 보면 세상만물이 다 돼지처럼 보인다오. 반동 놈들의 눈으로 보면 세상 사람들이 다 반동처럼 되며 보이는 것이오."

1957년 1월 10일에 평양에서 시 당 열성자 대회가 소집됐다. 이 대회에서 박창옥, 기석복, 전동혁의 반당종파 행위에 관한 문제를 취급했다. 나도 대회에 참석했다. 대회 삼일 전에 시 당에서 한사람이 나를 찾아와서 하는 말이 어이없었다.

"이번 시 당 열성자 대회에서 위원장 동지가 토론을 맡게 되었습니다."

나는 토론을 거절했다.

"그 사람들의 반당종파 행위를 모르고 어떻게 내가 토론한단 말이요. 그리고 누가 시키는 토론은 하고 싶지 않소."

대회는 거의 다섯시간 동안 진행됐다. 보고자와 토론자들이 입에 거품을 물고 박창옥, 기석복, 전동혁에 대하여 있지도 않은 새빨간 거짓말을 늘어놓았다. 예를 들면, 전동혁이 한설야와 같이 인도를 갔을 때 전동혁이 한설야를 죽이자고 인도의 한 좁은 골목으로 끌고 들어갔다고 하는 것들이었다. 이에서 더한 거짓말이 더 있겠는가?! 특히 안막이 주장하는 토론이 걸작이었다. 그는 토론을 하면서 김일성 만세를 세 차례나 외쳤다. 군중이 기립해서 김일성 만세를 불렀다. 듣기가 아차아차했다. 나는 속으로 '사람의 허물을 쓰고서 어떻게 자기의 양심을 팔아먹을까. 이에서 더 철면피한 일은 없을 것이다'라고 생각했다. 그런데 알 수 없는 것은 박창옥, 기석복, 전동혁이 반박하지 않는 것이었다. 사람이 정의를 위해 죽을지언정 항복은 하지 말아야 할 것이 아닌가! 대회가 끝난 저녁에 내가 전동혁을 찾아갔다. 내가 전동혁에게 따졌다.

"여보시오 동혁이! 한설야와 같이 인도로 갔을 때 한설야를 죽이자고 좁은 골목으로 끌고 들어갔다는 것이 사실이오?"

전동혁이 어이없는 웃음을 지으며 말했다.

"내가 뭔 속이 달아서 한설야를 죽인단 말이오. 그 사람들이 꾸며낸 말이오."

"그러면 왜 반박을 못했소?"

"반박해야 쓸 데 있소? 자루 쥔 놈이 이기는 법이요."

그는 퉁명스레 더 이상 왈가왈부하기 싫다는 표정으로 말했다. 나는 기석복을 보고도 이런 항의 비슷한 말을 했다. 그러니까 기석복이 나를 가르치듯 말했다.

"봉식이. 당신이 당해보지 못했으니까 하는 말이오. 정작 당해 보시오."

"석복이. 사람을 잘못 알았소. 나는 겁장이가 아니오. 잘못이 없는 이상 그 누구 앞에 굴할 생각이 없소."

나는 단호히 말했다. 나는 기석복에게서 이런 말도 들었다.

"나는 그 날 너무나 격분하고 원통해서 대동강에 나가 빠져 죽을 생각까지 했소."

나는 그것은 잘못된 생각이라는 것이라며 타일렀다.

"그것은 비겁한 생각이오. 당신이 죽는다고 하면 그 사람들이 기뻐할 지언정 눈물을 흘릴 줄이나 아시오? 반동종파분자 한 놈이 없어졌다고 오히려 좋아할 것이오."

이 대회에서 박창옥의 친구 중 한사람인 이문일의 토론은 괘씸하기 짝이 없었다. 이문일은 김일성 일당들에게 잘 보이려고 박창옥을 모함하는 비열하고 비양심적인 발언을 했다.

"저 박창옥이는 내가 '정로신문' 주필로 있을 때, 나를 찾아와서 돈 비럭질하기에 내게 돈이 없다고 하니 이렇게 큰 신문사에 그만한 돈이 없겠는가 하기에 나는 신문사 돈은 줄 수 없다고 했다."

이것은 보신지책에서 더 넘지 못하는 말이다. 박창옥은 다른 것은 몰라도 돈에 대한 문제에 있어서는 아주 청렴한 사람이었다. 박창옥은 장기간 최고 간부직위에서 일했는데도 그의 집에 들어 가 보면 긴 막대를 휘둘러도 거칠 것 하나 없었다. 이런 실례도 있었다. 박창옥이 퇴직해서 우리 집 밑에 와 살았다. 하루는 박창옥의 부인이 손가방 하나를 들고 올라와서 이 가방을 맡길테니 보관해달라고 했다.

"가방 안에 별 것이 없습니다. 딸이 시집갈 때 주려고 가지고 있던 헝겊들이 있습니다."

박창옥은 그 정도로 청빈한 사람이었던 것이다. 그와 반대로 최창익 같은 사람은 현직에서 쫓겨 다른 곳으로 이사할 때 짐이 세 차나 됐다고 했다.

북한의 고질적인 문제인 '사상검토'에 대해 요약해서 말하겠다. 북조선 사업하던 소련출신 조선인 간부였다면 사상검토의 그물에 안 걸려 본 사람은 하나도 없다. 이 악명 높은 사상검토에 대해 직접 사상검토의 쓴맛을 맛본 나의 동지들이 잡지와 신문들에 많은 글을 썼다. 그래서 이 문제를 구태여 말하지 않아도 좋을 것 같다. 그러나 사상검토의 형식이

다양하다. 그래서 내가 당한 사상검토를 추려서 메모하여 보기로 했다.

사상검토를 받기 전에, 나 몰래 중앙당에서 온 두 사람이 방송원고들을 들추며 나의 운전기사를 문초했다. 그리고 직원들과 연속으로 담화하고 토론을 준비하는 등 여러 가지를 면밀히 조사했다. 나는 그런 행위들을 미리 알 수 있었다. 한번은 나의 운전기사가 나에게 나직하게 말했다.

"위원장동지. 당에서 오신 분들이 위원장동지의 신분을 나에게 상세히 물어봅디다. 아마 사상검토가 시작될 모양입니다."

"걱정 마시오. 내가 이미 다 알고 있소."

그때 책임자 운전기사들은 안전부와 연락을 가지고 있었다. 그러기에 운전기사와 함부로 말할 수 없었다. 사실 나는 사상검토가 언제 시작되는가해서 고민하고 있었다. 1957년 2월 27일 드디어 방송위원회 초급당 총회가 열렸다. 총회에는 중앙당에서 지도원 김중기가 참가하고 회의의 중요성과 긴장성을 강조하기 위해 김일성의 동생인 김영주가 참가했다. 김영주는 권위의식을 보여주기 위하여 항상 모임에는 5~10분 정도 늦게 나타나는 행동을 취했다. 김영주가 오게 되면 모두 기립해야 했다. 초급 당비서가 김영주를 주석단으로 안내했다. 그러나 김영주는 그것을 사양하고 어느 때나 뒷좌석에 앉아 있기를 즐겨했다. 김영주는 나의 사상검토 모임에서 자리 이석 없이 끝까지 들었다. 또 어찌된 일인지 단 한번의 발언도 하지 않았다. 초급 당비서가 오늘 당 총회는 비공개 당 총회라면서 회의 의정을 발표했다.

"우리 당 총회에서 해결할 문제는 남봉식 동무의-늘상 동지라고 부르던 것이 동지라고 안하고 동무라고 칭했다. 북조선에서는 하급 사람을 어느 때나 동무라고 하고 하급사람들은 상부사람을 동지라고 했다-사업 작풍에 대한 문제하나 뿐이다."

그러면서 중앙당에서 온 당 지도원 김중기에게 발언권을 주었다. 김중기는 거의 40분이나 장황한 연설을 했다. 그의 연설내용을 요약하면 다음과 같다.

"남봉식은 장기간 조선중앙방송위원회 책임자로 있으면서 노동당원으로 용납 못할 엄중한 반당적 · 반인민적 죄행을 범했다. 사실은 이렇다. 남봉식은 고의적으로 한 기자가 쓴 방송기사에서 우리의 위대하신 김일성 수상님 명함을 네 군데나 지워버렸다. 1957년 1월 10일에 평양시에서 열린 시 당 열성자 대회에서 토론하라는 시 당의 지시를 거절했다. 전쟁시기에 남봉식의 운전기사가 그의 차를 타고 남조선으로 도망쳤다. 백인준이 쓴 '미국이여 낯을 붉혀라'라는 시를 방송 안 했다. 전쟁시에 당과 협의도 안하고 직원들에게 강제로 남새밭을 다루게 했다. 폭격이 심한데 그것은 아주 위험한 일이다. 이 밖에도 남봉식이 범한 비당적 행위가 많다."

방송위원회 초급 당비서도 긴 보고를 했다. 그러나 그의 보고는 중앙당 지도원이 열거한 내용을 되풀이 한 것 외에 별다른 것은 없었다. 또 더 있을래야 있을 수도 없었다. 이상 문제들 중에서 제일 중요한 문제는 김일성의 이름을 지워버렸다는 것이었다. 이 문제는 이후 여러 기관에서 두 달 이상이나 나를 못살게 굴게 되는 단서가 되는 것이었다. 토론이 시작되었다. 제 마음대로 토론하는 것이 아니라 이미 작성된 명목에 따라 토론자들이 당에서 검열 받은 종이쪽지에 적은 것을 낭독할 따름이었다. 그러기에 토론자들의 내용이 비슷했다. 그들의 토론을 종합하면 이렇다.

"남봉식은 반당적 · 반인민적 분자다. 이런 자를 우리 당에 둘 수 없다. 한시 바삐 당에서 쫓아내야 했다. 그래야 우리 당이 강하고 현명하게 될 것이다. 당은 앞으로도 남봉식과 같은 분자들과 적극 싸울 것이다."

토론에 십여 명이 참가했는데 나를 당에서 몰아내야 한다는 것뿐이고 당에 남겨두자는 토론자는 없었다. 가히 알만한 일이었다. 이상에서 말한 바와 같이 암탉이 병아리 까듯 당에서 까낸 것이기 때문이었다. 이후

매 회의마다 나보고 자기비판을 하라는 것이었다. 자기비판만 양심적으로 하면 당에서 용서를 받을 수 있다는 것이었다. 당 총회의 목적은 '내가 반당행위와 반인민적 행위를 감행했다. 앞으로는 이런 일이 반복될 수 없으니 나를 용서해 주십시오.'하며 당 회의에 무릎을 꿇고 자백하라는데 있었다. 그것은 과연 천인공노할 노릇이며 어리석기 짝이 없는 일이었다. 반당적, 반인민적 행위를 감행한 일이 없는데 내가 무슨 자백을 한단 말인가. 그들은 회의를 질질 끌고 나를 못 견디게 군다면 결국 자백할 것이라고 생각한 모양이었다. 나는 겁쟁이가 아니며 비굴한 자도 아니었다. 당 회의 진행 중에 세 번이나 당 회의에서 나를 밖으로 쫓아냈다. 내가 회의석에 있으면 당원들이 어려워서 말을 못한다는 것이었다. 때로 나는 속으로 이렇게 생각했다.

'당원의 개별적 문제를 해결하는데 본인을 당 회의에서 쫓아내는 것은 당 규약에 위반되지 않는가. 이것은 당 회의가 아니라 일본헌병대다'

당 회의 진행 도중 내가 두 번이나 중앙당 간부부장 리효순 동지를 만나 조언을 구했다.

"저들이 지금 나를 인위적으로 반당적·반인민적 분자로 만들려고 합니다. 이 억울한 일을 어떻게 하면 좋겠습니까?"

리효순 동지는 묵묵히 있는 것이 좋겠다며 말했다.

"지금이 … 때가 그런 때요. 숙청하기 위해 몸부림을 치는 형국이오. 그러니 꾹 참고 있으시오. 동무를 당에서 출당은 못 할거요."

문화선전성 허정숙 상에게도 찾아가서 이런 조언을 부탁했다. 허정숙 상도 리효순 동지와 유사한 말을 했다. 그러나 그 당시에 리효순이나 허정숙이 '남봉식의 사상검토를 정지하시오'라며 회의 정지를 요구할 수는 없었다. 이런 말을 할 수 있는 사람은 오직 김일성뿐이었다. 하여튼 그러한 사상검토 과정에서 북한의 가장 충실하고 양심 있고 지혜 높은 애국지사, 사회인사, 학자, 작가, 시인, 작곡가, 예술인들이 애매하게 숙청되었다.

　　회의 마지막 날 의장이 나에게 발언권을 주면서 간단히 말하라고 했다. 나는 다음과 같이 발언했다.

　　"당에서 방송사업을 검열하려 왔다면, 그래도 지금까지는 내가 책임자인데 나와 의논을 해야지 아무 말 없이 내 뒤에서 검열을 진행했다. 나는 이 일이 좀 섭섭하다. 할말은 많으나 구태여 말하려 하지 않는다. 단 한 가지만 말하겠다. 지난 방송 원고를 들추어보고 직원들과 담화했고 나중에는 나의 운전기사를 문초했다. 이 모든 것이 왜 비밀리에 진행됐는지 나는 이해할 수 없다. 나는 대일전에 참가한 한사람이다. 나의 부친은 조선해방을 위해 생명을 바쳤다. (이때 회의석에서 수군거리는 소리가 났다) 나는 6·25를 통해 방송사업에 전력을 다했다. 나는 국가에서 '노력훈장', '국기훈장 2급' 등의 메달과 훈장을 받아왔다. 나는 내가 반당적·반인민적 행동을 감행했다는 것을 전적으로 부인한다. 나는 내가 안한 일을 했다고 당을 속일 수는 없다. 당을 기만하는 죄는 엄중하다. 내가 한 방송기자가 쓴 기사에서 경애하는 수상님의 이름을 네 군데나 지워버린 것이 제일 큰 죄인 것 같다. 그런 일은 있었다. 그러나 이것을 잘못이라고 접수할 수는 없다. 듣기 좋은 육자배기도 한두 번이란 말이 있다. 4~5분도 못되는 기사에서 우리 수상님 이름이 열다섯 번이나 반복됐다. 그래서 필요 이상인 것을 지워버렸다. 이것이 고의적인가 아닌가에 대해서는 그 방송기사를 당원들 앞에 내놓고 따지는 것이 정당하다고 본다. 나의 운전기사가 전쟁시기에 내 차를 타고 남조선으로 도망한 것은 사실이다. 그러나 나는 이 책임을 못 지겠다. 왜냐하면 책임자들의 운전기사를 중앙당 간부부에서 소개했기 때문이다. 그리고 백인주의 시 '미국이여 낯을 붉혀라'는 시인들의 비판을 받았다. 비판받은 시를 나는 방송할 수 없다. 시 당 열성자 대회에서 토론하라는 것을 내가 거절한 것도 사실이다. 나에게 박창옥, 기석복, 전동혁의 반당적 행위를 열성자 대회에서 폭로하라고 했다. 그러나 분명한 것은 나는 그들과 같이 일한 적도 없거니와 그들의 반당적 행위를 모른다. 모르는 것을 누가 시킨다고 해서 앵무새처럼 말할 수 있겠는가. 전쟁 당시에 내가 직원들을 데리고 너무나 살기 힘들어서 야채 농사를 했다. 그것이 무슨 잘못인가. 내가 야채 농사를 해서 장사를 했다면 몰라도 전쟁시기에 직원들의 식사를 보태려고 한 것이다. 그래도 그것이 잘못이라면 그에 대한 책임을 내가 지겠다. 어느 한 동무가 자기의 토론에서 이런 말을 했다. 내가 전쟁 당시에 신불출이 쓴 70가지의 관료주의를 방송했다. 이것은 당 간부들을 비판한 것이다. 그러니 이 책임을 남봉식이 져야한다고 했다. 신불출이 쓴 70가지 관료주의가 방송됐다. 방송여론에 의하면 청취자들이 방송을 듣고 그 신불출 선생이 그 관료배들을 잘 두들겼다고 좋아했다고 했다.”

마지막으로 이런 말을 덧붙였다.

“대일본 전쟁에 참가했고 나의 부친이 조국해방을 위해 생명을 바쳤다!”

당지도원 김중기가 내 말을 맞받아 말했다.

“그것은 오늘 문제와 관계없다!”

“그러나 그것이 나의 당 경력에 기입되어 인정받고 있다.”

그렇게 강한 목소리로 따지자, 말을 잇지 못하던 김중기가 화나는 듯 고함을 질렀다.

“남봉식이 건방지다!”

나의 당 운명을 판결하는 마지막 날이었다. 회의 의장이 남봉식을 당에서 출당시키는데 찬성한다는 동무들은 손을 들라고 선언했다. 거수기를 면밀히 세었다. 나를 출당하는 데 찬성한다는 수가 30% 밖에 안 되었다. 그래서 의외로 두 번이나 거수하도록 진행했는데 그 수가 변치 않았다. 내가 승리했다. 기쁨 마음을 금할 수 없었다. 중앙당에서 나온 지도원이 두 달 동안이나 애쓴 보람이 없었다. 그러나 그것으로 사상검토 문제는 끝나지 않았다. 그들은 나를 계속 살피고 탄압했다. 하루는 경리부장이 낯이 새파래서 내 방으로 들어왔다.

"위원장동지. 큰일났습니다. 재정성에서 김일성 수상님의 친척이 재정 검열을 왔습니다."

그래서 내가 되물었다.

"경리에서 무슨 부정사건이 있소?"

경리부장이 대답했다.

"우리가 장사하는 기관입니까? 국가 예산대로 돈을 쓰는데 무슨 부정사건이 있을 수 있겠습니까?"

"그렇다면 왜 그렇게 당황해 하오. 검열원이 왔으면 검열을 시킬 것이지."

검열이 시작된 이후 경리부장이 수 차례나 들어와서 재정성 검열원이 전쟁시기에 야채 농사를 한 것을 세밀히 들추고 있다고 했다. 그때 내 생각이 '어디 들추어보라지. 무엇이 나타나는가. 야채를 지어서 직원들이 먹었지 장사를 했냐?'라며 걱정도 하지 않았다. 일주일 후 경리부장이 재정성에서 온 검열원을 데리고 내 방으로 들어왔다. 경리부장이 나에게 말했다.

"이제는 검열이 끝났습니다. 이제 위원장동지 수표(서명)만 두시면 다 됩니다."

그래서 나는 화를 내며 경리부장에게 말했다.

"그 조서에 수표를 둘 수 없소."

"위원장 동지. 경리사업에서 틀린 것이 없습니다. 다 잘됐습니다."

다시 나는 경리부장에게 말했다.

"문제는 거기에 있는 것이 아니오. 원칙적인 문제란 말이오. 내가 지금까지 이 기관의 책임자인데 재정성에서 온 검열원이 나에게는 검열을 왔다는 말없이 지금까지 검열하였다가 이제는 검열조서에 수표를 하라는 것이 옳다는 말이오? 나는 인형이 아니오. 그러니 수표를 할 수 없오!"

그러자 재정성에서 온 검열원이 사과를 했다.

"제가 사업경험이 없어서 그렇게 실례했습니다. 용서하십시오. 수표를 하여 주십시오."

나는 그때 그 검열원의 행사가 괘씸해서 그를 훈계하려 했던 것이었다. 나는 조서에 수표하고 나서 검열원들에게 타일렀다.

"다른 기관들에 가서는 그렇게 하지 마시오."

나를 사상검토에 걸어서 당에서 내쫓고 책임적 직위에서 떼어내 버리자던 야망이 수포로 돌아가자 또 다른 술책을 꾸며냈다. 이번에는 방송위원회 경리사업을 들추어 가지고 무슨 부정사건이 있게

되면 그것을 트집 삼아 나를 구렁텅이에 밀어 넣으려고 작당을 했는데 그 술책마저도 파탄되고 말았다. 그 후 나에 대한 사상검토가 형식적으로는 끝난 것 같았는데 알고 보니 사상검토는 암암리에 계속 진행되고 있었다. 나의 일거일동을 뒤에서 면밀히 살피는 무리들이 보였다. 직원들과도 교제하기가 점점 어려워졌다. 내가 사상검토를 받은 대상이었고 소련서 온 사람이라고 해서 나와 교제하는 것이 무서워서 슬슬 피했다. 그렇게 친하게 일하던 부장들까지도 나와 만나는 것을 삼갔다. 이것은 사상검토에 대해 직접적으로 회의를 열 때 보다 더 무시무시한 것이었다. 이런 분위기 속에서 과연 일을 계속할 수 있겠는가. 그리고 또 나는 사상검토의 신세를 톡톡히 입었다. 신경쇠약인지 무엇인지 하는 병에 걸리고 불면증과 수전증이 심해서 도저히 일할 수가 없었다. 그 후 정부병원에서 치료를 받았으나 아무런 효과도 없었다.

1954년 가을에 폴란드 수도 바르샤바에서 국제 방송이사회(오이르) 총회가 있었다. 나는 그 총회에 조선중앙방송위원회 대표로 참석했다. 그때 바르샤바 주재조선민주주의 인민공화국 대사로 허학봉 선생이 가 있었다. 허학봉 선생은 소련군대가 청진 감옥 문을 열자 감옥에서 나온 혁혁한 혁명가였다. 허학봉 선생에 대하여 일화를 하나 소개해야겠다.

청진 시민들이 거리 하나를 허학봉 거리라고 부른 일이 있었다. 김일성이 이것을 알고 화가 상투 밑까지 올라 함북사람들을 혼낸 일이 있었

다. 그런 허학봉 선생도 사상검토 당시에 숙청 당했다. 허학봉 선생이 내가 바르샤바에 왔다는 소식을 듣고 한번은 사택에서 점심을 하자고 나를 초청했다. 허학봉 선생의 사택을 찾아갔다. 다른 사람은 없고 제일 참사 김창수 하나뿐이었다. 나는 소문은 들었으나 김창수를 처음 대했다. 점심상이 들어왔다. 당시 허학봉 선생은 병이 들어 있어서 술을 한 잔도 못했다. 김창수 참사와 내가 술잔을 나누었다. 점심 식사가 거의 끝날 무렵에 김창수 참사가 나를 보고 말했다.

"방송위원회에서 남씨 성을 가진 분이 사업을 했다는 것을 알고 한번 찾아가려고 했으나 늘 바빠서 못 찾아가고 있었는데 오늘 우연히 당신을 만났으니 한마디 물어 볼 말이 있소."

"말씀하시지요."

그랬더니 김창수가 혹시 하는 표정으로 조심스럽게 말했다.

"당신은 남성보라는 분을 아시오?"

나는 그때 그의 말을 듣고 앞이 깜깜해졌다. 한참 멍하니 앉아 있다가 그에게 대답을 해 주었다.

"그 분이 나의 아버지입니다."

그러자 김창수 참사가 일어나서 나를 포옹했다. 나도 무슨 영문인지는 몰랐지만 그의 포옹을 받아 들여 같이 껴안았다. 김창수 참사가 감격하면서 말했다.

"내가 한때 성보 형님과 같이 일한 사람입니다."

나는 너무나 기뻐서 그를 안고 엉엉 울었다. 그도 울고 허학봉 선생도 옆에서 눈물을 흘렸다. 지금 그때 장면을 회상하면서 이 글을 쓰자고 하니 눈시울이 뜨겁다. 그 날 김창수 참사가 내게 전한 이야기를 요약해본다면 이렇다.

"나는 성보 형님과 아주 힘들고 위험한 일을 했소. 일본군들이 거미들처럼 경찰망을 쳐놓은 그 속을 헤치고 조선의 북쪽에서 남쪽 끝인 부산까지 무전기를 날랐소. 이것은 생명을 내 건 사람이 아니고서는 못하오.

성보 형님은 아주 대담하고 용맹한 분이오. 그 형님은 이 일을 힘들어서 못하겠다는 말을 한번도 한 적이 없었소. 이것이 모두 조선해방을 위해서 하는 일이라면서 그러므로 우리는 정력을 다해야 한다면서 나를 늘 격려했소. 한번은 이런 일이 있었다오. 3월초에 과업을 끝내고 두만강을 건너오는데 형님이 쓴 중절모가 바람에 날아갔소. 그때 형님이 날아가는 중절모를 바라보면서 하는 말이 '여보, 창수. 이것이 좋지 못한 징조요.'하기에 내가 형님보고 아따 별말씀을 다하오, 중절모는 다시 사 쓰면 그만이 아닙니까?'라고 말했지만 아주 불안해 하시었다오. 이듬해 성보 형님이 두만강 건너 소련 땅에 들어섰소. 그런데 형님이 기진맥진해서 좀 쉬어 가시려고 숲 속에 들어가 앉으신 모양이오. 그때 과업을 맡은 사람이 제 때에 안 돌아오면 국경수비대원들이 비밀일꾼들이 넘나드는 길을 낱낱이 들쳐보곤 했었소. 그 날 형님이 제 시간에 안 들어서기에 경비원들이 강변을 들추다가 숲 속에서 형님을 발견했다오. 아직 숨이 끊어지지 않은 형님을 초소에 모셔갔다오. 그러나 때가 늦어서 용사하셨소. 내가 이 말을 안 하려다가 당신이 성보 형님의 아들이라고 하니 말했소. 아들 된 사람의 심정을 내가 이해할 수 있소. 이제는 어떻게 할 수 없는 일이니 잊어버리시오."

그 날 김창수 참사에게서 이 말을 들은 후 아버지를 다시는 찾지 않았다. 그 후 나는 소련에 돌아와서 아버지의 묘를 찾으려고 무척 힘을 썼으나 오래 된 일이라 아무 결과도 얻을 수 없었다. 김창수 선생을 한번 더 만나서 이야기 해 보려고 했으나 결국 못 만났다. 중앙당 대남부에서 일하다가 어디론가 갔다고 했다. 아마 남조선으로 보낸 모양이었다.

한번은 중앙당에서 일하던 김경애라는 사람이 나를 찾아왔다. 김경애가 나에게 뜬금없이 물었다.

"나는 한때 남성보라는 분과 같이 일한 적이 있소. 혹시나 동무는 그런 분을 아시는지?"

"그 분이 바로 나의 부친입니다."

"당신 아버지가 함경북도 어느 촌에서 신분을 감추기 위해 한약방을 열고 동네의 한 여성과 동거했었소. 그 여성이 아이도 낳았소."

그것은 기쁜 소식이었다. 아버지의 생전 위치를 알 수 있었고 살붙이도 있다는 것은 더없이 반가운 일이었다. 김경애를 집으로 코시자고 했으나 일이 그렇게 못 되었다. 김경애가 말한 아버지가 일하시던 촌에 찾아 가보려고 결심했으나 사상검토가 시작되자 나의 계획이 다 틀어지고 말았다.

1954년 어느 날, 내각회의에 참가했다. 그때 각 상들 국장, 위원장들이 내각회의에 의무적으로 참가했다. 내각 회의실이 넓고 비교적 깨끗한 편이었다. 그 날 나는 주석단에서 멀지 않은 자리에 앉았다. 어떤 사람들이 참가했는가 하고서 두루두루 살피니, 나의 왼편에 도시경영성 리용 상이 앉아 있었다. 나는 그 사람을 이전에도 여러 번 보았지만 그리 눈여겨보지는 않았었다. 오늘 리용 상을 찬찬히 보니 내가 어렸을 때 중심여창에서 본 것 같은 생각이 들어 유심히 리용 상을 보고 있었다. 내가 휴회 시간에 리용 상을 찾아가서 물었다.

"상 동지께 여쭈어 볼 말이 있습니다."

"무슨 말씀이오? 말하시오."

나는 서슴치 않고 물었다.

"상 동지께서는 소련에 가 계신 일이 있습니까?"

"그런 일이 있었지. 아주 오랜 전이었소. 그것을 왜 갑자기 묻소?"

"상 동지. 추풍 중심여창이란 촌이 기억나십니까?"

"가만 …. 그런 촌이 기억되구려. 중심여창에는 나뿐만 아니라 리중집, 오기섭, 허승환 등 기타 동무들이 그 촌에 가 있으면서 독립운동을 했었지."

"그렇다면 그때 상동지께서는 우리 집에 와 계셨습니다. 남성보란 분이 기억되십니까?"

"기억나고 말고 …. 그 분도 우리와 같이 독립운동을 했지 않겠소?"

"제가 바로 남성보의 아들입니다."

그때서야 리용 상은 나와 악수하면서 반가워했다.

"사람이 살아가자면 기이한 일도 많지. 이런 좌석에서 친구의 아들을 만나다니 참 기쁘오. 우리 집에 가서 좀 자세히 이야기하도록 하시게 그려."

그 후 나는 리용 선생을 여러 번 찾아갔고 리용 선생의 신세도 많이 지었다. 리용 선생은 1907년 6월에 화란 수도 헤이그에서 열린 제2차 만국 평화회의에서 배를 가른 애국열사 리준의 아들이다. 또 일제가 원동변강을 침범했을 때 일본군들과 맞서 싸운 애국투사이기도 하다. 그런데 김일성은 사상검토 당시에 재판도 없이 리용 선생을 숙청했다. 오기섭 선생도 만났다. 내가 그 선생을 만나서 30년 전에 선생이 중심여창 우리 집에 와 계셨다고 하니 너무나 감개무량해서 나를 포옹하고 운 일도 있었다. 오기섭 선생도 사상검토 때 없어지고 말았다.

한 번은 조선민주주의 인민공화국 소련대사관 제1참사관 필라또브가 나를 오라고 했다. 그래서 찾아가니 필라또브가 나에게 이렇게 말했다.

"동무는 왜 지금까지 국적을 바꾸지 않고 있소?"

"국적을 바꾸는 문제는 아주 심중한 문제이니 좀 더 생각해 보겠습니다."

"생각해 볼 것 있겠소? 동무가 앞으로 일하자면 공민증을 바꾸어야 할 것이오."

"나는 소련공민증을 다른 나라공민증과 바꿀 생각이 없습니다."

나는 그의 말을 거절했다. 외무상 남일도 나에게 공민증을 빨리 교환하라고 했다. 물론 북조선 정세가 완화되고 민주화의 길로 나갔다면 나도 공민증을 바꾸어 가지고 북한사회 건설에 몸을 바칠 수도 있었다. 그런데 사실은 김일성이 소련공민증을 북한공민증으로 바꾸게 한 뒤, 소련에서 온 간부들을 북한 법에 저촉시키어 모조리 청산하자는 것이 뻔한데 호박을 쓰고 돼지 굴로 들어갈 수 있겠는가. 그런데 어떤 사람들은 자기의 벼슬이 아까워서 공민증을 교환했다. 이것은 앞을 한치도 내다보지 못하는 어리석은 일이었다. 당시에 공민증을 바꾼 사람들이 제 직위에서 일하고 있는 사람들은 거의 없다.

1958년 5월초, 나는 병이 나서 일을 더 할 수 없으니 소련으로 보내달라고 내각 사무국에 청원을 냈다. 그랬더니 어느 날 중앙당비서 박금철이 나를 불렀다.

"동무는 왜 소련으로 가자고 하오? 다 가고 누가 일하겠소? 모스크바 시에는 치료차 보내주겠소."

나는 몸도 아프거니와 일할 환경이 못 되어서 소련에 갈 것을 결심했다. 6월초에 나의 청원이 접수됐다. 사실 나는 기뻤다. 떠날 차비를 했다. 남들은 소련에 돌아올 때 가방 십여 개씩 가지고 왔다 하지만 내게는 그런 것이 있을 리 없었다. 내가 소련으로 간다는 소문을 듣고 나와 아주 친한 김광이 찾아왔다. 그때 김광은 무역성 부상이었다. 김광이 나에게 말했다.

"야 정말 갈 터이냐? 일하러 왔다가 어떻게 중도에 간단 말이냐? 끝을 보아야지."

"이제 보니 네가 과연 앞을 한치도 못 보는 아둔한 사람이구나. 우리 주위에서 무슨 일이 벌어지고 있는 것을 네가 못 보느냐? 볼 장은 이젠 다 본 거다. 살고 싶으면 나처럼 보따리를 싸라."

그러나 김광은 자신의 앞날을 몰랐다.

"좀 완화되겠지."

"친한 친구의 충고를 들어라. 지금 내 말을 안 들으면 후회할 때가 곧 있을 것이다."

그런 말을 한 후 서로 헤어지게 되었는데, 김광의 소식을 알아보려고 했으나 알지 못하고 말았다. 전하는 말에 의하면 그는 어느 날 갑자기 행방불명이 됐다고 했다.

어느 날 저녁이었다. 친구인 최철환이 전화를 걸어왔다. 그때 최철환은 내각 사무국장이었다. 그의 집은 해방산 밑에 있었다. 우리 집에서 멀지 않았다. 내가 최철환을 찾아갔다. 최철환이 혼자 있었다.

"나는 소련으로 가는 사람인데 당신이 나를 만나서 좋을 일이 있겠소?"

나의 말에 최철환은 나직하게 대꾸했다.

"나는 벌써 죽은 사람이오. 겁날 것 없소. 봉식이 잘 생각했소. 여기를 떠나야 하오. 술이나 한잔 들면서 이야기하기요."

그 날 저녁에 최철환이 주로 김창만에 대한 이야기를 했는데 그 이야기는 이렇다.

"김창만은 포악무도한 큰 아첨쟁이다. 본래 김창만은 함북에서 알려진 대지주의 아들이다. 김일성이 빨치산 운동을 할 때 그에게 자금을 대주었다고 한다. 이 대지주가 김일성을 돈으로 섬긴 것은 혁명성이나 애국성이 있어 그런 것이 아니라 빨치산들이 지주들을 습격하는 것을 방지하자는 것이었다. 그러나 저러나 김창만은 제 아비 덕택으로 높은 벼슬을 받을 수 있었다. 토지 개혁 때 다른 지주들은 다 청산됐는데, 김창만 애비는 청산은커녕 오히려 더 잘살게 됐다. 또 아들의 출세를 믿고 농민들을 깔보고 협박했다. 그러나 농민들은 겁나서 한마디 바른 말을 할 수 없었다. 김창만이 중앙당에서 큰 자리를 차지하고 죄 없는 사람들을 김일성에게 고자질했다. 김창만은 특히 소련에서 온 간부들을 미워해서 살해하기까지 했다. 바른 대로 말하면 김창만이 중앙당에 앉아서 당 사업에 골몰한다기 보다는 간부들을 잡는데 더 골몰했다. 반대파를 숙청하는 일에 앞장 선 것이다. 우리동지들의 피가 김창만의 손에서 흐르고 있다. 김창만의 죄는 아주 엄중하다. 인민의 심판을 받을 날이 반드시 오고야 말 것이다."

최철환이 이런 말을 다하고 나서 나에게 말하며 한숨을 내쉬었다.

"봉식이가 간다고 하니 이런 말을 하는 것이오. 이놈의 세상이 어찌된 판인지 제 동무들과도 속에 있는 말을 못하게 되었소."

떠나기 전에 최철환을 만나 송별인사를 했다. 그때 최철환은 자신이 사상검토의 망에 걸려 못 빠져 나올 것을 짐작하고 자기의 처와 아이들을 소련으로 보냈다.

김창만은 정녕 포악한 인간이었다. 김창만이 선전부장으로 있을 때 일이다. 김창만이 나와 아무 상의도 없이 방송합창단을 국립극장에 넘겨주었다. 나는 그 사실을 모르고 있었는데 음악부장이 내 방에 들어와서 따지기에 알았다.

"중앙당 선전부장이 우리합창단을 국립극장에 넘겨주었습니다."

"그게 무슨 말이오. 어찌 그럴 수 있겠소. 사실이라면 내가 내일 선전부장을 찾아가겠소."

다음날 선전부장실로 갔다. 김창만의 비서가 부장실에 들어가 방송위원회 위원장이 왔다고 보고하니 김창만은 고의적으로 나를 비서실에서 기다리게 했다. 한참이나 뒤에야 나를 들어오라고 했다. 내가 들어갔는데 나와 인사도 안하고 앉으라는 말도 없이 공책에 무엇인가를 쓰는 척 하고 있었다. 나를 무시하는 듯 보는 척 마는 척 했다. 재떨이를 가지고 김창만의 골통을 까부시고 싶었다. 한참 서 있다가 마음을 내려 앉히면서 내가 말했다.

"부장동지. 앉아도 좋겠습니까?"

"앉으시오"

그때서야 아는 체 하는 것이었다.

"무슨 일로 나를 찾아 왔소? 어서 말하오. 시간이 없소."

그래서 나는 단도직입적으로 물었다.

"부장동지. 저와 아무 협의 없이 방송합창단을 국립극장에 넘겨주었습니다. 이렇게 하고서야 사람이 위신이 없어서 어찌 일할 수 있겠습니까. 부장동지의 지시를 취소해 주십시오."

"나는 그런 지시를 한일이 없소."

"예. 알았습니다. 아마 하부사람들이 잘 모르고 한 말 같습니다."

더 이상 따질 것 없이 부장실에서 나왔다. 김창만은 이미 북한의 권좌에서 좌지우지하는 사람이 되어 있는데 내가 무슨 건의를 한들 먹혀들지 않을 것이라는 생각이 들어서였다. 그 후 방송합창단이 제자리에서 일하게 되었다. 김창만은 썩은 관료주의자다. 윗사람에게는 아부하고 하부사람을 멸시했다. 그때 나는 속으로 '저렇게 썩은 관료주의자가 어떻게 중앙당에서 일할 수 있겠는가. 하긴 당 간부들이 모두 썩은 관료주의자들이다'라며 자위할 수밖에 없었다.

내가 북한을 떠나기 이틀 전에 최종학도 나에게 전화를 걸어왔다. 베라를 데리고 저녁에 자기 집으로 오라고 했다. 최종학은 내가 어려서부터 아는 친구다. 소학교에서 같이 공부했다. 최종학은 마음이 부드럽고 동지애가 깊고 겸손하고 말이 무겁고 책임성이 강한 사람이었다. 소련 전쟁 첫날부터 조선 해방전에 참가한 사람이었다. 저녁에 베라와 같이 최종학의 집에 갔다. 집에는 두 부부뿐이고 아이들은 어디로 나간 모양이었다. 집안이 조용했다. 나는 그가 걱정이 되어 말했다.

"우리가 와서 네가 좋은 일 있겠니? 말썽은 없겠니?"

"걱정할 것 없다 이제 나는 다된 사람이다. 겁날 것이 없다."

"그래도 너는 여기서 일할 사람이 아니니. 주의를 해야지. 내가 이 집으로 들어올 때 내 뒤를 살피는가 해서 살펴봤다. 마침 살피는 놈이 없더라."

"우리 집은 늘 누군가 살핀다. 나는 그것을 알고 있다. 불안스럽다. 사람이 이런 복마전 속에서 어찌 오래 살수 있겠니. 빨리 죽어야지."

내가 최종학을 위안해야 했다.

"언젠가는 인민의 역사가 바로 잡힐 날이 올 것이다."

최종학이 나에게 언제 떠날 거냐고 물어 왔다.

"모레 떠난다."

　그 날 저녁에 최종학은 자신이 사상검토를 받으며 서러웠던 이야기를 했다.

　"너도 이미 알고 있을게다만 한가지만 말하겠다. 사상검토의 첫날이었지. 중앙당회의실에서 군관회의가 열렸다. 이 회의에 약 300명 군관이 참가했다. 주석단에는 김일성, 최용건, 김창만 기타 모모한 사람들이 있었다. 회의 의장이 나보고 사업보고를 하라고 했다. 나는 이럴 줄 알고 보고를 준비했다. 내가 연설단에 나가 보고를 시작하자고 하는데 최용건이 한 군관을 불러 "저놈의 견장을 떼라"고 명령했다. 대위 한 놈이 얼른 달려와서 내 어깨의 견장을 사정없이 왈칵 잡아떼었다. 최용건이 주먹으로 상을 치면서 "윗 제복을 당장 벗겨라"고 명령했다. 나는 제복을 벗고 장승처럼 멍하니 서있었다. 이것은 상상할 수 없는 일이었다. 이렇게까지 무지막지한 행동을 감행하리라고는 꿈에도 생각 못 했다. 김일성은 이 장면을 보면서 아주 만족한 듯이 히죽이 웃고 있었다. 최용건이 나보고 주석단에서 당장 물러가라고 호령했단 말이야…."

　최종학은 말을 토해내듯이 계속 이었다. 마치 나에게 역사의 증인이 되어 달라는 듯이 말했다.

　"나는 인민군 총정치국장이고 대장이야. 최고인민 상임위원회가 이 대장의 군사 칭호를 정령으로 수여했지. 그러므로 최고 상임위원회 외에는 어떠한 사람도 나의 군사 칭호를 박탈할 권리가 없는 것이야. 그럼에도 불구하고 최용건은 정령을 짓밟고 제 마음대로 나의 군사 칭호를 군관회의에서 박탈했단 말이야. 이런 무법천지가 또 어디 있는가. 천인공노할 일이다. 이자들에게는 법이 없다. 자기 비위에 거슬리는 사람을 파리 잡듯 한다. 정의는 어느 때나 승리하는 법이겠지. 역사가 우리의 억울함을 알려줄 지도 모르겠다만. … 내가 좀 흥분했다. 너무나 원통하고 격분해서 하는 말이다. 여기서는 털어놓고 말할 사람이 없다. 모두다 제 살아날 구멍만 파고 있다. 친구도 동지도 지금 여기엔 없다. …"

　최종학과 포옹하고 한참을 울었다. 시간이 늦어서 하직 인사를 하고 집에 왔다. 최종학은 이런 모욕과 천대를 받고 병에 걸려 세상을 떠났다고 했다.

5월 27일에 내가 소련으로 간다고 방송위원회에서 송별연을 차렸다. 송별연에 중앙당 선전부장 리일경이 참석했다. 리일경이 진실인지는 알 수 없으나 내게 많은 찬사를 던졌다. 나는 간단한 답사를 했다. 나는 이 연회석에서 이런 생각을 했다. "사상검토"에서 나를 반동으로 몰다가, 내가 간다고 하니 송별연을 차려주다니 또 무슨 희극을 꾸며서 곤란하게 만들지는 않는가 해서 조마조마했다.

1958년 6월 1일, 나는 식구를 데리고 평양역에 나왔다. 전송하는 사람은 별로 없었다. 한쪽 구석에서 안전원들이 나를 전송하는 사람들이 누군가하고 살피고 있었다. 이런 판국에 누가 나를 전송할 수 있겠는가. 내가 탄 기차가 서평양 역에 섰다. 그때 밖을 보니 나와 일했던 부장들이 나를 전송하고자 와 있었다. 내 손을 잡고 우는 사람도 있었다. 직원 몇 명이 곁으로 못 오고 먼발치에서 손만 내흔들었다. 기차가 천천히 떠나기 시작했다. 전송하려고 나왔던 사람들이 기차가 사라질 때까지 손수건을 내흔들었다.

'평양이여 잘 있어라. 한때 해방자의 만세를 높이 외치던 네가 왜 오늘은 이렇게 우울하고 답답한가!'나는 그때 달리는 차창을 내다보면서 그런 생각을 했다.

어느 새 기차가 신의주역에 와 닿았다. 세관에서 승객들의 짐을 검열했다. 내 차례였다. 한 세관이 나를 알아보았다.

"위원장동지 아니십니까? 왜 … 아주 가십니까?"

"몸에 병이 나서 치료차 가오."

그 세관이 나의 짐을 보고 말했다.

"선생님의 짐이 이것입니까? 그저 통과하십시오."

그 세관을 보고 감사의 정으로, 줄만한 선물이 없고 해서 향수 한 병을 그 세관에게 주니 감사히 받았다. 세관 사람들이 편안히 가라고 인사했다. 차가 압록강철교를 천천히 넘어 중국 땅에 들어서고 만주의 쓸쓸한 황야를 달리다가 드디어 치따 시에 도착했다. 소련 땅이었다. 시름이 확 놓였다. 며칠 후에 기차가 모스크바시에 들어섰다. 김 이느껜찌. 미하일노쁴크, 조동규, 우싸도브(모스크바 외국어 방송국주필) 등 여러 동무들이 나를 맞이했다. 김 이미가 우리를 자기 집으로 안내했다. 이노껜찌는 추풍 꼴싸꼼까에서 서로 친하게 산 사람이라 그의 집에서 거의 한 달이나 살았다.

모스크바시에 온지 사흘만에 소련공산당중앙위원회 동양부 부장인 잡시니가 만나자고 했다. 약속한 시간에 중앙당에 가니 벌써 한 사람이 나를 기다리고 있었다. 그가 나를 부장실로 안내했다. 부장실에 들어가니 잡시니 부장이 일어서서 나와 악수하며 안부부터 물었다.

"건강이 어떻소?"

"건강이 그다지 편치 못하고 앓고 있습니다."

"식구가 많소?"

"나까지 합쳐 여섯 명입니다"

"어디로 가 살겠소?"

"나는 원동변강에서 자란 사람입니다. 하바롭스크에 보내 주십시오."

잡시니는 나와의 대화를 수첩에 적었다. 잡시니가 갑자기 이상한 질문을 해왔다.

"동무는 김일성이 어떤 인물이라고 보오?"

그때 나는 중앙당 동양부장이라면 북한의 김일성이 누군지 몰라서 나에게 묻는 것이 아니라 나의 속심을 떠보려는 수작이라는 생각이 들었고 나는 그것이 좀 불쾌했다. 그러나 저러나 중앙당 부장과 시비를 만들 필요는 없었다. 그래서 나는 별 생각 없이 다짜고짜로 내 생각을 그대로 말했다.

"김일성은 황폭스러운 독재자입니다."

눈이 동그라진 잡시니가 놀라는 표정으로 되물었다.

"동무. 그게 무슨 소리요?"

"부장동지께서 나보고 나의 견해를 말하라고 하니 내 견해를 말했는데 그리 놀랄 것 있습니까?" 잡시니는 퉁명스레 말했다.

"말을 좀 조심하시오"

그와의 담화가 끝났다. 잡시니는 종이쪽지에 직접 글을 써서 주면서 중앙당 병원에 가서 쪽지를 보이고 치료를 받으라고 했다. 그리고 또 다른 쪽지도 주면서 반월 적십자에 가서 보조금 4,000루블리를 받으라 했다. 저녁에 이노껜찌와 저녁을 먹을 때 내가 중앙당에 가서 담화한 내용을 물어왔다.

"내가 김일성을 횡포한 독재자라고 부장에게 말했다."

"잡시니가 무엇이라 합디까?"

"무어라고 할게 있소. 그저 말을 조심하라고 합디다."

"예전에는 그런 말을 했다가는 출당이었고 재판도 받을 수 있습니다."

잡시니의 본명은 끌리꼬브다. 그 이름을 가지고 서울에 있는 황제러시아 영사관을 지키다가 간첩으로 몰려 서울서 쫓겨났다. 평양에 와 얼마 있다가 모스크바시에 와서 본명을 감추고 잡시니라는 이름으로 중앙당에서 일했다. 북조선에서 돌아온 우리 동무들에게 잡시니는 평판이 아주 나빴다. 대표적인 실례가 있었다.

농업성 부상 리용석이 모스크바시에 왔을 때 잡시니를 만나 "나는 다시는 북조선으로 못 가겠다"고 하니, 잡시니는 리용식을 설복시켜 북조선으로 도로 내보낸 일이 있었다. 리용식의 처인 안나가 이 사실을 알고 잡시니를 찾아가 따지듯이 말했다.

"당신이 나의 남편을 북조선으로 보냈으니 다시 불러오시오. 그에게는 아이들이 있소."

잡시니는 그때 경솔하게 안나에게 말했다.

"비당원이 중앙당에 와서 이게 무슨 야지를 부리고 있소?!"

그러자 안나가 너무나 격분해서 잡시니에게 고함을 지르며 대들었다.

"비당원은 중앙당에 와서 자기 애로를 말할 수 없는가 중앙당은 백성을 돌보아 안 주는가?"

그때 잡시니는 안나에게 혼줄이 났다. 발 없는 말이 천리를 간다고 이 소문이 자자하게 퍼졌다. 몇 몇 동무들이 잡시니는 중앙당에서 일할 자격이 없다고 중앙당 간부부에 편지를 쓴 일이 있었다. 그래서인지 그는 중앙당에서 나와 유고슬라비아 대사로 가게 되었다.

모스크바시에 와 있는 동안 나는 혼자 지금의 우즈베키스탄 극성 조합에 다녀왔다. 조합에 어머니 묘가 있고 여동생 마리야가 살고 있었다. 극성 조합위원장 김병화는 나와 오랜 친구였다. 조합을 찾아가니 전에 나와 같이 일하던 동무들이 매우 기뻐했다. 다들 나를 보고는 여기 와서 일을 같이 하자고 했다. 김병화가 나에게 권했다.

"봉식이 별 다른 생각을 말고 식구들을 데리고 오오. 더는 몰라도 한 해 동안은 쉬면서 병도 치료할 수 있소. 정양소에도 보내겠소."

나는 병화에게 말했다.

"나는 벌써 파견장을 받았소. 의사들이 나를 더운 지대로 가지 마라고 하오. 동무들이 아무리 보고싶어도 사정이 허락치 않소."

나는 어머니 묘와 누님 묘를 찾아 술 한 잔씩을 부어 놓았다. 어머니의 묘 앞에서 삼재팔난을 다 겪으신 당신의 일생을 회상했다. 십 년이면 강산이 변한다고 13년 동안 꼴호즈의 면모도 몹시 변했다. 전에 없던 여관, 레스토랑, 전화국, 병원, 박물관, 현대적 기계 수리소가 서 있었다. 조합에는 30명에 달하는 노력영웅들이 일하고 있었다. 여객버스는 꼴호즈와 꾸이류크를 왕래하고 있었다.

꼴호즈는 공화국에서 이름난 꼴호즈였다. 외국손님들이 이 조합으로 자주 찾아온다고 했다. 극성 꼴호즈에 가 있을 때 나는 김병화 사택을 자주 방문했다. 한번은 김병화의 집에 가서 점심을 먹으면서 이런 말을 했다.

"다른 꼴호즈 회장들은 아주 버젓이 사는데 왜 이렇게 구차하오?"

그랬더니 김병화가 이렇게 말했다.

"내가 왜 구차히 산단 말이오. 먹고 입을 것 정도만 있으면 되지. 잘 사는 꼴호즈 회장들이 다 도둑놈들이오. 꼴호즈 회장도 월급을 받고 사오. 그 월급을 받아 가지고서야 어찌 그런 호화로운 생활을 할 수 있단 말이오. 사람은 양심적으로 살아야 하지 않소?!"

김병화는 그런 사람이었다. 꼴호즈 집행부위원들과 나의 동무들이 저녁을 차렸다. 저녁식사에 한 30여명 모였는데 식단이 정말진수성찬이었다. 저녁을 먹으면서 김병화가 옆에서 이런 말을 했다.

"봉식이 이 저녁을 차리는데 꼴호즈 돈은 한푼도 안 들었소. 동무들이 모아서 차린 것이오. 양도 다른 꼴호즈에서 가져왔소. 어려워하지 말고 많이 자시오."

나는 간단한 답사를 했다.

"일이 바쁜데 나를 위해 저녁을 차려서 반갑소. 이 보답보다도 동무들이 옛 정을 잊지 않은 것이 더욱 반갑소. 이번에 와 보니 꼴호즈가 많은 발전을 했소. 이것은 이 좌석에 앉은 김병화 회장을 비롯한 여러 동무들의 지혜와 정력과 꼴호즈원들의 피와 땀으로 이루어진 것이라고 보오. 늘 건강한 몸으로 꼴호즈 건설에서 많은 성과를 거두시오."

내가 꼴호즈에서 떠나는 날 저녁에 김병화와 다른 많은 동무들이 비행장까지 나를 전송했다.

모스크바시에 와서 하바롭스크 해외 방송국에 가 일하라는 중앙당 소개서를 가지고 8월 15일에 모스크바시를 떠나 하바롭스크에 왔다. 이때 하바롭스크 해외 방송국에서 나의 친구 윤상흡이 일했다. 불시에 다른 데로 갈데가 없어서 윤상흡 집에서 살았다. 윤상흡의 집이 너무 비좁고 식구가 많아서 오래 살수는 없었다. 그래서 나중에는 방송국 회의실의 한구석을 차지하고 살았다.

벌써 가을이라 추워서 식구들이 심한 고생을 했다. 내가 하바롭스크로 올 때 잡시니가 주택 문제가 다 해결되었으니 걱정말고 가라고 했던 것이 한 달이 되어도 아무런 말이 없었다. 그래서 잡시니에게 전화를 걸었다.

"그럴 수 있겠는가. 내가 변강 당비서에게 지시를 주었는데…."

잡시니는 조만간 다시 연락을 하겠노라 말했다. 이런 담화가 있은 후 사흘만에 변강 당비서 쵸르니가 나를 오라고 했다. 약속한 시간에 쵸르니를 만났다.

"내가 동무의 주택 문제를 시급히 해결하라고 시 소비에트 위원장 뽀드가예브에게 말했으니 거기에 가 보오."

그래서 뽀드가예브를 찾아가니 다시 나에게 시 소비에트 부위원장 꼬루수노브를 만나라고 했다. 나는 그때 병을 앓고 있던 몸이었다. '관료주의가 또 시작되는구나'하고 그들의 권위주의를 고깝게 생각했다. 자루 쥔 놈이 이긴다고 할 수 없는 일이었다. 시 소비에트 위원장의 지시대로 부위원장 꼬루수노브를 찾아갔다. 많은 방문객들이 차례로 줄을 서 있었다. 나는 모른척하고 차례 없이 꼬루수노브 사무실로 들어갔다. 꼬루수노브라는 사람은 언뜻 보아도 생김새가 관료주의자였다. 나를 보는 척 마는 척 했다. 인사도 없고 앉으라는 말도 없었다. 꼬루수노브가 나를 흘낏 보고는 꼬리도 끝도 없이 아니꼽다는 표정으로 말했다.

"있던 곳으로 안 가고 왜 하바롭스크로 왔소?"

아마 이 사람이 나를 어디서 굴러온 이주민으로 알고 있는 모양이었다.

"중앙에서 하바롭스크로 가라고 하니 왔소."

나도 불쾌한 어투로 대답했다.

"지금 하바롭스크가 주택난을 겪고 있소."

"좋소이다. 내가 본래 있던 곳으로 가겠소. 단, 이 시에 즈택이 없다는 글을 써 주시오."

나는 속으로 '네가 상부의 지시를 받은 줄 나는 안다. 암만 관료주의를 부려도 결국 나에게 주택을 주고야 말 것이다'라고 생각했다. 내가 한참 그의 대답을 기다리고 있었으나 말이 없어 또 말했다.

"왜 글을 못 써주겠소? 당신은 큰 관료주의자요! 나는 이주민이 아니오. 중앙당 소개로 이 시로 왔단 말이오!"

못마땅한 듯이 내가 일어서서 나오려고 하니 꼬루수노브가 누그러진 목소리로 나를 불렀다.

"좀 앉으시오. 그렇게 성낼 것 있소. 내가 임시로 집을 얻겠으니 가겠소?"

"내가 이 시로 올 때 모스크바 동무들이 '봉식이 하바롭스크로 가면 임시로 주는 주택에 들지 마시오. 말이 임시지 들어가면 그것이 평생 집이오.' 하던 말이 생각되오. 그래서 나는 임시 주택으로 갈 생각이 전혀 없소."

"그러면 가서 며칠만 좀 기다리시오."

꼬루수노브가 그렇게 다독거리듯 말했다. 이런 일이 있은 후, 보름만에 시 주택관리국장이 나를 오라고 했다.

"새 주택이 있소. 좀 멀다오."

"국장. 그것은 관계없소이다. 주택이 마음에 들면 가겠소."

"그러면 지금 가 보기요."

가서보니 새로 건설한 주택이었다. 마음에 들었다. 곧 바로 이사를 했다. 이사는 했으나 가구가 전혀 없었다. 돈이 없어서 가구를 살 형편이 못 되었다. 그래서 방송국 책임자에게 나의 사정을 말하니 임시로 여러 가지 가구를 빌려 주었다. 이제는 집도 가구도 있으니 생활문제는 해결된 셈이었다. 식구들을 먹여 살려야하니까 일을 해야했다. 그런데 몸이 근원 없이 아팠다. 신경쇠약 때문에 몸과 손이 떨리고 불면증이 심하고 기억력이 없었다. 식사도 하고 싶은 생각이 안 날 정도였다. 그때 나는 내가 죽는가 했다. 할 수 없이 의사를 찾아갔다. 의사가 나를 오래 진단하고 난 뒤에 말했다.

"당신에게는 큰 병은 없고 영양부족이오. 때문에 손이 떨리고 잠이 안 온다오. 영양가치가 높은 음식을 취해야 하오. 당분간 정신노동을 하지 마시오. 만병통치약은 없는 법이오. 건강이 당신 자신에 달렸소."

그러면서 전신 냉수마찰을 권하였다. 의사가 지시한 약을 먹는 한편 냉수마찰을 시작했다. 하루도 빠짐없이 아침 일찍 냉수마찰을 한 달 동안 계속했다. 그랬더니 효과가 있었다. 우선 손이 떨리고 입맛이 없던 것이 돌아서고 기억력도 나아졌다. 냉수마찰을 계속하면서 특히 흉부 냉수마찰을 많이 했다. 건강이 점차적으로 회복되었다. 건강이 회복되자 한 직원이 이런 말을 했다.

"우리는 그때 선생의 생명이 위험하다고 염려했습니다."

사실이었다. 그런 건강 악화는 북한에서의 사상검토의 영향이었고 그 덕을 톡톡히 입은 것이었다. 죽다가 살아났다. 낙심말고 병과 꾸준히 싸운다면 병을 이겨낼 수 있다는 것을 나는 알고 있었다.

하바롭스크 방송국에서 거의 열다섯 해나 일했다. 그 동안에 교정원, 주필로 있으면서 직원들과 친하게 지냈다. 물론 다 그런 것은 아니다. 나쁜 일도 있고 좋은 일도 있었다. 조선반에서 장길성이라는 번역원이 일했다. 품행이 아주 나쁜 사람이었다. 번역을 하다가도 자기 번역술이 모자란다는 말은 안하고 나를 대상으로 혼잣말로 '개새끼'하면서 원고를 왈칵 찢어서 휴지통에 집어 던지곤 했다. 그런데 이상한 것은 같은 반의 사람들이 이것을 보면서도 고치라는 말을 하는 사람이 없었다. 하루는 장길성이 번역을 하다가 또 개새끼 그러면서 원고를 막 찢어서 휴지통에 쓸어 넣었다. 내가 참지 못해서 장길성에게 야단쳤다.

"이것이 첫 번이라면 몰라도 번번이 원고를 찢어서 버리면서 나를 개새끼니 무어니 하고 욕질하시오?! 그게 어디서 배운 행세요? 당신은 이상도 모르오."

장길성이 한참 말없이 있다가 고개를 숙이면서 말했다.

"내가 잘못했습니다. 앞으로는 이런 일이 없도록 하겠습니다."

며칠 후에 윤상홉이 나에게 장길성 때문에 말을 걸어왔다.

"선생이 일을 가지기 시작했는데 좀 참으시지 않고 번역원에게 이렇다 저렇다 말하십니까."

나는 윤상홉이 그런 말을 하리라고는 생각을 못했다. 그래서 내가 윤상홉에게 말했다.

"윤 선생. 그게 무슨 말씀이시오?! 그래 … 장길성이 우리 앞에서 번번이 원고지를 찢어 팽개치면서 나를 욕하는 것이 옳다는 말씀입니까? 선생이 그 사람의 버릇을 잘못 굳혔습니다. 나는 앞으로도 그런 사람들과 싸우겠습니다."

"그 사람은 기술자가 아닙니까. 그 사람이 아니면 방송이 못 나갈 것이 아닙니까?"

"그렇다고 해서 골치를 썩히면서 받들 필요는 없습니다."

나는 강경하게 말했다. 이후 장길성은 몹쓸 행세를 범하고 북조선으로 쫓겨갔다.

내가 방송국에서 일할 때 '원동변강에서의 소비에트 주권수립을 위한 고려 국제주의자들의 투쟁'의 필자인 김 마뜨웨이 찌모페예비츠가 취재차 와서 우리 집에 한 주일 있었다. 나는 이전에 이 선생과는 안면이 없었다. 모스크바 동무들이 김 마뜨웨이 선생이 이 시로 가면 나를 만나라고 권고했었다고 했다. 김 마뜨웨이는 스탈린시대 때 블라디보스토크 당학교 교장으로 있다가 잡혀가서 감옥생활을 십 년 이상이나 한 사람이었다. 김 마뜨웨이가 나에게 김승빈 선생을 만나자고 하기에, 그를 데리고 김승빈 선생 집을 찾아갔다. 김승빈 선생이 김 마뜨웨이를 반갑게 맞이했다. 두 사람은 안면은 없고 소문만 듣고 서로를 아는 모양이었다. 김승빈 선생이 김 마뜨웨이 선생이 왔다고 반가운 점심을 차렸다. 김승빈 선생이 손님을 위해 술잔을 들며 권했다. 그러자 김 마뜨웨이는 단호히 거절했다.

"나는 술을 못 마시오."

그러니까 김승빈 선생이 또 권했다.

"한잔이야 못 들겠소?"

김 마뜨웨이는 극구 사양했다. 김승빈 선생의 얼굴을 살피니 무색했다. 점심을 끝내고 두 사람이 서로 왕사를 말했다. 그런데 의견이 상반되어서 서로 옥신각신했다. 김승빈 선생이 김 마뜨웨이에게 다질렀다.

"당신 골속에는 아직까지도 당파 싸움하던 그 질이 남아 있소."

내가 보아하니 이 두 늙은이들이 서로 틀리고 말 것 같아서 김 마뜨웨이 선생에게 먼저 말했다.

"선생이 김승빈 선생을 꼭 만나자고 하기에 선생을 모시고 왔는데 서로 옥신각신해서야 되겠습니까? 그렇다면 그만 빨리 자리를 뜹시다."

그랬더니 김승빈 선생이 토론을 그만 하자고 했다.

"김 마뜨웨이는 내 손님인데 내가 그래서야 되겠소. 그만 합시다."

나는 서둘러 김 마뜨웨이 선생을 데리고 김승빈 선생 집에서 나왔다.

김 마뜨웨이 선생은 나에게 이런 말을 한 적이 있었다.

"리종님의 말에 의하면 당신 부친이 추풍에서 빨치산 사업을 했다고 하는데 부친에 대한 글을 쓰시오. 내가 쓴 책을 재판할 때 당신 부친에 대한 기사를 넣겠소."

그래서 나는 아버지가 빨치산에서 활동하던 기사를 사진과 함께 보냈으나 김 마뜨웨이 선생이 사망했기에 결국 그의 책은 재판되지 못했다. 나는 김 마뜨웨이 찌모페예비츠 선생과 자주 편지 연락을 하였고 그 편지를 보관하고 있다.

하바롭스크에는 김유천 거리가 있었다. 김유천의 본명은 김유경으로 중심찬 사람이었다. 어느 날 이 선생이란 사람이 와서 이런 저런 이야기를 나누다가 김유천 거리에 대한 이야기가 나왔다. 그래서 내가 생각대로 얘기해 주었다.

"김유경이 청년 시절 군도를 차고 말을 타고 다니던 일이 지금도 훤합니다."

이 선생이 말했다.

"그러면 그 거리의 이름을 바로 잡아야지요."

그러면서 시 소비에트로 같이 가자고 나를 졸랐다. 결국 시 소비에트에 가서 고문서를 들추어보니 정말 김유경으로 되어 있었다.

그래서 우리는 시 소비에트 위원장을 만나 이 사실을 말하고 거리의 이름을 고치자고 하니 위원장의 말이 거리이름을 고치자면 많은 돈이 드는데 그럴 필요가 있겠는가. 그리고 시민들이 김유천 거리라고 부르고 있는데 그만두자고 했다. 결국 지금까지 김유천 거리라고 부르게 되었다.

향토박물관에도 이 선생과 같이 갔었다. 이 선생이 그때 박물관을 돌아보고 박물관 관장에게 질문했다.

"우리 고려사람들이 백여 년 이상 원동변강에 와서 사는데 왜 고려사람의 자리는 없소?!"

관장이 무안해져서 변명하듯 말했다.

"앞으로 고려사람 자리를 만들 계획이 있습니다."

그러나 지금까지 향토박물관에는 고려사람 자리가 없다.

세월은 쉬지 않고 흐른다. 나도 연금생활을 할 때가 돌아왔었다. 지금은 간부과에서 연금 수속을 다해주지만 그때 당시에는 자신이 연금수속을 했다. 연금수속이란 그리 쉬운 일이 아니었다. 짜증나게 많은 절차를 밟아야 했다. 내가 연금을 수속하자고 중구역 사회보장 부장실을 찾아갔다.

부장실로 들어가니 훈장과 메달을 앞가슴에 많이 찬 늙은 참전군이 앉아있었다. 나는 그 사람 앞에 내가 가지고 간 자서전을 내어놓았다. 부장이 내 자서전을 조심스레 읽었다. 그러더니 이윽고 눈을 지긋이 감으면서 말했다.

"동무의 자서전을 자세히 읽어보았는데 구역 사회보장부에서 해결하기 힘든 문제들이 있소. 동무가 중앙당 비서국에 이 자서전을 보내시오.

동무는 보통연금이 아니라 소련 개별연금을 받을만하오."

나는 집에 돌아와 자서전에 청원서를 첨부해서 소련공산당중앙위원회 비서국으로 보냈다. 그런데 한 달이 지나도 아무 소식이 없었다. 한 달이 조금 더 지나서 변강 당 조직부장 스빈추크가 나를 자기 사무실로 오라고 연락이 왔다. 약속 시간에 그를 찾아가니 부장이 일어서서 나와 반갑게 인사하고 나를 앉으라고 했다.

"동무가 연금 문제 때문에 중앙당 비서국에 청원을 낸 일이 있습니까?"

"예. 그런 일이 있습니다."

"내가 회답을 받았습니다. 동무는 소련 개별 연금생입니다."

그러면서 나에게 악수를 청했다. 부장은 나에게 변강 사회보장 부에 가서 개별 연금증을 받으라고 했다. 나는 원동변강 사회보장부 부장실에 가서 개별 연금증을 받았다.

소련의 개별연금에는 세 가지가 있다. 소련 개별연금·공화국 개별연금·지방개별연금이 그것이다. 소련 개별 연금생은 주택세금 50%할인, 일년에 한 번씩 정양소 무료치료, 약품가의 20% 할인, 도시운수수단 무료 이용, 일년 일회씩 소련을 무료로 여행할 수 있는 권리가 있었다. 그래서 나는 해마다 스마꼽까 정양소로 다닐 수 있었다.

스마꼽까는 소련에서 유명한 약수지대다. 그 곳에는 '중앙당 정양소', '직업동맹 정양소' '군대 정양소' 등 세 개의 정양소가 있다. '중앙당 정양소'와 '직업동맹 정양소' 사이에는 현격한 차이가 있다. 중앙당 정양소 건물은 참으로 훌륭하고 아름다운 7층 건물이다. 주위를 벽돌로 둘러막고 입구에는 보초막이 있다. 이 보초막에서는 중앙당 정양소에서 휴양하는 사람들만 통과시킨다. 그 외에 다른 휴양생들은 들어갈 권리가 없다.

그러나 그와 반대로 직업동맹 정양소는 4층으로 되어 있는데 볼품없는 초라한 건물이다. 여기에는 보초도 없고 울타리도 없으며 무상출입이었다. 나는 이 두 건물을 비교해 보면서 이런 생각이 들었다. 당과 인민 사이에 이런 현격한 차이가 있을 수 있겠는가. 당과 인민은 일체라고 말 하지 않는가. 이것은 언행상반이다. 나는 양심이 마비된 사람이 아니다. 그것을 보기 부끄러웠다. 나뿐이 아니었다. 여기로 휴양 온 모든 노동자 들이 다 그렇게 생각하고 있었다. 중앙당 정양소에서는 양반들이 휴양하 고 직업동맹 정양소에서는 쌍놈들이 휴양하고 있다고들 말했다.

나는 중앙당 정양소와 직업동맹 정양소, 두 곳에서 모두 휴양한 일이 있기에 두 정양소의 내부시설과 식사 차이를 잘 안다. 우선 중앙당 정양 소에 들어서면 눈이 번쩍 뜨인다. 모든 편의시설이 알뜰히 갖추어져 있 다. 어디나 주단으로 덮였다. 매 호실마다 샤워, 전화, 텔레비전, 안락의 자 등이 있었다. 쉬는 사람들의 말에 의하면 그 안에서도 차별이 있다고 했다. 식사 가치는 노동자 정양소의 식사에 비하면 훨씬 높았다. 식탁에 는 각종 어란, 생선, 버섯 그밖의 것이 올라왔다. 노동자들의 식탁에서 그런 것을 볼 수 없다. 그 곳에서 300여명이 정양하는데 그만한 수의 직원들이 있다고 했다. 정양하는 한 사람에게 시종이 한 사람씩 붙어있 는 셈이었다. 어디로 보던지 차별대우가 심하다. 이렇게 하고서야 오래 견딜 수 있겠는가. 결국 당이 붕괴되고 소련은 허물어지게 된 원인이 이 런 계급 차별화 정책이었지 않았는가 하는 생각이 들었다.

내가 스마꼽까 정양소에 갔을 때 이런 사변이 있었다. 어느 날 밤에 휴양생 한 사람이 송진 한 바스켓을 들고 와서 중앙당 정양소의 담 벽에 '당과 인민이 갈라졌다'라고 대서특필했다. 그때 이 글을 지우느라고 내 무원들이 총동원되었다. 이 소문이 연해주 전지역에 잠깐 사이에 퍼졌 다. 이 일 때문에 연해주 당에서 로마긴이 스마꼽까에 왔다간 일이 있었 다. 이 사건이 있은 후부터는 중앙당 정양소에 마음대로 출입할 수 있게 됐다. 그리고 중앙당 정양소라는 명칭을 사용하지 않고 그저 '연해주 스 마꼽까 정양소'라고 했다. 이름은 바꾸었으나 그 내용은 그대로 변하지 않고 오래 남아 있었다.

내가 하바롭스크 외국어 방송국에서 일할 때 나와 가까이 지낸 두 사람이 있었다. 이 방송국은 조선어·일본어·중국어·영어로 방송하고 있다. 나는 조선어반 동무들보다 중국어반에서 번역원으로 있던 두판, 일본어반에서 번역을 하던 다지마와 아주 친했다. 두판은 한때 만주 부위정부에서 기술비서로 일한 사람이었다. 두판은 나에게만 그 사실을 말하고 다른 동무들에게는 비밀에 부치고 있었다. 그때는 그런 때였다. 소련과 중국의 관계가 나빴을 때 중국을 비판하는 '바당의 섬사람들'이라는 영화가 제작됐었다. 영화의 주역이 바로 두판이었다. 두판이 배우는 아니었지만 박식하고 중국역사를 잘 아는 사람이었다. 그래서 영화 제작 당국이 두판을 주역으로 초청하였다. 이 영화를 하바롭스크 영화극장에서 몇 번 상영했었다. 두판은 낚시질을 무척 좋아했다. 나도 낚시질을 좋아했다. 그래서 어느 때나 둘이서 낚시질을 다녔다. 두판은 물고기를 좋아하지 않았지만 고기를 낚는 재미로 다녔다. 이 사람은 작식도 잘했다. 나의 70주년 때 두판이 자청하고 와서 음식을 맛있게 만들었다. 그때 나의 70주년에 왔던 손님들이 이 집에서는 중국요리도 잘한다고 칭찬이 자자하기에 두판을 손님들 앞에 소개했다. 지금 두판은 없으나 그의 너그러운 자태와 애정은 나의 가슴속에 남아있다.

다지마는 일본반 번역원이었다. 다지마는 소·일 전쟁의 포로였었다. 하바롭스크에서 포로생활을 하다가 마음이 거슬려 시베리아로 도망갔다. 거기 가서 살 곳을 찾아 헤매다가 발이 동상에 걸려 큰 발가락이 떨어졌다. 그래서 다리를 절었다. 일본 포로병들이 하바롭스크에서 떠나자, 다지마는 하바롭스크로 다시 왔다. 방송국 일본어부에서 그를 번역원으로 받았다. 다지마는 차츰 특급 번역원이 되었다. 표창도 곯이 받았다. 혼자 살기가 너무도 적적해서 러시아 여성과 동거했다. 그 여성에게는 이미 딸 하나가 있었는데 다지마가 친딸처럼 거두어주고 사랑했다. 다지마는 우리 집에서 멀지 않게 살았었다. 그래서 친한 친구가 되어 서로 자주 왕래했다. 다지마도 연금생활을 하면서 돈도 있지만 심심해서 채소밭도 일구었다. 다지마가 나를 만날 때마다 나보고도 채소농사를 하라고 권고하곤 했다. 내가 브라고웨쎈스크에서 사는 맏아들 집에 갔다 돌아왔을 때 다지마가 보이질 않았다. 그래서 다지마 집으로 찾아가니 입원중이라고 했다. 한 달이 지나도 다지마가 보이질 않았다. 아마 지금도 퇴원을 안한 모양이라고만 생각했다. 그런데 우연히 일본어반의 나까야마를 만나 다지마의 소식을 아느냐하고 물었더니 뜻밖의 말을 했다.

"왜 선생이 모르시오? 다지마는 병원에서 죽었소. 다지마 양딸이 시체를 찾아가지 않아서 안치실에서 주인 없는 시체라고 어딘가에 묻어버렸다고 합디다."

나까야마에게서 그 소리를 듣고 깜짝 놀랐다. 다지마가 생전에 자기의 양딸을 그렇게 사랑했는데 어떻게 자기 양아버지 시체도 찾아가지 않는단 말인가. 세상에 이토록 험한 사람도 있구나. 그보다도 일본어반 책임자도 다지마가 연금생활로 나간 후에 그가 어떻게 사는가 하고 알아본 적이 없었고, 병원에 입원한 줄 알면서도 일본반의 어느 한사람도 병원을 방문하지 않았다. 심성이 지독한 이기주의가 아니면 그렇게 행동하기 어려운 것이 아니겠는가.

하긴 내가 벌써 연금생활이 25년 가까이 되었지만 누구 하나 나의 건강상태를 물어보는 사람이 없다. 물론 나는 조선반 사람들과 그밖에 직원들을 가끔 만나기에 그럴 수도 있을 것이다. 그리고 일년에 몇 번씩 보조금도 보내는 탓이기도 할 것이다. 여하간 다지마 사망은 마지막이 그렇게 비참하게 되었다. 다지마의 양딸은 더 말할 것 없거니와 외국어 방송국 총주필의 비인간성을 말해야 할 것이다.

나는 3년 동안 더 일하다가 1973년도에 일자리에서 완전히 나왔다. 사람이 직업 없이 살자고 하니 마음이 텅빈 것 같아서 안절부절못할 때도 있었다. 그러니 사람이란 죽을 때까지 일해야 되는 것 같다. 1983년 구월에 나의 처 베라가 사망했다. 나에게 큰 타격이었다. 그때 나는 셋째 아들과 살았다. 지금도 셋째아들인 보와와 산다. 그에게는 두 아들이 있다. 나는 이 두 손자를 사랑했다. 그들을 의지하고 산다. 나의 친구들이 나보고 아직 그리 늙지 않았는데 말동무를 할 사람을 얻으라고 했다. 그러나 친구들의 충고를 듣지 않았다. 지금 시대는 황금시대라고 말할 수 있다. 금전만능시대 말이다. 사람을 보는 것이 아니라 돈을 먼저 본다. 내게는 돈이 없다. 돈이 없는 사람을 누가 거두어 줄 사람이 있겠는가. 살아가는데 큰 걱정은 없다. 나에게는 세 아들과 딸이 있다. 죽으면 나를 파묻어 줄 사람이 있는 것이다. 이것 때문에 근심할 것이 더 이상 없다.

1984년 봄에 소풍도 할 겸 타슈켄트시로 갔다. 이 도시에는 나의 딸과 친구들이 산다. 어느 날 저녁에 황성복이 저녁을 같이 하자고 나를 청했다. 황성복은 대일본전쟁 초창기부터 나와 같이 조선 해방전에 참가했고 전후 평양에서도 아주 가깝게 지냈다. 그의 집을 찾아가니 다른 사람은 없고 주인 혼자뿐이었다. 그런데 퍽 오래있도록 저녁상이 안 들어왔다. 그래서 이상한 생각이 들어 그에게 물었다.

"누구를 기다리시오?"

그가 말했다.

"지금 리상조 선생이 이 도시에 와 있소. 그 분을 기다리오."

그 말을 듣고 나는 속으로 '네가 나를 위해서 저녁을 차린 것이 아니라 리상조을 위해서 저녁을 차렸구나'하고 괘씸하게 생각되었다. 한참 있노라니 리상조가 자기 부인과 같이 들어왔다. 황성복이 일어나서 리상조와 그의 부인을 아주 반갑게 맞이하며 인사했다. 나도 리상조와 그의 부인과 인사를 나누었다. 아담한 식단이 들어왔다. 저녁식사를 하면서 간담이 있었다. 간담의 내용은 북한에 대한 얘기였다.

"당신이 더 잘 알겠소? 내가 더 잘 알지."

이런 논조로 전대미문의 김일성 개인독재 북한인민의 생활 형편과 "사상검토"에 관한 이야기, 김일성의 방탕한 사생활, 그리고 북한에서의 인권 및 자유 박탈문제 등 많은 문제점을 가지고 리상조와 황성복이 서로 경쟁적으로 말했다. 그런데 우스운 일은 김일성에 대해 내놓고 크게 비난하고 모욕한 사람이 바로 황성복이었다.

그는 아쏘크(조선통일촉진협회)인지 무엇인지를 한 것을 꾸며내 가지고 북한을 넘나들면서 김일성에게 아첨을 하며 보충적인 군사칭호를 받는다, 선물을 받아온다 하면서 김일성을 하나님같이 떠받들고 앞잡이 노릇을 하느라고 젊은이들을 자기 주위에 망라시키며 한국과의 친선관계를 무시하며 이간질을 하는 사람이었다. 또 북조선에 파견되어 가서 일하다 온 이전 친구들과 거리를 멀리하고 이간을 조성시키고 있었다. 그런 그가 왜 그렇게 갈팡질팡 엉뚱하게 김일성을 욕하는지 모를 일이었다. 그러나 세상 사람들의 눈은 맑으므로 누가 누구이며, 어떤 행위를 통하여 살아 왔는지 똑똑히 살피고 있음을 알아야 할 것이다. 황성복의 이중성도 언젠가는 세상에 알려질 터이리라.

극성 조합에는 여동생이 살고 있었다. 어느 날 여동생 및 동무들을 만날 겸 이 조합을 찾아갔었다. 꼴호즈 집행부 건물 앞에 다다르니 고려사람은 하나도 없고 우즈베키스탄 등의 사람들이 왔다갔다했다. 나는 26년 전에 이 꼴호즈에 다녀갔었다. 그때만 해도 이 마당에 고려사람들이 웅성거렸고 많은 나의 친구들이 나를 반가이 맞아주었다. 갈대밭을 옥토로 만들었든 사람들은 다 어디로 가고 우즈베키스탄 사람들뿐인가? 나는 개척자들의 한사람이다. 그러므로 이 무인지대를 개발하느라고 우리 고려사람들이 얼마나 많은 피땀을 흘렸는가를 나는 너무도 잘 알고 있었다.

그 중에 영웅 김병화가 극성 꼴호즈의 위원장으로 있을 때는 구역 당에서 당 비서를 우즈베키스탄 사람을 시키라고 김병화에게 종용했었다. 그러나 김병화는 '내가 우즈베키스탄 말을 모르는데 어떻게 우즈베키스탄 당비서와 같이 일할 수 있겠는가'하면서 그 명령을 거절했었다. 그러던 것이 김병화가 사망 한 후, 꼴호즈 위원장이 우즈베키스탄 사람으로 바뀌었고 당비서도 우즈베키스탄 사람이 되었다. 심지어는 부기장까지도 우즈베키스탄 사람이 되었다. 말하자면 극성 꼴호즈가 완전히 우즈베키스탄화 된 것이었다. 판이 이렇게 되자 이 꼴호즈를 건설한 선진일꾼들이 하나 둘씩 꼴호즈를 떠났다. 고려인 호수가 거의 300호였는데 이제 30호를 넘지 못하고 있었다. 하긴 극성 꼴호즈 뿐만 아니라 다른 고려 꼴호즈들도 우즈베키스탄처럼 되고 말았다. 참으로 답답한 노릇이다.

1939년경 타슈켄트 운하건설이 시작되었을 때였다. 운하건설에 고려 꼴호즈들이 총동원됐다. 극성 꼴호즈도 건설에 참가했다. 나도 거기 가서 땅도 파고 문화사업도 했다. 그때 아주 우스운 일이 있었다. 건설장에서 고려사람들이 쪽지게를 지고 흙을 날라 노력 능률을 우즈베키스탄 사람들보다 배나 높였다. 그것도 그럴 수밖에 없는 것이 우즈베키스탄 사람들은 들채 하나에 다수의 사람이 붙어 가지고 흙을 날랐다. 들채는 두 사람 이상이 들어야 했으나 두 사람이 나르는 흙을 쪽찌게 군이라면 한사람이 운반할 수 있었던 것이다. 그러니 한 사람이 두 사람의 몫을 담당한 셈이었다. 그런데 어느 날 한 신문에 다음과 같은 기사가 실렸다.

"우즈베키스탄 사람들이 쪽지게를 발명했다. 수많은 건설일꾼들이 쪽지게를 지고 흙을 운반하여 건설속도를 높이고 있다. 이것을 발명한 사람의 공훈이 크다. 이것이야말로 국가의 포상을 받을만한 공적이다."

소가 웃다가 두레가 터질 노릇이었다. 남의 것을 억지로 이렇게 빼앗을 수 있겠는가. 하기는 고려사람들로부터 꼴호즈를 다 빼앗았으니 쪽지게쯤이야 말할 나위 있겠는가! 이렇듯 극성 꼴호즈가 완전히 우즈베키스탄 사람들 손에 넘어가자 나의 옛친구들은 타지방으로 이사하거나 사망했다. 꼴호즈에 오래있을 재미가 없어서 딸집으로 갔다. 며칠 동안 타슈켄트시에서 더 놀다가 하바롭스크로 돌아왔다. 소수 민족의 서러움이 극히 느껴지는 날들이었다.

1983년 6월에 김 마뜨웨이찌모페예위츠(소련연금생), 황웅세(소련연금생), 남봉식(소련연금생), 이문일(소련연금생), 강상호(공화국연금생), 서재욱(공화국연금생) 김세일 작가 이렇게 일곱 동무들이 리동휘의 기념비를, 그의 가족들이 사는 우르겐치, 우즈베키스탄 공화국에 건립할 것과 중앙아시아의 어느 학교를 리동휘의 이름으로 부를 것과 카자흐스탄 크슬오르다에 있는 홍범도의 묘 앞에 기념비를 세울 것과 이 시의 어느 학교와 소년단을 홍범도의 이름으로 부르며 크슬오르다 박물관에 홍범도의 혁명사업에 관한 구석을 설치해 달라는 청원서를 소련공산당중앙위원회 서기국에 제출한 바 있었다. 그 후 서기국의 회답을 받았다. 그 회답의 내용을 요약하면 이렇다.

"동무들의 발기를 찬동했다. 그러나 중앙당에 자금이 없다. 그러니 동무들의 힘으로 재정 문제를 해결하라."

우리는 그때 이런 회답을 받고 몹시 기분이 상했다. 중앙당에 두 혁명가의 기념비를 건립할 돈이 없겠는가? 이것은 조선혁명가들의 공적을 무시하는 것이었다. 다시 한 번 중앙당에 청원을 쓰려고 하다가 포기하고 말았다.

나는 '북한에서 일을 하지 않고 왜 소련에 되돌아 왔느냐'는 질문을 많이 듣는다. 이런 물음에 올바른 대답을 주려면 1950년대에 북조선에서 조성된 정세를 대충 말해야 한다. 스탈린 개인숭배시기에 소련인민들은 철의 장막에서 살았다. 인권, 집회, 출판, 결사의 자유는 병풍에 그려진 떡이었다. 어느 한사람도 자유를 향유한 적이 없었다. 소련 사람들은 해외방송을 들을 자유, 해외 출판물을 구독할 자유를 박탈당했었다.

사람들이 세계정세를 모르고 스탈린 만세만 부르고 산 것이 사실이다. 그런 점을 비교해 보면 지금 북조선에서는 스탈린 개인독재보다도 더 가혹한 형태로 개인숭배가 대를 이어 계속되고 있다. 일제시대 때 일본군들이 조선인민의 자유를 박탈하고 유린했다면 오늘에 와서는 북한에서 자기 민족이 자기 민족 사람을 탄압하고 학살하고 있는 것이다. 이 비극이 더 계속되면 안 된다고 생각한다.

1953년에 스탈린이 죽었다. 그러자 스탈린 개인숭배의 이중성과 비리들이 폭로되기 시작했다. 1955년에 소련공산당 제20차 당 대회가 모스크바시에서 개막되었다. 이 대회에서 흐루시초프가 대담하게 스탈린 개인숭배의 피폐성을 폭로했다. 그러자 다른 사회주의 나라들에서 스탈린 개인숭배를 폭로한 소련공산당 제20차 대회의 결정을 지지했다. 그러나 모택동과 김일성은 이 결정을 지지하지 않았다. 이 두 사람이 스탈린 개인숭배의 철저하고도 충실한 제자들이었기 때문이다.

소·중 관계가 나빠지기 시작했다. 김일성도 이틈을 타서 반소 친중 정책을 시작했다. 심지어는 소련군대가 북조선을 해방한 것이 아니라 백두산에 주둔했던 조선인민군이 북조선을 해방했다고 엉터리로 선전하는 등 파렴치한 억측이 극에 달했다. 북조선의 큰 도시들, 특히 항구도시인 원산 시에는 김일성의 큰 동상을 세우고 1945년 8월에 일본군을 때려부수고 이 도시에 상륙했다는 전대미문의 거짓말을 꾸며내어서는 인민들, 특히 아이들을 교육사상으로 속이고 있었다.

사실은 김일성 유격부대가 동만주에 있다가 일본군의 토벌에 발붙일 곳이 없어서 살길을 찾아 1941년에 소련국경을 넘어와 하바롭스크 빠드쓰크예 촌락에 와서 살았다. 1945년에 북조선이 해방된 이후, 총 한 방도 안 쏘아본 김일성이 마치 민족의 영웅인양 소련군함을 타고 9월 19일에 원산항에 내린 것은 주지의 사실이다.

1955년에 열린 조선노동당 전원회의에서 평양시당 위원장 윤공흠, 직총중앙위원회 서휘, 문화선전성부상 김강 그밖에 노동당원들이 우리 당에도 개인숭배가 있다고 비판했었다. 그러나 김일성이 손을 쓰는 바람에 윤공흠, 서휘, 김강은 밤중에 중국으로 도망가야 했다. 이런 일이 있자, 김일성은 자기 발판이 뒤흔들릴까봐 겁이나 개인숭배를 반대하는 사람들의 명단을 작성하고 계획적으로 그들을 무자비하게 탄압했다. 많은 당원들이 출당되고 투옥되고 학살됐다.

바로 이때에 중국공산당 대회가 북경에서 열렸다. 이 대회 때 북조선에서 수많은 간부들이 숙청되고 있다는 보고를 듣고 팽덕회를 북조선에 파견하여 사태를 바로 잡기로 했다. 소련에서는 미꼬얀이 북한으로 왔다. 김일성이 미꼬얀과 팽덕회의 조언을 듣고 출당된 많은 당원들을 복당시켰다. 그러나 미꼬얀과 팽덕회가 북한을 떠나자 김일성은 재빠르게 자기의 측근자들을 모아놓고 소련공산당과 중국공산당이 조선노동당 내정에 간섭했다고 아주 분격했다.

1957년에는 모스크바시에서 각국 공산당 및 노동당 대표회의가 개막됐다. 이 회의에서 평화와 전쟁, 당의 전략문제를 토의하는 과정에서 의견 차이로 인하여 모택동이 고립됐다. 이렇게 되자 모택동이 북경에 돌아와 팽덕회를 김일성에게 보내어 중국공산당이 조선노동당 내정에 간섭했다는 것을 사죄하고 김일성을 한달 동안 북경으로 초청했다. 김일성은 이 초청을 받고 중국에서 돌아와 더 우쭐해서 사상검토라는 악명 높은 이름 하에 애매한 사람들을 대중적으로 청산하기 시작했다. 김일성은 모택동의 비호 하에 수정주의, 대국배타주의니 하고 반소정책을 노골적으로 감행할 수 있었던 것이다.

1955년 12월에 김일성은 소위 주체사상이란 간판을 내걸었다. 알고 보면 주체사상의 진짜 내용은 민족주의이며 스탈린의 철의 장막정책을 계속한 것이다. 김일성은 마르크스 레닌주의라는 말을 말끝마다 하지만 사실 주체사상은 마르크스 레닌주의와는 아무런 연관도 없다.

스탈린이 김일성을 등용했는데 왜 김일성이 반소주의 정책을 해야만 했는가 하는 의문이 생긴다. 이상에서 말했지만 스탈린이 눈을 감자, 흐루시초프가 스탈린의 개인숭배를 폭로하는 바람에 김일성은 자기 발등에 불이 떨어질까 봐 겁을 집어먹고 모택동의 엄호 하에 우선 소련에서 온 간부들을 모조리 청산하기 시작했던 것이다. 소년단원에서 공청원으로 공청에서 소련공산당원이 된 소련간부들을 반소정신으로 교양하기 어려우리라는 것을 깨달은 김일성은 소련에서 온 간부들을 일자리에서

쫓아내고 그들에게 날조
된 죄를 씌워 투옥하고
정배살이를 보내고 심지
어는 총살과 암살까지
했다.

김일성이 던진 사상
검토의 그물에 예전 중
앙당 선전부장 박창옥,
문화선전성부장 기석복,
정률, 중앙당선전부에서
일하던 전동혁, 노동당
중앙위원회 조직부장 박
영빈, 내각부수상 박이
완 그밖에 많은 사람들
이 걸렸다. 허가이 부수

서울에서 북한민주화통일협의회 회장인 이연길 씨와 함께

상 같은 경우는 소문은 자살했다고 하지만 사실은 암살됐다.

일제시기 때 국제공산당의 파견으로 지하공작을 했던 박정애는 본명
이 최 웨라였는데 그의 공적을 모르는 사람이 없을 정도였다. 특히 김일
성은 누구보다도 더 잘 알고 있었다. 그런데 김일성은 박정애를 조선노
동당중앙위원회 비서직에서 끌어내린 후, 박정애가 농업상으로는 적당
치 못하다는 것을 뻔히 알면서도 고의적으로 박정애를 농업상직으로 좌
천시켰다. 그리고 얼마 안 되어 그가 일을 잘못했다고 숙청하여 버렸다.
그 후 박정애의 운명이 불분명하다.

그렇다면 예전에 상임위원회 위원장을 지낸 김두봉 선생은 어떻게 살
해되었는가?! 김두봉 선생은 소련에서 온 사람이 아니었다. 연안에서 온
학자였다. 김일성은 인민들의 선출을 받아 위원장이 된 김두봉 선생을
공화국 헌법을 무시하고 자기 마음대로 그를 농촌으로 보낸 다음, 그에

1995년 8월 28일 자택에서 부인과 함께

게 뜨개소를 주었는데 결국 소가 박아서 세상을 떠났다. 김두봉을 농민들이 타살했다는 말도 있었다.

이런 행위는 중세기적 야만행위다. 이름난 작가 한설야, 리태준, 동양에 이름을 떨친 무용수 최승희, 만담가 신불출 등 그밖에 많은 문인들과 예술인들도 학살됐다. 과거에 일본군들이 수백 명 조선혁명가들을 투옥하고 살해했다면 김일성은 과거 반일 투사들과 혁명가들을 모조리 없애버렸다. 심지어는 자기의 친척들까지도 숙청했다.

이제는 점점 기력이 떨어져 간다. 북한에 대한 수많은 피폐성을 기록하여야 할 것인데, 쇠퇴하여 가는 육신과 정신으로 다 필설할 수 있을지 염려스러울 뿐이다.

1995년 4월 30일 하바롭스크 남봉식

남 학 용
(1913. 5. 24 ~ 1997. ?)

전 군사교통운수 총국장 겸
조·중 연합사령부 군사교통운수 담당 부사령관, 중장

　　남학용의 본명은 남 안드레이 찌모페예위치로 1913년 5월 24일에 원동변강 연해주 이만 시의 빈농 가정에서 태어났다. 이만 시에서 소학교와 초중을 마친 다음 어려운 가정 형편 때문에 공부를 계속하지 못하고, 기차·기관고에서 14세 되던 해부터 노동자로 일하였다.

　　1928년부터는 기관차를 따라 다니며 기관사의 조수로 일하다가 1929년에 기관사로 승급되어 기차를 몰고 다녔다. 1930년에는 치따 시에 있는 철도전문학교에 입학하여 1934년에 졸업하였다. 남학용은 훌륭한 성적으로 졸업하였기 때문에 자바이칼 지구 철도관리국은 남학용의 장래성을 보고 모스크바 철도 운수 전기공업대학에 파견하여 공부할 수 있도록 조치했다. 학업 도중에 대학이 뻬제르부르그 시로 이주하였고 거기에서 동 대학을 1939년에 졸업하였다.

　　대학을 나온 이후 남학용은 철도성의 파견에 의하여 뚤껬스탄 씨비리 철도관리국에 도착하여 철도 기사직으로 시작하여 책임기사 직무를 거

249

쳤고, 1943~1946년까지 철도 신호설비 및 관리국장으로 일하였다. 1946년 초에 소련공산당 조직부의 결정에 따라 국제공산당 임무 수행을 위하여 북한에 파견되었다.

남학용은 북한에 도착하여 처음으로 북한 임시 인민위원회의 철도관리국장을 역임하였으며, 조선민주주의인민공화국 정부가 조직된 다음에는 교통성 제1부상으로 일하였다. 이후 민간 항공관리국장을 역임하다가 1949년 초부터 6·25 동족상잔이 시작될 때까지 교통운수 총검열국장으로 중앙 정부에서 일하게 되었다. 남학용은 전쟁 시기인 1950~1953년까지 군사교통운수 총국장 겸 조·중 연합사령부 군사교통운수 담당 부사령관의 직무로 근무하였다. 그때의 군사칭호는 중장이었다.

남학용은 품성이 조용하여 타인과 농담을 잘하지 않았고 헛소리나 잡소리도 하지 않고 일에만 충실하는 성격이었다. 6·25 동족상잔 전쟁 때는 그 어려운 상황에서도 교통운수 사업을 잘 진행했다. 남학용은 기차 기관사들과 자동차 운전기사들을 전쟁의 열화 속에서도 제대로 일할 수 있도록 훌륭히 과업을 꾸려나갔다. 후방 물자들과 군수품들을 제때에 운반하여 전투에 임할 수 있도록 영웅적으로 도움을 준 것이었다.

남학용은 북한에서 일하는 동안 많은 성과를 거두어 수 없는 표창을 받았으니 국기훈장 1급과 2급, 자유독립훈장 2급을 수여 받은 것이 그것이다. 그 외에도 많은 메달과 표창장을 받았으니 그 수를 손꼽을 수 없을 정도였다.

그래서 사상검토 바람이 거세게 불던 1956년부터 1960년까지도 남학용에게는 숙청 바람이 불지 않을 것이라고 다들 판단했었다. 그러나 숙청 작업에 예외는 없었다. 사상검토에 내놓은 자료는 별 것이 아니었다. '소련사대주의', '소련가족주의', '소련관료주의' 등의 기본 종목이 남학용을 숙청하는 죄목이었다.

남학용은 그러한 죄목들을 죄로 인정받기 싫다는 표현과 함께 소련으로의 귀환을 요구했다. 남학용은 북한생활 15년 동안 생명의 위험도 무릅쓰고 자신의 모든 힘을 바쳐 일했던 조국의 정권이 오히려 자신을 죄인으로 옥죄어 오는 것에 대한 깊은 회의를 느꼈다.

1960년 10월에 소련공산당중앙위원회에 청원을 올려 1961년 2월에 소련 모스크바로 귀국하였다. 귀국 후 소련 당중앙위원회 조직부의 수속을 밟은 다음, 친척들과 친구들이 살고 있는 카자흐스탄 공화국 수도인 알마아따 시로 오게 되었다. 알마아따시에 도착한 후, 카자흐스탄 공화국 내각 국립과학연구위원회 운수통신부 관리국장으로 1965년까지 일하였다. 1965년부터 1970년까지는 공화국 기자재 총관리국 운수국장으로 일했다. 남학용은 1970년부터 개별 은급 연금생으로 자손들과 행복하게 살다가 1977년에 세상을 떠났다.

1999년 10월 29일 장학봉

리 동 화
(1901. ? ~ 1980. 2. 16)

전 조선인민군 군의 총국장

본명이 리 와씰리 페도로위치인 리동화는 1901년 원동변강 유태인 자치주 블라고웨쎈쓰크 군 블라고쓸라웬노에 촌에서 태어났다. 그는 소련에서 태어난 한인들이 흔히 일컫는 4만리 출신이었다. 4만리 출신이라는 애칭은 참으로 재미있는 뜻에서 붙여진 것이다. 19세기 말엽에 한국 정부에서 러시아 정부와 협약에 의하여 약 일천명의 한인 가족들을 원동강변 니꼴쓰크 시 부근에 배를 이용하여 이민시켰다.[12]

이들은 당시에 자신들이 얼마나 멀리 왔는지 알 수 없어서 4만리는 왔을 것이라는 말들을 하였다. 그래서 이때 이민 온 한인 출신들을 4만리 집단이라고들 하였다. 이들의 자손들은 한국말을 아예 모르거나, 몇몇 아는 사람들도 러시아 어투로 발음을 하였는데 어린아이들이 말을 배우는 수준이었다.

리동화는 한인 학교는 근처도 가 본적이 없었다. 블라고쓸라웬노에서

---

12) 조약은 사실로 확인되지 않는다.

소학교와 초중을 졸업한 다음 군 소재지인 블라고웨쎈쓰크에서 의학전문학교를 1926년에 졸업하였다. 의학전문학교 졸업 후, 소련군 군의로서 1930년까지 복무한 다음 시베리아 중앙도시인 일꾸쓰크 시 의학대학 예과에 파견되어 1년간 공부를 더 했다. 1931년부터 1936년까지 대학 내과를 우수한 성적으로 졸업한 뒤, 동 대학 내과 연구원으로 1937년 12월까지 근무하였다. 그 뒤부터는 군의로 복무하였다.

1937년 8월 이후 소련 원동강변 지역에 살던 한인들의 강제이주 때 리동화의 가정은 계속 일꾸쓰크 시에서 살았으며 군의로의 근무도 계속되었다. 1938년 6월 리동화는 소속된 군대와 같이 원동변강 블라디보스토크로 이동하여 일제와의 전투인 하싼 전투에 참전하게 되었다. 이때에도 리동화의 가족은 계속 일꾸쓰크 시에 살고 있었다. 그 때문에 그에게 강제이주로 인한 참담한 상실감 같은 것은 없었고 행복한 가정을 꾸릴 수 있었다.

하싼 전투가 끝난 다음, 리동화가 복무중이던 소련군 제25군단은 제1전선에 속하여 있던 몇 개의 정찰구분대와 중국출신 팔로군 소속 구분대들을 결속하여 소련군 88정찰여단을 조직하였다. 88정찰여단은 하바롭스크 동남쪽 약 60Km 부근의 삼림인 와드쓰크 촌에 주둔하게 하였다. 이때 리동화는 88정찰여단의 책임 군의장 겸 군의소 소장으로 근무하였는데 계급은 소좌였다.

88정찰여단이 조직되어 몇 해가 흘렀다. 리동화는 이때쯤 자신의 삶에 악연을 만나게 되는데 다름 아닌 김일성과의 조우였다. 그 당시 김일성이 인솔하고 있던 1개 대대 빨치산 부대는 동만주에서 항일투쟁을 하다가 일제 군벌의 토벌작전에 견딜 수 없어 소·만 국경을 넘어 소련 영토로 들어오게 되었다. 1940년 소련 국경을 넘은 김일성 부대는 원동변강 블라디보스토크 부근에서 야영하면서 채포원에서 일하였다. 이런 소식을 접한 주보중 여단장은 군단지도부에 보증을 서고 김일성 대대 성원을 모두 자신의 여단에 편입시켰다. 한인 대대가 여단에 편성되어 오자, 같은 동포인 리동화는 아주 기쁘게 생각하면서 김일성 대위와 친한 사이가 되었다.

그 시기에 일제치하에 있는 조선을 해방하기 위한 전초작업으로 조선에 정찰병이 필요한 것을 느낀 소련군은 많은 한인 청년들을 징병하여 1년 이상씩 정찰학교에서 교육을 시키고 있었다. 그 인력들이 88정찰여단으로 배속되어 왔다. 유성철, 정학준, 김창국, 리종민, 최원, 김예핌, 신붕남 등이 그들이었다. 이들 중 많은 인원들이 조선 내 정찰 중에 일본군에 잡혀 처형을 당하기도 했다. 소련 정부는 이런 인력 외에도 국제혁명자 후원회 계통, 국제 공산당 계통 등을 통하여 소련에서 준비된 많은 간부들을 조선으로 파견하여 여러 가지 작업을 시도하였다.

1945년 8월에 이르자, 소련 원동변강 하바롭쓰크 시 부근 와드쓰꼬내 촌을 소재지로 1941~1945년 동안 군사 임무를 수행하던 88정찰여단은 상부로부터 해산 명령이 하달되었다. 1945년 8월 15일에 조선과 중국 두 나라가 완전히 해방되자, 여단의 임무인 정찰이 더 이상 필요하지 않았기 때문이었다. 소련 원동변강 제1전선사령부는 그 여단에서 복무하던 성원들을 민족별로 구분하여 한국인들은 조선으로, 중국인들은 주보중 여단장의 지휘하에 중국으로 보내게 되었다.

김일성 대대 성원들과 여단 각부에서 복무하던 전체 한인들은 블라디보스토크에서 군대 화물선인 '뿌가초브'호를 타고 1945년 9월 19일(음력으로 추석)에 원산항에 상륙하였다. 원산에 도착한 김일성 대대 소속 한인들은 원산시 인민위원회의 대대적인 환영을 받았다. 이때 리동화도 김일성 대대 성원들과 동행하였다. 물론 리동화는 김일성 대대의 성원은 아니었다.

이후 조선공산당 북조선 분국이 조직되었고, 김일성의 추천에 의해 리동화가 조선노동당 북조선 분국 조직부장에 임명되었다. 리동화는 청년시절에 레닌 공청회의 일을 열성적으로 한 일은 있었으나, 의사 출신이었기 때문에 그리 큰 활동을 하지 못했다. 주로 당 사업이나 당 총회,

당 위원장이 요구하는 당적 위임 등을 실행하는 정도였다. 리동화는 자신에게 주어진 업무에 대해서는 책임성 있게 처리하였고 부하들에게도 알찬 업무 수행을 하도록 하기는 했지만 당 조직사업은 아니었고 단순히 사무적인 업무들이 주 과제였다.

1945년 당시 해방 정국에서 국가를 지도할만한 영도자를 조국은 가지지 못했다. 주로 외국에서 독립운동을 하였지만 국가를 꾸리고 수권할 만한 인재는 탐탁치 않았던 것이다. 그런 상황이 되다보니깐 김일성의 입장에선 리동화가 중앙당 조직부장을 맡아서 근간을 구측하는 것이 좋겠다는 의사로 추천을 했던 것이다.

당 조직지도부는 중앙당 각 부를 지도하는 부서로서 사업계획을 구축하여 하달하고 관리하는 것이 원칙이었다. 그런데 리동화는 당 사업 경험이 적은데다가 조선말을 어눌하게 하는 편이라서 그 임무를 원활히 할 수 없었다. 그렇다고 리동화가 업무수행을 게을리 하거나 나태했던 것은 아니었다. 다만 그러한 조건들이 리동화의 업무수행에 불리하게 작용을 하고 있었다는 것이다. 심지어 반소련분자인 김창만 같은 당 정치위원은 리동화를 무능하다며 노골적으로 비웃고 다니기도 했다.

1948년 중앙정부가 구성되고 인민군대가 계통과 체계를 가진 다음, 리동화는 자원하여 당 조직부장직을 내어놓고 조선인민군 군의 총국장으로 전근하여 갔다. 자신의 전공 분야에 들어선 리동화는 그대부터 활기차고 뛰어나게 사업을 진행하였고 알찬 조직을 구축하였다. 특히 1950년 6·25 동족상잔이 발발하자, 전선은 남쪽으로 내려가기 시작했고 소련을 위시한 각 사회주의 국가들은 조선 해방전쟁을 응원하는 의미에서 북한과 전선의 수많은 야전병원을 지원하기 시작했다. 그러니 리동화의 역할은 군의 총국으로 필요불가결한 조건이었고 대단히 중요한 존재였다. 조선 전쟁의 기본 장본인이 소련이었기 때문에 리동화는 군 계통의 최고사령부를 거치지 않고 직접 소련대표들과 토의를 하였고 그 결과를 김일성에게 후보고 하였다. 조선전쟁 3년 동안 리동화는 그 험난한 항공기 기습과 폭탄 밭을 돌아다니며 계속하여 전선 야전병원을 돌아다녔다. 그것은 조국의 완전한 통일을 위해 목숨을 내던진 역할이었다.

6·25 동족상잔은 결국에는 무수한 인적·경제적 자원을 없애고 정전으로 치달았다. 전쟁이 끝나자 조선노동당은 인민들의 사상검토 사업을 개시하였다. 이것은 김일성주의를 반대하는 파들을 숙청하는 작업이기도 하였지만 전쟁 실패의 이유를 오도하고자 했던 일이기도 하였다. 따라서 김일성 일당에게는 사상검토 사업이 아주 중요한 일이었다.

조선노동당은 남한출신, 중국출신을 모두 숙청한 후에 1956년부터는 소련출신 간부들을 청산하기 시작했다. 인민군대 내 숙청 작업은 김창만 반소련파 거두가 총지도하였다. 인간이 만든 조직이란 총체적 활동 과정에서 기본 방향과 원칙은 한 가지일지라도 목표 달성을 위해서 약간의 의견 차이나 견해가 다를 수도 있다. 소련출신 간부들은 북한에 들어오기 전에 소련공산당의 견고한 지시를 받았었다. 그것은 북한에 나가서도 충성을 다하여 공산당의 원칙을 준수하라는 것이었고 김일성을 도우라는 지시였던 것이다. 때문에 소련출신 간부들은 누구나 그 지시대로 임무에 충실하였다. 그런데 당 사상검토 지도자들은 어떤 당적 원칙도 인간적인 배려도 없이 무조건 반대파의 숙청만 실행하였다. 별다른 죄목도 없는 사람들에게 무조건 '소련 가족주의', '소련 사대사상', '소련식 관료주의'라는 트집으로 매도하였고 철직과 강직 처분을 내린 후 농촌으로 유형살이를 가서 사상 재교양을 받으면서 갱생의 장을 만들라는 것이었다.

소련출신 간부들의 무조건 숙청 작업에서 리동화도 예외일 수는 없었다. 리동화에게 덧붙인 죄목이 가관이었다. 소련에서 나온 지 10년이 되도록 조선말을 전혀 배울 생각을 않아서 문건 작성도 제대로 못하였다는 것이 죄라고 사상검토 회의록에 기록했던 것이다. 그리곤 철직을 시키면서 농촌으로 내려가 의사 생활을 하면서 반성하라는 것이었다. 리동화는 북한에서 더 이상 살 수 없음을 확실히 깨닫게 되었다. 농촌으로 가족들을 데리고 가서 의사로 살라는 것은 소련군대 중좌 계급인 자신에게 어떠한 혜택도 받지 못하도록 하는 것이었으며 경제적으로도 앞길이 꽉 막히는 일이었다. 당시 리동화는 소련군에서 제대비를 받고 연금으로만 산다고 하여도 소련의 중등 간부들에게 지급하는 경제 보상비와 맞먹는 돈을 받는다는 것을 알고, 소련 대사관을 통하여 소련 소비에트 상임 위원장과 소련 무력성에 청원을 제출하여 소련국적 회복과 소련으로의 귀환 허가를 요청하였다. 리동화가 제출하였던 청원서가 1960년 7월에 비준되었고 리동화는 전 가족을 데리고 모스크바로 귀환하였다.

리동화는 소련 모스크바 무력성에서 연금 제정과 사택 배정을 처리한 문건을 받아가지고 카자흐스탄 공화국 알마아따 시에 파견되었다. 리동화는 그곳에서 도 인민위원회 보건부장으로 일하다가 1965년에 퇴직하면서 연금생활로 들어가게 되었다. 리동화는 1980년까지 무사하게 생을 영위하다가 동년 2월 16일에 세상을 떠났다. 현재 알마아따 시에는 리동화의 아들 딸 형제들이 오순도순 잘 살고 있다.

2000년 9월 15일 장학봉

전 모스크바 주재 조선민주주의인민공화국 특명전권대사

리상조는 1916년 3월 7일 부산 동래에서 태어났다. 그가 태어난 가정은 당시 재산 수준으로 보아 중등 정도로 밭도 몇 마지기 있었고 산간 터전에 기와집도 있었다. 현재에도 그의 고향에는 그를 기다리고 있는 소유지가 있다고 한다.

리상조는 7살 때부터 향촌에서 공부를 시작하여 17세 되던 때에 이미 부산시 상공전문학교에서 공부하였다고 한다. 그 당시 조선은 일본에 강점된 지 20여 년이 넘었고 왜놈들은 매일같이 부유해가며 조선인들에 대한 민족적 착취도 배가되어, 리상조는 헐벗고 굶주린 백의동포들이 목놓아 우는 모습을 보게 되었다. 또 연락선을 타고 어디론가 가는 것을 수백 번 보았으나 짐을 들고 돌아오는 것은 한번도 보지 못했다. 때문에 이 모든 불행의 기본 원인은 왜놈들에게 조국을 빼앗긴 것이라는 것을 젊은 청년들은 점차적으로 알게 되었으며, 리상조도 그것을 깨닫고 죽는 한이 있더라도 조국을 왜놈들에게서 다시 찾아야 된다는 결심을 튼튼히 가지게 되었다.

전문학교 학생으로서 리상조는 자기 동창생들에게 조선 해방에 대한 선전을 강력히 설파하면서 조선 청년은 죽어도 일제와 싸워 조선을 해방해야 된다고 강조하였다. 당시 청년들 중에는 앞으로 조선 사회 발전에 대한 두 가지 분석과 경향이 있었다. 리상조가 주장하는 방향과 정반대 경향도 있게되었던 바, 여기에 속하는 청년들은 주로 대지주나 큰 부자의 자손들이었다. 그들은 집안에 축적된 재산으로 공부를 하는 학생들이었는데 졸업 후 좋은 직위를 택하고 살림가정을 꾸리고 잘 살면 된다는 경향이었다.

그러나 리상조가 주장하는 것은 전체 조선을 일제에게서 해방하고 완전한 조선 독립을 찾자는 길이었다. 그런데 그러기 위해서는 또 두 가지 길이 있었다. 하나는 중국 상해에 가서 임시정부와 협력하여 투쟁하는 길과, 다른 하나는 중국에 가되 임시정부와 협력함이 없이 즈선인 무장 단체를 조직하여 직접 일본군과 싸워 그들을 타파하고 조선영토에서 일제를 철저히 몰아 내는 것이었다. 이 당시 리상조는 아직 공산주의와는 거리가 멀었다. 그러나 철저한 민족주의자로서 일제를 자기 눈에 박힌 가시보다도 더 미워하였다. 이렇게 자기 동료들에게 반일 선전을 강화하며 조국 해방에 대한 정신으로 청년 군중들을 지도한 결과. 리상조의 위신은 제고되게 되었으며 동창생들 중에서 그를 모르는 사람은 없게 되었다. 그러나 조선 청년 학생들의 동향을 일초 일각도 정지함이 없이 살피고 있던 일본 헌병대는 리상조를 1932년에 체포하여 투옥하였다. 1년 남짓 감옥에 감금되어 있던 리상조는 갖은 고문과 매를 맞으면서 심문 당한 후 가석방되었고, 그 이후 어디를 가나 계속 감시를 받게 되었다.

이런 조건에서 겨우 전문학교를 졸업하고, 결국 리상조는 몇몇 충실한 동지들과 짝을 이루어 헌병들의 눈을 속이고 중국으로 도주를 결심했다. 자신을 붙잡고 우시는 어머니에게만 심정을 실토하고 약간의 돈을 얻어 가지고 중국 땅 만주에 들어서니 산천이 조선보다 흉흉하게 보여서 정붙이고 살고 싶은 곳은 어디에서도 만나볼 수는 없었다. 그러나

품고 온 포부가 있기에 우선 눌러 살아야겠다고 마음을 다잡았다. 허한
세월을 눈물로 삼키면서 같이 온 고향친구들과 함께 제대로 먹고 입지
도 못하면서 오로지 조국해방이라는 명제를 위하여 죽음으로 난관을 극
복하겠다는 생각으로 살았다.

리상조가 만주에 도착했을 때인 1934~1935년 시기는 일제 침략자
들이 만주에 완전히 발을 붙이고 점차적으로 중국의 각 성에서 군사 행
동을 전개하고 있을 때였다. 중국 땅에 들어온 것이 그리 오래지는 않았
지만 리상조는 고려 동포들의 생활을 잘 연구하였으며 특히 조선 해방
투쟁에 이용할 부분에 대하여 많이 생각하였다.

리상조는 중국에 와서야 점차적으로 소련 공산당 역사와 마르크스주
의를 대강이나마 연구하게 되었으며 이전의 민족주의 사상에서 점차적
으로 물러서게 되었다. 왜냐하면 그는 조선을 해방하자면 일제와 싸워
이길 수 있는 무장력이 있어야 한다고 생각했는데, 당시 김구를 비롯하
여 많은 부르주아적 발상을 가진 조선 민족주의자들이 상해에 망명정부
를 조직하여 놓고 조선해방에 대하여 많은 염원을 하고 있었으나 그들
에게는 돈도, 무장도, 군대도 없어 일제의 강력한 힘을 물리칠 수 있는
능력이 없다는 것을 확연히 보게 되었기 때문이었다. 그들처럼 어느 강
국의 대통령이 조선을 해방하여 주리라고 믿는다는 것은 하늘에서 별
떨어지기를 기다리는 것이나 차이가 없다고 생각하였던 것이다.

자신의 생각이 이러했기 때문에 젊은 리상조는 청년 인텔리 무리 속
에서 마르크스주의 사상을 전적으로 선전하였다. 조선 해방은 조선 인
민과 중국 인민의 공동적 원수인 일제를 몰아내는 것이라는 생각을 강
하게 선전하면서 중국에 세력을 확장하고 있는 일본병력을 중국인들과
힘을 합쳐 무기로서 깨부수고 그런 후, 역시 합쳐진 힘으로 조국을 해방
해야 한다고 주장했다.

중국 영토에서 자기 세력을 확대 강화하면서 이제는 중국의 중앙부에
까지 세력을 뻗치려 하는 일제의 발악에 대치하는 조직적 단체를 만들

어야 된다고 생각하면서 리상조는 1937년 초에 '조선 청년 선봉대'라는 단체를 조직하고 조선 인텔리들의 여러 가지 작은 단체들을 그 주위로 모으면서, 중국 공산당과 긴밀한 연계를 맺으려고 노력하였다. 그 결과 1937년 중순에는 중국 황거우시에서 중국 공산당의 지도 하에서 조선 청년단체들이 '조선 청년 선봉대'에 연결되게 되었다. 이때부터 리상조는 중국 공산당과 긴밀한 연계 하에 직업적 혁명가가 되어 군사·정치 간부가 되었다.

1940년 리상조는 제1지대 정치 책임자로 임명되었으며 이때부터 군사 전술 문제를 많이 연구하게 되었다. 리상조가 조직하고 지도하여 연결한 많은 조선청년 단체들은 차후 '조선독립동맹'과 연합하였고, 중국 공산당 중앙 위원회의 결정에 의하여 1942년부터 그의 지부로 인정받았다. 이렇게 중국의 중앙 지구들의 조선인 단체들이 하나의 단체로 연결된 후 중공 중앙 위원회와 독립동맹 중앙은 전 중국에 산재되어 있는 조선인 단체들을 독립동맹에 결속시켰고 무장 부대들도 하나의 체계에 연합하였다.

중국의 중앙 지역에서 절대 다수의 정치 망명자들과 청년 유학생들을 조선 독립동맹 체계에 연합한 리상조는 조선독립동맹 중앙의 지시에 의하여 만주로 가게 되었던 바, 그곳은 중앙 지역에 비하여 정치 선전 사업이나 군사적 행동이 많이 어려웠다. 왜냐하면 이때 벌써 일계가 그 지방을 관리하고 있었기 때문이었다. 만주 지방에서는 리상조의 활동이 지하 공작 형식으로 진행되었으나 농민 대중과 노동자들까지 포함하여 자기 정치 사업의 대상으로 정했기 때문에, 그 활동 범위는 아주 광범위하였다. 결과적으로 수많은 대중이 조국 해방투쟁 대열에 나서게 되었으며 독립동맹의 사상 정치적 영향은 만주의 조선인들에게 완전히 행동 무장으로 되었다.

1942년 12월 중순에 리상조는 조선독립동맹 중앙의 결정에 의하여 조선에 파견되어 주로 남한지역에서 공작하면서 지식층 인텔리들에게 조선독립동맹의 강령에 의하여 반일제 사상과 조국 해방에 대한 사상을 침투시키면서 왜놈들의 정치 군사 행동도 감시하였다. 당시 일제는 만주에서 관동군을 확대 강화하여 만주 일대에서 활동하고 있는 전체 빨치산 부대들을 완전히 청산하기 위하여 대대적 토벌 작전을 진행하였다. 이때 몇몇 빨치산 부대들은 관동군의 압력을 견디지 못하여 소련으로 망명하였다. 그것이 바로 김일성, 최용건 부대들이었다. 일제는 이런 정책으로 첫째로 만주를 청결하게 하는 한편, 원동변강 지역의 소련 침략을 준비하여 당시 혼란에 봉착한 히틀러 독일 강점자들에게 도움을 주려고 하였다.

1944년 중순 리상조는 상부지시에 의해 다시 중국에 돌아와 만주 지역에서 조선 청년들의 전투 부대들을 연결하여 각 지역별로 훈련을 진행케 하였다. 차후 이 전투 부대는 조선독립동맹의 지도 하에 제3지대로 되었던 바, 그 부대 지대장에 리상조가 임명되었다. 이 부대는 소련군에 의하여 관동군이 투항한 다음에도 장개석 국민당 군대와 전쟁을 계속하였다.

1945년 소련 군대의 결정적 타격에 의하여 일제가 완전히 투항하고 만주와 북한이 해방된 이후, 1946년 1월에 리상조는 조선독립동맹과 더불어 전체 전투부대가 들어올 때 함께 북한으로 들어오게 되었다.

북한에 도착한 리상조는 당 사업에 뛰어들어 당 중앙 조직부 부부장, 당 중앙 간부부장으로 1950년까지 일하였다. 1950년 초에 리상조는 다시 인민군 총참모부 정찰사업을 전담한 부참모장으로 추대되었다. 이때는 북한이 동족 상잔을 이미 준비하던 시기였다. 군인으로서 또 얼마간의 정찰 임무를 해방 전 남한에서 수행했던 리상조는 조선인민군 총참모부에서 누구보다도 필요한 인재였다. 그러나 김일성이 공상하던 것과는 달리 전쟁은 지지부진한 상태로 변했다. 전쟁이 진지 방어전으로 넘으면서 유엔의 결정에 의한 조선전쟁 평화담판회의가 시작되었다.

정전 담판회의 북한측 대표로 리상조가 임명되었다. 조선민주주의인민공화국 정령에 의하여 중장이 된 리상조는 유엔군 측 대표를 상대하여 두 나라 대표 즉 조선 인민군과 중국인민지원군을 대표하여 논쟁하였다. 이 개성 정전 담판회의에서 리상조는 조선 전쟁이 원자 무기를 이용하는 전쟁으로 전환할 수 없도록 적 측의 각 가지 책동을 폭로하면서 뛰어난 외교가의 실력을 보여주었다.

조선민주주의 인민공화국 특명대사 신임장을 소련 최고 소비에트 상임위원회 위원장인 크·예·워로실로브에게 증정하는 장면

1953년 7월 27일 정전은 드디어 조인되었으나, 미국 측이 요구하던 조건이 아니라 인민군 측이 주장하던 조건인 '정전을 조인하는 당시에 양측 군대가 차지하고 있는 선을 양측 군대의 분계선으로 인정한다'로 조인하였다. 유엔군 측은 정전담판 조인 마지막 순간까지 38선을 분계선으로 하자고 주장했다. 그 조인은 면적상으로 봐서 이익 본 것이 없었다. 그러나 그 토지의 비옥함으로 보아서 큰 차이가 있었기 때문에 남한사람들은 이밥 주고 도토리 밥 바꾸었다고 하였다.

정전이 조인된 다음 리상조는 곧 조선민주주의인민공화국 특명전권대사로 모스크바로 전근 되었다. 그는 모스크바에 전근되는 것을 대단히 기뻐하였다. 그것은 특명전권대사 직무가 높아서 그런 것이 아니라, 모스크바는 세계적으로 모든 과학의 중심으로 인정받고 있었기 때문이었다. 그에 따라 리상조는 모스크바에서 특명전권대사로 일하면서 북한에서 모스크바 육군대학에 파견되어 오는 학생들과 같이 공부하였다. 물론 전적으로 공부만 할 수 없기에 밤 시간을 많이 이용하여 결석된 강의들을 보충하면서 많은 서적들을 읽게 되었다. 그는 이렇게 하여 소련군 육군대학을 2년 만에 자격검정시험으로 졸업하였다.

그후 다시 모스크바 로모노쏘브 국립종합대학 철학부를 역시 자격검
정시험 방법으로 필하여 보겠다고 준비하고 있었다. 이 때가 1956년 중
순이었는데, 당시 조국에서 들어오는 소식을 듣고, 전체 인민의 어버이
로 가칭한 김일성이 당과 국가의 지도자로써 도저히 할 수 없는 일들을
감행하고 있다는 것을 알게 되었다. 조선독립동맹 간부들은 사상검토 운
동이 북한에서 시작된 후 첫 번째 피해자가 되었다. 리상조는 자기와 함
께 중국에서 갖은 고생을 다하면서도 다만 조국의 해방만 염원하던 동
향인 리익선이 김일성의 지시에 의하여 맞아 죽었다는 소문을 들은 후
더 이상 참을 수가 없게 되었다. 리상조가 3지대장 시절 리익선은 5지대
장으로 있으면서 동고동락했던 처지여서 억하심정은 더했다. 리상조는
모스크바에서 며칠 밤잠을 이루지 못하며 고심한 결과, 김일성에게 결정
적인 편지를 써서 보냈다.13)

편지에서 그는 김일성의 개인 숭배와 종파적 개인독재 사상을 아낌없
이 비판하고 그가 전민족적 염원인 마르크스 레닌주의 원칙에서 변절하
였다는 것을 낱낱이 지적하였다. 김일성의 반인민적·반혁명적 행동을
낱낱이 분석하고, 진실한 마르크스 레닌주의적 견지에서 결론을 짓는
장문의 편지를 모스크바 출장 중이던 박의완을 통하여 김일성에게 전달
하였다.

자기의 범죄적 행동이 백주에 노출된 김일성은 화가 머리끝까지 치밀
었으나, 평양에서 멀리 떨어진 모스크바에 있는 사람이기 때문에 붙잡
아 처단할 수가 없었다. 김일성이 편지 내용에서 가장 분하게 여긴 것은
모든 위법적 행위를 비밀리에 감행하였는데 그것을 백일하에 노출시킨
것이었다. 편지내용은 스탈린을 제일 무서워하던 김일성이 그가 죽은
지 3개월이 좀 넘어서 허가이를 암살하고, 제일 위신 있던 조선공산당
지도자 박헌영을 위시하여 전체 남로당 지도자들을 일제와 미국 스파이

---

13) 부록으로 리상조의 편지들이 실려있다.

감투를 씌워 검거, 투옥 총살하는 등 반인민적 정책을 펴고 있음에 분개하는 내용이었다. 결국 김일성은 중국에서 나온 조선독립동댕 간부들을 모조리 숙청, 처단하였다.

김일성은 어떻게 하면 리상조를 조선으로 불러다가 처단할 것인가 생각하다가 김창만을 보냈다. 김창만은 동지들을 모함하여 사상검토에 의해 처단 당하게 했던 변절자였다. 그는 이미 김일성에게 협력한 반소정책의 주모자였다. 김창만은 마치 다른 곳에 출장 다니던 중 방문하는 형태로 접근하여 왔으나 리상조는 이미 그 내막을 파악하고 있었다. 김창만은 리상조를 만난 자리에서 말했다.

"외국 출장 중 돌아가는 길에 이 장군에게 잠시 들렀다. 노엽게 생각지 말고 조선에 나가서 수상님께 둘이 같이 잘 말씀드리면 모든 일이 다 잘 처리될 것이다."

리상조는 김창만의 거짓말을 곧이 듣지 않고 오히려 아주 엄숙한 어조로 김창만을 타일렀다. 그가 행한 동지들에 대한 변절 과정이 부당함을 먼저 낱낱이 열거했다. 그리고 김창만을 노려보며 말했다.

"네가 지금 김일성에게 매수되어 나를 잡으려고 이 땅까지 찾아 온 것을 이미 알고 있다. 네가 지금 김일성의 졸개로 특무 역할을 하는 것은 아주 비열한 짓이다. 네 혼자 돌아가 너의 상전인 김일성에게 전하라. 리상조는 다시 조선에 나가지 아니하며, 전체 조선인민을 변절한 김일성에게는 더 이상 복무하지 아니한다. 또한 북한의 국적을 거절하며 특명전권대사의 직무도 거절한다."

김창만은 할말이 더 있음을 표현했으나 리상조는 일언지하도 끝내고 자리에서 일어났다. 리상조의 정당한 태도는 조선민주주의인민공화국 위신에 크다란 손실을 주었으며 사회주의 진영에 있어서 큰 망신이 되었다. 이후 소련에 와서 유학하던 많은 대학생들이 조선의 국적을 거절하고 북한에 돌아가지 않았으며 또 다른 사회주의 국가들에 가서 공부하던 대학생들도 상당수가 국적을 거절하였다. 많은 대학생들은 북한의 한심한 개인 숭배와 독재 정책에 대하여 똑똑히 알면서도 부모 친척들의 처지를 염려하여 말없이 북한에 돌아가기도 하였다. 그러나 고국으로 돌아온 그들에게 사회주의 국가들에서 공부한 유학생들은 전부 자유주의, 관료주의, 사대주의로 오염되었다며 사상 검토에 걸어 정배살이를 시켜 일생을 마감하게 하였다. 심지어 어떤 유학생들은 러시아 처녀에게 장가를 들었다는 핑계로 그들을 철직, 유형지로 보냈으며 데리고 갔던 러시아 여자들은 수년동안 큰 고생을 시켰다. 노동당 대회에서 그런 러시아 여자들을 공공연하게 비판하면서 말하기를 '젖통이 소 젖통처럼 커다란 그런 여성들이 무엇이 좋다고 조선 땅에까지 데리고 왔는가?'라며 인신공격도 서슴지 않았다. 노동당의 선전 선동부장이란 사람이 이렇게 비열하도록 인간배태주의 사상으로 말하고 있었으니 그 당 노선이 바르다고 말할 수가 있을 것인가. 이렇게 사회주의 나라들에 유학 갔다가 귀국했던 절대다수의 대학 졸업생들은 유형지에 가서야 귀국한 것이 잘못된 판단이었음을 후회하였지만 이미 때는 늦었다.

리상조는 김창만을 통한 인편에 조선민주주의 공화국 국적을 거절한다는 자기의 결의를 말로만 전한 것이 아니라 정식 서면으로 전하였다. 이렇게 냉대의 결의를 받아 쥔 김창만은 고향에 돌아가자 오히려 자기가 직접 관리하는 노동당중앙위원회 잡지인 근로자에 쓰기를 '노동당원 이상조의 자기 비판'이란 표제를 달고 커다란 위조 논문을 난필하였으니 이러한 허위날조는 또 다시 없을 것이다.

이러한 대결이 있은 다음 1957년 7월에 리상조는 청원을 써서 소련 최고 소비에트 상임위원회 위원장에게 제기하였다. 그는 조선의 정황을 적고, 고향에 돌아갈 수 없으니 정치적 은신처와 소련 공민권을 제공해 줄 것을 요구하였다. 소련 최고 소비에트 상임 위원회는 리상조의 청원서를 접수하고 그의 요구를 해결하여 그를 백러시아 공화국 민스크 고급당학교 연구원으로 파견하였다.

민스크 고급당학교 연구원에 도착한 리상조는 정신적 괴로움은 많았으나 철학에 대한 연구를 깊이 하여 2년 후에 그 연구원을 마감하고 학위논문을 제출하여 학사의 학위를 받게 되었다. 그 후 그는 민스크 과학원 내 철학부 과학 연구원으로 다년간 근무하였다. 리상조는 과학연구원으로 있을 때 많은 학술 논문과 책들을 썼다. 그 중에서드 중국 지역에서 한인들의 혁명 무장 투쟁사, 특히 연안지대 독립동맹의 조선 해방 투쟁에 대한 역사 기록은 많은 역사학자들의 기초적 문건이 되었다. 이 외에도 조선의 아름다운 산천 풍경, 지혜로운 조선인들의 창조적 노력을 묘사한 시편과 중국의 넓은 광야에서 어려운 난관을 극복하면서 조선의 해방을 위하여 불굴의 투쟁을 적은 시편들도 적지 않게 발표했다.

1992년 정월, 조선민주주의 인민공화국을 창설하고 노동당을 만들고 인민군대도 만들고 6·25 동족상잔에도 참가하였던 여러 간부들이 모스크바에 모여서 회의를 열고 구국전선을 조직하기로 했다. 구국전선 회의 참가자들은 만장일치 가결로 박갑동을 상임의장으로 선거하고 리상조와 김강을 부의장으로 추대하였다.

그 후 리상조는 구국전선 각 대회와 확대 위원회에 열성적으로 참가하였으며, 1989년에 남북한의 통일문제를 주제로 열린 '서울과학 학술회의'에 참가하기도 했다. 그 후에도 수차에 걸쳐 남한을 방문하였다.

서울에는 리상조의 누이동생이 아담한 가정을 이루고 자기 남편과 함께 아이들을 데리고 살고 있고 고향 땅에는 얼마간의 땅도 있어, 생각만 있으면 거기에 살면서 유일한 유산 상속인으로써 자기 노년기를 아무런 근심도 없이 지낼 수 있는 조건이었다. 그러나 리상조는 왜놈들의 압제 때문에 어려서부터 떠나온 고향에는 다시 가려고 하지 않고, 오로지 북한이 민주화 촉진의 길

북한민주화촉진협의회 회장 이연길씨(오른쪽)와 함께

을 밟아 하루 속히 해방되면 자기가 일생 목숨을 내걸고 투쟁한 곳이자, 수많은 친구들이 혹독한 독재자 김일성에게 피 흘리고 억울하게 눈을 감은 조선민주주의 인민공화국에 구국전선의 승리의 개선가를 울리며 들어설 것을 굳게 염원하면서 나날을 살아왔다.

리상조는 1996년 3월 7일 탄생 80주년을 타슈켄트시에서 성대히 맞이하였다. 연회에는 한국 대사관을 대표하여 이지하 일등 참사관이 왔고, 중국 대사관은 총영사를 대표로 5명이나 내동 하였으며 조국통일 민주구국전선 우즈베키스탄 공화국 지구의 장학봉 의장 이하 5명이 참가하였다. 또 각 직장 사회단체 대표들도 참가하였다.

그러나 리상조는 80주년을 지낸 다음 불과 3개월이 지나자 심장마비가 생기며, 건강이 아주 위태로운 상태에 처하게 되었다. 항상 공화국 제일 국방성 진료소의 관할 하에 있던 그는 공화국 국방성 제1중앙병원에 입원하게 되었다. 병원 총원장의 특별 지시에 따라 뛰어난 의학박사들이 매일 진단하는 한편 세상에서 좋다는 외국 약제들도 많이 주문하여 써 보았지만 1996년 8월 6일 오전 10시에 영원히 잠들고 말았다. 리상조의 장례식은 1996년 8월 8일에 타슈켄트시 국립공동묘지에서 진행되었다. 장례식은 우즈베키스탄 지구 구국전선 의장의 총지도 하에 진행되었다. 리상조 장군의 영구와 송별을 위하여 타슈켄트 주재 대한민국 대사 서경이가 일등 서기관 리만영을 데리고 와서 고인의 앞에서 기립하고 침묵으로 사의를 표하였다. 리상조의 장례식을 위해서 우즈베키스탄 공화국 국방상의 명령으로 특별 위장병 중대, 군악소대 영구차, 버스 2대, 화물차 3대 등을 파견하는 한편 시 군사동원부를 대표하여 부장 중좌, 중앙 국방성 병원 원장등 군관들도 70여명이 참가하였다. 리상조의 묘지에는 새하얀 대리석으로 만든 비석을 세우고 거기에는 다음과 같이 썼다.

애국열사 리상조 장군의 묘

탄생 1916년 3월 7일
사망 1996년 8월 6일

타슈켄트시에서 리상조의 부인 엄니나

[참고자료]

1956년 리상조 장군이 모스크바에서 조선민주주의 인민공화국 특별 정권대사로 있을 때 자신이 친히 집필하여 노동당 중앙위원회 위원장 김일성과 노동당 중앙위원회 전원회의에 참가한 동지들에게 보낸 편지 전문을 그대로 발표한다(이 문건은 현재까지 어디에도 발표되지 않고 있던 비밀문건이다).

조선 노동당 중앙위원회 위원장 김일성 동지 앞

조국의 해방과 인민정권의 건립을 위하여 25년간 투쟁하여온 한 사람이 당내의 민주화가 보장되지 못하고 몇몇 개인의 음모로 말미암아 자신의 조국에서 살 수 없는 사태가 조성된 것을 말하려고 합니다.

나는 이 사실에 관하여 당신에게 공개적인 편지를 쓸 필요가 있다고 생각합니다. 당내 문제와 정치적 문제에 관해서는 규약 2장 3조에 근거하여 당중앙위원회에 보내는 서면제의를 세밀히 그리고 신중히 보아주시기 바랍니다.

이 서한과 그 서면 제의는 경우에 따라 모든 형제 당들에 보내어 공정한 여론 앞에 공개될 수 있다는 것을 우선 말하는 바입니다.

물론 이것은 내가 원하는 바가 아니며 문제는 공산주의 원칙에 의하여 해결될 것을 요망합니다. 그러나 소수사람들에게 모든 권력이 장악되어 있고 그 권력이 악용되는 정형 하에서 당내 투쟁을 전개하여 그것을 시정하는 것은 사실상 불가능하다는 것을 당신들도 인증하지 않을 수 없을 것입니다.

현재 당 지도부가 그 불순한 목적을 달성하기 위하여 당 기관지와 모든 당 조직을 이용하고 있다는 것과 양심적인 당내 동지들에게 얼마나 횡포하게 대하고 있는가 하는 것을 회상하여 보시기 바랍니다.

아직까지 당신이 옳은 입장과 정당한 결심을 채택하면 이 불행한 국면은 수습할 수 있습니다. 형제적 당들과 9월 전원회의 직전에 소련공산당과 중국공산당에서 중요한 지도자를 파견하여 직접 권고한 것을 좀 더 중요시하여 주시기 바랍니다.

당신들이 그것을 비밀리에 말살하려 하지만 현재 평양에서는 모르는 사람이 없다는 것을 모스크바에서도 알고 있습니다.

당신들의 비양심적 행동으로 말미암아 형제 당들과 많은 동지들이 얼마나 고심하고 있는가를 알 필요가 있습니다.

우리 당이 공산주의 원칙을 위반하는 것으로써 그 위신이 추락되고 있는 사실을 뼈저리게 느껴야 할 것입니다.

현재 형제 당들에서 조선에 관하여 보도를 함에 있어서 될 수 있는 대로 김일성의 개인과 결부시키는 것을 퍽 주의하고 있다는 것을 알아야 합니다.

왜 그런가하면 몇 마디 인사말로써 칭찬할 것도 그것을 다른 동지들을 압도하는 정치적 자본으로 이용하며 개인숭배의 밑천으로 삼기 때문입니다. 김일성 동지가 아첨분자들의 의견과 그들이 권력을 악용하여 당원들과 모든 인민들을 호령하고 그들을 공포 속에서 생활하게 한 결과가 어떻게 되었습니까? 현재의 평양에는 간부들끼리도 서로 만나는 것을 두려워하여 만나면 서로 피하고 있다고 합니다.

김일성 동무! 억압의 방법으로서 독단과 전횡을 유지하려는 것은 부당하며 그것은 큰 오산인 것입니다. 그것은 공산주의 원칙과 목전 국제적 조류와 상용되지 못하는 것입니다.

역사는 항상 자체 발전 규율에 의하여 부단히 전진하고 있습니다. 부당한 것과 비정의적인 것이 권력에 의하여 일정한 시기까지 유지될 수 있으나 1년 혹은 수년 후 또는 수십 년 후 반드시 바로 잡히고 마는 것입니다.

국내에서 투쟁하던 동지들의 일부분은 강원도당부 초대 위원장이었던 동지가 김일성 동지의 혁명 운동을 과대평가 하는 것을 반대하는 발언을 하고 회의 후 암살되었으며, 시체를 다음 해 봄 평양부근 산골짝 눈 속에서 발견한 그 사건의 조직자가 누구인가를 조사하고 있으며, 또 아무 소식이 없이 종적을 잃어버린 사람들의 종적을 찾고 있다는 것을 우리는 알고 있습니다.

테러의 방법은 착취 계급의 방법이며 김일성 동지를 반대한 사람 중 생존하고 있는 사람이 몇 명 없으며 박일우도 사형하려 하다가 외국 동지들의 도움으로써 살게 되었다는 것은 이미 세상 사람들이 다 아는 공개적 비밀이 되고 있습니다.

이번 당내 투쟁에서도 온갖 비양심적 음모들이 감행되었으며 현재 중국에 있는 윤공흠, 서휘, 리필규 등 동지들의 가족과 친척들을 박해하는 것과 그들의 인신공격의 중상을 곧 중지할 것을 요구합니다.

김일성 동지에게 다만 동지적 충고를 한, 그 단순한 사실 하나만으로 병 치료 차 모스크바에 와 있었던 김창흡 동지를 곧 나올 것을 요구하였을 뿐만 아니라, 그의 집에 있던 자동차 심지어 전화기까지 회수하였고, 전원회의가 끝난 후 최창익, 윤공흠, 서휘, 박창옥, 리필규 등 동지들의 역사문제니 경제문제니 사생활에 관한 온갖 누추한 선전까지도 곧 중지할 것을 요구합니다.

당신들의 그 선전들이 허위라는 것을 나의 경험에서 판단할 수 있습니다. 당신이 알다시피 나에게 대하여도 이러한 음모가 진행되고 있다는 것을 전보로서 알 수 있습니다. 6·25 전쟁 후퇴시기에 곤란한 임무를 맡고 중국 동지들의 도움으로써 그 임무를 완수한 후, 평양에 갔을 때 나에게 최고사령관인 당신과 남일이 정찰국장을 하라고 요구하였습니다. 그것을 거절하려 하였으나 기어코 하라고 함으로 그 사업에 착수한 후 불과 3개월이 못되어 정전담판에 참가하였고, 그 후 정찰국장을 그만둘 때 후일의 일절 구실을 방지하기 위하여 최고사령인 당신과 보위상 동지에게 요구하여 사업 및 재정 문제를 검열하게 하였으며 그 결과로서 나에게 사고가 없었으며 아무런 책임이 없었다는 것을 확인 받았던 것입니다.

또한 정전위원회의 사업을 그만 둘 때에도 역시 당신과 총참모장에게 요구하여 사업과 재정 문제를 검열한 후 아무런 사고가 없었다는 것을 확인한 것을 당신들이 잘 알 것입니다.

그럼에도 불구하고 3차 당대회에 명백하게 표시하였던 바와 같이 개인숭배 비판에 대하여 정당한 견지에 서고 있다고 하여 복수를 목적하고 소위, 과거 사업에서 재정 문제에 대하여 해명할 것이 있다는 구실로서 나오도록 하는 것을 어떻게 해석하여야 하겠습니까?

당신들의 의도가 거기에 있는 것이 아니라 당내의 부정적 사실과 형제적 당들과 정부간의 많은 비밀을 알고 있으며 아첨분자들의 약점들을 가장 많이 안다고 하여 정치적으로 육체적으로 소멸하려는 계획을 수행하려는 것이 정당하다고 말할 수 있습니까?

이 추악한 음모와 장난이 누구의 지도 하에서 진행되는 것인지 알 수 없으나 대단히 졸렬하고 비열한 행동인 것은 다시 말할 필요가 없습니다.

이러한 정형 하에서 어떻게 당 지도부를 신임할 수 있습니까? 함께 혁명하자는 동지들을 배척하고서 해방 전날까지 일본 옷과 일본말과 천황폐하의 만세를 부르는 자들과 독자적인 아무런 주견이 없는 자들만 당신 주변에 모아 놓고 사업을 하며 그 더러운 아첨을 받는 것이 그렇게 유쾌한 일입니까?

현재 아첨분자를 반대하면, 당과 정부를 반대하는 반당적 종파의 반동분자로 몰리는 형편에 어떻게 사업을 같이 할 수 있습니까?

김일성 동지 ! 당신이 생각하여 보십시오. 우리가 혁명 투쟁에 참가한 것은 결코 당신에게 아첨하는 자들에게서 멸시와 천대와 박해를 받기 위하여 생명을 내놓고 싸웠던 것이 아닙니다.

우리가 혁명에 참가하여 중국 공산당의 지도 하에서 사업한 것은 결코 높은 지위나 탐내어 전투와 지하 운동에 참가한 것이 아니었습니다. 우리는 그때 생존하여 해방된 조국을 볼 수 있다는 믿음도 예상할 수 없는 전쟁터에서, 또 적들의 총검이 휘날리는 상황에서도 투쟁의 최전선에서 싸웠던 것입니다.

우리가 오로지 그렇게 할 수 있었던 것은 공산주의의 진리와 신념에 의하여 우리의 이상을 실현하는 길이었기 때문에 모든 것을 돌보지 않았으며 생명을 내놓고 싸웠던 것입니다.

당신이 좋아하는 김창만이 연안서 나간 모든 동지들의 투쟁의 역사와 적탄에 쓰러져 피 흘린 동지들의 고귀한 희생을 말살하면서 김일성 빨치산과 조국 광복회를 정통으로 인증하는 대가로서 부위원장의 자리와 교환하였다는 것을 나는 잘 압니다.

당신들이 하바롭스크에 있을 때 우리는 적의 총검 하에서 혁명의 최전선에서 떳떳하게 싸운 사람들이라는 것을 아무 거리낌 없이 자부심을 가지고 말할 수 있습니다.

물론, 이 편지가 당신의 비위에 맞지 않을 것이며 이로 인하여 나와 다른 동지들에 대하여 온갖 허위를 날조할 것이라는 것과 우리의 가족과 친척들을 박해할 것을 생각할 수 있습니다.

그러나 어떠한 박해와 고난이 나에게 다가온다고 하여도 나는 혁명 투쟁을 포기 할 수 없으며 그 사업을 계속 할 것입니다. 만약 눈앞에 보이는, 조선에 있는 정권이 적대 계급에 속한 반인민적 정권이라면 나는 서슴지 않고 비밀리에 잠입하여 정권 파괴 사업을 조직할 것입니다.

그러나 우리 당이 비록 당신네들로 인하여 허다한 착오와 무서운 곡절의 길을 걷는다 하여도 그 총 방향이 사회주의를 향하여 있는 것만큼 백방으로 당신들을 도울 것입니다. 공산주의자들의 당성이라는 것은 결코 상급의 그릇된 결정에 맹목적으로는 복종하는 것이 아니라고 나는 생각합니다.

진정한 당성은 진리와 무산계급의 이익을 위하여 싸우는, 즉 인민과 당의 이익을 옹호하는 것이라야 할 것입니다. 다른 말로 하면, 변증법적 유물론의 세계관에 입각하여 당내에 표현되는 일체 진리를 배반한 오류와 결함들과 견결히 투쟁하는 것이라야 건전하고 진실한 의미에서 당성이 강한 사람이라고 말할 수 있는 것입니다.

우리가 과거에 읽은 맑스주의 서적에서 진리를 배반하는 자들에게 맹종하라는 것을 보지 못하였으며 또한 명백하게 원칙을 배반하고 있는 정책과 당 지도자에게 굴복하고 맹종할 것을 형제적 당들에서 그 당원들에게 요구하고 있다는 것을 듣지 못하였습니다.

당신들이 나를 북한에서 나가게 한 후, 당신들이 만들어낸 소위, 종파에 참가하였다는 자백서를 쓰게 하여 나 자신과 다른 동지들을 비난하는 서면 자료를 요구하는 것과 그것을 어떻게 사용하려는 것을 나는 잘 압니다. 연금과 고문의 방법으로서 잠을 자지 못하게 하여 위협과 공갈로서 정신 상태를 비정상적으로 만들고 생에 대한 권태를 느끼게 한 후 어떤 자료를 작성하려는 그 요구에 굴복할 수 없습니다. 이 방면에 있어서 당신들은 아주 숙련된 경험자들입니다.

현재 고봉기 등 동지들에게 요구하는 그것에 나는 순응할 수 없으며 당신들이 나를 사회적으로 매장하고 목전 당신들이 만들고 있는 자료들을 정당한 것으로 인증하는 증인의 한 사람으로 사용하려는 요구에 협력 할 수 없습니다.

이리하여 당신들은 나에게 강요하여 당 중앙의 결정을 무조건 집행하지 않는 이유로서 나는 "규율 위반자"로 만들 것이며 이에 근거하여 처벌 할 것입니다. 당신들의 강요에 의하여 형식적으로 보면 나는 "규율위반자"가 될 것이며 당신들은 이와 반면에 좋은 동지들을 반당적 분자로 몰아서 비법적으로 처벌하는 범죄와 착오를 범할 것입니다.

이러한 정형 하에서 차라리 "규율위반자"가 될지언정 진리를 배반하는 비열한 인간으로 전락할 수 없습니다. 나에게는 천진난만한 어린 아이들이 있으며 그들에게까지 반당적 종파분자의 자식이라는 사회적 박해를 받는 것을 차마 볼 수 없습니다.

혁명가로서 진리를 위하여 차라리 곤란과 죽음의 길을 택할지라도 아첨과 굴종의 길은 택할 수 없습니다. 그러나 역사는 이 사실을 밝힐 것이며 가능하면 나의 여생을 진실한 사람이 살아가는 행로를 저술하는 저작에 바칠 것입니다.

더럽혀진 우리 당의 역사를 어떠한 형식으로서든지 서적 혹은 논문으로써 세상에 남게 할 것입니다. 물론 현 시기에 내가 집필한 서적이 출판되지 못할 수 있으나 그 저작들이 세상에 공개될 것을 나는 의심하지 않으며 진리가 반드시 승리한다는 신념에서 싸워 왔고 또 그렇게 살 것이라고 말할 따름입니다.

그래서 나는 당신들의 충실한 협력자가 될 수 없으며 현재 디러한 이유로 해서 조국에 돌아갈 수 없습니다. 나에게 있어서 나의 생명을 바쳐 싸운 조국 땅은 그리운 땅이며 늙은 부모와 젊은 형제들과 친우들이 기다리고 있는 내 고향과 어렸을 때의 추억이 담겨져 있는 그 고향 산천이 그리운 것이건만 진리가 용납되지 못하는 정형 하에서 부득불 타향 타국에서 살아나갈 길을 선택하지 않을 수 없습니다.

내 개인으로 말할 때 우리 당에서 개인숭배가 용납된 결과로 인하여 직접 이와 같은 피해를 받게 되었다는 것을 한마디 첨부하는 것이 필요하다고 생각합니다.

이러한 정형 하에서 다음과 같은 신청을 당중앙위원회에 제기합니다.

1. 소련에서나 중국에서 거주할 것과 당적을 소련 공산당이나 중국 공산당에 넘겨주시기 바랍니다. 당증번호는 0'00ㅗ0이며 입당은 당신들이 알다시피 중국 공산당에서 입당하였으며 당 문건은 당 중앙 조직부 당증과에 보관되어 있습니다.

2. 현재 몇 가지 특수한 문제에 대하여 당신들 몇 개인의 이익을 대변할 수 없는 문제만을 제외한 기타 일절의 인민들과 정부의 이익을 위해서는 최대의 활동을 할 것입니다.

따라서 당신들과 결정적 결렬을 회피하기 위하여 대사 직무를 수행하다가 당신들이 과거 승인한 것과 같이 소련 고급당학교에서 내년부터 공부할 것을 허락하든지 두 가지 중 어느 한 가지를 조직적으로 승인하여 주시기 바랍니다.

이상에 제기한 문제들이 조직적으로 해결되지 않는 정형 하에서는 부득불 자체의 힘으로 이 문제를 해결할 것이며 따라서 우선 브레즈네프 동지와 후르시초프 동지에게 또는 기타 형제 당과 국가에 교섭할 것입니다. 이것은 오로지 당신들이 원칙적인 입장을 취하는가 그렇지 않으면 음모적 방법으로서 문제를 해결하는가에 달려 있습니다.

당신들이 소련 정부에 나의 철직을 통지할 것과 나를 인도하여 줄 것을 교섭할 것이나 당신들의 뜻대로 되지 않을 것이며 경제적으로 나를 곤경에 빠뜨리게 할 것이나 당신들이 생각하는 바와 같이 나를 죽일 수는 없을 것입니다.

나로서는 개인의 문제로서 양국 정부간의 관계와 국제적으로 복잡한 문제를 만들고 싶지 않습니다. 그러나 당신들이 끝까지 박해하려면 진리를 배반한 자들을 공정한 여론의 심판에 회부할 것이며 그 결과로써 비굴한 자들의 존재를 국제노동운동에서 영원히 소멸하도록 할 것입니다.

이렇게 하면 우리 당내에 상당한 혼란이 있을 것입니다. 당 생활에서 전횡과 독단이 청산될 것이며 당내의 민주주의와 집체 영도를 쟁취함으로서 많은 동지들을 박해에서 구원할 수 있을 것입니다.

그러나 나는 끝까지 당내 문제로서 해결될 것을 요망합니다. 얼마 전, 당 중앙의 위임에 의하여 중앙당 운수산업부장 고히만이 주 소련대사관 전체 관원들을 모아 놓고 8월 전원회의 상황을 전달함에 있어서 윤공흠이 소고기, 돼지고기가 맛이 없어서 매일 닭고기만 먹었다고 하고 첨부하여 말하기를 소와 돼지를 수백 마리 잡아먹었다고 하였는바, 사람들의 상식을 무시하는 이런 말 자체에 모순이 내포되어 있다는 것을 지적할 필요가 있습니다.

닭고기만 먹는 사람이 무슨 필요가 있어서 그 번잡한 소와 돼지를 잡았겠습니까?

내가 여기서 말하여야 할 것은 3차 당대회에 참가하였을 때 윤공흠 동지와 두 번 그 집에서 식사를 했는데 돼지고기 소고기는 고사하고 물고기 한 가지 밖에 손님을 대접하지 않았다는 사실만 말하여야 하겠습니다. 동지들을 중상하기 위하여 광분하고 있는 아첨분자들에게는 사물을 판단할 기지조차 없는 모양입니다.

그의 인신공격 가운데는 그가 20세 전후에 일본에 가서 민간항공학교에 공부한 것까지 포함시켜 마치 일본인에게 복무한 것으로 선전하고 있으나 이 사정을 아는 사람들은 그것을 냉소하고 있습니다. 그가 아직 연소하고 미숙한 때에 그가 비행기로서 서울에 있는 일본 총독부를 폭격하고 선전 삐라를 살포할 계획을 하였고 그것이 발각된 후 일본감옥에 투옥되었으며 징역이 끝난 후 중국공산당의 지도 하에 사업했다는 것만이라도 그 동지를 위하여 해명하여 줄 필요가 있다고 생각합니다.

리필규, 서휘 동지 등에 대한 공격에 일일이 반박하려고 하지 않습니다. 만약 개인의 사생활 문제와 경제 문제를 말하려면 현재의 아첨분자들 자신이 자아 검토를 할 필요가 있다고 인정합니다.

김일성 동지에 대하여 말하더라도 얼마 전까지 자동차만 하여도 지스, 장갑 지스, 짐, 뽀빼다, 미국차, 우일리스 두 대 등을 가지고 있지 않았습니까? 경제 문제에 대하여도 수상의 봉급 규정은 있었으나 실지에 있어서 무제한 공급제였다는 것을 누가 묻습니까?

김일성 동지의 출생지인 만경대에 거대한 양옥을 지어 동지의 가족들이 이용하고 있으며 동지의 모친의 묘를 왕릉과 같이 만들고 도로니 무엇이니 하여 얼마가 되는지 모르는 거액의 돈이 더 들었습니다. 인민들이 그 돈을 가지고 학교나 공장이라도 짓겠다고 말하는 여론에 귀를 기울일 필요가 있다고 생각합니다.

나는 당신들이 개인숭배를 반대한다고 하여 민족보위상 직총 기타 기관들에서 출당시킨 많은 동지들을 복당시키고 그들을 본래 직무에 복귀시키고 동지들을 모략중상 선전하는 행동을 즉시 중지할 것을 재삼 요구합니다.

나는 마지막으로 더럽게 아첨하는 박금철, 김창만, 박정애, 남일, 한상두 등과 기타 아첨 분자를 지도적 직위에서 제거할 것과 특히 수천 명을 비법적으로 투옥한 인민의 원수 방학세를 재판에 회부하여 준엄한 법의 심판을 받을 것을 요구합니다.

나는 이 서한에 대하여 신속한 회답이 있기를 바랍니다.

1956년 10월 11일 리상조

조선노동당 중앙위원회 앞

최근 조선에서 개최된 조선노동당 중앙위원회 전원회의는 전체 당원들과 각국 형제당들의 거대한 관심 속에서 진행되었다. 금번 회의는 정부대표단이 형제 국가들을 방문한 문제를 심의하여 또 3차 당대회에서 해결 짓지 못한 당내에 존재한 제 결함들을 퇴치할 것이 기대되었다.

또한, 금번 회의에는 국제노동운동에 거대한 영향을 일으킨 개인숭배를 반대하며 그의 후과를 극복한데 대한 소련공산당 제20차 대회의 결정에 근거하여 전체 형제당들에서 진행되고 있는 개인숭배를 반대하는 사상적 운동에 호응하여 우리 당내에 존재하고 있는 김일성 동지에 대한 개인숭배와 그의 후과를 청산할 대책을 강구할 것이 기대되었다.

금번 전원회의에서 취급되고 해결되어야 할 문제를 구체적으로 말한다면 다음과 같다.

1. 인민경제 복구발전에 대한 제반계획을 재검토하고 인민생활의 개선을 위한 대책을 강구할 문제
2. 진정한 당내 민주주의와 당내에 집체적 지도를 보장하기 위하여 김일성의 개인숭배와 그의 후과를 청산하는데 대한 문제
3. 당이 창건되기 전까지의 위조된 조선민족 해방투쟁사와 해방 후 당 역사에서 당의 역할을 과소평가하고 김일성의 역할을 확대 평가한 개인숭배의 부산물을 시정할 문제
4. 당 선전 사업에서 실제적 현실과 부합되지 않은 것을 시정할 문제
5. 당의 통일과 단결을 방해하는 아첨 분자들을 지도적 직위로부터 계거할 문제

이 문제들은 당 지도부에 있는 일부 아첨 분자들과 의견 분티가 있을 수 있으며 쟁론이 전개될 수 있는 문제이다. 그렇기 때문에 이 중요한 문제를 해결함에 있어서 필요한 것은 당 지도부에서 철저한 자아비판이 전개되어야 할 것이며 취급 절차에 있어서도 결코 단순한 행정적 방법으로나 조직적 대책으로 조급히 결정할 문제가 아니라, 반대로 충분한

토론과 이론적 투쟁을 통하여 사상적 원칙적 문제로서 논의되어야 하며 반드시 협의의 방법으로서 해결하여야 할 것이다. 이것은 또한 공고한 당내의 단결을 보장하며 사상적 통일과 견해의 일치를 구하기 위하여 인내성 있게 협의되어야 할 문제였다.

물론, 이상에서 지적한 제 결함이 우리 사업에 있다고 하여 제 민주개혁의 실현과 정권을 공고히 하는 사업에 있어서와 또 조국전쟁을 승리적으로 인도함에 있어서 우리 당이 이루어 놓은 거대한 역할을 과소평가하려는 것이 아니다. 우리 당은 이 사업을 수행함에 있어서 결정적인 역할을 했었다.

또한, 김일성 동지에 대하여 말하여도 혁명 투쟁에서 그가 해놓은 일정한 역할을 역시 부정하지 않는다. 문제의 본질은 찬양과 찬미로서 사업을 묘사하는 것이 양심 있는 당원이 할 바가 아니며 사업행정에서 획득한 우수한 경험들을 광범하게 발전시키고 이와 반면에 발로된 엄중한 결함을 견결히 투쟁하여 이를 시정하는 데 있다.

그러나 이번 회의에서 모든 당원들과 형제당들이 기대한 것과는 완전히 배치되는 사태를 조성시켰다. 레닌적 조직적 준칙에 의하여 당내 민주주의와 집체적 영도를 보장하고 위조된 당 역사를 바로 잡으며 아첨분자들을 제거하고 인민생활의 개선을 도모하기 위하여 김일성 동지에 대한 개인숭배를 반대하고 당내에 존재한 배반 결함을 비판한 동지들을 당과 정부를 전복하려는 반당적 종파분자로서 규정하였다. 당내에서 권력을 쥐고 있는 일부 동지들은 음모적 방법으로 사건을 날조하여 토론을 중지시키고 중앙위원들을 기만 공갈하여 정당한 동지들을 출당, 철직시킬 것을 결정하였다.

이 얼마나 놀라운 일인가!

당 상무위원회 위원이며 부수상인 최창익 동지와 당 중앙위원이며 부수상인 박창옥 동지는 일체 직무에서 해임되었으며 당적 문제는 검열위원회에 넘겨 심의하기로 하였으며 중앙위원이며 상업상인 윤공흠 동지와 직맹위원장인 서휘 동지와 중앙위원회 후보위원이며 내각 건재 공업 국장인 리필규 동지들은 출당, 철직을 당하였다. 회의 벽두에 이렇게 함으로써 다른 동지들의 토론을 막았으며 그를 탄압하였다.

이와 같이 우리 당의 규약은 몇 개인들의 전횡으로써 여지없이 무시되었다. 일반에게 알려진 바에 의하면 동일한 문제를 가지고 김일성 동지에게 김두봉 상임위원회 위원장과 박의완 부수상과 건설상이었던 김승화 동지와 체신상인 김창흡 기타 동지들이 개별적 충고와 또한 당 상무위원회에서 동지적 비판을 주었다고 한다.

그러나 당 규약이 보장하고 있는 당내 민주주의는 여지없이 파괴되었으며 김일성 동지와 그의 추종자들을 비판하는 사람들은 곧 당과 정부를 반대하고 그를 전복하려는 범죄자로써 규정되고 말았다. 그러면 김일성 동지가 제3차 당대회에서 선포하였고 그의 추종자와 아첨분자들이 선전하는 것과 같이 조선 노동당에는 개인숭배와 그의 후과가 없었으며 다만 박헌영에게만 개인숭배가 있었다는 것을 양심의 가책 없이 누가 동의할 수 있겠는가.

또, 국제노동운동에 그렇게도 심대한 영향을 일으킨 개인숭배와 그로 인한 오류를 조선 노동당에서만 범하지 않았다고 할 수 있겠는가?

조선 노동당도 다른 형제당들과 같이 이와 같은 오류를 피할 수 없었다는 것은 명백한 일이다.

제20차 당 대회에 참가하였던 우리 당 대표가 자기의 귀환 보고에서 논술한 바와 같이 소련 공산당에는 개인숭배가 있었지만 진정한 맑스레닌주의 당은 개인숭배가 있을 수 없다고 함으로써 조선 노동강만 그 오류를 범하지 않을 수 있었다고 하였다.

이것은 사실과 부합되지 않으며 전체 당원들을 무시하고 기만하는 행동이다.

1. 김일성의 개인숭배의 형성과 사회생활의 각 부문에서 그의 표

현들.

김일성 동지와 아첨 분자들이 말하는 바와 같이 조선에서만 개인숭배를 피할 수 있었다는 것과 같이 사태를 묘사하는 유일한 논거로 삼는 소위 진정한 맑스주의적 당이라는 자화자찬을 믿어야 하겠는가?

만약 이와 같은 논거에 동의한다면 다른 형제적 당들은 진정한 맑스주의적 당이 아닌 것으로 되어야 한다. 이 얼마나 어리석은 논의인가? 형제당들이 범하였던 오류를 우리 당만이 범하지 않았을 수 있었던 어떠한 특수조건도 없었을 뿐만 아니라 오히려 우리에게는 김일성의 개인숭배가 조장될 수 있었든 역사적인 사회적 조건들이 있었다.

다 아는 바와 같이 일본 제국주의자들의 장기적인 식민지 통치로 인하여 조선에는 민주주의적 사회생활이 결여되어 있었으며 권력 기관에 있는 관리들에 의한 특권 행사가 보통일로서 일반적으로 인식되고 있었던 것이다. 해방 후 정권이 인민들 수중에 들어오자 인민들의 권리를 위하여 싸운 간부들이 부족한 상황 하에서 혁명적 교육을 받지 못한 많은 새로운 간부들이 등용되었다.

이 사실은 관료주의와 아첨과 개인숭배가 장성할 수 있는 객관적 사회적 조건이 있었다는 것을 인증하지 않을 수 없다. 특히 조선에는 봉건사회로부터 왕에 대한 개인숭배의 교육을 받아온 독소의 영향으로서 왕은 곧 국가이며 왕을 반대하는 것은 국가를 배반한다는 사상의 영향을 받았다. 일부 아첨분자들이 주장하는 바와 같이 김일성 동지를 비판하는 것은 곧 당과 국가를 전복하려는 것으로써 인증하려는 이론과 왕이 국가라는 것과 그렇게 큰 차이가 없는 것이다. 우리 당내에 이러한 사상을 전파시키려는 것이 착취 계급의 사상이 잠입한 것이 아니고 무엇이겠는가? 다른 말로 말하여 봉건사회로부터 식민지 통치의 전 기관을 통하여 물려받은 죄악적 정신의 유산인 '관존민비'의 사상이 전인민적 머릿속에 침투되어 있었던 것이다. 이 모든 것이 개인숭배의 사상이 발전할 수 있었던 사회적 온상이 되었다.

특히 일본 제국주의자들에 의하여 가혹한 경찰 탄압으로 말미암아 혁명 운동이 비합법적 운동으로서 투쟁하지 않을 수 없던 사실과 관련하여 매개 혁명집단 사이에는 일정한 연계가 없었고 통일 계급적 정당이 없었던 관계로 자타가 공인할 수 있는 뚜렷한 지도자를 가지지 못한 채 해방을 맞이하였던 것이다. 따라서 매개 혁명 집단은 자기의 지도자를 가지고 있었으며 김일성 동지도 그 중에 한사람이었다.

당시 김일성 동지가 당의 지도자로서 내세우는 데 가장 유리한 조건에 놓여 있었던 것은 조선을 해방시킨 소련군대와 함께 귀국한 것이며 또 그의 전폭적 지지를 받았던 사실을 상기할 필요가 있다. 우리 조선공산주의자들에게 있어서 절대적인 권위와 신뢰를 받아온 소련 동지들이 지지해준 그를 적극 옹호하였던 것은 자연스런 일이었다.

해방 직후의 조선 혁명 집단들의 간부 상황을 말하면 다음과 같다.

국내에서 활동한 간부들, 소련공산당의 지도 하에서 사업하다가 귀국한 간부들, 만주에서 빨치산 운동에 참가하였다가 1940년 이래 모처에 집결되어 있었던 수십 명의 간부, 중국공산당의 지도 하에 있다가 귀국한 동지 등으로 구분하여 볼 수 있다. 이것이 당시 기본적인 혁명적 간부들의 대략적인 인적 구성 상황이다.

그때, 김일성 동지를 지도자로 내세우는 데 반대하는 국내외 간부들도 있었으나 대체로 그를 지지한 힘이 컸음으로 그의 위신을 높이기 위하여 많은 대책들이 강구되었다. 다른 사람들의 집필로 된 논문들이 김일성의 이름으로서 발표되었으며 김일성의 초상화를 스탈린의 초상화와 함께 도처에 붙였으며 20개 정강도 김일성의 정강으로 발표하였다.

이리하여 모든 성과는 김일성 이름과 결부시켜야 한다는 당 결정서까지 나오게 되었으며 소련공산당 제20차 당 대회 이전에도 또 그 후에 있어서도 일은 모든 사람들이 하고 영예는 수령에게 돌려져야 한다는 그러한 사업방식이었다.

이것은 김일성 동지에 대한 개인숭배를 조장시키는 데 결정적 역할을 했다. 이와 관련하여 레닌적 조직적 원칙을 위반하고 권력을 한 개인의 수중에 필요 이상으로 집중하였다. 특히 전쟁시기에 있어서 외국 간섭자들의 도발적 행동으로 말미암아 전쟁이 확대되자 전시의 수요에 의하여 권력을 집중시키지 않을 수 없었다. 이로서 일체 권력은 문자 그대로 김일성 동지에게 집중되었으며 이로 인하여 당원들과 인민들의 민주주의적 권리는 제한을 받게 되었다.

그러나 국가가 평화적 발전의 길에 들어선 때에도 국가와 당 사업에 이와 같은 제한은 부정적 후과를 발생시키고 있다. 이리하여 우리나라에는 김일성의 개인숭배가 조장되고 있을 뿐만 아니라 그를 강화하려 하고 있다. 이로서 김일성 동지는 당과 정부와 모든 인민들 위에 서게 되었고 그는 신성불가침의 존재로서 출현하였다.

이와 같은 사실에 근거하여 볼 때 이렇게 조선에게만 개인숭배의 오류를 범하지 않을 수 있는 객관적인 특수한 역사적인 조건이 있었다고 말할 수 있겠는가? 우리에게는 그러한 특수한 역사적 조건이 없었을 뿐만 아니라 오히려 개인숭배가 조장할 수 있는 객관적 조건이 다른 나라 당들보다 더 컸다는 것을 말하여야 할 것이다.

이러한 상태에서 김일성 동지는 응당 과거에 각이한 활동 분야에서 사업하였던 동지들의 의견을 존중하며 그들과 단결을 도모함으로서 당내의 단결을 보장하도록 겸손하게 사업하여야 할 것이었다. 그러나 개인숭배가 조장된 결과 권력에 아부하는 아첨분자들이 김일성 동지의 주위에 그림자와도 같이 따르게 되었으며 그를 하늘과 같이 추켜세우기 시작하였다.

개인숭배의 한 방면을 아첨분자의 존재로서 설명할 수 있다면 또 다른 한 방면은 지도자가 그 아첨을 받아들이고 그를 조장시키는 조건 하에서 개인숭배가 성립되며 그 필연적 결과로서 개인숭배의 후과를 동반하게 되는 것이다. 이 두 가지 면에서 볼 때 우리 당내에는 아첨분자도 존재하였고 당의 지도자로서 내세워진 김일성 동지가 아첨을 접수하고 조장하였던 것도 부정할 수 없는 사실이다. 김일성 동지의 동의가 없이 위대한 수령, 천재적 영장, 전설적 영웅, 탁월한 지도자 등의 최고 최대의 영예스러운 글과 말이 어떻게 그에게 부여될 수 있었겠는가?

우리 당 사업에서 과거와 현재에 이르기까지 존재하고 있는 개인숭배의 사실을 제3차 당 대회에서 없었다고 하는 거짓말들을 어떻게 믿을 수 있겠는가? 사람들의 기억력을 일시에 소멸시킬 수 있는 기적적인 요술이 김일성과 그의 추종자들에게 없는 한 그것을 부정하는 것은 어리석은 일이다. 과거의 모든 신문, 잡지, 학교 교과서, 문학 작품과 수많은 노래에서 민주개혁 결과 인민들에게 수여하여진 토지까지 김일성이 주었고 자유와 행복도 김일성이 준 것으로 묘사함으로서 자본주의 국가의 왕들보다 더 높이 추켜세워졌고 김일성 동지가 생존하고 있는 현 시기에 김일성 종합대학, 김일성 거리, 김일성 광장 등이 부족하여 심지어 젊은 김일성 동지를 조선의 모든 젊은이들의 아버지로써 불려지게 하는 현상들을 어떻게 옳은 일로써 접수되어야 하겠는가? 우리는 김일성을 조선의 레닌으로서 조선의 모택동으로서 설명하려는 겸손치 못한 짓을 결정적으로 반대하여야 할 것이다. 김일성을 위대한 레닌이나 모택동 동지와 비교하는 것은 우스운 일이 아닌가? 온갖 양심을 잊어버린 자만이 위대한 레닌이나 모택동 동지와 비교할 수 있을 것이다. 우리들이 잘 아는 김일성 선집에 대하여 말하여 보자. 나는 묻건데 그 선집에 수록되어 있는 논문과 보고 중 몇 편이 김일성 동지가 집필한 것이었던가? 나는 그 논문의 질과 수준을 논하기를 원치 않는다. 한 나라를 움직이는데 중요한 역할을 담당하고 있는 김일성 동지가 몇 달 앞을 예견하지 못하고 새로운 보고들이 보충되고 시정하지 않으면 안 되었던 관계로 얼마나 많은 보고들을 연이어 제출하지 않을 수 없었던가? 이것은 당 및 내각 결정서를 체계적으로 연구한 동지라면 누구나 다 느낄 수 있는 문제이다.

우리는 전후가 모순되는 보고와 결정서들을 얼마든지 발견할 수 있다. 그러나 이것들을 대단한 역작으로서 선전하고 있는 일부 아첨분자들을 어떻게 신임할 수 있겠는가? 나는 그 보고들을 정치적 수준이 있는 동지들로서 재심사하고 김일성 동지의 명의로서 출판할 것이 아니라 당 보고집으로 정리하여 출판할 것이며 기타는 참고 자료로서 취급하는 것이 옳다고 인증하다.

나는 개인숭배가 낳은 웃을 수 없는 몇 가지 웃음거리를 말하여야 하겠다. 대수롭지 못한 문제에 대하여 그가 연설한 것도 곧 소책자가 되어 나오고 그것이 전 당을 움직이는 정치적 구호가 되는 것이 옳은 일이겠는가? 아무런 준비 없이 한 말들이 구호가 되어 거리마다 표어로서 부치게 되고 화가들까지 동원되어 그림을 그리게 하여 붙여져 있는 "쌀은 사회주의이다", "방직은 예술이다"등의 구호를 보고 조금이라도 식견이 있는 사람이면 고소하지 않을 수 없을 것이다. 이 웃음거리 구호가 가는 곳마다 붙여져 있을 뿐만 아니라 "방직은 예술이다"라고 한 것을 각본으로 만들어 평양에까지 가지고 와서 상연한 희극을 연출하게 하였다.

이것이 어찌 웃고 말일인가? 개인숭배로서 김일성 동지에게 무한한 권력이 집중되고 이에 근거하여 그의 권위는 당과 정부와 모든 인민 위에 놓이게 되어 어떤 회의에서든지 그의 발언은 정당성 여부를 불문하였으며 다수 의견을 대표하였던지 말았던지 그것은 필요한 일이 아니었다. 당 규약과 국가법을 배반한 것이라도 그것은 최종적 결론으로서 지상의 명령으로 되었으며 누구도 감히 그것을 반대하지 못하였다.

금번 당 전원회의가 보여준 바와 같이 그의 의견을 반대하는 사람들에게는 아첨분자들인 당 부위원장들이 다른 곳에서 공개적으로 공갈 위협한 바와 같이 정치적 생명은 끊어지며 심한 경우에는 인민들의 원수를 수용하기로 되어 있는 감옥이 그들을 수용할 준비를 하고 있다. 이 얼마나 엄중한 사태인가? 당내의 단결은 이와 같이 파괴되고 있다.

과거 김일성 동지가 회의 때마다 조선의 대표적 종파분자로서 비판한 것으로서 유명하여진 어떤 동지가 20차 당 대회 이후에 평양시 당 열성자회의에서 김일성 동지를 레닌의 충직한 제자로서 찬미한 것으로서 일 약 상의 직위에 오르게 되었다는 것을 누가 모르는가? 여기 어디에 당 의 원칙이 존재하는가? 김일성 동지에게 있어서는 당 규약과 법과 공산 주의적 원칙을 위반하는 것이 크게 두려운 것이 아니었으며 당원 대중 의 의견 같은 것은 그리 중요시 할 필요가 없었다. 그에게 있어서 권력 은 곧 진리였으며 모든 권력이 그의 수중에 있는 한 그의 의견은 절대적 인 것으로서 법 이상의 권위를 가져야 하는 것으로 생각하였다고 하여 확대된 표현이라고 말할 수 있겠는가? 그러나 이 환상은 위대한 소련공 산당의 제20차 당 대회 이후에 동요하기 시작하였다. 그에게 맹종하던 군중이 각성하게 되었으며 그것을 옳지 못한 것으로서 인증하고 있던 동지들이 그에게 동지적 충고와 비판을 전개하였다. 현재 그와 그의 추 종자들에게 있어서는 소련 제20차 대회의 개인숭배에 관한 문헌은 범보 다 더 무섭고 증오스러운 것으로 되었다.

이것이 진정한 공산주의자로서 가져야 할 태도이겠는가? 위에서 서술 한 바와 같이 우리 당내에 김일성 개인숭배가 생산한 역사적 조건과 그 발전 과정과 아첨분자들의 역할과 개인숭배로서 당내 민주주의와 집체 영도가 말살된 경로를 대략적으로 말하였다.

2. 8월 전원회의는 우리 당내에 존재하고 있는 개인숭배와 그 후과를 극복하는데 대한 당의 원칙적 문제를 해결하지 못하였다.

8월 전원회의는 김일성 개인숭배를 철저히 폭로 분석하고 그 후과들 을 시정할 회의가 되어야 할 것이었으나 그렇게 되지 못하였다. 정부대 표단이 각 형제 국가들을 방문하고 사회주의를 건설하고 있는 형제국가 들의 인민생활을 보았으며 당과 정부의 지도자들을 만났고 형제적 당들 에서 개인숭배 사상의 해독성에 대한 경험들을 직접 혹은 간접적으로 들었을 것이다. 특히 우리 당 공산주의자들에게 있어서 가장 권위 있는 소련 공산당과 그의 지도자들로부터 조선에 있어서 인민생활의 개선 문제와 조선당내에 김일성 동지에 대한 개인숭배가 존재하며 아첨분자들을 주의하라는 것과 당 역사는 김일성 개인 역사로서 대치하여서는 안 되며 사실과 부합하지 않는 선전의 유해성에 대하여 동지적 충고를 받았다는 것을 우리는 잘 안다.

이 얼마나 고귀한 충고인가? 이 충고는 형제적 당들 간에 그 결함을 발견할 때마다 응당 비판하여야 한다는 원칙에서 비판한 것이다. 이 충고와 비판은 김일성 개인에게 한 것이 아니며 그것은 조선 노동당 중앙위원회에 한 것이다.

이 비판들을 김일성, 박정애, 남일 같은 사람들만 알고 그 중요한 문제들을 말살하라는 것이 아니며 이것은 응당 전원회의 앞에 내놓고 보고하고 우리 당 사업에 존재하는 결함들을 용감하게 볼세비키답게 시정하여야 될 것이었다. 특히 이 문제를 말하면서 말하지 않을 수 없는 문제는 소련의 지도자인 후루시초프, 불가닌 동지들이 영국을 방문하였을 때 영국 지도자들과 담판한 회의록을 당 세포에까지 분포하여 당내에 공개하고 있는데 우리는 무엇 때문에 그 중요한 충고를 당원들 앞에 공개하지 못하겠는가?

소련당에서 이와 같이 하는 것은 최고지도간부들이 외국에서 어떻게 사업하였으며 어떤 문제 토의에서 무엇이라고 말하였으며 상대방이 제기한 문제에 어떠한 대답을 주었는가 하는 것을 당원 대중에게 알림으로써 그들이 선거한 지도간부를 일상적으로 감독하게 하여 정당한 평가를 받자는 데 그 중요한 의의가 있는 것이다. 이것이 레닌적 조직 준칙에 근거한 것임은 말할 필요도 없다. 이 좋은 사업작품을 무엇 때문에 우리는 본받지 못하는가? 이렇게 하지 못하는 것은 당원들을 무시하거나 그렇지 않으면 그들을 두려워하는 까닭이다. 김일성, 박정애, 남일 등과 같은 사람만이 당중앙위원회의 전체가 아니며 또 그들이 당의 전체가 될 수 없기 때문이다. 이와 같은 영웅주의적 사상을 견지한다면 그것은 큰 착오인 것이다.

소련당에서 얼마나 정당하고 동지적이며 볼세비키적인 비판을 하였는가는 양심 있는 당원이면 완전히 동의할 것이다. 이와 같은 중대한 충고를 받았고 또 많은 형제국가들을 방문한 후에 개최된 전원회의였기 때문에 그 회의는 더욱 중대한 의의를 가졌던 것이다. 그들이 모스크바에서 그 비판을 접수하고 시정할 것을 약속하였으나 전원회의에서 행동한 것은 소련당을 기만하고 완전히 상반되는 행동을 감행하였다. 이것을 어떻게 용인할 수 있는가? 국내에서 많은 동지들이 바로 소련당에서 충고한 것과 같은 내용을 가지고 김일성 동지와 그에게 아첨하는 분자들을 비판하였을 때 그들은 드디어 당과 정부를 전복하려는 음모자로서 또 연안종파로서 그들은 비법적으로 탄압하였다. 이리하여 세상에 있어 본 적이 없는 개인숭배를 반대하는 희한한 종파인 연안종파가 조작되었다.

이로 인하여 당내의 민주주의와 내부 단결이 가일층 파괴되었다. 이 문제들에 대하여 많은 동지들이 김일성 동지에게 개별적 충고를 주었을 때 그가 당면하여서는 접수하고 배후에서는 충고한 동지들을 연안종파로서 사태를 날조하고 있을 때 그에 대하여 동지적 경고를 하였다. 그러나 그들은 음모적 방법으로서 동지들을 대하였으며 이 투쟁은 전원회의에서 공개적인 당에 투쟁으로 전개되었다. 당에 민주주의가 보장되어 있지 못한 상황 하에서 그들이 김일성 동지와 그에 아첨하는 분자들을 공개적으로 비판한 것은 용감한 행동이었다. 그들이 당의 이익을 위하여 생명에 위협을 무릅쓰고 공개적으로 김일성과 그에 아첨하는 자들을 비판한 것은 결코 그들이 수상이나 당내의 수령을 하기 위한 행동이 아니었다. 그들은 위협과 공갈의 방법에 의한 다수결로써 출당과 철직을 당할 것을 모르고 한 행동이 아니었다. 그들은 완전히 이 가능성을 이해하고 있었으며 허위에 의한 다수결을 사전에 알고 있었던 것이다. 이것을 어떻게 개인의 이익을 생각하였다고 말하겠는가 다만 진리와 당의 이익을 위한 것 밖에는 다른 의도가 없었던 것이다.

금번 전원회의에서 이렇게 함으로서 국제노동운동에 유례없는 오점의 역사가 김일성과 그의 추종자들에 의하여 감행되어졌다. 이것을 당의 이익을 위한 것으로서 이해될 수 있으며 형제당들과 국제주의적 단결을 도모한 행동으로 평가할 수 있겠는가?

아니다. 이것은 진리를 위반한 행동이다. 이들은 형제당들의 고귀한 충고를 무시하였을 뿐만 아니라 소련공산당 중앙위원회의 권위와 명의를 도용하기까지 하여 마치 김일성 동지와 기타 간부를 비판하지 말라는 편지가 있은 것처럼 유언비어를 유포하고 있다. 그 편지를 보라! 개인숭배를 반대하지 말라고 한 부분이 어디에 있는가? 그와 반대로 개인숭배를 반대한 소련당의 투쟁이 정확하였으며 그 투쟁이 큰 성과를 거두고 있는 것을 전하고 있지 않는가?

이 죄악은 남일이 감행하였고 김창만이 호응하였다. 얼마나 비굴하고 누추한 행동인가? 그들은 말하기를 중국공산당 지도 하에 있다가 귀국한 동지들이 종파를 조직하였다고 한다. 그리하여 그것을 연안종파라고 부르고 있다. 이 얼마나 황당한 소리인가? 위대한 중국 6억 인민들이 그렇게도 사랑하고 세계 공산주의자들이 그렇게도 존경하는 중국 혁명의 책원지였던 연안을 무엇 때문에 종파와 연결시키는가? 그렇다면 그들이 종파를 하였다는 구실을 들어보기로 하다. 한 가지 이유로서 회의에서 말하지 않고 배후에서 말하였다고 한다. 김일성 동지에게 직접 충고를 주었고 당 전원회의에서 공개적으로 토론하지 않았는가? 그러나 당내에 민주가 보장되지 못한 관계로 토론은 중지되었으며 이에 관하여 토론할 여느 동지들은 토론에 참가하지 못한 채 탄압되었다.

이것을 어떻게 배후에서 음모하였다는 죄명을 씌울 수 있는가? 이러한 사실이 있음에도 불구하고 당내에 최저한도의 민주주의가 보장되고 있다고 말할 수 있겠는가? 다른 이유로서 당과 정부의 중요한 간부를 반대하였기 때문에 그것은 당과 정부를 전복시킬 음모였다고 한다.

결함이 있는 중요 간부를 비판하고 교체할 것을 요구하는 것이 음모이며 잘못인가? 당 규약에 당내 민주주의를 보장하고 있는 조항은 이유와 근거가 있는 한 어떠한 높은 직위에 있는 동지도 비판할 수 있게 되어 있다.

공산주의자인 누구도 최고 간부는 비판할 수 없는 신성불가침의 존재로 되어야 한다는 것을 인정하지 않았다. 맑스주의 대가의 어떠한 사람도 그와 같이 생각한 일이 없었으며 모든 당원들은 그 권력 앞에서 굴종할 것을 예견한 일이 없었던 것이다. 조선에서는 심지어 중앙위원회와 상무위원회 자체 내부에서까지 비판을 전개할 수 없는 환경이 조성되고 있다. 봉건 왕들도 그들의 통치를 유지하기 위하여 극단한 반인민적 탈선 행동을 제지하고 사회 여론에 일정한 주의를 돌리기 위하여 사간헌을 만들었고 충신들이 왕들의 탈선 행동을 시정하도록 되어 있었다. 공산주의자인 우리가 어째서 지도 간부의 오류를 비판할 수 없는가? 이것은 다만 소수의 정치적 야심가들이 모든 당원에게 아부할 것을 요구하는 것밖에는 달리 이해할 수 없는 것이다.

김일성과 그의 추종자들이 곧 당이며 정부인가? 가령 그들을 반대한다고 하자, 그것이 어떻게 당과 정부를 전복시키는 행동이 되겠는가? 당과 정부를 전복시킨다는 것은 사실 그 재료를 변경시키자는 것을 의미하는 것이다. 만약 그들이 말하는 것과 같이 해석한다면 여러 형제 국가에서 당내 투쟁으로 인하여 당과 정부의 지도자를 교체하는 것도 당과 정부를 전복한 것으로 설명하여야 할 것이 아닌가? 김일성 동지는 수령이기 때문에 수상과 당위원장의 자리에 종신토록 있어야 한다면 왕과 무슨 큰 차이가 있는가? 누가 그에게 종신제의 수상과 당위원장을 임명하였던가? 가령, 김일성 동지의 해임을 요구하였다고 하여도 이론상 잘못이 없다. 그러나 출당 당한 동지들은 그렇게 요구하지 않았으며 다만 인민생활을 개선 할 것과 개인숭배의 후과를 퇴치할 것과 위조된 역사를 바로 잡고 당내 민주주의와 집체적 영도를 보장하기 위하여 몇 개의 아첨분자들을 지도적 직위에서 해임할 것을 요구하였다. 여기에 무슨 반당적 범죄적인 것이 잠재되어 있는가? 그들은 말하기를 사석에서 정치적 담화를 하여서는 안 된다고 한다. 정치적 활동가들이 어떻게 당면한 정치적 문제에 대하여 담화를 하여서는 안 되겠는가? 어느 나라 당에서도 사석에서 정치적 담화를 한 일이 없었던가? 나는 그와 사석에서 정치적 문제에 대하여 담화를 한 일이 한 두 번이 아니었다. 그러면 그것도 종파행동으로서 규정되어야 하지 않겠는가? 그러나 우리 공산주의자들은 그것을 누구도 종파 행동으로서 인정하지 않는다.

김일성 동지와 그의 추종자들을 제외하고 몇 동지만 모여서 식사만 해도 무슨 음모를 하는 것인가 하고 정탐꾼을 부치는 것이 당 조직 노선의 중요한 사업이 되어야 하겠는가?

리필규 동지가 전원회의 전에 김일성 동지에게 동지적 충고를 하였다고 하여 중앙당 조직부 부부장인 김영주가 리필규 동지가 국장인 내각 건재공업국 당위원장에게 리필규 동지의 일거일동을 감시하라고 하였으며 전원회의 직전에 출당 조치를 할 것을 요구한 것이 정당한 일이겠는가?

전원회의가 개최될 전날에 당중앙위원인 김승화 동지를 토론할 위험이 있다고 하여 당의 명령으로서 모스크바로 곧 떠나게 한 것이 잘한 일이겠는가? 김일성 동지 자신이 개인숭배에 의견이 있는 당내의 높은 직위에 있는 동지들을 불러 놓고 그들의 약점을 이용하여 위협하는 일들이 정당한 일이겠는가?

사실이 아니기를 원하는 이 자료들은 불행하게도 그것이 다 사실이다. 조선노동당의 위기와 비극이 바로 여기에 있다. 국제적으로 '백화재방' '백가쟁명'이 논의되고 있는 이때에 어찌하여 조선에서만 시대에 역행하는 사태가 출현하고 있는가?

당의 사상 분야를 담당하고 있는 부위원장인 김창만이 국제적 압력과 당내의 여론에 못 이겨 공개적으로 말하라고 하면서 다른 한 방면으로는 말하는 자는 모조리 출당과 철직으로서 위협, 공갈하는 판에 어떻게 말할 수 있으며 이렇게 함으로서 당내의 민주를 보장할 수 있겠는가? 성의 국, 처 부장들을 망라하여 소위 금번 종파에 500명 이상이 관련이 있고 아직도 얼마나 있는지 모른다는 연안종파의 뿌리를 뽑아야 한다고 떠들고 있는 이판에 누가 감히 말할 수 있겠는가?

어떻게 개인숭배를 반대하는 사람이 500명만 되겠는가? 개인숭배의 사상에 포로가 되어 있는 동지들이 사상적으로 해방되면 전 당원들이 다 개인숭배를 반대할 것이 아닌가? 백만 당원이 각성되는 대로 종파로서 규탄되어야 하겠는가? 그러나 그렇게 할 수 없을 것이다. 문제의 엄중성이 바로 여기에 있다. 이것은 낡은 사상과 진보적 사상 간에 격렬한 당내 투쟁이 결과적으로 우리 당 역사에 있어서 소위 연안종파가 인공적으로 조작되었으며 이것은 우리 당 대열의 사상적 조직적 통일을 약화시키지 않을 수 없다.

무엇 때문에 소련출신 사람들의 눈과 귀와 입을 틀어막아야 하겠는가?

많은 우리 혁명가들이 사람들의 인권을 보장하는 것으로서 사람들의 자유를 위하여 싸웠고 사람이 사람을 착취하는 것을 근절시킴으로서 물질적 생활의 향상을 위하여 피를 흘렸고 또 싸우고 있지 않는가? 이것의 바로 혁명적 가장 기본적 조건이다.

만약 우리에게 끝까지 한 개인을 변형적 왕으로 만들고 그 권력 앞에 굴종할 것을 요구한다면 많은 동지들이 생명을 내놓고 그것을 반대하여 싸울 것이다. 그들은 말하기를 소련 동지들이나 중국 동지들과 만나는 것을 반대하고 또 형제적 당 지도자들에게 개인 서신을 쓰는 것을 비난하고 있다. 1개인의 공산주의자가 소련 혹은 중국 공산주의자와 만나는 것이 반당적 행동이 되겠는가? 가령 일개 당원이 형제당의 중요한 간부에게 편지를 썼다고 하여 그것이 범죄적 행동으로 인정되어야 하겠는가? 외국 형제적 당원들이 김일성 동지에게 편지 쓴 것으로서 반당적 반국가적 행동으로서 처벌받았다는 소식을 우리는 듣지 못하였다.

당중앙의 정책이 정확하지 못한 것으로 인하여 고민하고 있는 많은 당원들의 처지를 김일성 동지는 응당 심각히 생각해 볼 필요가 있다.

금번 사건을 소위, 연안종파로서 낙착시키고 있는 바 이 결과로서 과거의 모든 국내 혁명 운동을 화요회, 엠엘파, 북풍회, 콤크룹, 함남종파 등으로 규정하여 국내 간부들을 내려 눌렀고 소련서 귀국한 모든 동지들을 가족주의 종파로서 내리 눌리고 중국서 귀국한 동지들을 연안종파로서 규정하여 이를 억압하였다.

이렇게 함으로서 다만 종파가 아닌 것은 김일성 동지와 관련이 있는 만주 빨치산과 조국광복회와 이것을 정통으로 인정하는 아첨분자들만 남게 되었다. 어떻게 조선에는 종파만 있고 진정한 혁명 운동이 없었던가? 참으로 놀라운 일이다.

나는 이 문제들이 반드시 냉정하게 객관적으로 재심의 되어서 종파는 종파대로 규정짓고 종파가 아닌 것은 종파가 아닌 것으로 밝히고 그의 죄와 공로를 옳게 평가하여 주어야 할 것이라고 주장한다. 이와 같이 당내에 민주주의가 보장되지 못하며 당원들의 권리가 무시되었고 독단과 전횡이 허용되어온 조선에서도 위대한 소련공산당의 충고와 당원들의 광범한 유형무형의 불만을 완화하기 위하여 그들도 모종의 형식적인 표현을 취하지 않을 수 없었다.

3차 당대회에서 당 대표들과 형제당 대표들을 눈앞에 앉혀 놓고 조선에서는 김일성에 대한 개인숭배가 없었으며 다만 박헌영에게만 개인숭배가 있었다고 한 거짓말을 형식적이나마 일부 시정하지 않을 수 없었다.

그리하여 그들은 3차 당대회 전에 취급하였다는, 한 번도 일반 당원들에게 공개한 일이 없었던 다음과 같은 내용을 인용하는 것으로서 격동되어 있는 당원들의 감정을 완화하려고 하였다.

"1956년 3월 전원회의에서 지적된 바와 같이 우리나라에서 약간 어느 정도의 개인숭배가 존재하였다고 인정한다. 이는 주로 우리 당 사상사업에서 한 개인의 역할과 공로를 지나치게 찬양하는 데서 표현되었다. 그러나 이는 당중앙위원회가 당적 지도의 최고원칙으로 시종일관하게 견지해온 집체적 지도와 당의 노선과 정책에 영향을 미칠 수 없었다."

이것은 다음의 결정서를 인용한 부분이다. 즉 약간 정도의 개인숭배가 존재하였으나 그 후과는 없는 것으로서 인정하였다. 이리하여 개인숭배를 형식적으로 승인하고 실질적으로 그를 부정하였다. 개인숭배가 조선에서 표현된 일부 사실만을 이미 위에서 열거한 것만 보더라도 어느 형제당들에서 보다 비교할 수 없는 정도로 큰 영향을 받았다는 것을 말하여야 할 것이다. 다른 사실은 다 그만두고라도 제20차 당대회와 형제적 당들의 개인숭배를 반대하는 투쟁에 고무되어 우리 당내에서 몇몇 중요한 동지들이 일체 위협을 무릅쓰고 바로 8월 전원회의에 출현하였을 때 그들을 당과 국가를 전복하려는 반당적 종파분자로서 규정하고 말았다. 목전 그들이 당 내외에 유포하고 있는 선전을 보면 토론에 참가한 동지들이 토론을 준비함에 있어서 호상 상의하였다고 한다.

그 실지 상황은 알 수 없으나 개인숭배를 반대하는 토론 내용을 상의하였다고 하여서 곧 그것이 종파 행동이겠는가? 이리하여 김일성 개인숭배와 그 후과를 퇴치할 것과 당내 부정적 현상을 비판하는 것은 전원회의의 결정서로서 간부를 중상하는 것이며 간부의 위신을 훼손시키는 것이며 당내의 단결을 파괴하는 행동으로서 결정하였다. 그뿐만 아니라 이것은 적들과 상통하는 반당적 행동이라는 결정을 채택함으로서 김일성과 그의 추종자들을 비판하는 것은 적과 상통한 행동으로 규정함으로서 그들의 존재는 점점 더 신성불가침한 것으로 되었으며 이리하여 당내 민주주의는 가일층 파괴되었다.

이 사태를 정상적인 것으로 접수해야 하겠는가? 또 이것을 당내 단결을 도모하는 행동으로서 또 나아가서 형제적 당들과 국제주의적 단결을 도모하는 행동으로 평가하여야 하겠는가? 우리 당내의 민주주의와 집체영도와 당조직 생활에서 레닌적 조직 준칙은 여지없이 짓밟히고 말았다.

이 독단과 전횡이 당내에서 또 국제노동운동에서 허용되어야 하겠는가? 그러면 그들이 말하고 있는 개인숭배의 후과가 있었는가 없었는가 하는 문제를 고찰할 필요가 있다.

3. 개인숭배의 제반 후과에 관하여.

김일성과 그의 추종자들이 말하기를 개인숭배의 후과가 우리 당에 없다고 한다. 그러나 이것은 사실과 부합되지 않는다.

우선 당규약과 사회주의적 법이 준수되지 못한 허다한 사실들 중에 몇 가지 실례만 열거하여 보자. 공산주의적 조직 원칙과 당대회에서 당규약의 엄격한 요구를 무시하고 당대회에서만 선출 받을 수 있는 당중앙위원을 전원회의에서 후보 중앙위원이 아닌 사람들을 다수 중앙위원으로 선출하고 심지어는 정치위원까지 시켰다. 단 한 가지 극히 심한 예를 들어 보자. 조선에서 누구도 모르는 사람이 없는 조선민주당 당수인 최용건 동지를 전원회의에서 중앙위원으로 그리고 정치위원으로 부위원장으로 선출하였다. 조선에서 아직 남북이 통일되지 못하였고 당에 통일전선 정책으로 보아 이렇게 할 필요가 있었는가? 이것은 필요한 일이 아니었다. 이 모든 비법적 행동은 김일성의 제의에 의하여 그의 권력에 의한 권위로서 당원들에게 강요하여 통과시킨 것이다. 이것이 위법이라는 것은 당원들이 모르는 바가 아니었으며 이것은 결코 당중앙위원들이 무식한테 기인하는 것이 아니라 당내에 정치위원, 부위원장, 정부의 부수상, 상들을 그가 시키고 싶으면 시키고 그의 비위에 들지 않으면 해임되는 것이다. 이리하여 최고 간부들까지 불안과 공포 속에서 사업하고 있다. 이래도 개인숭배의 후과가 없었다고 말할 수 있겠는가?

헌법이 무시된 일 같은 것은 일일이 말할 필요가 없다. 현재 도인민위원회에서 선출 받지 못한 도인민위원장들이 얼마나 많은가? 김일성 동지와 그 추종자들에게 있어서는 선출 받은 중앙위원회와 최고인민회의는 그들의 결정적 초안이나 통과시키는 한 개의 민주주의적 장식물에 지나지 않는 것이다. 선출 받은 중앙위원들이 당사업을 지도하며 감독하려는 토론과 행동은 건방진 수작이며, 선출 받은 최고인민회의 대의원들이 정부사업을 감독하려는 토론과 행동은 주제 넘는 일로서 생각되었다.

제3차 당대회 때, 지방 당 단체들에서 선출 받은 대표들 중 토론에 참가한 모든 대표들의 토론 원고를 당에서 검열하고 본인의 의견 여하를 불문하고 시정하여 토의하게 하였으며 개인숭배를 조장시킨 것에 있어서 큰 역할을 했던 박창옥 동지의 자아비판의 내용이 개인숭배를 반대하는 발언 원고라 하여 그것을 검열하고 그에게 발언하지 못하도록 한 것이 좋은 일이겠는가?

조직 생활에서 가장 기본적 조건인 당내 민주주의와 집체 영도가 보장되지 못하여 지도부의 의견과 반대되는 것은 반당적 반정부적 종파행동으로 규정되는 상황 하에서 어떻게 창의성을 발휘할 수 있겠는가?

당내에서 언론의 자유가 없는데 무슨 집체적 영도를 논의할 수 있는가? 한 사람이 말하고 여러 사람이 듣고 찬미하고 동의하는 것이 과거 지도기관들의 회의였다고 하여 과한 평가라고 할 수 있겠는가? 집체적 영도가 강조되었을 때 김일성 동지는 언젠가 "집체적 영도도 별 것이 없다니 어디 말하는 사람이 있어야지"라고 한 말이 있다.

김일성 동지의 의견과 다른 것을 주장하면 그 직위를 유지할 수 없는데 누가 감히 발언할 수 있겠는가?

이리하여 김일성 동지는 세상에서 자기가 제일이라는 그릇된 관념을 가지게 되었다. 제20차 당대회 이후에 그는 협의회를 과거 여러 번 가졌다는 것으로 집체적 영도가 보장되었다는 것이 그가 변명하는 유일한 논거이다.

그러나 당내에 민주가 보장되지 못한 상태에서 회의를 백만 번 열었다하여 그것을 집체적 영도와 당내에 민주가 보장된 증거로 볼 수 없는 것이다.

사회주의적 법을 위반하고 많은 사람이 구금된 문제는 개인숭배의 후과 중의 큰 한 부분이 될 것이다.

현재 북조선 범인의 수는 적어도 3만 명이 넘을 것이다. 군대에 범인들이 1개 사단 이상이 있고 형법의 76조 72조에 의한 범인만 하여도 8천 명이 된다고 한다. 우리 형법에 76조와 72조에 의하여 구금된 것은 반동죄에 관계되는 부분이다.

따라서 반동 이외의 기타 사건으로 인하여 구금된 숫자를 1만 명으로 추산한다하여 별 차이가 없을 것이다.

이 숫자로서 9백만이 못되는 인구에 비하여 보면 매 3백 명에 범죄자 한 사람 비례가 되는 것이다. 이것은 놀라운 숫자이다.

다른 범죄자는 제외하고 반동죄에 걸린 몇 가지 간단한 예를 들어보자. 금번 출당 당한 동지들의 강한 요구와 사회 여론의 압력에 의하여 급격히 죄인들을 재심하여 석방한 2천여 명 중에는 잡지에 김일성 동지의 초상화가 있는 종이로 책 겉을 쌌다고 하여 5년 이상의 형을 받았다.

이 중에는 많은 좋은 동지들이 호의적으로 김일성 초상화의 잘못된 부분을 연필로서 수정한 죄로서 역시 5년 이상 복역한 당원들이 포함되어 있었다.

이 얼마나 놀라운 일인가? 우리 공화국에 이 놀라운 사실이 수천 건 있었다는 것을 어찌 보통 일로 보아야 하겠는가? 이 자료는 고급 간부 중 한 동지가 사법성 부상을 청하여 놓고 확증한 자료이다.

김일성 동지는 범죄 사건을 처리함에 있어서 두 명의 증인만 있으면 그 사건의 사실 여부와 중대 여부를 불문하고 범죄 구성을 인증하게 하여 최고형까지 집행하게 한 지시를 사회주의적 법을 준수하는 견지에서 볼 때 옳다고 말할 수 있는가?

이래도 김일성 동지와 김창만, 박금철, 한상두, 리일경 등이 말하는 개인숭배의 후과가 없었다는 말을 믿어야 하겠는가?

양곡 수매 시에 집에 있는 양곡을 모조리 수매 당하고 분함에 못이긴

농민 한 사람이 리 인민위원회에 가서 김일성 수상의 사진을 손가락질하면서 당신은 인민의 상황을 모르고 사람을 죽인다고 고한쳤다하여 7년 징역을 언도한 사실을 어떻게 묵과할 수 있겠는가?

이래도 사회주의적 법이 준수되었다고 강조할 수 있는가?

가장 유명한 사건 중에 하나를 들어보자. 정치위원이었으며 내무상이었고 연합사령부 부사령이었던 박일우 동지가 현재 알려진 자료에 의하면 현물세와 반동에 대한 관대 정책에 대하여 김일성 동지와 의견을 달리한 것으로서 출당, 구금되어 있는 것은 누구나 다 아는 사실이다. 이 사건도 역시 종파로서 낙인을 찍었다. 재판에 회부할 그의 자료를 검토한 결과 정치범으로서 징역 시킬 수 없게 되자 돈을 낭비하였다는 구실로서 행정범으로 취급한다고 한다. 김일성 동지의 정치적 필요에 의하여 그가 수상을 할 욕망이 있었다고 일반에게 선포한 것으로 보아 어떤 죄명을 부쳐 처단할지 알 수 없다. 그의 가족은 탄광지대로 추방되어 현재 박해를 받고 있다. 전쟁 전과 전쟁 과정에서 그는 김일성 동지의 중요한 한쪽 팔의 역할을 했던 동지였다. 전쟁 초기, 평양을 포기하고 덕천에서 후퇴할 때나, 김일성, 박일우 세 사람이 함께 후퇴하였다. 어느 산언덕에서 식사를 같이 하면서 그들과 함께 담화한 것을 기억하고 있다.

그 때에 그들은 세상에 없는 좋은 동지이며 친구였다는 것을 알 수 있었다.

그러나 그가 김일성 동지를 비판하였을 때 그의 운명은 그가 지도하던 내무성 교화소의 죄수로서 수용되지 않을 수 없었다는 것을 말하면 사회주의적 법이 어느 정도 준수되고 있는가 하는 것을 알 수 있을 것이다. 이것이 개인숭배의 후과가 아니고 무엇인가.

우리는 역사의 위조 사건을 말하지 않을 수 없다. 조선의 출판물들을 주의하여 본 사람이면 김일성 빨치산과 조국광복회의 역사가 조선 민족 해방 투쟁사가 되어있으며 조국광복회가 당의 전신적 활동으로 묘사되었고 김일성 빨치산이 민족해방 투쟁의 기관으로서 또 조선 인민군대의 골간으로 되어있다.

그러나 이것은 사실과 부합하지 않는 것이다. 조선에는 김일성 동지가 세상에 출생하기 전부터 일본 제국주의를 반대하는 거대한 무장투쟁을 포함한 민족 해방 투쟁들이 있었다.

위대한 소련의 10월 혁명의 영향으로서 공산주의자들에 의한 농민운동과 노동운동 학생운동 등의 찬란한 혁명투쟁이 있었다. 3·1운동과 단천·명천·영흥·홍원·북청·김해 등의 장소에서 헤아릴 수 없을 정도로 많은 농민 투쟁이 벌어졌는데 체포되면 그의 뒤를 이어 계속하여 투쟁하는 적색 농조 사건이 있었으며 원산·흥남·서울 방직, 서울 전차, 부산 부두, 평양 고무공장 등의 파업으로서 역시 무수한 적색 노조 사건들의 투쟁이 있었다. 누구나 다 아는 바와 같이 이 투쟁들은 김일성 동지와 아무런 조직적 관련이 없이 진행된 것이다. 무장투쟁을 말하더라도 의병 운동, 독립군 운동 등이 있은 후 공산주의자들에 의하여 중국 동북에서 무장 투쟁이 조직되었다.

이 무장 운동도 결코 김일성 동지가 먼저 조직한 것이 아니며 이 투쟁은 중국 공산당의 지도 하에서 일본 제국주의를 반대하는 투쟁의 한 부분으로서 조직된 것이다.

당시 이 투쟁에 참가한 조선 동지들 중에는 김일성 동지보다 더 우수한 동지들도 많았다. 다만 김일성 동지가 널리 알려지게 된 것은 조선과 연접하여 있는 곳에서 그 투쟁이 전개된 것에 기인한 것이다. 물론 이 투쟁은 존경을 받을 만한 투쟁이었다.

그러나 그 공로를 김일성 한 개인에게 돌리는 것은 옳지 않으며 그 지도를 당의 지도와 결부시키지 않고 김일성 동지의 이름에만 결부시키는 것은 정당한 것이 못 된다.

우리가 다 아는 바와 같이 김일성 빨치산의 활동은 사실에 있어서 1940년대에 중단되고 말았다. 중단된 원인은 일본제국주의자들이 전쟁을 확대하여 소련을 침공할 준비를 한 것과 전쟁의 불길을 중국 본토로 확대하였을 때 자연히 만주 항일 빨치산에 대한 탄압이 강하여졌으며 그로 인하여 곤란이 증대된 것을 부인할 수 없다. 그리하여 1940년 이래 김일성 빨치산은 하바롭쓰크에 집결하여 8·15해방의 날까지 투쟁을 중단하지 않을 수 없었다.

이 사실은 부정할 수 없는 일이다. 김일성 빨치산이 좋은 일면이 있는 반면에 혁명투쟁의 원칙적 견지에서 볼 때 비판되어야 할 일정한 결함이 역시 존재하는 것이다.

당시에 주, 객관적 정세를 분석하여 볼 때 중국 동북에서 무장투쟁을 전혀 계속할 수 없었던 것이 아니었다. 내가 보는 견해에 의하면 능히 견지할 수 있었던 것이다. 예를 들어 그 시기에 중국본토에서 전개한 유격전과 비교하여 보면 알 수 있는 것이다. 당시 중국 본토에서는 동북보다 더 불리한 조건 하에 산도 수풀림도 없는 평원지대에서 항일유격 근거지를 창설하였을 뿐만 아니라 일본군과 전투하여 그 근거지를 끝까지 수호하였으며 그를 확대 발전시켰다.

그러면 김일성 빨치산이 존재하지 못한 결함은 어디 있는가? 그것은 객관적 정세에 주되는 원인이 있는 것이 아니라 내부적으로 존재한 결함으로서 설명되어야 한다.

즉, 그 운동이 존속하지 못한 것은 군중운동과 배합되지 못하여 군중 속에 튼튼히 뿌리박지 못한데 그 원인이 있는 것이다. 만약 그 운동이 혁명적 군중 속에 튼튼히 뿌리를 박았다고 하면 어떠한 제국주의자들의 탄압도 그 운동을 제어하지 못했을 것이다. 실제 예를 들어 김일성 빨치산보다 더 불리한 조건에서 중국 본토의 항일 빨치산은 견디어 내었다. 중국 본토의 평원 유격전은 산도 수풀림도 없는 조건 하에서 전승한 것이다. 평원 유격전이 최후까지 견지되고 전승한 것은 그 운동이 군중에 의거하여 그들의 지지와 군중 속에 그 운동이 깊게 뿌리박고 있었기 때문이다.

그러면 그 당시 동북에서 군중을 조직하고 지도한 지하 운동이 없었는가? 그렇지 않다. 당의 지도 하에 많은 동지들이 지하 운동에 참가하였고 해방 시까지 그 조직들이 발전하고 있었다. 나 자신이 당의 파견으로서 1942년 이래 8·15 해방까지 바로 그 지대에서 사업하였다. 나의 경험에 의하면 혁명적 군중은 혁명적 조직을 찾고 있었으며 그 지도를 환영하였다.

이 시기에 국내에서도 많은 동지들이 용감하게 일본 제국주의를 반대하여 비밀조직을 가지고 투쟁하였다. 이 사실은 현재 생존하고 있는 많은 동지들이 증명하여 줄 것이다. 이미 말한 바와 같이 김일성 빨치산 운동이 중단된 것을 계속한 것으로 묘사하는 것은 역사를 위조하는 것이다.

이와 같이 역사가 위조되어서는 안 된다. 역사 위조의 책임자이며 지휘자들인 박금철, 한상두, 하앙천, 리청원 등이 더럽게 아첨하여 확대 선전하고 있는 보천보 전투와 조국 광복회에 대하여 말하여야겠다.

보천보 전투는 최초에 일본경찰서를 습격하여 순사 3명을 사살한 사건이었다. 당시의 상황으로 보아 총 몇 자루만 가지고도 이와 같은 습격을 조직 할 수 있었으며 이것은 큰 전투가 아니었다. 그 전투가 끝나고 퇴각할 때 적과 조우하여 싸웠던바 당시 신문 보도에 의하면 일본군이 17명이 사상 당하였다고 한다(이 자료의 보도는 평양 박물관에 진열되어 있다).

이 사실이 보여주는 바와 같이 이것이 조선 혁명의 전변을 일으킬만한 전략적인 결정적 의의가 있는 전투가 아니었다. 진정한 맑스주의적 역사가이면 누구나 이와 같이 인식할 것이다.

혁명적 양심이 있는 사람으로서 어떻게 이 전투를 그렇게도 확대하여 평가할 수 있으며 또 양심이 있는 혁명가로서 어떻게 그 아첨을 접수할 수 있겠는가? 모든 면으로 보아 김일성 동지의 개인 역사를 너무 턱없이 확대하였다.

가령, 김일성 빨치산의 전적지를 표시한 평양혁명 박물관 표시를 보면 만주 어느 곳에서 전투하지 않은 곳이 없으며 북반부 대부분 지역이 전적지로 되어있다. 그것은 너무나 사실과 부합하지 못한 선전이다.

조국광복회에 관하여 말하여야 하겠다. 조선혁명을 총 지도한 것과 같이 묘사한 것은 옳지 못하다. 그 강령이 김일성 동지의 강령이 되어 있으나 이것도 역사적 사실과 부합하지 못하다. 그 강령의 근원을 말한다면, 당시 국제 당에서 인민전선의 정책을 결정하였고 그에 근거하여 중국공산당의 민족 통일전선의 정책이 결정되었을 때 그 정책에 의거한 것이었다. 당의 지도 하에 작성된 그 강령들이 어떻게 김일성의 창작으로 바뀌어야 하겠는가? 이것은 역사의 위조다. 또한, 조국광복회의 조직이 전 조선에 분포된 것으로 묘사되어 있는데 그것도 완전한 허위다. 그 조직에 망라된 사람이 불과 수십 명에 지나지 않는 것을 누가 모르는가? 당시 그 관계자들에게 물어보면 잘 알 수 있는 문제다. 김일성 동지가 말하는 것과 같이 수만 명은 고사하고 수백 명도 되지 못하였다. 확대하여 만든 책임자까지 밝힌 문제의 갑산체계도에 의하여도 수십 명을 넘지 못하였다. 조선 지하운동에서는 수만 명이 관련된 조직이 없었으며 당시의 조직 방침이 비밀 지하조직이었으므로 질적 면을 택하고 양적 발전을 삼가는 방침이었다는 것을 참작하면 알 수 있는 문제이다.

조국광복회를 논의할 때 역사가는 응당 그 조직에 망라된 인원과 그 조직이 존재한 기간이 1년인가 혹은 몇 달인가 하는 것과 그 운동이 계속되었는가 종결되었는가 하는 것을 바로 기록하여야 한다. 역사 문제를 이렇게 제기하면서 어떻게 조선혁명 운동에 있어서 크지 못한 한 부분이었던 김일성 동지의 투쟁사를 조선인민 해방투쟁의 주체로 취급해서야 되겠는가하는 질문을 나는 던진다. 무장 투쟁을 말하더라도, 중국 본토에서 해방이 되는 그 날까지 일본 제국주의와 싸웠으며 해방된 이후에도 중국공산당의 지도 하에서 장개석 도당과 싸운 투쟁을 괄시하여야 하겠는가? 일부분 동지들이 조선전쟁에 참가한 것만 해도 5개 사단

이상의 병력이 되지 않았던가? 그들이 어떻게 싸웠는가 하는 문제는 조선인민들이 너무나 잘 아는 문제이다. 그 사단 사단장으로서 영웅 칭호와 국가 최고훈장을 수여 받지 못한 동지가 몇 명이나 되며 그 사단들이 속한 군단장으로서 영웅 혹은 국가최고 훈장을 수여 받지 못한 동지가 몇이나 되는가?

그러나 전쟁이 끝난 이후에 그 사단들을 지휘하였던 지휘관들 중 대체 몇 사람이 군대에 남아 있으며 군대에 있는 동지로서 중요한 지휘관으로 몇 사람이 근무하고 있는가? 이와 같이 역사가 위조되어 모든 국내 운동과 기타 해외 운동이 무시되는 것이 옳은 일이겠는가? 이것은 당내의 단결을 약화시키며 파괴하는 행동으로 되고 있다.

이리하여 수령의 위대함을 자랑하기 위하여 흔히 세상 사람들이 말하는 김일성 빨치산과 조국광복회를 중심으로 한 소위, 갑산체계가 형성된 것이다. 박물관에 있는 그 체계도를 보면 그 조직과 관련이 없는 많은 사람들이 망라되었고 지방적으로 크지 못한 운동도 전국적 운동으로서 묘사되었고 그 운동과 관련이 없는 자로서 그 체계에 이름을 건 것으로서 벼락출세를 한 사람조차 있지 않는가?

나는 우리들이 지지하지 않는 과거의 종파투쟁에서도 이와 같은 추잡한 역사에 대한 협잡이 있었다는 것을 듣지 못하였다. 내가 제3차 당 대회에 참가하였을 때 그 체계도를 박물관에 가서 보고 놀랐으며 박물관 관장을 만나 그 체계도를 어디서 누가 작성하였으며 김일성 동지가 보았는가라고 문의하였을 때 체계도는 중앙당에서 작성하였고 바로 얼마 전에 김일성 동지가 친히 보고서 대단히 만족해하더라는 말을 들었을 때 더욱 놀라지 않을 수 없었다.

그러나 그 후, 사회적 여론에 의하여 그 체계도는 박물관에서 떼지 않을 수 없었다는 사실을 거론할 필요가 있다. 후안무치하게도 역사는 이와 같이 위조되었다. 나는 역사를 위조한 책임자인 부위원장 박금철, 당조직부장 한상두, 당선전부장 리일경, 당사회 과학부장 하앙천, 역사가 리청원 등의 사상을 검토할 것을 제의하며 혁명적 양심과 과학적으로 역사를 서술할 수 있는 동지들로서 꼬미샤를 조직하여 재검토해야 함이 필요하다고 주장한다. 개인숭배로 인하여 김일성 동지에게 권력이 집중되어 당내에 민주주의와 집체 영도가 보장되지 못하고 관료주의와 독단과 전횡이 지배한 결과로서 인민생활의 비참한 처지와 경제건설에서 범한 허다한 오류가 있었다. 그 중에서 몇 가지 실례만 들기로 하겠다.

최근 1, 2년간에 범한 엄중한 오류만 하여도 놀랄만하다 예를 들면 양곡수매 사건을 들 수 있다. 과학적인 검토와 면밀한 조사연구 사업이 없이 관료주의적으로 계획을 세웠고 집행한 결과 엄중한 사건들이 발생되었다.

농민들에게 없는 양곡을 강요한 결과, 300명 이상의 자살자를 내게 하였다. 이 사실은 우리나라 농민 군중 속에서 어떠한 부정적 반응을 일으켰는가? 이 얼마나 엄중한 일이었는가? 이 양곡수매는 원래 300만 톤이 생산될 것을 예산했고, 우리가 아는 바에 의하면 김일성 동지가 중요한 외국 동지들에게 양곡은 문제가 없다는 것을 장담한 후 바로 2개월도 못되어 발생한 일이다. 전쟁이 끝나고 농촌에 극히 적은 화학비료밖에 공급하지 못하였고 노력 부족과 경지 면적이 현저히 축소된 상황에서, 또한 함북·함남 일대의 농작이 재해로 인하여 전멸 상태에 처한 형편에서 어떻게 전쟁 전의 최고 수확고라고 하는 300만 톤을 초과 할 수 있었겠는가? 이것은 상식적으로도 이해가 안 되는 문제였다. 그러나 현실적 사정을 무시하고 김일성 동지의 결론에 의하여 강제적 방법으로서 사업이 진행되었다. 사업이 시작된 초에 농민들의 반항의 경종이 울려졌다. 자살자, 반대 삐라, 항거 등이 있었으나 강압적 방법에 의하여 20만 톤을 수매하였다. 이 결과로 의하여 농촌에는 사료가 없음으로 가축들이 도살되었으며 양곡 수매가 심한 지방에서는 종자까지 남기지 않고 강제 수매하였다. 이 수매에 공로를 내기 위하여 아첨분자들의 반인민적인 활동이 용인되어 농민들의 원성 속에 그 사업이 종결되었다. 이 결과에 농촌에 엄중한 사태가 발생되자 정부는 부득불 농민들에게 수매한 양곡을 다시 대여하지 않을 수 없게 되었다.

이런 행동을 어떻게 평가하여야 하겠는가? 노골적으로 말하면 이와 같은 행동은 우리 제도의 근본인 노농 동맹을 약화시키는, 그러한 사실 밖에 되지 않는다. 강제 수매로 말미암아 전선지대 농민들에게 기한이 박두하자, 전체 중국 인민지원군은 1월 1일 일정한 양의 식량을 절약하여 우리에게 양곡을 공급하여 우리를 감격케 한 국제주의적 행동을 말하여야 하겠다. 이 시기에 지원군 사령관의 명령에 의하여 지원군이 주둔하는 지방에 한 사람의 인민이 굶어죽어도 그 주둔 부대의 지휘관이 책임진다는 내부 지시가 있었다는 것을 우리는 잘 알고 있다. 사태가 이러함에도 불구하고 김일성 동지는 이 결정은 정확한 것이었으나 집행이 잘못되었다고 설명함으로서 그 책임을 일부 하부급 동지들에게 전가하고 말았다. 이 시기에 나는 개성지구에서 농촌 정황을 숫자적으로 연구한 결과, 농민들이 현물세와 실지 식량과 종자를 제외하고 시장화되는 비율은 전체 수확고의 0.5% 밖에 안 된다는 것을 알게 되었다. 이 숫자에 근거하면 300만 톤이 난다고 가정하더라도 15톤 밖에 수매하지 못한다는 것을 알 수 있다. 나는 이러한 사정을 직접 김일성 동지에게 말하고 개성지구에서 명령으로 수매할 것을 요구한다면 강제적 방법 밖에 다른 방법을 취할 수 없다는 것을 말하였다. 그러나 그렇게 하면 신 해방지구에서 혼란이 일어나며 당과 정부는 인민들과 이탈될 수 있다는 것을 구두로 보고하여 이 지방에서는 강제 수매를 하지 않기로 결정하였다.

이 정책을 어떻게 옳은 것으로 이해해야 하겠는가? 수령이 결정한 것이기 때문에 옳다고 선전하여야 하겠는가? 그러나 김일성 동지는 이에 대하여 아직까지 정책이 옳았다는 것을 고집하고 있으며 이에 대하여 한마디 자아비판이 없었다는 것을 말할 때 그의 독선적 태도와 독단이 완전히 전 당원들을 무시하고 있다는 것을 증명하는 것이다. 내가 농업성 부상에게 농민들에게 무보수의 의무 노동이 얼마나 부과 되는가라고 질문하였을 때 그는 말하기를 많은 해는 59~60일간이며 금년에는 40일쯤 되리라고 하였다. 이 계산에 의하면 대체로 일주일에 한번은 동원되는 것으로 된다.

전쟁이 끝난 후, 이와 같이 많은 무보수 노력 동원이 되어야 하겠는가? 일부 아첨분자들이 말하는 것과 같이 농민들이 기뻐하면서 동원된다는 것을 믿을 수 없는 것이다. 나는 또 다른 한 가지 문제에 대하여 말하겠다. 아무 준비와 충분한 정치적 고려가 없이 모든 영서 개인 기업소들을 세금으로서 그것들을 폐쇄시켰다. 현 시기에 100% 사회주의적 기업소의 통계를 만드는 것이 우리에게 무슨 이익이 있는 문제인가? 남북이 통일되지 못한 상황 하에서 이러한 정책은 각 방면으로 분석하고 연구한 후 결정할 문제였다. 이리하여 내각은 불과 수일 후에 다른 결정을 채택하지 않을 수 없었다. 이러한 사실을 서술하는 것은 결코 이 정책들을 좌경 혹은 우경의 정치적 평가를 하려는데 목적이 있는 것이 아니라 국가대사를 결정함에 있어서 좀더 신중히 하여야 하며 김일성 동지 혼자 머리에서 해결되어서는 안 된다는 것을 말하기 위한 것이다. 이렇게 말하면 그것도 모두 당 정치위원회와 내각에서 통과시킨 것이라고 반박할 것이다. 물론 그것이 일치 통과된 것을 나는 의심하지 않는다. 그러나 많은 경우에 반대하면 무서운 운명이 기다린다는 것을 알고 있는 동지들이 어떻게 반대하는 의견을 내놓을 수 있겠는가? 이것이 독단과 전횡과 아첨과 관료주의 즉 개인숭배에서 나온 비극이다. 현재의 그 간부 진영에게서 이 이상의 무엇을 기대할 수 있겠는가? 우리는 진일보하여 경제 건설 분야에서 개인숭배의 후과를 찾아 볼 필요가 있다. 정전 후, 소련에서 솔선하여 10억 루블의 무상원조를 줄 것이 결정되었을 때 전문가들의 세밀한 검토가 없이 얼마나 많은 공장들이 지도자들의 주관적 견해에 의하여 책상 위에서 건설되었다가 없어졌던가? 김일성 동지와 몇 개의 지도자들의 잘못으로 자동차 공장, 평양 육류 콤비너트, 오리공장, 통조림공장 등이 설계되었다. 물론 이상에서 말한 공장들이 필요하지 않다는 것이 아니다.

다만, 모든 사업은 선후와 경중에 따라서 결정되어야 할 것이다. 한 개의 자동차 공장을 건립하는데, 다른 공업이 발전되지 못한 조선에서 아무런 타 공업의 지지와 후원이 없이 그것이 유지될 수 있겠는가? 정치에 우둔한 사람들에게도 축산업이 그렇게도 낙후한 조선에서 육류 콤비너트, 오리공장, 통조림 공장 등이 그렇게 급한 일이 아니라는 것을 다 잘 알 것이다.

평양에 건설된 육류 콤비너트는 수개월을 움직일 수 있는 육류가 조선에 없었으며 현재 최저임금이 600원, 평균 1,000원이 좌우되는 임금으로 시장에서 쇠고기 1Kg에 400원~500원을 하는 형편에 가공비가 첨부된 깔빠스 통조림을 사먹기 어렵다는 것은 쉽게 이해할 수 있을 것이다. 이렇게 볼 때 지도자들이 인민들의 현실 생활 상태를 잘 이해하지 못하고, 사실에 근거하지 않는 결론들이 얼마나 많은 유해한 결과를 가져오는 것인가를 알 수 있다. 당내의 민주주의가 보장되지 못한 관계로 관료주의를 철저히 청산하지 못하고 개인숭배가 조장되어 경제건설에 미친 영향의 한두 가지만 말하여도 이러하다.

이러한 사실이 비일비재하여도 개인숭배의 후과가 우리에게는 없었다고 말할 수 있는가? 우리의 인민생활이 얼마나 비참한가하는 문제는 논할 여지가 없으며 물론 이 곤란이 전쟁에 의한 것임은 다시 말할 필요가 없다. 노동자, 농민, 사무원들의 비참한 상황은 말할 것도 없다. 그러나 이 문제에 대해서는 정부대표단이 귀국한 후, 소련 동지들의 충고와 당내 동지들의 요구에 의하여 일정한 대책들이 강구되고 있음으로 길게 말하지 않겠다.

먹는 문제는 더 말할 여지도 없고 공장노동자 사무원들의 주택조건은 한 세대에 7.5㎡인바, 이것을 식구 3명 평균으로 보면 2.5㎡ 밖에 되지 못하며 이것도 바락구, 창고, 반토굴이 포함되어 있다는 사실을 고려할 때 그 생활 형편을 상상할 수 있을 것이다. 인구 일인당 면즈물이 5.4M 밖에 돌아가지 못하였고(군대에서 많이 사용함으로 실제는 더 적다), 신발류가 2.1 켤레이며 양말, 내의 등은 말할 여지가 없다. 이러한 상태로 보아 눈앞의 일들이 제일 큰 사회적 문제이며 가장 중요한 정치적 문제이다. 이 문제에 대하여 소련 당에서 준 충고는 정확한 것이었다.

물론 사회주의적 공업을 건설함에 있어서 중공업에 중요한 주의를 돌리는 문제는 중요하다. 그러나 현실과 부합되지 않게 전 역량을 이에 집중하는 것은 옳지 않으며 전체 공업 발전에 있어서 그 비중을 어떻게 할 것인가 하는 문제는 전문가들의 충분한 연구를 거쳐서 해결하여야 할 문제이다. 그럼에도 불구하고 공업건설의 중점을 10~15년 후에야 이익을 볼 수 있는 중공업과 군수공업에 치중하는 것이 옳겠는가?

김일성 동지는 말하기를 경공업과 중공업을 병행 발전시킨다고 말하고 있으나 투자된 금액과 공업별로 분포되어 있는 노동자 숫자를 보면 어떠한 편차가 있는가하는 것을 알 수 있다.

여기서 특히 지적할 문제는 사회주의 진영의 전체 계획화에 대하여 우리 조선에서 보조를 잘 맞추지 못하는 문제이다. 현재 사회주의 국가 간의 전체 진영의 경제가 그렇게도 밀접히 연결되어 있는 이때에 우리만 혼자서 소위 편협한 독자적 입장을 취하는 것이 옳겠는가? 나는 이 문제에 대하여 큰 견지에서 정치적으로 생각할 문제라고 인증한다.

우리는 마지막으로 형제적 당들에서 준 충고에 대한 태도에 관하여 반드시 말하여야 하겠다.

김일성 동지와 박정애, 남일 등을 통하여 우리 당에 소련당에서 가장 동지적이고 볼세비키적인 시기 적절한 동지적 비판을 하였다.

소련당에서 비판한, 인민 생활에 더 큰 관심을 돌릴 것과 김일성 개인 숭배가 있었다는 문제와 아첨분자들에 대한 문제와 당 역사에 관한 문제와 당선전 사업들에 대한 비판은 곧 우리 당 사업에서 시정하지 않으면 안 될 문제이다. 이 문제가 얼마나 중요한 문제인가 하는 것은 다시 말할 필요가 없는 문제이다.

내가 아는 바에 의하면 우리 당 사업에서 이 모든 결함들을 급속히 제거해야지만 당의 사상적 조직적 통일을 공고히 할 수 있으며 인민 대중과의 연계를 공고히 할 수 있다.

그러나 사실상 우리는 소련공산당이 준 충고를 형식적으로 접수하였으며 실제에 있어서는 그를 무시하였다.

전쟁 시기에 중국공산당으로부터도 극히 중요한 충고를 받았다.

그러나 형제당들의 이 귀중한 충고들은 홀대되었고 소위, 당내 비밀이라 하여 전혀 공개되지 않거나 혹은 몇몇 개인만 알고 말살한 엄중한 일들이 있었다. 전쟁이 시작된 바로 직후에 공적 임무로서 내가 북경을 방문한 일이 있었다. 그 때에 모택동 동지로부터 우리 당 중앙에 동지적인 충고를 준 사실을 나는 영원히 잊을 수 없다. 나는 금번 이것을 공개할 필요가 있다고 인증한다.

모택동 동지는 우리 군대가 낙동강까지 적을 육박하여 갔을 때 전략적으로 또한 전술적으로 귀한 충고를 우리 당 중앙에 주었다. 모택동 동지는 나에게서 전선 상황을 간략히 들은 후 말한 요지는 대략 다음과 같다. 모택동 동지는 말하기를 조선 인민이 상대하고 있는 적은 제국주의 진영에 수령되는 역량이 강한 미제국주의라는 것을 말하면서 전쟁의 전도에 대하여 세 가지 가능성을 분석하였다.

그는 나에게 말하기를 조선의 간부들이 전선에서 후퇴할 것을 생각해 본 일이 있는가라고 질문한 후, 첫째로 우리에게 유리한 가능성은 적을 부산까지 육박하여 바다에 쓸어 넣을 가능성도 있으나 이 가능성은 적다고 하였다. 둘째로 가능성은 우리가 적을 부산까지 내몰지 못하고 있을 때 적은 증원부대의 후원을 얻어 우리를 반공할 수 있다고 하였으며, 셋째 가능성은 현재 위치에서 아군이 더 진공하지 못한 채 우리 후방에 적이 상륙작전을 전개하여 우리의 공급로를 차단할 가능성이 있다는 것을 지적하면서 항상 최악의 가능성을 전제하고 사업을 조직하여야 한다고 하였다. 이러한 상황에 근거하여 그의 구체적 의견은 우선 당정권 군대의 매개 간부들과 모든 전사들이 작전적 필요에 의하여 후퇴할 수 있다는 것을 인식하는 사상적 준비를 하기 위하여 전당적으로 동원되어야 한다는 것을 강조하면서 당시 낙동강에서 적을 반월형으로 포위하고 있는 포위를 늦추어 전술적으로 우리가 약간 후퇴하여 그들의 병력을 전개하게 함으로서 적의 역량을 전진하게 하고 분산하게 하여 타격을 주어야 한다는 것을 말하였다.

모택동 동지는 이 상황을 설명함에 있어서 적이 한 곳에 집결하여 진행하는 방어는 주먹을 쥔 것과 같이 견고함으로 타격하기 어려우나 역량을 분산하게 하여 주먹을 쥐었던 손가락을 하나하나 편 후, 그 손가락 하나하나를 먹어 치우는 방식으로 전쟁을 조직하는 것이 좋다는 것을 강조하였다. 모택동 동지의 이 권고가 정확하였다는 것은 전쟁의 발전과정에 이를 확증하여 주었으며 특히 적이 인천에 상륙작전을 감행함으로서 명백하였다. 이 말은 당시 중국 대사로 있던 리주연 동지도 알 줄 믿는다. 이 고귀한 충고를 김일성 동지에게 자세히 보고하였으나 그는 나에게 말하기를 우리는 후퇴할 계획이 없으며 그럴 필요가 없다고 하면서 다른 사람에게 말하지 말 것을 부탁하였다. 이것이 얼마나 귀중한 충고였는가? 나는 이것을 중앙위원회는 고사하고 정치위원들에게 알려졌는지 의문이다. 전쟁 시기에 후퇴 전후의 상황만 하더라도 우리에게는 엄중한 오류들이 있었다. 모택동 동지의 고귀한 충고를 접수하지 않은 결과, 후퇴를 예견하지 못하고 있던 우리 부대들은 적의 우세한 역량이 후방을 차단하자, 전선은 단숨에 와해되었으며 부대는 분산되었고 전쟁에서 거대한 타격을 받았다. 중국에서 나온 조선부대를 제외하고 당 조직이 군대 내에 없었던 관계로 대부분의 부대들이 분산 와해되었다. 당시 전선에 초보적 전투 훈련도 무장도 심지어 군복조차 입히지 못한 사단들을 파견한 결과 분산된 대오와 부상자와 신병들의 많은 부분이 이 시기에 포로가 되었다. 우리가 적을 포로한 것 보다 몇 배가 넘는

십만 명 이상의 포로가 되었던 것이다.

이와 같은 많은 포로가 나게 된 것은 전쟁 역사에서 드문 일이며 이 것은 상투적 전술에 의존했고 모택동 동지의 고귀한 충고를 무시한테 그 중요한 원인이 있었다. 이 얼마나 통분할 일인가? 김일성 동지가 가 장 권위 있는 공산당들과 가장 권위 있는 이론가이며 국제 노동운동의 최대 활동가들에게서 직접 받은 권고를 이렇게 무시할 수 있었다는 것 으로 보아 당내의 동지들이 비판한 것을 어떻게 대하였겠는가하는 문제 는 쉽게 이해할 수 있는 문제다. 김일성 그에게 있어서는 이것이 다 작 은 문제였는지 모르나 우리당의 사업을 개선하고 당내의 민주주의를 보 장하여 레닌적 조직 원칙을 수호하는 원칙적 입장에서 볼 때 이 문제는 중요하며 그렇기 때문에 다만 조선노동당 내의 문제로서 취급되어야 할 문제로 국한되는 것이 아니라 국제노동운동에서 중요시되어야 할 문제 라고 생각한다.

공산주의자들이 지도하는 당 내에서 진리가 역할을 하는가 그렇지 않 으면 어떤 저해를 받고 있는가하는 문제가 어떻게 지나칠 수 있는 문제 이겠는가? 레닌적 조직 준칙을 무시하는 자들은 응당 당내에서와 국제 노동운동에서 규탄되어야 하며 당내에 공고한 통일과 단결을 위하여 레 닌적 조직 준칙을 고수함으로서 박해 당한 동지들은 지지하여야 될 것 이라고 인정한다.

나는 당 생활에서 가장 기본적 조건이 되어야 할 당내 민주주의와 집 체적 영도를 보장하기 위하여 김일성 개인숭배를 결정적으로 반대하며 관료주의를 청산하기 위하여 투쟁하는 동지들이 당내에서 지지를 받을 것이며 국제노동 운동에서 전폭적인 지지와 동정을 받을 것을 확신한다.

나는 금번 전원회의에서 제기되었고 처리된 문제가 원칙적으로 해결 하지 못한데 근거하여 이 문제를 완전히 당내 민주주의를 보장하는 조 건하에서 재심의 할 것을 당중앙위원회에 제의하면서 전원회의에서 이 전문을 전달하여 줄 것을 요청한다. 나는 이 제의가 당 규약 제2장 3조에 ㅇ, ㄷ, ㅁ항에 의하여 제출하는 것임을 부여한다. 나는 나의 제의에 대하여 정당한 비판이 있으면 접수할 것이라는 것을 역시 확인한다.

참고로 당 규약의 관계되는 항목을 밝히면 다음과 같다.

ㅇ, 당원은 비판과 자기비판 특히 밑으로부터의 비판을 발전시키며, 당의 이익을 헤치는 모든 부정적 현상들을 반대하여 투쟁하며 당 앞에 솔직하여야 한다. 당원은 사업상 모든 결함에 대하여 당중앙위원회에 이르기까지의 당 각급 기관에 의무적으로 보고하여야 한다.

ㄷ, 당원은 당 회의에서 정당한 이유와 근거가 있는 한 어떤 당원을 물론하고 비판할 수 있다.

ㅁ, 당원은 당중앙위원회에 이르기까지의 당 각급 기관에 어떤 문제나 청원에 대한 심의를 요구할 수 있다.

1956년 10월 1일 리상조

당중앙 전원회의에 참가한 여러 동지들!

금번 정부대표단이 소련과 여러 형제국가들을 방문하여 국제주의적인 거대한 원조를 받았습니다.

이 거대한 원조는 우리나라 인민들의 물질문화 생활을 향상시킴에 있어서 큰 의의가 있는 논제입니다. 특히 소련에서 우리를 거듭 원조한 것은 소련 공산당과 정부와 인민들이 얼마나 조선인민 생활에 큰 관심을 가지고 있는가 하는 것을 다시 한번 보여준 것입니다.

나는 정부대표단의 한 사람으로서 또 당과 국가와 인민에게서 위임받고 있는 대사의 신분으로서 당대회에서 선거받은 중앙위원회 후보위원의 한 사람으로서 소련에서 우리에게 원조한 전반적 문제를 여러 동지들 앞에 소개할 필요가 있다고 인증합니다. 왜냐하면 우리정부 대표단이 당중앙위원회 앞에 사업보고를 제출함에 있어서 중요한 몇 가지 문제를 홀시할 수 있으며 어떤 문제는 근본적으로 보고하지 않을 수 있는 가능성이 있기 때문에 이 문제를 서면으로 제기하는 바입니다.

금번 소련공산당과 정부에서는 다만 경제적으로 원조하였을 뿐만 아니라 동지적으로 정치적이고 사상적인 문제들에 대하여 고귀한 충고를 하였습니다.

정부 대표단은 응당히 소련 공산당으로부터 받은 동지적 충고를 당중앙위원회 앞에 솔직하게 내놓고 공개적으로 시정하여야 하겠습니다. 이 문제를 언급함에 있어서 우리는 '20차 당 대회' 이후에 소련의 동지들의 사업작풍을 본받을 필요가 있습니다.

후르시초프 동지와 불가닌 동지가 영국을 방문하고 귀국한 후 영국정부 지도자들과 회담한 회의록을 당세포에까지 하달하여 열람시키고 있습니다.

대개 당원들은 그가 선거한 지도간부들이 외국에 가서 어떻게 말하였으며 상대방이 무엇이라고 대답하였는가 하는 것을 알게 하는 것은 그들의 일상적 사업을 당원들에게 보고하고 정상적으로 당원대중의 동지적 감독과 유효한 비판과 평가를 받자는데 의의가 있기 때문입니다. 이것이 바로 당조직 생활에서 레닌적 준측으로 돌아간 결과의 하나일 것입니다. 그렇다면 우리정부 대표단이 무엇 때문에 소련 당 중앙으로부터 받은 충고를 전원회의 앞에 선포하지 못하고 우리당 사업의 결함들을 공개적으로 검토하고 시정하지 못하겠습니까?

나는 소련 당에서 어떠한 동지적 비판을 받았는가 하는 것을 말하겠습니다.

첫째로 우리 당이 인민생활 개선에 관심이 적다는 것입니다. 농민들에게서 너무 많은 것을 거두고 주는 것이 적다는 것이며 토론자 사무원들이 너무나 어려운 형편에서 생활하고 있다는 점입니다.

특히 우리조국이 남북으로 분할되어 있는 정형을 고려할 대 북반부의 인민생활 수준을 향상시켜야 한다는 것은 조선인민들에게 직접적인 이해관계가 있는 문제일 뿐만 아니라 이것은 또 우리진영 전체에 이해관계가 있는 문제입니다. 이 문제에 대하여는 정부대표단이 귀국한 이후에 일정한 노력이 돌려지고 있는 문제이므로 이 만큼 말하기로 하겠습니다.

둘째 문제로는 소련공산당 20차 당 대회 이후에 목전 세계적으로 논의되고 있으며 전체 공산주의자들 간에 가장 중요한 사상적인 실제적 사안으로서 대개 형제당들이 제일 큰 관심을 가지고 취급하는 개인숭배에 관한 문제입니다. 우리 3차 당대회의 보고에서와 같이 중요한 간부들의 토론에서 우리에게는 개인숭배가 없었으며 다만 남로당 박헌영에게만 있었다고 하였습니다. 이 문제에 대하여 소련 공산당 중앙 상임위원회 전원이 참가하고 우리측으로서 김일성, 박정애, 남일 동지들만 참가한 회의에서 김일성 동지가 3차 전당대회에서 취급한 것과 같이 우리에게 개인숭배가 있다고 말하였을 때 소련동지들은 개인숭배가 남로당 박헌영에게 있는 것이 아니라 바로 김일성 동지에게 있었다고 하였습니다. 나는 이것이 가장 정당한 말이라고 인정합니다. 사실에 있어서 모든 형제당들에게 각의한 정도로 전파되었던 개인숭배는 우리당에 이론적으로나 실제적으로나 사업상에 있어서 없었다는 사실을 설명하기 곤란합니다.

국제공산주의 운동에 전파된 이 오류들을 우리가 피할 수 있는 특수적인 조건이 우리에게 있었다고 말할 수 있습니까?

우리 맑스 레닌주의자들은 공개적으로 솔직하게 이 문제에 대하여 해명하여야 하겠습니다. 이 문제에 대하여 말할 때 우리에게는 이 오류들을 피할 수 있는 특수 조건이 없었다는 것을 말하여야 하겠습니다.

오히려 우리게는 일정한 내부적 요인들에 의하여 김일성 동지에 대한 개인숭배가 점차적으로 발전하기 시작하였다는 사실은 지적하지 않을 수 없습니다.

1956년 6월 30일 소련공산당 중앙위원회 역사적 결정서를 주의 깊게 연구한 사람이라면 소련에서 스탈린의 개인숭배가 어떻게 형성되었으며 발전하였는가 하는 그런 조건들을 알 것입니다. 우리에게 있어서도 현저하게 이 요인들 즉 혁명적 개혁들이 시작된 그 시기와 그 개혁들을 실시하는 과정에서와 외국 침략에 의하여 봉착한 곤란성들이 모든 국가 권력을 한 개인에게 집중시키지 않을 수 없었으며 우리나라의 민주주의적 인민들의 권리를 제한하지 않을 수 없게 한 그러한 요인들이 존재하였습니다. 이 조건들은 김일성 동지에 대한 개인숭배 사상을 점차적으로 조장시켰으며 또 발전 시켰습니다.

특히 이 시기에 일은 여러 사람이 하고 성과에 대한 영예는 수령에게 바친다는 것이 우리당의 방침이었다고 하여도 과언이 아닙니다.

현재 모든 당들에서 당 생활의 레닌적 준측과는 인연이 없는 개인숭배와 또 그의 후과를 완전히 청산하기 위한 문제들을 토의하고 있습니다. 그것은 이 개인숭배를 실질적으로나 이론적으로 청산함이 없이는 민중의 창조적이고 혁명적인 열의를 발양 시킬 수 없기 때문입니다.

이와 같은 정형에서 우리당의 이론적 및 실천적 사업에서 현저히 개인숭배가 존재하여 이로 인하여 실제적으로 집체적 지도와 우리 간부들의 창조적 열성을 결핍하게 한 결과로서 산생된 우리의 제결함들을 볼세비키답게 폭로하고 시정하여야 할 과업이 우리에게 나서고 있습니다.

과거의 모든 신문잡지와 온갖 선전들과 모든 당내 문헌들 중에서 어떻게 우리에게 있은 개인숭배의 사실을 부정할 수 있습니까?

만약 이것을 부정한다면 이것은 모든 당원들을 무시하는 행동이며 자기를 기만하는 행동입니다.

당내 민주주의와 집체영도가 실제적으로 보장되어 있는 극소수의 형제당을 제외하고는 스탈린의 사업방식이 아무 검토 없이 도입되었고 특히 정권을 잡고 있는 형제당에서 이로 인하여 범한 오류들을 시정하고 있는 현 시기에 있어서 어떻게 청소한 우리당이 그 오류를 범하지 안했다고 말할 수 있겠습니까?

간단히 몇 가지 실례를 들더라도 알 수 있는 것입니다. '위대한 수령', '천재적 령장' 등의 개인을 찬미하는 형용사는 무엇을 의미하는 것이며 수많은 청춘 남녀의 생명으로서 바꾸어진 조국전쟁의 승리와 전인민적 노력에 의하여 창조된 성과들을 한 개인의 공로에 귀착시킨 그 사실들을 어떻게 설명하여야 옳겠습니까?

이 말은 물론 김일성 동지가 우리당내에서는 일정한 역할과 그의 공훈 전체를 부정하려는 것이 아닙니다.

개인숭배로 말미암아 당이 받은 손해를 회상하며 우리당이 아직 극복하지 못하고 있는 결함들을 시정하기 위하여 이 문제를 제기하는 것입니다. 과거 우리 당내에서 중요한 지도간부에 대하여 의견이 있든지 그릇된 정책부분을 비판하였다고 하여 투옥된 동무, 반당적 반중앙적 누명이 씌워진 동무가 없다고 발언하고 보장할 수 있습니까?

어떻게 최고 지도간부와 동일한 의견을 가지지 않는 것으로서 반동이 될 수 있겠습니까? 이것은 과거 부분적 소련 제품의 좋지 못한 상품이 나쁘다고 발언한 것으로서 반소 모자를 씌운 것과 아무런 차이가 없는 부당한 일인 것입니다.

이런 정형 하에서 당내에 집체적 영도가 보장되었다고 말할 수 있겠습니까? 형식적인 회의를 백만 번 하였다고 하여 그것이 집체적 영도의 숫자들이 될 수 없습니다. 농후한 개인숭배가 있는 이러한 정형 하에서 집체적 영도가 보장되었다는 것은 20세기의 기적인 것입니다. 반대되는 의견을 말하면 반당분자가 되지 않으면 안 될 그런 정형 하에서 어떻게 창발적인 의견을 말할 수 있겠습니까?

극히 최근에 있은 한 가지 사실로서 외무성 초급당 회의에서 어떤 동무가 우리 당내에 수상을 포함하여 비판할 수 있다고 발언한 것으로서 당 책벌을 받은 일이 있었는바 그는 사실상 당 규약이 보장하고 있는 자기의 권리의 한 부분을 말하였을 따름입니다.

이 한 가지 실례를 보더라도 우리 당내에 당 생활의 레닌적 준측이 어느 정도 보장되고 있는가를 짐작할 수 있습니다. 한 사람이 말하고 여러 사람은 다만 찬미하고 지지하는 것이 과거의 우리당의 회의였다 하여도 결코 지나친 말이 아닐 것입니다.

만약에 어떤 간부가 당중앙 위원들이나, 인민들이 선거한 각급 대의원들을 그들이 제출하는 결정서 초안이나 통과시키는 민주주의적 장식물로서 간주한다면 그것은 큰 오류인 것입니다.

선거받은 중앙위원들은 모든 사업에 참가할 수 있고 독자적인 견해를 가질 수 있으며 당 최고간부와 구체적 문제에 있어서 의견을 달리 할 수 있습니다.

서로 같지 않은 의견에 대하여 충분한 토의를 거쳐 다수 위원의 의견에 의하여 결정되어야 할 것입니다. 회의 도중에 주석단에서 함부로 다른 사람의 발언을 꺾고 막아치우는 독단이 청산되어야 할 것입니다.

우리 당내에 과거 이와 같은 현상이 없었다고 말할 수 있겠습니까?

수다한 중앙위원 보선을 (정치위원도 그러하였다) 당 규약에 엄격히 규정되어있는 조항들을 무시하고 당대회를 거치지 않고 전원회의에서 김일성 동지의 제의에 의하여 통과시킨 것이 얼마나 많습니까?

확실히 개인숭배는 우리 당에 씻을 수 없는 오점의 자취를 남겨 놓았습니다. 이러한 결함들을 폭로하고 시정하는 것이 절대로 필요합니다. 만약 내가 이 문제를 제기하였다고 하여 반당분자 혹은 불평분자로서 규정된다면 그것은 비법인 것입니다.

20차 당대회 이후에 세계적 범위에 모든 공산주의자들이 레닌적 조직 준칙에 복귀하는 문제를 강조하고 있는 이 때에 무엇 때문에 그것을 다른 당의 일로 간주하며 그 뼈아픈 소련당의 피의 경험을 우리당 사업과 관련시켜서 우리당의 결함을 퇴치하는데 이용하지 못하고 있습니까?

만약 우리 당이 현재 존재하고 있는 관료주의적 잔재의 청산과 개인숭배의 후과를 숙청하지 않고 또 인민생활의 급격한 개선이 없이 남북통일의 국면을 맞이한다는 것은 대단히 위험한 일일 것입니다. 수다한 각 정당들이 평등적 위치에서 사업을 전개할 때 주관적 부르조아적 사업방식과 단순한 행정적 명령으로서 모든 사업을 조직한다면 많은 인민들이 우리를 따라오지 않을 수 있습니다.

그렇기 때문에 나는 이번 전원회의가 개인숭배를 반대함으로써 관료주의를 청산하는 결정적인 회의가 될 것을 바라는 바입니다.

당·정·군의 실권이 한 개인의 수중에 장악되어 있는 현 사태를 어떻게 설명하여야 좋으며 이것을 정상적인 상태라고 누가 주장할 수 있으며 이것이 개인숭배와 관련이 없다고 누가 말할 수 있겠습니까?

나는 소련당의 의견을 대표하여 말한 소련동지들의 고귀한 충고에 우리 당 전원회의가 귀를 기우려야 할 것이라고 생각합니다.

그러나 이와 반대로 정부대표단이 귀국한 후 우리당 중앙의 책임일꾼 중 부위원장인 박금철 동무는 평양시당 단체에서, 선전부장 리일경 동무는 중앙당 학교에서 개인숭배는 우리에게 없었다는 것을 재차 강조하였다고 합니다.

나는 이 말을 들을 때 의분심을 금하지 못하였습니다. 왜 그런가하면 어떠한 양심 있는 공산주의자도 이와 같은 성명에 동의할 수 없기 때문입니다. 이것은 전당을 무시하는 행동이며 소련당 중앙을 무시하는 용허할 수 없는 행동입니다.

마르크스주의 대가의 어떠한 사람도 당내에 절대적인 인물을 내세우고 그를 반대하는 사람을 반당분자로서 처분할 것을 예견한 적이 없었습니다. 4~5명의 간부가 모여 식사를 같이 하여도 무슨 음모나 하는 것 같이 살피는 그런 것이 결코 당조직 사업의 한 부분이 될 수 없습니다.

마르크스주의 고전대가들은 당내에 완전한 실질적인 언론자유를 인정하였으며 반혁명적 분자를 제외한 모든 인민들의 인권을 완전히 보장하는 기초 위에서 공산주의자들이 지도하는 사회주의 사회의 높은 민주를 예견하였던 것입니다.

그렇기 때문에 사회주의 사회에서는 높은 프롤레타리아 민주주의가 설정되었으며 또 이를 위하여 수천수만의 사람들이 목숨을 바쳤습니다. 우리 혁명가들이 혁명투쟁에 참가하였을 때에 우리의 가장 기본이 되는 목적은 인권을 보장하는 조건하에서 인간의 자유를 위하여 투쟁하였으며 인간에 의한 인간의 착취를 근절시킴으로써 사람들의 물질적 생활수준을 높이기 위하여 우리가 싸웠으며 현재도 이것을 위하여 싸우고 있다는 사실을 상기할 필요가 있습니다. 이런 원칙에 근거하여 볼 때 한 개인의 위신은 절대적인 것으로 만들고 그 권력 앞에 굴종하도록 하는 것이 옳은 것이겠습니까?

나는 우리당 전원회의가 이 중요하고도 원칙적인 문제에 옳은 결론을 내려야 된다는 것을 주장합니다.

둘째 문제는 당역사에 관한 문제입니다. 소련동지들이 말하기를 조선에서 서술되고 있는 당역사에 관한 것은 김일성 동지 개인의 역사이지 당의 역사가 아니라고 하였습니다. 나는 이 의견에 대하여 완전히 동의

합니다. 과거 조선에는 찬란한 반일혁명 투쟁과 무산계급의 이익을 옹호하는 수많은 노동운동과 농민운동과 청년운동, 학생운동, 여성운동이 있었습니다. 이와 같은 많은 혁명운동은 다 무시되고 김일성 항일 빨치산과 조국 광복회만으로서 우리당의 전통이 될 수 있겠습니까? 무장투쟁을 말한다면 김일성 항일빨치산 이외에도 조선 의용군을 중심한 중국 본토에서 끝까지 싸운 무장투쟁, 최용건, 김책, 리홍광, 기타 여러 항일 무장 투쟁과 조국본토에서 진행한 무장투쟁이 있었음에도 불구하고 이를 다 무시하고 다만 김일성 빨치산만 당과 인민군대의 골간이며 전통이 되어야 한다는 논의를 어찌 옳다고 말할 수 있겠습니까? 이러한 역사의 서술은 사실과 부합되지 않습니다. 현재 생존하고 있는 당내 많은 투사들 중에 김일성 빨치산과 조국광복회에 참가하였던 동지들이 몇 사람이나 됩니까? 그들은 극히 소수의 동지들입니다.

해방 전에 수천 명의 혁명투사들 중에는 김일성 동지와 관련 없이 사업하였던 다수 국내동지들과 중국 소련 일본 등지에서 일한 많은 동지들이 있습니다. 무엇 때문에 이들의 투쟁은 무시되어야 합니까?

이것을 무시하는 것은 역사를 무시하는 것이며 역사를 위조하는 행동입니다.

그러므로 공산주의자들인 우리는 이와 타협할 수 없습니다.

박금철, 한상두, 리일경, 리청원 동지들이 꾸민, 당역사를 서술한 부당한 부분들을 밝힐 필요가 있습니다. 이러한 옳지 못한 행동은 당내의 단결을 파괴할 수 있으며, 양심 있는 모든 당원들의 불만을 일으키고 있습니다.

물론 동북 항일 빨치산 운동은 찬란한 것이었으며 존경할 만한 것입니다. 그러나 그 운동을 정당하게 옳게 평가하여야 하며 한 개인의 공로로서 묘사하여서는 안 될 것입니다.

김일성 동지와 한 시기에 활동한 최용건, 김책 기타 동지들의 역할을 정당하게 동등히 평가하여야 합니다. 반면에 항일 빨치산에 있었던 결함들을 지적하여야 할 것입니다.

이 문제들은 혁명운동의 높은 원칙적 견지에서 평가한다면 찬란한 면이 있는 반면에 일정한 결함이 있다는 것을 지적할 수가 있습니다. 동북 항일 빨치산 운동을 정확하게 말하면 사실상 1940년에 그 운동은 종결되었던 것입니다. 물론 이렇게 되게 한 주객관적 조건을 역시 부정할 수 없습니다. 일본 제국주의자들이 전쟁의 불길을 중국본토로 옮기고 소련을 침공할 준비가 진행되는 것과 관련하여 동북 항일 빨치산에 대한 탄압이 증대하여 빨치산의 존재에 큰 위협을 주었던 사실을 인정할 수 있습니다.

그렇다면 빨치산이 완전히 존재할 수 없었던가? 나는 이 문제를 그렇게 보지 않습니다. 1940년 이래에 활동을 중지하지 않을 수 없는 중요한 원인을 항일 빨치산운동 자체에서 찾아볼 필요가 있습니다. 즉 그 원인을 군중운동과 병행하지 못하였고 군중 속에 튼튼히 뿌리박지 못한데 주되는 원인이 있는 것입니다. 말하자면 광범히 군중을 조직하지 못한데 그 원인이 있습니다.

그러면 1940년 이후에 중국 동북지방에 비밀지하 운동이 없었던가? 있었습니다. 나 자신이 당의 지시 하에 그 운동에 참가하였으며 혁명적 군중들이 혁명적 조직의 지도를 요구하고 있는 것을 체험하였습니다. 그 당시 국내에도 많은 지하운동이 존재하였고 산중에는 일본군대의 징병을 피하여 비조직적 소부대이지만 산악부대를 형성하고 있었던 사실을 누가 부인할 수 있겠습니까? 생존한 혁명가들과 이 회의에 참가한 여러 동무들이 나의 이론을 증명할 수 있을 것입니다.

나는 역사를 위조하는 어리석은 장난들을 그만 둘 것을 몇 동무들에게 권고하면서 평양에 있는 혁명 박물관으로 개칭할 것을 제기합니다.

내가 듣는바에 의하면 동북 항일 빨치산의 사료가 중국 공산당 중앙에 있다는 것을 알고 있습니다. 우리는 그 문헌들을 볼 필요가 있으며 왜곡된 역사를 정돈할 필요가 있습니다. 나는 당중앙에 현재의 그릇된 견해에서 사업하고 있던 이 부분 동지들을 교체하고 진실에 의한 과학적 마르크스주의자로서 역사를 편찬할 수 있는 동지들을 임명할 필요가 있다는 것을 주장합니다. 이런 것이 모두 개인숭배의 후과가 아니고 무엇이겠습니까? 만약 아니라면 그것을 무엇으로서 설명할 수 있습니까?

셋째로 소련 동지들은 아첨분자들에 대하여 말하였습니다. 개인숭배가 있는 곳에 그림자와도 같이 붙어 다니는 것이 아첨분자의 존재인 것입니다. 권력이 비정상적으로 집중된 곳에 권력에 아부하여 개인출세를 도모하는 것이 결코 우연한 일이 아닙니다. 후르시초프 동지가 한 말 그대로 아첨분자의 말은 듣기는 좋으나 사업에 도움을 주지 못할 것입니다. 이 자들이 좋은 동지들을 모해하여 동지들에게 타격을 주면서 출세하였다고 하여 누가 반대할 수 있겠습니까? 개인숭배가 있는 곳에 아첨분자가 따르고 여기에 관료주의가 있다고 하여 잘못이 있겠습니까?

나는 당중앙이 이와 같은 아첨분자들을 세밀히 검토하고 참으로 당의 이익과 다수 당원들의 의견을 대표하여 사업할 수 있는 혁명동지들로서 당중앙의 부서들이 꾸려져야 할 것이라는 것을 제기합니다.

넷째로 소련동지들은 우리 당 선전에 대하여 말하였습니다. 잘못된 점을 은폐하고 인민들의 곤란한 생활들을 지나치게 미화하는 것이 필요한 일이겠습니까? 여기에는 너무나 결함이 많고 또 이론적인 문제가 많습니다.

나는 이 문제에 대하여 길게 논급하지 않고 이 모든 문제들이 개인숭배사상과 불가분리의 관계가 있음으로 개인숭배 사상의 엄증한 후과에 대한 몇 가지 문제를 제기하면서 구체적 의견을 제의하려고 합니다. 과거 우리 당이 모든 당원들과 인민들의 노력에 의하여 혁혁한 성과들을 거두었던 것은 다시 재론할 필요가 없습니다.

오늘 우리 회의의 높은 성과를 얻기 위하여 과거에 거둔 성과의 부분을 강조하는 것 보다 우리들이 범한 오류를 지적하고 그 오류들을 다시 범하지 않도록 하는 것이 필요하다고 생각합니다.

최근 2~3년간에 경제 문화부문 건설사업에서 범한 오류만 하더라도 대단한 것입니다. 예를 들면 양곡수매사업을 들 수 있습니다. 과학적인 검토가 없이 관료주의적으로 계획을 세웠고 집행한 결과 얼마나 엄중한 결과를 가져오게 하였습니까?

우리 당이 창건된 이후 그와 같이 군중과 탈피된 일이 없었습니다. 동지들이 다 잘 알고 있는바와 같이 없는 양곡을 농민들에게서 강요한 결과 근 300여 명이 자살한 사실이 있음에도 불구하고 끝까지 정책은 옳았으나 집행이 잘못되었다고 주장하는 것이 정당하다고 말 할 수 있습니까? 그것이 정당한 정책이었다면 300여 명의 자살자를 내게 하였으며 또 수매한 양곡보다 더 많은 양곡을 국고에서 내지 않으면 안 되었습니까? 이것이 인민적인 정책이었다고 고집하는 지도자들의 의견을 개인 숭배사상에서 해방되지 못하고 권력에 맹종하는 사람들 이외에 누가 동의할 수 있겠습니까?

이 정책이 옳은 정책이라고 믿을 것을 강요하는 행동은 완전히 정당원과 인민들을 무시하는 심한 관료주의의 표현인 것입니다. 수령이 결정한 것이기 때문에 옳다고 믿어야 한다고 하는 것은 20차 당 대회 이전에 있을 수 있는 비정상적인 현상이었다고 하면 오늘에 와서는 당원들 앞에 응당히 자아비판을 하여야 할 문제입니다.

만약에 전선에 지원군이 없었다면 얼마나 많은 농민들이 굶어 죽었겠는가 하는 문제는 전선지대에 있는 당 일꾼이면 다 알 수 있었을 일입니다. 나는 전선위원회에서 사업하면서 개성지구 당위원장을 겸임하고 있었기 때문에 이 사실을 잘 압니다.

하루아침 사이에 개인 기업소를 없애기 위하여 부당한 세금정책을 쓴 것으로 인하여 혼란을 일으킨 것도 누가 모릅니까? 이것들은 좌경 혹은 우경 기회주의적인 정책인가 하는 정치적 평가를 주려는데 우리의 목적이 있는 것은 아닙니다. 다른 형제당들의 경험에서 보는 바와 같이 개인숭배로 인하여 사회주의 법들은 침해되고 한 개인을 왕과 같이 추켜세 웠으며, 또 이렇게 걸머진 소수의 정치적 야심가들이 독단을 친 결과 아 첨분자들이 좋은 동지들을 모해한 사실들을 공개적으로 소개하고 이를 근거하여 우리 사업을 검토하여야 할 것입니다. 우리 사업에 있어서도 얼마나 많은 사람들이 불법적으로 구금되었으며 처형되었는가하는 문제 를 또한 규명하여야 하겠습니다. 브레즈네프 동지가 3차 당대회에 참가 하였을 때 김일성 동지에게 간부로서 구금된 동지들이 있으던 재심하여 볼 필요가 있다고 하였습니다. 그러나 우리는 아직 이 사실을 전면적으 로 시작하지 않고 있습니다.

스탈린 베리야의 체제를 그대로 모방하여 사업한 우리 내부기관에 비 밀적으로 구금된 사람이 없으며, 사회주의적 법령이 준수되었다고 하여 누가 곧이 듣겠습니까?

독일에서 구금된 사람을 2만여 명 석방하였으며, 각국 형제당들이 이 사업을 철저히 하고 있는데 무엇 때문에 우리는 이 사업을 하지 못하며 내무기관을 개조하지 못합니까? 만약 어떤 동지의 체면을 유지하기 위 하여 많은 사람들이 비법적으로 감옥생활을 계속하여야 한다면 이것이 얼마나 원통한 일이며 또 만약 죄 없는 동지들이 감옥에 있다든지 혹은 반당 반국가적 명목으로 처형되었고 그 가족들이 박해를 받고 있다면 어떻게 공산주의자인 우리들이 이것을 허용할 수 있겠습니까? 어째서 이 모든 문제들이 대회 기간에 우리당의 최고기관인 중앙위원회 전원회 의에서 심의될 수 없겠습니까? 공산주의자들인 우리가 우리 생활에서 이 비정상적인 현상을 반대하여 결정적으로 진출하여야 할 것입니다.

나는 당중앙에서 혁명 역사가 있는 동지들로서 어떠한 개인으로부터 또 사업상 제한을 받지 않는 권한을 주어 사업을 처리할 수 있는 꼬미샤 를 선정하여 사업에 착수하게끔 하는 것을 제의합니다.

나는 소위 당내 비밀이라고 하여 지도적 수 개인만 아는 그런 낡은 사업방식을 타파하여야 한다고 주장합니다.

전쟁 직후에 김일성 동지의 지시에 의하여 북경을 방문한 일이 있었습니다. 그때 모택동 동지로부터 우리 당중앙에 동지적인 충고를 준 사실을 잊을 수 없습니다. 나는 이 기회에 전원회의 앞에 이것을 보고하는 길이 나의 중요한 의무라고 생각합니다. 모택동 동지는 우리 군대가 낙동강까지 적을 육박하였을 때 보귀한 전략 전술적인 충고를 우리 당중앙에 주었습니다. 모택동 동지가 나에게 전선 정형의 대략한 것을 듣고 말씀하신 요지를 말하면, 첫째로 조선인민이 상대하고 있는 적은 제국주의적 진영에 수령되는, 역량이 강한 미 제국주의라는 것을 말하면서 전쟁전도에 대하여 세 가지 가능성을 분석하였습니다. 그는 나에게 말하기를 조선의 간부들이 후퇴할 것을 생각한 일이 있는가 하고 질문한 후,

첫째 우리에게 유리한 가능성은 적을 부산에까지 몰고 가서 바다로 쓸어 넣을 가능성도 있으나 이 가능성은 적다고 하였습니다.

둘째 가능성은 적을 부산까지 내몰지 못하고 적은 증원부대의 원조로 우리를 반격할 수 있다고 하였으며,

셋째 가능성은 현재 위치에서 아군이 더 진공하지 못한 채 우리 후방에 적이 상륙작전을 전개하여 우리의 보급로를 차단할 가능성이 있다는 것을 지적하면서 전쟁에서는 항상 최악의 가능성을 전제하고 사업을 조직하여야 한다고 하였습니다.

그의 구체적 의견은 위선 당 정권 군대의 매개 간부들과 전사들이 작전적 필요에 의하여 후퇴할 수 있다는 것을 인식하고 사상적 준비를 하기 위하여 전당적으로 동원되어야 한다는 것을 강조하면서 낙동강에서 포위하고 있는 포위를 늦춰 전술적으로 우리가 후퇴하여 그들의 병력을 전개하게 함으로써 적의 역량을 전진하게 하고 분산하게 하여 타격을 주어야 한다는 것을 말하면서 적이 한곳에 집결하여 진행하는 방어는 주먹을 쥔 것과 같이 견고함으로 타격하기 어려우나 역량을 분산하게 하여 주먹을 쥐었던 손가락을 하나하나 고되게 한 후 그 손가락 하나하

나를 먹어치우는 방식으로 전쟁을 조직하는 것이 좋다는 것을 말하였습니다. 모택동 동지의 이 권고가 완전히 정확하였다는 것을 전쟁의 발전과정이 확증하여 주었으며, 특히 적이 인천에 상륙작전을 감행함으로써 명백하였습니다. 이 말은 중국대사로 있던 리주연 동지도 아실 줄 믿습니다.

이 고귀한 충고를 김일성 동지에게 자세히 보고하였으나 그는 나에게 말하기를 우리는 후퇴할 계획이 없으며 그럴 필요가 없다고 하면서 다른 사람에게 말하지 말라는 것을 부탁하였습니다.

이것이 얼마나 귀중한 충고였습니까? 나는 이것을 중앙위원회는 고사하고 정치위원들에게까지 알려졌는지 의심합니다.

왜 특히 이 말을 하는가 하면 우리에게는 당원들 사이에 실질적으로 너무 상하의 등차가 많으며 비밀이라는 구실 하에서 자체의 결함을 은폐할 뿐만 아니라 형제당들의 보귀한 의견들까지 존중하지 않는 좋지 못한 일이 있다는 것을 밝히기 위하여 공개하는 것입니다.

나는 이번 소련당에서 동지적인 충고를 옳게 전달하지 않으면 안 되기 때문에 이 문제를 전반적으로 당 전원회의의 앞에 내놓으며 몇 개인들의 옳지 못한 경향을 지적하면서 그들에게 책임추궁을 할 것을 전원회의 앞에 제기하는 바입니다. 왜 그러냐하면 이와 같은 사업방법은 당 사업방법이 아니며 당국가 사업에서 볼셰비키적 사업방법이 아니기 때문입니다.

나는 이번 전원회의가 우리 당내에 있던 모든 결함들을 퇴치하며, 특히 개인숭배의 비 마르크스주의적인 독소의 완전한 해체를 위하여 광범한 자아비판이 전개될 것을 요망하는 바입니다. 오직 전원회의에서 가장 날카로운 비판과 자기비판이 진행되는 조건에서만이 국가 및 당사업에 존재한 우리의 오류와 결함들을 제거할 수 있습니다.

자기비판이 거둘 수 있는 제일 좋은 성과는 상부지도간부가 자기 사업에 있는 결함들에 대하여 비판하는데 있습니다. 개인숭배로 인하여 경제건설에서 기술적 전문가들의 검토 없이 지도자들이 책상에서 주관적 견해에 의해 공장이 서고, 공장이 없어지고 하는 사실들에 대하여도 사실에 근거하여 당과 국가의 이익의 견지로부터 출발하여 토의되는 것이 필요하다고 생각합니다. 가능성을 타산하여 실제적으로 인민 경제계획을 수립할 대신에 일개의 지도자들의 잘못으로 우리는 자동차 공장과 육류 콤비나트 등의 건설을 계획하였습니다. 정치에 어두운 사람들에게도 축산업이 그렇게도 뒤떨어진 조선의 현재 조건하에서 육류 콤비나트 건설이 얼마나 무의미한 일인가를 잘 알 것입니다. 소련에서 10억 루블리의 원조가 결정되었을 때 소련으로 정부 대표단이 가는 기차 안에서 아무런 충분한 타산 없이 얼마나 많은 공장을 만들 것을 계획하였습니다.

그때 계획한 공장들이 어떻게 되었는가 하는 것을 나는 묻고 싶습니다.

동지들!

우리는 특히 소련당에서 비판한 문제들이 높은 국제주의적인 사상적인 면에서 검토되고 또한 높은 사상적 정치적 수준에서 우리 앞으로의 사업을 위한 훌륭한 결론을 지어야 할 것입니다. 공산주의자인 우리는 다른 형제당들과의 국제주의적 통일을 전면적으로 공고화하여야 할 것입니다. 왜냐하면 이 불패의 단결은 우리인민의 민족적 통일을 위한 투쟁에서 우리 승리의 기본조건의 하나로 되기 때문입니다. 사회주의와 평화를 반대하는 원수들은 개인숭배에 대한 비판을 이용하여 국제 노동운동을 분열시키고 공산당과 노동당 대열에 분규와 혼란을 일으키려고 시도하고 있습니다. 그러나 우리들은 우리의 단결을 더욱 강화하여 맑스 레닌주의 기치를 더욱 높이 들어서 이 원수들의 시도에 대답하여야 할 것입니다.

개인숭배를 끝까지 극복하며 우리에게 있는 엄중한 결함들을 제거하기 위하여 금번 전원회의에서 당 내부생활의 기본적 준측으로 되고 있는 집체적 지도를 사실상 우리당내에 보장할 수 있는 그와 같은 결정을 채택할 필요가 있습니다.

특히 이것은 중앙위원과 상임위원회에 관계되는 것입니다. 동지들이 잘 알고 있는 바와 같이 오직 조선에서만이 한 사람이 수상, 당중앙위원회 위원장, 최고사령관의 세 책임적 직위를 겸임하고 있습니다.

조선 속담에 "세 사람의 지혜는 제갈량보다 낫다"는 좋은 격언이 있습니다. 우리는 실질적으로 당과 국가사업에서 집체적 지도를 보장하기 위한 대책을 취할 필요가 있습니다. 어떤 동지들은 조선이 인공적으로 양단된 현 조건 하에서 한 개인의 수중에 권력이 집중된 것을 정당화하려고 합니다. 이와 같은 시도는 비판할 여지조차 없는 비맑스주의적인 유해한 논거로 된다고 생각합니다. 우리들 공산주의자들에게 있어서 가장 중요한 문제는 광범한 인민대중과의 현재를 강화하는 사업입니다. 전체인민의 신임과 지지를 받기 위해서는 우리들에게 있는 온갖 곤란성을 당원들에게 양심적으로 공개적으로 말할 필요가 있습니다.

우리는 한 개인을 힘 세우려는 시도를 반대하여 결정적으로 투쟁하여야 합니다. 인민대중을 당 주위에 묶어세우며 그들이 우리정책을 진심으로 지지하게 하며 조선노동당만이 근로인민의 이해를 시종일관하게 옹호하며 우리들은 백전백승의 불멸의 맑스 레닌주의 기치를 지침으로 삼고 있다는 것을 인민들에게 철저히 인식시키는 데로 우리의 온갖 노력을 경주하여야 할 것입니다.

오직 이와 같은 원칙에 의하여서만이 우리는 우리당의 조직적 사상적 통일과 전세계 공산당과 노동당들과의 형제적 연계를 강화할 수 있을 것입니다. 외래 약탈자들과의 3년간의 가혹한 전쟁의 증화를 걸머지고 그를 이겨낸 우리 당은 자기의 오류와 부족점들을 양심적으로 또 교훈적으로 인정할 충분한 힘을 가지고 있습니다. 또한 이것은 소련공산당과 전세계 사회주의 국가를 처음 창건한 위대한 레닌이 지시한 길입니다.

존경하는 동지들!

나는 금번 중앙위원회 전원회의에 상술한 몇 가지 의견과 제의들을 말하면서 동지들의 심의를 받고자 합니다. 완전한 당적 양심을 가지고 중앙위원회 전원회의 심의에 부치는 나의 이 토론은 우리들 중에서 나에게 각종 반당적 모자를 씌우려는 시도가 있을 수 있다는 것을 나는 잘 알고 있습니다. 그러나 언제든지 진리를 은폐할 수 없습니다. 나는 나의 이 서면을 토론이 중앙위원회 전원회의 참가자들 중에서 각종 심의한 반응을 일으킬 것이라는 것도 잘 알고 있습니다. 그러나 최근까지도 개인숭배를 적극적으로 설교하였으며 또 설교하고 있는 사람들 중에서도 많은 사람들이 내가 말한 이 사실의 정당성을 인증하지 않을 수 없을 것입니다. 나는 일부 동지들이 자기의 과오를 시정함에 있어서 다음과 같은 세 가지 가능성이 있을 수 있다고 생각합니다.

첫째는 자기의 과오를 엄격한 자기비판으로서 시정하는 기초에서 그들에게 완전한 자유가 허용될 수 있으며,

둘째로 당, 국가사업에서 자기의 오류를 형식적으로 인증하는 방법으로써 현상유지를 보호할 수도 있으며,

셋째로 무단적 방법으로서 당의 이익을 위하여 투쟁하는 동지들에게 반당적, 반중앙적 명목으로서 비법적인 구금 혹은 조직적 타격을 줄 수 있는 길이 있을 수 있습니다.

정치적으로 이와 같은 행동은 그들에게 있어서 완전히 자살적인 길입니다.

동지들!

나는 전체 중앙위원회 위원들과 후보위원 동지들이 우리사업에 가장 거대한 의의를 가지고 있는 이 중요한 문제의 심의와 해결에 적극적으

로 참가할 것이라는 것을 깊이 확신합니다.

　마지막으로 나는 한 개의 당원으로서 내가 제기한 이상 문제에 대한 동지들의 비판적 의견을 서슴지 않고 들을 것입니다.

1956년 10월 12일 리상조

리 영 화
(1917. 8. 15 ~ ?)

전 청진사범대학교장

리영화는 1917년 8월 15일 원동변강 쑤찬 구역 쑤찬시에서 태어나 1936년에 블라디보스토크의 철도전문학교를 졸업하였다. 1936년부터 블라디보스토크 철도관리국 정치부 공청회 사업부장으로 일하였다. 1937년 한인들의 강제이주 이후에는 카자흐스탄 공화국에 도착하여 까리딸 구역의 초중에서 역사학 교원으로 근무하다가 교무주임으로 승진되어 근무하였다. 1944~1947년 사이에 카자흐스탄 공화국 아비이 사범대학을 졸업하면서 고중 역사학 교원으로 근무하게 되었다. 1948년 중순에 소련 공산당중앙위원회 결정에 따라 북한으로 국제공산당 임무 수행을 위하여 파견되었다.

북한에 도착한 리영화는 1948년부터 6·25 전쟁이 시작되기 전까지 평양종합대학 내 사회과학연구원에서 교원으로 있다가 전쟁 때는 1년 동안 사단 정치부장을 역임하였다. 1951~1953년 동안에는 조선인민군 제4군단 정치부부장으로 복무를 하다가 정전이 되면서 청진사범대학 교장으로 1953년에 발령을 받았다.

리영화는 사대 교장으로 7년간 일하면서 함경북도 도당 중앙위원회 위원으로, 또 함경북도 도 인민위원회 대의원으로 계속 선출되었다. 그는 1962년에 소련으로 귀환하게 되는데, 귀국 후 1년간은 카자흐스탄 공화국 끼로브 국립종합대학 종합 계산기 실장으로 일하였다. 1963년부터는 알마아따 인민경제대학 종합계산기 실장 겸 교무주임으로 1982년까지 일했다. 그 후 공화국 공훈 연금생으로 휴식 생활을 시작하게 되었다.

리영화는 북한에서 일할 때 국기훈장, 자유독립훈장 등을 수여 받았으며 여러 가지 명목의 메달도 많이 받았다. 소련정부로부터는 위대한 조국전쟁 시기에 기여한 공훈 메달과 레닌 탄생 100주년 메달, 위대한 조국전쟁에서의 승리 30주년 메달, 위대한 조국전쟁에서의 승리 40주년 메달 등을 수여 받았다.

2000년 1월 29일 타슈켄트 장학봉

전 만경대혁명자유가족학원 노어 교원

리와씰리는 1926년 11월 21일에 원동 변강 연해주 한까이 구역 신두힌까 촌에서 태어났다. 1933년 향촌에서 인민학교에 입학하여 1937년에 졸업했다. 같은 해 한인들의 중앙아시아 강제 이주로 말미암아 부모들과 함께 타슈켄트 주 중칠칙 구역에 새로 조직된 협동조합 '노위뿌띠'에 도착했다. 공부를 계속하고 싶었으나 자신이 살고있는 협동조합에는 고중이 없던 관계로 인접 협동조합인 '볼세위크'에서 1942년에 고중을 졸업하였다. 그해에 타슈켄트 공업대학에 입학하여 1년반 수업하였으나 소련의 위대한 전쟁으로 인한 가정 경제 형편으로 학업을 중단하고 집에 돌아와 인민학교 교원으로 일하였다.

리와씰리는 1946년에 로어 교원 강습소에 입학하여 1년 후 졸업한 다음, 조선민주주의인민공화국으로 파견되었다. 로어 교원으로 파견된 그는 1947년부터 1948년까지 청진교대 로어 강좌 로어 교원으로 일하였다. 1948년부터 1951년까지는 평양부근 만경대 혁명자 유가족 학원에서 로어 선생으로 일하다가 조선에서 전쟁이 시작되어 여러 가지 불리한 조건에 봉착되자 소련으로 다시 귀환하였다.

소련 중앙아시아 타슈켄트 주에 도착한 리와씰리는 중칠칙 구역 '꾸이비세브' 협동 경리에 있는 고중 로어 교원으로 파견되어 다년간 일하면서 타슈켄트 '니사미' 명칭 사대에 입학하여 통신학부에서 5년간 수업하고 1957년에 사대 통신학부 어문학과를 졸업하였다. 사대를 졸업한 이후 타슈켄트 주 중칠칙 구역에서 고정적으로 어문학 교원으로 1990년까지 일하였고 그 후에 연금생으로 퇴직하였다.

리와씰리는 2001년 1월 중칠칙 구역 꾸추륙 촌에서 지병인 고혈압으로 세상을 떠났다. 당시 그는 아들 3형제와 딸 형제를 둔 아버지였다. 현재 그의 집에는 부인 박 안나와 아들 딸 두 명이 함께 살고 있다.

2001년 7월 20일 장학봉

전 황해 제철공장 지배인, 조선인민군 제 7군단 참모장, 소장

리춘백은 1910년 9월 4일에 원동변강 연해주 하산구역 보로지노 촌에서 태어났다. 1918년 향촌에서 소학교에 입학하여 1922년에 소학교를 마감하고, 이어서 초중에서 공부하여 1925년에 초중을 필하였다.

향촌에서는 고중이 없는 관계로 초중 졸업 후 일년 동안은 향촌 학교에서 소년단 지도원 일을 하면서 주로 아버지를 도와 농사일을 하였다. 그 당시 원동변강에서 살고 있는 한인 생활 형편에서 다른 곳으로 유학간다는 문제는 쉬운 일이 아니었다. 그러나 공부하려는 생각이 들끓는 리춘백은 일년 동안 많은 고민을 하고 1926년에는 결정을 내렸다. 그러나 막상 어디로 갈 것인지 결정하지 못하고 있다가 결국 그래도 원동변강에서 이름나고 큰 도시인 블라디보스토크로 가기로 결정하였다.

블라디보스토크에는 해삼 신한촌이라고 부르는 큰 한인촌이 있었다. 당시 원동변강에 고중이라고는 두 곳뿐이었다. 즉 블라디보스토크와 뽀시예트 구역 노보끼옙스크 시에 있었으며, 우쑤리 시에 사범 전문학교가

내각간부학교 교원으로 근무할 때. 부인 정 류드밀라(좌측사진 왼쪽 · 우측사진 오른쪽)와 채 따찌아나.
두 사람은 당시 내각간부학교의 로어교원으로 근무했다

있었을 뿐이었다. 한인 대학은 아직 원동변강에 없었기 때문에 대학 공부를 하기 위하여서는 모스크바나 레닌그라드로 가야 하였다.

리춘백은 1926년 해삼 한인 고중에 입학하여 열심히 공부하면서 교내 각종 사회사업에도 열성적으로 참석하였다. 그는 특별히 공청회 사업에 열중하였다. 그는 1929년에 고중을 최우등 성적으로 졸업하였으나 러시아 먼 도시들로 유학을 떠날 수 있는 경제 여건이 모자란 관계로 고중 졸업 후, 같은 학교에서 하급반 교원으로 소년단 교육자, 지도원으로 일하기로 결정하였다.

당시 인물이 훤칠한 청년으로써 아주 좋은 혼사 청원도 많았으나 아직 농촌 출신의 순진성이 채 가시지 못한 아주 순직하고 청백한 마음이었다. 그래서인지 별명이 훈장이었다. 그렇게 3년이 지난 1932년에 리춘백은 장가를 들고 동년 9월에 붉은 군대에 초병 되어 정규 군사 생활에 들어가게 되었다. 원래 체질이 튼튼한 건강체에 상식까지 방불한 그는 일년이 지나자 하사관 학교에 추천되어, 1934년 초에 필하고 특무상사의 군사 칭호를 받는 한편 부소대장으로 임명되었다.

당시 리춘백이 복무한 군부대는 원동변강 특별군단에 속한 76연대였다. 이 연대는 본래 시베리아 깐스크에 주둔하여 있다가 1929년에 있은 중동철도사변과 관련되어 원동변강으로 이동하게 되었던 것이다. 그 후 중동철도사변이 소련군대의 대승리로 종결되자 76연대는 계속 소왕령(우쑤리스크)에 주둔하게 되었다. 당시 원동변강에서 초병된 한인들은 거의 이 76연대에서 복무하였다.

76연대 출신들은 소련군대 내에서 뛰어난 역할을 했었고, 북한 해방에도 혁혁한 공을 세웠다. 또한 북한 건국에 중요한 역할을 했던 간성들을 무수히 배출했다. 북한 인민군 탱크 사령관 최표덕 장군, 소련 사회주의 이중 노동 영웅 김병화, 76연대가 속한 32사의 95연대장 정표드르 이와노위치 대좌(소련 조국전쟁시 싸하또브 시 방어전에서 영웅적으로 전사), 76연대 중대장으로 중동철도사변에 참가하여 적성 훈장을 수여 받고 대대장으로 승급되었다가 헝가리 부다페스트 시 전투에서 전사한 영웅적 지휘관 김승국(김 뾰뜨르 루끼치), 중동철도사변에 영웅적 위훈을 발휘한 김유경 소대장 등 영웅적 지휘관들은 모두 이 76연대가 배출한 간부들이다.

하사관 학교를 졸업하고 이러한 전설적인 연대에 복무하게 된 것을 리춘백은 큰 영광으로 생각했다. 그 후 하부 사병들을 모범적으로 전투 정치 훈련에 참가시켜 모범적 군부대로 명명되게 하고 리춘백 자신은 수차 상부 지휘관으로, 또 연대 민청 위원장으로 선출되어 복무하기도 했다.

리춘백은 1936년 5월에 소련군대에서 제대하여 집에 돌아와 2개월간 쉬다가 블라디보스토크 사대로 공부하러 떠났다. 사대 입학 꼬미씨야(위원회)에 문건을 접수시킨 리춘백은 붉은 군대의 제대 군인으로 대학 입학 규칙에 따라 무시험으로 한인 사대 역사학부 학생이 되었다. 그렇지만 사대 1학년을 필하고 났을 때, 쓰라린 한인들에 대한 탄압정책으로 말미암아 리춘백도 강제 이주하게 되었다.

리춘백은 강제이주를 당하는 어려운 환경이었지만, 공부를 계속할 목적으로 집에 돌아가지 않았다. 블라디보스토크의 사대는 카자흐 공화국 크슬오르다시로 옮겨가게 되었다. 사대의 모든 교육 기재와 관물, 각종 교과서와 여러 가지 책들을 전부 싣고 이동하려면 많은 노동력이 필요했기 때문에 다수 학생들은 대학과 같이 이동하게 되었다. 학생들 또한 강제 이주의 불안한 시기에 학교와 같이 행동을 취하는 것이 좋다는 판단을 한 탓이기도 했다.

리춘백은 학생들 속에서 위신도 높았고 신망도 많아서 많은 학생들이 그를 따랐다. 학업을 시작한 첫날부터 마지막 졸업하는 날까지 리춘백은 줄곧 대학생 자치회 위원장, 민청위원회 위원장에 선출되었으며 마지막 3~4학년 시기에는 학부당 위원장, 대학 당 위원회 중앙위원회 위원으로 있었다.

리춘백은 1941년에 크슬오르다 사대 역사 학부를 우수한 성적으로 졸업하고 우즈베키스탄 공화국 타슈켄트 주 중칠칙 구역 끼로브 촌 한인 협동조합에 있는 중학교 역사 단임 교원으로 임명되어 2년간 일하였다. 당시 교장으로 있던 강상호가 붉은 군대에 초병 되어 원동변강으로 나간 후, 리춘백은 교장으로 임명되어 북한에 나가게 되는 1945년 7월까지 근무했다. 언제 어디서든지 동지적 관계를 잘 맺고 조직적 지도적 수단이 좋은 리춘백은 끼로브 고중에서 많은 성과들을 거두었다.

리춘백이 근무했던 끼로브 고중의 교원 다수는 나중에 북한에 가서 책임적 간부로 일하였는데 그들의 인맥은 대단했다. 현히안은 내각직속 도급지도학교 교무주임으로, 박태준은 노동성 차장으로, 강상호는 내무성 총정치국장 겸 차장으로 활동했고, 개성 정전 담판 위원회 조중록 수석 대표도 이 학교 출신이었다.

리춘백은 1945년 7월 말에 초병 되어 소련 군대에 복무하게 되었으며 나중에 소련군과 함께 북한에 들어가게 되었다. 리춘백은 함경북도 청진시·도 사령부 총번역원으로 각 시군 사령부 일에 협조하며 북한

앞줄 좌로부터 박일무(전 조선인민군 탱크 기술지휘국장), 박춘(전 조선인민군 30보사 정치부장), 리춘백, 박태섭(전 조선임민군 총청치국 조직부장) 뒷줄 오른쪽 첫 번째 김일(전 조선인민군 총정치국 부국장·별칭 작은 김일)

토지 개혁·산업 개혁 등에 참여했다. 한편으로 인민군대 조직에도 많은 관심을 돌리면서 일하였다.

1946년 6월에 평양으로 조동되어 내각직속 고급 지도 간부학교의 전문 역사 교원으로서 2차 세계대전이라는 과목을 담당하였다. 리춘백은 사동 간부학교에서 가장 위신 있는 교원이었다. 그것은 리춘백이 강의한 과목이 그 당시에 가장 위신 있는 과목인 때문이라 할 수 있었다. 2차 대전은 독일 파쇼주의가 패망하고 소련이 승리자로 된 전쟁이며, 그 결과로 새로운 9개의 사회주의 국가들이 조직되었고, 북한도 일제에서 해방되고 사회주의 국가로 되었기 때문이었다. 이 과목을 강의할 때, 리춘백은 자기 자신도 그 전쟁의 승리자의 한 사람으로서 자부심을 감추지 않았다. 학교에서는 북한의 전체 고급 간부, 각 군당 위원장, 인민위원장으로부터 각도 위원장, 각 성 상들, 부상 급을 대상으로 하였다. 1948년도부터는 남한 대의원반을 조직하고 남한에서 들어온 대의원들을 공부시키는 한편, 인민군 고급 정치 지도 간부들, 즉 각 연대·사단 및 중앙 정치 총국 고급 군관들을 대상으로 하여 한 개의 조를 조직하여 공부시켰다.

　리춘백은 내각직속 간부학교에서 4년간이나 열심히 일하였으나 1950년에 동족상잔인 6·25가 시작되자, 자기가 차지할 위치는 전선이라고 생각하고 전선에 나갈 것을 꿈꾸었으나 일은 정반대가 되었다. 당시에 소련 원동변강 제1전선 사령관이 중국 여순반도 뽈트 아뚜르로 가는 길에 평양에 들렀다가 소련군 정치부에 좋은 통역원을 요구했는데 정치부는 리춘백을 지명하여 소련 전선 사령관과 동행하게 되었다. 전선 사령관은 소련으로 귀향하면서 리춘백을 뽈트 아뚜르에 주둔한 소련군 통역원으로 남겨 두고 갔다. 리춘백은 하는 수 없이 사령관의 명령대로 1950년 10월까지 3개월간 거기서 복무하게 되었다. 그 뒤 북한 노동당중앙위원회 부위원장 허가이가 최고 사령관 김일성에게 제의하여 소련군 원동변강 제1전선 사령관의 동의를 받아 북한으로 귀환하게 되었다. 결국 리춘백은 1950년 10월 말에야 인민군대에 입대하게 되었다.

　리춘백은 조선인민군 제7군단 참모장으로 임명되면서 소장이라는 군사 칭호를 받게 되었다. 1951년 2월 제7군단의 예비군으로부터 전선 부근 강원도 석왕사에 이동되면서 리춘백은 군단 위원으로 임명되었다. 조선인민군 제 7군단은 동부 전선의 중요한 지역을 방어하고 있는 제2군단의 지지대로 있으면서 전쟁 한창 시기에 그의 연합부대들을 교체하여 주며 공화국 영토들을 사수함에 있어서 지대한 역할을 하였다. 항상 움직이고 교체되고 있는 형편에, 구분대나 부대 또는 연합부대를 일순간

7군단 군사위원으로 근무할 때
동료들과 찍은 사진

1951년 3월 중순경 군대 배치 정열을 검열하던 중 휴식하고 있는 장면. 좌로부터 리춘백 군사위원 소장, 리영호 군단사령관중장, 김봉율 민족보위성 부상

도 쉴 사이 없이 건전한 사상으로 준비·장악한다는 문제는 간단한 문제가 아니었다. 1950년 이후 전쟁은 주로 진지전을 진행하면서 장기전으로 넘어감으로 인하여 전체 사병과 군관들까지 지루함을 느끼게 되었는데 그때 사상 무장을 시키는 것은 아주 중요한 일이었다.

남북은 서로 총을 겨누고 있었으나, 나가지도 후퇴하지도 못하고 근 3년이란 긴 세월을 끌고 있었다. 때문에 산골에서 살고 있는 농민들은 "김일성이 이기던 이승만이 이기던 끝을 내고 우리에게 농사를 지을 수 있는 조건을 달라"고 소리치기도 한 것이었다. 이러한 형편에서 사병과 군관들의 규율은 자연히 저하되고 안일 부화한 행동들이 종종 나타나게 되었다. 이러한 때에 리춘백은 사상 무장에 뛰어난 역할을 하였다.

지루하게 끌던 상호방어 진지전은 근 3년이나 농촌, 도시 할 것 없이 인민들의 생산활동을 제한시켜 인민 생활은 더 말할 바 없이 파탄되었다. 사람들은 굶주리고 헐벗었다. 추운 겨울이면 빨리 전쟁의 종말이 오기만을 기다렸다. 전쟁은 유엔의 간섭에 의하여 중단되었고 군사분계선은 동족상잔 개시 전보다 다르게 동해안 고성에서 출발하여 철원 남쪽에 이르러 임진강 계선을 따라 서해에 이르렀다. 옹진반도도 북한에 떨어지게 되었다. 전쟁 전의 38선에 비하면 서해에 있어서는 남쪽 평야만

이 남쪽에 들어가고 동해에 있어서는 산악지
대가 많이 남한에 넘어가게 되었다.

정전 조약이 조인되자, 리춘백은 군대에서
제대되어 생산기지 복구사업에 동원되었다.
즉, 1953년 9월에 송림시 황해 제철공장 지배
인으로 임명되었던 것이다. 송림제철은 조선에
있어서 제2위, 성진 제강 다음에 손꼽히는 대

1953년의 리춘백

공업 중심지였다. 그러나 그것은 전쟁 전의 이야기였다. 전장 3년 동안
에 파괴될 대로 파괴되어 공장은 완전 정지 상태에 이르러 용광로들은
아무런 제품도 생산하지 못하였고, 전쟁 전에 많이 생산하던 인공 휘발
유도 생산하지 못했다.

리춘백은 파괴된 공장을 복구하려면 우선 노동자들부터 먹여 살려야
겠다는 생각을 했다. 공장에서 생산이 정지되고 보니 노동자들은 전부
먹고살기 위해 부업에 종사하였다. 공장은 명성뿐이었고 폐허더미에서
생산품을 만들어 낼 소지가 없었던 것이다. 이런 형편에서 리춘백은 중
공업성과 긴밀한 연계 하에 조속한 시일 내로 소련으로부터 또는 중국
으로부터 공장 복구에 요구되는 기계와 기계부속품들을 주문하여 받도
록 하는 문제를 추진했다. 또한 부업 경리를 발전시키되 두 방면으로
즉, 농촌 경리를 발전시켜 주식물을 대대적으로 생산하는 한편 서해안
과 대동강 하구에 어업 기업소들을 조직하여 부식물을 대량 생산하는
방법을 채택했다. 여유분은 지방 협동조합과 연계하여 팔아 자금을 만들
어 공장 생활에 필요한 부분에 이용하였다.

어디에서나 일을 열성적으로 조직하는 조직적 수단이 많았던 리춘백
은 1954년에 들어서면서 용광로들이 제대로 돌아가게 하였다. 오국에 주
문한 기계 시설들이 도착하여 1954년도 말 1955년도 초에 들어서면서 황
해 제철은 복구되었고, 굴뚝은 연기를 토하였으며 철제들이 사방으로 실
려나가게 되었다.

1952년 12월 평양의 소련신보사 앞에서 찍은 당 중앙전원회의 참가 기념사진. 우로부터
리춘백. 현히안. 신이철. 명월봉. 박 게라씸. 김철우. 김영활. 장학봉

리춘백은 전시의 싸움터에서와 같이 공장 복구에서도 큰 공훈을 세워
노동당중앙위원회 위원장이 되는 한편, 국가 표창을 받으며 소련, 중국,
몽고 등 여러 나라에 초대되어 돌아다니게 되었다. 또 소련 모스크바에
유학 갔던 장남 월로치가 대학을 최우등으로 필하고 한 해를 더 묵어 언
어·문학 학자의 칭호까지 받고 평양에 나왔다. 외동딸 쓰웨따는 모스
크바 유학을 떠났다. 이렇게 가정이 화기롭게 이루어지고 있을 때, 북한
에서는 노동당 사상검토 사업이 진행되었으며 그 검토에 걸린 간부들은
벌써 철직·검거·추방되고 있었다. 사상검토에 아직 걸리지 아니한 사
람들도 언제 먹장 같은 구름이 몰려오는가 하며 한숨을 내쉬고 눈물을
흘리는 때였다.

리춘백은 당이 명령하는 대로, 전쟁이 끝나자마자 장령의 견장을 떼
어놓고 폐허가 된 잿더미 제철소에 달려가 영웅적으로 복구하여 국가에
생산품을 주는 최대의 성과를 거두었으나 다른 곳으로부터 북한에 들어
온 간부들을 숙청하는 사상검토에는 예외가 없었다. 남한을 비롯하여 동

1954년 3월 당 정권 책임자들과 함께
현지 시찰하던 모습

북연안, 소련 할 것 없이 모조리 청산하는 데에는 어디로 피할 길이 없었다.

1954년 정월이 되자, 리춘백의 사상검토가 진행된다하여 중앙당 지도원 한 명과 도당 지도원 한 명이 내려와 제철 초급당단체 총회를 개최하고 리춘백의 역사를 간단히 이야기했다. 그리고는 전쟁도 복구사업도 잘하여 공장을 잘 돌아가게 했지만 과거 역사로 인하여 일자리에서 철직시켜, 하부 직책으로 조동하여 근로자의 굳센 의지로 한 일년간 단련된 다음, 다시 고급 지도적 직책에 등용하겠다는 일방적 통보를 받게 되었다.

리춘백의 과거 결점이란 소련 종파주의, 즉 소련에서 온 사람끼리 모여서 놀며 소련을 자랑만 하고, 무엇이던 그에 예속시키려는 사대주의, 조선의 모든 것을 가볍게 보며 소련적 관료주의에 물들어 있고, 전쟁시기에 원산에 첩을 두고 안일 부화하게 살았다는 것이었다. 여기에 대하여 리춘백은 솔직하게 비판했다. 원래 어떤 면으로 보든지 정적하고, 경제적 면에서 청백했던 그는 자기의 실수가 다시 반복되지 않으리라고 맹세하였다. 그러나 사상검토 당 회의 결정은 엄중 경고에 현직에서 철직하고 재교양차 하부에 송환이라고 내려졌다.

결정을 받은 리춘백은 당 중앙 위원회에 편지를 내어 용서를 빌었으나, 사상검토 총지도자 당 중앙 부위원장 김창만은 그 편지를 읽고 역정을 내면서 "당에서 내려가라면 내려 갈 것이지, 편지는 무슨 편진가? 소련 관료배 사상의 전파자들은 몽땅 청산해야지 …"라고 했다. 리춘백은 내각 간부학교 시절에 2년 동안이나 한 학교에서 같이 일한 김창만이 그렇게 악질적으로 반소조직을 지도하는 인간이란 것을 그때 처음 알았다. 아무리 김일성에게 아부하는 사람들만 살아남던 시기라지만 김창만의 행동은 인간적인 도의를 벗어난 것이라고 생각할 수밖에 다른 도리가 없었다.

13년 동안이나 새 조선 건설을 위하여 악전 고투하였건만 이제는 어디다 더 호소하여 볼 곳도 없고, 어디서든 정당한 결정을 받을 곳도 없다는 것을 인식한 리춘백은 정율, 정동혁, 김일, 기석복 등 6~7명을 모았다.

"이제는 우리가 할 일은 다 한 모양이다. 더 괄시를 받지 말고 속히 모스크바로 돌아가자."

결정을 내린 그들은 1957년 10월에 평양을 출발하여 모스크바 당 중앙에 왔다. 모스크바시에 도착한 리춘백 일행 8명은 볼셰비키 공산당 본부에 들어가서 북한에서 있었던 그간의 사실을 그대로 보고한 다음, 우즈베키스탄 공화국 수도인 타슈켄트시에 가서 집도 배정 받고 가족의 생활 문제도 해결 받으라는 지시를 받게 되었다.

타슈켄트에 도착한 일행은 우즈베키스탄 공화국 당 중앙 본부에 찾아가 사정을 보고하니, 당 중앙 조직부는 벌써 거기에 대한 지시를 받았다고 했다. 당 중앙은 시내 칠란다 구역에 가서 사택들을 배정 받아 가족들을 안정시키고 아이들과 부인들의 취직 문제와 학교 문제도 해결한 다음, 타슈켄트 고급당학교에 가서 4년간 공부하면서 휴식하라고 하였다.

"4년간 공부하는 동안, 강물이 많이 흘러서 환경이 변경되면 다시 조선으로 귀국할 수 있을지 모른다."

당 중앙 조직부는 그렇게 말했다. 그 후 수십 명의 북한 간부들이 리춘백 일행의 뒤꼬리를 물고 계속 조선으로부터

부인과 아들 형제인 리 쑬와, 리 빌로리

소련에 귀국하여 타슈켄트시, 알마아
따시, 모스크바시 등에서 공부하게 되
었다. 모두들 4년간 공부하였으나 북
한 환경은 변화되지 않았고 북한으로
다시 돌아간 간부도 없었다.

좌로부터 리춘백의 부인, 외손자 유라,
딸 쓰웨따

북한에서 소련 각 도시에 와서 공부
하던 북한 유학생들 수십 명이 자기
국적을 거절하고 조국으로 돌아가지 않았으며, 1956년에는 북한 특명 정
권 모스크바 주재 대사 리상조가 북한 국적을 거절하고 소련의 신변 보
호를 받으며 모스크바 과학원에서 과학 연구생으로 남아 있는 형편이었
다. 북한 정세의 변화는 요원했다. 이러한 형편에서 4년이란 긴 세월을
거쳐 학교를 졸업한 일행은 우즈베키스탄에서 근무처를 배치 받아 일하
게 되었으며 아이들은 자라서 대학을 나오고 취직도 하여 상호결혼도
하여 장가, 시집도 보내기도 했다.

리춘백은 1961년 고급당학교를 졸업하고 타슈켄트시내에 있는 고무
공장 지배인으로 일년간 일한 후, 한인들이 집결하여 살고 있는 경리에
가서 일하고자 결심하고 카라갈빠 공화국에 가서 벼농사 국영농장 지배
인으로 1980년까지 일하였다. 70고령이 되자 특별 개별 연금을 수속해
가지고 타슈켄트시에 돌아와 평안히 살았다.

연령으로 보아서 70고령이었으나 리춘백의 사상은 건전한 공산주의
자, 진실한 사회주의자의 이론대로 조선을 공산주의 국가로 개조하여 한
인들은 누구나 할 것 없이 다 같이 남부럽지 않게 살도록 하자는 사상이
견결하였다. 그가 항상 고민한 것은 양단된 조선이었다. 어떻게 하면 조
선이 하루 속히 통일될 것인가를 늘 생각했고 하나의 조선을 만들어 나
가야 된다고 염원하였다. 그러나 공산주의 이론이 개인숭배주의로 왜곡
되고 그 기본노선에서 이탈된다는 것도 잘 이해하였으며, 공산주의 경제
제도는 사회의 발전적 전망이 없고, 자본주의에 비하여 뒤떨어진다는 것

김일성의 초청으로 북한에 들어 가 찍은 사진
앞줄 왼쪽에서 세 번째가 리춘백

1987년의 리춘백

도 이해하였다. 그러나 그는 항상 중국의 예를 들면서 공산주의 제도도 개방하고 경제 제도를 사회주의 기본 제도에 알맞게 조절하면 우수한 성과로 나갈 수 있으리라고 생각하였다.

리춘백은 두 번, 1990년과 1991년에 김일성의 초청을 받고 북한을 방문하였다. 1992년에도 초청장은 받았으나 장남 빌로리의 사망과 관련하여 가지 못하였으며 그 이후에는 병환으로 인하여 더 갈 수 없었다. 그는 북한을 방문한 감상을 이렇게 말했다.

"우리 일행 박영빈, 장철, 리춘백, 황성복, 리세호 등 5명이 김일성을 직접 만났는데 김일성이 말하기를 '당신들이 그렇게 당에서 처벌받고 조선에서 추방된 것은 때를 잘 모르고 있었기 때문에 그렇게 되었다'면서 모두를 끌어안아 보면서 '많이 어려웠겠구나' 하였다."

김일성이 이렇게 접대하여 주니 그것을 진심으로 믿었을 수도 있었다. 그러나 리춘백은 그런 성대한 영접 이후, 많은 사람들이 다시 북한으로 돌아갈 생각은 없는가하고 묻자 그럴 생각은 없다고 하였다.

리춘백은 1992년 4월, 장남 빌로리가 죽자 마음 고생으로 인하여 건강이 허약해졌다. 그는 장기간 북한 고급지도 간부 학교에서 일했던 관계로 수많은 제자들이 남북한에서 살고 있다. 또 친척들도 많이 살고 있

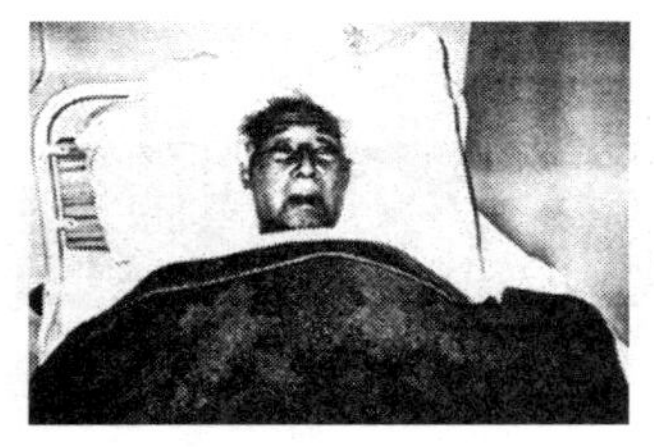

1993년 우즈베키스탄공화국 중앙병원에
입원하여 투병을 하던 리춘백

는데 북한 원산 시와 평양에 4촌, 5촌 등 친척들이 있는가 하면 서울에도 4촌들이 살고 있다. 서울에서 살고 있는 4촌 동생 리연길은 6·25 동란 직전에 북한을 몇 번 다녀가면서 4촌형인 리춘백을 만나보았다. 리춘백이 평양을 떠나 소련에 귀환한 후, 그들은 1993년 5월에서야 다시 만나게 되었다. 리연길을 만난 리춘백은 병환이 점점 더하여 공화국 제1중앙병원에 입원하였으나 아무런 효력도 보지 못하고 결국 1993년 8월 3일에 영원히 잠들었다.

1996년 7월 30일 타슈켄트에서 장학봉

리 히 준
(1906. ? ~ 1966. 6. 20)

전 내각 간부국 국장

리히준은 본명이 리와씰리 찌모페예위치로 1906년 원동변강 유태인 자치주 블라고웨센쓰크 군 비로비드잔 시 부근 블라고쓸라벤노에 촌의 빈농에서 태어났다. 1919년에 향촌에서 소학교를 졸업하고 1923년 블라고웨센쓰크 시에서 초중을 졸업했다. 1924년에는 김나시 전문학교에 입학하여 1927년에 졸업하였다.

졸업 후, 가정의 경제 사정이 나빠져 학업을 계속하지 못하고 1928년부터 1931년까지 직장에서 부기원으로 일하였다. 1932년부터 1933년까지는 원동변강 수도 하바롭스크에서 재정 일꾼 강습소에서 수강했다. 강습소를 수료한 후 1933년부터 1937년 한인 강제이주 시기까지 재정 일꾼으로 일하였다.

강제이주 때 우즈베키스탄 주 나만간 시에 도착한 리히준은 나만간 주 소비조합위원회 재정검열부 부장으로 장기간 일하였다. 이 직무를 잘 수행한 결과 충성심 강한 자들만 일할 수 있는 도당 조직부 간부부장 직을 맡아 1945년 9월에 북한으로 파견될 때까지 일하였다.

북한에 도착한 리히준은 여느 소련출신 간부들처럼 민정사령부 통역원으로 일하면서 농촌경리 토지국유화 및 협동경리 조직에 참가하였으며, 그 후 토지개혁이 끝난 1946년 5월부터는 산업·운수·상업·기업체 등 모든 경제를 국유화하는 사업에 참가하였다. 1948년부터 조선민주주의인민공화국 내각 간부국 부국장직에서 약 2년간 일한 다음 계속해서 내각에서 간부국장으로 일하였다.

리히준은 본래 성미가 우직하여서 누구하고도 함부로 농담도 하지 아니하고 한 번 약속한 말은 끝까지 실행하였다. 소련출신 간부들이 1956년도부터 사상검토에 걸려 강직, 철직 당하여, 당에서 엄중 경고나 출당을 받고 농촌으로 추방되거나, 소련으로 돌아갈 준비를 하고 있을 때에도 리히준은 자신의 일을 계속 하였다. 1961년까지 일을 하던 그는 심장병으로 약 1년간 평양에서 치료를 받았다. 그리고 1962년에 소련 중앙정부의 정식 허가로 소련 공민권을 회복한 후 그해 말 모스크바로 돌아오게 되었다.

리히준은 북한의 사상검토 운동이 위험스럽게 진행되는 과정에서 어떠한 경고나 비판도 받지 않고 마지막 날까지 일에 충실하였다. 모스크바에 돌아온 리히준은 소련공산당의 특별 연금을 받고 자신의 친척들이 살고 있는 알마아따시에 돌아가 중앙정부로부터 모든 생활문제, 주택문제, 자식들의 직업과 학업문제들을 해결 받아 아주 평화롭게 휴식하면서 살다가 1966년 6월 20일에 세상을 떠났다.

현재 알마아따에는 아들딸 각 한 명과 그들에게서 태어난 자손들이 행복하게 살고 있다.

1999년 12월 10일 알마아따에서 장학봉

전 인민군 총정치국 군사번역부 부장, 상좌

림용검은 1920년 12월 3일 원동변강 쁘리모르주 부존늬 구역 다우지미 촌에서 태어났다. 그의 아버지 림윤호(1888~1956)와 어머니 김진옥(1893~1966)은 일평생 농촌에서 농사를 지으며 어렵지만 근면하고 착실한 살림살이를 꾸리며 살았다.

림용검은 장남으로 태어나 항상 부모의 일을 도우면서 유년시대부터 노동에 단련되었으며, 근면한 정신으로 자기 사상을 무장하여 정직성을 겸비했으며 어른에 대한 존경심을 잃지 않아 만나는 사람마다 칭찬이 자자했다. 림용검이 자라난 환경은 물질적으로 그렇게 넉넉한 조건은 아니었다. 그것은 한 가정에서 다섯 남매가 자라는 탓이기도 했다. 남동생이 한 명, 여동생이 3명이었다.

림용검의 부모들은 1929년부터 협동조합에 입회하여 1937년까지 열성적으로 일하면서 가정을 돌보았다. 1937년 한인들의 강제이주 이후에도 우즈베키스탄 타슈켄트 주 상철칙 구역 프라우다 꼴호즈에서 계속 일하다가 1947년부터 연금생활로 넘어갔다.

림용검은 1940년에 고중을 졸업하였으나 대학에 공부하러 갈 경제 사

정이 여의치 못하여 프라우다 꼴호즈
에서 1940년부터 1943년까지 소학
교 교원으로 일하였다. 1943년 8월
부터 1946년 말까지는 타슈켄트 주
상철칙 구역 농산기계 임경소에서 1
년은 회계원으로 그 다음해부터는 부
기부장으로 일하였다.

림용검은 1947년 1월부터 7개월간
우즈베키스탄 정부 교육성에서 조직
한 노어 강습소에서 노어 교원 강습
을 받은 후, 1947년 8월부터 조선민주
주의 인민공화국에 파견되어 조선인

1954년 평양 대성산 절(卍)에서
부인 우류바와 함게

민군 정치군관학교 노어 강좌장으로 1950년까지 일했다. 이후 총정치국
군사 번역부 부장으로 전근되어 1956년까지 일하였다. 정치군관학교 번
역과장으로 근무 때에는 중좌였고, 인민군 총정치국 번역부장으로 있을
때는 상좌였다.

림용검은 1950년 5월부터 근무하던 총정치국이 1950년 9월 동족상
잔의 전쟁으로 인하여 개천, 만포를 거쳐 동만주 통화시로 후퇴하자 같
이 이동하여 약 1년간 근무했다. 유엔군이 중국지원군에게 패하고 다시
38선 이남으로 퇴진하자, 총정치국은 다시 평양으로 이주하여 대성산
절간에 자리잡고 1955년까지 있게 되었다.

림용검은 말은 아끼고 관찰력은 강한 간부로써 북조선이 돌아가는 정
치상황에 대하여 심사숙고를 하며 대단히 속을 태우며 지냈다. 1953년에
당중앙위원회는 허가이를 암살하고 최표덕 탱크사령관, 정철우 제4군단
장 등을 철칙, 제대시키고 이어 박헌영에 대한 허위공판의 희극을 열고
공산당의 출중한 간부를 미국스파이니 일본간첩이니 하는 누명을 씌워
처단하였다. 사상검토 운동을 벌려 놓고 간부들을 사정없이 철직, 유형

1955년 총정치국 번역과장으로 근무할 때. 좌로부터 3번째가 림용검, 6번째 허학철, 8번째 리사남, 9번째 총정치국 지도원 박재규

지 파견, 처단하는 것을 눈 여겨 바라본 림용검은 북조선 정치상태가 공산주의 노선에서 이탈되어 김일성 독재주의로 넘어가고 있는 것을 파악하게 되었다. 이러한 환경에서 독단적으로 김일성 일당과 투쟁하는 것보다 차라리 북한을 떠나 연구에 정신을 쏟는 것이 좋다고 생각하고 모스크바시로 떠날 것을 결심하였다.

림용검은 결심한 바와 같이 1956년 7월에 평양을 떠나 소련 모스크바시에 도착하여 북한에서 파견된 유학생들과 같이 모스크바 국립 로모노쏘브 종합대학 철학부에 입학하게 되었다. 그 학부를 5년간 수료하고 친척들이 살고있는 우즈베키스탄 타슈켄트시로 파견 받았다. 우즈베키스탄 공산당 조직부에 파견된 림용검은 당조직부의 지시에 따라 사택을 무료로 배정 받았으며 우즈베키스탄 기술종합대학 철학부 조교수로 수속 받아 일하다가 약 6개월 이후부터는 상급 교수로 일하였다.

1962년부터 「기술대학 통신학부 학생들의 마르크스 레닌주의 철학 연구에 있어서 기본적 형식과 방법의 몇 가지 문제―우즈베키스탄 공화국 각 대학 철학부들의 사업 경험 종합론에 근거하여」라는 제목으로 학위 논문을 서술할 목적으로 많은 노력을 기울였다.

림용검은 1967년 타슈켄트 기술대학 박사 뽀뽀브 교수와 함께 『광범한 공산주의 건설 시기에 있어서 마르크스 레닌주의 이론 인식은 노동 계급의 기본적 자각성』이라는 제목으로 공동 저서를 발표하였다.

림용검은 기술종합대학에서 기본적으로 교원 일을 하면서 타슈켄트시 당선전부 지도 하에 1963년부터 매년 마르크스 레닌주의 야간 당학교 강사로 일하였다. 그렇게 힘들게 밤낮으로 강의하는 가운데서도 림용검은 자신이 근무하는 대학의 세미나는 한 번도 빠짐없이 지도하였다.

철학이란 아주 기본적인 이론 과학이었지만 림용검은 하루도 빠짐없이 교육 사업에 있는 힘을 남김없이 이바지하였다.

림용검의 성격은 아주 온순하고 정직하였으나 불공정한 일에 대하여서는 타협함이 없어 그 자리에서 바로 비판하곤 하였다. 때문에 림용검은 북한에 계속 있을 수 없었던 것이었다.

림용검은 소련의 가장 어려운 시기였던, 파쇼 독일과의 전쟁 때인 1941년에 소련공산당에 21세의 어린 나이에 입당하여 생애의 마지막 날까지 진실한 공산당원으로 자신을 수호하였으며 모범적인 삶의 길을 걸었다.

림용검이 모스크바시에 유학하러 도착하였을 때, 벌써 북한에서는 당내에서 개인숭배 사상을 폭로하고 철저히 퇴치하기 위한 제8차 노동당 중앙 전원회의가 있었다. 북한 전역에 걸쳐 당내 사상투쟁 문제가 아주 칼날처럼 첨예화된 시기였다. 북한 전역뿐만 아니라 모스크바 시에서도 조선민주주의공화국 대사로 있던 리상조를 선두로 하여 전체 유학생들이 노동당 내

1966년 타슈켄트 칠란사르 사택구역 자택 정원에서. 좌로부터 림용검, 독남 쎄르게이, 부인 우류바

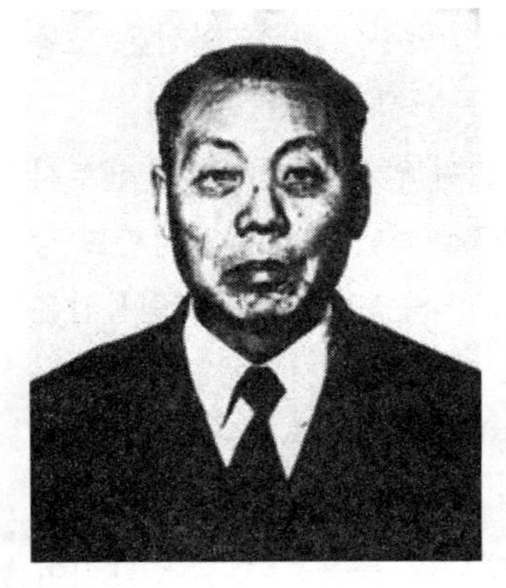

김일성의 독재주의, 개인숭배주의를 반대하여 북한의 국적을 거절하며, 진실하고 철저한 공산당 노선을 위하여 대대적 운동을 전개하면서 자신들의 대학 공부도 중퇴하는 현상들이 전반적으로 일어났다. 이러한 상태를 본 림용검은 자신이 북한을 버리고 소련으로 귀국한 것이 옳았다는 판단을 재삼 각인하게 되었다.

그런 과정에서도 림용검은 조용히 공부하고 졸업장을 받아 쥔 다음, 북한 국적을 거절하고 북한에 다시 가지 않았다. 이때 림용검은 이미 41세의 성숙된 정객이었다. 북한 국적을 거절하였고 또 조국에 돌아가 교육계에서 일할 것을 거절하였지만, 조국 생각을 계속하면서 내심으로는 항상 울고 지냈다. 그것은 림용검이 북한 국적을 거절한 것이 영원한 거절이 아니라, 다만 북한 정치 체계가 민주화로 변동될 때까지의 거절이었기 때문이었다.

림용검은 나이가 들어 심장마비로 신음하다가 그렇게도 기다리던 조국통일을 보지 못하고 1983년 1월 6일 타슈켄트시에 있는 자신의 집에서 조용히 눈을 감고 세상을 떠났다.

1997년 7월 3일 타슈켄트시 장학봉

명월봉
(1914. 1. 7 ~ 199*. 12. 25)

전 인민군 신문사 부주필

명월봉은 1914년 1월 7일에 원동변강 연해주 뽀씨예트 구역 시지미 촌 빈농의 가정에서 태어났다. 아버지는 그가 어렸을 때 세상을 떠났기 때문에 주로 어머니와 맏형의 보살핌을 받으면서 잔뼈가 굵게 되었다. 향촌 시지미에서 소학교를 졸업하고 1925년부터 어머니를 도와 1929년까지 일하였다.

1929년 가을에 16세의 나이로 어머니와 형이 모아준 돈을 가지고 원동변강에서 제일 큰 항구도시 블라디보스토크로 유학을 떠나게 되었다. 블라디보스토크 고중에 입학하여 공부하면서 공산청년단체를 통하여 사회사업에 열성적으로 참가하였다.

명월봉은 유년시절부터 책읽기를 무척 좋아하였으며 글짓기를 아주 즐겼다. 중학교 시절부터 문학 서클에 열성적으로 참가하면서 동창생들 앞에서 시 낭송, 연극 각본, 신문 낭독회 등을 자주 열어 인기를 끌기도 했다. 1935년 고중을 졸업한 명월봉은 고중 공산청년단체의 훌륭한 평정서에 따라 그 당시에 전 세계적으로 유일했던 고려인 사범대학 문예과에 입학하였다.

명월봉이 대학 1학년을 마감하자, 원동변강으로부터 한인 강제이주가 시작되었다. 그런데 중앙아시아로 이주하게 된 명월봉에게는 큰 문제가 제기 되었다. 한인들에 대한 강제이주는 지역별로 서로 다른 시간에 출발하였으며 또 최종 목적지도 잘 모르고 있는 형편이었다. 명월봉은 형과 어머니가 있는 시지미 촌으로 찾아가 그들과 같이 동행할 것인가, 학교와 같이 동행하는가하는 문제에 봉착한 것이었다. 그러다가 결론은 대학을 따라 이주를 하겠다고 내렸다. 왜냐하면 어머니는 형이 있으니 우선 별 문제가 없었다. 그리고 정착지에 도착하여 대학을 다시 찾아간다는 문제는 시간상 문제도 그렇지만 일전 한 푼 도와 줄 사람도 없는 형편에서 경제 문제가 어렵게 제기될 우려가 많았기 때문이었다. 명월봉은 대학을 따라가는 다른 학생들과 같이 이주 기간동안 대학 노무자로 일하였다. 그는 대학의 물산 적재, 하차, 운반 사업에 전적으로 협력하면서 카자흐스탄 공화국 크슬오르다시에 도착하였다.

강제이주는 민족 탄압정책이었다. 절대적 파쇼 독재 정책에 의하여 애매한 한인들에게 일제와 내통하는 스파이라는 혐의를 씌웠고, 만약 일제가 소련에 침입할 시 일제를 지지할 기본 토대가 될 수 있다며 원동변강지역에 살고 있던 전체 한인들과 소련 각 도시에서 살고 있던 한인들과 각 내무기관, 사법기관 등에서 복무하던 모든 한인들을 제대 혹은 해고시켜 전부 중앙아시아로 내몰았다. 이때 부부 중 한 사람이 한인이면 같이 이주하여야 했다. 남편 혹은 부인 중에 누구 한 명이라도 남아 있게되면 그 가정은 필시 파산시켰으니 부부동반을 하지 않을 방법이 없었다.

강제이주는 유례가 없는 무법의 강제, 폭력 행동이었기 때문에 외지로 출장 갔던 식구들이 자신의 집안으로 돌아와서 같이 이주할 시간이 부족하여 수많은 사람들이 이산가족이 되었다. 지역 이주 책임자의 이주 명령이 떨어지는 순간부터 한인들은 48시간 내에 살던 지역을 떠나야 했기 때문이었다. 다만 특별한 지역에 살고 있는 가정에 한하여서만 72시간이 주어졌다. 한인들은 약간의 이불꾸러미와 3일분 양식만 지닌 채 화물 자동차에 적재되어야 하였다. 살던 자리에서 떠날 때 두고 가는 재물과 재산들을 목적지에 도착하면 현물이나 현금으로 보상한다고 하였으나 누구하나 보상을 해 줄 사람이 없었다. 당국에 항의를 할 수도 없었다. 왜냐하면 강제이주 할 때 한인 인텔리들 중 상당수가 어디론가 잡혀갔고 처단되었던 것을 알고 있었기 때문에 반항이나 항의를 할 사람이 없었던 것이다. 그저 허허벌판에 내려져 그 곳을 개척해야 하는 반노예 상태와 같았다.14)

부모나 친척들에게서 하등의 도움도 기대할 수 없었던 명월봉은 강제이주 후 크슬오르다시에 도착하여서도 공부는 계속하고 있었지만 어려운 경제적 조건을 해결하여야만 했다. 블라디보스토크시에서 공부하던 중학교 시절에도 널빤지 공장에서 여름동안 노동하여 의복과 신발 문제를 해결했듯이, 중앙아시아의 고된 여름 기후에도 어떤 일이던 하여 자신의 용채 벌이를 하였다.

명월봉의 성격은 원래 수정처럼 청명하고 깨끗했다. 그는 강철과 같이 강하여 꺾어질지언정 구부러지는 성격이 아니었다. 자신의 판단으로 옳다고 인정한 일에는 팔을 걷고 선두에 서서 처리하였으니, 그릇된 일에는 불구대천으로 생각하고 임했었다. 그런 성격의 명월봉은 대학 시절에도 공청회 사업을 비롯한 기타 사회사업에 열성적으로 참가하였다. 특히 문학 서클에 열성적 기교를 발표하여 창작술에 세련됨을 연마하였다.

명월봉은 1939년에 한인 사범대학을 졸업하면서 곧바로 군 소재지 고급 중학교 문학교원으로 파견되어 교편을 잡게 되었다. 고중 문학 교

---

14) 1997년 강제이주 60주년을 맞아 한인들과 그들의 자손들은 추악한 일제 스파이라는 누명을 벗고 명예를 회복하기 위하여 우즈베키스탄에 살고 있는 한인 남녀노소들로부터 5천명 서명운동을 진행하였다.

원으로 배치 받자, 경제적인 구속에서 해방되기 시작했다. 그래서 의복 차림도 좀 반듯한 것으로 입을 수 있었다. 또한 26세의 성숙함이 보이기 시작했으니 그렇게 준비된 미남을 보고 주변에서 그냥 있을 수 없었다. 동네 사람들은 옆집에 성장한 처녀가 있으면 부모들에게 중매를 부탁할 정도였으나 정작 명월봉 본인은 혼사문제에 그리 덤비지 않고 본업인 교육사업과 사회사업에만 열중하였다. 명월봉은 그 곳에서 혼자 몸으로 일년 동안 일하다가 1940년에 우스또베 시에서 으뜸가는 어여쁜 처녀 김 올리가와 결혼을 하게 되었다.

결혼 후 일년, 즉 1941년에는 소련 인민의 위대한 조국전쟁이 시작되었다. 그 당시 한인들은 강제이주 당시에 씌워진 누명, 즉 일본의 앞잡이들이라는 누명에 의하여 불신임분자로 분류되어 전선에는 파견되지 않았다. 그 대신 노력 전선에 파견되었다. 몇몇 한인 청년들은 노력 전선에 파견되었는데 제1선에서 철교 부설, 철도 수리작업을 하였다. 그 일들은 전투부대의 임무에 못지 않게 위험하였다. 이때 명월봉도 노력 전선에 동원되어 제1선 근방 도시인 모스크바시 남부에 위치한 뚤라 공업도시에서 공장 노동자로 약 6개월 간 일했다.

1945년에 소련 인민의 위대한 조국전쟁은 소련의 대승으로 끝났으며 1945년 8월 15일에는 일제가 패망되고 한반도가 해방되었다. 그때 명월봉은 소련정부의 파견을 받아 북한에 가게 되었다. 평양에 도착한 명월봉은 김일성 종합대학 교원으로 일하게 되었다. 1950년 남침으로 시작된 동족상잔 시기에는 상부

1956년 인민군 신문사 부주필로 근무할 때
부인 김 올리가와 함께 평양역전에서

의 지시에 따라 소비에트 국가 명의로 출판된 '소비에트 신보사'의 사원으로 일하였다. 1955년 '소비에트 신보사'가 해체되면서 '인민군 신문사'로 전근되었다. 그 곳에서 처음에는 교정원으로 일하다가 나중에는 부주필로 1958년 말까지 일하였다.

명월봉은 일제에서 해방된 북조선을 위해, 평화로운 조국 건설에 있는 정성을 다 바쳐가며 열성적으로 일했다. 12년이라는 기나긴 세월이 흐르는 동안 대학 졸업 상식을 가진 문학 교원으로 기술적, 정치적으로도 성숙된 국가적 인재로 활동했다. 명월봉은 말씨는 잦지 아니하나 어느 때라도 사회정세에 대한 판단은 명철하여서 북한이 사회주의 길에서 이탈하여 주체 껍데기를 쓴 개인독재주의, 민족주의 형용에 백색테러주의로 변하고 있음을 알아 차렸다.

명월봉은 박헌영을 처단하면서 빚어낸 피비린내나는 비극, 허가이 암살 사건, 특히 자신의 가까운 친구들이었던 김태건, 김원길, 김철우, 안철, 김일에 대한 허무맹랑한 누명과 그들의 철직, 제대, 투옥을 보면서 북한사회에 대한 회의를 느꼈다. 또 김칠성, 리익선, 정학준 등의 동무들에 대한 비극은 명월봉처럼 맑고 깨끗한 사람에게는 더 이상 북한에서 살 수 있는 도덕적인 정신상태를 주지 않았다. 결국 명월봉은 소련대사관을 찾아가 소련 공민권 회복에 대한 청원을 소련 최고 소비에트 상임위원회 위원장에게 제출하고 소련으로의 귀국 요청까지 제의하였다.

명월봉은 1958년 9월에 청원을 제출하여 동년 11월에 모스크바시의 허가를 받고 11월 중순에 전 가족이 평양을 떠나게 되었다. 선조들의 고향이었고 또 소련에 살고 있는 수십만 명의 한인들이 그토록 그리워했던 조국을 원망스러운 마음을 가지고 떠나야 한다는 것이 내심 슬펐다. 명월봉은 북한을 출발하기 전에 소련에서 온 사람들, 중국에서 나온 사람들, 남한에서 들어 온 사람들, 일본에서 건너온 사람들이 북한 정부를 원망하며 울고 다니는 것을 보게 되었다. 그들은 명월봉의 가정을 보고 말하기를 '당신들은 갈 수 있는 곳이 있어 가게 되니 얼마나 행복한 사람들인가?'라며 말하는 것을 수없이 보았다. 그들은 또 이렇게 말하기도 하였다.

"우리들은 갈 곳도 없고 의지할 곳도 없으니 죽은목숨이나 다를 바 없지 않소."

소련에서 온 사람들 중에도 국적이 완전히 조선 국적이 된 사람들은 떠날 수가 없었다. 집안에서 주인이 철직되고 평양에서 축출되어 농촌에 나가게 된 가정들은 2년~3년 후에는 완전히 전 가족이 사라지고 말았다. 공산당 중앙 비밀문건 자료들에 의하면 우즈베키스탄 공화국에서 북한으로 나간 총 세대주 수는 262명, 그 중에서 공화국에 다시 돌아온 가족 세대주는 62세대, 세대주와 함께 돌아온 가정은 42세대, 1997년 5월 19일 현재도 남아 있는 세대주는 6명, 독신 할머니들 29명이 생존하고 있다. 그 나머지는 전부 북조선 농촌지방이나 탄광에 가서 죽었다. 현재 평양에 살고 있는 전 소련출신 간부 제2세대는 김봉율, 김학인, 박영 등이 있을 정도이다. 또 명천구에 김철운의 아들 와씰리가 있고, 대동군에 살고 있던 전 노동성 부상 박태준의 가정은 소련으로 돌아와 살고 있는 자식들과 연락이 있다하여 갑산군 어느 궁핍한 촌에 데려가서 학살하였다는 소식이 있다.

명월봉은 1958년 11월에 모스크바시에 도착하여 당중앙위원회 의무사업 담당 조직부장의 지시를 받아 타슈켄트시에 도착하였다. 여기에서 당 중앙 고급당학교에서 공부하게 되었으며 가족은 타슈켄트시내 칠탄사르에 집을 배정 받고 아들 3형제는 각 대학에서 공부를 계속하게 되었다. 부인 김 올리가는 재봉공장에서 기술재봉공으로 취직

레닌기치 신문사 기자로 근무할 때.
좌로부터 김두칠. 꼴호즈관리위원장. 명월봉

하게 되었다.

명월봉은 1962년에 타슈켄트 중앙당학교 신문기자 학부를 우수한 성적으로 마감하고 중앙아시아의 유일한 한인 신문인 『레닌기치』 신문사에 파견되어 거기에서 신문교정원, 신문기자 등의 직무에서 여러 해 동안 일하면서 계속 시, 단편소설 등을 썼다. 세계 한인 문화 발전에 필요한 이론과 논설들을 수차 서술하여 『레닌기치』 신문과 한국신문 등에 종종 발표하였다.

1991년에 서울에서 한글 이론 학술대회가 진행되었는디 명월봉은 「노어·한국어 단어 조성법에서의 대비관계고찰」이라는 보고서를 그 대회에 보내어 그 대회 종합문고철과 또 다른 소책자로도 발표되었다. (종합문고철 157쪽) 대회의 총 테마는 '한글'이라는 명칭이었다. 역시 1991년에 '외국인들에 대한 한국어 교육을 어떻게 할 것인가?'라는 제목으로 진행된 학술대회에도 그는 보고서를 작성하여 보내였던 바, 제목은 「재소 고려인들에 대한 교육의 역사적 과정」이었다. 이 보고서도 역시 대회 종합문고철에 기록되었으며 소책자로 독립적으로 출판되기도 하였다. (종합문고철 275쪽)

명월봉은 1983년까지 21년 동안 신문사에서 일했다. 그 후 연금생으로 나와서 타슈켄트 사범대학 고려학부에서 생의 마지막 날까지 교편을 잡고 젊은 세대들의 교육사업에 있는 열성을 다하였다. 이렇게 일하면서도 병행하여 문학 창작 사업에 열중하였으니 여러 편의 시와 단편소설들을 후대들에게 남겨 놓았다.

당학교를 졸업하고 레닌기치 신문사에서 근무하던 중 사색에 잠긴 모습

　명월봉의 단편 작품들은 김연수 박사의 엮음으로 출판된 『쟈빌랴야 너는 나의 생명』(1989년 2월 1일 서울)이라는 책에 ‘그들의 운명’, ‘마을사람들’, ‘전사의 편지’ 등으로 발표되었다. 명월봉의 시들은 알마아따 고려일보사 발행으로 출판된 종합시집 『꽃피는 땅』에 ‘조국의 품’, ‘벼이삭’, ‘평화를 지키자’ 등의 제목으로 실려 있다.

　한편 명월봉은 북한 정치의 변질과 기본 노선의 차이를 느끼고 우즈베키스탄에 귀국한 후, 1991년 10월에 남한의 광주대학교에서 초청을 받아 남한 땅을 처음이자 마지막으로 밟게 되었다. 남한에 도착한 명월봉은 많은 과학, 문화인들과 뜻을 깊이 같이 공감하였고, 사상이 맞는 여러 인텔리들과 더할 나위 없이 허심탄회하게 이야기들을 주고받을 수 있었으며 앞으로 할 일들에 대하여 약속할 수 있었다. 그러나 불행하게도 운명은 그가 하고자하는 평화통일의 꿈을 이루지도 못했는데 그를 저세상으로 데려갔다.

　명월봉은 죽는 날까지 병이라고는 모르는 건강체질로 일하다가 심장마비로 1991년 12월 25일에 세상을 떠났다. 명월봉은 아들 3형제 딸 하나를 두었고 많은 손자들을 두었다. 명월봉의 장남 명 뜨리미는 과학계에 널리 알려진 과학도이면서 역사학 박사이며 2남과 3남도 대학을 마치고 역량있는 경제 역군으로 일하고 있다. 딸 명로사도 실력있는 역군으로 사회에 진출하여 활동하고 있다.

1997년 5월 20일 장학봉

전 조선민주주의인민공화국 외무성 참사 고문

박덕환은 1917년 9월 15일 함경북도 회령군에서 태어나 가족들을 따라 소련으로 들어가 살았다. 그는 한인 강제이주 시기에 카자흐스탄 공화국 알마아따 시로 이주되어 그곳에서 1938년에 고중을 졸업하고 1942년에 알마아따 끼로브 국립종합대학 수학물리학부를 졸업하였다.

박덕환은 1943년까지 소련군대에 복무한후 1943~1946년 사이에는 크슬오르다시 고중 교무주임을 거쳐 마지막 2년 동안은 교장으로 근무하였다. 1946년에 소련공산당중앙위원회의 결정으로 국제공산당의 임무를 수행하기 위하여 북한에 파견되었다.

북한에 도착한 박덕환은 처음 2년 동안은 함흥의대 부학장으로, 이어 2년간은 평양 기술종합대학 부총장으로 일했다. 1950~1954년 기간에는 문화선전성 문화연락총국 국장으로 일했고, 1954~1959년까지는 소련 주재 북한대사관 참사로 일했다. 1959~1960년 사이에는 조선민주주의 인민공화국 외무성 참사 고문으로 근무하였다.

박덕환은 1960년에 소련으로 귀환하였다. 1960년부터 그는 특별과학 중등 및 고급과학성 과학교수방법 지도국 책임지도원으로 근무하다가 1978년에 카자흐스탄 공화국 개별 공훈 연금생으로 성활하게 되었다.

박덕환은 북한에서 일할 때 국기훈장 2급을 수여 받았으며 소련정부

로부터도 '독·소 전쟁 승리', '1941~1945년 기간에 영웅적 노력 위훈'
메달을 수여 받았다. 이외에도 10여 개의 소련 메달을 수여 받았다.

1999년 11월 12일 타슈켄트에서 장학봉

전 강동정치학원 원장

박병율의 본명은 박 니까노르 예밀리야노위치다. 그는 1906년 11월 5일에 원동변강 수청 구역 신영동에서 박근만의 5남으로 태어났다. 유년 시절인 1915~1923년경에는 이 지역에 고려인 애국 단체들이 많이 들어와 활동을 하였던 때라 박병율은 그들의 영향을 받으면서 자라났다. 정재관, 우덕순, 유동화, 조동선, 조응순, 김응열, 김인세, 작정격 등의 유명한 애국자들을 자주 만나보기도 했고 그들의 심부름도 많이 하였다. 박병율은 그들로부터 안중근 의사에 대한 이야기를 많이 들었으며 자신도 때가되면 그렇게 영웅적인 위훈을 발휘할 것이라는 야무진 결심도 하게 되었다.

1920년대 초기에 원동에 잠입하였던 일본군대는 그 곳에 살고 있던 한인들에게 조선에서의 수탈처럼 갖은 악행을 저지르고 있었다. 특히 3·1만세 운동에 참가한 사람들과 항일 단체에 참가한 사람들을 색출하여 투옥시키기도 했다. 이로 인하여 한인 청년들은 집을 떠나 만주나 시베리아로 가서 새로 조직된 공산군에 참여를 하였다. 1922년 마침내 소련군에 의해 일본군은 원동변강으로부터 철수하게 되었다.

한편 1925년에 원동 블라디보스토크에 한인 노동학원이 조직되었는데, 박병율은 수청 구역 모범청년 사업활동가로서 그 학원에 파견되어 1929년에 그 학원을 훌륭한 성적으로 졸업했다. 그후 타슈켄트 교대 수물학부에 입학하였다. 타슈켄트에서 3년간 공부하는 사이 박병율은 타슈켄트 인민위원부 내에 조직된 고려인 쎅찌야에서 열성자로 1년간 다니다가 그 뒤엔 쎅찌야의 책임자로 일했다. 당시 타슈켄트 근방 상칠칙 구역에 살고있던 한인들은 전체 합해서 약 50여명 남짓 되었는데 주로 채소 농업에 종사하고 있었다.

1932년 교대를 졸업한 박병율은 다시 고향인 원동으로 돌아가 시영동 중학교에서 물리·수학 선생으로 한인들의 강제이주 때인 1937년까지 일했다. 스탈린의 이민족 탄압정책인 강제이주로 인하여 그도 타슈켄트로 가게 되었다. 타슈켄트는 박병율이 학생시절에 살던 곳이라 낯설지는 않았다. 그는 상칠칙 및 중칠칙 구역의 도 교육부로부터 파견을 받아 여러 중학교에서 교육 사업을 진행할 수 있었다.

박병율은 1946년 말 우즈베키스탄 공화국 교육성의 명령에 따라 타슈켄트 사대에 열린 교원특별강습소에서 6개월간 공부를 하고 북한에 로어 교원으로 파견되었다. 1947년 7월에 북한에 도착한 그는 당 중앙위원회 대남사업부가 지도하는 대남공작원 강습소에서 교원으로 일했다. 1949년부터 1952년 6월까지 대남사업부 직속 특수산업(대남공작대를 무장시키기 위한 군수품 사업)과장으로 일하였다. 박병율은 1952년 8월부터 당 중앙위원회 대남사업부 직속 강동정치학원(대남공작원학원)의 원장으로 근무하던 중 1957년 6월 사상 검토운동에 걸려들었다.

'공화국을 반대하며 노동당 중앙을 반대하는 사상을 허가이와 박창옥으로부터 어떻게 지도 받았는가?', '왜 남한 공작대원들은 남한으로 가

면 변절하고 전향을 하여 지하공작사업에서 탈퇴하고 있는가?', '북한군
이 남한을 점령했을 때 왜 남한 인민들은 폭동을 일으켜 북한을 지지하
지 않았는가?', '박헌영과 이승엽으로부터 어떤 공작을 받았는가?' 등의
생떼 같은 질문을 해대면서 자신의 허물을 빨리 실토하라고 윽박지르는
일이 근 6개월 가까이 진행되었다. 그러나 그들도 청백리 같았던 박병
율로부터 어떠한 사상적 문제가 되는 꼬투리를 찾아낼 수 없었다.

그렇지만 결국 박병율은 강동학원 원장 직무에서 철직되어 수산성 경
리부장으로 내려갔다. 당시 북한에서는 사상 검토에 걸렸다는 소문만
나면 어떠한 모임에서도 그 사람은 천대를 받았다. 박병율도 1957년 7
월부터 철직되면서부터 어디서든지 푸대접을 받았으며 종종 멸시 당하
는 소리도 들어야 했다. 그래도 그는 조국의 미래를 위해선 이러한 일도
견뎌내야 한다는 생각으로 일을 더욱 열심히 하였다.

1959년 중순에 이르자, 당 중앙위원회 간부부는 박병율에게 농촌 협
동조합으로 내려가 2년간 고생을 하면 다시 원상복귀 시키겠다며 회유
했다. 박병율은 일생을 농촌 일을 해 본 적이 없는 사람이었고, 또 대학
을 졸업한 아들딸을 데리고 농촌으로 가서 무엇을 해야 할 지도 모르는
입장이었다. 이미 나이도 60세를 앞두고 있었다. 박병율은 다시 정치적
으로 소생한다손 치더라도 자신은 이미 퇴물 정객이 되고 말았다는 생
각을 했다. 게다가 농촌으로 내려간 소련 및 연안 출신 간부들 중 몇 명
은 노동당 열성분자들로부터 맞아 죽는 일도 있었기에 일신의 안위도
문제였다. 고민을 거듭하던 끝에 소련 정부에 공민권 회복과 귀환을 요
청했다. 이것이 받아들여져 소련 입국허가증이 평양의 소련대사관으로
발송되어 왔다. 북한 정부는 박병율 일가의 소련 귀국을 허가하면서 여
비는 자신이 직접 마련해서 가라고 했다. 하는 수 없이 가구나 의복 등
을 장마당으로 전부 들고 나가 팔아 겨우 여비를 마련하였다.

박병율은 모스크바에 도착하여 소련 공산당과 외무성의 도움으로 임
시 사택을 해결받았다. 약 2개월 후에는 아이들의 공부 문제와 취직문

제도 해결되었다. 또한 모스크바 중앙에 4칸짜리 방이 있는 사택도 무료로 배정을 받았다. 그는 소련 내무성 모스크바시 내무부 경비국 계통으로 취직이 보장되어, 구역 경비과장급에서 1968년까지 일했다. 그 후 연금생활로 들어갔지만 1970년까지는 중학교의 경리부장으로 근무하기도 했다.

박병율은 북한에서 근무할 때 장기간을 당 중앙위원회 대남사업부에서 일했기 때문에 남한의 많은 간부들과 접촉이 많았으며 몇몇 간부들과는 남한에 가게되면 꼭 만나자고 약속하기도 했었다. 박병율은 자신이 강동학원에 있을 때 약 3천 5백명의 공작대원들을 남한으로 파견했다. 그들은 공산주의 사상 전파 사명을 받고 남한 일대, 주로 산악지대에 파견되었던 것이다. 산악지대라야 무장 행동을 용이하게 할 수 있었으며 행동 흔적도 쉽게 감출 수 있었기 때문이다. 지리산, 태백산, 설악산 빨치산 부대라 명명한 부대원들이 그들이다. 이들은 북한을 출발하면서 무기는 가져갔지만 식료품은 며칠분만 가지고 갔다. 그래서 가는 곳마다 화전민이나 촌락에서 밥을 얻어먹기도 하고 잠을 자기도 했다. 이들을 일러 남한에서는 무장공비라고 불렀다.

1990년 6월 19일에 소련 모스크바로부터 18명의 연로한 한인들이 '소련 공훈 노인단'이라는 이름으로 한국문화방송국의 초청을 받고 서울

문화방송국에서의 회견에서 자신의 경력을 이야기하는 박병율

로 가게 되었다. 18명 중 가장 연로한 사람은 박병율, 한득봉, 강상호 등이었다. 노인단은 모스크바에서 저녁에 출발하여 일본 동경공항을 거쳐 미국제 비행기인 보잉 747기를 타고 15시 경에 한국 김포비행장에 도착했다.

공항대합실에는 수 십명의 신문기자, 라디오 기자, 방송국 기자, 사진기자들이 몰려들어 플래시를 사방에서 터트리며 질문을 봇물처럼 쏟아내었다. '한국에는 몇 년만에 오는가?', '어디를 경유해서 오는가?', '한국의 첫인상은 어떤가?' 이러한 질문에 대해 노인들은 대답할 기력이 없었다. 수 십년간 잊어버렸던 서울 말씨를 알아차리기도 어렵거니와 장시간의 여독으로 인해 우선은 넓은 소파에 앉아 푹 쉬고 싶을 따름이었다. 출입구에서 30보 정도 떨어진 곳에는 노인단을 맞이하려고 나온 사람들과 영접식을 위한 공간이 준비되어 있었다. 먼저 노인단 일행을 대표하여 단장 정상진 선생이 축사를 하고 이어 문화방송국 김중석 부사장이 축사를 했다. 그리고 노인단 중에서 가장 고령이었던 박병율이 축하의 말을 덧붙였다. 그는 축하말에서 '기대보다 더욱 찬란히 발전한 나의 선조들의 땅을 처음으로 밟게되니 너무나 감개무량하여 눈물이 목구멍을 막아 순조롭게 말할 수도 힘들 지경이다. 나에게도 이렇게 으뜸가는 조국이 있다는 것이 자랑이며 내가 지탱해야 할 정신적, 경제적, 정치적 토대라는 것을 느끼게 되었다'는 요지의 말을 했다.

노인단은 공항 밖을 나와 "소련 공훈 노인단 방문을 축하합니다"라는 표어가 달린 버스에 올라타고 서울로 향하였다. 노인단은 서울 롯데 호텔 18층에 유숙할 방을 배정받고, 문화방송국 최창봉 사장의 초청을 받아 여의도로 향했다. 문화방송국이 자리잡고 있는 여의도는 1950년대 북한이 남침했을 때 영등포 비행장으로 유명했다. 당시 영등포 비행장은 피아간 격전의 무대이기도 했다. 그러니 당시 북한의 고위급 간부들이었던 노인단은 착잡하면서 감개무량하였다.

고층 건물이 즐비한 여의도의 문화방송국 회의실로 들어서니 이미 백여명의 남한 유명인사들이 노인단을 기다리고 있었다. 박수를 치면서 노인단을 환영하는 사람들 중에는 대한민국 총리 강영훈, 문화방송국 사장 최창봉, 통일부장관 홍성철 등이 보였다. 강영훈 총리가 축사를 띄웠다.

"88서울 올림픽이 서울에서 열리기 전까지는 소련에 그렇게 많은 한 인들이 살고 있었는지, 또 어디서 살며 무엇을 하고 사는 지 도저히 알 수가 없었으나 올림픽 개최로 인해 소련을 더욱 자세히 알게 되었고 한 인들에 대해서도 알게 되었습니다. 이러한 초청은 벌써 두 번째로 이번 은 문화방송국 초청이 되었습니다. 오신 걸음에 한국을 잘 구경하시고 소련으로 돌아가시면 우리의 겨레들에게 널리 알려주시길 바랍니다."

강영훈 총리의 축사 뒤에는 홍성철 장관의 인사말, 노인단을 대표하여 단장인 정상진, 강상호의 답사가 있었다. 상호간의 축사들이 있은 다음, 강영훈 총리는 자신의 직책과 이름이 박힌 손목시계를 노인단 성원 모두에게 선물하였으며 기타 많은 선물을 주었다. 축하와 선물 증정이 끝나고 모든 사람들이 함께 저녁 식사를 하면서 좌담을 하게 되었다.

노인단은 차례로 자신들의 경력과 한국의 첫인상에 대해 간단히 말했는데 박병율과 한득봉은 흘러내리는 눈물을 감출 수 없었다. 다른 노인 단 성원과는 달리 박병율의 경우, 북한에서 사업할 때 많은 공작대원을 가르쳐 남파했었는데, 지금은 무너지라고 했던 그 남한에서 열렬한 환영을 받으며 국가 지도자급의 고관들과 식사를 같이하게 되리라는 것은 마치 꿈 같았기 때문이었다.

같은 좌중에 앉아있던 서울특별시 검사 한 명이 말하기를 '선생님이 그렇게 열성적으로 간부들을 양성시켜 남한에 내려 보내주면 우리 안기부 요원들은 그들을 잡노라 많은 고생을 했었다'고 말해서 많은 사람이 박장대소를 하기도 했다. 그러면서 그 사람은 '서울에 며칠 계시노라면 선생님이 가르쳤던 빨치산 간부들도 만나 볼 수 있을 것입니다'라고 말했다. 박병율은 그 말을 농담으로 알아들었다.

한편, 노인단이 묵고있던 호텔에는 친척을 찾는 사람들의 방문이 이어졌다. 서울에 친척이 많이 살고 있던 송진파(전 북한 '새조선'잡지 주필, 소련에서는 『레닌기치』의 주필 역임)의 사촌 형제 자매들 십여명이 찾아와 만났다. 강상호를 찾아 온 6촌 동생이라는 사람은 알고보니 최용건의 친척인 강상호를 찾아온 것이 밝혀지기도 했다. 어떤 사람은 자신의 부친인 리영선을 찾아 왔는데, 과거 신의주에서 학생들의 반정부 사건을 조직한 책임자로 소련 시베리아로 갔다면서 소식을 알 길이 없는가라고 물어왔다.

박병율은 롯데호텔에서 있는 동안 남한이 부유하고 풍요롭고 자유가 있어 살기에는 그만이지만, 지난 6·25 동족상잔으로 50여 년 동안 헤어진 많은 이산가족들이 매일밤 베개를 적시며 눈물로 지샐 것이라는 생각이 들었다. 어느 날 박영발은 뜻밖의 인물을 만나게 되었다. 저녁 10시쯤이었다. 식당에서 식사를 마치고 방으로 돌아온 그는 일찍 누워서 휴식을 취할 생각이었다. 하루종일 버스로 시찰다니고, 걸어다니며 구경하고 하다보니간 나이가 든 몸이라 휴식이 필요했던 것이다.

방문 벨소리에 문을 여니 웬 낯선 사람이 서 있었다. 누군가 짐작 갈만한 사람이 없어 어리둥절하고 있는데 그 사람이 박 선생을 껴안고 "선생님!"하면서 우는 것이 아닌가. 그때서야 박병율은 서울 입성 첫날 옆자리의 검사가 하던 말이 생각났다. '서울에 며칠 계시노라면 선생님이 가르쳤던 빨치산 간부들도 만나 볼 수 있을 것입니다'라는 말이 기억해내고는 방문자를 다시 쳐다보았다. 기억이 떠올랐다.

강동학원 제8기생 심이철이었다. 그는 성적이 우수한 학생으로 남한으로 파견됐던 사람이었다. 두 사람은 한동안 서로 끌어안고 아무런 말도 못하고 멍하니 바라만 보았다.

심이철의 이야기는 토막마다 탄식과 눈물이 배여 있었다. 박병율은 자신의 과거를 뉘우치고 있었다. 소위 혁명, 한반도의 혁명화를 촉진하기 위해 무려 3천 5백명이라는 공작대원들을 교육시켜 남파시켰는데 지금 와서 생각하니 어리석기 짝이 없었던 것을 느꼈다. 두 사람은 이야기 도중에 몇 번이나 서로를 끌어안고 울었는지 모를 정도였다. 유격대로 내려와 전향하여 살면서 그 동안 얼마나 많은 고초를 겪었겠는가하는 생각이 미치자 뉘우침은 더욱 진해졌다.

심이철은 남한으로 넘어와서 30여 년을 이름을 바꾸어 살면서 1983년에 안기부에 자수하고 본명을 찾아 일자리를 가지게 되었다고 말했다. 그는 5년 정도를 북한을 위한 사업을 수행하다가 25년 정도를 북한과 연락을 끊고 살다보니깐 북에서는 변절자요, 남에서는 간첩이라 목숨을 연명하는데 남달리 고통이 심했다고 했다.

박병율은 강동학원 출신들이 지금 남한에 얼마나 살아 있는가를 물어 보았다. 심이철은 말하기를 '몇 명 있는 모양인데 자신과 비슷한 경우가 많으니 남한에서 떳떳이 자신의 출신을 밝히고 살기가 어렵지 않겠느냐' 고 했다. 심이철과의 만남은 많은 노인단들이 보게 되었다. 노인단 단장이며 전 북한 문화선전성 차관이었던 정상진, 전 북한 내무성 차관 강상

서울시 검사에게 자신이 강동학원 원장으로 있을 때 간부 교육시키던
과정과 경험을 이야기하는 박병율. 우로부터 세번째

호, 전 북한 항공사령부 군사위원 장학봉, 전 북한 새조선잡지사 사장 송
진파, 전 조선인민군 간부국 부국장 심수철 등 과거 북한의 고위급 간부
들이었던 노인단의 많은 사람이 이런 사실을 보고서 다들 고개를 끄덕
이며 감개에 젖었다.

　박병율이 서울을 방문했던 때는 나이가 80세 고령이었으나 행동은
상당히 민첩하여 사회활동을 끊임없이 하고 있었다. 그는 1991년 정월
에 모스크바에서 조직된 조국 민주통일 구국전선에 열성즈으로 참여하
여 중앙 상임위원으로 선출되었고 모스크바 지역에서 조직 진행 사업에
한번도 빠짐없이 참가하면서 활동했다. 같은 해 소련 역사에서 처음으
로 소련 과학 아까제미야 후보원사이며 구국전선 총고문으로 있던 허진
의 주선에 의해서 한인학교가 개교되었다. 박병율은 이 학교에 나가 학
생들과 교직원 등에게 자신의 일생을 이야기 해주면서 경험을 후학들에
게 넘겨주기도 했다.

1995년 10월 25일 장학봉

전 평양 국립사대 역사학부장

박영은 박 알렉쎄이 니꼴라예 위치로 1915년 11월 7일에 대전시 빈농의 가정에서 태어났다. 박영이 5세가 되던 해에 아버지는 동생 집안과 함께 아들 형제의 손을 잡고 딸은 업고서 중국 동만주로 이주하여 가게 되었다. 그러나 그 곳은 일제의 압박을 피하여 넘어 온 한인들이 무수히 많아서 어디에서도 소작할 만한 밭 한 평 얻지 못하였다. 박영의 아버지는 하는 수 없이 소련으로 넘어 오게 되었다.

결국 원동변강 쑤이푼 구역에 자리를 잡고 넓은 광야에서 마음껏 농사를 지을 수 있게 되었다. 본디 이 구역은 땅이 비옥한 편이라 제대로 농사일만 하면 일년 수확은 풍작을 거둘 수 있었다. 살림살이가 조금 나아지면서 박영의 형제는 점점 늘어났으니 아들이 7형제요 딸이 하나였으며 박영은 차남이었다.

박영은 군 소재지에서 1931년에 초중을 마치고 1934년에는 원동변강에 유일했던 한인 사범전문학교를 졸업하였다. 졸업과 동시에 향촌으로 돌아와 교편을 잡고 있다가 1937년의 한인 강제이주 때 카자흐스탄 공화국으로 식구들과 함께 거처를 옮기게 되었다. 이후 우즈베키스탄 공화국 타슈켄트 주에 정착을 하면서 박영은 여러 구역을 다니며 교원 일을 하였다.

1938년에 중앙아시아 국립종합대학 역사학부 통신과에 입학하였다. 통신과에 입학하게 된 이유는 가정의 경제 형편이 많이 기울어서 학비를 절

국립사대 교원시절. 앞줄 가운데가 박영

감하기 위함이었다. 1944년에 역사학부를 졸업하고 타슈켄트 주 중칠칙 구역 까라쑤 고중에서 역사 담당교원으로 일하였다. 인물이 출중한데다 웅변이 능숙한 역사학 선생으로 학생들 사이에 인기가 이만저만이 아니었다. 박영은 행정관리 업무는 잘하지 못하였으나 학생들을 가르치는 일에는 뛰어났고 항상 전력을 다하여 일하였다.

박영은 1941년에 아주 뛰어난 교원으로 소련공산당에 명예롭게 입당하였다. 입당 후 1년이 경과하면 초급당 단체의 당세포 책임자로서 일할 권리가 보장된다는 원칙에 의하여 박영은 1943년부터 당위원장으로 활동하면서 젊은 세대 교육에 전력을 다하여 사회 군중사업에 이바지하였다.

소련공산당중앙위원회는 1946년 8월에 박영을 북한정부에 파견하여 국제공산당 원칙에 의해 북한 국가건설에 모든 힘을 이바지하도록 권고하였다.

박영은 북한에 도착하자 아무런 준비도 없이 평양 국립사대 역사학부 교원으로 일년 동안 근무하였고, 계속하여 사대 역사학부장으로 수십 년을

일하다가 1985년에 공훈 연금생으로 사회보장을 받으면서 평양에서 행복한 생활을 하였다.

박영이 역사학부장으로 평양 사대에서 근무할 때 학생들 사이에서 다음과 같은 말이 유행했다.

1965년 금강산 삼일포에서 박영

"평양 사대에서는 졸업장을 쥐자면 '박영 고개'를 무사히 넘어야 한다." 박영이 시험 문제를 낼 때 얼마나 학생들을 어렵게 하였던가를 보여주는 일화이다. 이렇게 학생 군중 속에 위신 있고 교수 직무를 열성적으로 했던 박영도 사상검토 작업에 걸려 약 5년간 촌에 나가 고생하다가 다시 평양으로 돌아와 마지막 세상을 떠날 때까지 살았다.

한 번은 알마아따시에 살고 있는 딸이 박영을 찾아 평양으로 가면서 양복 한 벌과 구두 한 켤레를 가지고 가서 선물했다. 박영은 선물을 보면서 이렇게 말했다.

"야 … 이런 것은 이 평양에서는 우리 같은 사람이 입거나 신고 다니면 안 된다. 그러니 이것을 시장에 내다 팔고, 좀 낡은 것이라도 좋으니 남이 입던 것과 신던 것으로 교환하여 가져 오라."

그 말을 듣던 딸은 지상 천국이란 평양이 이렇게 힘겨운 삶을 살아야 하는가 하는 회의도 들고 아버지가 그렇게 불쌍할 수가 없어 눈물을 흘리지 않을 수 없었다고 했다. 박영은 1992년 9월 평양에서 세상을 떠났다.

1999년 10월 10일 타슈켄트에서 장학봉

박 영 빈
(1907. 7. 31 ~ 1938. 5. 17)

전 당 중앙위원회 조직부장 겸 당 중앙 정치위원, 전 대외무역성 부상

박영빈은 1907년 7월 31일에 원동변강 쑤찬구역 시영동에서 태어났다. 그의 얘기에 의하면 아버지는 상식이 아주 방불한 지식인이었으나 서자였기 때문에 과거를 볼 수 있는 기회가 없어서 조선 땅 어디에서건 벼슬을 할 수 없었다. 때문에 아버지는 중국을 거쳐 로령지 뽀씨예트 구역에 도착하여 인민학교 교원 노릇을 하다가 다시 수청구역 시영동에 가서 농민생활을 하였다. 아버지는 교원생활에서 극심한 경제곤란을 겪었기 때문에 시영동에 이주하여 온 이후에는 무식한 농민으로 가장하여 살았다. 문맹이던 이웃에서 편지가 오면 선생에게 와 대신 읽어달라고 했으나, 그는 '자신은 알 수 없으니 건너편 김선달이 글을 아니 거기에 가서 읽어달라고 하라'고 할 정도로 지식을 내보이지 않았다.

이러한 부친은 아들도 학교에 보내지 않을 정도여서 박영빈은 14세가 되어서야 인민학교에 갈 수 있었다. 그리고 그 해에 부친은 양반의 자손이라는 생각에 박영빈을 일찍 장가들게 했다. 당시 색시는 17세로 3살 연상이었다. 일찍 장가를 들어 이미 15세에 장남을 보게 되었는데

동무들이 '야! 그 아이가 네 아이 아니다'라고 놀리기 일쑤였다.

박영빈은 취학에 늦은 나이인 14세에 인민학교를 다녔으나 열심히 공부를 한 결과, 5년 동안 해야 할 공부를 일년 반 만에 다 마쳤다. 그것도 최우등이었다. 그는 1924년 초중에 입학하여 1926년에 필한 다음, 동년에 소왕령에 있는 한인 사전에서 공부하게 되었다. 당시에는 한인 사전이 따로 있지 않고 러시아 사전에 한인학부가 있었다. 한인학부에서 4년을 공부하여야 졸업이 가능했으나 박영빈은 3년 만인 1929년에 우등으로 졸업하였다.

사전 졸업 후, 원동변강 교육부의 배정에 의하여 박영빈은 북화태주(북사할린) 나우몹까촌으로 파견되었다. 그의 애기에 의하면 화태도를 갈 때, 니꼴라옙쓰크까지 배를 타고 강을 거슬러 올라갔으며, 그 후에는 작은 발동선이 견인하는 나룻배에 걸터앉아 가는데 강을 타고 오르는 도중에 큰 태풍을 만나서 열흘을 굶으면서 겨우 화태도에 당도했다고 한다. 박영빈은 그 곳에서도 30km나 더 떨어진 나우몹까 어장촌까지 가야했다. 1929년 당시에는 마차나 자동차 등의 교통수단이 없었기 때문에 발목까지 덮이는 모래밭길을 3일간이나 걸어 목적지에 도착했다는 것이다.

나우몹까 어장촌에 도착하여보니 전체 약 200여 호인 동네에 한인은 약 30호 정도가 살고 있었다. 한인 학교에는 17명의 학생이 공부를 하였는데 전체 4학급에 매 학급마다 4~5명의 학생이 있었다. 그 곳에 살고 있던 한인들은 원동에서 있었던 공민전쟁(국내전쟁) 때 의회주권을 위하여 투쟁한 한인가족들이었다. 대부분이 고기잡이를 하는 협동조합에서 일하고 있었다. 학교에는 교원 한 명이 4학급을 맡아 가르치고 있었으나 그 교원도 정규과정을 공부하지 않은 사람이어서 교육 수준은 질적으로 낙후하여 있었다. 이렇게 암담한 현실에서 박영빈은 용기를 잃지 않으며 그 교원에게 같이 열심히 하자는 말로 다독거렸다. 그런데 그 교원은 자신의 교육 능력이 부족함을 알고 있었던 사람이라서 곧 교원

생활을 그만두고 다른 직업을 택하고 말았다.

박영빈은 그 곳에서 오랫동안 일하지는 않았지만, 활등하는 동안에 아동교육에만 국한하지는 않았다. 당시 인민들은 문화 교양 수준이 저급하여서 박영빈은 신문 낭독, 강의를 했으며 심지어는 각본을 꾸며 연극도 하곤 했다. 때로는 직접 연극에 출연하기도 했었다.

그 곳에서 멀리 떨어지지 않은 곳에 오하란 도시가 있었다. 거기는 로-일 원류채취회사가 있었는데, 거기에는 많은 한인들이 일하고 있었기 때문에 한인들에게 문화교양사업이 특별히 필요하였다. 박영빈은 그 곳의 청년대대에서 문화예술사업을 조직하고 지도하였다. 덕분에 자신의 노래 실력도 상당한 수준이 되었다.

박영빈은 이렇게 공청회 파견으로 갔던 북화태에서 열성적으로 일한 공으로 1931년에는 레닌그라드 국립사범대학 겔쩬 사대에서 공부를 할 수 있게 되었다. 처음엔 역사·철학부에서 공부하다가 나중에 수학·물리학부에서 공부하였다. 그의 생각에는 역사나 철학은 책으로 공부하여도 가능한 것이니 그 보다 현실적이고 고등적인 수학을 해야겠다는 마음이 생겨 수물학부로 전학한 것이었다. 이러한 전학은 후에 명철한 판단이었음이 증명되었다. 역사나 철학부 출신들은 정치 쪽으로 많이 파견되었는데, 스탈린 탄압시대에 탄압의 대상이 되었던 것이다. 박영빈이 정치 성향을 보였더라면 두 말할 필요 없이 탄압 대상이었을 것이었다. 그렇다고 해서 그가 정치적인 면에서 부실한 것은 아니었다. 실제로 그의 일생을 견주어 보면 유능한 정치가로서 항상 지도적 위치에서 일했다.

레닌그라드 사대 학생으로 있을 때도 학부당위원장으로, 대학 당위원회 위원으로 있으면서 대학생 군중 속에서 청년회 사업, 직맹 사업 등을 아주 열성적으로 조직 지도하였다. 이외에 그는 레닌그라드에서 공부하면서 대학 범위 밖의 사회군중사업에도 임했다. 특히 한인 군중 속에서 시기적절한 사업들을 조직 진행하였다. 이 시기에 레닌그라드 시에는

'동양인민회관'이 있었다. 그 동양회관 내에는 '고려인(한인) 향토협회'가 있었다. 그러나 이 단체는 활동이 거의 없었다. 박영빈은 대학 1학년을 공부하는 동안에 동양인민회관을 몇 번 찾아갔으나 한인협회 사업이 전혀 마음에 들지 않을 정도로 미미한 것을 알게 되었다. 그래서 박영빈은 레니그라드 시 인민위원회를 찾아갔다. 거기에서 한명제를 만나게 되었다. 한명제는 원동에서 한인사전을 조직하고 초대교장으로 사업을 했던 인물이었다. 당시 한명제는 시 인민위원회에서 주로 제민족 관계 문제들을 지도하는 사업을 하고 있었는데, '고려인 향토협회' 사업이 원만히 진행되지 않아 고민을 하고 있던 중이었다.

한명제는 박영빈을 만난 것을 아주 기쁘게 생각하면서 같이 참여할 것을 바랐다. 박영빈이 몇 가지 준비사업을 마치자, 한명제는 레닌그라드 시에 살고 있는 전체 한인들을 동양인민회관으로 초청하였다. 당시 레닌그라드 시에 살고 있던 일반 한인들은 몇 명 되지 않았는데 대부분이 대학생들이었다. 그리고 고려인 향토협회 총회에서는 협회 사업 총화와 협회지도본부 선거를 치렀다. 협회 총회에서 사업을 미미하게 진행시켜 온 지도부를 일부 비판하고 새 지도부를 선출하면서 위원장에 박영빈을 뽑고 부위원장과 서기장도 선출하였다.

한명제는 협회 사업계획을 장성하는 방법 및 문제 해결책과 의제 등의 여러 가지 방법을 가르쳐 주었다. 한명제의 지도하에 박영빈은 자기 사업 계획을 펼쳐 나갔다. 우선 원동에서 발간되고 있던 한인신문 『선봉』을 대폭 청구하여 그 내용을 낭독하는 운동을 함과 동시에 각 대학생들에게 배포하였다. 또 한인 명절과 3·1절 같은 기념일에는 큰 보고대회를 조직하고 유식한 지식인들을 이용하여 내용이 풍부한 보고들을 진행하였다. 한인협회에는 유명한 러시아 박사인 홀로드비치, 곤가 등이 찾아오곤 하였으며, 직접 강의를 해 주기도 했다. 또 당시 레닌그라드에는 한명제 외에도 유명한 한인 박사들이 많았다. 예를 들면, 박표드로, 최글레브, 한명섭 등의 인물들이 그들이었다.

특히 최글레브 화학박사는 안중근 의사(義士)와 친한 동지로서 일본의 이등박문을 죽여야만 조선이 독립될 수 있다고 믿고 그를 죽이기로 맹약하였다. 이등박문이 레닌그라드에 올 가능성이 있다는 사실을 알고, 안중근은 하얼빈 방향으로 가고, 자신은 레닌그라드에서 이등박문을 저격하기로 했다. 그러나 이등박문이 하얼빈에서 안중근에 의해 저격되어 살해됐다는 소식을 듣게 되었다. 최글레브는 '이제는 조선의 독립이 멀지 않았다'는 안도감과 동시에 안중근 의사의 감옥살이를 걱정하기도 했다. 그 후 레닌그라드에서 노동을 하다가 노동학원을 마치고 레닌그라드 종합대학 화학부도 졸업하였다. 그는 계속 공부하여 박사원을 졸업하면서 박사 칭호를 받게 되었던 유명한 인물이었다. 그러나 당시 레닌그라드에 있던 지식층 인물들은 스탈린 시대에 들면서, 1935~1936년 사이에 대부분이 검거되어 총살되고 말았다.

1936년 레닌그라드 사대를 최우등으로 졸업한 박영빈은 계속하여 사대 연구원에 있다가 차우부브노브 인민교육상의 지시에 의하여 원동변강 교육부에 파견되었다. 각 지방에 유식한 교원들이 부족한 시기였으므로 전체 대학 졸업생들을 그들이 살고있던 지방의 학교로 내려보내라는 지시가 있었던 것이다. 원동변강 교육부에서는 박영빈을 다시 소왕령 한인전문학교의 수학교원으로 파견시켰다.

목적지에 도착하여 강의를 시작하자 께게베는 박영빈의 약력에 대하여 의심을 품고서, 그를 일러 '레닌그라드 사대에서 유명한 박사로 일하고 있다가 스파이 혐의로 체포된 박미하일의 동생이며, 자신의 출신을 속이고 소왕령으로 도피해 교원으로 있다'고 하면서 매일 호출하여 취조했다. 박영빈은 께게베의 주장을 전면 부인하면서 친형이 원동변강 올긴구역에서 협동조합 위원장직을 맡고 있다고 말했다. 결국 올긴구역의 소비에트 기관에서 보내 온 형의 확인서를 보고서야 의심을 풀어주었고 박영빈은 안심하고 근무할 수 있었다.

박영빈은 원동으로부터의 한인강제이주 때까지 사전에서 일하다가

1937년 강제이주 당시에 소왕령 한인 사전과 함께 중앙아시아 카자흐스탄 공화국 까살린쓰크 시에 도착하였다. 그는 이주 이후에도 1940년까지 계속 사전에서 꾸준히 일하였다. 그는 1941년에 카자흐스탄에서 다시 이주하여 우즈베키스탄 공화국 안기율 시에 가게 되었고, 그 곳에서 약 2년간 고중 수학교원으로 일하였다. 1942년 말에는 전 가족이 도교육부의 지시에 따라 타슈켄트 주 중칠칙 구역 빠빠린 조합에 가게 되었다. 빠빠린 협동조합 내에는 한인 고중이 있었던 바, 박영빈은 그 곳에서 1943년까지 고중 교무주임 겸 수학교원으로 일하였다. 이후 1945년 10월 북한으로 파견될 때까지는 고중 교장 겸 수학교원으로 근무하였다.

1945년 10월 중순 박영빈은 타슈켄트 주 군사동원부의 명령을 받고 북한에 군속으로 나가게 되었다. 북한에 도착한 그는 민정사령부 로마넨코 소장의 지도하에서 북한에서의 토지 국유화 정책실천에 대한 법령 채택 및 그의 실천을 위하여 개인 소유 및 지구 토지들을 몰수하여 농민들에게 가족 수효에 따라 분배하며 그에 따라 협동조합 조직운동을 전개하는 사업들을 조직 지도하였다. 토지 개혁을 완수하고 협동조합을 조직한 토대 위에서 1946년 파종계획이 완수되자 박영빈은 행정사령관 로마넨코 소장과 김일성 수상의 공동지시로 북한에 고급지도 간부들을 양성할 고급지도 간부학교를 조직하게 되었다. 이 간부학교의 명예교장은 김일성이었으나 전체 학교 운영조 체계는 박영빈이 직접 장악하고 지도하였다. 고급 지도 간부학교에는 소련으로부터 북한에 나온 전체 고급 인재들을 모집하여 교원들로 임명하고 1946년 6월 1일부로 개교하였다.

박영빈은 모든 조직사업을 시행하였으나 모두 김일성의 명의로 지시 검열하였다. 제1회 졸업식은 1946년 9월 중순에 있었는데 졸업식에는 김일성, 김두봉, 최용건이 참가하였고, 소련 제25군단 사령관과 민정사령관도 참석하였다. 제1회 졸업생들에게는 김일성이 직접 졸업장을 증정하였다. 박영빈이 내각 중앙지도 간부학교에서 공식적 인정을 받고 교육 지도를 하고 있던 1948년 8월에는 남한에서 200여명의 대의원들이 대거 입북하여 모두 내각 간부학교를 졸업하고 정부 고급 직무에 배치를 받게 되었는데 당시의 인물로는 백남운, 허헌, 홍명희 등을 들 수 있다.

박영빈은 1946년 소련과 미국의 주최로 서울에서 열렸던 '소·미 공동위원회'에 스티코프 대장의 보좌관으로 참석하였다. '소·미 공동위원회'에서는 조선 전역에서 소련과 미국의 군인들이 철수할 문제가 제기되었으나 미국이 동의하지 않았다. 결국 소련 수석대표 스티코프 대장은 일방적으로 소련만이라도 1948년 말까지 북한에서 철수하겠다고 선언하였다. 사실 그 후 소련 군대는 북한에서 일방적으로 1948년 12월까지 철수하였다.

박영빈은 1949년 말까지 내각 간부학교에서 일하다가 1950년 말부터는 조선 노동당 조직부 부부장으로 일하면서 당 조직사업을 지도하였다.

1953년 7월에 허가이 부위원장이 암살 당한 이후 박영빈은 노동당 중앙위원회 조직 지도부장 겸 정치위원이 되었다. 이때부터 박영빈의 직무는 아주 중대하였다. 그는 당내 전체 조직사업을 책임지는 한편 전체 당간부, 정부요인들의 조동을 전적으로 책임지고 지도하였던 것이다.

1954년부터 시작된 사상검토운동은 북한에서 일하던 간부들은 누구 할 것 없이 그들의 정치적 믿음성에 대하여 검열 당하였다. 이 운동이 시작되자 소련에서 파견되어 온 간부들 대다수가 사상 검토에 통과되지 못하고 철직, 조동, 투옥 혹은 유형지로 가게 되었다.

이들 중에는 박영빈의 제의로 승급, 영전된 사람들도 많았다. 때문에 박영빈 역시 소련 가족주의로 비판을 받게 되었다. 결국 그는 1957년 5월 당 중앙위원회 조직부장에서 철직되었으며 당 중앙 정치위원 명단에서 제명되고 대외무역성 부상직으로 조동되게 되었다. 본래 말이 적은 그는 자신에 대한 비판을 조용히 수용하면서 새로 맡게 된 대외무역성 일을 열성적으로 조직 진행하면서 1960년 말까지 일하였다.

그런데 어려서부터 고된 노동을 하면서 공부하였고 레닌그라드 유학생 때도 빈천하게 살아 온 영향이 50세의 나이를 넘기면서 많은 병의 근원으로 나타나게 되었다. 특히 위장병이 극심하여 때로는 침대에서 베개를 안고 뒹굴어야 할 정도였다. 마침내 박영빈은 소련으로 귀국하여 병 치료도 받고 친척들의 방조도 받을 생각으로 소련과 북한 정부에 청원서를 제출하였다.

소련 정부는 1960 말에 청원서를 심의하고 허가 비준을 내어주면서 북한 정부에 박영빈의 청원을 비준하여 줄 것을 요청했다. 이에 따라 북한 정부도 소련 귀환을 허락하여 1961년 3월에 모스크바 공산당 중앙위원회의 수속을 거쳐 4월 초순에 친척들이 살고 있는 타슈켄트로 오게 되었다.

소련으로 와서 반가운 친척들을 만나게 된 박영빈은 6개월 정도를 소련의 각 지역에 있는 휴양소에서 치료를 받으면서 휴식을 취하였다. 그는 병 치료를 받을 겸 휴식도 취할 겸, 겸사로 자신의 옛친구들이 가장 많이 살고 있던 모스크바, 레닌그라드, 알마아따 등으로 돌아다니면서 그 동안 묵혀 두었던 이야기를 서로 나누곤 하였다.

장시간 휴식을 마친 박영빈은 우즈베키스탄 공산당 중앙위원회의 초청을 받아 당 간부부에 가서 가족들의 사택 문제, 아이들의 공부 문제, 부인의 취직 문제도 해결한 다음, 상업성 관하 타슈켄트시 식료품 관리국 산하 식료품 관리기업소 뜨레브토 관리 책임자로 배치를 받게 되었다. 이후 1965년에 연금생으로 나갈 때까지 근무하였다.

1965년 말에 연금생활로 나온 박영빈은 소련군으로 조선해방전쟁에 참가한 권리로 무료로 각 휴양소를 다니면서 매년 치료를 받곤 하였으며 가끔 먼 곳에 사는 친척들과 친구들을 만나러 가기도 했다.

1990년 김일성 수상의 초대로 평양을 방문했을 때.
좌에서 두 번째부터 리춘백, 박영빈, 김일성, 황성복, 장철, 이세호

김일성에게 받은 보건자전거를 타며 부인과 함께

1990년 2월에는 모스크바 주재 북한대사관 1등 서기가 타슈켄트에 살고 있는 한인들을 만나보러 와서 황성복의 사택에서 그와 대화를 나누고 간 일이 있었다. 그 후 북한정부로부터 공식적인 초청장이 몇 번 왔는데, 초대장을 받았던 인물은 황성복, 리춘백, 박영빈, 장철, 리세호 5명이었다. 이들 다섯 사람은 북한으로 들어가게 되었는데 왕복 경비 및 체류기간 중의 실비용은 북한정부가 모두 부담하였다. 북한에 도착한 이들 5

명은 청진에서 김일성 수상과 조우할 수 있었다.

동행자 중 장철의 말에 의하면 김일성 수상은 "참~. 나는 너희들이 소련으로 돌아가는 것도 모르고 있었다"라고 말하면서 "자 … 그 동안 몸이 얼마나 변했는지 안아보자"면서 허리를 마주 끌어 안아보기도 했다고 한다.

그 후 김일성 수상의 명령에 의해 동행한 군사 간부들의 군사 칭호를 1급씩 더 올려주고 박영빈에게는 보건용 자전거 설비를 선물하였다. 이들 5명은 각자의 요구에 의해 북한에서 약 1개월 간의 휴식도 취했다. 그 후에도 이들 5명은 수 차례 북한의 초청을 받아 동부인하여 평양에 가서 휴식도 취하고 치료도 받았다. 그러나 1997년부터 북한에서 초청하는 빈수가 현저히 줄어들었다. 그런데 현재 4명은 죽고 황성복만 살아 있다.

박영빈은 1996년 부인 남마리야가 죽으면서 아주 적적하고 외롭게 지내는 모습이 역력했다. 그와 장철은 사택이 같은 동네인 타슈켄트시 셀게리 구 제1반이라 자주 만났다. 두 사람은 국제 정세, 시사 해설 등의 이야기를 담소하면서 조국의 신속한 통일과 조국애의 그리움으로 나날을 보내었다. 두 사람은 하루라도 보지 않으면 큰 일이 있는 것처럼 거의 매일을 전화를 걸어 찾곤 했다. 그렇게 다정히 지냈으나 인명은 재천이라, 장철은 1995년에 죽고 박영빈도 1998년 5월 17일에 세상을 떠났다. 박영빈은 마지막 순간까지 차남 철수와 손자 2명을 어루만지다가 즐거운 모습으로 생을 마감했다.

좌로부터 차남 박철수, 큰손자, 박영빈, 작은손자
(1995. 4 .25)

1998년 11월 7일 타슈켄트에서 장학봉

전 조선인민군 탱크·장갑차 기술국 국장, 대좌

박일무(본명은 박 뾰뜨르 이와 노위치)는 1918년 12월 1일에 원동변강 연해주 뽀시예트 시 부두 노동자 가정에서 차남으로 태어났다.

그가 태어난 항구도시 뽀시예트는 소련과 북한을 구분하는 두만강 하구에 위치하여 있는 항구도시 서수라에서 약 500Km 떨어진 뽀시예트만에 위치하고 있다. 풍경도 조선과 다름없거니와 뽀시예트 구역은 거의 한인들로 구성되어 있었다. 전체 도시들은 식량이 풍부하고 물고기가 아주 많으며, 러시아에서 제일 큰 항구도시 블라디보스토크가 원동변강에서 약 100Km 떨어진 곳에 있어서 상품 유통이 아주 원활하였다. 그와 더불어 중국 땅이 가까이 놓여 있어 만물이 풍성한 아주 살기 좋은 곳이었다. 제정 러시아 때 이민하여 들어온 한인들은 이곳을 거쳐 다른 지방에 가기도 하였으나 고향을 떠나온 한인들의 마음엔 제 2의 고향처럼 안온한 곳이었다. 뿌시예트 구역 행정중심지는 약 20Km 떨어진 노보끼옙쓰크였는데 그 곳에는 한인 고중까지 설립되어 있어 아이들의 교육에도 큰 문제가 없었고 동만주 북간도에도 자식들을 유학 보낼 수 있었다.

박일무는 고향 도시에서 소학교를 졸업하고 원동변강의 수도인 하바롭쓰크 시로 유학을 떠났다. 그 곳에 가서 농촌경리기술 전문학교에서 공부하였다. 박일무는 어렸을 때부터 기계에 큰 관심을 두었기 때문에 소학교 시절에도 학교에 갔다가 집에 돌아오면 신속하게 숙제들을 해 놓고는 당시 시내에 유일하게 있는 트랙터 수리 공장에 가서 장시간을 보내면서 연구하곤 하였다. 이렇게 기계에 대한 소질 때문에 고향에서 멀지 않은 고중도 제쳐놓고 부모와 동지들을 떠나 머나먼 하바롭쓰크 시까지 유학을 갔던 것이다.

당시 하바롭쓰크에는 원동변강에서 유일한 농산기계 공장과 더불어 자동차 조립·수리 공장이 있었으며, 유일한 농촌경리 전문학교도 있어서 그야말로 박일무의 호기심을 자극했다. 그 곳은 장차 농촌경리의 발전을 위한 이론 및 기술적 토대를 갖춘 일등 공업도시였다.

박일무는 1936년에 하바롭스크 자동차 트랙터 전문학교를 졸업하고 고향으로 다시 파견받아 갔다. 고향에 도착한 박일무는 구역 공산청년회의 파견에 의하여 뿌시예트 시 기계·트랙터 지정소 책임수리기사 겸 지정소 내 공청 책임자로 일하게 되었다. 박일무는 당시 18세의 젊은 혈기로 지정소 내 청년들의 선두에 서서 청년군중들을 조직 동원하여 각 꼴호즈에 파견하게 하였으며, 여름에는 콤바인들을 수리하여 농촌에 보냄으로써 수수를 제 때에 할 수 있도록 만반의 준비를 갖추어 주기도 하였다.

그때 뿌시예트 구역은 소보끼옙스크를 중심으로 조선인들의 문화 수준이 제일 높은 지방이어서 1937년 5월에 최고 소비에트 정령에 따라 조선인 자치현이 조직되었다. 이 조치로 각 국가 기관, 당, 사회단체 꼴호즈와 같은 경리기관들 사이에 각종 지령서나 명령서 같은 공문들이 한국어로만 통과되도록 되었었다. 노어 학교도 있었으나 인민 교육은 전반적으로 한인 교육이었으며, 각 기관, 사회단체, 학교 등과 각종 상점들의 간판까지도 한국말로 써 붙였으며 심지어는 거리 이름까지도 한국말로 써 붙였다.

당시 한반도에서는 일제가 조선의 고유하고 아름다운 문화까지 짓밟고 있는 때였다. 그런 시절에 뽀시예트 구역에서는 찬란한 고려 문화가 높은 수준에서 꽃 피고 있었다는 것은 한인들의 긍지였다. 하지만 그것은 오래 계속되지 못했다. 소련의 민족 배척 정책에 의한 강제이주 시기에 모두 말살되고 말았던 것이다. 고려민족 자치현은 1937년 8월 21일 한인들에 대한 강제이주를 명령한 소련 공산당중앙위원회와 소련 내각의 결정에 대한 스탈린과 몰로또브의 비준에 의해 끝내 사라지고 만 것이었다.

박일무는 한인들이 원동변강에서 강제이주 당하는 마지막 날까지 가을 농사를 추수하기 위한 각종 농기계 수리를 열심히 조직지도하였다. 그러나 그도 그 해 9월 초순에 3일 이내로 고향 땅을 내 놓고 당장 떠나라는 께게베 총뿌리 앞에서는 명령에 따라 고향을 떠날 수밖에 없었다. 다 익은 벼, 조, 콩밭들을 눈물로 쳐다보면서 부모와 함께 화물열차에 실려 죄인처럼 냉냉한 마루 바닥에서 1개월 동안 고생한 끝에 우즈베키스탄 공화국 꼬깐드로 왔다. 낯선 지방에 도착하고 보니, 한인들이 집중적으로 일하게 된 꼴호즈나 쏩호즈로 조직된 농촌경리에는 트랙터 임경소, 당, 사회단체들이 있기는 하였으나 그들의 지도자들은 전부 새로운 사람들이었다. 예전의 뽀시예트 구역의 조선 인민 영웅 김아파나 군당 비서라든지 장마트베이가 군 인민위원회 위원장이었을 때와 전혀 다른 사람들이 이주민들의 책임자로 있었다. 한인들을 책임직에 등용하지 않는 환경에 봉착한 박일무는 하는 수 없이 대학 공부나 열심히 하여 교육사업에 전념하려고 마음먹고 1938년에 꼬깐도시 국립교대 수물과에 입학했고 1940년에 졸업하였다.

1940년 신학기 개학과 더불어 박일무는 히와 시 고중에 파견되어 부교장 겸 수학물리 선생으로 학생교육에 임했다. 그 곳에서 1년이 겨우 지난 1941년에 독·소 전쟁이 시작됨과 관련하여 타민족들은 모두 전선에 동원되었으나 한인 청년들은 불순분자라 하여 전선에 동원하지 않고 공장 제조소나 군사적 의의가 있는 건설장에 동원시켜 일하도록 하였다. 박일무도 노력 전선에 동원되어 2년간 일한 다음 1943년 말에는 소련 정규군에 동원되어 원동변강 군구에 파견되어 소·중 국경에서 복무하였다. 당시 소·중 국경은 일본 관동군이 중국에 주둔하여 있었으므로 전략적으로 매우 중대한 요충지였다.

소련은 1945년 5월 9일에 독·소 전쟁에서 대승리를 쟁취한 후, 일제하에서 식민지로 허덕이는 동남 아시아 여러 나라들을 해방하기 위하여 1945년 8월 9일에 일제에 선전포고했다. 그에 따라 박일무가 복무하던 소련 원동변강 제1전선 산하 제25군단이 치쓰쨔꼬부 대장의 통솔 아래 대일본 작전에 참가하게 되었다.

박일무는 1945년 8월 9일 새벽, 마침내 2년 동안이나 수비하며 건너만 보던 중국 국경을 돌파, 공격대열에 참가하여 훈춘 시를 해방하고 거기서부터 목단강을 따라 일제의 병력을 물리치면서 도순, 회령, 부령을 지나 청진시를 해방하는 작전에 참가하여 일제의 강병이라 불려오던 라남 사단을 굴복시켰다. 그 뒤 함흥, 고원을 거쳐 8월 말에 평양에 소련 낙하산 부대를 엄호하기 위하여 입성하게 되었다.

박일무는 평양이 해방된 후, 1945년 말까지 25군단 정치부 통역관으로 있다가 1946년 봄에 조선인민군대 조직과 관련하여 중국 인민해방군과 조선 항일 빨치산부대를 골간으로 하여 조직된 사단과 연대 내 소련 고문들의 책임번역원 임무를 수행하게 되었다. 그 후 박일무는 조선인민군 제3사단에서 복무하게 되었다.

1948년 8월에 북한에 주둔하였던 소련군의 전반적 철수와 관련하여 조선인민군 105호 탱크 장갑차 근위사단에 전근되어 처음에는 탱크 현대기술 부연대장 직위에서 1년간 복무했고 1949년 9월부터는 탱크 장갑차 사단 기술부사단장으로 복무하게 되었다. 당시 박일무에게는 아주 친한 안동수라는 사람이 있었다. 안동수는 원동변강에서 1920년에 태어난 소련출신이며 본명은 안블라지미, 타슈켄트 사대를 마감한 유식한 교육가였다. 그도 105호 근위사단에서 박일무와 같이 근무하였는데 사단 정치부에서 소련군 통역군관으로 복무하다가 소련군의 철수와 관련하여 사단 정치부장 겸 정치부사단장 직무를 맡았었다.

1950년 동족상잔이 개시되자, 가까운 두 친구는 같은 시각에 연천군 전곡면을 지나 남한 땅을 공격하게 되었다. 그런데 안동수는 직접 남한 땅을 돌파하는 탱크를 타고 돌진하였으나, 박일무는 기술·수리 기재 등을 적재한 차량으로 기술 근무원들과 같이, 공격하는 사단의 제2대대로 후방을 인솔하고 나가게 되었다. 때문에 안동수는 1950년 6월 27일 12시에 이미 서울시로 돌진하여 13시에 서울 라디오 방송국을 차지하게 되었다. 그는 라디오를 통하여 '북한 인민군대는 서울을 함락시키고 서울 인민들을 해방시켰다'라는 방송을 전 세계에 전하였다. 이렇게 안동수는 용감하고도 생기발랄한, 선명한 인간이었다.

남한의 수도 서울을 점령한 인민군대는 대승리를 축하하며 3일간이나 축제분위기를 즐기다가 6월 29일에야 한강을 도하하였다. 진격이 늦었던 것이다. 그 뒤 남쪽

1949년 10월 105탱크·장갑차사단 기술부사단장으로 근무할 때, 안동수(105사단 정치부사단장·조선민주주의인민공화국 영웅)와 함께

으로 계속 진격하려 하였으나 6월 27일 유엔안보리이사회는 북한을 침범자로 낙인하였다. 29일부터는 유엔군 비행기들이 북한군의 전진을 제압하였으며 일본에 주둔하였던 미군은 부산항에 상륙하여 낙동강변으로 돌진하고 있었다.

이런 상황에서 억지로 한강을 도하한 105호 탱크 장갑차 사단은 공화국 영웅 유경수 사단장의 지휘아래 서울을 탈취하던 속도로 부산까지 내리 진격하려 하였으나 전쟁 상황은 이미 유엔군의 간섭으로 완전히 달라졌다. 연천에서 서울까지는 3일만에 돌파하였으나 서울에서 수원까지는 10일이 지나도록 돌파할 수 없었다. 7월 8일, 수원 쟁탈을 위한 유엔군과의 전투에서 안동수 정치부사단장이 탄 탱크가 대파되어 전투장에서 멈추었다. 탱크 내에 앉아 있는 전투 승조원들은 그때까지 피해를 당하지 않았으나 달리지 못하고 서 있는 탱크는 포병 앞에서 고양이 앞의 쥐 모양이었다. 결국 안동수 부사단장은 순식간에 기동성을 발휘하여 탱크의 중기관총을 떼어서 밖으로 나오는 순간 적탄에 맞아 전사하였다. 그 후 조선민주주의 인민공화국은 안동수 정치부사단장에게 공화국 영웅 칭호를 수여하였다.

박일무는 안동수 정치부장이 전사 한 뒤에도, 전장에서 파괴된 전차들을 모두 수리하여 다시 전투대오에 배속시키면서 낙동강 계선까지 남진하였다. 박일무는 1950년 9월에 탱크 장갑차 지휘국 기술 부국장으로 승급되었다. 1951년 5월 탱크 장갑차 지휘국이 탱크 장갑차 사령부로 개편되었는데, 박일무는 사령관으로 임명되었다. 그 사령부가 다시 탱크 장갑차 기술국으로 개편되었고 박일무는 국장으로 1957년 12월까지 복무하였다.

탱크 장갑차 지휘국은 기술국으로 개편되고, 강력한 전투 무기의 지휘권은 총참모부에 넘겨졌다. 지휘권이 없어진 국장은 허수아비나 다름없었다. 그때가 1953년 7월이었는데 당중앙위원회 부위원장 허가이가 암살당하자, 그의 장인인 최표덕 장군이 사건을 해명하려 들었다가 사령관

직에서 추방되어 모스크바시로 귀환된 시기였다. 즉, 소련출신 간부들의 영향력을 대폭 조정하면서 숙청하던 시기였던 것이다.

박일무 국장은 1959년 10월까지 국장직에서 지내다가 소련 최고 소비에트 상임위원회의 국적 회복과 입국 허가에 따라 소련으로 귀국하게 되었다. 모스크바시에 도착하여 소련군에서의 제대 문제와 연금 제정 및 기타 생활 문제들을 해결하고 친척들이 살고 있는 타슈켄트 시에 도착했다.

박일무는 연금생활을 하면서도 하루도 쉬지 않고 타슈켄트시 자동차 관리사업소에서 일했다. 그는 조국통일에 대한 염원을 가슴에 깊이 간직하고 조선이 통일되는 그 날이 돌아오면 선조들의 조국인 북한에 다시 돌아가 살자면서 오랜 세월을 기다렸다. 그러나 결국 그 원한을 풀지 못한 채 1985년 12월에 눈을 감고 말았다. 박일무는 사망하였으나 성장한 아들 3형제가 사회에 진출하여 있으며 부인도 건강한 몸으로 살고 있다.

아직 소련 연방이 존재하던 때였다. 1991년 정월에 소련 방방곡곡에서 한인 인텔리들이 모스크바시에 몰려들었다. 소련의 강제이주에 대한 한인들의 명예회복에 관한 대회를 연다는 소문을 듣고 모두 모여들었던 것이다. 창립대회는 소련 연방을 선언한 옥짜브리 대회장에서 진행되게 되었다. 대회장에는 당시 소련 최고 소비에트 위원장이었던 루끼야노브

1979년 박일무의 부인
장옥순과 장남

가 정부와 최고 소비에트를 대표하여 참여하였다.

옛날 소비에트 제도 창시 때부터 모스크바 주변에서 살았던 한인들은 이미 머리가 백발이 되었으며 등이 굽어졌다. 반세기 이상 일제의 스파이가 될 수 있는 불순분자들라는 누명을 쓰고 소련 국가로부터 갖은 천대를 받아 오던 그 주역들이었다.

대회장은 한인들로 가득 찼다. 창립대회의 보고는 소련과학원 역사학 원사이고, 모스크바 종합대 역사학부 학부장이며, 역사학 박사인 박 미하일 니꼴라예위치가 발표하게 되었다. 그는 한인들이 소련 영토에 와 살게 된 유래와 강제 이주의 쓰라림과, 반민족적 독재주의이며 인민학살 원흉의 정체를 낱낱이 폭로한 다음, 이제야 한인들도 다른 소련 인민들과 같이 자유 권리를 향유할 수 있으며, 민족적 문화 단체인 문화협회를 조직하고 그에 결속하여 자기 문화, 언어, 풍습, 전통을 재생시키며 국사에 열심히 참가하며 살아야 된다고 강조하였다.

보고가 끝나자 대회에 참가한 각 지역 대표자들은 앞을 다투어가며 토론에 참가하였다. 그 중에 라트비아 국립 종합대학 역사학부 상급교원이며 역사학 학사 남 쓰웨뜰라나 여사는 연단 앞에 나와 긴장된 자세로 토론 요지를 지적하며, 토론에 지적된 중요한 단락들을 다시 분석하였다. 그녀가 제일 중요하게 강조한 것은 한인들의 명예 박탈에 대한 문제와 한인들에게 유일하게 주어졌던 민족 자치현, 즉 뽀시예트 구역에 존재하였던 민족 자치현에 대한 것이었다.

"최고 소비에트 상업위원회에 제의하노라! 나는 다른 새것을 요구하는 것이 아니라 한인들에게 유일하게 주어졌던 그 민족 자치현을 다시 회복하여 달라고 요구한다!"

장내에 참가했던 연로한 많은 한인들은 눈물을 흘렸다. 그러나 민족 자치현은 회복되지 않았다. 하지만 명예 회복에 대한 정령은 발표되었다. 그러나 그것도 소련이 해체된 이후 현 정령으로 발표되었다. 때문에 우즈베키스탄에 살고 있는 한인들은 오늘날까지도 명예 회복에 대한 정령을 받지 못한 것이라고 주장하는 것이다.

1997년 5월 25일 타슈켄트시에서
장옥순의 증언과 자료를 바탕으로 장학봉

박 창 선
(1915. 11. 7 ~ 1975. 4. 21)

전 항공사령부 정치안전부장, 중앙도서관 관장

박창선(본명 박 알렉쎄이 알렉싼드로위치)은 1915년 11월 7일에 원동변강 쁘리모리 주 쑤찬 구역 영동에서 농촌학교 교원인 박 알렉싼드르의 가정에서 태어났다.

박창선은 향촌에서 1926년 소학을 나왔으며 1932년에 고중을 졸업하였다. 고중을 나온 지 얼마 안 되어 아버지가 세상을 떠나고 1년 후에 어머니가 세상을 떠났다. 그래서 박창선은 삼촌 집에 살면서 공부하게 되었다. 그는 대학을 갈 자격을 취득하였으나 경제 문제 때문에 향촌에서 약 20Km 떨어진 곳에 위치하여 있는 수청 탄광 시(현재 빨찌산쓰크)의 탄광 기술 전문학교에서 공부하였다. 그 학교가 장학금도 잘 지불하여 주고 숙소도 비교적 양호하였기 때문이기도 했다. 삼촌의 집에서 살고있는 박창선의 형편에서는 알맞은 선택이었다. 장차 전문학교 졸업 후 탄광 일이 힘들고 어려울 것이라는 생각은 있었지만 의식적으로 그 길을 택하였다. 박창선은 1935년에 수청 탄광 시 전문학교를 졸업하고 동 탄광에서 브리가다 기술지도자로 시작하여 현장장에 이르기까지 2년간 모범적으로 일했다.

1937년 한인들의 강제이주 시기에 박창선도 삼촌의 가정을 따라 우즈베키스탄 타슈켄트 주 중칠칙 구역 레닌 꼴호즈에 도착하였다. 레닌 꼴호즈는 원동변강에서 조직될 때부터 함께 살고있던 협동조합원들이 그대로 조직적으로 이주하여 들어왔기 때문에 계속 시영동 꼴호즈라고 불렀다. 박창선은 삼촌의 손만 바라보고 살 수 없는 형편에서 시간을 늦추지 않고 자신의 일을 변경하여 소학교와 초중 학교 등에서 교편을 잡고 일하면서, 1939년도부터 타슈켄트 사대 통신학부에 입학하여 1944년에 사대어문학부를 수료하였다.

항상 품행이 단정하고 인사성이 밝았던 박창선은 원동변강에 있을 때에도 시영동 사람들로부터 항상 학생시절부터 똑똑한 사람으로 인정받았었다. 양부모까지 다 잃고서도 꿋꿋하게 고생을 참으며 공부도 제대로 하고 일도 꽤 잘하니 동네 사람들의 선망이 높았다.

당시 소련 조국전쟁 중이라 시대적으로 어려운 시기였지만 박창선은 능력을 인정받아 1941년에 소련 공산당 후보당원으로 입당할 수 있었다. 1942년 여름 방학 시기에 그는 같은 동네에서 미인 고 마리야 미하일름나와 약혼하여 삼촌의 집에서 성대한 잔치를 하였다. 그 후 박창선은 다정한 가정을 이루고 아들 딸 3형제를 낳았다.

1945년 타슈켄트에서 부인
고 마리야 기하일로브나와
함께

박창선은 1942년부터 1946년 북한에 파견되어 나갈 때까지 타슈켄트 주 중칠칙 구역 레닌 협동조합에 있는 고중에서 어문학교원으로 일했다. 그는 1946년 4월부터 1946년 11월까지 우즈베키스탄 공화국 교육성에서 조직한 단기 특별 노어교원 강습을 졸업한 후, 북한으로 파견되어 나가게 되었다.

북한에 도착한 박창선은 1946년 12월 1일부터 1948년 2월 28일까지 함북 청진사범대학 교육부학장으로 일했다. 1948년 3월 1일부터 1949년 7월 17일까지는 평양사대 부학장으로 근무했으며 1949년 8월 1일부터 1950년 9월 10일까지는 평양노대 학장으로 일했다.

1950년 6월 25일 동족상잔이 벌어지자, 박창선도 인민군대에 초병되어 군복을 입게 되었다. 이때부터 인민군대 군인교양사업에 자신 역량을 이바지하게 되었다. 1950년 9월 9일부터 보병 제36사단 문화정치부사단장으로 임명되어 사리원 해주 계선까지 나갔다가 유엔군의 진격으로 후퇴하여 동만주 연길 시에서 약3개월간 주둔하면서 전투 훈련을 다시 한 다음, 강원도 철원 계선으로 나갔다. 거기서 인솔했던 사단을 강원도에 계속 주둔시키고 있던 최현 사령관이 관리하는 인민군 제2군단에 배속되어, 조선인민군 항공사령부 관할 하에 훈련하고 있던 항공 제2전투기사단 정치부사단장으로 일하게 되었다.

그 당시 항공사령부 산하에는 2개의 전투기사단이 있었다. 제1전투기사단은 제트기사단이었는데 그때까지는 최신 기술로 무장된 방사기사단이었다. 제3사단은 폭격기사단이었다. 그리고 제4사단이 있었는데 기술사단이었다.

박창선이 복무했던 사단의 사단장은 소장 허민국, 부사단장은 항공사령부 산하 비행사이며 공화국 영웅 대좌 김기옥이었다. 사단의 기본 전투무기는 소련제 비행기 A-10형 전투기였는데 이 비행기들은 아직 방사기가 아니라 프로펠러 형, 즉 팔랑개비가 돌아가는 비행기였다. 이외에 항공사령부 산하에 여성 비행 야간폭격기 대대가 있었는데 대대장은 공화국 여성 비행사인 영웅 태선희였다. 중대장 3명 중 제일 과감하게 야간 폭격을 수행한 여성 비행사는 진을란이었다.

대대의 기본 전투무기는 소련제 비행기 뽀-2형이었던 바, 본래 이 비행기는 소련에서 새로운 비행사 훈련용, 초원, 산악, 산림 지방의 우편물 운반용, 또는 농촌경리에서 해충과의 투쟁에서 사용하던 비행기였다. 비행 시속은 200~250Km, 비행고는 약 1,000m 정도였다.

항공사령부 산하 제1방사기사단이 동족상잔 3년 동안 공화국의 전투임무를 모두 수행하였다. 제1항공방사기 사단장에는 예전 일제시대 때 비행사 소위였던 강대용 소장, 비행 부사단장에 김희경이었다. 3개 연대장 중에서 가장 용맹스럽게 전투한 비행사는 공화국 영웅 태극성, 역시 공화국 영웅 강정덕 등의 비행사들이었다.

제1항공방사기 사단 비행사 성원들은 전부 1950년 이전까지 소련에 들어와 대학 유학생으로 공부하던 3~4학년급 학생들어었다. 그들은 1950년 말에 급속히 송환되어 소련 3중 비행사 영웅 고제두브 사단과 동만주 통화에서 만나, 1951년 2월부터 7월말까지 밤이면 4시간씩 비행 이론강의를 듣고, 낮이면 비행장에 나가 비행훈련을 했다. 소련 비행사들은 자기 비행기에 조선 비행사 한 명씩을 앉혀놓고 실무교육을 수행하여 8월 초순부터 단독 비행 훈련을 시작하게 하였다. 그들은 1951년 9월말부터 벌써 단독 훈련을 종결하고 전투 훈련어 들어갔고, 10월말부터 소련 비행사들의 엄호 하에 미국 비행사들과의 전투를 수행하였다.

전투 투입 초기에는 비행 사고도 있었고 전투원 손실도 있었지만 1952년부터는 전체 비행사들이 영웅적으로 진출하여 미국 및 유엔 비행사들에게 타격을 주기 시작했다. 그들은 영웅성을 발휘하여서 미항공 김포비행장 주재사령관 밴플리트의 아들인 대대장을 추락시켜 포로로 잡기도 하였다. 당시 항공사령부 사령관에 왕련 중장, 비행부사령관에 리활 소장, 참모장에 김원길 소장, 군사위원에 김대건 소장 등이 간부로 일했다.

1952년 11월 김일성 최고사령관의 명령에 따라 여성 폭격대대는 김포비행장과 인천항 원료저장소 폭격임무를 부여받았다. 항공사령부 성원들은 최고사령관의 명령을 철저하게 실행하기 위하여 며칠 동안 준비를 거듭했다. 야간 폭격기 2대는 태선희 대위와 진을란 중위 두 비행사들이 몰고 나갈 예정이었으나 준비 중에 문제가 생겨 비행기 한 대에 두 비행사를 태워 보낼 예정이었다. 조정사에 진을란, 항법사에는 태선희가 결정되었다. 비행기에는 약 250Kg의 소형 폭탄을 적재하여, 큰 파괴를 이룰 목적이라기보다는 남한 인민에게 여론을 일구어 전쟁 대승리의 날이 가까워 온다는 것을 알릴 목적이었다. 그런데 그전까지 아무 문제없이 이륙하던 비행기가 갑자기 제대로 이륙하지 못하고 약 200m 밖에 있는 옥수수 밭에 가서 가만히 착륙하고 말았다. 다행히 적재한 폭탄이 폭발되지 않아 인원 피해는 없었으나, 최고사령관의 명령을 실행하지 못한 것은 큰 문제였다.

비행장에 있던 기술 근무원들은 비행기 상태를 점검해 본 후 재차 이륙은 불가능하다고 판단했다. 옥수수 밭에 착륙하다보니 비행기 다리도 휘어들었고 각 익단 등도 터지는 한편, 익단에 부착시킨 속도계, 고도계 등이 전부 구부러졌다는 것이었다. 그리고 비행사들도 극도에 이르는 긴장되었던 신경 상태에서 맥이 다 풀어져 다시 수습 정비할 심리 상태가 안 되었다.

그런데 이 일로 인하여 박창선은 크게 곤경에 처하게 되었다. 박창선의 종전 직무는 정치부 사단장이었는데, 1952년 8월부터 전근되어 사령부 정치안전부장 직무에서 일하고 있었다. 정치안전부(안기부 혹은 특무부라 칭함)는 항공사령부 내에서 생기는 모든 일에 대하여 적시에 적발하여 인민군 총정치안전국에 보고해야 되며 그에 대처할 대책들을 제 때에 취하여야 되었다. 그런데 태선희와 진을란이 조정하는 비행기가 뜨지 못하였으며 전투 임무도 수행하지 못한 것을 항공 사령부 참모장 김원길 소장, 비행 부사령관 리활 두 장령은 최고사령관 관저에 찾아가서 허위보고를 해 버린 것이다. 참모장이 앞에 서고 부사령관이 뒤에 서서 오른손을 이마 옆에 부치고 정식 보고를 시작했다.

"최고사령관 동지! 항공사령부 야간 폭격대대는 김포비행장과 인천 원유창고를 폭격하여 대성공을 이루었습니다."

김일성은 보고를 받고 너무나 좋아서 자기 부관을 부르고 작전국장, 부참모장 등을 불러서 이들에게 군사칭호를 일급씩 높일 것과 태선희, 진을란에게도 일계급씩 높여 줄 것을 명령하였다. 이튿날부터 김원길과 리활은 중장 견장을 붙이고 자신들의 일자리에 나왔지만, 태선희와 진을란은 군복도 입지 않고 자신들의 침대에서 일어나지도 않고 밥도 먹지 않고 신음하면서 계속 울고 있었다.

이때 정치안전부에 이상한 통보가 전달되어 오기 시작하였다. 제일 이상한 것은 김포비행장이나 인천 원유창고가 폭격 당하였다면 서울 라디오 방송이 상당히 소동을 떨어야 하는데 아무런 방송도 없는 것이었다. 그런데도 평양 방송은 야간 폭격의 대성공에 대하여 몇 일간 계속 떠들었다. 이에 대하여 박창선은 항공사령부 정치안전부장으로써 의심을 품고 있던 중, 여성대대 정치안전군관으로부터 이상한 통보가 들어오고 있었다. 그것은 대대장 태선희가 몇 일째 밥을 먹지 않고 침대에 누워 고민하면서 울고만 있다는 것이었다. 박창선은 이에 대하여 태선희에게 사정을 물었으나 계속 대답없이 울기만 하는 것이었다.

박창선은 이상한 일이 생긴 것이 틀림없다고 판단했으나 그 내막을 알 수가 없어 생각하던 끝에 전화로 인민군 최고사령부 정치안전국장인 석산 소장에게 보고하였다. 석산 국장은 그 즉시 차를 타고 최고사령부 검찰국장과 같이 항공사령부에 내려왔다. 그들은 왕련 사령관에게 간단한 인사를 올린 다음, 박창선과 몇 시간 담화를 나누었다. 내용을 대충 파악한 석산 국장은 혼자 군의소에 가서 태선희를 만나 무슨 일 때문인지 실토하라고 권고하였다. 태선희는 약 십여분 동안 말없이 울기만 하다가 실토하겠다고 말했다.

"우리 비행기가 비행장에서 뜨지도 못하였으며, 김포비행장과 인천폭격에 대한 보고는 허위보고였다. 우리들은 여기에 대하여 책임을 질 수 없다. 허위보고는 사령부에서 조작하여 최고사령관에게 보고하였다."

그런데 항공사령부에서 조작하여 최고사령관에게 보고하였다는 것은 우선 박창선에게 제일 큰 책임이 있는 것이었다. 그것은 우선 그런 허위보고가 나오지 못하게 해야 했으며, 또 최고사령관에게 허위보고가 전달되지 못하게 사상무장을 시켜야 하는 것이 정치안전부의 기본 역할이었기 때문이었다.

여하튼 1952년을 보내고 1953년을 맞이하는 송구영신 명절에 몇 명 고급간부들이 애간장을 태우고 있어야 하는 상황이 되었다. 마침내 1953년 1월 12일 최고사령관의 명령서인 '인민군 군무자들의 정직성에 대하여'가 나왔다. 명령서 내용은 강하지 않게 적혀 있었다. 군무자들의 일반적 정직성에 대하여 어떻게 하여야 될 것인가와 정직성 교양에 대하여 강조하였으며 특히 항공사령부 산하에서 이에 관심을 돌리라는 것을 강조하였을 뿐, 허위보고와 최고사령관에게 허위보고를 하였다는 것은 기록되지 않았다.

며칠 후, 항공사령부 참모장, 군사위원, 사령관 3명은 철직되었으며 결국에는 참모장 김원길, 군사위원 김대건은 투옥, 처단되었다. 박창선에 대한 문제가 남아 있었다. 우선 정치안전부장이 아주 엄한 처벌을 받아야 하였으나 박창선에게는 아주 강력한 엄호자가 있었다. 그 사람은 바로 최고사령부 정치안전국장 석산이었다. 석산은 원래 김일성 빨치산 부대 출신이며 총명하고 심중하여 문제를 처리할 때, 어느 때를 막론하고 옳게 판단하였으며 종파에 관심을 두지 않았다. 또한 석산은 김일성에게 있어서도 아주 중요한 심복자였다.

1952년 12월 최고사령부 군사위원회 회의에서 항공사령부 문제를 토의했다. 포병사령부 참모장 정학준, 작전국장 유성철은 김원길, 김대건,

박창선 3명은 총살시키고, 왕련 사령관과 리활 부사령관 등은 철직, 제대시켜 종신 징역살이를 보내라고 제기하였다. 그러나 석산 국장은 김원길, 김대건, 박창선 지도자들은 직접 비행장에서 전투 임무수행을 지도하지 않았기 때문에 조금 관대하게 처리하는 것이 좋겠다고 하면서, 특히 박창선에 대하여서는 그가 항공사령부 정치안전부장으로 전근된 지 2개월밖에 안되며, 또 정치안전계통사업이 처음이 되다 보니 현재 일을 파악하는 중이기 때문에 그렇게 강한 처벌을 도저히 줄 수 없다고 말했다. 또 제2비행사단에서 일을 잘하였으며 정치부장 직무에서도 당 정치사업을 잘하였기 때문에 사령부 정치안전부장으로 승급시킨 사람을 어떻게 그리 가볍게 처벌하겠느냐고 감싸주었다. 이렇게 되어 박창선은 큰 처벌은 모면하였으나 그 직무에서 오래 견디지 못하고 1953년 10월말에 군대에서 제대되어 개성 경제대학 부학장으로 전근되었다.

석산은 왜 박창선을 그렇게 감싸주었는가? 그것은 사람에 대한 편견성이나 종파적 견지가 석산에게는 없었으며, 본디 품성이 고왔던 사람이었다. 그리고 박창선이 북한에 도착하여 처음 청진사대 부학장을 할 때부터 두 사람은 아주 친하게 지냈기 때문에 박창선의 성품을 잘 알고 있었던 탓이었다.

박창선은 1958년 5월 17일에 문화선전성 외사부장으로 전근되어 평양으로 올라오게 되었다. 평양으로 또 좋은 직책으로 올라오기는 하였으나 벌써 이때부터 당 내부가 들끓기 시작하였다. 당내에서 당 사상검토 사업을 열어 놓고 외국출신 간부들은 모두 청산하면서 당내 독제체제와 민족적 군국주의 세습제도를 꾸미는 때였다.

박창선은 문화선전성으로 옮겨와서 애쓰며 열심히 일하였다. 그러나 당 사상검토 총회에서는 박창선에게 자기가 범한 과오에 대하여 반성하지 아니하며 다른 사람을 비판도 하지 않고 아무런 지향 목적성이 없이 출근만 한다면서 하부기관으로 전근시켜야 된다고 결정하였다. 결국 외사부장직에서 국가 도서관장직으로 밀려 내려갔다.

1960년 문화선전성 산하 국영중앙도서관 관장으로 근무할 때. 뒷줄 좌로부터 박창선, 박창선의 장모, 부인 고 마리야. 앞줄 좌로부터 차녀 박밀라. 3녀 박 딸리야

　박창선은 이 도서관장 직무를 4년 동안 수행하다가 결국 1962년 초순에 소련으로 귀국하였다. 소련 타슈켄트시에 와서 사택도 배정 받고 아이들의 취직 및 공부 문제도 해결하고 부인도 취직하면서 행복하게 살다가 1975년 4월 21일에 세상을 떠났다.

1982년 2월 27일 장학봉

박창옥
(1911. ? ~ 1957. ?)

전 당중앙위원회 선전부장

　박창옥은 1911년에 원동변강 연해주 뽀시에트 구역 크라쓰끼노 시에서 태어났다. 고향도시에서 1935년에 사범전문학교를 나오고 한인 강제이주로 인하여 카자흐스탄 공화국 크슬오르다시에서 1939년에 사범대학을 졸업했다. 대학을 나온 후 1년간 고중에서 어문학 교원으로 일하고 1940~1942년 사이에는 크슬오르다 주 칠리 구역 군당위원회 선전선동부장으로 2년간 일했다.

　1942년 8월에 소련군에 초병되어 모스크바 나리마노브 정찰학교에서 1년간 공부하고 1943년에 정찰병으로 중국 만주에 파견되어 일본 관동군 동향을 정찰하기 시작했다. 박창옥은 소련 국경수비더 정찰병들의 도움으로 소·만 국경은 용이하게 넘어 갔으나 동서사벝이 생소한 타향 만주에서 어느 방향으로 움직여야 자료를 정탐할 수 있을지 난감했다. 사람을 만나든 일본군 부대를 만나든 만나야 어떤 비밀자료라도 수집이 가능한 것이 정찰 임무다. 국경지대 삼림 풀 속에서 일본 반탐정 정찰대가 어디에서 나타날지 알 도리가 없어 하루에 1Km도 돌파할 수 없었다. 그러던 중 3일째 되던 날, 박창옥은 일본군에게 발견되어 추격당하기 시작했다. 삼림 속에서 만나게 되는 사람은 누구나 다 일본군 반탐정군으로 보였다. 당시 일본 관동군 반탐정군에서는 조선 사람들을 추려내어 나무꾼이나 농민으로 가장시켜 소·만 국경 삼림 속에 많이 배

"

치하여 놓았다. 혹은 산 속에서 뙈기 산전이나 화전 농사를 지어먹으며 살던 화전민들을 다수 매수하여 특별 밀정으로 연락군의 루트로 사용했다. 때문에 화전민 집을 만나도 만만하게 들어 갈 수 없었다.

박창옥은 3일간이나 추격을 당하면서 추격대원들이 목표를 보지도 않고 사격을 해대는 바람에 왼팔을 부상당하였다. 박창옥은 본래 건강체로서 젊은 시절에 운동을 열심히 했던 몸으로 아주 민첩하게 움직였다. 그러나 3일이란 긴 시간을 추격 당하며 반쯤 굶은 상태에서는 기진맥진할 도리 밖에 없었다. 박창옥은 더 앞으로 갈 수 없을 정도로 맥이 풀린 상태였다. 산기슭 아래에 화전민 세 집이 사는 동네를 발견하고는 그 즉시 걸음을 멈추고 풀 속에 들어 누어 속히 해가 지기를 기다렸다. 밤이 되자 박창옥은 산기슭 한 집의 아랫방 문전에 가 주인을 찾아 말을 걸었다.

"길을 가던 사람인 데 하루 밤만 자고 가면 안 되겠습니까?"

주인의 허락을 받고 방으로 들어갔다. 방에 들어가니 벌써 두 사람이 방안에 들어와 있는 것을 발견했다. 박창옥은 그들이 일본군인들이라고 생각했다. 이제는 일본 놈들에게 꼼짝 못하고 붙잡혔다고 생각하면서도 벗어날 궁리를 짜내고 있었다.

얼마쯤 시간이 지나자 주인이 저녁을 먹으라고 밥상을 들여왔다. 밥상을 받고 식사를 하면서 그 두 사람을 면밀히 훑어보니깐 한 사람은 어디선가 꼭 만나본 적이 있는 사람 같았다. 저녁 식사를 마친 후, 곰곰이 생각하니 그 사람이 모스크바 삼림 속 나리마노브 정찰학교에서 한 번 곁으로 지나친 것이 생각났다. 그때서야 박창옥은 마음속으로 자신과 비슷한 임무 수행을 위하여 여기까지 흘러들어 왔구나하는 생각을 하게 되었다.

박창옥은 모르는 한 사람이 밖으로 나간 다음 그에게 물었다.

"당신은 모스크바에서 온 사람이 아니오?"

그 사람은 처음에는 부인하다가 박창옥이 자기 내막을 실토하니 그때

서야 고개를 끄덕거렸다.

"나도 나리마노브 출신이오."

박창옥이 사선에서 우연하게 만난 이 사람은 박 니꼴라이(조선이름 박길남)라는 이름을 가진 사람이었다. 조선이 해방된 후 인민군 공병국장, 조선민주주의 인민공화국 영웅으로 부각된 사람이었다. 박길남도 나리마노브 정찰학교를 나와 이미 1년 전부터 만주로 나와 정탐하고 있었다. 박길남은 박창옥에게 여러 가지 정탐 실전을 말해주었다.

"실속 있는 한인 빨치산부대 정찰병을 만나 협동공작을 해야지 … 그렇게 혼자 다니다가는 실패를 당할 수 있다. 내가 아주 믿음직한 사람을 소개하여 주겠다."

그렇게 말하고 있는 도중에 밖에 나갔던 다른 한 사람이 들어오자 인사를 시켰다. 그 사람이 유명한 한인 빨치산부대 영장인 최혼 장군 부대의 정찰과장이었다. 그 사람의 이름은 림철(조선 해방 후에 조선인민군 105탱크 근위사단 유경수 사단장의 후임으로 들어선 인물)이었다. 인사를 시킨 박길남은 림철에게 박창옥에 대하여 간단하나마 소개를 해 주었다.

박길남은 아주 정중하게 말을 했다.

"우리가 이 곳에서 성과적으로 임무를 수행하려면 이 지방의 간부들에게 뿌리를 깊이 박고 사업하여야 실수가 없소. 아마도 당분간이라도 림철 선생이 이 박창옥 선생을 도와주어야 하겠소."

이후 박창옥은 림철과 아주 긴밀한 연락체계를 구축하였다.

두 사람이 거의 같이 행동하면서 2년간이란 긴 세월 동안 전투임무를 충실히 수행하여 휴대용 무전기로 본부에 타전하곤 하였다. 림철은 일제 군대가 제일 많이 주둔한 연길시 주변을 매일 돌면서 용정, 해룡, 조양천, 목단강, 훈춘까지 항상 박창옥을 데리고 다니며 활동했다.

1945년 5월 초순에 소·만 국경도시인 훈춘 시에 갔다가 일본 정찰병에게 적발되어 일행 3명이 추격을 받은 적이 있었다. 그러나 일본 군인은 한 명이고 일행은 3명이나 되었기 때문에 일본 군인은 자신을 드러내놓고 추격하지 못했다. 일본 군인이 3명의 거동과 동향을 살피면서 점점 가까워지려 하면 3명은 걸음을 빨리하여 간격을 늘리고 있었다. 어느 날 저녁, 해가 넘어가게 되자 일본 군인은 길 가까이 있는 파출소에 들어가 무장군인 한 명을 더 보충하였다. 이러는 사이에 박창옥 일행은 방향을 바꾸어 약 십리 가량 간격을 늘여두었다. 저녁이 지나가고 밤이 되자, 산골길은 캄캄하고 고요하여 먼 곳의 인기척도 다 들을 수 있었다. 때문에 먼 곳에서 여러 명의 추격자들이 빠른 걸음으로 달려오는 것이 확연하게 들렸다. 일본 군인들은 캄캄한 수풀 속에 인기척이 느껴지면 무작정 사격을 가하곤 하였다.

박창옥 일행은 큰길로 방향을 잡아서 가고 있었으나, 큰길로는 걷지 못하고 200~300m 떨어진, 초목들이 들어선 샛길로 가고 있었다. 이렇게 긴 밤을 가고 가다가 일행은 맥이 풀어져 더 깊은 수풀 속에 들어가 잠시 쉬어가자고 결론을 내렸다. 이때 추격하는 일본 군인들이 어두운 숲을 향하여 또다시 맹목적인 사격을 가하였다. 그런데 박창옥이 왼쪽 어깨에 탄환을 맞아 중상을 당하였다. 같이 가던 일행들은 만약의 경우를 위하여 항상 가지고 다니던 약통에서 고약을 발라주고 붕대로 싸매었으나 그 아픔은 이루 말할 수 없었다. 박창옥은 2년 전에도 전투임무 수행 중에 왼팔을 부상당하여 약 2개월간 치료를 받았었는데 이제는 더불어 어깨까지 중상을 당하고 피까지 많이 흘리다보니 맥이 완전히 빠져서 더 움직일 수가 없었다.

박창옥은 림철에게 말했다.

"이제는 내 삶이 다한 모양이오. 그러니 나를 여기에 남겨놓고 강인수 동무와 같이 무전기를 가지고 정찰병 루트까지 가시오."

그러자 림철은 안타까운 듯 입을 열었다.

"그것은 말도 안 되는 소리요. 죽으면 3명이 같이 죽어야지 박창옥

선생만 여기에 떨궈두고는 못 가오. 우리가 업고 갈 터이니 걱정을 마시오."

박창옥은 림철의 말에 속으로 눈물을 흘리면서 2년 전 박길남 동지가 말하던 것을 아주 고맙게 회상하였다. '우리가 사업에서 지방 사람이나 빨치산부대 사람들과 긴밀한 관계가 없이는 실패를 당하고 마오' 하던 그 말이 불현듯 생각났다.

그 날 저녁 림철과 강인수는 박창옥을 번갈아 업고 35Km를 걸어 정찰병 중앙 루트까지 왔으며, 이틀 뒤부터 일주일 동안 두 사람은 박창옥을 계속 업어 소련 국경까지 호송하여 소련 국경수비대에 인계하여 주고는 그들은 다시 자신들의 빨치산 부대에 들어가 전투임무를 수행하였다.

당시 조선에 대한 정찰은 국제혁명계통, 국제공산당, 육군88여단 및 태평양함대에서 진행했다. 박창옥은 국제공산당계열로 박정애와 함께 북으로 들어왔다.

림철과 박창옥의 관계는 필자(장학봉)가 1957년 여름에 항공사령부 군사위원으로 일하고 있을 때 제105탱크사단장 림철을 우연히 만나게 되었을 때 충분히 느낄 수 있었다. 그는 필자의 사무실(항공사령부 사무실은 바로 105탱크사단 옆에 있었다)에 들어와 이런저런 이야기를 하다가 나에게 군사위원 동지인 박창옥을 잘 아는가하고 물어왔다. 내가 소련에서 온 사람인 것을 알았기 때문에 그렇게 물었던 것이다. 그 뒤에 자신들이 박창옥과 같이 정찰임무를 하던 이야기를 하면서 부상을 당했던 박창옥을 사선으로부터 꺼내어 살렸으며 소·만 국경까지 호송했었다고 했다. 당시 박창옥은 사상검토에 걸려 부수상직에서 철직되어 마동 시멘트공장 지배인으로 좌천되었을 때였다. 림철은 박창옥에 대하여 아주 애석하게 생각하며 '그래도 박창옥 선생만은 꼭 다시 소생할 것이오'라고 말했다.

박창옥이 당중앙위원회 선전부장으로 근무할 때 그의 사업적 활약도

컸지만 위신도 대단하였다. 박창옥은 원래 한인 사전과 사대를 졸업하고 수년간 당 선전계통에서 일했던 사람으로서 웅변과 해설 수완이 풍부하여 청강하는 관중들을 마음껏 사로잡았다. 한 번은 조선인민군 총정치국 선동선전부장 윤군창 소장이 박창옥의 강의를 들은 후 말하기를 참으로 훌륭한 웅변가라고 칭찬하였다. 박창옥은 소련이 조선 인민에게 무상으로 5억 루불리, 50만톤의 밀가루, 50만톤의 휘발유를 준 것에 대하여 다음과 같이 웅변하여 웅변 실력을 과시하기도 했다.

"그 휘발유 통을 이어 놓으면 신의주 시에서 평양 시까지 700Km 거리를 3회 이상 연결할 수 있다."

그렇게 표현력이 뛰어났던 인물이었다. 북한 인민이라면 누구나 박창옥을 존경하였다. 그런 박창옥도 사상검토는 예외 없이 받아야만 했다. 특히 반소분자 거두이며 반당분자였던 김창만은 박창옥을 유독스럽게 미워했다.

박창옥이 사상 검열에서 비판을 받을 때인 4차 전당대회에서 토론할 때, 김창만은 박창옥을 일컬어 '수박 껍질만 핥는 선전자!'라고 모욕하였다. 김창만은 소련출신 간부들을 아주 미워하였으며 소련 국가 자체도 미워하였다. 그런 김창만은 많은 자료들을 조작하였고 사상검토 때 많은 간부들을 철칙, 처단하였다. 그래서 인지 그의 마지막은 처참하였다. 결국 자신도 반당종파분자, 반소분자로 몰려 중앙당 선전부장 직무에서 철칙되어 지방에 내려갔다가 유형살이 끝에 죽고 말았다.

박창옥은 1956년에 중앙당에서 나와 마동 시멘트 공장으로 강직되어 유형살이를 시작했다. 결국 그는 1957년, 전선에서 부상당했던 상처의 후유증으로 신음하다가 다시 소생하지 못하고 47세의 나이로 세상을 떠나고 말았다.

박창옥은 소련군 정찰병으로 중국 만주 일대를 돌아다니며 일본 관동군에 의해 두 번이나 중상을 당하면서도 정찰병의 임무를 충실히 하였기 때문에 소련 정부로부터 '소련 조국전쟁 영예' 훈장 1급과 2급을 받았으며, 십여개의 메달을 수여 받았다. 그 외에도 북한 정부로부터도 국기 훈장, 자유 독립 훈장과 많은 메달을 수여 받았다. 박창옥이 정치적으로 처단 당한 후 그의 부인과 기타 가족들은 행방불명이 되었다. 다만 박창옥이 사상검토에 걸리기 전에 소련으로 공부하러 들어 왔던 아들 딸 오누이만 현재 모스크바에서 살고 있다.

1999년 11월 12일 타슈켄트에서 장학봉

전 조선인민군 제30민청보병사단 정치부장, 대좌

박춘의 본명은 박 꼰쓰딴찐 이와노위치이며, 1919년 2월 27일 니꼴쓰크 우스리스크 주 그로제꼬보 구역 소재지 그로제꼬보 시에서 태어났다. 부모들은 농업에 종사하였다. 삼촌 박응조는 원동변강에서의 백파군과 공산군과의 전투시 원동변강에 소비에트 주권 수립을 위하여 열성적으로 공민전쟁에 참가하였다. 숙모인 장인덕은 여맹사업에 열성적으로 참가하여 소련에 살고 있던 전체 한인들에게 널리 알려져 있었다. 삼촌 박응조는 1937년 한인 강제 이주와 함께 한인 인텔리들을 대폭 청산할 때 께게베 손에 붙잡혀 일본스파이로 몰려 죄 없이 학살당했다. 졸지에 미망인이 된 장인덕은 그 후 한인 신문사에서 교정원으로 일하면서 아이들을 키우고 은퇴한 다음에도 오래 활동적으로 살다가 80세에 죽었다.

박춘은 향촌에서 고중을 마감하고 강제 이주 후, 우즈베키스탄 공화국 꼬깐드 시에 도착하여 그 곳에서 1941년에 사대를 졸업하였다. 그는 소련 조국전쟁의 가혹한 시기인 1941년부터 1942년까지 타슈켄트 주 중칠칙 구역 라흐마또브 꼴호즈에서 교편을 잡고 일하다가 1942년 말에 소련군에 초병되어 소련 레닌그라드 북쪽 꼬미주에 가서 새 철도 부설에 3년 동안 복무했다.

1944년에 소련 최고 소비에트 정령에 의하여, 소련군 대열에서 중학교

박춘이 한인중학 교원으로 일할 때인 1944년에 찍은 사진.
앞줄 좌로부터 박일무(전 조선인민군 탱크기술 지휘국장), 박춘, 리춘백(전 조선인민군 7군단 군사위원), 박태섭(전 조선인민군 총청치국 조직부장). 뒷줄 우로부터 김일(전 조선인민군 서부전선 군사위원), 박춘의 부인 강 아나쓰따씨야 블라쏘브나

교원들을 제대시킬 때 같이 제대되어 다시 자신이 살던 꼴호즈에 돌아와 교원 생활을 하게 되었다. 이때, 즉 1944년 가을에 박춘은 같은 교원이었던 강 아나쓰따씨야와 결혼하였다. 강 나쌰(애칭)는 타슈켄트 뽈릿오젤 꼴호즈 고중에서 교장을 하고 있던 강 블라쓰의 딸이었는데, 소련에 살고 있는 한인 교원들 중에 처음으로 교원 공로로 인하여 소련 최고 훈장인 레닌 훈장을 받은 유명한 인물이었다.

박춘은 소년 시절부터 체육을 잘하는 건강체질이었다. 때 문에 원동변강에서 살고 있을 때부터 원동변강 하기 체육시합과 소년단 체육 시합 등에는 한 번도 빠짐없이 블라디보스토크와 하바롭스크에 파견되어 참가했다. 박춘이 특별히 즐기는 체육은 배구였다.

박춘은 1945년 10월에 타슈켄트시 군사동원부 명령에 따라 원동변강 제1전선 25군단에 파견되어 통역관으로 북한에 들어가게 되었다. 북한에 도착한 박춘은 민정사령부에서 지도하는 출판물 지도부에서 일하면서, 저녁에는 조소문화협회 계통에서 조직하는 노어 강습도 하였다. 여유 시

간에는 노어로 출판된 소련 학교 교과서들을 한국어로 번역하여 교육성 편찬 관리국의 사업에 가장 적절한 도움을 주었다.

1947년에 조선 노동당 중앙당 학교가 조직되자, 박춘은 그 학교에 초대되어 소련공산당사 상급 강사로 2년간 근무하다가, 1949년부터는 사회학 강좌장으로 1950년 7월에 인민군대에 징병될 때까지 있었다.

1950년 6월 25일 동족상잔이 시작되자, 노동당은 청년들에게 호소하여 평안남도 숙천에 민청보병사단을 조직하였다. 새로 조직된 민청보병사단은 하루속히 남한에 내려가 하늘에 달려 있는 별을 따겠다는 정신은 가지고 있었으나 소련으로부터 무기도 탄약도 제때에 도착하지 않아 훈련도 제대로 할 수 없는 환경이었다.

이 시기에 민청사단의 정치부장으로 박춘이 임명되었다. 소련으로부터 군수물자들이 계속 중국을 통하여 원동변강 크라쓰기노를 통하여 조선에 들어오기는 하였으나, 북한 전역에서 철도, 철교, 터널이 파괴된 상황이라서 오로지 자동차로만 수 천리 길에 물자들을 신속하게 운반할 역량이 도저히 없었다. 어느 정도 물자가 운반되어 오면 먼저 전선 부대들에 운송하여 주었기에, 전선에 가 보지고 못하고 훈련만 하고 있는 보병사단은 물자를 인수할 차례가 요원했다.

박춘이 정치 책임자로 임명된 제30민청보병사단은 소련으로부터 저격총들을 보장받기는 했지만 사격은 원만히 해보지 못했다. 그러나 종대 횡대로 대열을 지을 줄 알았으며, 전투 서열을 만들 줄도 알고 행군하는 방법도 배웠다. 상부 명령에 따라 사단은 탄약을 받지 못하고 먼저 행군을 개시했다. 대열이 평양을 지날 때 1시간 정지하여 군인·군중대회를 열고 김일성 원수에게 드리는 맹세문을 채택하였다. 이 노천 군중대회는 총 정치국의 지시에 따라 박춘이 조직 지도하였다. 맹세문 내용은 이러했다.

"조국의 준열한 시기에 미제 강점자들은 우리의 조국을 자기의 식민지로 만들기 위해 현재 남조선을 강점하고 있으며, 나아가서는 북한까지 자기 식민지로 만들기 위하여 인천에 상륙하였습니다. 우리 제30민 청보병사단 성원들은 미제 강점자들을 우리 조국의 영토어서 내 쫓기 위해, 그들과 자기 목숨을 아끼지 않고 싸우기 위하여 지금 전선에 나가고 있습니다. 우리가 전선에 도착하여 미제 강점자들과 대항하여 격전할 시 우리들은 자기 목숨의 마지막 순간, 피 한방울 아낌없이 적에 항거하여 적을 물리치고 우리 수도 평양을 수호하며 우리의 백전 백승의 지도자 어버이 당신께 충성할 것을 맹세합니다."

맹세문 끝에는 각 소대들을 대표하여 소대장, 중대장 이상 사단장까지 올라가며 수표하였다. 이렇게 접수된 맹세문은 총 정치국 지도원에게 맡기고 간단한 점심 식사를 한 다음 행군은 계속되었다.

사단은 행군을 하여 중화 사리원을 지나 황해도 서홍 장풍군 땅에 들어섰다. 하복을 입고 행군하는 전사들은 낮에는 괜찮았지만 밤에는 꽤 추웠다. 군관들은 전선에 나가면 무엇이든 다 얻을 수 있다고 부하들에게 말했고, 전사들은 전선에 나가면 사실 무엇이든 얻을 수 있을 것이라고 믿었다.

전사들은 금년 봄에 초중을 졸업한 16~17살이 태반이나 되었고, 그 외 성원들은 20~30세 되는 성인 청년들이었으며, 군무자 가운데는 여성들도 약 20%가량 되었는데 대부분 간호사, 통신병, 연락병으로 복무하였다.

사단 성원들은 밤에 행군하여 나갈 때, 남에서 북으로 올라오고 있는, 무조직적으로 2~3명씩 혹은 10여 명씩 지팡이를 짚고 잔 등에는 볏짚 가마니를 메고 걸어 올라오는 부상병들을 무수히 볼 수 있었다. 전선에 물자가 많다면 부상병들이 가마니를 이불 대신에 등에 메고 올라 올 수는 없겠는데 하는 의문에 도달하기도 하였다. 사단 성원들은 신병이 되어서 아직 패잔병이란 무엇이며 그 처지를 상상할 수 없었던 것이다.

인민군대는 낙동강 계선까지는 승승장구 줄달음질치듯 전진했지만 낙동강 계선에서 호되게 반공격을 당하고 유엔군의 인천 상륙에서 서울을

빼앗기니 이제는 패잔병이 되어 군대 질서를 잃고, 산협을 타서 소부대
별로 퇴각하고 있다는 것을 이 신병들은 아직 모르고 있었다. 그러나 사
단 지휘부 성원들인 사단장, 정치부장, 참모장, 후방부 사단장은 앞으로
몇 시간 후가 될지, 며칠 후가 될지 모르는, 닥쳐올 폭풍에 대해 애간장
을 말리며 속을 태우고 있었다.

제30민청보병사단은 임진강 계선에 도착하자, 서울이 벌써 적에게 탈
취 당한 이상 그 계선에서 방어 태세를 준비하는 것이 유리하다고 결정
하고 방어 대열을 편성했다. 비록 탄약은 없었지만, 탄약이 도착할 것이
라는 믿음을 가지고 전투 규정대로 사단 방어 전면은 20Km, 두 개 연대
의 전면은 10Km씩 임진강에서 적의 도하가 가장 유리한 정반대 방향에
배치했다. 1개 연대는 후방 사단 지위와 똑같이 예비로 약 7Km 떨어진
곳에 배치하였고 통신망을 설치했다. 전면에 두 연대가 배치된 상황에서
1연대 정치부장이 사단 지휘처 대표로 자원하여 내려가 있었고 제2연대
에는 사단 군사부사단장이 내려가 있었다.

두 개 연대는 임진강 계선을 따라가며 약 20Km 거리에 전호들을 3
열로 100미터 간격을 두고 팠다. 전호 파기에는 군 인민위원장에게 부
탁하여 전체 군에서 일할 만한 성인들을 다 동원시켜 일주야에 걸쳐 다
파냈다. 그런데 당시 전선 사령부는 서울이 떨어진 다음 철원에 들어가
있었던 바, 그 곳으로 사단장과 정치부장이 밤에 찾아갔었다. 전선사령
관 김책은 없고 민족보위상 최용건 차수와 소련 고문 두 사람이 있었
으나, 탄약이 운송되고 있다는 정보는 받지 못했다. 사단장이 사단 상
황에 대한 보고를 한 다음 어떻게 하였으면 좋겠는가 하고 보위상에게
물으니 그가 말하기를 방어 진지를 잡고 탄약을 기다리라는 것이었다.
그러다가 탄약이 도착하지 않은 형편에서 적이 공격하면 어떻게 하겠
는가 하는 질문에 전선사령관이 도착한 다음 차후 지시를 내리겠다는
것이었다.

사단장이 보위상의 지시를 받고 있는 곳에서 얼마 떨어지지 않은 거

리에 전선 정치국이 있었다. 전선 정치국은 서울이 미군에 의해 떨어지기 전 까지는 서울 창경원에 있었는데 전선 정치국장은 큰 김일이었고 부국장은 작은 김일이었다. 당시 전선사령관 큰 김일은 낙동강 계선에서 아직 돌아오지 않아서 박춘 정치부장은 작은 김일 정치 부국장을 만나게 되었다.

그 자리에서 제226 인천 해안 방어 여단 정치부장 장학봉도 만나게 되었다. 당시 장학봉의 형편도 박춘 정치부장의 형편과 유사하였다. 박춘의 사단 성원들은 38선 이북의 민주당 등 제 정당과 민청 등의 청년들로 구성된 연합부대였으며, 비록 탄약은 받지 못하였지만 훈련은 한 대원들이었다. 장학봉이 이끌던 인천 여단 성원들도 인천에 유엔군이 상륙할 때 거의 다 영웅적 결사전에서 장렬한 죽음을 한 다음, 불과 50명이 남은 여단 지휘부 성원들이 서울로 들어와 전선사령부의 명령으로 서울시 청년들로 구성된 보충병 700명을 받아, 임진강 계선 연천군에서 훈련을 하고 있었다. 그런데 그들 역시 아직 아무런 무장도 탄약도 받지 못하던 형편이었던 것이다. 장학봉의 여단에는 인천 전투장에서 가지고 나온 자동총 수십 자루와 소련제 보총몇 자루, 76미리 사단포 1문이 있었을 뿐이었다. 군복은 역시 증병시 한 벌씩 얻어 입은 하복뿐이었다.

박춘 부대와 장학봉 부대의 성원들 대부분의 출신 성분이 소상업가, 이발사, 취사원, 요리사 등이었고 일반시민들이었던 바, 인민군에 편입되어 전쟁에 참가하여 영웅심을 발휘할 기회를 믿고 입대한 청년들이었다. 때문에 이들은 인민군 상황이 변하여 후퇴하기 시작하는 것을 알게 된 후부터는 밤이면 자기 병영을 탈출하여 도망칠 각오를 하고 있었다. 이런 환경에 처하여 있는 이들은 공화국을 수호할 기본 병력이 될 수 없었다. 오히려 그들을 잃어버리지 않기 위하여 수비해야 되는 형편인지라 마치 포로병 집단을 보호하는 것과 유사하였다.

두 연합부대 정치부장은 전선 정치 부국장과 점심식사를 같이하면서 이런저런 상황에 대하여 이야기를 나누었다. 세 정치책임자들의 가족은

1950년 여름. 중앙당학교 강좌장으로 근무할 때 부인 강 나쌰와 같이 찍은 사진

아직까지 평양에 있었으나 벌써 서울이 함락되었다는 소문이 난 다음부터는 가족 후송에 급급하고 있었다.

소련 출신 간부들의 가족은 전쟁이 시작되자, 포격이 없고 안전한 함북·평북·자강도 등에 후송하였다가 유엔군이 거기까지 들어온다는 소문에 만주지역인 목단강·연길·용정·하얼빈시 등에 후송하기로 당 중앙은 결정하였다. 때문에 전선에 나와 활동하고 있은 간부들은 가족에 대한 근심은 없었다.

1950년 9월 28일 저녁 6시경이 되어서야 두 정치부장은 작은 김일과 헤어졌다. 박춘 정치부장은 사단장과 같이 철원 전선사령부에 와서 아무런 문제도 해결하지 못한 채 사단방어 계선으로 돌아가게 되었다. 이런 환경에서 결심한 것은 간단했다. 상황을 보아서 사단 지휘부 자체의 결정대로 행동해야 된다는 것이었다.

두 사람은 계선으로 돌아오면서 탄약을 받지 못하는 환경이었지만 연합군을 임진강 이북으로 못 들어오게 배수진을 치겠다고 약속하였다. 이것은 탄환이 없는 전쟁인 창격전인데, 창격전이란 100년 전에는 가능한 전술이었으나 20세기 중엽인 지금에 와서는 무의미한 죽음의 전술이었다. 당시 전투장에서 유엔군들이 1초에 1Kg의 탄환을 북한군에게 내뿜고 있는 상황에서 어떻게 창격전에 대한 말이 있을 수 있겠는가 말이다. 몇몇 전사들이 자신의 부지런함에 따라서 몇 개의 탄환은 장만하였다 하더라도 그것을 가지고 중무장한 유엔군 앞에서 방어란 말도 안 되는 소리였다. 사단장과 정치부장의 결심은 연합부대의 무의미한 멸망으로 가는 것임을 확연히 느끼게 되었다. 전장에서는 정치적 각성이나 수령에게 대한 태산 같은 충성심만으로는 적의 탄환을 막아낼 수 없는 것이었다.

자신의 방어 진지에 도착하자, 박춘 정치부장은 지휘관들과 연합회의를 열고 철원 전선사령부에 갔던 이야기를 전했다. 그리고 돌아오는 길에 사단장과 약속했던 이야기를 한 다음, 각 중대별로 군무자 총회를 열고 수령에게 들이는 맹세문을 접수하게 하였다.

박춘 정치부장은 소련 조국전쟁 시기에 소련의 수도로 공격하여 들어오는 파쇼 독일 강점자들의 공격을 좌절시키고 도망치게 했던 빤필로브 부대 성원들의 실례를 들어 그렇게 행동할 것을 계획하였다. 그러나 소련 조국전쟁과 북한의 현재 전투상황은 전혀 정반대의 조건이었다. 빤필로브 부대 전사들에게는 무장과 함께 탄약이 얼마든지 있었다. 그들은 산더미처럼 쌓인 탄약으로 쳐들어오는 탱크 중대를 멈추게 하였고 대타격을 주어 도망치게 하였다. 이런 상황에서는 죽음을 겁내지 않은 용감성을 가지고 달려드는 탱크에 사격만 하면 되었다. 그러나 30민청보사 1연대 성원들에게는 포도, 기관총도 없었고 몇 개의 수리탄과 창을 끼울 수 있는 보총 뿐이었다. 그때 만약 탄약이 있었다면 문제가 달랐을 것이다.

철원에서 연합부대 방어 계선으로 귀환할 때 사단 정치부장과 굳게 결심한 사단장의 말은 적이 코앞에 다가와 임진강을 도하하며 전면적 공격 준비 포사격을 할 때 변하였다. 정치부장에게 적에게 연대 방어 계선을 신속히 내어 주고 역량을 보전할 목적으로 사단 예비 계선으로 후퇴하여 들어오라고 명령하였다. 명령은 쪽지 형식으로 써서 급히 자기 부관을 보내 전달하였다.

전쟁이란 일정한 법이 있는지라, 적이 먼저 10~15분을 포사격을 한다는 것은 공격을 예상한 준비사격인데 이때에 자기 전호들에 잠복하여 적의 공격을 기다리고 있는 아군을 후퇴시키면서 적을 향해 총을 쏘던가 창으로 찌를 방어를 갖추는 것은 흐린 진흙탕에서 물고기를 잡는 것이나 별반 차이가 없을 것이다.

박춘 정치부장은 급속히 연대장을 불러 간단히 편지 내용을 이야기하니 연대장은 군사간부라서 그런지 그것은 절대 안 된다고 하였다. 연대를 후퇴시키자면 적어도 두 시간이 요구되는데 이런 상태에서 연대 병력을 일으켜 세워 후퇴한다는 것은 전체 성원들이 오합지졸처럼 우왕좌왕하게 만든다는 격이니 죽더라고 방어 계선의 진지를 차지하고 접근하는 적을 죽이면서 피 값이나 하고 죽어야 한다고 했다. 그 말에는 박춘도 동의하면서 자신도 그렇게 생각한다고 하였다.

연대장은 그 즉시 적을 잡으면 먼저 무기부터 빼앗아 다른 적들을 살상할 것을 각 전호들에 지시했다. 연대장의 명령은 전면 전호들에까지 순식간에 전달되었다. 전사들의 사명은 포사격 시기에는 더 말할 것도 없지만 적들이 육박하여 들어 올 때에도 머리를 들고 먼저 일어서지 말고 숨어 있다가 적이 가까이 접근하면 일어서서 창으로 찌르라는 것이었다. 물론 적은 자동총을 쥐었으니 사격할 것은 기정 사실이었다. 그러나 손을 재빨리 쓰면 적보다 먼저 민첩한 동작으로 그 적을 살상할 수도 있을 것이라는 명령이었다. 이런 전술은 마지막으로 할 수 없는 환경에서 죽음과 죽음을 바꾸는 전술이었다.

적은 임진강에 접근하여 자유롭게 활동하면서 임진강 도하를 준비하고 있었다. 제30민청보사는 이런 모습을 뻔히 보면서도 애통하게도 포 한방 발사 할 수 없었다. 일년 동안이나 면밀하게 준비한 유엔군 부대들은 제1연대와 제2연대 정면에서 도하를 시작했다. 이때 이미 제2연대는 자리를 떠서 후퇴하여 5Km 이상 후방에 들어갔고, 제1연대는 사단장의 후퇴 지시가 내리기 전에 벌써 진지를 내주고 연대장 결심에 의하여 퇴각하였다.

적의 정보력은 대단하였다. 그들은 벌써 어느 사이에 그것을 알고 제2연대 정면에 주력을 배치하여 전진했다. 제1연대 정면에는 부차적 역량을 배치하여 가능한 정도에서만 공격하면서 그 연대가 자기 역량을 발휘할 수만 없게 하면서 제자리에 멈춰 있게 하고 좌측 저항력이 없는 제2연대 진지를 통하여 사단 예비 계선으로 접근하면서 제1연대를 우회 포위하는 전술을 꾸미는 것이었다.

적들이 그렇게 계획하고 공격해 와도 연대는 머리를 들그 일어 설 수 없어 계속 적의 공격만 기다리면서 매복한 채로 잠자코 있었다. 적은 정면으로 측면으로 후방으로 삼면 공격을 하여 제2연대에 섬멸적 타격을 주고 있었다. 연대는 완전히 패망 당하고 몇 명 남은 성원들이 패잔병으로 무질서하게 퇴각하였다.

바로 이 전투에서 정치부장 박춘이 장렬하게 전사들과 같이 전사하였다. 연대장도 같이 전사하였다. 이 날이 1950년 10월 5일이었다. 사단 정치부 성원들은 후퇴하는 전사들에게 박춘에 대하여 물으니 그들은 대답하기를 사단 정치부장과 연대장은 전사들과 나란히 일어서서 적을 향해 나가면서 권총으로 몇 번 발사하고 그 자리에서 전사하였다고 말했다.

그 이후 제30민청보사는 나머지 2개 연대 성원들을 데티고 행군하여 평양 방어전에도 참가하지 못하고 평남 숙천에 도착하였다. 그들이 숙천에 도착한 그 이튿날인 1950년 10월 12일에 숙천에 유엔군 낙하산 부대가 수없이 낙하하였다. 이 낙하산 부대도 벌써 그 곳에 집결한 제30민청보사가 탄약 없는 비병력 집단이란 정보를 잘 탐색하고 군사 행동을 하였던 것이다.

제30민청보사 2개 연대는 이 낙하산 부대가 착륙하는 바람에 완전히 붕괴되어 성원들의 반 이상이 도망쳤고 나머지는 무질서하게 안주군 운곡면에 도주하여 매복하여 있었다. 이렇게 제30민청보사는 끝내 제대로 된 전투 한 번 없이 존재를 끝마치고 나머지 패잔병들은 후퇴 과정에서 최고 사령부의 명령에 따라 다른 연합부대들에 편입되고 말았다.

박춘 정치부장의 가정에는 아들 형제와 딸 하나가 있었다. 박춘의 부인 강나쌰는 근본 직업이 교원이므로 전쟁시기에는 후퇴하여 임시로 가 있던 하얼빈 시에서 노어 교원으로 일하였으며, 정전 이후에는 다시 평양에 나와 교육을 노어로 하고 있던 6고중과 교원 대학 등에서 노어 교원을 했다. 그녀는 1956년에 부모들과 친척들이 살고 있는 소련에 돌아왔다.

소련에 돌아온 후 모스크바시에서 박춘에 대한 전반적 수속을 한 다음, 강나쌰는 유가족으로써 특별한 우대를 받아 국가 보조비, 사택보장, 취직문제, 아이들의 학업 문제 등을 해결하고 우즈베키스탄 공화국 타슈켄트시로 오게 되었다.

타슈켄트시에서는 뽈릿오젤 꼴호즈에 강나쌰의 부모들이 있었으며 박춘의 친형, 친누이, 조카들이 상당수 있었다. 강나쌰는 미망인이었지만 외롭지 않았으며 어려운 순간에는 여러 사람들로부터 물심양면의 도움을 받을 수 있었다. 그녀는 1985년까지 타슈켄트 여러 고중에서 교원으로 일하다가 지금은 공훈 연금생으로 휴식하고 있으나 벌써 5년째 중환인 고혈압으로 신음하고 있다.

현재는 막내딸인 쑤웨따하고 같이 살고 있다. 아들들은 전부 대학을 나와서 장남은 사업가로, 차남은 전공으로 산업기관에서 일하고 있다. 유가족 후원회 성원으로 조국 통일에 대한 염원은 잊지 않고 있다.

1995년 12월 11일 타슈켄트서 박 안똔니나 이와놉나(박춘의 누이)

박 태 준
(1915. ? ~ ?)

전 노동성 부상

박태준은 1915년에 원동변강 연해주 씬두힌까 촌에서 태어났다. 그는 최우등 성적으로 향촌 농민 청년 초중을 졸업하고 1934년에 원동변강 워로실로브시 조선인 사범전문학교에 입학하여 1937년에 필하였다.

1937년 한인 강제이주 시기에 박태준은 우즈베키스탄 호레즘 시에 도착하여 교편을 잡고 일하면서 호레즘 사범대학 통신학부에서 공부하였다. 박태준은 사범대학을 졸업한 후, 타슈켄트 주 '노웨뿌찌' 꼴호즈에서 중학교 교원으로 일하면서 방옥순과 결혼하였다.

박태준은 1945년 북한으로 파견되었다. 그는 1945년 9월 말에 집을 떠나 원동변강 연해주 크라쓰끼노 시에, 다른 지방에서 징병된 조선 청년들과 함께 52명으로 구성되는 특별조로 도착하였다. 그들은 타슈켄트 주 군사동원부로 불리는 소련군 군관 미하일로브 상위의 호송을 받아 움직였다.

크라쓰끼노 시는 1937년 조선인들의 강제 이주가 시작되기 전까지는 옌추영이라고도 불리었다. 조선인들이 가장 조밀하게 살고있던 뽀시예트 구역 중앙 소재지다. 이 곳은 1937년 7월에 소련 최고 소비에트 상임위원회 정령으로 조선민족 자치현으로 선포되었으나, 그 해 8월 21일에 조선족 강제이주에 관한 소련공산당중앙위원회, 소련내각의 결정으로 말미암아 정령은 실천에 옮겨지지 못하고 강제이주를 당하게 되었다.

그때 당비서 김아파나(아주 위력한 공산주의자로서 1921년에 박진순과 함께 모스크바에서 레닌과 상봉하였음)는 스탈린의 무법독재정책에 의하여 박진순과 같이 검거 처단되었다.

크라쓰끼노 시는 약 10Km도 되지 않는 멀지 않은 거리에 뽀시예트라는 큰 항구를 끼고 앉은, 아주 살기 좋은 지역으로서 북한 함경북도 해변가를 끼고 있는 청진, 나진, 주을 등의 도시와 비슷했다.

박태준은 예전의 원동변강과 같은 기분을 느끼지 못하고 다만 끊임없이 대오를 지어 밀려오는 일본 포로병들만 만났다. 그들은 하전사들, 군관들, 또 결사대 성원들, 고급 군관들을 집단별·계급별로 구분하여 보호하고 있었으며, 포로병들 중에는 조선인 포로병들도 따로 있었다. 전부 자신들의 지휘관 구령을 기다리지 않고 소련 장교들의 명령만 기다리고 있었다.

박태준은 처음에 조선족 군인들을 찾아보려고 노력하였으나 그들은 일본말 외에는 모르는 고로 아무런 효과도 보지 못하고 '다만 어디로 가는가? 당신들의 부락이 어디에 있는가?'라는 몇 마디만 들을 정도였다.

박태준은 고향에 왔으나 그 곳에 살고있는 조선인들은 한 명도 없는 관계로 러시아인 가정을 찾아 들어가서 동의와 동정을 받고 역전 부근에서 팔고있는 청어와 굵다란 황어 몇 마리 사다가 여러 친구들과 같이 끓여먹으면서 예전의 원동변강 기분을 내어보았다. 저녁 늦게 박태준 일행의 행군은 다시 계속 되었다. 그들은 군인전용 화물 자동차를 타고 동만주 훈춘에 도착하였다. 훈춘 역전은 얼마 전에 군사 행렬이 지나간 흔적이 뚜렷했다. 군인들이 사용하던 화물자동차 안에는 각종 탄알깍지들과 사용하지 않은 탄알, 무기들이 무더기로 있었고, 역전에는 각종 군용기재와 무기를 적재한 차량들이 무수히 왕래하고 있었다. 파괴된 차량들과 화물 자동차도 무질서하게 여기저기 널려 있었다.

크라쓰끼노 시에서 저녁에 화물차를 타고 출발하여 다음날 도착한 훈춘은 소련 땅으로부터 150Km 정도의 지역에 격리되어 있는 외국 땅이

박태준과 방옥순. 그리고 아들

었다. 박태준은 태어난 후 처음으로 그렇게 먼 외국 땅을 밟아 보았지만, 그 곳 지명들은 어렸을 때 많이 들었던 관계로 외국이란 느낌을 별로 느끼지 못하였다. 역전에서 멀지 않게 단층 살림집들이 많이 줄지어 있었고, 고층 건물은 하나도 없었다. 작은 이층 살림집이 서너 개 보였을 뿐이었다.

일행은 그 곳에서 객차에 옮겨 앉은 후, 조선을 향하여 남으로 출발하였다. 그 지역은 소련지역 우쑤리스크에서 크라쓰끼노 사이의 지형과 똑같았다. 1937년대 강제이주로 인하여 조선사람들이 내버리고 간 석마칸, 집방아간, 초가집들이 많이 무너지고, 마른 쑥밭이 보이였다. 석마칸에는 석마돌 위에 구블돌이 기차를 타고 가는 일행을 처량하다는 듯 바라보고 있는 것처럼 느껴졌다. 파괴된 농촌은 그리 많이 보이지는 않았으나 강제이주 전 소련의 윈동변강처럼 매 집단경리 부락 모양으로 아담하고 윤택하지 못하였을 뿐만 아니라 그 자유롭고 부드러운 목청으로 흘러나오는 율동스러운 노래 소리도 들을 수 없었다.

일행은 훈춘을 떠나 약 2시간 후 두만강 역에 도착하였으며, 점심시간이 되자 북한지역 후릉 시에 이르렀다. 시 인민위원회 간부들과 몇몇 인사들이 박태준 일행을 소련에서 온 해방군으로 따뜻하게 접대하며 국수 집으로 데려가서 먹였다. 소련에서 출발한 일행은 집에서 출발한 지 근 1개월만에 순 조선음식을 아주 맛있게 먹으면서 지방인민들과 더불어 좌담회를 가지며 기쁜 마음으로 의견들을 나누었다.

좌담회 참가자들 중 일부 노인들은 예전에 윈동변강 연해주 등지에 가서 살다가 온 사람들도 있었던 바, 그들은 러시아 말도 아주 잘하였으며 소련군 선발 부대의 통역원으로 청진 계선까지 나갔다가 집에 돌아왔다고 하였다. 소련에서 온 일행은 난생 처음으로 선조들의 고향 땅, 조선 땅을 밟아보고, 또 인민들에게서 따뜻한 접대도 받고 저녁이 되자, 다시 훈춘에서 타고 온 차량들을 소련군 열차에 연결해 타고서는 회령 방향으로 출발하였다.

기차가 움직이는 일정한 시간표가 없어서 여유 시간을 이용하여 움직이며, 연료도 제 때에 공급되지 않았던 관계로 타고 가던 열차는 가다서다 하면서 아주 지루하게 움직였다. 열차 차량 두 개에는 박태준 일행이 탔고, 나머지 차량은 피난민들로 가득 들어차고도 모자라 차량 위에도 사람들로 만원을 이루고 있었다.

이런 형편에서 열차는 그 다음날 저녁에야 회령읍에 도착했는데, 지방 인민들은 소련으로부터 해방군이 온다는 소식을 듣고 모두들 기다리고 있었다. 열차가 도착하자, 일행은 영접군의 인도 하에 커다란 음식점에 자리를 잡고 간단한 연설들을 주고받은 후 아주 반가운 담화와 식사를 했다. 이렇게 박태준 일행은 각 군 소재지와 큰 도시 등 가는 곳마다 아주 반가운 환영을 받았다. 따라서 축하 연설도 많았다.

1945년 11월 중순, 박태준은 평양에 도착했다. 그는 소련사령부 정치부가 발간하는 '소비에트 신문사'에서 교정원으로 일하다가 1946년 7월부터 출판물 검열국에서 상급 검열원, 검열국 부국장 직위에서 사업하였다. 1947년 박태준의 처가 맏딸 시나를 데리고 북한으로 들어왔다.

6·25 동족상잔이 일어나고 정전이 된 이후 박태준은 노동성 부상으로 1960년 6월까지 당과 국가에서 맡겨진 임무에 충실히 실행했다. 그러나 사상검토 운동 시기에 소련파를 모조리 청산 감금하는 시기에 박태준은 부상직위에서 철직되고 노동당에서 엄중 경고, 책벌을 받고 함흥시 사범대학 부학장으로 좌천되었다. 함흥에 내려보낼 때 그들은 박태준에게 어루는 듯 말했다.

방옥순과 자식들이 함께
찍은 모습

"거기에 가서 약 2년만 일하면 다시 중앙에 올라와 종전 직무에 회복
된다."

그러나 4년이 지나면서 사상검토는 다시 더 심하게 되면서 희한한 논
리에 걸려들었다.

"사상검토에 처벌받은 간부로서 젊은 세대들의 교육자로 도저히 일할
수 없다."

그런 결론을 받아 함경남도 고원군 탄광에 부지배인으로 또 좌천되었
다. 그러다가 아들 형제들이 전부 소련에 가서 유학한다는 것을 알게된
다음부터는 '사대주의', '소련사상이 농후하다' 등의 이런저런 이유를 붙
여 탄광 노동자로 내려보냈다.

박태준과 그의 처는 그 후, 탄광 간부 사택에서 쫓겨나 고원군 수동
노동자구로 이동하여 가서 살면서, 처는 1975년까지는 2~3년에 한번씩
타슈켄트 주에 살고있는 친척들을 찾아와 돈, 옷가지, 양식 등을 얻어가
곤 하였다. 그러나 1975년 이후에는 친척들이 수 차례에 걸쳐 친척 방문
초청장을 보냈으나 박태준과 그의 처에게서 아무런 소식도 없었다. 아들
은 부모들의 현주소였던 '함경남도 고원군 수동 노동자구 91반'에 재차
편지를 보냈더니 그 곳에서 회답이 오기를 '본 주소에는 박태준과 방옥

순이 살지 않고 다른 주소로 옮겨갔는데 그 주소는 행방불명이다'라고 적어 보내왔다. 이런 편지를 받은 아들은 평양주재 소련대사관, 모스크바 주재 조선대사관, 또 우즈베키스탄 외무성에 등에 편지를 보내어 행방불명된 부모를 찾아달라고 요청했다. 그러나, 모든 기관들에서는 모두 한가지 내용의 대답이 왔었다.

"당신네 부모들의 행방을 확인할 수 없다."

우즈베키스탄 공화국 외무성은 공식적 질문으로 박태준의 행방을 물었다. 평양주재 소련대사관 총영사 웨웨 꼬스낀과 조선민주주의인민공화국 외무성 국제관계국장 리부역과의 담화가 1978년 정월에 있었다. 그러나 아들에게는 조선 측에서 아무런 확정적인 대답을 주지 않았기 때문에 명확한 것을 전할 수 없다는 회답이 왔을 뿐이었다.

부모를 잃은 4남매는 소련 땅에 와서 유학하고 모두 대학들을 필하고 남부럽지 않게 가정들을 이루고 산다. 어느덧 할아버지 할머니가 된 4남매는 부모들을 영원히 잊을 수 없다. 북한에서 소련파라는 이유하나로 누명과 오명을 쓰고 15년간 고생하면서 숙청되어 전혀 소식이 없는 가운데서도 4남매는 지금도 부모를 만날 날을 기다린다. 호호백발이 되어 가는 나이인데도 말이다.

이것은 북한 김일성 독재체제가 꾸며낸 악랄한 정권 유지 정책에 희생된 애꿎은 사연이라고 보기엔 너무도 어이가 없는 일이다. 북한은 박태준과 그의 처가 행방불명된 일에 대하여 명백하고 명확한 해명이 있어야 하며 오늘도 그들의 자식인 남매는 원인규명에 계속 노력하고 있건만 북한 정부는 가타부타 말이 없다.

1999년 8월 20일 타슈켄트에서 박 라리사

박 태 화
(1920. 2. 10 ~ ?)

전 내각직속 인민경제대학 부교장

박태화는 1920년 2월 10일에 원동변강 나제센쓰크 구역 얼두거우촌에서 태어났다. 향촌에서 초중을 졸업하고 군 소재지 나제센쓰크에서 고중을 나온 후, 원동변강으로부터 한인 강제이주 이후 카자흐스탄 공화국 크슬오르다시에서 사범대학 역사학부를 졸업하였다. 사범대학을 졸업한 다음 1940~1947년 사이에 크슬오르다 주 여러 지방과 크슬오르다 시내의 여러 고중과 전문학교 등에서 역사과목 교원으로 일하였다.

1948년에 소련공산당중앙위원회의 결정에 의하여 국제공산당 임무 수행을 위하여 북한으로 파견되어 나갔다. 북한에 도착한 박태화는 처음에는 당중앙위원회 당학교에서 상급교원으로 시작하여 교무주임을 역임하고 1951~1953년까지는 교장으로 일하였다. 이어서 1953~1958년 사이에는 내각직속 인민경제대학에서 부교장으로 일하였다.

박태화는 1958년 말 소련으로 귀환하였다. 소련에 돌아온 박태화는 모스크바에서 문건 수속을 밟은 후 카자흐스탄 공화국 알마아따 시에 정착하게 되었으며, 1962년에 알마아따 시 고급 당학교를 졸업하였다. 졸업 후 알마아따 국립종합대학에서 철학부 상급교원, 부고수로 1975년까지 근무하였다. 1975~1985년 기간에는 동부 카자흐스탄 주 우쓰찌 짜메노골쓰크 시에서 레닌 종합기술대학 부교수 겸 학부장으로 일하였다.

박태화는 1985년에 공화국 개별적 공훈 연금생으로 넘어가게 되었다. 그는 12권 이상의 과학기술전문 책들을 발표하였다. 한편 북한에서 일할 때 국기훈장 2급을 비롯하여 자유독립훈장 메달을 수여 받았으며 소련 정부로부터도 '위대한 조국전쟁 시기의 영웅적 노력 위훈' 등 10여 개의 메달을 수여 받았다.

1999년 12월 20일 타슈켄트에서 장학봉

박 형 식
(1909. 1. 18 ~ 1979. 11. 6)

전 평양사범대학 학장

박형식의 본명은 박 뾰뜨르 가브릴로위치이다. 그는 1909년 정월 18일에 원동변강 쑤찬 구역 노보리똡스크 촌에서 박창극의 장남으로 태어났다.

아버지 박창극은 1891년에 원동변강 우쑤리 구역 옌추영 촌에서 제정 러시아 국적을 받은 원호 가정에서 탄생하였다. 그는 신학교와 꾸스크 시의 사범전문학교를 졸업한, 당시 한인들 중에서 노어를 매우 잘 하던 유식한 인텔리였다. 때문에 사전을 마감한 박창극은 1916년 정규군에 동원되기 전까지 군 민관 아래 비서로 있었다. 그는 군대에 가서도 사병들의 신임이 높아서 1917년 2월 혁명 이후 군인 혁명 위원회 위원으로 선출되었다. 당시 전투 부대에 배속되어 제1계선에서 독일군과 전투 활동을 하고 있던 박창극은 같은 해 7월에 중상을 당하여 원동변강 우쑤리 시에 후송되었다. 그는 2개월 후 완치되었으나 국가검진위원회의 결정에 따라 제대되었다. 이후 원동변강 한인협회 책임비서 및 원동변강 공화국 인민혁명군 정치지도부 지도원, 혁명 군사위원회 한인 위원회 비서로 일했다. 원동변강에서의 공민 전쟁이 끝나고 소비에트 주권이 확립된 다음에는 1937년까지, 즉 한인 인텔리들에 대한 스탈린의 전반적 탄압이 시작될 때까지 당 단체들과 소비에트 기관들에서 책임적 일을 하였다.

박형식은 1916년부터 소학교에 다니기 시작하였다. 그 해에 아버지가 제정러시아 군대에 징병되자, 집에서 그리 멀지 않은 곳에서 교원노릇을 하고 있는 삼촌 집에서 공부를 계속하게 되었다. 박형식은 원동변강에서의 인민생활이 안정되고 아버지가 집에 돌아오자, 스꼬또브 시로 다시 돌아와 1925년에 초중을 졸업하게 되었다. 초중에서 공부할 때 박형식은 소년단에 입대하였으며, 초중 졸업반 때에는 혜인 공산 청년회에 입회하였다.

박형식은 1925년 가을에 블라디보스토크 사전에 입학하여 1929년에 필하였다. 1929년부터 1931년까지 소학교 교원으로 일한 다음 1931년에 블라디보스토크 한인사대 통신학부에서 공부하기 시작하여 1935년에 역사 지리학부를 졸업하였다. 박형식은 사대 통신학부에서 공부하면서 1931년부터 1935년까지 쓰빠쓰크시 초중에서 지리학 교원으로 있다가 마지막 2년 동안은 교장으로 일하였다. 1932년 박형식은 리 쏘피야 알렉산드로나에게 장가를 들어 가정을 꾸리게 되었다. 1936년 3월부터 1937년 9월 강제 이주를 당하는 날까지 쓰빠쓰크 시교육부 학감으로 일하였다.

박형식은 우즈베키스탄 공화국 페르가나 시로 강제 이주된 후 10월부터 1940년 7월까지 페르가나 시 교육부 교육과장 겸 시학으로 일했다. 1943년 7월까지 페르가나 도교육부 간부과장, 1944년 11월까지 도교육부 부부장으로 일했다. 이 해 12월부터 1945년 10월까지 페르가나 시 인민위원회 대열 보충부장으로 일하였다.

박형식은 1945년 10월에 소련군에 징병되어 원동변강 연해주에 도착하였다. 11월에 소군 제25군단 소속으로 북한에 들어와 북한 소련군 민정사령부 통역원으로 복무하였다. 1946년 6월부터 1951년 9월까지 북한 내각직속 고급지도 간부학교 세계경제 지리교원으로 2년간, 교장으로 3년간 근무했다. 1951년 9월부터 1952년 12월까지는 교육성 차관을 지냈고, 1953년 1월부터 1961년 4월까지는 평양사범대학 학장으로 일하였다.

박형식은 북한에서 사업할 때, 모범적인 교육일꾼으로서 국제평화옹호 투사들의 선열에서도 진실한 평화주의자로서 평화 사상을 꾸준하게 선전하였다. 그는 평화 애호 투사로써 북한 인민의 대표로써 수차 국제평화옹호기구 회의에 참가하면서 평화사상을 더욱 강하게 가지게 되었다. 박형식은 1947년 체코에서 진행된 제1차 평화 대회에 참가하였으며, 1950년에는 파란에서 열린 국제 평화옹호자들의 대회에 참가하였다.

파란 평화옹호자들의 대회가 끝난 다음, 전체 대회참가자들에게 1941년 히틀러 강점자들이 파란을 점령하였을 때 수없는 유태인들을 학살한 오스뺀찜 강제 수용소에는 연로한 유태인들이 학살당할 때 남겨 놓은 지팡이만도 5만개 이상이었으며, 10세 미만 어린이들의 신발만 하여도 50만 켤레 이상이었다고 주장하였다. 박형식의 귀환 보고와 그 후 계속 출연한 강의 자료에 의하면 파쇼들은 이렇게 잔인 무도하게 평화로운 백성들을 학살하였다. 때문에 박형식은 파쇼들은 다시 이 세상에 소생해 나지 못하도록 인간 사회는 투쟁해야 되며, 전쟁이란 언제나 인간에게 무한한 고통과 경제 파산을 주기 때문에 이 세상에서 전쟁을 근절하며 그 전쟁이 발생할 수 있는 근본을 청산하여야 된다고 언제나 강조하였다.

박형식이 이런 강의를 계속하며 내각중앙 간부학교에 있을 때, 바로 남북의 전쟁은 계속되고 있었으며, 늙은이들의 피도 어린 아이들의 피도 계속 흐르고 있었다. 그러나, 북한의 공산주의 교육강령은 전쟁을 두 종류로 분별하여 정의의 전쟁과 반정의의 전쟁으로 갈라놓고, 북한이 남한을 반대하는 전쟁은 정의의 전쟁으로 명명하고 다음과 같이 선전하였다.

우선 남이 북침하였기에 북은 자기 나라를 옹호하고 인민을 옹호하기 위한 정의의 전쟁을 하는 것이라고 선전했고, 둘째로 남한에는 외래 침략자 즉 미군이 주둔하고 있기 때문에 북한은 자기 조국을 해방하기 위한 전쟁을 하는 것이기에 정의의 전쟁이라고 선전하였다. 그 전쟁이 남침으로 시작된 것과 남한의 미군 주둔은 유엔 안보리이사회의 결정에 의해서 이루어진 것을 북한 인민들은 모르고 있었던 것이다. 이런 이론에 근거하여 북한은 언제든 적당한 환경만 조성되면 정의의 전쟁을 일으켜 남한을 미제국자들의 강점에서 해방시켜야 된다고 강조하였다.

1960년경 소련파에 대한 사상검토가 거의 끝나가고 가고 있을 즈음, 박형식에 대한 사상검토가 시작되었다. 사상검토 회의는 사대 교직원과 노동당 열성자들이 전원 참석한 자리에서 열렸다. 근 1개월간 박형식의 당 및 개체 생활에서의 결점에 대하여 토론하라고 회의참가자들을 졸라댔으나 어느 누구도 반대의사를 토론하는 사람은 한 명도 없었다. 허가이, 박창옥, 박영빈 등 반당종파분자들의 어떤 지시를 받았으며, 소련 관료주의 사대주의 종파주의에 의하여 어떤 해독 사업들을 하였는가 하는 물음에 박형식은 어떠한 유해한 반당적, 반인민적 해독 사업을 한 일이 없다고 주장하였다.

박형식은 기실 평화옹호자들의 대회들에 참가하고, 특히 파란 오쓰뺀찜 강제 수용소를 참관 한 후 견결한 반전·평화옹호자가 되었다. 전쟁이란 어떤 전쟁을 막론하고 백성들을 피 흘리게 하며 경제파탄을 만들어 사회 발전에 지장을 준다는 사실은 무조건적 철칙이란 것을 똑똑하게 인식하였기 때문이었다. 그러나 사상검토 지도자들은 자기들의 마르크스 레닌주의 철칙에 입각하여 박형식에게 죄를 씌울 수 있도록 자료를 꾸며내어 범죄사실이 있음을 강압적으로 추궁하였다. 그들은 박형식에게 이렇게 질문했다.

"왜 당신은 당의 노선과 정책을 왜곡하는 강의를 간부들과 대학생들 앞에서 계속 하고 있는가?"

그런 어이없는 질문에 대하여 박형식은 대답했다.

"나는 당정책을 왜곡하는 강의는 절대로 하지 않았다."

박형식의 대답에 당 사상 검토지도원이 다시 물어왔다.

"당신은 자신의 강의에서 '우리는 모든 전쟁을 반대하여 투쟁하여야 되며 전쟁이 발생 할 수 있는 기본 원인을 청산하여야 된다'고 강조하고 있지 않는가?! 이것이 반당 노선이자 반당 정책이 아니고 무엇인가? 우리는 노동당원으로써, 김일성 동지의 혁명 사상의 군인으로써, 남한을 미제국자들의 손에서 해방하기 위하여 정의의 전쟁을 필연코 하여야 되지 않는가?"

그러면서 그는 박형식을 반당종파분자라고 낙인하였다.

박형식은 자기의 반전 사상이 논리 정연한 철칙이라는 것을 확연하게 알면서도 당 사상검토 지도자 앞에서는 그것을 다시 주장하는 것이 어불성설임을 깨달았다. 이렇게 당 사상검토 회의는 연속 2개월간이나 계속되었으나 사대 교직원, 노동당원들은 어떤 정치적 문제로도 박형식을 비판하지 않았으며 몇몇 당원들은 오히려 박형식의 닷성 및 인간성에 대하여 칭찬하였다. 또 몇몇 당원들은 그에게 소련 가족주의는 있다고 하면서 그것만 시정하면 아주 훌륭한 지도간부라고 추켜세우기도 하였다.

사상검토 회의를 2개월이나 끌어도 어떤 정치적 시비를 씌울 수 있는 문제가 나오지 않자, 당 사상 검토지도자는 마지막 결론에서 박형식은 소련을 더 사랑하고 아이들도 소련 교양으로 가르치는 것으로 보아 소련에 가서 사는 것이 좋겠다고 하였다. 그러나 박형식의 생각은 전혀 반대였다.

그는 조국해방 후 15년 동안이나 건국을 위하여 몸을 바쳐 일하였으니 이제는 영원히 북한에서 살다 죽을 것을 각오한 것이었다. 아버지 박창극의 염원을 풀기 위해서라도, 소련에서 어머니도 모셔오고 동생과 누이동생도 데려다 평양대학에서 노어 교원으로 취직시켜 같이 살 계산을 하였던 것이다. 그렇지만 생사의 결정권을 쥔 사상검토 지도자가 이제는 조국에서는 살지 말고 다시 소련으로 돌아가라는 명령을 내렸으니 불행 중 다행이라고 밖에는 생각할 수 없었다. 사상검토 지도자들의 결정에 따라 농촌이나 광산에 내려간 소련출신 간부들 중 80~90%나 되는 수 백 명이 가족과 함께 종적이 없어진 때문이었다.

이런 사실을 잘 알고 있던 박형식은 동생과 누이동생에게 편지로 소련 귀환 사실을 알리고, 자신도 문건 수속을 소련 대사관을 통해서 시작하였다. 그것은 소련 최고인민회의 상임위원회에 청원을 제출하여 다시 소련 공민권을 달라는 것과 입국허가증을 발행하여 달라는 것이었다. 1961년 7월에 박형식의 소련 귀환문제는 청원에 요구한 바와 같이 해결되어 1961년 8월 초순에 평양을 등지고 가족들과 함께 소련 모스크바로 귀환하게 되었다.

모스크바에 도착한 박형식은 소련 연방공화국 교육성의 파견에 따라 로쓰또브시에 가게 되었다. 그곳에서 로쓰또브주 교육부 교육과장으로 임명되어 1970년 7월 연금생으로 나갈 때까지 같은 자리에서 계속 일하였다.

박형식은 로쓰또브시에 도착하여 사택을 배정 받았으며 아이들을 로쓰또브시에 있는 대학에 입학시킬 수 있었다. 부인의 취직 문제도 해결 받았다. 그의 모친은 그가 소련에 귀환할 당시 모스크바시에서 약 60Km 떨어진 뽀돌스크시에 있는 딸집에 살고 있었다. 모친은 박형식의 집에 가서 살다가 부모들의 고향 북한 땅에 묻히려고 염원하였으나, 1965년 소련 땅에서 세상을 마감하고 말았다. 박형식은 모친의 장례식을 치른 다음 일기장에 다음과 같이 문구를 남겼다.

우리 3남매는 전 가족들을 데리고 4일 동안 뽀돌스크시 니나네 집에 모여 몹시 분주히 지냈다. 그것은 우리 어머니, 몹시 허약하나 인자하신 우리 어머니, 갖은 고난을 겪으면서도 우리들을 항상 따뜻한 손으로 만져주고 감싸주고 하던 어머니의 심장이 영영 멎었기 때문이었다. 어머니의 생애도 전부 우리들을 위해서였고, 또 우리의 후대들을 위해서였다. 우리들은 어머니가 너무도 불쌍하여 많이 울었다. 그러나 장례식이 끝난 그 이튿날 전부 사방으로 헤어져 갔다.

1965년 8월 20일 뽀돌스크.

　이것이 70여 년간 험악한 길을 걸어오며 남편을 스탈린주의 탄압에 잃고 3남매를 키워 놓고서도 끝내 자신의 마지막 염원도 성취하지 못하고 세상을 떠난 어머니에 대한 애정스러운 마지막 글이었다. 박형식은 연금생활에 들어간 다음에도 시내 각 대학에서 1주에 2시간 정도의 강의는 계속했으며 전 소련 한인 중앙 신문 『레닌 기치』의 직외 기자로써 열성을 다하였다.

　박형식은 마지막 시기에 기관지염과 심장마비로 인하여 수년간 고생하다가 1979년 11월 6일, 70세를 일기로 세상을 떠났다.

　박형식은 북한에서 일할 때 국가 표창으로 국기 훈장 3급과 2급 그리고 공화국 최고 인민회의 표창장을 수여 받았으며, 소련에서는 우즈베키스탄 공화국 최고 인민회의 표창장과 "위대한 조국 전쟁시기에 기여한 영웅적 노동 위훈에 대하여" 라는 메달을 소련 정부로부터 받았다. 소련에 다시 귀국한 후 '조선 해방메달', '일제에 대한 승리 메달', '소련군 30주년 메달' 등을 수여 받았다.

딸 박옐리사 웨따가 제출한 자료에 따라 장학봉

박형식은 사망하기 196일 전, 책 표제면에 동생 월효자에게 다음과 같은 유서를 남겼다.

귀중한 동생 블라지미르! 수년간 진지한 노력의 결과 마트베이 찌모페예위치의 책이 출판되었다. 이것으로써 역사가 모르고 있던 영예로운 한인 혁명자 – 국제주의자들의업적을 역사의 한 페이지에 영구히 기록하였다. 나는 이 책에 나의 아버지 박창극, 나의 삼촌 박창익, 아버지의 사촌동생들인 박창섭, 박창인 등 나의 친척들이 자랑스럽게 기록되어 있는데 대하여 높은 긍지감을 품고 있다. 그 뿐만 아니라 우리들이 자기 아버지의 충실한 계승자며 또 진실한 레닌의 휴계자, 공산당원 – 국제주의자임을 자랑스럽게 생각한다. 이 책의 각 페이지들을 읽을 때면 혁명의 불길 속에서 연약한 어머니를 따라 원수들의 위협이 무서워 숨어 다니며, 그 불행스럽고 가슴 아픈 극도의 빈궁과 험난함 속에서 살아온 우리의 소년시기를 다시 한번 회상케 된다. 이것은 잊을 수 없다.

1979년 4월 20일 너의 뻬쨔 로쓰또브시
(뻬쨔는 박형식의 애칭)

방 학 세
(1914 ~ 1992)

전 내무상

　방학세(방 니꼴라이 이그나찌예비치)는 1914년 원동변강 연해주 뽀씨예트 구역 바라놉까 촌의 빈농에서 태어났다. 향촌에서 인민학교와 초중을 졸업한 다음, 군 행정 소재지인 노보끼옙쓰크 국경 소도시에서 9년제 중학을 1931년에 졸업하였다. 그리고, 같은 해 가을에 쓰웰드롭쓰크 국립종합대학 예과에 입학하여 1년간 수료한 다음 동 대학 법학부에 다시 입학하여 5년간 공부한 후, 1937년 졸업하였다.

　대학을 최우등 성적으로 졸업한 방학세는 같은 해에 강제이주 당한 후, 카자흐스탄 크슬오르다시에 파견받아 시 검찰소 예심원으로 2년간 일했다. 그 후 도 검찰소에 전근되어 1940년까지 예심원으로 일했고, 도 부검사로 전직되어 1942년까지 일하였다. 1942년 10월에는 카자흐스탄 딸듸꾸르간주 책임검사로 영전되어 1944년까지 일했다. 이 시기에 한인들은 강제 이주민이라 하여 행정, 정치, 내무 기관들에 등용되지 않았으나 방학세는 개성이 깨끗하고 아주 총명한, 그리고 준비된 간부로 검찰 기관에 등용되었다. 1944년 10월에 그는 다시 크슬오르다 주 책임검사로 전근되었다. 이것은 크슬오르다 주가 딸듸꾸르간 주에 비하여 그 비중이 방대하였기 때문이었다.

　1945년 조선이 일본으로부터 해방되자, 방학세는 당 중앙위원회의 파견에 따라 국제 공산당 의무 수행 목적으로 북한에 파견되었다. 당시 북한에는 소련군 25군단이 치스챠꼬프 대장의 지휘 하에 주둔하고 있었다. 소련군 중장 로마넨꼬의 지도 하에 민정사령부가 조직되어 있으면서 인민 정부 각 성, 부서, 각 정당 사회단체들을 통솔, 검열 지도하였다. 정치안전부와 사회안전부는 소련군 대좌 보쟈긴이 지도하고 있었는데, 방학세는 보쟈긴을 보좌하여 부책임자로 소련군이 북한에서 철수할 때인 1948년까지 일했다. 소련군이 철수하자 그는 내무성 부상으로 항일 투쟁용사 박일우 내무상과 수년간 같이 일하다가 박일우의 후임으로 내무상 직무에 취임되어 1958년까지 일했다.

방학세는 소련에서 북한에 파견되어 일하게 된 그 첫날부터 시작하여 보쟈긴 대좌의 보좌관으로 일할 때나 내무성 부상, 또 내무상으로 일할 때에 북한 지도자 김일성의 가장 신임 깊은 심복자로 김일성이 수만 명의 애국 혁명자들을 처단한 그 모든 것의 하나하나가 그의 손을 통하여 실천된 것이기에 전세계에 분포되어 살고 있는 전 북한 출신 한인들은 누구나 할 것 없이 그를 무도한 학살자라고 인정하고 있다. 모스크바에 와 있던 전 북한 정권대사 리상조는 김일성에게 쓴 편지에서 방학세를 당장 체포하여 재판에 회부하여 처단하여야 된다고 강조하였다.

사실 방학세는 김일성의 심복자로서 정치적 위기의 혼란 속에서도 오랫동안 고위직에서 견뎌 내면서 지냈다. 그는 사실 자신의 친구인 허가이 사건, 리익선 사건, 박헌영과 리승엽 간첩 사건 등을 알았으나 어찌할 방도가 없었다.

방학세는 내무상 직무에서 최고 재판소 직무에 전근되어 넘어간 후 1965년 이후 연금생으로 넘어가 무직으로 있다고 하였으나 현재는 전무 소식이다.15) 현재 우크베키스탄 공화국 타슈켄트주 중칠칙 실험 농장 촌

---

15) 방학세는 1992년 7월 18일 평양에서 사망했다. 남쪽에 알려져 있는 그의 행적은 이 글과 약간 다르다. 먼저 그의 귀환년도는 1945년 10월로 알려져 있다. 그리고 1948년 3월 북조선노동당 중앙위원회 중앙위원, 같은 해 8월 최고인민회의 제1기 대의원, 1949년 내무성 정치보위국장, 1951년 사회안전상 등을 역임한 것으로 되어있다. 그리고 그는 1960년 11월 최고재판소 부소장에 임명되었으며, 1977년 12월 최고인민회의 제6기 회

에 그의 당 누이 방 이리나(1916년생)가 생존해 있으며 당 동생 방 와씰리 이노껜찌비치가 딸듸꾸르간 주 까르블라크 촌에서 연금생활로 살고있다.

방학세 누이 이리나의 자료제공으로 장학봉

의에서 중앙재판소장에 선출되었다. 1982년 4월 김일성훈장, 1984년 3월 노력영웅칭호를 받았다.

전 대학 교원

송동산은 1915년 3월 29일에 함경북도 성진에서 태어난 후, 1918년에 어머니의 등에 업혀 원동변강 쓰빠쓰크 구역에 오게 되었다. 원동변강에 도착하자마자 그의 부친은 홍범도 장군의 의병대에 참가하여 원동변강지역으로부터 황제러시아 백계군을 청산할 때까지 군속으로 일했다. 그 후 원동변강에 의회 주권이 수립되자, 학교에 다니기 시작하여 자기 촌에서 소학, 초중을 졸업한 후 원동변강 소왕령에 가서 한인사범전문학교를 1936년에 졸업하였다.

사범전문을 나온 후 원동변강에서 1년간 초중학교 교원으로 일하다가 한인 강제이주에 의하여 부모들과 함께 카자흐스탄 공화국 탄광도시인 까라간다시에 도착하였다. 당시 께게베는 한인 이주민 전부를 죄인으로 취급하면서 공민증을 수여하지도 않았으며, 50Km 이내에서만 살면서

---

16) 그의 남편 안운경 편 참조.

다른 곳으로의 출입을 엄금하였다.

송동산은 원동변강 사범전문에서 공부할 때 약혼했던 남자가 있었다. 그러나 그들은 원동변강에서 서로 다른 구역에 살았기 때둔에 한인 이주 때 서로 다른 열차로 다른 지역에 실려 가게 되었다. 송동산은 이주 후 그를 많이 찾았지만 서로 만날 수가 없었으니, 이것이 그 시대의 비극이었다. 이러한 일은 같은 처지에 처한 수천명 한인들의 비극이기도 하였다.

이 시기에 송동산은 끄슬오르다 시 한인 사대에서 공부하고 있던 언니 남편의 주선에 의하여 부모와 함께 끄슬오르다 시로 이주하게 되었다. 당시에 한인들이 한인어로 공부하는 것이 전적으로 금지된 관계로 그녀는 교원 노릇을 할 수 없어 끄슬오르다 시 재봉공장 재봉공으로 취직하였다. 약 2년간 일하여 그녀는 기능공이 되었다. 그에 따라 경제 형편이 좀 펴지려던 1941년 여름, 조국전쟁이 시작되었다.

전쟁으로 말미암아 식량 뿐 아니라 입을 것과 불을 땔 석탄이 부족하여 인민생활이 여러 가지로 곤란한 점이 많았다. 그래서 시 인민위원회는 각 직장별로 인원을 동원하여 땔나무를 마련할 목적으로 싹싸을 밭으로 보내었다. 각 직장에는 남자들이 대부분 전선으로 동원되고 남아 있는 인력은 여자들뿐이었다. 아이 없는 여자들은 모두 동원되는 바람에 송동산도 동원되어 동복을 입고 커다란 도끼를 메고 100여Km나 먼 거리로 동원되어 갔다. 거기서 5개월 동안 땔나무 준비를 하고 집에 돌아오게 되었다. 그때 재봉공장 브리가지르 책임으로 일하는 장 아가피야가 송동산에게 말했다.

"만약 네가 시집을 가지 않고 계속 혼자 몸으로 있게 되면 이런 동원이 종종 있을 터이니 좋은 자리를 택하여 시집을 가는 것이 좋겠다."

그러면서 장 아가피야는 결혼 대상자로 안운경을 추천하였다.

"그는 장가를 가서 살림하다가 상처하여 현재는 혼자 몸인데 사람이 아주 좋은 호인이다"

송동산은 1년에 6개월씩 동목 준비에 동원되어 싹싸을 밭에 가서, 위생 조건이 불결한 합숙 생활을 한다는 것이 부담스러웠다. 조국 전쟁이 언제 끝날지도 모르는 상황에서 밝은 미래가 오기는 오겠는지 기다리기조차 어려운 시기였기에 그녀는 그 권언에 응하고 상대자와 대면하게 되었다. 안운경을 직접 만나보니 남편감으로 과히 나쁘지 않겠다는 판단이 섰다.

송동산은 크슬오르다시에서 그를 몇 번 만난 후 그와 일생을 같이 살 약속을 하고 그의 뒤를 따라 농촌으로 가게 되었다. 그의 집에 도착하니 두 방에 식구들이 가득 차 앉아서 두 사람을 맞이하였다. 우선 바깥출입을 못하는 할머니가 있었고, 전처에게서 난 아이들이 5명, 전선에 나가 희생된 친동생의 아이들 2명, 자기 부부 2명, 합하여 10명의 인구가 한 집에서 살아야 되었다. 앞날을 생각하니 한숨뿐 아니라 머리가 빙빙 돌아가는 것 같았다. 거기에 농촌에서는 교원 배급이라고 해봐야 뜬 냄새나는 밀가루 30Kg 외에는 아무것도 없었다. 그 식량을 가지고 하루에 열 식구가 2끼씩 먹는다하면 보름은 어떻게 입에 풀칠하며 살 수 있으나 그 나머지 15일간은 풀칠조차 어려웠다. 송동산은 자신이 여기로 시집을 온 것에 대하여 후회할 만 했지만, 이제 걸음을 걸었으니 멈출 수는 없다고 생각하고 어쨌든 계속 살아야 한다고 재삼 다짐하였다.

열 식구가 사는 데는 대책이 필요하였다. 대책이라야 가을 곡식가리가 있었던 자리나, 콤바인으로 추수한 논밭, 타작을 끝낸 마당 등을 돌아다니며 벼이삭 줍기를 하는 것이었다. 그런데 이런 일에는 손이 여럿이어야 많이 주울 수 있기 때문에 아이들도 학업 후엔 2~3명씩 데리고 다니면서 벼이삭 줍기와 마당 털어먹기로 살게 되었다. 해마다 철이 돌아오면 보리이삭 줍기부터 시작하여 벼이삭 줍기로 넘어갔다. 겨울에는 눈비가 내리면 곡식가리가 가리웠던 자리에 가서 떨어진 이삭을 주웠다. 벼가 있던 마당 쓸기가 끝나면 그 벼 마당에 가서 낱알을 주웠다. 콤바인에서 떨어져 나간 볏짚을 털어서 낱알이 떨어지는 것을 모아 쌀을 만들어 죽을 쒀서 조금씩 식량 보탬을 하면서 연명했다. 이렇게 어렵고 빈궁한 생활을 하면서 그녀는 자신의 처지를 회고하면서 후회하는 일이 한 두 번이 아니었다. 아이들이 볼세라 몰래 숨어 운 일도 수없이 많았다. 만약 남편 안운경의 사람 됨됨이가 나빠서, 송 여사를 조금이라도 노하게 했던 일이 있었다면 두말없이 살림을 내팽개치고 과거처럼 다시 재봉공장에 가서 일하였을지도 몰랐다. 그녀의 생각에는 방직공장에서 일할 때, 혹은 그보다 애로사항이 더 많은 싹싸울 동목 준비 밭에서는 온종일 일하였지만, 저녁이면 자유롭게 웃음도 웃고 동무들과 농담도 나누곤 하였는데 시집살이는 하여도 하여도 끝이 없는 것 같았다.

그렇게 고생 많은 생활, 웃음 없는 가정생활에도 세월은 이럭저럭 흘러서 7년이란 세월이 흘러갔다. 벌써 그와의 사이에 아이 4명이 태어나서, 아이 8명의 어머니가 되었다. 날이 갈수록 더 심한 고생이 닥쳐 올 것을 우려하면서도 남편과 어떤 난관이 있어도 끝까지 살겠다고 맹세한 몸이니 죽지 않으면 언젠가는 행복한 날이 오리라고 굳게 믿으면서 살았다.

그 후 얼마 지나지 않아 안운경은 소련 내무성의 발령으로 모스크바 주재 북한대사관 통역관으로 일하게 되었다. 봉급은 많지 않아 2,500루블이였다. 그 봉급에 세금, 공채권, 또 공부하는 두 아들의 학비를 송금하고 나면 약 1,500루블리 정도가 남았다. 그 빠듯한 돈을 가지고 생활하였으나 모스크바 생활은 농촌 선봉 꼴호즈에서의 이삭줍기 생활에 비하면 더 없이 좋았다.

송동산은 모스크바 생활에서도 경제 형편이 빳빳하다보니, 안면 있는 사람들은 많았으나 그들과 넓게 사귈 수가 없었다. 특히 북한대사관 여자들하고는 말과 생활양식이 잘 어울리지 않아서 별로 친밀하게 사귈 수가 없었다. 안운경은 북한 대사관들의 신임을 받아 짧은 기일 내에 통역관, 2등 서기관, 1등 서기관으로 일하다가 1954년 9월 28일 평양 외무성 제1부장에까지 승급되었다.

1954년 말에 평양에 도착하니 배급제도가 실시되고 있었다. 사회적 지위에 따라서 배급도 달랐다. 당시 사회 분위기는 사상검토가 진행되던 중이었다. 종파주의니, 가족주의니, 나라의 변절자니 하면서 여러 가지 이유를 들어 김일성이 반대파들을 숙청하는 분위기 속에서, 일부 간부들은 중국으로 도망치고, 소련에서 온 간부들에게도 주목을 돌리는 상황이어서 죄가 있던 없던 항상 조심스럽게 살았다.

1959년 초에 안운경은 철직 당하면서, 며칠동안 사상검토 회의에 참석해야 했다. 그런데 사상 검토 위원으로 참여했던 당중앙위원회 지도원 한 사람이 바로 모스크바 주재 북한대사관 3등 서기관으로 복무하였던 사람이었다. 그는 안운경을 존경하였으며, 그의 부인과 송동산은 아주 친하게 지냈었다. 모스크바시에서 노어 번역이 필요할 때면 송동산이 늘 도움을 주었던 것이다. 그런 인연으로 인하여 그는 안운경을 전적으로 감싸주었고, 덕분에 빠른 시일 내에 사상검토가 끝날 수 있었다. 그 뒤 송동산과 가족들은 병 치료를 핑계로 소련으로 귀국하였다.

송동산은 1960년 4월 2일에 모스크바시에 도착하였으나, 처음에는 주택 문제, 취직 문제가 잘 해결되지 않아 방천집에서 근 2년을 살았다. 안운경이 받는 월급에 여섯 식구가 살자하니 사정이 넉넉하지 못하였다. 안운경의 건강은 날이 갈수록 나빠져서 병원 출입이 자주 있게 되었으며, 수차 입원하였으나 완치될 수 없는 병이란 것을 알았다. 무정한 세월은 환자의 운명을 재촉하여, 시간이 갈수록 상태가 점점 더 나빠졌다. 안운경은 자신의 병이 불치라는 것을 느끼고는 매일 수심 속에서 살았다.

안운경은 결국 1964년 4월 17일 57세를 일기로 세상을 떠나고 말았다. 송동산에게 남은 것은 오로지 슬픔과 고통뿐이었고 하는 일이라곤 매일 같이 그의 무덤을 찾아다니는 것이었다. "죽은 자의 길은 멀어 가는 법이니 애들이나 잘 돌보도록 하라"는 동지들의 권유를 눈물로 접수

하면서, 송동산은 '주인은 돌아갔으나 주인의 가정은 파하지 말아야겠다'
고 결심하며 매일 가보아야 대답 없는 무덤으로 가는 회수를 줄였다.

이제는 직장에 출근하여 살림 형편을 세우려 했으나 그녀도 몸이 몹시
약해져서 병원에 종종 다녀야 했다. 직장에 출근을 제대로 할 수 없어 가
정 형편은 아주 어렵게 되었다. 급기야 1965년에는 계속 앓아 오던 간장
염 끝에 담낭 수술을 하게 되었다. 본래 자기 몸도 변변치 못한데다가 남
편의 병시중을 약 2년간이나 했고, 담낭 수술을 하고 보니 앞으로 약 1
년간은 일을 제대로 할 수 없겠다는 생각이 들자 삶이 아득하였다.

이때 남편의 다정했던 옛친구들 몇 명이 병문안을 왔다가더니 그들끼
리 서로 서신으로 공론이 있었다. 아마도 안운경의 가족을 살려야 되겠
다는 의견이 있었던 모양이다. 끄슬오르다 신문사, 사할린 신문사, 각 출
판사들에서 일하는 사람들, 각 대학, 전문학교, 중학교 등에서 일하던 안
운경의 동지들이 자기 가족들의 예산을 축소시켜 가면서 송동산을 도왔
다. 그때 그녀에게 송부된 금액은 수천원이나 되어서 몇 년간 아이들의
공부도 계속시킬 수 있었다. 그녀의 병도 완치되어 1967년에는 친구들
과 함께 파 농사에도 나서게 되었다.

이제는 자식들과 손자들을 바라보는 80대의 고령이 된 송동산은 늘
가슴 아프게 생각하는 일이 있다고 했다. 그것은 다름 아닌 전처에게서
태어났던 딸의 삶에 관한 기록이었다. 송동산은 지금도 북한에서 살고
있는 딸의 안위가 걱정이 되는 듯 일기처럼 기록을 남기고자 했다. 다음
은 그녀의 기록이다.

우리가 평양을 떠나기 며칠 전, 당 이동 문제 때문에 내가 일하던 대학
에 갔을 때, 대학 간부 부장이 물어왔다.

"25일 몇 시 기차로 떠나는가?"

"오후 2시입니다."

간부 부장은 대학에서 차를 보내 줄 터이니 집에서 꼭 기다리라고 하

였다. 그래서 우리 식구는 25일날 집에서 오후 1시 30분까지 기다렸으나 차는 오지 않았다. 우리 가족을 전송하려고 이미 평양 역전에 나왔던 여러 친구들은 나에게 무슨 사고가 생긴 줄 알고 자신들의 차를 타고 우리 집으로 달려 왔다. 별로 문답할 사이도 없이 이삿짐과 아이들을 싣고 역전에 도착하였다.

겨우 기차 시간을 맞추어 왔기에 짐과 아이들 할 것 없이 기차 복도에 되는 대로 순서 없이 올라타는데 기차는 벌써 걸음을 시작하였다. 이런 상태에서 아이 한 명이 미처 차에 오르지 못하였다. 아이가 울면서 차를 따라 달려오고 있었다. 우리를 환송하려고 나와 있던 방환주(사위)가 아이를 발견하고는 급히 뛰어가서 아이를 안아서 마지막 차량 복도로 올려 놓았다. 이때 남편은 극도로 예민해진 신경을 안정시키기 위하여 내 곁에 앉으면서 "이것이 다 나의 불찰이오"라며 말했다. 마음을 쓸어내리며 나는 기차 내에서 짐을 정돈한 후, 아주 놀래 있는 아이를 달래며 어루만져 주었다. 그 사이에 기차는 어느덧 신의주 역에 도착하였다.

평양을 출발하기 전부터 우리 가족의 순조로운 소련으로의 출국에 어떻게 하여서든 파탄을 주려고 기도하던 사람들이 있었다. 그들은 우리 가족에게 계속 해를 끼치려고 신의주 역전 안전부 물자 검열 국경수비대에 전화를 걸어 두었었다.

국경수비대원들은 특별히 우리 가족의 이삿짐을 가택 수사하듯 매꿍더미를 뜯어보았다. 우리 가방에 들어 있는 의복들은 매 견지마다 들어내어 헐어보는 검열을 하였다. 당시에 국경을 넘나드는 사람들은 아편이나 마약 같은 것을 몇 근씩 준비하여 돈을 벌고 있었다. 만약 우리도 그렇게 돈 몇 푼 벌자고 그런 물건들을 이삿짐에 넣어 두었다면 아마 전 가족이 지금도 북한에서 감옥살이를 하고 있을 것이었다. 그런데 평상시에는 이삿짐을 세밀히 보지 않던 국경수비대원들이 유난히 우리 가족의 짐은 속속들이 다 파헤치는 것이었다. 별다른 이삿짐이 없어 결국은 무사히 국경 검열소를 통과했다. 압록강 철교를 지나면서 왜 그런지 눈물이 아른거리기만 했다. 다시는 보지 못할 고향 땅이라는 생각에 급기야 눈물이 뺨 위로 무한정 흘러내렸다.

평양 역전에서부터 안동역을 통과할 때까지 정신적으로 많은 충격을 받아서인지 똑똑했던 내 정신이 이제는 혼란스러웠다. 온 몸의 오장육부가 다 문드러져 내리는 것 같았다. 그러나 나는 몰려오는 잠을 억제하면서 그 분한 마음을 머리 속에 기억해 두어야 했다.

아이가 열차를 타지 못하고 달려오다가 열차에 치일 뻔했던 일.

우리 가족의 이사를 고의적으로 가로막느라고 꾀를 꾸며 조직했던 사람들.

우리 가족들은 그들을 진심으로 믿고 몇 해를 헌신하고 헌종 하였었다. 고향을 하직하고 떠나는 순간에도 저들의 증오스러운 헝동에 대하여 나는 마지막 눈을 감을 때까지 잊지 못할 것 같다.

그러나 무엇보다 가슴이 아픈 일은, 평양에 친척도 없는 따마라가 사위인 방환주만 믿고 살겠다며 소련으로의 귀국을 마다한 일이었다. 양과 같이 순한 사람들에게 위해를 입히려고 별의별 야욕을 다 부리는 그 땅에 따마라는 과연 누구를 믿고 안전할 수 있다는 것인지 … 참으로 가슴이 터질 일이었다. 따마라가 구태여 북한에 남겠다는 것을 극구 만류하지 못한 것이 어쩌면 평생의 죄업이 될 것 같았다.

따마라는 우리 가족이 평양 외무성의 초청을 받아 모스크바시를 출발하던 해, 즉 1954년에 모스크바 외국어 대학 영어과에 입학하여 공부하고 있었다. 그녀의 반려자, 즉 나의 사위가 될 사람인 방환주는 그때 모스크바 국립종합대학 철학부에서 공부하고 있었다. 이들은 대학을 졸업한 후 평양에 돌아와 따마라는 외국문학 출판사 노·어 반출부에서 일하였고, 사위 방환주는 평양 사범대학 철학부에서 일하였다. 둘은 결혼한 후, 계속 우리 집에서 얹혀살고 있었는데 이번의 소련 귀국으로 말미암아 서로 갈라지게 되었던 것이다.

그 험한 곳에 딸을 두고 오노라니 눈에 눈물이 마를 사이가 없었다.

따마라는 자신의 아버지인 안운경과 영원한 이별이었다는 것을 알 수 없었다. 물론 우리도 그런 생각을 할 수 없었다. 빠른 시일 내에 다시 만나서 같이 살 수 있으리라는 생각이었다.

이렇게 몸서리치는 고통을 겪으며 모스크바시에 도착하여서인지 남편 안운경은 일주일에도 몇 번씩 진료소에 가야 했고, 계속 진단서를 보이고서 겨우 돈을 타서 먹고살게 되었다. 하루는 남편 안운경이 침대에 누워서 앓으면서 말했다.

"여보. 아마 나는 살 희망이 거의 없는 것 같다오. 따마라나 한 번 보고 죽었으면 원이 없겠구려."

마침 그때 소련에 출장 왔다 돌아가는 인편이 있어서 근황을 자세히 쓰고 가정의 상태를 이야기하였다. 며칠 후, 따마라에게서 편지가 왔다.

"아버지가 돌아오지 못할 병에 걸려 신음한다니 … 나는 전혀 믿어지지 않습니다. 나의 아버지는 마음이 공순하고, 어느 때든 너그럽고도 인자하셨건만 무슨 타격으로 인하여 그런 병에 걸렸는지 나는 도저히 이해가 되지 않습니다. 나는 편지를 가지고 온 인편을 다시 찾아가 눈물을 흘리면서 물어보고 또다시 물어본 다음, 이어 상부에다 여행권 요청을 내었으나 전혀 허락하지 않아 아버지를 보러 갈 수가 없어 안타까울 뿐입니다."

가슴이 찢어지는 안타까움으로 눈물을 흘리면서 쓴 편지가 분명했다. 편지지에는 따마라의 눈물이 흘러 자국으로 남아 있었다.

"… 그 인자하신 아버지를 영영 다시는 보지 못할 것을 생각하니 심장이 터지는 것 같고 눈물은 멈출 수 없어서 … 아버지. 더는 쓸 수가 없습니다. 불효 여식을 용서하여 주십시오."

나는 내 딸이 쓴 구절의 내용을 뼈저리게 느끼면서, 내 자신이 평양 외무성에 편지를 보낼 것을 결심했다. 첫 번에 쓴 편지에 일체 회답이 없기에 재차 썼다. 몇 주일이 경과한 다음에 5일 간격으로 연거푸 회답 편지가 왔다.

"정부에서 허가하지 않으므로 외무성은 할 수 없다."

"그들은 평양에서 살지 않는다."

"어디에 살고 있는지 행방불명."

이렇게 편지가 이어져 왔었다. 그런데, 두 번째 편지가 올 때 남편은 이미 저 세상으로 갔었다. 획일적인 편지를 받아 본 나는 단번에 판단하기를, 이 아이들을 사상검토에 걸어서 어딘가의 생지옥에 갔다 넣었다고 생각하였다. 당시 남편이 세상을 하직한 일로 인하여 마음의 아픔을 이기지 못하여 매일 같이 침대에 누워 끙끙 앓고 있는 터에 또 한 가지 일이 더 생겨 중환자처럼 시름거리기 시작했다.

따마라는 원래 남편의 본처에게서 태어난 아이였으나 어려서부터 내가 키웠고, 나와 함께 경제적인 고생도, 식량 고생도, 마음 고생도 같이 하였기 때문에 친딸과 아무런 차이도 없었다. 사위인 방환주의 부친은 농촌협동조합 당조직원으로 일하다가 동족상잔 때 치안대에 붙잡혀 희생되었고, 그의 어머니는 임신중인 몸으로 후퇴하던 길가에서 해산하다가 죽었다. 그 외 두 남동생은 끝까지 인민군대에 복무하였는데 무슨 죄가 있다고 그를 처벌하였을까하는 마음이 하루도 머리 속에서 떠나지를 않았다. 어느 두메산골에 정배살이를 보냈을까하는 생각에 닿으면 치가 떨리곤 하였다.

나는 따마라가 일하던 직장, 평양주재 소련 대사관, 외무성 등에 수십 장의 편지를 계속 썼으나 대부분 아무런 회답도 없었고, 또 회답이 오더라도 아무 의미도 없는 사무적인 공문들뿐이었다. 딸과 평양에서 생이별하고 남편도 잃어, 비련의 구곡간장이 다 녹아내리는 형편이었다. 김일성이 지배하는 나라에서는 죄 없는 아이들을 정배살이 보내고서도 행방불명이라고만 하고 다른 소식은 아무 것도 없으니 이것이 가슴이 터질 일이 아니고 무엇일까.

예전에 사상검토에 걸려서 궁벽한 촌으로 정배살이 갔던 사람 중 단 한명이라도 살아있거나 다시 자기 자리에 회복된 사람이 있다면 속이나 덜 탈 터인데, 전 가족이 망하고 말았다는 일만 있었으니 나의 근심은 점점 더 커가고 있었다. 그렇게 어느덧 남편이 사망한 후 6년이란 긴 세월이 지났다. 그러던 어느날 나는 예전에 따마라하고 같은 직장에서 일하던 사람이 쿠바에 출장갔다가 북한으로 돌아가는 걸음이라는 것을 알게 되었다. 나는 그 소식을 듣자마자 그가 묵고 있는 집에 찾아가 그 사람을 만나게 되었다. 나는 그 사람에게 다짜고짜로 딸 식구에 대하여 물었다.

"나의 딸과 그녀의 남편 환주에게 무슨 죄가 있다고 사상검토에 걸어서 지방으로 정배살이를 보내었는가?"

그가 대답했다.

"옥선(따마라) 동무는 그의 부친 안운경이 제때에 조선국적을 접수하지 않고 소련에 귀국하였다는 것이오. 그리고 환주는 남의 집 여자를 보아 다녔다는 사건으로 일에서 철직당하고 농촌으로 보내어진 것이라오."

나는 그에게 따마라의 결혼에 대하여 이야기하였다. 마치 내 삶의 전부를 털어놓듯 길게 이야기했다.

나의 아버지는 1957년도에 불시에 심장마비로 사망하였다. 그래서 모스크바시에 왔던 길에 북한대사관에 귀환 문건 수속차 갔다. 그때 유학생 관리 책임자 황익섭 동무가 나에게 이런 말을 했었다.

"따마라가 눈이 맞아 사랑하는 남자가 있는 것 같은데 어머니가 왔을 때 그들의 문제를 해결하는 것이 좋을 것 같다. 환주 부모의 출신성분이 나쁘므로 그들의 관계를 끊게 하는 것이 좋겠다."

때문에 나는 따마라와 수차 이 문제에 대하여 이야기하였다. "너에게 어울리는 상당히 좋은 신랑감이 있으니 환주하고 연락을 끊으라"고 권하기도 했다. 또 "만약 그와 결혼한다면 조선에 나가서 살아야 할 터인데, 조선의 현재 경제 형편은 세계에서 제일 구차한 나라가 아닌가? 거기다가 배급 제도에 배곯는 것은 그렇다하더라도 내부 사회정세가 사상검토니, 불신분자니, 종파분자니 하면서 같은 동포들이 서로 물어뜯고 하면서 멸망의 길을 걷고 있는 나라에 가서 경제적인 고생을 제쳐놓고라도 그 마음 고생을 어떻게 다 할 수 있겠는가? 애당초 너의 생각은 잘못된 생각이니 환주하고의 관계를 끊으라. 나는 너의 자태, 너의 맘씨를 항상 나의 호흡처럼 여기면서 너를 몹시 사랑하기 때문에 하는 말이다. 네가 앞으로도 잘되라고 하는 말이다"라고 타이르듯 말했었다.

그러니까 따마라가 말하기를 "어머니. 걱정마세요. 이 다음에 만날 때에 내가 확실한 대답을 드릴 터이니 안심하시고 기다리세요"라고 대답하였다. 내가 평양을 출발하기 전날 정오에 만나자고 약속을 했으나 그 시간에 따마라가 오지 않아 나는 온종일, 무슨 사고가 생기지는 않았나 하고 맘을 졸이면서 속을 태우고 있었다. 이렇게 근심스럽게 시간을 보내고 있는데 저녁 해질 무렵에야 따마라가 기색이 창백한 모습으로 나타났었다. 그래서 내가 물었다.

"왜 무슨 일이 생겼느냐?" "내가 그에게 관계를 영영 끊자고 하니 그는 자살하겠노라고 모스크바 강에 빠진 것을 수직원들이 건져내었고, 또 며칠 뒤에는 그가 마취약을 먹고 죽어 가는 것을 곁의 동무들이 구급차에 실어 병원에 보내어 현재에도 병원에서 치료를 받고 있습니다. 이것이 다 나의 잘못이니 나는 무엇이라고 대답해야 할지 모르겠습니다."

"그래도 그 사람이 죽지 않고 살았으니 다행이다. 그래 … 이것이 다 너의 운명에 달렸는지도 모른다. 너도 이제 성숙된 대학생이니 될 수 있는 데로 명철하게 판단하고 나에게 자세한 편지를 보내어라. 나는 내일 아침에 떠나야 하니 또다시 만날 기회가 없을 것 같아서 걱정이 된다."

나는 기운 없이 앉아 있는 딸을 위로하였다. 그 후 평양에 돌아와 일 년이 지났을 때였다. 따마라에게서 편지가 왔다. '환주의 생명을 위하여 나는 그 사람하고 결혼한 다음, 현재 어린 딸을 낳아 잘 키우고 있습니다. 어머니. 죽을죄를 지은 저를 용서하여 주십시오. 어머니는 진정한 정신으로 인자한 말씨, 청백한 맘씨로 나를 교육하여 주어서 나는 수차례 유학생 모임에서 칭찬을 받았습니다. 그러나 나는 어머니 앞에 약속을 지키지 못하여 많은 죄를 범하였고 그래서 커다란 용서를 비나니, 어머니 노엽게 생각하지 마시고 건강하게 지내시면 우리가 평양에 찾아가서 자세한 이야기를 아뢰고 어머니 무릎 앞에서 사죄를 올리겠습니다'라고 쓰여 있었다. 그들이 졸업 후, 사위 환주는 여러 차례 나에게 맹세하였다. 그는 말하기를 '어머니, 많은 용서를 비옵니다. 따마라에 대해서는 염려를 놓으십시오. 나는 따마라를 나의 생명보다 더 사랑하며, 더 중하게 여기며, 그 어떤 조건에서도 그녀를 감싸주겠다고 맹세하였기 때문에 하늘이 무너져도 우리 둘이 약속한 마음은 변치 않을 것입니다'라고 하였다. 이렇게 맺어진 사람들이었고, 갖가지 고생 속에서 이루어진 가정인데, 환주가 남의 집 여자를 보아서 다녔다는 것은 전혀 믿어지지 않는 말이다. 아마도 누군가 고의로 거짓말을 꾸며내어 그를 정배살이 보냈다고 생각한다. 만약에 환주가 그런 죄로서 사상검토에 걸려 정배살이를 갔다면, 김일성도 사상검토를 받아야 하며 정배살이를 가야 한다.

이제 내가 김일성의 폐부를 하나 들춰 증명하려고 한다. 전체 인민의 어버이로 자칭하며 그 나라의 수상으로 일하면서, 자기 마누라 김정숙이 눈이 퍼렇게 살아있는데도 타자수 김성팔(김책 부수상의 조카)하고 연애하여, 그 여자가 임신을 하니, 그 여자는 큰 영광으로 생각하였으나, 이 일을 김일성 부인 김정숙이 알게되었다. 김책 부인과 정부 병원 산부인과 과장 이시채하고 세 사람이 음모를 조작하여 김성팔을 억지로 낙태하게 하였으니 이것은 살인죄가 아닌가? 애를 죽였으니, 김일성은 이중 처벌을 받아야 할 것이다. 그럼에도 불구하고 자신의 죄는 무고하고 죄 없는 인민에게는 죄를 덮어 씌워 정배살이를 보내다니⋯. 이 말은 내가 말을 고의적으로 꾸며낸 것이 아니라 내가 평양에 있을 때 김책 선생의 부인에게서 직접 들었다. 너무도 억울하여 내가 선생을 믿고서 이런 이야기를 털어놓았다. 어쨌든 나의 부탁은 따마라에게 영향이 미치지 않도록 처리하여 달라는 것이다."

이런 말을 다 들은 태이 부장 동무는 대답했다.

"어머니. 너무 걱정하지 마세요. 내가 세 살 먹은 어린아이도 아니니깐 …. 마침 우리 부서에 노어와 영어를 아는 간부가 필요하니깐 내가 신임하는 간부들을 경유하여 힘써 보겠습니다. 과히 근심하지 마십시오."

다음에 그와 다시 만날 것을 약속하고 헤어졌다. 그런 약속이 있은 다음, 3년이 지나도 아무런 소식이 없었다. 그래서 나는 무슨 사고가 생긴 것으로 판단하고 있었다. 그러던 차에 뜻밖에도 하루는 그가 나를 찾아왔다. 두 번째 만남이었다. 그가 먼저 말했다.

"나의 계획이 틀리지는 않았으나 그동안 사건 해결이 좀 길게 연장되어서 미안합니다. 그 역사를 다 이야기할 필요는 없이 간단하게 줄여 말한다면, 첫째 그들이 살고 있는 거처를 몰라서 찾는데 시일이 걸렸으며, 둘째로 그의 부모의 성분을 해명하는데 근 2년 가까이 걸렸습니다. 그러나 결과가 좋게 되어, 이제 빠른 시일 내로 평양에 다시 올라 올 터이니 기다리십시오."

이런 이야기들이 있고 서로 헤어진 후, 오랫동안 그에게서도, 아이들에게서도 아무런 연락이 없었다. 그러다가 1978년도에 뜻밖에도 도서출판사에서 근무하는 리선화라는 사람이 딸의 편지를 가지고 나를 집으로 찾아왔다.

"어머니, 나에 대하여 조금도 염려하지 마십시오. 우리는 평양에 다시 올라 와, 나는 전에 일하던 도서출판사에 취직하고, 환주는 고된 노동에서 건강이 쇠약하게 되어 현재 병원 치료를 받고 있습니다. 나는 아버지와 생이별한 애타는 심정을 이기지 못하여 평양 창광동, 한때 아버지 어머니와 또 나이 어린 동생들과 재미있게 살던 사택 근방에 가서 몇 분씩 묵념하고 흐르는 눈물을 닦으며 돌아온 적이 한 두 번이 아니었습니다. 나는 어머니의 말씀을 듣지 않고 살아오다가 이제는 많은 고생을 한 후

가족사진.
앞줄 우로부터 송동산, 남편 안운경, 막내딸 안류드밀라, 뒷줄 좌로부터 장남 안게르만, 장녀
안따마라, 외손녀, 사위 방환주, 차남 안표드로, 3남 안빌로치

느끼는 바, 모두 나의 잘못임을 뉘우치니 용서하여 주십시오. 아버지가
세상을 떠난 일도 어머니에겐 크나큰 슬픔인데, 나 때문에 많은 고민을
하였다니 나는 뼈저리게 잘못을 느낍니다. 어머니, 건강하세요.

　보고 싶은 어머니, 동생들은 언제 어느 때라도 나의 가슴속에서 떠나
지 않습니다. 건강하게만 살아 계신다면 다시 한 번 만날 기회가 꼭 있
으리라 나는 믿습니다. 어머니, 나에게는 벌써 7남매가 태어났는데 딸이
4명, 아들이 3명입니다."

　그 다음 8년이 지나도록 따마라에게서 아무런 소식을 받지 못했다.
딸에 대한 생각은 나의 가슴 한 구석에 항상 따뜻하게 뭉쳐 있어 한 동
네, 한 마을에 살아도 꼭 아침저녁으로 찾아보게 된다. 그래서 조선 속
담에도, 옆집 여인이 남의 집에 자주 드나들면 '왜 정신빠진 년이 딸집
다니듯 이렇게 잘 드나드는가?'라는 말을 하지 않는가. 그런데 나는 친
척 한명도 없는 곳에 살고 있는 딸에게서 8년만에 소식을 듣게 되었다.

참으로 애간장을 다 녹이는 세월이었다.

따마라의 마지막 편지를 보고 소식이 끊어진 후, 돈을 좀 벌 겸, 농촌에 나가서 맑은 공기라도 마실 수 있는 것이 좋겠다는 생각에 파 농사를 짓기 시작했다. 그렇게 세월을 보내던 1986년에 한창 파농사 추수를 하고 있는데 우연히 모스크바시에 살던 아들에게서 전보가 왔다.

"따마라가 모스크바시에 출장을 왔으니 급히 오라."

한 해 농사의 마지막 결실을 거두는 일은 중요하였다. 제대로 거두어져야 다음 해의 살림살이를 바르게 꾸릴 수 있는 중요한 시기였다. 그러나 북한에서 딸이 왔다는 소식에 만사를 제쳐두고 모스크바로 가야 했다. 나는 하던 일을 대충 남에게 맡겨두고 비행장으로 달려갔다.

비행장에는 두 시간 후에 모스크바로 떠나는 비행기가 있었으나 탈 수 없었다. 표가 다 팔리고 없었던 것이었다. 나는 눈물을 흘리면서 책임 당직 지도자를 찾아가서 사정을 이야기했으나 소용이 없었다. 그래서 조바심나는 가슴을 안고 공항 사무실로 달려갔다. 모스크바시에서 온 전보를 보여주면서 사정 이야기를 했다. 딸을 8년만에 볼 기회를 한 번만 달라고 호소했다. 눈물이 절로 흘러 옷깃을 적시고 있었다. 딱한 사정을 이해한 공항장은 행낭 보관소에라도 앉아 가려면 자리를 마련해 보겠다고 했다. 그렇게 어렵사리 모스크바행 비행기에 오를 수 있었다. 모스크바 공항에 도착하니 딸과 아들이 벌써 마중 나와 있었다. 아들이 말했다.

"평양으로 출발하는 비행기가 2시간 밖에 남지 않았으니 어머니는 여기서 따마라를 만나 조금 이야기하고 다시 이별을 해야 할 것 같습니다."

따마라를 만나보니 얼굴조차 잊어버릴 듯 변하여 있었다. 마음이 아팠다. 몇 십분 동안 이런저런 이야기를 하다보니 어느덧 시간이 다 가버렸다. 만나지 않았으면 더 좋았을 것 같다는 생각이 들 정도로 안타까운 시간이었다. 우리는 잠시의 만남을 뒤로하고 또 헤어져야 했다. 비오듯 쏟아지는 눈물을 훔치면서 따마라의 안녕을 기원해야만 했다. 그 후 10년이 지난 가을이었다. 아들에게서 전화가 왔다.

"어머니. 지금 우리 집에 북조선에서 손님 세 분이 와 있습니다. 어머니를 만나보고 싶다고 하니 속히 오십시오."

나는 빨래하던 것을 멈추고 정신없이 택시를 잡아탔다. 아들의 집에 가서 그들을 만났다. 그들은 보자마자 인사도 끝나기 전에 편지 석장을 내주었다. 따마라의 편지와 사위, 손녀의 글씨가 적힌 편지였다. 딸의 편지부터 뜯어서 읽었다. 편지의 내용은 기가 막혔다. 처음부터 마지막 문구까지 북한에 대한 찬양뿐이었다. 살기 좋은 평양에서 인민의 수령인 김일성 어버이의 육친적 배려와 존경하는 김정일 지도자의 영명한 지도 아래 북조선은 지상낙원이 되어서 자신들은 남부럽지 않게 살고 있으니 어머니는 근심 걱정말고 몸 건강히 잘 지내라는 내용이 대부분을 차지하고 있었다. 또 자신들은 환갑도 잘 쇠었고, 지금은 연금생활을 하는데 아이들은 결혼하여 자립하였다는 내용도 첨부하였다.

나는 마음이 더욱 무거워졌다. 행복하게 산다는 것을 쓰지 않으면 북한에서 편지를 배달조차 하지 않고 있음을 잘 알고 있었기 때문이었다. 김일성의 무자비한 독재체제 아래서 살아남기 위해서 그렇게 쓸 수밖에 없음을 이해하면서도 허위가 많이 들어 있음을 느꼈다. 나는 편지를 가지고 온 사람들에게 물었다.

"지금 북한은 식량 곤란으로 인하여 수많은 인민들이 굶고 산다고 하는 데, 우리 딸이 무슨 재산이 있어서 환갑잔치까지 했다는 거요? 나는 믿기 어렵기만 합니다."

그 말에 그들이 이구동성으로 대답했다.

"걱정하지 마십시오. 우리 북조선은 영명한 김정일 지도자께서 인민들의 생활을 흡족하게 잘 보살펴 줍니다. 우리 북조선은 문화 경제 발전이 급속도로 나가고 있습니다."

그들은 북한의 장점을 말하면서 김정일에 대한 충성심 일변도로 이야기하였다. 내심으로는 고깝기 짝이 없었으나 불평이나 불단을 할 수는 없었다. 저들의 발톱 아래에서 살고 있을 딸의 식구들이 눈에 아른거렸기 때문이었다. 나는 머리가 아프다며 옆방으로 슬그머니 피해 들어갔다. 조금 있으니 아들이 방으로 들어왔다.

"저들이 저녁식사를 다했으면 속히 집을 떠나가라고 하거라."

"어머니. 걱정 마십시오. 그러지 않아도 식탁에 술을 몇 병 올렸더니 술맛의 좋고 나쁨을 불문하고 마구 퍼마시고 있습니다. 북한에서는 출장 나가는 사람들에게 여유 돈을 주지 않아서인지 술 사먹을 여유도 없나 봅니다."

나는 북한에서 해외로 출장 나가는 사람들에게 여유롭게 경비를 지급할 능력이 현재의 북한 경제로는 어렵다고 생각했다. 그러다보니 식탁 위의 술을 보고는 헐레벌떡 덤벼드는 것이라고 생각했다. 그들은 술에 완전히 취해서야 집을 나갔다. 문 앞에서 쓰러지는 등 추태를 부리는 모습을 보고 있던 나는 그들이 집밖을 완전히 벗어나는 것을 보고서야 한숨을 내쉬었다. 나는 아들에게 당부했다.

"저들은 믿기 어려운 사람들이니 다시는 재회를 하지 말거라. 친한척하면서 무슨 정보라도 있는 듯 꾸며대는 일에는 도통을 한 집단에서 나온 사람들이니 아예 만나는 것조차 금하라."

그들은 몇 달 뒤에 다시 아들에게 전화를 걸어 만나고 싶다는 의사를 시도했다. 마침 그때 전화를 받았던 손녀가 수화기에 대고 딱 잘라 말했다.

"아버지는 현재 출장 중이시고 할머니는 입원해 있으니 다시는 우리 집에 전화를 하지 마십시오."

그 뒤로는 두 번 다시 그들에게서 연락이 없었다.

1998년 10월 21일 타슈켄트시에서

송동산에 대한 장학봉의 이야기

나는 지금까지 여성 간부들에 대한 약력은 쓰지 않았다. 소련 정부로부터 파견받아 북한에서 사업했던 여성들(김 쏘피야, 김해정, 장 안또니나, 박정애 등)은 많았으나 박정애 여사를 제외하고는 북한 정부나 노동당 중요 요직에서 일했던 분이 없었기 때문이다. 자기 남편을 따라 북한에서 일했던 경우는 가끔 있다. 박 나제스다·강 아나쓰따씨야·채 딴냐·정 류드빌라 등의 사람들이 그들이다.

여성에 대한 약력을 쓰자면, 박정애 여사에 대한 약력을 써야 하겠으나 박정애 여사가 북한에 나가기 전까지 소련에서의 일은 그리 잘 모른다. 다만, 박정애 여사의 본명은 최 웨라였으며, 1935년에 원동변강강변 소왕령에서 한인 사범전문학교를 졸업하고 모뽀르(국제혁명협회) 계통으로 북한에 파견되어 가서 일하다가 일제에 체포되어 감옥생활을 하다가 1945년 북한 해방 때 나올 수 있었다는 정도를 알 뿐이다.

그런데 내가 송동산 여사에 대하여 자세히 쓰게 된 동기는 송 여사의 약력이 당시 북한에 나갔던 소련출신 여성들의 생활과 공통점이 많으며, 또 송 여사의 생활이 북한 실정과 북한 인민 생활과 잘 연결되어 당시의 상황을 표현하는데 적절했기 때문이다. 특히 송 여사는 안운경 선생의 미망인으로서 안운경 선생이 1964년에 세상을 떠난 후 지금까지 30여 년 이상을 헛되이 살지 않았음을 기억해야 할 것이다.

송 여사는 현재 모스크바시에 7명의 자녀, 12명의 손자를 두었고 북한에도 7명의 손자들을 둔 할머니로 늘 그들의 안위를 걱정하며 안타까운 삶을 살고 있다. 송 여사의 기록은 우리 민족 여성사의 아픈 역사 일부분을 차지하고 있음을 생각해 볼 때 기록을 남겨두어야 한다는 마음이 들었다.

1998년 11월 7일 타슈켄트시에서 장학봉

전 상업성 도서 판매관리국장

송영현은 1908년 5월 24일에 원동 변강 탄광도시인 쑤찬시(현재 빨치산시) 군 소재지에서 태어났다.

향촌에서 소학교를 마친 후, 한인들이 집중적으로 살고 있는 신영동에서 초중을 졸업하였다. 가정 형편이 어려워 학업을 계속하지 못하고 원동변강 블라디보스토크시 어업기업소에서 노동자로 1924년부터 1930년까지 일하였다.

1930~1931년까지 원동변강의 니꼴쓰크시 협동조합에서 생산부장으로 일을 하였고, 그 뒤 2년 동안 하바롭스크에 있는 농촌경리 고급당학교에서 공부를 하였다. 송영현은 1931년에 소련공산당에 입당하였으며 1933년에는 블라디보스토크시에서 김 옐렌나와 결혼했다.

고급당학교를 졸업하고 1935년까지 나제르바이드잔 공화국 렌꼬란시에서 건설관리국 지도원으로 일한 다음, 다시 원동변강 하바롭스크로 돌아 와 시 중앙종합식료품 매점에서 1937년 한인 강제이주 시기 때까지 일하였다. 이후 그는 우즈베키스탄 타슈켄트 주 양기율시에 도착하게

되었고, 1945년 9월에 북한으로 파견되어 나갈 때까지 얀기율시 총매점 중앙창고장으로 근무하였다.

1945년 12월부터 처음에는 로마넨꼬 민정사령부에서 통역관으로 일하다가 북한에서 민주개혁이 실시된 후, 1946년 8월부터 1955년 6월까지 상업성 도서 판매관리국장으로 일하였다. 이후 사상검토 사업에서 비판을 받은 다음, 체신성 유선 전화부 부부장으로 강직되어 1957년 12월까지 일하였다. 사상검토 때는 소련출신 간부들을 숙청하는 죄목인 '소련 가족주의', '허가이, 박창옥과 친하다는 것', '소련 사대주의' 등의 이유에 의거하여 강직당했다. 송영현은 체신성으로 강직된 후에도 수없이 사상검토를 받아야 했다.

당시 체신성 부상들이 모두 한 장소에서 사상검토를 받는 과정에서 양기연이란 자는 송영현의 빰을 때리고 구타를 하면서 죄를 인정하라고 윽박지르는 야만적인 행위를 하였다. 이러한 인격적인 모욕과 야만적인 행위를 겪은 송영현은 더 이상 북한에서는 희망이 보이지 않음을 깨닫고, 1958년 2월에 소련으로 귀환하게 되었다.

소련에 귀환하여 모스크바 소련공산당중앙위원회의 수속을 거쳐 우즈베키스탄 타슈켄트에 도착하여 아이들의 공부 문제, 주택 문제, 자신의 일자리 등을 해결 받았다. 귀환 후 약 3개월은 일을 하지 않고 카자흐스탄 공화국 알마아따, 따직 공화국 두산베 및 자깝까즈 등지를 돌아다니며 동지들을 만나서 어느 곳이 가장 살기에 적합한가를 물색하고 다녔다. 결국 우즈베키스탄 공화국이 가장 적당하다고 결론을 내리고 우즈베키스탄 공산당중앙위원회 조직부에 일자리를 건의하였고 타슈켄트 주 도서매매관리국 타슈켄트지구 지배인으로 임명을 받게 되었다. 그 곳에서 1958년부터 1963년까지 일한 후, 타슈켄트 주 베고와르 구역에 주재하여 있는 벼 재배 국영농장 부지배인으로 1980년까지 일하였다.

송영현은 근 60년의 노동 이력으로 공로가 있는 노동 연금생으로 국가의 혜택을 받으며 휴식하게 되었다. 그는 자식들을 사회에서 필요한 훌륭한 일꾼으로 성장시켰다. 장남 송 게오르기는 현재 알마아따 한인 극장에서 유명한 가수로 활동하고 있으며, 차남 송 보리쓰는 타슈켄트에서 사업을 하고 있다. 장남인 송 게오르기는 가무단의 공연차 수차례에 걸쳐 남한을 방문하기도 하였다. 그러한 자손들을 자랑스럽게 생각하며 매일 조국의 민주적 통일을 염원하던 송영현은 1987년 8월 16일 타슈켄트에서 세상을 떠나고 말았다.

장남 송 게오르기의 자료에 기초하여
2000년 9월 1일 장학봉

전 조선노동당중앙위원회 농산업부 부부장

송원식은 1909년 12월 29일 원동변강 올긴 구역 베넵스키 촌 빈농의 가정에서 태어났다. 그가 13세 되던 해에 부모가 동시에 세상을 떠난 후, 남의 집을 돌아다니며 노동을 하여 생계를 유지했다. 4남으로 태어난 그는 형들의 도움을 받아 고중에서 공부하였으며 소년단 사업을 거쳐 공청회 사업에도 열성적으로 참가하였다.

그는 원래 아주 착하고 인내성 있는 성품이었으며 거기에 총명한 미남이었고 남보다 공부도 잘하였다. 때문에 그는 17세 되는 고중학생으로서 벌써 고중학교 공청회 책임비서로 선출되어 일하게 되었으며, 또 군당 위원회의 보증으로 농촌도서관 관장으로 일하게 되어 경제적 면에서도 약간의 도움도 받을 수 있었다.

송원식은 1927년에 18세의 청년으로 공산당에 입당하게 되었다. 당시 소련공산당 규약에 의하면 20세 미만의 청년은 특수한 경우에 공산당에 입당되게 규정되어 있었다. 그것도 3년 이상의 당 경력을 가진 공산당원 3명의 보증인이 요구되는 바, 그 중 공산당원 1명 대신하여 필히 군 공청위원회의 보증이 있어야만 3년 기한으로 후보 공산당원으로 입당할 수 있는 조건이 되는 것이었다. 그러나 송원식은 아주 특별한 경우로 군 공산당 위원장의 보증을 받아 후보당원의 기한 없이 바로 직접 공산당에 입당되었던 것이다. 그는 이후 가장 충실한 공산당원이자, 당의 선봉대원으로 자기 생애의 마지막 시각까지 56년 동안 당의 노선을 지켰다.

1931년에 송원식은 아주 전망이 밝은 공산당원으로 하바롭스크 원동변강 공산대학에 파견되어 1933년에 졸업하고, 올긴 군당 위원회 당지도원으로, 또 상급지도원으로 1937년 8월까지 일하였다. 1937년 8월에는 원동변강에 살고있던 전체 한인들과 함께 스탈린의 강제이주 정책에 의하여 우마처럼 화물차에 실려 중앙아시아로 오게 되었다. 이주 도중에 그와 많은 한인들이 장티푸스에 걸려 카자흐스탄 부르노에 시에서 하차되어 약 1개월간 치료를 받았으나 대부분은 사망하고 말았다. 살아난 사람들은 자기 협동조합의 회원들이 살고 있는 타슈켄트 주 중칠칙 구역 엥겔쓰 꼴호즈에 들어오게 되었다.

송원식은 꼴호즈에 도착하자, 꼴호즈 회원들의 두터운 신임을 받아 꼴호즈 관리위원장으로 선출되었다. 강제로 실려온 이주민들의 농업협동조합 위원장 일을 하기란 여간 힘든 일이 아니었다. 화물차에 실려 온 사람들에게는 농사 기구도 없었으며 당장 봄에 먹고살 양식도 없었을 뿐더러 씨앗도 없어 파종도 못할 지경이었다. 당에서 확정하여 준 땅은 개간하지 않은, 수백 년 동안 갈밭으로 내려온 황무지였다.

이주민인 고려인들은 반토굴막을 짓고 갈대를 베어 담으로 둘러막았으며, 또 갈대를 이용해서 두툼하게 자리를 만들어 바닥을 살았다. 밖에는 가매를 걸고 갈대를 땔감으로 사용하면서 음식을 끓여 먹었다. 혹독한 추위의 겨울을 지나고서 살아남은 사람들은 봄철이 되자, 이번에는 질환에 걸려 앓기 시작하였다. 특히 어린아이들은 기후 변화에 적응하지 못했고, 중앙아시아의 말라리아 병에 걸려 대부분이 죽었다. 원기가 약한 노인들은 더 말할 나위 없을 정도로 비참하게 죽어갔다.

　이러한 고초와 난관에 봉착한 강제 이주민들은 어린 아이나 늙은 부모들을 장사지내고서도 그 이튿날 눈물 속에서 농장으로 나갔다. 새 위원장으로 선출된 송원식은 상부 각 기관들을 찾아다니며 식량과 종곡을 빌려왔다. 또 그해의 월동 준비를 위하여 돈을 대부하여 건축재료를 사들이기도 했다. 그는 밤을 낮으로 대신하면서 생사를 내걸면서 있는 힘을 다하여 영웅적으로 일하였다. 그렇게 일한 결과 수천 년 묵은 갈대밭은 어느새 옥토로 변해갔고, 가을에 벼농사가 잘되어 수확이 많았다. 일인당 벼 10Kg을 빌려서 농사를 시작했는데 일년 농사를 총집계한 결과, 일인당 벼 3~4톤씩 수확하게 되었던 것이다. 몇몇 가정들은 일한 사람이 3~4명이었으니 그런 집에서는 가을 총화에 벼 10톤, 돈으로 환산하면 수천원씩 분배받게 되었다. 그러니 이주민들의 기쁨은 더할 나위 없었고 그 모든 것이 송원식의 뛰어난 지도력 때문이었다는 것을 칭송해 마지 않았다.

　생소한 타향에 와서 많은 사람들이 죽었으나 살아남은 사람에게는 앞으로 살아갈 길은 열린 것이었다. 돈을 빌려서 짓기 시작한 사택, 곳간, 마구간, 행정 사무실 및 문화회관까지 잘 지어져서 갈대밭 황무지뿐이었던 곳에 서양식 새 부락들이 들어서게 되었으니, 사람들에게는 더 부지런히 일하고 더 잘 살아야 되겠다는 욕심이 자라났다. 일년 농사를 결산하고 보니 협동조합이 부자가 된 것을 확연하게 알게 되었다. 벼는 곧 쌀이요, 쌀은 곧 돈이란 것을 알게 된 협동조합 회원들은 자원하여 이른 새벽부터 저녁 늦게까지 열성적으로 일하며 시간이 곧 돈이라는 생각을 하게 되었다. 경제 년도 결산에 의하여 조합에 들어온 이윤으로 국가의 빚을 다 갚고도 많은 돈이 여유가 생겼다. 그래서 농촌에 가장 긴요한 트럭 10대, 화물차 5대, 수많은 가대기, 걸기, 파종기 등과 함께 조합위원장과 책임자들이 타고 다닐 승용차까지 사는 한편 기계 자동차고, 기계수리소, 대장간까지 그럴듯하게 지어 조합 살림살이를 모범적으로 갖추어 놓았다.

당시 우즈베키스탄 민족들은 목화 농사는 잘 하였으나, 벼농사는 맹탕이라 한인들에게서 처음부터 경작법을 배웠다. 몇몇 협동조합에서는 경조 볍씨와 찰 볍씨 등을 원동변강에서 강제 추방당할 때 조금이나마 가져 온 것을 경작하여 다음 해인 1939년 농사부터는 좋은 볍씨들을 많이 심게 되었다. 우즈베키스탄 공화국 정부는 강제 이주 당하여 온 한인들에 한하여 5년간 기한으로 일체 세금을 면제시켜 새 살림살이를 잘 꾸리도록 하였다. 한인들은 국가에서 대부한 돈의 빚만 반환하였을 뿐 일절 세금은 물지 않았다.

이렇게 평화롭게 3년을, 즉 1938년부터 1940년까지는 풍부하게 잘 지냈다. 그러나 1941년부터는 독·소 전쟁이 시작되었다. 국가에 의무적으로 전투 양곡을 내어야 했다. 수매량이 각 경리들에 할당되자 한인들의 생활도 좀 어렵게 되기는 했지만 다른 민족에 비하면 풍요하게 살 수 있었다. 우선 한인들은 정규군에 징병하지 않아서 노동력에 대한 상실이 비교적 덜한 탓이었다. 그렇지만 한인들은 정규군 복무가 불가능한 대신에 건설대원으로 1943년부터 동원하기 시작하여 방어 공사 수리, 철도 및 철교수리와 새 철도부설 목적으로 북부전선과 서부전선에 많이 동원되어 갔다. 이렇게 처음 떠날 때에는 노동건설 대원으로 갔지만 전선 가까이 가서 일하던 많은 한인 청년들은 차츰 정규군으로 변경되었다. 그들은 전쟁이 끝날 때까지 복무하였으며 그 중 많은 청년들은 전사하였다. 청년들 중 몇몇은 큰 공을 세워 훈장과 메달까지 수여 받고 집에 돌아오기도 했다.

송원식은 소련 인민의 위대한 조국전쟁이 시작되자 경리를 모범적으로 운영하여 수확고를 높여 회원들의 소득을 제고시키는 한편, 회원들에게서 자원적 의연금을 모아 거액을 소련 군대에 보내었다. 전쟁승리에 필요한 비행기, 탱크, 기타 군기들을 히틀러 군대를 반대하여 투쟁하는 전선에 보내도록 의연금을 보탰으며, 강점당하였던 후방 인민들에게 수많은 의복과 다량의 양곡들을 보내어 승리의 날을 앞당기는 업적에 크게 이바지하고 국가표창도 많이 받았다. 그는 조국전쟁 시기에 우즈베키스탄 공화국 상임위원회 표창장도 받았으며, 또 '위대한 조국 전쟁 시기에 기여한 영웅적 노력공훈'이란 메달도 받았다.

송원식은 1945년 10월에 타슈켄트 주 군사동원부로부터 소련군대에 초병한다는 군사동원증을 받았다. 그는 협동 조합의 경리를 이틀 만에 부위원장에게 인계하고 급한 걸음으로 원동변강 연해주로 나가게 되었으며, 11월에는 평양에 주둔하고 있는 소련군 제25군단 지휘부에 도착하게 되었다. 제25군단 민정사령부는 송원식을 평남도 순천군사령부 통역원으로 1945년 11월 15일에 배치하였다.

이 시기에 있어서 군사령부의 가장 중대한 사명은 새로 조직된 인민위원회와 긴밀한 연계 하에 일본인 물자들을 적산이라 인정하고 그것들을 등록하여 인민위원회에 양도하는 작업이었다. 5정보 이상의 토지를 소유한 전체 인민들을 조사 등록하고 토지를 몰수하여 빈농에 분할 부여하는 사업들을 진행하였던 바, 이것이 토지개혁이라고 칭하였다. 토지개혁을 진행하는 사업은 그리 단순치만은 않았다.

지주들이 대대손손으로 소유하고 있던 토지는 무상 몰수했고, 지주들은 이주시키니 불만을 일으켜 부분적으로는 테러 및 살인까지 저지르게 되는 쟁투들이 벌어지곤 하였다. 바로 이 때에 자신의 토지를 빼앗긴 많은 지주들은, 노동당이 강제로 이주시켜 보내는 산악지대에 가족을 이끌고 가기보다는 남한으로 가서 잠시 머물러 있다가 다시 돌아와 토지를 다시 찾겠다는 생각으로 월남하였던 것이다. 또한 토지를 몰수당한 지주들은 조직적으로 무장하여 단체행동으로 인민정권을 반대하려 하였으나 소련 점령군 때문에 빼앗긴 토지를 다시 찾는 일은 단 한 건도 없었다.

토지개혁이 1946년 3월 말까지 끝난 다음 5월부터는 산업국유화가 시작되었다. 이것은 적으나 크나 모든 기업소들은 전부 몰수하여 국가의 소유로 하는 한편, 세탁소나 양화점, 양화 수리소, 기계 수리소 등도 전부 몰수하여 인민편리협동조합을 조직하였던 것이다. 송원식은 유능한 농촌경리 지도자로써 순천지역 소련군 사령부에서 모든 사업들을 모범적으로 조직 진행하였다. 이렇게 열심히 일한 결과, 1948년 1월 중순에 그는 소련군 민정사령부 중앙본부로 전근되어 올라와 농촌경리 지도부 상급통역원으로 일하게 되었다.

1948년 12월에 북한에서 소련군이 철수하자, 송원식은 북한 공민권을 접수하게 되었으며, 소련 공산당 조직부 결정에 따라 소련공산당원에서 조선노동당원으로 전당하게 되었다. 전당 수속이 끝난 후, 1949년 1월 20일부터 평양시당 부위원장으로 선출되어 일하였으며 1951년 1월부터는 평남도당 부위원장으로 선출되어 일했다. 이 시기는 전쟁 시기여서 도 단위 범위에서 당 사업을 조직 지도하기가 아주 어려웠다. 그 이유는 이러했다. 북한은 전쟁을 단기간에 승리로 종말 짓고 전 조선을 공산화하려 했었는데 그 계획이 실패로 돌아가면서 북한의 산업 시설이 거의 파괴되었으며, 농촌 경리도 파괴되어 무엇이던 외국 수입품이 없이는 군대도 국가도 유지할 수 없는 형편이었기 때문이었다.

이때 북한 정책에 대하여 불만을 품고 있던 많은 사람들이 남한으로 넘어가게 되었다. 특히 자신의 토지를 몰수당했던 부농, 산업가, 기업가, 상점주인, 광산기업소 주인 등 많은 사람들은 1950년 말기에 북한 인민군이 후퇴하고 유엔군과 국방군이 다시 들어와 예전의 개인 재산에 대한 관계를 해명하는 과정에서 여러 가지 부정적인 사건을 벌였었다. 없던 사실을 조작하기도 했던 그들은 다시 인민군이 점령하자, 몇 배로 파산되고 그들은 사방으로 흩어지고 남한으로 내려가기도 했다.

이런 과정에서 북한 경제는 파탄될 수밖에 없는 조건이라 단기간에 경제를 회복한다는 것은 참으로 어려운 일이었다. 그러나 농촌경리 사업지도에 경험이 많았던 송원식은 평남도당사업을 정돈하고 파괴된 저수지 복구, 산업 복구를 위한 발전소들과 배전망을 복구하였다. 그래서 산업은 부분적으로 회복되는 한편, 농촌경리 협동조합을 복구하여 일부인민들이 개인 재산으로 차지하려던 농지 등을 재정리 회복하였다. 그런 일은 우선 많은 인민들이 먹고사는 문제를 해결하기 위한 조치였다.

이렇게 북한 사회 정세와 인민 생활에 있어서 가장 어려운 시기에 송원식은 모든 정력을 다하여 국가 사업보장에 남김없이 이바지하였다. 그 결과 그는 진급의 길에 올라 영전되게 되었던 바, 1954년 6월에는 조선노동당중앙위원회 농산업부 부부장으로 임명되었다.

새로운 직무에 전근되어 와서도 그는 평남도당 부위원장 시절에 체험한 귀중한 사업 경험들을 적용하여 전후 농촌경리 복구발전사업에 커다란 기여를 하였다. 당시 무엇보다 중요하고 우선적인 일이 복구사업이었다. 농산물 생산에 있어서는 조속한 시일 내에 예전의 수준에 도달시켜야 했다. 농산업에 새로운 기술을 도입시키는 문제가 중요하다는 것을 그는 경험에 의해 알고 있었다. 그는 당중앙위원회에 의견을 내어 트랙터 공장을 짓는 문제와 기타 농산 기계 공장들을 짓는 문제들을 해결하

1954년 8월, 로동당 중앙위원회 농업부 부부장으로 근무할 때 농촌 현지 지도자로 나가서 찍은 사진. 우로부터 두 번째가 송원식. 네 번째는 김일

였다. 또 그와 병행하여 많은 농산 기술자들을 외국으로 파견하여 새로
운 경험을 도입케 하는 한편, 자기도 직접 소련 및 동유럽 국가를 돌아
다니며 사업지도 경험들을 많이 받아 들였다.

1955년에 이르자 농촌경리 총 수확고는 전쟁 전의 수준에 도달하였
으며 농촌에는 새로운 살림살이를 꾸리는 사택들이 들어서기 시작하였
고, 한편으로는 농촌경리 문화수준도 상당히 개선되기 시작하였다. 도시
에는 복구 사업이 전적으로 전개되어 도시 건설이 급속히 전개되었으며
낡은 공장들이 복구되는 한편 새 자동차 공장, 트랙터 공장, 농기계 공
장, 경공업 부분 공장들도 많이 짓기 시작하였다.

그런데 전쟁 시기에는 많은 군인들의 피가 희생되었으나 1956년에
이르자, 많은 간부들의 피가 흐르기 시작했다. 이른바 사상검토라는 명
목의 숙청작업인 것이었다. 벌써 1954년부터 부분적으로 시작한 간부
들의 사상검토 사업은 간부들을 대량 학살하는 길로 완연히 들어섰다.
독재 정권은 자기 정권을 영구히 하기 위하여 김일성 자신의 과거 역사
를 낱낱이 알고 있는 주변 인물부터 숙청하기 시작했다. 그러기 위해서
먼저 김일성은 자신의 과거부터 위조하기 시작하였으며 이것을 인민에
게 교육하기 위한 전초작업으로 숙청은 비밀리에 혹은 공개적으로 강도
를 더 높여갔다. 김일성의 수하들은 예전에 자기보다 높은 위치에서 일
하던 간부들과 유식한 간부들은 모두 자기 세력 구축에 걸림돌로 여겼
으며, 김일성 독재화에 민주적인 사상을 가진 자들이 있으면 불안을 계
속 발생시킨다는 생각으로 그들을 모두 청산하는 길로 나갔다.

먼저, 남한 간부들을 숙청하고 이어 연안간부들을, 또 다음엔 소련 간
부들, 마지막에는 지방 간부들까지 모조리 청산하기 위한 목적에서 진
행된 사상검토 운동은 1956년에 이르러 최절정에 이르기 시작하였다.
이 시기에는 벌써 소련 간부들이 처단 받기 시작하여 허가이가 1953년
에 암살당했고, 곧 이어 박창옥, 박이완, 박영빈, 장주익, 최종학, 김원길,
김태건, 김칠성, 정철우, 김철우, (작은)김일, 신천택, 장익환, 한일무, 송

진화, 정국녹 등 250여명이 철직, 처단 당하였다. 이들 중 50여명은 투옥, 처단 당하였다.

1958년에 이르자, 일을 매우 잘하여 항상 호평을 받던 송원식도 철직되었다. 당 중앙의 요직에서부터 내리막 걸음을 걸어 평안남도 인민위원회 부위원장으로 좌천되었다. 당 사상검토 회의에서 특별히 취급하려 하였으나, 본래 맘씨가 고운 송원식은 그 무엇도 허물 잡힐 일이 없었다. 그래서 사상검토 지도원들은 그저 소련 가족주의, 사대주의, 소련출신 상부 간부들에게 결탁하어 맹종 맹동하였다는 것을 숙청의 명목으로 내세웠다. 특별히 지적 받은 것은 당 중앙 조직부장으로 사업하던 박영빈의 졸개 역할을 하였다는 것이었다. 참으로 어이없는 이유였다. 소련출신들을 무조건 숙청하라는 김일성의 지시가 없었다면 이렇게 막무가내로 숙청을 할 수 없었을 것이다.

이렇게 1960년 말에 결론짓게 된 사상검토회의 결정은 송원식으로 하여금 하부 농촌 협동조합에 내려가 자기 신변을 좀 수양하면 당은 다시 관대히 처리하여 높은 간부로 등용한다는 것이었다. 죄가 없는 사람이 지방으로 유배를 가서 무엇을 반성하고 수양하라는 것인가. 지시를 받은 송원식은 자기와 같은 처지에서 하부에 내려간 간부들도 많았지만 사상검토 6년 동안 다시 올라온 간부는 하나도 없었음을 너무도 잘 알고 있었다. 지방으로 내려가기만 하면 가족까지 함께 전멸되었다는 것을 잘 알고 있어 소련정부에 청원을 내기로 했다. 그래서 다시 소련 공민권을 회복하고 소련 입국 허가권을 줄 것을 요청하였다.

송원식은 1961년 6월에 소련 정부의 허가를 받고, 7월에 자기 가족과 아들의 가족도 동반하여 소련 모스크바 공산당중앙위원회에 도착하였다. 모스크바 당 중앙 조직부에 초청된 송원식은 북한에 파견된 이후 15년간 자기가 했던바 사업총화 보고를 제출하고, 북한의 변태된 김일성식 사회주의에 대하여 자기 의견을 말했다. 그리고 자기 친척들이 살고 있는 우즈베키스탄 공화국 타슈켄트시로 파견하여 줄 것을 요청했다.

타슈켄트시에 도착한 그는 우즈베키스탄 공화국 공산당 조직부의 지시에 따라 칠탄사트 구역에 사택을 배정 받고 아들은 민간 항공대 항법사로 취직시켰으며, 자신은 1952년에 자동차 전복사고로 입은 타박상으로 인하여 연금수속을 하였다. 송원식은 연금생활을 하면서도 타슈켄트 주변 여러 협동조합들에서 자기 힘에 알맞은 일을 계속하다가, 1980년도부터는 완전한 연금생으로 살면서 조국통일에 대하여 북한의 변태된 독재체제가 민주화되기를 밤낮 염원하다가 1993년 1월 9일에 세상을 떠났다.

송원식은 북한에서 일할 때 자기 책임을 성과적으로 실행한 결과, 국기훈장 3급, 2급, 자유독립훈장 2급, 조선해방메달, 몽고인민공화국 훈장 등 수많은 소련 메달들을 수여 받았다. 아들 송 락렉싸느로는 현재까지도 자기 직무에 충실하게 일하고 있으며 고려인 문화협회 사업과 민주통일 구국전선사업에도 열성적으로 참가하고 있다.

1996년 5월 12일 장학봉

송진파는 1914년 원동변강 연해주에서 태어났다. 향촌에서 고중을
나온 후 1937년에 원동변강 블라디보스토크에서 한인 사범대학을 졸업
하였다. 같은 해에 강제이주를 당하여 카자흐스탄, 탈디쿠르간 주, 우스
또베시 등에서 1948년까지 고중 교장으로 계속 근무하였다. 1948년에
소련공산당중앙위원회 결정에 따라 북한으로 국제공산당 임무를 수행할
목적으로 파견되어 갔다. 북한에 도착한 그는 1948년부터 인민교육성에
서 1950년까지 일하고, 6·25 동족상잔 때 후퇴시기가 다가오자, 인민 교
육성에서 문화선전성 산하 국제관계 지도국의 국장으로 전근되어 근무
하였다. 6·25 전쟁이 끝난 1954년에서 1957년까지, 즉 소련으로 귀국할
때까지는 북한의『새조선』이라는 잡지사 책임 주필로 일하였다.

송진파는 사상검토 운동에 걸리어, 노동당 대열 내에서 당 노선을 위
반하는 반당분자들을 청산한다는 당 전원회의 결정에 의하여 노동당 대
열에서 출당 당하였다. 결국 그는 1957년 10월에 다시 소련으로 귀국
하여 모스크바 소련공산당중앙위원회의 결정을 따라 우즈베키스탄 공화
국 타슈켄트 고급당학교에 파견되어 공부하게 되었다.

송진파와 소련으로 같이 귀국한 일행으로는 정상진, 기석복, 정동혁,
박태섭, 김일 등이 있었는데 정동혁은 타슈켄트 고급당학교에서 공부하
지 않았다. 송진파는 1957~1961년까지 타슈켄트 고급당학교를 다닌

후, 동 당학교 철학강좌에서 철학 교원으로 일하게 되었다. 송진파는 원래 아주 총명하였고 기억력이 우수하여 당시 나이가 50세에 가까웠음에도, 당학교 전과목을 최우수로 수료하였다. 그러나 강좌에서 학위 논문을 끝내지 못한 상태에서 다시 본업으로 전근되어 한인 신문사인 '레닌기치'의 책임주필 직무에 근무하게 되었다. 신문사로 전근되어서는 자신의 우수한 예술적 기교를 발휘하면서 11년간 연속으로 일하였다.

1974년에 개별적 명예 연금생으로 넘어갔으나, 신문에 대한 문학창작 일은 계속하였다. 그는 한인들의 생활 형편, 소련에 있는 한인들의 발전 전망, 한인들의 언어·문화·풍습·전통 등의 회복을 위하여 열성적으로 노력하였다.

1990년 가을에 모스크바에서 열린 한인문화협회 창립대회에 참석하였으며, 1990년 6월에는 소련에 살고 있는 한인 공훈노인단 성원으로 남한을 방문하였다. 남한을 방문하였을 때 서울에서, 예전의 북한 근무 시절에 민주국가 건설에 이바지하던 문화 출판물 계통의 많은 친구들을 만나 눈물겨운 지난날에 대한 이야기로 시간 가는 줄 모르그 지냈다. 또 그 시기에 같이 살고 있다가 월남하여 서울에 살고 있던 사촌누이 동생들, 많은 친척들을 매일 같이 만나곤 하면서 장차 소련으로 또 남한으로 상호 방문할 계획을 기획하기도 했다.

그러나 애석하게도 남한 방문을 마치고 돌아와 동년 8월에 모스크바에서 세상을 떠났다. 경제사정으로 하지못했던 때늦은 환갑장치를 얼마 남기지 않은 때여서 많은 사람들이 그의 죽음을 애도하며 안타까워했다. 현재 모스크바에는 송진파의 부인과 아들딸들이 지내고 있다.

1999년 12월 20일 장학봉

심 수 철
(1921. 6. 11 ~ 1997. 5. 30)

전 총참모부 군사교육국 부국장, 대좌

심수철은 1921년 6월 11일에 원동변강 우쑤리 시에서 빈농인 심용천의 막내 아들로 태어났다. 심용천의 가정에는 심수철 등 아들 형제와 딸 형제 등 4명이 자라났다. 부친은 6형제였는데 위로 세 형제는 고향 땅인 청송에 남아 있었고, 아래로 세 형제가 소련 땅 원동변강에 월경하여 들어와 살다가 여섯째 삼촌은 1929년에 중국으로 갔다. 심수철의 부친은 다섯째로 강제이주 이후 타슈켄트시 부근에서 살다가 1951년에 사망하였다. 모친은 1929년에 일찍 사망하여 심수철은 큰 형의 영향을 받으면서 자라났다.

심수철은 1929년에 초등학교에 입학하였고, 초등학교를 졸업 한 다음 1936년에 초중을 졸업하였으며, 동년에 한인 사범전문학교에 입학하였다. 한인 강제 이주 때에는 학교와 함께 이주하여 카자흐스탄 공화국 까살린쓰크에 들어와 크슬오로다 시에 있는 사범대학에 입학하였다. 그러나 결국 사대를 졸업하지 못하고, 1940년에 침겐드 시에 있는 교원대학으로 전학하여 1941년에 교대를 졸업하였다. 이후 1년간 남부 카자흐스탄 부구니라는 촌에서 교원으로 일했다. 1942년에는 우즈베키스탄에 이주해 타슈켄트 주 중칠칙 구역 몰로또브 초중에서 교원 일을 하였다. 이 시기에 타슈켄트 니사미 사대에 입학하여 동 사대 통신학부를 1945년에 졸업하고, 같은 해 가을부터는 타슈켄트 주 얀기율 시 교육부에서 시학으로 일하였다.

1945년에 조선이 일제에서 해방된 후, 부모들의 고향 땅에 나가 조국건설에 참가하겠다는 마음을 품고 1946년에 우즈베키스탄 교육성의 명의로 조직된 특별강습소에 입소하여 1947년에 강습을 펼하고 조선민주주의 인민공화국에 교원으로 파견 받아 가게 되었다. 평양에 도착한 심수철은 조선민주주의 인민공화국 교육성의 파견에 따라 김일성종합대학 노어 강좌 교원으로 1950년에 동족상잔이 시작 될 때까지 일하였다.

동족상잔이 시작되자 조선 인민군대에 입대하여 총참모부 군사교육국 부국장으로, 군사칭호는 대좌로 근무했다. 그런데 인민군대 내 간부들을 대상으로 1956년부터 철저하게 진행된 사상 검토사업은 심수철에게도 예외를 주지 않았다. 심수철은 본디 말이 점잖았고, 남의 말에 필요 없이 끼어들지 않는 성미로써 어떤 종파 운동에도 끼어들지 않았다. 또한 누구를 반대하거나 비방하는 일에는 전혀 간여한 일이 없이 사업만 꾸준하게 해온 진실한 인민군대 역군이었다. 그러나 이렇게 진실한 간부도 소련 종파니, 소련 가족주의자니, 소련식 관료주의자니, 소련만 위대하게 인정하는 사대주의자니 하는 죄목을 씌워 간부국 부국장 직무에서 철직시켜 육군대학 노어 강좌장으로 강등시켜 내려 보냈다. 당중앙위원회 부위원장 김창만이 판을 치며 숙청작업 선두에 서 있는 환경에서 인민군대내에서 사상검토 사업이 본격적으로 진행되자, 조선인민군 육군대학은 강등 당하고 철직 당한 인민군 간부들이 잠시 내려와 묵었다가 영영 하직의 길을 떠나가는 정박소였다.

인민군대 내의 많은 간부들을 장령복 대신 막노동복을 입혀 육군대학에서 재교양을 시켜 혼을 다 빼놓은 후에야 농촌 협동조합, 탄광, 광산, 백두산 벌목장 등에 내려 보냈다. 또 상당수의 간부들이 감옥이나, 정치범 특별 수용소에 갔다가 다시는 가족도 친척도 보지 못하고 죽었다. 심수철도 다른 간부들과 똑같이 육군대학에 내려온 지 몇 달이 되지 않아서 또 아래 계급으로 내려가기만 했다. 결국 협동조합에서 순 노동자로써 무산자 숙련을 받으라고 권고하면서 철직시키고 말았다.

이때 그는 육군대학에 내려오면서부터 결심했던 대로 소련대사관에 가서 귀국 신청서와 함께 소련 공민회복청원서를 소련 최고소비에트 상임위원장 앞으로 제출하였다. 소련 공민권 회복에 대한 청원은 일주일 후 허락되었다. 심수철은 소련 모스크바시를 거쳐 당중앙위원회의 파견으로 우즈베키스탄 타슈켄트시로 1962년 12월에 도착하였다.

타슈켄트시에 도착한 심수철의 가족은 시청의 결정에 따라 무료로 사택을 배정 받았으며, 아이들은 학교에 수속되었다. 간부 사업에 다년간 경험이 있어 지방 산업산하 시솔 공장 간부부장으로 임명받았으며, 부인 박 안나는 시 재봉공장 기능재봉공으로 취직하게 되었다.

심수철은 1970년에 니사미 사범대학 조선어학부 상급교원으로 초대되어 그 직무에서 1982년까지 일하였다. 그 후 연금생활에 넘어가 휴식하기 시작하였으나 시 혹은 각 군 지도기관들의 초청으로 실력 있는 직외 강사로 계속 일하였다. 그는 사대 교수로 일하면서 자기의 정치 이론적 수준을 한층 높이기 위해 1972년에 타슈켄트 당 중앙고급학교 마르크스 레닌주의 야간학부에 입학하여 2년 반 공부하고 1974년에 졸업하였다. 직외 강사로 뿐만 아니라 각 곳에서 조직한 한글공부 강습소에서 한인들에게 열심히 한국어를 가르쳤고, 예절, 풍습, 전통에 대해서도 강의하는 한편 조선 역사를 강의하기도 하였다.

심수철은 한인들의 문화 발전을 위한 문화 운동에도 열성적으로 참가하면서 1990년 소련에 살고 있는 한인문화 중심조직에 관심을 두고 모스크바에서 진행된 소련 한인문화중앙조직 창립대회에도 참가하였다.

1991년에 모스크바시에서 조직된 소련주재 전 북한 혁명자 유가족 후원
회 조직 창립 대표자로 참여하였고, 1992년 1월에 진행된 조국 민주통일
구국전선 창립대회에서 적절한 창의적 의견들도 제시하면서 실무적인
문제 해결에 열중하였다.

한인들의 3개 단체가 조직된 후, 심수철은 팔을 걸어 부치고 사업에
열중하였다. 새로 조직된 유가족 후원회 및 민주통일 구국전선 우즈베
키스탄 지구의 조직부장을 맡아 열심히 일하였다. 우즈베키스탄에는 북
한에서 살 수 없어 아이들을 데리고 다시 소련에 되돌아온 유가족들이
전역에 산재하여 살고 있다. 이 가족들을 관리하는 일은 쉽지 않았다.
그는 곳곳에 흩어져 사는 그들에게 일일이 편지를 써 보내고 전보를 쳤
고, 각 지방으로 찾아다니며 한 명씩 직접 방문하여 관리하면서 유가족
후원회 사업의 체계를 세워 나갔다. 많은 유가족들은 풀 잎사귀 모양으
로 고독하고 적막하게 살다가 유가족 후원회가 성립되어 자신들을 찾고
있다는 것을 알게 되자 고향을 떠나온 설움이 한꺼번에 북받쳐 슬픈 눈
물을 흘렸다.

이렇게 심수철이 동서남북으로 돌아다니며 누구도 거들떠보지 않던
사람들을 찾아 낸 덕분에, 유가족 후원회 우즈베키스탄 지구 명단에는
54세대, 62명이 등록되게 되었다. 현재는 유가족 세대수 35세대에, 31
명의 할머니들과 4명의 불구 젊은이들이 가입되어 있다. 심수철은 유가
족 후원회와 구국전선 사업을 열심히 하면서도 젊은 세대틀 대상으로
한글을 연구하는 반을 만들어 1주에 2번씩 출강하여 가르쳤다. 1990년
6월에는 한국 MBC 방송국의 초청으로 당시 '소련 공훈노인단'이란 이
름으로 처음 한국을 방문하였다. 한국어를 잘 하던 그는 한국에 도착한
후, 어디를 가든지 방송국 기자, 신문 기자들의 관심을 끌어 수차 라디
오와 신문에 소개되기도 하였다.

심수철은 북한 공산당 통치하에서 15년간이나 살아 왔으나 남한이
자유 민주를 토대로 단기간에 경제발전의 새로운 성과들을 닫성하여 인

민들에게 더할 나위 없이 번영과 행복을 주었다는 것을 알게 되었다. 이러한 사실들은 교원인 심수철에게 아주 훌륭한 사실적 자료들이 되었고, 그의 실제 활동에 더할 바 없는 행동의 강령으로 되었다.

한국 방문 이후, 자기가 살고 있는 우즈베키스탄의 정치·경제 정책들을 한국에 널리 알림으로 한국 자본의 진출에 도움을 주어야 되겠다고 생각하고 우즈베키스탄의 경제 법령과 새로운 정책과 제도를 한국말로 번역하여 출판하려는 노력을 기울이기도 하였다. 그가 직접 번역하여 책자로 출판한 제목들은 다음과 같다.

『우즈베키스탄에 있어서 외국인들의 투자에 대한 절차와 그 실제적 실행 절차』

『우즈베키스탄의 대내 정책 문제에 대한 프라우다, 꼼쓰몰쓰까야 프라우다, 이스베쓰찌야 기자들 및 외국 기자단과 이쓸라므 까리모브 대통령의 대담』

『새 집을 짓기 전에는 낡은 집을 허물지 말라』

『우즈베키스탄에 살고 있는 한인들의 역사와 이민사』

심수철은 민주통일 구국전선이 조직된 첫날부터 중앙위원회 상무위원으로 현재까지 계속 봉사하고 있다. 그런데 1994년 10월에 서울에서 열렸던 구국전선 제2차 대회의 대표자로 참가하기 위해 서울로 출발하기 직전, 타슈켄트 공항에서 고혈압이 도져 출발을 중단하고 집에서 약 3개월간 치료해야 했다. 다시 건강한 몸으로 아들이 살고 있는 러시아 공화국 로쓰또브시로 휴양을 가서 그곳에서 지내게 되었다. 그후 러시아와 타슈켄트를 오가며 지내다가 아들의 집에서 불시의 심장마비로 1997년 5월 30일 세상을 떠나고 말았다.

심수철에게는 로쓰또브에 살고 있는 아들 한 명과 타슈켄트시에 살고 있는 부인과 딸 3형제가 있다.

1997년 6월 장학봉

안 운 경 [17]
(1908. 1. 8 ~ 1964. 4. 17)

전 북한 외무성 제1부장

안운경은 1908년 1월 8일에 원동변강 연해주 뽀씨예트 구역 나고르나야 촌 빈농민의 가정에서 태어났다. 1916년부터 시작하여 나고르나야 사립학교에 다니기 시작하여 1921년에 졸업하였구. 1921년부터 연해주 블라디보스토크 고중에서 공부하기 시작하여 1927년에 졸업하고 곧바로 뽀씨예트 농민 청년 초중에서 1931년까지 교원으로 일했다.

1931년에는 블라디보스토크에 새로 만들어진 한인사범대학 수학·물리학부에 입학하여 1936년에 졸업했다. 이후 1937년 여름까지 해삼위 고중에서 수학교원으로 일하다가 조동되어 원동변강 교육부 시학으로 한인 강제이주 때까지 일하였다.

안운경은 한인 강제이주 정책에 의해 카자흐스탄 공화국 크슬올르다 시에 도착하여 사대 내 노동학원 교무주임으로 일하다가, 1938년부터 사대 수물학부 상급수학교원으로 1942년 8월 15일까지 근무하였다. 이

---

17) 그의 아내 송동산 편 참조.

시기는 소련의 조국전쟁시기로 전체 소련인민들은 누구 할 것 없이 고생스럽게 살아가던 시기였다. 안운경의 가족 10여명은 터전 한 평 없는 살림으로 시내에서 극빈하게 살고 있었다. 10여명의 식구에 2명이 일을 하긴 했지만 배급도 변변치 않아 밥 지을 쌀은 물론이고 죽 먹기도 빠듯했다. 이런 형편을 타개할 방법으로 그는 가족들을 데리고 농촌으로 나가 일할 것을 결심했다.

1942년 새 학기부터는 크슬올다 주 칠리 구역 '선봉'협동조합 내에 있는 고중학교 수학교원으로 일하면서 살림집 곁의 약 15평 정도의 벼밭을 배정받아 12명의 가족을 봉양하기 시작했으나, 도시에서 농촌으로 나오니 물과 공기가 맞지 않은 탓인지 아니면 곤궁했기 때문인지 연로한 부모와 어린아이들이 앓기 시작하더니 일년도 채 되지 않아 4식구가 감소되었다. 그렇지만 따로 구체적인 방도가 없어 1949년 말까지 그 곳에서 살았다.

이 시기에 모스크바시 소련 내무성에는 이전부터 잘 알고 있던 조 동규가 일하고 있었는데, 그의 주선으로 안운경은 카자흐스탄 공화국 내무성을 통하여 1949년 9월 2일에 모스크바시로 전근하여 9월 5일부터 소련 주재 북한대사관 통역관으로 일하게 되었다. 이로부터 3년 뒤, 그는 북한 대사관 2등 서기관으로 승급, 1953년 4월에는 1등 서기관으로 승급되었다. 1954년 북한 외무성의 호출로 인하여 전 가족이 평양으로 이주하여 1954년 9월 1일부터 외무성 제일부부장으로 일하게 되었다.

1956년 초부터 북한 전역에 불어닥친 사상검토 사업에 따라 1956년 말에 경제대학 통신학부 부총장으로, 급기야 1959년 초에는 무직이 되었다. 그는 소련에 살 때 비당원으로 있다가 1954년 북한에 나가 외무성 부장직을 맡은 후인 1954년 12월 30일에야 조선노동당에 입당했었다. 또 그는 북한의 사회제도와 노동당 지도자들의 생활 지도 양식이 비위에 맞지 않아서 북한을 떠나오는 날까지도 북한 국적을 접수하지 않았다. 물론 이런 문제들이 사상검토 시기에 아주 불리하게 작용했다.

일자리에서 쫓겨난 후에도 안운경은 사상검토 회의에 참여해야했고, 감찰이 끊이지 않았다. 사상검토에서는 야질을 당해가며 소련종파주의, 소련 가족주의라는 비판을 당했으며, 심지어는 소련에서 어떤 특명을 받고 간첩질을 하느냐는 취조를 받기도 했다. 또한 북한에서 살면서 그동안 누구의 지시를 받아 어떤 사업을 이행했는지 전부 다 털어 놓으라고 윽박지르기도 했다. 한마디로 기가 찼다.

그의 가정은 날이 갈수록 어려워져 갔다. 직무에서 철직되다보니 수입은 한 푼도 없었다. 외무성 부장급 배급은 고사하고 무직이라 말단급 배급을 받게 되었으니 밥은커녕 죽도 겨우 먹으며 살아야 했다. 10여명의 식구들을 봉양해야 하는 입장에서 생각해보니 북한에 남아 있다가는 가족들이 굶어 죽을지도 모른다는 생각이 들었다. 결국 그는 당 중앙위원회에 소련으로의 귀국허가 청원을 넣었으나 가타부타 답이 없었다. 매일 걱정으로 나날을 보내고 있는 터에 예전부터 안 좋던 속이 말썽을 일으켜 담낭염이라는 암까지 덜컥 걸려 병든 몸으로 오늘 내일을 기다리고 있었다.

1960년 가을에서야 소련으로의 귀국 허가가 떨어졌다. 1년간 몸은 상할 대로 다 상하여 피골이 상접한 상태가 되어서야 소련으로 갈 수 있게 되었다. 1960년 말 소련으로 귀환하여 모스크바에 도착한 흐 직업과 사택 문제를 해결 받았다. 그는 건설관리국 행정관리 책임자로 일을 하였으나 북한에서 얻은 병으로 계속 앓다가 결국 1964년 4월 17일, 57세를 일기로 하고 모스크바에서 세상을 떠났다.

안운경은 소련 조국전쟁시기의 그 준엄한 환경 속에서도 열성적으로 국가사업을 추진한 인물이었기에 소련으로부터 2개의 메달을 받았다. 1948년에는 태생 40주년에 제하여 '영예' 훈장도 수여 받았었다. 그는 아들 6형제, 딸 2형제를 남기고 세상을 떠났다.

1998년 10월 25일 장학봉

전 국가 계획위원회 제1부원장

엄승열은 1908년 3월 11일 원동변강 연해주 탄광도시인 쑤찬시 탄광 노동자의 가정에서 태어났다. 부친 엄이완은 당시 석탄 채굴 노동자로 일했으며 나중에는 부유한 지주에게 고용되어 그 사람의 가정에서 근무를 하였다. 엄이완은 1920년에서 1921년 사이 원동에서의 빨치산 대장으로 유명했던 러시아인 레빠 장군이 영솔한 부대에 가담했었다.

원동에 소비에트 주권이 확립된 이후부터 엄이완은 농사에 종사하였으며, 1929년에서 1930년의 농촌 경리 단합화 시기에는 제일 선참 협동조합에 입회하여 일하다가 한인 강제이주시기인 1938년 봄에 세상을 떠났다. 엄승열의 어머니는 1956년에 세상을 떠났다.

엄승열은 1917~1921년 사이에 소학교를 졸업하고 1922년에는 노동학원을 졸업했다. 그 후 1925년까지 어업 협동조합 노동자로 나호드까 어장에서 일했다. 1926년 우쑤리스크 시(당시 명칭 소왕령)에 가서 한인사범 전문학교에 입학하여 1929년에 졸업했다.

사전을 졸업한 그는 쓰꼬또부 구역 초중에서 1년 동안 교무주임 겸 수학교원으로 근무하다가, 1930년 8월에는 원동변강 공산청년회 파견으로 모스크바 경제대학에 공부하고자 갔으나 입학허가가 내려지질 않았다. 그래서 1년간 모스크바 비행기 계기 제조공장에서 선반공으로 일하다가 1931년에 다시 입학시험을 치루어 계획경제학부에 합격되어 1935년에 졸업하였다. 졸업과 동시에 그는 소련 계획위원회 간부국의 파견에 의하여 원동변강 계획위원회에 파견받아 갔으나 곧 미하일로프 구역 계획위원장으로 파견되었다. 그 곳에서 1936~1937년까지 근무하다가 한인 강제이주 결정에 의해 우즈베키스탄 공화국으로 가게 되었다.

우즈베키스탄 공화국에 도착한 엄승열은 국가 계획위원회의 파견 명령에 따라 군, 시 계획 위원장을 거쳐 페르가나 주 계획위원회 부원장으로 복무했다. 다시 타슈켄트시 계획위원회 주택 및 사회보장시설 계획위원회 부장직을 맡아 1944년 12월까지 근무했다. 1944~1945년까지는 타슈켄트 주 중칠칙 구역 끼로브 국영농장 부락에서 고중학교 교장으로 일했다.

1945년 8월 북한으로 파견을 받은 그는 블라디보스토크를 통하여 소련 제25군단과 함께 평양으로 입성했으며, 1947년 4월까지 소련 제25군단 민정사령부 통역관으로 일했다. 1947년 4월부터 국가 계획위원회 제1부원장으로, 정부의 계획에 대한 계략 보고자로 일했다. 엄승열은 동족상잔의 시기에 가장 활약이 컸다. 그는 국가 계획위원회의 중책을 보면서 국가 군사위원회에서 요구되는 군수품과 후방물자를 총체적으로 기획하면서 3년간의 전쟁동안 아주 바쁘게 일했었다.

그는 몇 만대의 자동차들이 북한 전역에서 잿더미가 되어 버린 것을 훤히 알고 있는 위치에 있었다. 전선에 투입되는 군수물자 뿐 아니라 후방의 인민들을 먹이고 입히는 기획을 직접 관여한 인물이기 때문이었다. 1950년 10월 초순에 유엔군이 38선에 접근하여 북진하고 있다는 소문이 나돌았다. 유엔군의 폭격에 기진맥진한 평양의 간부 가족들은 정신 없이 중국 국경과 소련 가까이로 피난가기 시작했다. 피난이 시작되자 소련 출신 가족들은 북한 본토박이 가족들보다 더욱 겁을 먹기 시작했다. 그것은 소련으로부터 공산주의 사상을 몰고 왔다는 사상적인 이유로 인해 후환이 두려웠기 때문이었다. 그래서인지 소련 출신 가족들은 대부분이 소련에 가까운 하얼빈 시에 많이 모여들었다. 그것은 중국의 지방 간부들이 소련출신 가족들의 피난을 위해 고층여관이나 좋은 집들을 징발하여 배치해 주었기 때문이기도 했다. 특히 북한 정부는 특별대표부를 만들어 피난 가족들의 형편을 도와주게 하였다.

당시 임승열의 부인 박류바는 피난 가족들의 대모(代母)처럼 역할이 대단했다. 그녀는 어느 집 할 것 없이 밤을 세워가면서도 돌보고 감싸주었다. 이때 태어났거나 그 곳에서 공부한 소련출신 가족 2세대들은 아직도 박류바의 따뜻한 정을 잊지 않고 있다.

박류바는 1910년 원동변강 연해주 탄광도시인 쑤찬 시에서 태어나 초중을 마치고, 1930년에 의학 전문학교를 나온 인텔리 여성이었다. 졸업 후 계속 의료 봉사 계통에서 간호원, 준의로 일했다. 엄승열은 자신의 고향 쑤찬에서 공부하고 있던 박류바를 잘 알고 있었고, 모스크바로 공부하러 가기 전에 이미 서로의 장래를 약속하고 있었다. 그러한 약속은 1934년에 결혼으로써 지켜졌다.

엄승열은 6·25 동족상잔이 끝난 후 더욱 할 일이 많아졌다. 전후 복구 사업은 물자가 궁핍한 터라 거의 중국이나 소련으로부터 물자를 수입해야 했다. 또 새 공장과 제조소 시설도 조달해야 했다. 많은 공장들의 기계시설들은 형제국들의 원조에 의하여 무상으로 입수했다. 체코에서 자동차 공장, 소련에서 트럭 공장, 중국에서 직조 공장을 입수했으며 특히 소련에서는 50여개 이상의 공장을 세울 비용 10억 달러 가까이를 무상으로 원조 받았다.

전쟁이 끝난 후 사상검토 운동의 바람이 엄승열에게도 찾아왔다. 그는 1954년 초에 국가 계획위원회에서 물러 나와 평양 외국어 대학 학장으로, 본인이 소유하고 있던 전공과는 전혀 다른 직무에 조동되었다. 그는 그곳에서 2년간 근무하면 다시 노동성 계획위원회로 송환한다는 언질을 받았으나, 노동당 간부부는 그 약속을 지켜주지 않았다. 오히려 평양 외국어 대학 학장 직무를 내놓고 일반 교원으로 근무하라고 지시했다.

엄승열은 당의 지시를 이행하는 척 하면서 그의 부인 박류바를 시켜 소련대사관 영사 앞으로 소련 귀국 청원을 제출하도록 조치했다. 한편, 소련 계획위원회 위원장이며 학창시절 동창생이었던 바이바코프에게 편지를 보내어 '이제는 이 곳에서 일할 명분도 방법도 없으니 속히 소련의 품으로 돌아가게 해달라'고 했다. 바이바코프는 회답하기를 '그렇다면 귀국하라. 여기에 오면 나머지는 알아서 다 처리해주겠다'고 전화로 말했다.

그래서 그는 당 간부부를 찾아가 전당 청원을 제출하면서 당의 파견으로 외국어 대학에 보내 준 직무에서의 해임을 요청했다. 그는 중앙당 간부부 앞마당을 나오면서 눈물을 흘렸다. 소련 공산당에서 파견되어 북한에 와서 12년간 열심히 조국을 위해 일했지만, 숙청을 당한 것도 그러려니와 수많은 소련 출신 간부들의 그 많은 공들은 어디로 가고 허망하게 되었는가 하는 서글픔이 북받쳐 올랐던 것이다. 또 그는 친하게 지내며 같이 일했던 리동화, 리히준, 천치억, 박덕환, 박길남 등 여러 선생들보다 먼저 소련으로 귀환하는 것이 미안했다.

소련으로 귀환하자, 엄승열은 계획위원회 건설계획부장으르 임명되었다. 계획위원회에는 동창인 신 표들란과 또 다른 한인 한 사람이 사회보장계획부 부장으로 일하고 있었다. 그는 13년간 그 곳에서 근무하다가 1969년에 연금 생활로 넘어갔다. 연금 생활을 하면서 전 소련 지역을 돌아다니며 북한에서 같이 일하던 친구들을 찾아 만나보고, 어떻게 하면 북한의 김일성 독재체제를 허물고 전 인민적인 민주주의 제도로 바꿀 수 있는가에 대한 논의를 수차 했다.

엄승열은 부인 박류바 사이에서 아들 형제와 딸 넷, 6남매를 두었는데 모두 대학을 나와 사회 진출을 했다. 특히 딸 엄넬랴는 박병율의 맏며느리가 되었다. 그녀는 1987년에 모스크바에 한국학교를 만들어 수백명의 학생들에게 한국어를 배우게 했다. 그 성과로 인해 한국에서 그 학교를 인정하여 매년 수십명의 학생들이 한국에 견습을 하게 되었다. 현재는 유명한 학교가 되어 소련 각 지방에서 몰려드는 유학생들이 재학하고 있다. 아들 형제 중 차남인 엄펠릭스는 모스크바에 뿌리박아 급신장하는 합작기업소의 지도자로서 폭 넓은 활동을 벌려 국제적인 상업, 산업, 과학기술 도입에 전력을 다하여 명성을 떨치고 있다.

엄승열은 1969년 연금 생활로 나와 10여년을 행복하게 지내면서 매일 조국에 대한 소식이 실린 잡지와 신문 등을 읽었다. 특히 북한의 출판물을 많이 구독하면서 북한에서 굶주리고 있는 인민들이 한민족의 핏줄임을 잊지 않으며 가슴 아파했다. 1975년 부인 박류바가 세상을 떠난 후 3년 뒤인 1978년 7월 6일 그도 부인의 곁을 찾아 세상을 떠났다.

1997년 10월 21일 모스크바에서 장학봉

오 성 화
(1906. 7. 2 ~ 1976. 2. 3)

전 중앙국가중재재판소 부소장

오성화는 1906년 7월 2일에 중국 연변 학도동 빈농의 가정에서 태어났으며, 7세 되던 해에 양친이 세상을 떠나 천애 고아가 되었다. 12세 때 제정러시아 욷동변강 꼴싸꼽까 촌 쑤이푼 구역에 살고 있던 형님을 찾아오게 된 것이 소련에 살게 된 동기였다. 형님 덕분으로 1924년에 초중을 졸업하게 되었으나, 가정 형편이 어려워 1924~1928년까지는 블라디보스토크시에서 화물차에 짐을 실어주는 노동자로 일하였다.

오성화는 1928년에 레닌 공청회와 소련공산당에 입당하였다. 그후 근면성을 인정받아 공산당의 추천에 의하여 1928~1930년까지 블라디보스토크시 당 학교에서 공부하고 졸업하게 되었다. 졸업한 후에는 꼴싸꼽까 촌의 도서관 주임으로 1년간 근무한 후, 워로실로브시 공청동맹 농촌경리 및 협동조합 지도부 부장으로 또 1년을 일하였다.

1932~1935년까지 4년 동안 모스크바 공산대학에서 공부를 하였으며, 졸업한 다음에는 카자흐스탄 공화국 알마아따 주 안드레옘과 군당 선동선전부 부장으로 일하였다. 1937~1938년 2년 동안은 알마아따

시 마르크스 레닌주의 대학에서 공부를 더 하였으며, 졸업 후에는 카자흐스탄 공화국 크슬오르다 주 당 위원회 책임강사로 1941년까지 근무하였다. 1941년에 소련의 조국전쟁이 발발하자 소련군에 초병되어 1945년까지 원동변강 전선 정치국 지도원으로 복무하였다. 1945년 초에 병으로 인하여 소련군대에서 제대하여 다시 카자흐스탄으로 돌아왔고 '노위미르' 협동조합 당 조직원으로 1948년 초까지 일하게 되었다.

1948년 초에 소련공산당의 파견에 의하여 조선민주주의 인민공화국에 파견되어 중앙정부 문화선전성 부상으로 일하였다. 1949년 중순부터 1951년 초순까지 평남노동당 중앙위원회 부위원장으로 근무하였으며, 1951~1952년 중순까지는 조선인민군 제1군단 군사위원으로 일했다. 또한 1952년 8월부터 1953년 2월까지 는 조선인민군 김책 정치군관학교 교장으로, 1953년 4월부터는 교통성 해운관리국장으로 1955년 9월까지 근무하게 되었다. 이후 1959년 말까지 공화국 중앙국가중재재판소 부소장으로 일하다가 1960년 8월에 소련으로 귀환하였다.

오성화는 당시에 원기 왕성하였고 나이 54세에 걸맞게 인간적·사업적 경륜이 넘쳐흐르는 경험이 아주 풍부한 인력이었다. 그렇게 뛰어난 재주를 지닌 인재가 북한을 떠날 수밖에 없었던 이유는 김일성주의로 인한 독재체제를 인정하지 못한 것이 첫 번째였다. 오성화가 처음 철직된 것은 전쟁 중이었다. 오성화가 묘향산에 있던 김책 정치군관학교 교장으로 일할 때인 1953년 2월에 미국 전투기가 정치군관학교를 폭격하여 많은 희생자를 내었던 일이 직무태만으로 인정되었던 것이다. 오성화가 고의적으로 폭격을 야기한 것이 아님에도도 불구하고 그런 죄목은 당연하게 처리되었고 결국 교장 직무에서 철직을 당하여 해운관리국으로 전근되었다.

이러한 일을 겪으면서도 참고 지냈으나, 7년이 지난 뒤의 사상검토사업에서 오성화는 다시 철직을 당하여 농촌으로 보내어질 난관에 봉착하였다. 농촌으로 보내진 간부들이 단 한사람도 살아 돌아오지 않았음을 알고 있던 오성화는 눈물을 머금고 조국을 떠나고자 결심을 하게 되었다. 그는 소련으로 귀환하여 소련공산당중앙위원회 조직부에서 수속을 다 마친 후 친척들과 동지들이 살고 있던 알마아따 시로 와 살게 되었다.

오성화는 1961년, 나이 55세가 되던 해에 국가 특별 공훈에 의하여 공화국 명의의 특별 연금생으로 결정 받고 자손들과 함께 행복하게 살다가 1976년 2월 3일 세상을 떠났다.

1999년 9월 2일 장학봉

유 성 걸
(1920. 3. 13 ~ 1995. 5. 20)

전 항공학교 교장, 소장

최고사령부 군사위원회

6·25 동족상잔이 시작된 지 벌써 만 2년이 지나고 보니 사람 살만하고 경치 좋던 평양도 잿더미가 되었다. 사람들은 모두 땅 밑 토굴막에서 삶을 유지하였다. 1952년 8월 말이었다. 장마철로 연일 비가 오는 날씨였다. 십여 일 동안 개인 날이 없을 정도로 비가 쏟아져 내렸다. 드디어 대동강의 몇몇 지역에 비가 넘쳐흐르기 시작했다. 그에 따라 서평양 보통강 주변 농민들의 집과 채소밭 등이 완전히 물 속으로 잠기었다. 그리곤 날씨가 개이기 시작하였다. 평양 주민들은 비에 젖은 이부자리, 가구 등을 밖으로 끄집어내어 햇볕에 말리기 시작했다. 전쟁 통에 먹을 것도 부족하고 사는 것도 어려운 지경에 홍수까지 겪고 보니 불만이 이곳저곳에서 터져 나오기 시작했다.

"이거 참 …. 리승만이 이기든가 김일성이 이기든가 양단간에 하루 속히 전쟁이 끝나기만 하면 그런대로 먹고 살 일에 힘을 쏟을 수 있을 터인데 …."

이러한 민심을 수습할 방도가 마땅치 않던 김일성은 전쟁이 지루하게 이어지는 상황을 자신의 실패로 여기지 않고 지도간부들의 적절치 못한 전쟁 수행 과정에서 생겨난 문제라고 언론을 조작하기 시작했다. 1952

년 8월 25일, 평양 대성산 뒤편 총참모부 방공호 곁에 있는 큰 밤나무 아래에서 군사위원회가 열리고 있었다. 수많은 군사정치간부들이 모여들고 있었다. 최고사령관 김일성은 자신이 앉아 있는 커다란 책상 위의 전화를 통하여 계속해서 각 지방의 수해 보고를 받고 있었다. 그는 전국 각 지의 수해 자료를 들추어보면서 인상을 찌푸리고 있었다.

김일성은 모여드는 간부들에게 자신이 인민의 상태를 늘 점검하면서 얼마나 많은 신경을 쓰고 있는가를 보여주고자 하는 행동이었다. 몇몇 간부들은 그러한 김일성이 못마땅한 듯 보이지 않게 눈살을 찌푸리기도 했다. 이번 군사위원회는 항공학교 집중검열 결과를 토의하는 자리였기 때문에 주로 항공 연합부대와 각 구분대의 지휘관들·정치 책임자들이 거의 참석하였다. 다른 병종에서는 주로 군단급 지휘관·정치 책임자들과 그에 소속된 직속 연합부대 간부들이 참석하였다. 또 항공사령부 간부들은 부장급 이상, 총청치국 간부들과 총참모부 간부들도 참석하고 있었다. 군사위원회의 의결 문제는 오직 한 가지였다.

'항공학교 사업성에 대하여'

조선인민군 조직 초기인 1947년까지는 항공부대라는 것이 없었다. 비행기라고는 소련군이 철수하면서 조선인민군대에 연습기용으로 주고 간 '뽀-2'형과 '야크-18'형 각 4~5대 뿐이었다. 또 비행기를 움직일 수 있는 비행사라고는 일본군대에서 중위로 있었던 리활과 역시 일본군대 소위였던 강대용 두 사람뿐이었다. 1948년에는 중국 인민해방군에서 활동했던 비행사 왕연이 북한으로 나와서 조선 인민군대에 근무하게 되었다. 왕연은 중국 팔로군에 있을 때 소련 츠깔로브 항공학교에 파견되어 수료하고 중국 인민해방군에 복무하였던 인물이었다.

북한은 이렇게 구성된 인력에 1개 교도대대를 만들어 남포군 대한리에 있던 김책 정치군관학교 소속으로 두었다. 1949년 봄에 소련군이 완전 철수하면서 전체를 통합하여 평양 동쪽에 위치한 비행장에 1개 교도사단의 역량을 갖추게 되었고 소련 고문들의 지도 아래에서 훈련을 시작하게 되었다. 이렇듯 6·25 동족상잔이 시작될 때까지도 뚜렷한 항공 전투부대라고는 없었다.

교도사단 내에 있던 전투기는 '야크뻬-9'형 3대가 있었는데, 적기를 대항한 전투기가 아니라 주로 공중에서 삐라를 살포하는 정도였다. 이 것도 1950년 6월 28일에 유엔군 전투기들로부터 동평양 비행장이 집중 적인 폭격을 받은 다음 없어졌다. 그 후 '야크-18'형을 야간 폭격기로 이 용하려고 하였으나 그것도 어려워서 결국 삐라 살포용으로만 사용했다.

이러한 조건에 처하여 있던 교도사단을 겨우 수습하여 중국 정부의 허가를 받아 연길 비행장으로 이송하여 이름을 항공학교라고 부르게 되 었다. 항공학교가 조직된 이후, 2년 동안 소련 비행사 고문들의 직접 적 인 도움을 받아 비행사들을 교육하였다. 그렇게 준비하여 2개 사단을 구성하였다. 제2전투기사단과 제3폭격기사단이 바로 그것이었다. 제1 방사기사단의 준비과정에 소련 2중 영웅 꼬제두브 사단이 주도적 역할 을 하였으나, 연합부대의 지도 간부들은 모두 항공학교 출신들로 재교 양을 받은 사람들이었다. 사단장 강대용, 기술부사단장 최한극, 연대장 김히경, 태극성 이외에도 기술구분대 지휘관 등 북한 공군의 중추적 역 할을 했던 인물들이 모두 항공학교 출신들이었던 것이다.

당시 평양에서 훈련하던 1개 교도사단을 항공학교로 개조하면서 정치 군관학교 학부장으로 있던 유성걸을 항공학교 교장으로 추대하였다. 그 이유는 당시 항공학교 교관들은 전부 소련 비행사로 구성된 고문들이라 소련서 살았던 유성걸의 유창한 노어 솜씨와 뛰어난 사고력, 소련에서 의 중요직 경험, 총명함 등이 돋보였기 때문이었다. 조선인 비행사들이 2~3명 있었는데 이들은 모두 항공사령부 지도간부 지위에 있었다. 유 성걸은 학교 규율을 엄격하게 실행하였다. 항공부대란 규율이 엄격하지 못하면 비행사고 때문에 결과에 막대한 지장을 초래하기 때문이었다.

이러한 항공학교의 사업성을 주제로 한 군사위원회가 평양 대성산 총 참모부에서 진행되고 있었던 것이다. 회의는 결과적으로 유성걸을 철직시키는데 목적이 있었다. 김일성은 유성걸을 철직시키기 위한 작업을 세밀하고도 오랫동안 연구했던 모양이었다. 항공학교의 제반 문제에 대한 취급 당국은 민족보위성 총참모부 직속인 군사교육국이었다. 당시 총참모부 직속 군사교육국에는 빨치산 출신 허봉학 소장이 있었다. 그러나 이날은 이상하게도 총정치국을 동원하여 항공학교 집중 검열을 하는 것이었다.

검열 총화 보고를 소련출신 간부에게 위임한 것은 '너희 출신들은 너희의 손으로 처단한다'라는 김일성 특유의 숙청 방법 때문이었다. 회의 석상에 있던 박태섭 대좌는 당시 총정치국 조직부장이었으며. 총정치국장에는 소련출신 김재욱 중장이 있었다. 김일성의 특별지시르 소집된 군사위원회에서 소련출신 박태섭 대좌가 보고하였다.

"조국의 전 초소에서는 조국을 수호하기 위하여 전사들이 피를 흘리고 있으며 농민들은 한 알의 곡식이라도 더 증산하여 전선으로 보내고 있다. 또한 후방에서 일하고 있는 노동자들은 헐벗음과 굶주림을 헤아리지 않고 밤낮으로 일하고 있는 중이다. 이렇게 전 인민들이 승리를 위하여 노심초사하고 있는 시기에 중국 땅에 임시로 가 있는 항공학교 간부들은 유성걸 교장을 비롯하여 많은 간부들이 조국의 비참한 실정을 망각하고 있다. 마치 남의 나라에서 영원히 살 것처럼 너무도 안일하고 호화스러운 생활을 하고 있다. 예를 들면, 유성걸 소장은 조국에서 타고 들어간 군대 전용 지프승용차를 중국지원군들이 사용하는 미국제 '하야' 하고 교환하여 타고 다니고 있다. 유성걸 소장의 사무실은 복도로부터 시작하여 마루, 벽, 실내 등을 할 것 없이 모두 양탄자로 깔아 놓고 …."

박태섭 대좌의 보고를 듣고 있던 유성걸은 어이가 없었다. 항공군관학교의 집중 검열 보고서라면 응당히 군사교육체계, 교육강령, 군사 규율, 전투훈련 등에서 나타나는 문제점을 지적해야 할 것이었다. 예를 들면, 실전에 불필요한 군관들을 양성하고 있지는 않은가? 혹은 그와 유사한 문제점이 있다면 대책은 무엇인가? 등의 질문이 포함되고 분석되어야 하는 것이 보고서 아니던가?!

그리고 박태섭 대좌가 말하는 양탄자 사무실은 본디 일제시대에 항공교도 연대가 사용하던 곳이었다. 때문에 비행장 설비 시설부터 시작하여 기본 군사건물과 연대본부, 식당, 구락부와 휴식공간, 심지어는 장교들의 사택까지 많은 돈을 투자한 군사 집중부락이었다. 양탄자나 고급스러운 치장은 이미 일본군대에서 돈을 아낌없이 투자하여 만들어 두었던 것이었다. 일본군대는 아마 그 곳을 영원한 자신들의 식민지로 생각해서 그렇게 고급스러운 치장을 했을 것이다. 그 곳에는 일본이 패망하고 물러가자 곧바로 중국 인민해방군의 1개 보병대대가 주둔하고 있었다. 조선 전선이 정체상태에 빠지자, 바로 이 부대가 모택동 주석의 지시에 의하여 항미부조(抗美扶朝) 지원군으로 조선으로 나갔다. 그런 조건에 있던 장소를 항공학교에서 인수하였던 것이다.

때문에 유성걸은 중국 인민해방군에게서 인수를 받아서 사용하라는 상부의 지시를 따른 것일 뿐이지, 치장을 하거나 호화스럽게 만든 것이 아니었다. 유성걸이 사용하던 사무실도 일본교도 연대장이 사용했던 곳을 중국 대대장이 사용했었고 그 뒤에 자신이 사용하게 된 것이었다. 그러니 유성걸의 입장에서는 박태섭 대좌의 보고가 어이없을 수밖에 없었다. 항공학교가 중국에 이동한 이후, 그리고 전쟁이 시작된 지 2년 만에 처음으로 진행된 집중 검열 총화보고라면 적어도 마루바닥에 깔린 양탄자에 대하여 목청을 돋울 일이 아니었다.

북한의 어려운 재정이나 전투기재의 부실함 속에서 자민족 간부들의 도움도 없는 상황에서 만들어진 항공학교였다. 그러한 조건에서도 2개 항공전투사단인 제2전투기사단과 제3폭격기사단을 구축하여 전투에 인입 시켰었다. 또한 1개 기술사단에 무수한 특별기술 구분대를 준비하여 북조선 38선 전선으로부터 공중전투를 지휘할 수 있는 모든 고지에 최신 통보 기재들로 설비된 보조 지휘소를 설비, 배치하였었다. 이런 보조 지휘소들은 항상 아군을 엄호하여 주었던 소련과 중국의 항공지휘부에도 필요하였던 것이다.

이 외에도 제1항공방사기사단은 소련 조국전쟁 영웅이었던 꼬제두브 사단장이 매일 전투에 인입되어 있는 상황이었다. 낮이면 전투를 하고 밤이면 강의를 하면서 실무 연습까지 지도했었다. 그렇게 노력한 대가로 8개월이라는 짧은 시간에 많은 비행사들을 구축했던 것이었다. 그때까지 공중전은 유엔군이 장악하고 있었다. 그러나 이렇게 배출된 비행사들은 영웅무쌍하게 전투에 임하여 많은 성과를 거두었다. 결국 항공학교는 그런 영웅들을 배출시킨 재원이었다. 북한의 모든 항공전투 효과는 항공학교라는 교육재원이 없이는 이룩할 수 없었다는 점을 기억해야만 했다. 그럼에도 박태섭 대좌의 보고서에는 그러한 점은 단 한 줄도 기록되어 있지 않았다.

근엄한 자리여야 할 군사위원회의 회의장에는 때아니게 박태섭 대좌의 갈라진 쇳소리가 울려 퍼지고 있었다. 총명하고 근면하여 자신의 임무를 뛰어넘는 활동을 해왔던 유성걸의 얼굴에 오물을 퍼붓는 모욕을 해대는 것이었다. 이런 보고를 들으리라고는 생각지도 안했던 많은 군사정치위원들은 누구하나 입을 열지 않고 자리를 무겁게 지키고만 있었다. 몇몇 위원들은 눈살을 찌푸리며 박태섭 대좌를 못마땅한 듯 흘겨보는 사람도 있었다. 좌중의 기운이 무겁게 흐르며 정적으로 흐르고 있을 때였다. 김일성이 눈에 눈물어린 표정을 지으면서 오늘 회의의 마지막 결론을 내리기 시작했다.

"조국 전쟁의 가혹한 시기에 조선 전쟁의 조속한 승리를 위하여, 전선에서 가장 요구되는 항공부대의 엄호를 받기 위하여 우리는 항공학교를 우호형제국인 중국에 보냈었다. 그러나 중국에 들어간 항공학교 간부들은 교장인 유성걸 동지를 위시하여 밤을 낮으로 삼고 겸손을 보이면서 일을 해야 함에도 불구하고 … 그와는 반대로 안일한 사상에 빠져서 마치 자신들이 그 곳에서 영구히 살 생각을 한 것처럼 지프차는 하야로 교환하고, 양탄자를 펴 놓은 길로만 다녀서야 될 일인가?! 왜 그런 군관들

에게 우리는 100% 중국돈으로 봉급을 지급해야만 하는가?! 다시는 조
국으로 나오지 않을 예정인가?! … 나는 오늘 군사위원회에서 유성걸
동지, 당신을 철직하여 전선부대로 파견할 것을 간부국에 명령 내리오!"
　군사위원회는 여기서 끝이 났다. 이런 과정을 통하여 걸출한 인재 한
명이 철직 당하였다. 그것은 당시 북한의 전투 상황에서 실로 큰 손실이
었다. 전쟁은 바야흐로 북한의 실패로 돌아가기 시작했고 항공권은 다
시 유엔군 쪽으로 넘어가게 되는 순간이었다.

　유성걸의 본명은 유 가이 니꼴라이 안드레예위치다. 그는 1920년 3
월 13일에 원동변강 연해주 니꼴쓰크 우쑤리스크 노동자의 가정에서 태
어났다. 1934년에 유성걸의 아버지는 전근되어 스마꼽까시 임산 전문
학교로 가게 되었다. 어머니도 역시 그 학교에서 사무원으로 근무하게
되었다. 유성걸은 스마꼽까시에서 초중을 나왔다.
　1937년에 한인들의 강제이주에 따라 타슈켄트 주 치나스 시에 도착
하였다. 그 뒤 싸마르칸트 시 사범전문학교에 입학하여 2년간 수료한
다음, 같은 시에 있는 사범대학에 입학하여 1942년에 졸업하였다. 소련
군에 초병되기 전인 1942~1945년 사이에는 타슈켄트 주 안기율 구역 제
11호 고중에서 어문학 교원 겸 교무주임으로 일했다. 그리고 1945년 2월
3일에 소련 공산당에 입당하였다.
　1945년 10월에 군사동원부의 명령으로 소련군에 초병되어 원동변강
연해주를 거쳐 북한에 주둔하고 있던 소련군 제25집단군으로 갔다.
1945년 11월 9일자 집단군 총참모부 명령 132호에 따라 군대 통역관으로
임명받아 민정사령부에서 1946년 4월 말까지 토지개혁 및 산업기업소
국유화 작업에 참여하여 일했다. 1946년 5월부터 1948년 7월까지 정치군
관학교 노어 교원 겸 부교장으로 근무하였고, 1948년 8월부터 1950년 9
월까지는 제11항공 독립교도사단 정치부장으로 근무하였다. 또한 1950년
10월부터 1952년 8월까지 조선인민군 항공학교 교장으로 근무하게 되었

소련으로 귀환 후 당학교에서 공부할 때의 모습

으며 군사칭호는 소장이었다.

1952년 8월 25일에 있었던 총참모부 군사위원회 최고사령관의 결정에 따라 유성걸은 항공학교 교장의 직무에서 철직되어 서부전선 제2군단 제4서울근위사단 군사부단장으로 좌천되어 내려갔다. 1953년 8월부터 1955년 10월까지 평양 외국어대학에서 교무주임 겸 부교장으로 일하였으며, 1955년 11월부터 1960년 3월까지는 민족보위성 육군대학 강좌장으로 근무하다가 동년 4월 말에 소련으로 귀국하였다. 유성걸은 소련 무력성 간부국에 도착하여 소련군에서 제대하여 무력성 연금생으로 대좌의 칭호를 받게 되었으며, 무력성의 주선과 소련공산당의 지시로 타슈켄트로 가게 되었다.

타슈켄트에서는 우즈베키스탄 공산당 중앙당학교에서 4년 동안 공부하였다. 1964년에 당학교를 마치고 공산당중앙위원회 간부부의 파견에 의하여 내무성 계통으로 타슈켄트시 내무부 레닌 구역 내무서 부서장으로 임명되어 근무하였다.

유성걸의 자녀들은 모두 대학을 졸업하였는데 아들 3형제와 딸 형제를 슬하에 두었다. 장남은 내무성 건설관리국에서 일하고 있으며 차남은 내무성 상업관리국, 삼남은 합작 생산기업소 관리위원장으로 있다. 큰딸은 시 보건부 치과병원 부원장으로, 차녀는 알마아따 시에 사는 사람에게 출가를 해 살고 있다. 현재 유성걸의 부인 마리야

1978년 소련 타슈켄트주 내무서 정치부장으로 근무할 때의 유성걸

는 1976년부터 연금생으로 행복한 삶을
누리고 있다. 유성걸은 1988년도까지 직
장 근무를 하다가 연금생활로 넘어 오면서
민주통일 구국전선 상임위원으로 있었다.
자녀인 아들 3형제와 큰딸 역시 구국전선
에 참여하여 열성적으로 일하고 있는 중이
다. 유성걸은 1992년부터 당뇨병으로 고
생하면서 보건성 산하 여러 병원을 다녔으
나 결국 1995년 5월 20일에 세상을 떠나
고 말았다.

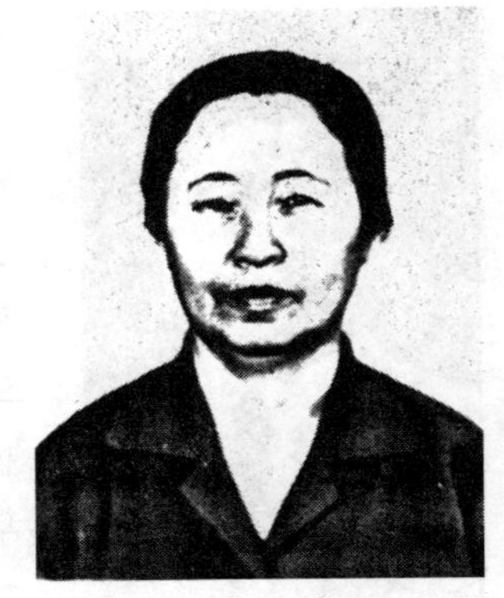

유성걸의 부인 김마리아

1995년 10월 25일 타슈켄트에서 장학봉

전 인민군 총참모부 작전국장 겸 부총참모장

유성철은 1917년 10월에 소련 원동변강 연해주 보씨예트 구역 빈농의 가정에서 태어났다. 우즈베키스탄 공화국 타슈켄트시 니사미 사범대학에서 노어 교원 강습을 받고 얀기울 시 중학교에서 교육사업에 종사하였다.

1941년부터 1943년까지는 모스크바시에서 소련군 정찰학교를 졸업하고, 하바롭스크 근방 왜쓰크 촌에 와서 만주에서 들어온 한인 유격대원들과 함께 원동변강 제2전선 산하 정찰국에 속한 제88특별보병여단에 속하여 정찰 임무를 수행하였다. 그 곳에서 그는 중공의 유명한 유격 활동가인 주보중이 지휘하는 여단 내 제1대대장 김일성 밑에서 복무하게 되었다. 제1대대는 한인 유격대원들로 편성된 대대였기에 그는 그곳에 편입된 것을 대단히 기뻐하였다. 실로 생애의 숙명적인 한 토막이었다. 유성철은 김일성과 함께 83여단에 속하여 있으면서 조선해방을 왜쓰크에서 맞이하였다. 88여단에 속하여 복무하던 한인 군무자들은 1945년 9월 19일(팔월 추석날이었다)에 소련군 운수함을 타고 원산항에 편안하게 입항하였다.

그 후 유성철은 조선인민군 총참모부에서 작전국장으로 복무하였다.

때문에 그는 6·25 전쟁 준비로부터 전쟁개시, 전쟁진행 과정에 계속 참가하였다. 그런 이유로 유성철은 비참한 동족상잔의 결과를 뼈저리게 서글피 느끼고 있었다. 그는 조선인민군 중장이었으며 중요 요직에서 일하였으나, 김일성의 사상검토에 걸려 고생하다가 소련으로 추방되어 타슈켄트시에서 여생을 지내다가 1995년 1월 10일 78세를 일기로 세상을 떠났다.

유성철의 회상기록인 「피바다의 비화」를 그대로 다음에 기록한다.[18]

기억을 더듬어

나의 회상기 1편이 한국 신문에 발표된 바 있는데 그 누구의 잘못이었는지 많은 사실이 왜곡되었고 정확하지 않게 기고되었기 때문에 『고려일보』를 통하여 그러함에 모든 것을 시정하며 사실 그대로를 사람들에게 이야기하기 위하여 이 글을 쓴다.[19]

역사는 위조되지 말아야 한다. 위조된 역사는 후대들에 의하여 밝혀

---

[18] 유성철의 회상록 「피바다의 비화」는 사실과 일치하지 않는 부분이 적지 않다. 또 김일성의 항일경력과 관련해서는 학계의 일반적 견해와 달리 '가짜론'을 주장하기도 한다. 잘못된 사실인식이기는 하지만, 여기에 그대로 소개한다. 다만, 사실의 오류를 바로잡기 위하여 각주를 활용해 학계의 연구결과를 반영한 설명을 덧붙인다. 그리고 유성철의 회고에는 '암파'라는 금강산 삼일포의 바위에 관한 전설이 소개되어 있다. 아마도 김일성과 관련된 전설이 거짓임을 밝히기 위해 쓴 것인 듯 하다. 그런데 전설의 내용을 알 수 없게 되어 있고, 별 의미가 없는 것으로 판단하여 삭제하였다. 또 '무궁화'를 제목으로 한 부분이 있으나 내용과 전혀 일치하지 않아 '북조선의 새지도자'로 제목을 바꾸었다.
여기에 유성철의 회상록을 그대로 소개하는 것은 첫째, 이북에 파견되었다가 다시 소련으로 돌아간 사람들 중 일부가 이러한 주장을 믿으며, 자신들의 김일성 정권에 대한 증오를 정당화하는 데 활용하고 있는 측면을 있는 그대로 보여주기 위함이다. 둘째, 유성철 본인의 회상록을 최대한 존중한다는 의미이다.

[19] 유성철이 말하는 회상기 1편은 1990년 11월 1일부터 30일까지 『한국일보』에 「나의 증언」이라는 제목으로 19차례에 걸쳐 연재되었다. 당시 신문에는 김일성의 보천보 전투와 관련하여 김일성 전 주석이 직접 수행했지만, 북에서 과장하여 선전하고 있는 것으로 쓰여 있다. 『고려일보』는 우즈베키스탄에서 발행되는 고려인 신문이다.

지기 마련이며 그 위조자는 역사의 정당한 심판을 받기 마련이다. 나는 이 글을 쓰면서 한국의 독자들이『고려일보』에 발표되고 있는 나의 회상기를 읽고 모든 것을 양해하리라고 믿는다.

10년이면 강산도 변한다고 했지만 반세기가 지난 오늘에도 나의 머릿속엔 그 날이 남아 있다. 바로 소·독 전쟁이 일어나던 그때, 1941년 6월 21일 그 날이!

나는 원동변강 연해주 태생이다. 그곳에서 소학과 농민청년 학교를 졸업했다. 그 후 해삼 사범대학 내 노동학원에서 공부하다가 병으로 인해 중퇴하게 되었다. 중퇴 후 해삼시『선봉』신문 출판사에 취직하여 처음에는 채자 직공으로 다음에는 작관원으로 일하였다.

1937년 강제 이주 때 신문사와 함께 카자흐스딴 크슬오르다시로 이주하였다.『선봉』신문이『레닌기치』로 이름이 변경되었을 때에도 나는 계속 작관원으로 일하다가 공부를 계속할 희망을 품고, 1939년 여름에 타슈켄트로 오게 되었다. 그런데 중학교 졸업증이 없어서 대학에 입학하지 못하였다. 때마침 타슈켄트 니사미 사범대학 내 교원 강습이 열렸다. 강습소에 입학문건을 제출하고 시험에 합격되어 교원강습을 받게 되었다.

그런데 뜻하지 않았던 불의의 사변이 일어났다. 대학현관에서 집회가 있었다. 이 집회에서 독일 파쇼군이 소련에 침공했다는 간단한 소식을 전해 들었다. 전쟁! 이 놀라운 비보에 접한 대학생들은 독일 파쇼군의 불의의 침공에 분개했으며 불안에 잠겼었다. 많은 여학생들은 비운에 눈물을 흘리기도 했다.

그런데 나의 이력서에는 본 강습소를 졸업했다는 문구가 없다. 그저 대학 1학년을 졸업했다고 쓰여 있을 뿐이다. 그 후 양심 가책도 없지 않았다. 이유는 간단했다. 상기 강습소를 졸업하게 되면 민족학교 10년제 혹은 초급 중학교의 노어 교원으로 교편을 잡아야 했다. 이것은 너무나 힘에 겨운 일이었다. 노어를 완전히 파악하지 못한 사람이 어떻게 자라

나는 세대에게 노어를 가르친단 말인가? 그래서 강습소는 졸업했으나 노어 교원이 되기까지는 아직 거리가 멀었다. 이 시기에 타슈켄트 주 안기율 레닌 꼴호즈 중학교 교장에 나의 성훈 형님이 있었다. 불행 중 다행으로 생각한 나머지 나는 그 중학교에 파견할 것을 요청하였다.

그래서 그 곳에 파견되어 나는 한동안 교무부 사업을 방조하다가 시 군사동원부의 호출장을 받고 크게 기뻐하였다. 고려인들을 전선에 보내지 않았는데 영광스럽게 전선에 가게 되었다고 생각하였다. 그때가 1941년 9월이었다. 전쟁은 이미 막다른 골목에 이르렀을 때였다. 모스크바시까지 차를 타고 가는데 평시에는 3일 주야면 됐는데 이번에는 일주일이 걸렸다.

수도 모스크바시에 도착하자, 우리를 어떤 사복한 사람이 영접했다. 그 날도 폭격이 혹심했다. 고사포 사격 소리도 많이 들렸다. 나의 일생에서 처음으로 체험한 전쟁의 소음이었다. 수도의 단층, 고층 건물 유리 창들은 승리표어 종이 플래카드로 얽혀졌고 검은 천으로 창문들이 가려져서 불빛은 보이지 않았다. 거리들은 철길 쇠뭉치로 엮어진 탱크 장애물로 가득 차 있었다.

우리 일행을 실은 소형 버스는 어떤 도로를 따라 단숨에 수림 속으로 달렸다. 버스가 멈추자, 대문이 열렸는데 그 곳이 정찰 학교였다. 이렇게 되어 정찰학교 학생이 된 나는 낮에는 학과 공부에 열심하고 저녁이 되면 방독면구를 메고 손에는 긴 집게를 쥐고서 당직을 서야 했다. 독일 파쇼 비행기가 소이탄을 던지게 되면 그 소이탄의 불을 꺼야 했다. 수도 주변에 목조건물들이 많다는 것을 아는 파쇼들은 소이탄을 많이 이용했다.

세월은 흘러 어느새 1942년 12월이 왔다. 붉은 군대는 파쇼독일군을 수도에서 멀리 내쫓고 계속 추격했다. 정찰 학교를 졸업한 우리들은 일본을 대상으로 원동변강 전선에 파견되었다. 우리들 중에는 소·독 전선에 보내 달라고 요청한 사람들도 있었다. 1943년 봄에 우리들 중 일부는 조선 국내로 파견되기도 했다. 그러나 그들은 일본 헌병에 의해 붙잡혔거나 목적지까지 가지 못하였거나 하였고 일부는 국경선을 뚫지 못하기도 했다. 그 후 나는 만주에서 일본 침략군을 반대하는 소련군 정찰대에 가서 복무하였다. 정찰 임무를 수행하고 돌아오던 어느 날이었다. 누군가 일본말로 말을 걸어왔다.

"하이떼모 이데스까?"

이 사람은 소련 원동변강군구정찰부 정찰 군관이었는데 나는 그때 그를 '하이떼모 이데스까'라고 불렀다. 나는 언제나 그가 묻는 말엔 '도죠'라고 대답하는데 습관이 되어서 오늘도 그렇게 대답하고 그를 맞았다. 그는 유격대원들을 모아 부대를 편성한다는 이야기를 해 주었다.

나는 다음날 위로실로브시를 떠나 기차로 하바롭스크에 도착하였다. 하바롭스크에서 자동차로 약 2시간쯤 달리노라면 아물강역에 나나이족들이 거주하는 왜쯔꾸라고 불리는 촌이 나타난다. 바로 여기가 '하이떼모 이데스까'가 이야기 해주던 유격대원들이 모이는 제 2지점이었다.

내가 이곳에 도착한 때는 벌써 부대가 편성된 때였다. 이 부대는 제88특별 저격여단이라고 불렀는데 여단에는 4개의 보병대대, 통신대대, 경리중대와 함께 여단 후방, 군의소가 있었다. 중국어 강습소와 안전부도 활기를 띄었다. 여단장은 중국인 주보중 대좌였다. 주보중은 동만주에서 제2연합 항일 연군을 통솔하면서 명성을 떨친 저명한 유격 활동가였다. 여단 참모장으로는 시긴스끼 중좌, 여단 정치부장으로는 쎄료긴 소좌 등이 있었다.

제1대대는 고려인 유격대원들을 기본으로 하여 편성되었다. 제1대대장에는 김일성이라는 대위였다. 다시 말하면 김일성과 함께 활동하던 유격대원들이었다. 대대는 두 개 중대와 경리 소대로 편성도었고 제1중대는 유격대원들로 편성되었다. 이 중대에는 중국 동무들도 있었다. 제1중대장은 최용진 대위였다. 그는 유격대원이었는데 함께 복무한 아버지가 일본 군벌에 투항했다하여 아버지를 직접 총살할 정도로 성격이 포악하였다. 혹독하고 무식한 편이지만 몇 가지 부분에서는 총명하였다. 제2중대는 소련의 여러 민족전사들로 구성되었다. 중대장으로는 쁘르흐와따예브 중위였다. 제2중대는 2개 소대로 편성되었는데 제1소대장에 박길남 중위, 제2소대장으로는 나나이족 벨의란 소위였다. 경리 소대는 훈련을 할 수 없는 부상병들과 병자들로 편성되어 있었다. 경리 소대장으로는 최현 상위가 근무했다. 제2, 3대대는 다수 중국인들과 함께 활동하던 고려인 빨치산들로 구성되었다. 제4대대는 제 1대대와 대동한 대대였다. 강신태(강건)와 함께 활동하던 대원들로 구성되어 있었고 그가, 대대장이었다.

이들은 전부 초기에는 부업을 하였고 여단 편성이 끝난 1942년 여름부터는 소련군의 훈련 강령에 의하여 정규군의 훈련을 받았다. 복장도 완전히 소련군 차림이었다. 전술은 여단 범위 내에서 소대, 중대, 대대 단계의 훈련이 기본이었다. 군구에서 지도하는 여단장 학습도 한 두 번씩 진행되었다. 정치 학습은 주로 소련 당사 연구였는데 때에 따라 현행 정치 학습도 있었다. 여름철이면 한 장풍에 1개 분대씩 드는 천막에서 야영 생활을 하였다. 학습 외에도 아물강에서 수영 훈련도 있었고 연어 철이면 연어잡이도 하여 여단의 부식물에 도움을 주기도 했다. 겨울철이면 전술, 사격 훈련 외에 썰매타기와 동기 야영으로 10일간씩 출두하기도 했다. 동기 야영에서는 일부 전사들이 동상에 걸린 일도 가끔 있었다.

정찰병이었던 나도 진짜 군인생활을 하게 되어 제1대대 통역원으로 배치되었다. 당시 유격 대원들. 이들은 누구인가? 이들은 진실로 애국자들이었다. 이들은 일제를 반대하여 무장하고 일제와 싸운 혁명 투사들이었다. 만주에서 일본수비대를 습격하여 전리품으로 자신들의 대오를 무장시켰고 철도를 습격하여 일군의 수송선을 마비시켰다. 조·만 국경을 넘나들면서 관동군의 숙영지를 습격하여 일본군에 큰 손실과 불안을 주었던 조선의 애국열사들이었다. 이것이 바로 조선의 애국자였던 공산주의자들이 조직 전개한 항일 유격 운동이었다.

이 항일 유격운동은 연길 현에서 시작되었는데 1932년 봄에 양세봉, 김성주, 리홍광, 김책, 최석천 등의 부대들이 나타나 활동을 개시하였다. 동만주에서는 최현, 강신태, 안길 등이 지휘하는 유격부대들이 조직되었고 북만주에서는 김책, 최석천(최용건)이 지휘하는 유격대원들이 조직되어, 이들은 모두 일본군과 장개석 군벌에 타격을 계속 주었다. 방석 현에서는 조선 혁명가인 공산주의자 리홍광이 '바위'라고 칭한 유격부대를 조직하여 군벌들에게 타격을 가하기도 했다. 1934년 가을과 겨울에 리홍광이 직접 통솔한 유격대원들은 압록강 상류를 이용하여 조선 지역에 진출, 일본 경찰서를 습격하였고 적들에게서 노획한 무기로 유격대를 무장시켰다. 동시에 이들은 국경지대의 일본 군사시설을 파괴하고 군수물자를 압수하는 등 용감한 전투를 진행하였다.

'9월 18일 사변' 이후, 반일 운동의 저명한 조직자중 한 사람이며 공청원인 리긍채는 중국인 유격대에 입대하여 활동하게 되었다. 중국 공산당은 그의 용감성과 군사적 기교를 높이 평가하여 그에게 순 조선인들로 구성된 유격부대를 조직할 것을 위임하였다. 그 후, 그는 그 위임을 실천하면서 조선인 유격부대를 조직하였고 일본군과 영웅무쌍하게 싸우다가 영웅답게 전사하였다.

조선의 애국자였던 공청원 박길송은 반일 투쟁의 험악한 노정을 걸었다. 그는 일군과 싸우다가 포위망에 걸려 체포되었다. 그는 투옥됐다가 탈옥한 후에도 반일 투쟁을 계속한 투사였다. 그는 항일연군 제6독립대대 정치위원으로 공작했다.

유격부대들 중에서도 가장 큰 유격대는 남만 조선인민혁명군이었다. 이 부대는 반일 투쟁의 저명한 조직자였던 양세봉이 통솔하였다. 그는 중공당과 밀접한 연계를 맺고 활동한 철저한 공산주의자로서 일본군과의 가혹한 전투에서 전사하였다.

1937년 여름에는 김일성이 지휘하는 유격대가 압록강을 건너 보천보 파출소를 습격하여 성과를 거둔 대담한 전투를 해냈다. 만일의 경우를 우려하여 30여명은 보천보의 반대편 강가에 배치하고 김일성은 12명의 유격대원을 인솔하여 뗏목을 타고 보천보를 향하였다. 습격하고 보니 이곳에는 일본군이 없었고 다만 경찰 몇 명만 있었다. 경찰 2명을 죽이고 다섯 자루의 아라사끼 보총과 양식을 노획하여 가지고 새벽이 되자 다시 뗏목을 타고 압록강을 건넜다. 이제는 산으로 올라야 발견되지 않고 행군할 수 있다는 의견이었다. 그러나 대장은 '산으로 올라가면 얼마 가지도 못하고 발견될 수 있소. 우리는 신작로를 따라 일본 군가를 부르며 피하는 것이 상책이오.'하면서 그대로 행동했다. 일본군은 처음에는 그런 속임수에 빠졌으나 산지에는 아무런 흔적이 없기에 행군하는 유격대의 뒤를 따라 추격했다. 유격대는 피할 수 없어서 부대를 산재시켜 전투를 하게 되었다. 이 전투에서 김일성은 영웅답게 전사하였고 10여명의 전사들도 잃었다. 남은 40여명은 다시 산 속으로 피하여 생명을 구할 수가 있었다. 반일 운동이 확대되자, 일제는 유격 운동을 진압하는 한편 유격대의 내부를 와해시킬 목적으로 일본 군벌의 간첩 단체인 민생단까지 조직해 냈다.[20]

김성주의 아우 김철주는 일본군의 포위망에 들어 포로가 되고 말았다. 이 사건으로 하여 김성주는 한동안 정신적 타격을 받은 일이 있었다. 김성주에게는 이 사실이 몹시 수치스러운 일이 되었다. 그리고 또 김성주는 유격 활동은 하였으나 큰 공을 세운 일은 없다. 김일성의 전사 후, 그의 영웅담을 이용하여 김성주는 김일성의 이름을 도용하여 활동하기 시작했다.[21]

---

20) 민생단의 조직은 1931년의 일로써 1937년의 보천보 전투 훨씬 이전의 일이다. 유성철의 기억은 앞뒤 사실관계에서도 부정확하다.

21) 유성철의 이러한 주장은 이명영, 임은 등이 항일유격대에 김일성이라는 이름을 사용한 사람이 2명, 혹은 3명이 있었다며 제기한 김일성 가짜설의 아류이다. 이들 주장의 허구성은 이종석, 와다하루끼를 비롯한 국내외 학자들에 의해 이미 오래전에 입증되었다. 만약 이러한 것이 사실이라고 할 지라도 통역관에 불과했던 유성철은 당시 이러한 사

연합

중공당의 유일전선 강령에 기초하여 이때까지 분산되어 자립적으로 활동하던 유격대들이 합류하기 시작했다. 처음에는 김책, 최석천, 최현, 최륜의 유격대들이 연합하여 내적으로 조선인민 혁명군이라는 명칭을 가지고 김성주가 김일성이란 이름으로 통솔하게 되었다. 양세붕이 전사한 후, 남만주에서 활동하던 남만주 혁명군은 김일성과 합의에 도달하여 합류한 후 조선인민혁명군으로 개칭했다.[22] 이렇게 조직된 유격부대들이 항일 투쟁에서 일본군과 장개석 군벌들에 막대한 손실을 줌으로써 항일 운동에서 큰 역할을 한 것만은 논박할 수 없는 사실이다.

중국에 대한 일제의 새로운 공세가 행해지자, 중공당은 8로군과 신4군과의 보다 긴밀한 협동 작전을 위해 모든 유격사단들을 3개의 연군으로 개편하였다. 제1로군에는 제1, 2사단을 포함하여 양정우의 지도로 남만주에서 주로 활동했다. 제2로군은 4, 5, 7, 8사 포함하여 주보중의 통솔 하에 동만주에서 활동하였다. 제3로군은 제 3, 6, 9, 11사를 포함하여 리조린의 지휘 하에 북만주에서 활동하게 되었다.

일제의 침략이 심하여 갈수록 조·중 인민들의 우호 관계는 더욱 굳어졌다. 1938년 무한 지역이 위험한 사태에 빠지자, 수많은 조선인 유

실을 알 수 있는 위치에 있지 않았다. 그의 주장은 일부 사실과 김일성에 대한 원망으로 인한 허위사실에 대한 믿음이 뒤엉켜 있다. 반면에 그가 항일유격대의 역할을 높이 평가하고 있는 사실은 당시 입북하였던 소련계 인사들의 의식을 보여주고 있기도 하다.

22) 만약 유성철의 주장이 사실이라면 어떻게 연합부대의 지도자로 김성주(가짜 김일성)가 추대되는 일이 생길 수 있는 지 설명되어야 한다. 그는 가짜였고, 당시 김책, 최석천, 최현, 최륜 등의 조선혁명가들의 중국공산당 내의 지위나 역할이 보천보전투를 지휘했던 김일성 보다 더 높고 컸기 때문이다. 또한 조선인민혁명군이라는 명칭은 공식적으로 사용된 적이 없다. 다만, 동북항일연군 자체가 조·중 항일연합군이었고, 조선 혁명이 이들의 임무 중 하나였다. 김일성이 지휘하던 부대의 구성원들이 대부분 조선인이었고, 그들이 보천보 전투 등 조선혁명을 위한 직접적인 활동을 하였기 때문에 그들 스스로 또는 조선인들이 이 부대를 조선인민혁명군이라고 칭하기도 하였다.

격대원들은 무한 방위에 지원하여 나섰다. 무한이 일본군에 의하여 함락된 후, 조선인 지원병들은 분산 배치되었다. 이들 중 다수 부대들은 중공당의 관하에 있는 연안에 이동되어 8로군과 신4군의 전투부대들에 편입되었다.

장개석의 국민당 반동파벌은 혁명 역량을 말살하기 위하여 제국주의자들의 위촉에 의하여 대병력을 동원하여 1931~1933년에 중국 홍군을 반대하는 5차에 걸친 공격을 감행했으나 중국 홍군은 반동군의 공격을 물리치면서 1934년에는 부득이 남부지방을 떠나 1935년 10월까지 2만 5천리 장정을 성공적으로 수행했다.

국경을 넘어

1939~1940년의 국제 정세는 대단히 복잡하고도 긴장감이 감돌았다. 제2차 세계대전 직전에 독일에서는 히틀러가 정권을 잡고 독일 내의 민주 역량을 말살하기 시작했다. 동방에서는 일본 군국주의자들이 장차 소련과의 대전을 꿈꾸면서 만주에서 자기의 군력을 강화하였다. 그들은 '대동아번영'이라는 미명하에 대동아 전쟁을 개시하였다.

1940년에는 '베를린·로마·동경' 삼각 군사동맹이 맺어졌다. 일본군벌은 만주를 자신들의 강력한 군사 후방으로 전환시키기 위하여 광범한 범위에서 유격대 토벌 작전을 감행하였다. 그들은 토벌대 사령부를 설치하고 수십만 대군을 집합하여 유격대에 대한 봉쇄, 포위 작전 등을 대대적으로 진행하였다. 그 결과 유격 부대들은 유격 기지를 상실하게 되었다. 그렇게 되자 양식을 구할 수 없게 되었고 인민들과의 접촉이 불가능하여 유격대의 힘도 점차 쇠약해졌다. 이러한 정세 하에서는 만주에서의 유격 활동이 거의 불가능하게 되었다. 이와 같은 정세가 유격대들로 하여금 소련 국경을 넘게 했던 것이다.

1939년과 1940년 사이에 50여명 남은 유격대원들이 일본군에 쫓겨서 소련으로 월경하게 되었다. 처음에는 여성들과 환자, 부상병들을 월경시켰다. 그 다음 지도자들이 국경을 넘었다. 먼저 이들은 해삼 감옥에 있었고 다음에는 오께안스크 역촌에 있게 되었다. 이렇게 되어 이들은 원동변강전선군 사령부 정찰에 복무하게 되었으며 그들은 88여단 조직에 망라된 것이다.

1941년 김일성이 정찰 임무를 맡고 만주에서 공작한 일도 있었다. 박성철도 정찰 임무를 맡고 만주로 파견된 바 있었는데 봄에 파견된 사람이 가을에야 돌아 왔었다. 그런데 정찰을 허위보고 한 것이 탄로되어 무거운 추궁을 견디지 못해 자살하려고 까지 시도했었다. 아편을 먹고 자살하려는 것을 알게 된 여단군의 소좌 리동화가 그를 겨우 살려주었다.

8월의 봄

소련군은 어려운 전투에서 히틀러 파쇼군을 격멸하는 대승리를 거두었다. 소련의 동맹국들은 제국주의 일본을 반대하는 전쟁에 소련이 참가하는 것에 문제를 제기하였다. 이 문제를 다룬 회의가 1943년 테헤란 회의인데 강국 수뇌자들인 스탈린, 프랭클린, 루즈벨트, 윈스톤 처칠이 참가했다. 그러나 이 문제는 1945년 강국의 수뇌자들의 얄타회담에서 최종결론을 보게 되었다. 소련은 언제나 그러했던 것처럼 디번에도 자신들의 약속에 충실했다. 1945년 8월 9일에 시작된 원동변강에서의 대일 작전도 순조롭게 진행되어 36년간의 일제의 억압에서 신음하던 우리 민족도 자유와 해방의 봄을 맞게 됐다.

그 시기에 원동변강 전선 사령관이었던 소련 원수 와씰렙스끼는 자기의 회상기에서 "붉은 군대는 조선인민의 해방자로, 벗으로, 동맹자로 조선에 들어섰다. 조선인민은 자기의 자유와 독립을 위하여 낸 희생을 정당하게 평가하였다. 소련군 부대가 입성하는 도시와 농촌들에서 진행되는 주민들의 친선과 진실한 감사의 정을 표시하는 대중 시위운동이 이에 대한 증거로 되었다"고 썼다.

귀국동포

9월 중순경 여단 해체 명령이 내려 모두 무장을 해제했다. 3년이란 세월을 살아오던 왜쯔크를 이별하고 집으로 돌아가게 되었으니 한편으로는 기쁘기 한량없었고 다른 편으로는 어째서인지 섭섭함을 금할 수 없었다. '왜쯔크야 잘 있거라! 기회만 되면 너를 다시 찾으리!' 나는 우울한 목청으로 소리치듯 외쳤다.

그 곳을 떠난 우리 일행은 자동차를 타고 중국 목단강에 도착하였다. 그 곳 조선 사람들은 소련 군복을 입은 동포들을 만나면서 기분이 몹시 흥분되었던 모양이었다. 그래서 목단강시의 조선 사람들은 소를 잡아 놓고 3일간 우리 일행을 따뜻하게 진정으로 환영해 주었다. 그때 감격을 잊지 않고 기억하고 있다. 처음 계획은 안동과 신의주를 거쳐 평양까지 기차로 도착할 예정이었는데 차로 가야한다고 했다. 나중에 알고 보니 압록강 철교가 파괴되어 자동차로 해삼 항에 도착해야만 했던 것이었다. 그 곳에서 우리는 군 운송선 '뾰가쵸프'호를 타고 9월 19일 원산 항에 상륙했다. 그 날이 바로 8월 추석날이었다. 원산시 인민위원회의 초청을 받아 8월 추석 행사가 한창 인 시 공설운동장으로 가기 앞서 김일성은 우리를 모아 놓고 말했다.

"동무들! 오늘은 추석날인데 조심하시오. 술도 마시지 말고 방탕질도 하지 마시오. 혹시 사람들이 김일성을 보았는가 물어오면 '우리는 선발대가 되어 보지 못하였다'고 하고는 '그 분은 뒤이어 나올 것이다'고 말하시오. 연세를 물으면 보지 못했기에 모른다고 하시오!"

김일성은 당부에 당부를 거듭했다. 그리고 그는 당직병을 지명하고 우리를 해산시켰다. 이것이 조국 땅에서 했었던 김일성의 첫 교시였다.

우리는 김일성과 헤어져 나왔는데, 밖으로 나온 최용진이 '처지바당!'이라고 혼잣말로 중얼거렸으나 나는 그가 왜 그때 그런 말을 했는가에 대하여 의심조차 하지 않았었다. 나중에 사상 검토를 통하여 생각하게 된바, 최용진은 김의 내력을 너무나 잘 알고 있었다. 그때 진짜배기 김일성은 벌써 40이 훨씬 넘은 용장이었으며 아주 영리하고 현명한 분이었고 전투에서는 용감무쌍하였다. 때문에 김성주는 본래의 김일성의 이름을 바꿔 도용한 가짜 김일성이란 말뜻이었다.

여하튼 그 날은 원산에서 흥분된 기분으로 놀았다. 제2차 세계대전 후, 중국과 북조선 및 월남에서는 인민혁명의 승리를 위한 조건들이 이미 조성되어 있었으니 김일성은 총 한방 쏘지 않고 조선이 해방된 후 북조선에 귀국하였다. 귀국 후 김일성의 행동을 주의 깊게 보아야 한다. 1973년판 북한 『정치사전』 47페이지에는 이렇게 씌여 있다.

　　위대한 수령 김일성 동지께서는 항일 무장 투쟁의 최후 승리를 눈앞에 두고 그의 준비를 위하여 모든 정력을 기울이기 시작하였다. 그이의 령도 밑에 조선 혁명군의 소부대 활동이 적극화되고 일반 병종과 특수 병종을 포함한 군정 훈련이 전반적으로 진행되었으며 작전 계획 수립과 역량 편성 등 전투준비가 최종적으로 완료되었다. 한편 인민들의 반일 무장 투쟁이 세차게 진행되고 조선인민혁명군의 군사 행동과 합세하기 위한 전인민적 봉기의 반일 투쟁이 적극적으로 추진되었다. 1945년 8월 위대한 수령 김일성 동지께서는 조선인민혁명군 부대들이 조국해방의 성전에 총 동원하는 것에 대한 전투명령을 내리셨다.

이 얼마나 비열하고 파렴치한 날조인가? 북조선 해방은 소련군에 의해서 이미 이루어졌고 남조선은 미군에 의해서 해방된 것은 세상이 다 아는 사실이 아닌가? 그 시기에 김일성은 88여단 대대장으로 군정 훈련을 받지 않았던가? 이런 자가 그 시기에는 존재하지도 않은 조선 인민혁명군에 어떻게 전투명령을 내릴 수 있었단 말인가? 또 어느 때에 조선 인민혁명군의 군사 행동에 합세하기 위한 전인민적 봉기의 반일 투쟁이 적극적으로 추진되었다는 말인가? 한 마디로 말도 안 되는 말로 역사를 조작하고 허위 날조하는 일은 김일성의 특기임에는 틀림없다.

북조선의 새 지도자

해방된 북조선에서 우선 과제는 지도자를 선발해야 하는 것이었다. 제25군사령부의 북조선 지도자 선발에 관한 명단에는 조만식, 박헌영, 김일성 등 3명이 추천대상으로 올라 있었다. 그 당시 민주당수였던 조만식은 부르조아 계통의 인텔리였다. 평남 강서군의 토지는 거의 그의 소유였다고 할 정도로 대지주였다. 평남도 경비사령부에 위고르까라는 중좌가 있었는데 그가 경비사령부의 정치부 사령이었다. 그와 조만식 사이에 세 차례에 걸치는 담화가 있었는데, 나는 그때 통역원으로 그와 함께 그 곳에 갔었다. 그런데 조막식은 소련 사령부와의 협동을 절대 거절하면서 '나는 모스크바 삼상 통치안을 찬성할 수 없다'고 주장하였다. 이렇게 그 와의 담화는 끝나버렸다.

박헌영은 서울 주재 소련영사 삽신이 우리에게 소개해 주었다. 그의 평가에 의하면 박헌영은 국제 공산당과의 연계 하에서 서울서 오랫동안 지하공작을 하여 인민들 속에서 신망 있는 지도자라는 것이었다. 만일 그를 북조선 지도자로 선발한다면 그는 능히 그 직무를 감당할 수 있는 인물이라는 것을 상부에 제의했다고 말하였다.

한편 소련군 제25군단의 스뛰고프 대장을 위시하여 많은 장령들은 김일성을 지지하고 나섰다. 김일성은 유격 운동에도 참가하였고 다년간 소련에서 교육을 받았으며 또 소련군 대위였기에 소련에 충실할 것이라는 의견이 지배적이어서 지도자로 선출할 제의서가 스탈린에게 전달됐다고 했다. 결국 장군들이 승리하여 김일성이 정치 무대에 등장하게 되었던 것이다. 김일성은 조선해방 전투에도 참가한 역사가 없었으나 소련이 필요에 의해서 위임한 정치인이 되었던 것이다.

대환영

지도자의 선발에 많은 시일이 걸렸다. 김일성이 앞으로 조선의 지도자로 되는 것에 대한 스탈린의 허락이 있은 후, 평양에서는 김일성의 개선식이 성대히 진행되었다. 1945년 10월 14일 평양과 그 주변 시민들은 평양 공설 운동장에서 김일성의 개선을 환영하였다. 레케제프 소장의 개회사가 있은 후 김일성의 개선 연설이 있었다. 그의 연설문은 소련군 제25군단 정치부에서 작성되었고 그 연설문을 시인 전동혁이 조선어로 번역하였다. 김일성은 이렇게 준비된 연설문 한 장을 낭독하고 북한 정권을 인수하는데 성공한 셈이었다.

뜻 깊은 이 행사에 평양시민들과 주변의 백성들까지 모두 모여들어 운동장은 대만원을 이루었다. 그 얼마나 바라고 기대하던 날이었기에 이러했을까. 그 얼마나 위훈에 빛나는 김일성을 보고자 했기에 이렇게 많이 모여들었을까.

오후 1시였다.

가짜 김일성(김성주)이 연단에 나오자, 그칠 줄 모르는 만세 소리는 천지를 진동하였다. 이마에 나부끼는 짧은 머리칼, 가는 흰줄과 붉은 줄무늬가 섞인 넥타이, 조끼를 겸한 검은색의 양복, 검은 구두, 왼쪽 가슴에서 빛나는 전투 적기 훈장 ….

정말 33세의 새파란 청춘이었다.

김일성은 그 때만 해도 살이 찌지 않아서 몸은 약하였고, 게슴츠레한 눈에 야심이 가득 찬 듯 보였다. 처음에는 만세 소리가 드높더니 수십만 대중이 차츰 헤어지기 시작했다.

'저건 가짜 김일성!' '로스께의 앞잡이!' 등의 말들이 군중 속에서 퍼지기 시작하였다.

그럴 수밖에 없었다. 조선 사람들이 예로부터 들어 왔던 명성 높은 진짜 김일성은 그때 50성상이 된 노장군이어야 했었다. 보천보 전투에서 전사한 용장 김일성을 이마에 피도 마르지 않은 김성주가 이름을 도용하여 나선 것을 누가 짐작했으랴. 군중들은 연단에 나선 김일성이 가짜라는 것을 금세 알아차린 것이었다.

실망감이 감돌며 조용해지던 대회장이 다시 웅성거리기 시작했다. 중간키에 머리를 흰 수건으로 질끈 동여매고 한복 차림을 한 조만식이 연단에 나타났기 때문이었다. 근 반시간에 걸친 그의 연설은 순 민족주의적인 내용으로 충만하였다.

이렇게 군중집회는 끝났고 소련군 군사사령부 정치부는 여론 수집에 착수했는데, 수집된 여론은 군사령부를 불안케 했다. 그 다음날 김성주는 김일성의 고향이라 알려진 만경대에서 주연을 베풀고 소련군 장령들이 다수 거기에 초대되었다. 그러나 주연에 참가한 소련군 지도부와 조선인 지도자들의 마음속에는 가짜 김일성이라는 검은 벌레가 움직이기 시작했다.

가정

김성주의 가정을 잠시나마 살펴보기로 하자. 김성주는 1912년 4월 15일 평안남도 대동군 고평면 남리라는 곳에서 김형직의 맏아들로 태어났다. 아버지 김형직은 1894년생인데 강반석이라는 여자와 중매결혼을 하였는바, 형직이 14살이 되던 해에 반석은 17살 나이였다. 김형직이 교편을 잡고 이곳에서 일하다가 생활난으로 인하여 전 가족이 중국 간도로 이주했다. 김성주는 현지에서 중학을 중퇴하고 유격대에 가입하게 되었다.

김성주의 어머니는 1891년 4월에 평안남도 대동군 용산면에서 강돈욱이라는 예수교 신도의 가정에서 태어났으며 그녀의 두 오빠인 강진석, 강양욱 모두가 예수교인이었다. 특히 강양욱은 인민들 속에서 예수교의 교리를 잘 해설하고 선전하며 예배를 능숙하게 지도하였기에 목사가 되었다.

김성주에게는 김형권이라는 삼촌이 있었다. 당시 만경대라면 수수, 조, 콩 밖에 심지 못하는 메마른 고장이어서 그도 역시 빈궁한 생활을 하였었다. 빈궁과 기아에 빠진 김형권은 대동강에서 물고기를 잡으며 겨우 생계를 유지하는 형편이었다.

김성주에게는 두 동생이 있었다. 김철주는 형을 따라 유격대에서 일제와 투쟁하다가 일본군의 포위에 걸려 투항하고 말았는데 1936년에 죽었다. 김성주는 이사건으로 하여 민생단에 걸려 한동안 정신적 타격을 많이 받았었다. 마지막 동생 김영주는 일본군에 복무하여 하와이까지 갔다가, 해방을 하와이에서 맞이하고 상해를 거쳐 평양에 돌아 왔으나 그의 사상적인 부분은 애매모호하였다. 그가 평양에 들어오자 김일성이 곧바로 소련 유학을 보냈다는 것은 무언가 문제가 깊다는 것을 의미하는 것이었다. 6·25 동란 때 그는 대학을 졸업하고 고향에 돌아와 당 중앙위원회 조직부장으로 활동하다가 김정일이 북한에서 자리매김을 시작하면서부터 서서히 매장되고 말았다.

6·25동란

해방된 북조선은 소련 기술자, 학자들의 협조에 의하여 경제, 문화면에서 일정한 성과를 이룩하였다. 문화·예술·과학 분야들에서도 전례 없는 성과를 이룬 것은 소련의 도움에 의해서만 될 수 있었던 것이었다. 해방 후 이와 같은 성과로 인해 김일성은 내심 영웅주의, 출세주의, 야심과 모험주의가 서서히 싹트기 시작하였다.

1950년 3월 김일성은 스탈린을 방문하여 비밀리에 회담을 가졌는데 여기서 6·25 동족상잔의 작전이 시작되었던 것이다. 6·25전쟁 작전계획은 민족보위성 작전국의 한 방에서 약 1개월간 극비리에 작성되었다. 이 작전은 총참모장 강건, 포병사령관 김봉률과 그의 참모장 정학준, 공병국장 박길남, 통신국장 리용인, 공군사령관 한일무, 해군참모장 김원무, 병기국장 서용선, 후방국장 정목, 정찰국장 최원, 작전국장 유성철과 그의 부국장 윤상렬 등의 직접적인 참가 하에서 작성되었다.

소련 고문단 와씰리예프 중장, 뽀쓰트니꼬프 소장 및 기타 장령들이 작전 계획 작성에서 주동 역할을 하였다. 이 작전계획 작성을 위해서는 소·독 전쟁 경험이 풍부한 소련 고문단이 필요했기 때문에 와씰리예프 중장과 뽀쓰트니꼬프 소장이 구 고문단과 교체되어 투입된 것이었다. 구 고문단의 지도 아래에 작성한 작전 계획은 통과되지 못하고, 뽀쓰트니꼬프 소장이 작성한 작전 계획은 총고문에 의하여 수정된 후 통과되었다.

나는 러시아어로 된 이 작전 계획을 번역하여 직접 강건 참모장에게 주었다. 이 작전 계획은 곧바로 실천에 옮겨졌다. 작전 계획의 실천을 앞두고 비밀을 보장할 목적으로 훈련형식을 취하면서 38선에 아군부대들을 집결시켰다. 집결이 끝난 다음에는 기동 연습의 총결에 관한 명령서를 무전으로 공개하여 전하였다.

남한의 국방군 참모부는 북한의 기만전술에 떨어졌으리라고 믿어졌다. 6·25 새벽 4시, 비행기·탱크·포병대·함대 등의 엄호 하에 육군부대들이 38선을 무너뜨리고 남침을 개시했다. 이 작전계획의 기본은 미군이 손 쓸 사이가 없도록 불의의 공격으로 서울을 점령하면 전쟁이 끝날 것으로 예견하고 군대의 예비를 조성하지 않았다. 그것은 곧 약점으로 되돌아 왔다. 그러면 불의의 침공 작전은 무엇에 기초했는가?

1. 불의의 공격으로 남한이 손 쓸 틈을 주지 않는다.

2. 서울이 함락되면 박헌영의 지도 하에 남로당원 10만 명이 남한에서 봉기를 일으키기로 되어 있었다.

3. 지리산 유격대들이 적 후방에서 강력한 기습 공격과 작전 등을 펼친다.

이런 작전이 얼마나 어리석은 판단이며 경솔한 행동이었는가는 전쟁이 시작되어 3일 만에 나타났다. 서울은 함락되었으나 기대하던 인민 봉기는 일어나지 않았다. 지리산 유격대의 활동도 없었다. 서울의 함락은 단지 인민군의 역량 우세와 불의의 침공에 의하여 이루어졌다. 또한 남한의 국방군 채병덕 참모총장이 6·25동란의 정황을 신중하고 정확하게 판단하지 못하고 전투 배치를 바꿨다고 했다. 만일 이상과 같은 해이함이 남한에 없었더라면 국방군의 저항은 더 강하였을 것은 의심할 바 없다.

이 시기에 서울에 도착했던 최용건은 국방군을 계속 추격할 지시는 주지 않고 제1보조 지휘소 사령관인 김웅의 전투 성과를 축하하여 중앙청에서 경축연을 베풀었다. 그 때 사태를 정확히 판단한 국방군은 한강 철교를 폭파하고 한강의 천연적 계선을 이용하여 인민군의 남진을 저지시킬 결심을 하였다고 본다.

남침 3일 만에 대전으로 긴급 피난한 이승만도 당황하지 않을 수 없었다. 이 상황에 대해 이승만은 미국에 보고를 했고, 6월 27일 미국 트루먼 대통령이 이승만 정부에 도움을 주겠다는 명령을 내리게 되었다. 6월 29일, 미군 맥아더 원수가 긴급히 남한으로 들어와 수원에서 이승만과 맥아더 간에 회담이 있었는데 미군은 유엔의 기치를 내걸고 조선 전쟁에 참가하게 되었던 것이다.

인민군은 서울을 점령하고 한강을 도하하여 7월 23~24일에는 군사 전략적 지점들인 광주, 남원, 목포를 점령했고 9월에는 낙동강 계선의 여러 지점에서 도하하여 대구, 부산간의 좁은 지역에 국방군을 몰아넣었다. 인민군은 한 달 동안에 남한의 90% 지역을 점령하였고 남선 인민들의 92%를 자기의 관할에 넣었다.23)

---

23) 북측은 공식전사에서 1950년 7.21~8.20 제4차 작전기간동안 이러한 성과를 올렸다고 주장하고 있다. 실제로 인구의 92%가 인민군 지배하에 있었는지는 정확하지 않다.

유엔군

1950년 6·25 동란의 첫날에 미국은 유엔의 분과 회의에서 소련과 중국의 참가 없이 남측 전쟁에 관여한다는 결정을 채택하였다. 미국의 영향을 받은 영국, 불란서, 골란지야,24) 벨기에 등에서 군대를 파견했고, 미군은 유엔의 깃발 아래 남한으로 딘 소장을 파견하였는데 그의 지휘에 의해 24개 사단이 전투에 투입되었다.

미국은 조선에 새 병력을 파견하여 반공격을 시작하였다. 미군은 평양과 서울, 남포, 해국, 평덕, 라남, 함흥, 흥남 및 기타 도시들과 농촌들을 미군 항공대의 폭격으로 잿더미로 만들었다. 그러자 북조선 인민들은 진실로 북침으로 생각하여 김일성을 지지하며 전쟁에 궐기하여 나섰다. 인민군은 후퇴하는 국방군을 계속 추격했고, 북조선 인민들은 후방에서도 전선을 도와 모든 것을 아끼지 않고 어려운 시련을 견디어 나갔다.

미군은 반공격을 시작하면서 300척의 각종 군함과 800여대의 비행기의 엄호 하에 9월 15일에 5만 명의 유엔군을 인천에 상륙시켰다. 인민군 장병들은 위훈을 떨쳤으나 미군의 압도적인 공격에는 하는 수 없이 후퇴를 시작하게 됐다. 후퇴하는 전선이 차단되어 적군의 후방에서 고군분투하는 부대들과의 통신 연락을 취할 수 없어 후퇴는 무질서하게 진행되었고, 전선사령부는 지휘 능력을 거의 상실하다시피 되었다.

공병국장 박길남은 1개 분대를 거느리고 생사를 무릅쓰며 서울과 평양간의 도로에 지뢰를 매설함으로써 적군의 진격을 저지하며 전선사령부의 후퇴를 성공적으로 엄호하였다. 그는 이런 위훈으로 공화국 영웅 칭호를 수여 받았으나 1958년에 김일성으로부터 숙청을 당하여 영웅칭호를 박탈당하고 소련으로 귀국했다. 박길남은 장기 중환 끝에 1987년 3월 알마아따에서 세상을 떠났다.

---

24) 네덜란드의 이북식 표기.

국방군은 벌써 서울을 탈환하고 한강을 건너 예성을 넘어왔다. 무질서하게 후퇴하는 인민군 부대들을 빠른 속도로 계속 추격하였다. 그 시기에 최고사령부의 총참모장은 남일이었다. 남일은 소련 기술자로 북조선에 파견된 사람들 중 한 명이었다. 처음에는 북조선 인민 위원회 교육국 부국장, 공화국 정부 교육성 부장으로 일하다가 전쟁이 계속되자 최고사령부에서 부참모장으로 있다가 곧 총참모장으로 등용되었다. 전격전을 예견했던 김일성은 참모부를 긴급 구성하고 그의 참모장으로 남일을 임명하였다.

그는 체계적 군사상식은 없었으나 고등지식 소유자로서 일반 문화가 높고 극히 지혜로운 사람이었다. 그래서 그는 그처럼 어려운 시기에 최고사령부 총참모장의 직책을 유감없이 수행하였다. 실로 대장의 군사칭호까지 받은 재능 있는 장군 중 한 사람이었다. 그는 큰 키에 쾌활한 성격의 소유자였고 맡은 직무에 아주 성실하게 헌신하였으며 겸손하고 동지애가 깊은 전우였다. 정전 담판이 시작되자 판문점에서도, 그는 조·중 측 수석대표로서 외교가의 소질을 유감없이 발휘했다.

천안문

우리 일행은 중공당과 중화인민공화국을 찾아가서 신속한 도움을 요청하라는 김일성의 임무를 받고 북경으로 가야했다. 나는 박헌영 동지와 함께 임무를 맡고 저녁으로 신의주에 도착했다. 신의주에서 북경까지 우리 일행은 셋이었는데 신의주 인민위원회 위원장 유민 동무가 통역원으로 함께 비행기에 탑승했다. 박헌영 동지를 유민 동무가 통역하게 되어 있었는데 북경에서 리상조가 통역을 담당하게 되어 유민 동무는 다시 귀국하게 되었고 그 사실을 나에게 알려 주었다. 리상조 동무는 그때 상업부상으로 북경에 무역대표로 가 있었다. 그 당시 그의 임무는 인민군의 동기 피복 문제의 해결이었다.

우리는 북경에서 모택동 주석과의 접견을 기다리고 있었다. 밤이 새도록 소식이 없다가 다음 날이어야 모 주석과 접견할 수 있다는 통지를 받았다. 그래서 우리는 겨우 새벽에 잠자리에 누웠다. 그런데, 잠이 들만 하자 갑자기 모 주석이 접견하고자 한다는 소식을 받고 천안문으로 떠났다.

거기에 도착했을 때는 벌써 중공당 정치국 성원들이 모여 있었다. 우리와 인사를 나눈 후 그들은 제각기 제자리에 가 앉았다. 조금 늦게 허리를 구부리고 지팡이를 짚은 주덕 장군이 나타났고 모두가 기립하였다. 그는 우리와 악수를 나누고 정해진 자신의 의자에 앉았다. 그때서야 모 주석이 우리가 북경에 오게 된 사연을 말해줄 것을 박헌영 동지에게 청하였다.

박헌영 동지는 김일성의 안부를 모 주석에게 전하고 북경에 오게 된 사연을 근 한 시간에 걸쳐 설명하였다. 발언의 기본 내용은 국내외 정세에 대해 말한 다음 중공당과 중국 정부에 군사적 도움을 요청한다는 김일성의 제의를 전달했다.

그 다음엔 내가 군사 정세에 대하여 말하려 할 때, 모 주석이 손을 들었는데 발언을 중지하라는 것임을 여실히 알 수 있었다. 모 주석은 흰천으로 가려진 벽에 걸린 군용지도를 열고 보여 주었다. 지도에는 조선의 전쟁 상황에 대하여 자세히 브리핑되어 있었다.

우리가 평양을 출발 할 때에는 국방군이 중화계선에 진출했었는데 그들은 벌써 평양을 점령하였고 동해안을 따라 진격하던 부대들은 일부 국경 지역까지 공격해 와 있는 것이 지도에 모두 표시가 되어 있는 것이었다. 우리는 몹시 부끄러웠다.

나는 결론적으로 비행기와 고사 무기가 필요하다는 것을 강조했다. 모 주석의 결론이 너무나 간단하였다. 그는 중공당과 중화인민공화국이 이 위험한 시기에 조선 인민을 도와주기 위해 조선에 지원군을 파견하기로 결정했다는 상황을 우리에게 알렸다. 계속하여 그는 우리에게 다음과 같은 정치국의 의견을 제의하였다.

중화인민공화국 지원군이 조선 전쟁에 참가하는 그 군사 정치적 의의를 조선 인민에게 해설할 것과 간부 조절 배치 문제, 통역원 문제, 후방 공급에 대한 문제들에 대해 언급하고 팽덕회 장군을 조선으로 파견한다는 것과, 후방은 그 당시 중국 동북정부 주석으로 있던 고강 동지가 책임지게 되었다고 말하면서 이 두 동지들과 손을 잡으면 조선 문제는 해결될 것이라고 말했다.

모 주석의 최종 발언은 결국 전쟁은 지금처럼 해서는 안 된다는 것이다. 그는 다섯 손가락을 쭉 벌려 앞으로 내밀어 보이면서 적을 이렇게 밀고 나가서는 안 된다는 전술적 문제를 건드렸다. 미군과 국방군을 각기 분리하여 격파해야 된다는 것이었다. 키가 큰 사람이 의자에서 일어나면서 자신의 다리를 가리키면서 말했다.

"한쪽 다리를 미군이라고 가정하고 다른 쪽 다리를 국방군이라고 하자. 먼저 국방군을 치고 다음에 미군을 포위 섬멸해야 한다. 그렇게 해야 미군이 맥을 추지 못할 것이다."

그는 한쪽 다리를 들고 뛰면서 설명하였다. 직감적으로 나는 모 주석이 김일성의 전투 방법을 비판하는 것으로 알았다. 회담이 끝나자, 모두가 기립하였고 모 주석은 다시 우리와 악수를 나누었다.

주은래 동지가 문밖까지 나와서 우리를 전송하면서 김일성 수상에게 안부를 전한다고 하면서 큰 봉투 하나를 박헌영 외상에게 전하였다. 천안문을 떠난 우리는 고강, 팽덕회와 함께 비행기로 평양으로 돌아왔다.

의견차이

나는 그때 중국 동지들은 자신들의 저택을 사무실로 사용하는 것을 비로소 알게 되었다. 처음에는 팽덕회의 사무실에 잠깐 들렀다가 그와 다시 만날 약속을 하고 고강 동지의 집으로 갔다. 고강은 우리가 식탁에 앉았을 때 자신의 입을 열었다.

"중공당 정치국에서 이미 조선 전쟁에 대한 의견이 분분 했었다오. 그러나 끝내 결말을 짓지 못하여 소련의 스탈린에게 의견을 들어보기로 했고, 결국 주은래 동지를 모스크바시로 파견했는데 그가 돌아오기를 기다린다고 모 주석과의 접견이 늦었진 것이오."

그는 젓가락을 들어 우리에게 조반을 권하면서 그 날 새벽의 상황에 대하여 말해 주었다. 식사가 끝난 후, 고강은 자기의 토론 요지를 박헌영에게 주어서 그것을 읽을 수 있게 되었다. 그때, 고강이 식사하면서 얘기한 내용은, 현 정세에서는 중화인민공화국을 보호하기 위하여서도 곧 조선인민을 도우러 나서야 한다는 것이었다. 또 다른 의견은 중화인민공화국이 완전히 통일되지 않았고 아직 해방군이 정규화되지 못한 조건에서 조선 전쟁에 참가한다는 것은 미국과 중국간의 전쟁을 초래할 수 있다는 것이었다. 이렇게 상반된 두 의견이 대립되어 중공당 지도부에서는 해결을 짓지 못하여 스탈린의 의견을 듣고져 주은래를 모스크바시에 파견하게 되었다고 고강은 말했던 것이다.

스탈린의 의견은 지금 중화인민공화국이 조선 인민을 도우러 나서야 한다는 것이었다. 소련은 아직 대전에 준비되어 있지 못하였다. 그러나 중국은 지원군을 파견하여 조선 인민을 바로 구원할 수 있다는 견해였다. 그리고 미국도 소련과 마찬가지로 대전에 준비되어 있지 못했다. 더구나 미국은 두 전선에서 싸울 수 없으며 중국에 선전포고를 하지 못할 것이라는 스탈린의 굳은 견해를 주은래에게 말했다고 한다.

1. 공중의 엄호가 필수적으로 필요하니 소련에서 제공한다.

2. 고사 무기를 소련이 수급하여 제공한다.

이런 조건으로 인하여 소련 3중 영웅인 꼬세두브(당시 소련군 항공 중장)의 지휘 하에 처음에는 1개 항공사단을 파견할 것과 다음에는 항공 군단과 고사포, 독립 연대 등을 중국으로 파견할 것을 소련은 약속하였다고 우리에게 알려주었다.

조선 전쟁 문제를 해결한 주은래는 예정 시간보다 늦게 북경에 날아왔고, 그래서 모 주석이 우리 일행을 밤늦게 접견하였다는 것이다. 고강은 아주 친선적인 분위기에서 이야기하였다. 그의 이야기는 나에게 있어서 아주 중요하였다. 고강은 그 시기 동북정부 주석이었으며 동북군구사령관이었다. 팽덕회는 중국 서북 군사행정 주석이자 중공당 군사위원회 부주석이었다. 고강은 그 후, 모 주석의 탄압의 희생자가 되었으며 팽덕회도 그의 운명이 순탄치 못하였다.

지원군

1950년 10월 초에 김일성은 중국의 모택동 주석에게 전문을 보냈다. 내용은 조선 정세는 극히 우리에게 불리하게 조성되었으며 중국 정부의 도움을 요청한다는 간단한 내용이었다. 전문을 받은 모 주석은 고위급 지도층의 긴급 회의를 소집하였다. 이 회의에서는 두 가지 의견이 대립되었으나 결국 스탈린의 최종적 의견에 의하여 조선을 돕는다는 것에 대한 문제가 결정되었다. 1950년 10월 19일 저녁 8시경에 중국 인민지원군은 압록강의 여러 지역을 넘어 조선 전쟁에 참전하기 시작했다.

"유성철 동무, 저기 중국 인민지원군들을 보시오. 왜 저들에게 무기가 없소?"

박헌영이 나에게 물었다. 하얀 유리창으로 어둠을 뚫고 내다보니 사실 4~5명에 보총(소총) 한 자루의 비례였다. 그것조차 구형 무기였으며 군인마다 수류탄은 10개씩 지닌 것이 눈에 확연히 보였다.

"부수상 동지. 무기는 아마 뒤를 따라 나오게 될 예정인가 봅니다."

박헌영을 안심시키려고 말은 이렇게 하였지만 중국 인민해방군이 이런 상태에 처해 있다는 사실은 상상외였다. 1950년 10월 20일 밤으로 북경을 다녀온 결과를 나는 김일성에게 보고하였다. 팽덕회는 나보다 조금 늦게 도착하여 지원군과 인민군의 협동 작전에 관한 문제를 김일성과 오래 토의하였다. 김일성은 모 주석의 제의대로 모든 일을 처리해 나갔다. 전쟁은 조선 인민군 쪽에 유리하게 기울어져 북조선 인민들은 다시 자기의 혁명기지를 찾을 수 있었고 김일성도 그대로 남아있게 되었다.

정전

1950년 10월에 중국 지원군이 조선 전쟁에 참여함으로서 전선은 2 대2의 비례로 되었지만 이제부터는 전선이 북조선 측에 유리하게 되었다. 새로 편성된 인민군 부대들과 지원군은 미군부대에 반공격을 가하여 1950년 12월 6일에는 평양을 다시 찾고 38선을 지나 1951년 1월 4일에는 서울을 재차 탈환하였다. 1951년 정월에는 근동 및 원동변강의 12개국, 중화 인민공화국의 참가 하에 조선전쟁에 대한 문제를 평화적으로 해결할 방안을 유엔 총회에 제출했다.

그러나 미군은 집중 공격을 가하여 압력을 가하려 했으나 인민군과 지원군의 방어전을 돌파하지 못했다. 이 시기의 인민군의 전술은 방어가 기본이었다. 반공격전에서 부분적으로 적의 역량을 소멸하는 한편 가능한 지점에서는 반공격의 타격을 가하는 기동전술을 썼는데, 1951년 2월 11~13일 이틀 동안 강력한 타격을 가했다. 2월 22~24일간에는 지원군이 대 타격을 가하여 후퇴하는 미군과 국방군을 계속 추격하여 38선을 건너 서울까지 접근하게 되었다.

미군은 전선에서 막대한 손실을 당했기 때문에 북선 영토를 더 점령하려던 시도가 실현되지 못했다. 결국, 전선은 고착되어 어느 측에서도 승리 할 수 없게 되자, 소련 정부의 발기에 의해 소련 유엔 대표였던 말리크가 쌍방에 휴전을 제기하였다.

정전담판 회담은 7월 10일 개성에서 시작되었다. 북조선 측으로는 인민군 총참모장 남일 대장이 조·중 측 수석 대표로 회담에 참가하였으며 지원군 측으로는 해방군 정찰부 참모장인 리극동이 참가하였다.

유엔의 기치 하에 미군은 분계선 38선 1만 3천평방Km의 영토를 더 차지하려고 애를 썼다. 담판 과정에서도 미군과 국방군은 많은 비행기와 함대를 동원하여 수다한 전투를 진행하였다. 개성에서는 쌍방이 자기의 편에 유리한 방안을 가지고 주장하다보니 정전 담판이 오랜 시일 걸렸다. 미군과 국방군은 춘기, 추기 공세를 진행했으나 결국 어느 쪽에서든지 승패가 없게 되자 판문점의 의견대로 2:2로 종결을 보게 됐다. 이승만은 북진을 계속 주장하였으나 미국의 입장은 이미 휴전선 쪽으로 기울어져 있었다. 1953년 7월 27일에야 남북 인민들은 그처럼 기대하던 휴전을 맞게 됐다.

독로강[25]

조선 노동당 제3차 전원회의는 1950년 12월 21~23일간에 걸쳐 진행, 이 전원회의에서 『현정세와 당면 과업』에 대한 보고를 김일성이 진술하였다. 본 회의에서는 당, 정부 간부들, 군대 간부들의 무능력과 오류, 범죄행위, 비겁성 등이 비판되었다. 즉 김일, 최광, 림춘추, 김열 등 고위급 간부들이 비판대상으로 되었었다. 김일성의 보고문은 김창만이 작성한 것이었다.

김창만은 군사 문제에 있어서 겨우 서울에 다녀온 하루 강아지에 불과한 인물이었는데 인민군 총참모부와 전혀 타협도 없이 전쟁 행정에 대하여 독자적으로 판단하여 보고문을 작성해 놓았다. 초보적인 군사 지식을 가진 사람들에게도 그의 보고는 가소롭게 들렸지만 김일성은 아주 정식으로 보고문을 떳떳하게 읽었다.

---

25) 조선로동당 중앙위원회 제3차 전원회의는 강계 부근의 장강군 향하리에서 진행되었다. 필자는 아마도 제3차 전원회의를 상징하는 의미에서 부근에 흐르고 있던 독로강의 이름을 제목으로 붙인 듯하다.

우리는 여기에서도 김일성의 어설픈 군사 지식을 판단할 수 있다. 본 회의에서 비판을 받은 김일의 발언이 없어도 조선 전쟁은 비극의 장막이었음을 잘 알고 있었다. 사실 6·25 전쟁은 무자비하고 참혹한 전쟁이었다. 도시와 농촌은 거의 전부가 파괴되었고 백성들은 3년 동안 토굴, 반토굴막에서 가열한 전시 생활을 겪게 되었다.

이 전쟁에서 9백만 명의 사상자를 내고 전국을 폐허로, 피바다로 만들었다. 부모, 처자, 형제들이 사방으로 흩어져 1천만의 이산가족을 빚어낸 그 죄악이 누구에게 있는가. 한반도를 피바다로 만든 장본인은 바로 김일성이다. 이 전쟁으로 하여 미국을 위시하여 세계 군사 동맹의 형성을 더욱 촉진시키기지 않았던가.

사실 6·25 전쟁이 스탈린, 모택동 모델의 공산주의자들의 내막, 면모를 더 똑똑히 보여주지 않았던가. 이들은 사실 세계 공산주의 운동의 본질을 왜곡했고 망쳐 먹었다. 김일성의 공명심, 모험주의가 아니었다면 한반도 인민은 미군의 대포 밥이 되지 않았을 것이다. 또 김일성이 아니었다면 한반도의 평화통일이 이룩되었을지도 모른다.

김일성은 조선의 애국지사들인 김책 동지를 비롯하여 김두봉 장군, 허가이 동지, 무정 장군, 박일우 동지, 박헌영 동지, 박효삼 등 수천 명의 동지들을 숙청해 버렸다. 그는 자기의 일인 독재 체제를 계속 유지하기 위해 자기에게 위험하다고 본 간부들에게 무조건 종파·반동·반당 분자의 딱지를 붙여 예심도, 재판도 없이 숙청해 버렸다.

바로 이 숙청을 했던 장본인 김일성은 자신만만하게 마르크스 레닌의 학설이 낡은 것이라며 자기의 신철학, 소위 주체론을 세상에 내 놓고 세계 사람들의 웃음거리가 되어 버렸다. 모택동 주석이 한때 신민주주의를 곡조 높이 외치더니, 김일성도 그를 모방하여 주체사상을 내세우고, 또 자기의 동상 앞에서 일체 거대 행사를 진행하게 만들었으니 이것이 15세기의 봉건 영주인가, 절대 군주인가.

주체 철학을 내 놓게 된 이유는 다름 아니라 김일성 자체가 독일어도 영어도 노어도 모르기 때문에 고전 철학가들의 역작을 읽을 수가 없지 않는가. 마르크스 엥겔스 레닌 전집이 당시에는 북한에 없는 형편이었다. 또 읽었다고 해도 이해할 수 없는 형편에서 자신의 철학을 내놓는다는 것은 어불성설인 것이다. 김일성은 한 마디로 주체사상을 스스로도 파악하지 못한 인물이라는 것이다.

이 말도 안 되는 사상가의 주장을 보면 그의 일가에서 혁명가가 아닌 친척이 없다. 심지어는 김일성이 소련군에서 복무할 때 태어난 아들인 김유라(김정일)까지 백두산 혁명가로 만들어 놓았고 하바롭스크 부근 촌인 왜트쓰크에서 태어난 김유라를 백두산에서 낳았다고 위조하고는 백두산 중턱의 정일봉이라고까지 선전하며 거대한 자연 바위산을 흠집까지 내었으니 도대체 이것을 믿으라며 강요당하는 북한 인민들은 정권을 잡은 자의 놀이감이란 말인가.

애도

내가 사상검토를 받을 때, 애국자이며 조선 인민군의 재능 있던 장군인 류경수 동지가 사망하였다. 그는 정말 나무랄 데 없는 나의 전우였으며 동무였다. 나는 그의 영구 앞에서 애석하게도 머리를 숙일 수 있는 권리를 받게 되었다. 조선인민은 충실하고 애국적인 아들 하나를 잃어버린 날이었다. 유격대 시절과 6·25 동족상잔 전쟁에서 그는 자기의 군사 기예와 용감성을 유감없이 발휘하여 공화국 영웅 칭호까지 수여 받았다.

류경수는 자기 생애의 마지막 순간까지 인민군 건설에 남김없이 혼을 바쳤다. 나는 전우인 류경수가 세상을 떴을 때, 소련 육군대학을 졸업하고 귀국한 상태로 김일성의 사상검토 탄압에 걸린 때였다. 그래도 전우와 영별할 허가를 받았기에 나는 전우의 영구 앞에서 머리를 숙일 수 있었다.

사상검토

나는 한동안 망설이던 끝에 사상검토에 대하여 글을 쓰고자 한다. 그 것은 내가 김일성의 마수에 걸려 마음의 고통을 받았다고 해서 그런 것은 절대 아니다. 김일성이 창의한 사상검토란 무엇이며 그 목적이 어디에 있었던가를 살펴 보고자하는 것이다. 이것은 북한 역사를 연구함에 있어 중요한 대목이기에 기록하려는 것이다.

현대조선말 사전(1973년판)에는 사상검토라는 용어가 없다. 아마도 잔인하고도 무서운 이 단어의 본질을 밝히기 몹시 두려워 한 것 같다. 김일성의 말에 의하면 사상검토란 듣기 좋은 정책이었다.

"근로인민들 가운데서 아직 남아 있는 적대분자들을 진압하고 그들을 공산주의 사상으로 무장시키는데 있다."

얼핏 듣기에는 좋은 소리 같이 들린다. 그러나 이 사상검토는 모든 사람들이 김일성에 대한 높은 충성심을 배양시키는데 그 기본 목적이 있었다. 사상검토를 처음 시작할 시기에는 회오리바람이 민간인을 휩쓸었다. 민간인 숙청이 끝나면서 군대와 경비대에서 숙청 바람이 불었다. 김일성의 사상검토 사업 선두에는 김창만과 박창옥이 서 있었다.

김창만은 북조선 해방 후, 연안에서 나온 간부 중 한 사람이다. 중국인민 해방군에서 장명상과 문화선전 사업부에서 함께 공작하였다. 해방된 북조선에 와서는 시동 간부학교 교장에서 당중앙위원회 부위원장의 직책에서 일했으며 6·25동란 때에는 소장의 칭호를 받고 인민군 대열 보충국장으로 일하다가 다시 당중앙위원회에 조동되어 공작한 김일성의 충복이었다. 그러나 결국 그 자신도 훗날 김일성의 탄압에 들게 되어 희생되었다.

박창옥은 소련 기술자들과 함께 북조선에 나와 당중앙위원회 선전선동 부장의 직책에서 한 동안 김일성의 사랑을 받아오다가 결국 김창만의 신세가 되어 버렸다.

사상검토의 형식과 방법은 다양하였다. 소련에서는 30년대에 악명 높은 '강청결'이라는 표어 하에 스탈린이 이런 방법으로 아주 깨끗하게 주변을 숙청했었다. 중국에서 진행된 사상검토는 '문화혁명'이라는 깃발 아래에서 진행되었다. 북조선에서는 '사상검토'라는 미명을 내세워 김일성이 직접 지도하였다.

나는 사상검토에 걸려 두 달 동안 고생했다. 나에게 주어진 검토 내용은 김일성의 개인숭배에 대한 비판과 6·25 동란에 대하여 비판한 것이었다. 기타 다른 문제는 사업에서의 가족주의니, 정탐식 사업 방법이니, 사대주의니 하는 등의 요란한 말잔치로 나를 얽어 숙청하고자 했다. 검토 결과, 나는 당에서 출당되었고 인민군에서 제대되어 소련으로 추방당하게 되었다.

추방당하기 전, 피를 말리는 갖은 고초를 겪고 죽을 위험에까지 빠졌던 모든 것을 기록한다면 아마 대하소설이 될 것이다. 김일성의 사상검토는 얼마나 잔인하고 혹독했던지 검토과정에서 자살한 사람들이 꽤 많았다. 김일성은 악명 높은 사상검토 숙청 작업을, 세심하게 구상한 계획에 의하여 진행했었다는 것을 반드시 지적해야 한다. 김일성에게는 세 가지 흑색 명단이 작성되어 있었다.

첫 번째 명단에는 죽여도 좋다는 사람들이 들어 있었고, 두 번째 명단에는 무기한 징역형을 받을 사람들이 들어 있었고, 세 번째 명단에는 소련으로 귀국하려는 사람들은 보내도 좋다는 내용들이 사람 이름까지 구체적으로 들어 있었다. 나는 제3명단에 들어 있었다. 이렇게 자기 마음대로 인간의 운명을 칼질한 김일성의 흉악한 비밀을 그때 어떻게 알 수 있었으랴 ….

두 가지 실례를 들어 증명한다

조선노동당중앙위원회 부위원장으로, 내각부수상으로 일하던 허가이의 모함 공작은 박창옥이 시작하였다.

그것은 허가이가 박창옥을 미숙한 일꾼으로, 경솔한 사람으로 취급한 일에 대한 보복이었다. 그래서 박창옥은 허가이가 진행했었던 사업들의 결함들을 일일이 김일성에게 올려 바치기 시작했다. 그러던 나머지 박창옥은 허가이를 김일성 앞에서 모략중상하기 위하여 특별원고를 작성해 내는 꾀를 꾸며냈다. 특별원고에는 김일성에 대한 찬가를 높이 부름에 힘과 지혜를 아끼지 않았는데 박창옥은 이 원고를 허가이에게 보여준 것이었다. 허가이는 이 특별원고를 읽다 못해 박창옥을 쳐다보면서 원고에 대하여 지적을 했다.

"… 그런데, 김일성 동무를 우리나라에서 남녀노소가 다 알고 있는데 이렇게까지 찬양하는 수필을 다시 쓸 필요가 있겠소?"

박창옥은 내심으로 흐뭇한 미소를 지었다. 드디어 허가이가 자신의 그물에 걸려든 것이었다. 박창옥은 능청스럽게 허가이에게 말을 건넸다.

"그러면 부위원장께서 필요 없다고 생각하는 문구에 줄을 그어 놓으십시오. 곧 수정하겠습니다."

허가이는 아무런 의심도 없이 필요 없다고 생각되는 문구에 줄을 그어 원고를 돌려주었다. 박창옥은 그 원고를 가지고 가서 김일성에게 보였다. 이 자료는 김일성에게 있어서 매우 중요한 증거로 채택되었다. 그리하여 김일성에게는 허가이 숙청 계획이 세워졌으나 전쟁의 후퇴 시기였기에 그때는 그를 숙청 할 여유가 없었다. 이때부터 김일성은 허가이에게 라디오 방송국 출판사 조직, 순안 저수지 공사 등 실행할 수 없는 사업을 위임했다.

1951년 열렸던 제 4차 당중앙위원회 전원회의에서는 조직문제와 조국통일민주주의전선에 대한 문제를 집중적으로 토의하였다. 김일성은 바로 이 회의에서 허가이의 관료주의, 책벌주의를 강하게 비판하였다. 이와 같은 모략 책동은 허가이를 암살하는데 까지 이르렀던 것이다. 김두봉 장군의 운명도 그러했다. 농촌에 정배를 보낸 김두봉 장군은 타살

되었다. 노동당원들이 김일성에게 충성을 시위하는 증거가 되도록 김두봉 장군을 타살하도록 조직적으로 꾸민 것이었다.

1955년 소련공산당 20차 대회가 소집, 진행되었다. 대회에서 나끼따 흐루시초프가 스탈린의 개인숭배와 그 부패성에 대하여 이야기하면서 스탈린을 적나라하게 규탄했다. 그 후 북조선에서도 개인숭배에 대한 반대의 목소리가 들리기 시작하였다. 김두봉, 최창익, 박창옥 기타 인사들의 모임에서 개인숭배에 대한 논의가 있었는데 최창익은 소련 방문중인 김일성이 귀국하면 이에 대하여 김일성에게 제의할 것을 박창옥에게 제기하였다. 박창옥은 자기가 소련에서 왔기에 말하기가 거북하니 김두봉 장군에게 그 의견의 건의할 것을 요청했고 좌석에 앉았던 모든 사람들이 동의하였다. 김두봉 장군은 본래 솔직하고 깨끗한 사람이어서 그런 제의에 쾌히 동의하였다.

김일성이 귀국하자, 김두봉 장군은 개인숭배에 대한 문제를 이야기했으나 김일성은 냉대하였다. 이튿날, 김일성은 중앙당 위원회 전원회의를 열고 귀환 보고를 하였다. 김일성의 목적은 개인숭배 반대자들에게 타격을 가하는 것이었다. 전원회의에서 김일성의 개인숭배를 반대하여 윤공흠, 리필규, 서휘, 김강이 출연하였는데 사태가 위험함을 감지한 이 4명은 점심 휴회시간을 이용하여 리필규의 자동차를 타고 중국으로 도망치고 말았다. 이렇게 개인숭배 반대자들은 실패하고 말았다.

그 후 김두봉 장군은 학자이며 애국자인데도 불구하고 숙청 바람에 걸려 지방 농촌에서 소달구지를 몰고 다니다가 촌 노동당원들에게 맞아 죽었다. 김일성은 개인숭배 반대자들과의 투쟁을 꾸준하고도 맹렬하고 잔인하게 진행하였다.

북조선 공산당

북조선 공산당은 1945년 10월 10일에 북조선 공산당 분국을 조직함으로서 노동계급의 진실한 선봉대로 출현하였다. 북조선 공산당 창건에 있어서 허가이 동무의 역할이 가장 뛰어났음을 응당히 인정해야 할 것이다. 그는 각도에 핵심을 조성했고 그 핵심들의 역할로 공산당을 북조선에 창건시킬 수 있었다. 김일성은 이 창립대회에서 허가이 동무가 작성한 당조직에 관한 문제에 대하여 보고를 읽었다. 이렇게 조선 공산당 북조선 분국이 창설되었다. 1946년 8월에는 공산당과 신민당이 합당하여 조선 노동당의 이름으로 개칭하여 현재까지 존재해 오고 있다.

오늘의 조선 노동당은 해방 직후의 마르크스 레닌주의형의 당이 아니다. 오늘날의 조선노동당은 김일성의 그 어설픈 주체사상에 기초한 집단에 불과하다. 이 집단은 김일성의 이기주의적 목적에 이용된 지 오래되었다. 북조선 각지의 당 및 국가기관, 공장 기업소, 협동농장, 교육기관, 군대, 경비대 등 어디에서나 김일성의 혁명 사상연구실을 갖추고 있으며 그 연구실에서 그를 하나님 같이 받들고 믿고 있지 않은가? 이것이야말로 한때 일본사회에서의 천황숭배와 무슨 차이가 있는가?

물론 김일성은 일본군벌이 아니다. 그러나 그는 조선의 북반부를 짓밟은 지 오래다. 그리고 북조선을 군대, 보안대, 교화소, 수용소 등으로 칭칭 얽어매어 놓았다. 김일성은 역사를 위조했고 한반도의 수백만 인민들을 살해했고 한반도를 온통 폐허로 만들었다. 지금도 김일성의 교화소와 강제 수용소 등에는 3백여만 명의 애국자들이 사상범, 정치범으로 가두어져 신음하고 있지 않는가.

밤은 길어도 아침은 오기 마련이다. 선량한 북조선 인민의 해방의 날은 오고야 말 것이다. 나는 이 글에 김일성의 손에서 희생된 전우들의 명단을 부록하면서 후손들이 이들을 잊지 말 것을 당부한다. 이들은 진실한 애국지사들이며 열렬한 투사들이었다.

세계 동포들이여! 이들을 잊지 말라! 피바다에 잠겨 버린 이들을!

1990년 10월~1991년 정월 타슈켄트시에서 유성철

북조선에서 활동하다 숙청, 학살당한 군사 간부들[26]

  Ⅰ. 소련에서 파견된 군사 간부들
  1. 남일 대장
  2. 최종학 상장
  3. 정학준 중장
  4. 최원 소장
  5. 김원길 소장
  6. 김칠성 해군 소장
  7. 박창옥 소장
  8. 김동철 소장
  9. 리종인 소장
  10. 천이완 소장
  11. 천 율 소장

  Ⅱ. 한국에서 온 간부
  1. 박민 소장

  Ⅲ. 유격대원 중에서 처형당한 간부들
  1. 최용진 중장
  2. 리권무 대장
  3. 김창봉 대장
  4. 석산 중장
  5. 김익현 중장
  6. 김광협 대장

  Ⅳ. 연안에서 온 처형당한 간부들
  1. 박일우 내무 차수
  2. 무정 중장

---

26) 유성철의 명단은 기억에 의존하고 있으므로 정확하지 않다. 특히 처형된 사람들의 명단은 그 진실여부를 증명하기 어렵다. 대표적으로 이남 사회에도 처형당한 것으로 알려져 왔던 (김)무정의 경우이다. 최근 남북교류가 활발해 지면서, 그는 1951년 평양의 한 병원에서 지병으로 사망한 것으로 확인되었다.

    3. 김웅 상장
    4. 박훈일 중장
    5. 박효삼 소장
    6. 최인(왕자인) 소장
    7. 리익성 소장
    8. 방호산 중장
    9. 장평산 중장
   10. 정목 소장
   11. 리립 소장
   12. 송파 소장
   13. 왕련 중장

   V. 탄압되어 외국에 망명한 간부들
    1. 리상조 중장
    2. 강상호 중장
    3. 유성철 중장
    4. 김일 소장
    5. 박길남 소장
    6. 최표덕 중장
    7. 김재욱 중장
    8. 윤성복 소장
    9. 김찬 소장
   10. 유성걸 중장
   11. 리춘백 소장
   12. 장철 중장
   13. 황성복 소장
   14. 리필규 중장
   15. 천치억 소장
   16. 김광 소장
   17. 서휘 소장

  이 외에도 많은 전우들이 숙청되었는데 그들의 이름을 모두 기억하지 못하여 참으로 역사의 진실 앞에 송구스럽다.

이들을 인민은 영원히 잊지 않을 것이다.

유성철에 관한 장학봉의 기억

유성철 장군은 자기의 회상기를 1991년에 고려일보 신문에 발표하였다. 유성철 장군이 회상기를 쓰고자 했던 동기는 1990년에 김일성의 생일에 즈음하여 북한정부의 공식적 초청을 받고 북한에 다녀온 후라고 말할 수 있다. 유 장군은 소련에 귀환한 후, 처음이자 마지막으로 북한에 애정을 가진 마음으로 갔었다고 한다. 북한에 가기는 하였으나 그 곳에서 꼭 만나보려고 맘먹고 간 사람들은 한 명도 만날 수 없었다. 그렇게도 많던, 아는 동무들 중 전 항공사령부 비행 부사령관 티활 장군과 김용현 중장(전 김책 정치군관학교 군사 부교장, 차후 동부전선 참모장, 만나 볼 당시 전승박물관 관장) 두 동무를 만나 몇 가지 문제들을 해명하고 김정일의 이름으로 보내온 강청기를 선물로 받은 후, 자신에게 몰려드는 정신적 괴로움을 이기지 못하고 체류기한 중도에서 집으로 돌아오고 말았다. 아직도 북한은 변하지 않았다는 것을 재삼 깨닫게 된 것이었다. 그 후 유장군은 눈물을 흘리면서 자신의 회상기를 끝마쳤다.

유 장군은 군대 내에서 사상검토 운동이 시작되어 벌써 여러 소련출신 간부들이 강직, 철직, 제대, 처단 당하는 때에도 그 사상검토 불덩이가 자기 발등에 떨어지기 전까지는 자기만은 건드리지 않으리라고 자신만만하게 믿었다. 그것은 자기는 김일성과 함께 88여단에서 복무하였고, 둘째로 군대 내에 88여단에서 복무한 동지들이 많지만 유 장군은 김일성과 특별히 가깝게 지냈기 때문이었다. 유 장군은 기본 임무 수행 외에도 김일성의 가장 신임 있는 번역원으로 인정받았다. 때문에 유 장군은 조선에 들어와서도 아주 높은 책임적 지위에서 오랫동안 일하였다. 그러한 연유로 소련출신 간부들이 다 숙청되어도 자기만은 건드리지 아니하리라고 믿었던 것이다.

　김일성은 군대내 고급 간부들을 사상검토 함정에 넣어두고, 그 함정에서 하나하나씩 가려내어 철직, 제대할 때에는 반드시 최고사령부 군사위원회를 소집하고 자기 입회 하에서 그 만행이 진행되도록 하였다. 이런 회의에서는 반드시 같은 파끼리 서로 비판해야 그 군사 위원회가 성과적으로 진행되었다고 하면서 김일성은 아주 기뻐하였다. 이렇게 하기 위해서는 군대 내 사상검토 진행 최고 책임자, 당중앙위원회 명의로 김창만이 수일 전부터 다음에 진행될 군사위원회(군사재판)를 준비하였던 바 그 준비에서는 누구 문제를 토의할 것과 또 누가 그 엄격한 토론에 참가할 것인가에 대해 미리 준비시키곤 하였다.

　이에 따라 소련출신 간부 문제가 제기 될 때에는 반드시 유성철 중장과 정학준 중장이 선참으로 손을 들고 일어서서 위임받은 토론을 하였다. 예를 들면 "항공사령부 허위보고 사건"과 관련하여 소련출신 군사위원 김태건 소장, 김원길 소장을 철직, 제대시킬 때와 인뚜리스트 사건으로 인하여 서부전선 군사위원 김일 소장과 항공 사령부 군사원을 철직, 제대시킬 때, 그 외에도 김철우, 천율 동지들을 철직, 제대시킬 때에도 역시 그렇게 하였다.

　김일성의 전술은 '다른 사람의 손으로 게를 구워 먹는다'는 격으로 박창옥을 이용하여 허가이를 잡았고, 또 다른 소련파 사람을 이용하여 박창옥을 잡았던 것이다. 정학준 중장은 심복자로 사상검토 운동의 돌격대원으로 이용당했는데 빨치산파 간부들과 같이 대동강에 수영하러 나갔다가 그들에게 매맞고 물에 빠져 죽었다고 유장군 자신이 수차 이야기하였다.

　이런 사실이 있은 후, 유장군의 김일성에 대한 믿음은 사라지기 시작했고 자신의 생명도 위태하다는 것을 감지하게 되었다. 유장군은 이때 손쓰지 않으면 안 되겠다고 생각한 나머지, 소련 국적회복과 귀국허가에 대한 청원을 써서 소련대사관을 통하여 소련 최고소비에트 상임위원장에게 제출하였다. 문건수속이란 일정한 기일을 요구하는 바, 적어도

3~4개월이 걸려야 회답이 나오는 법이었다. 이렇게 맘을 졸이며 소련의 비준을 기다리고 있는 동안 벌써 어느 덧 사상검토 불덩이가 유 장군에게도 떨어지게 되었다.

작전국 당 단체에서 사상검토가 시작되자, 유장군에게 대한 불평분자들은 이를 악물고 있는 일, 없는 일을 한 꾸러미에 묶어 가지고 유장군을 공격하였다. 소련출신 간부들에게 한하여 공통적으로 매기는 비판 대상 목록이 있었다. 관료주의, 사대주의, 소련파 지방주의, 안일부화주의까지 합하여 가지고, 근 2개월이나 골수를 훑어내다가 마지막 끝에는 도덕적 품성이 나쁘다며 인격 모욕과 중상까지 하였다. 결국 군사위원회에서 철직, 제대 명령을 받고 하부 농촌에 내려가 재교양을 받으라는 것이었다.

아래로 내려가면 죽는다는 것을 알고 있는 유장군은 그래도 조국의 번영을 위한 위업에서 17년 동안 생사를 같이한 김일성에게 마지막으로 청원을 올렸다. 그러나 그 어떤 대답도 효과도 없었다. 벌써 시간은 꽤 많이 지나갔으나 여기저기서도 회답은 없었고, 일자리에서 쫓기니 집을 내 놓고 당장 떠나라며 윽박지르는 바람에 하는 수 없이 서평양 보통강 역에 있는 반토굴막에 이주하게 되었다. 이곳에서 아이들 3명, 장모, 자기 부부간이 잠자리가 불편하다든가 양식이 부족하여 반쯤 굶어 사는 것쯤은 문제가 아니었다. 문제는 자기 생명유지에 대한 믿음이 전혀 없어, 매시간 매초마다 어느 때 나를 잡으러 오는가하며 공포에 뜨는 것이었다. 밤이면 먼 곳에서 자동차 발동기 소리라도 들리면 매번 '자, 이제 나는 끝이로구나' 하면서 뜬눈으로 시간을 보냈다.

이렇게 온갖 애간장을 다 태우면서 밤을 보내고 날이 밝으면. 부인을 시켜 소련 대사관에 보내어 귀국 문제의 조속한 해결과 생명 보호 문제를 제기하였었다. 그러나 남의 나라에 주재하여 있는 대사관에서 모스크바시에 전화나 전신으로 문의할 뿐이고, 관계자들은 생명 보호 문제를 해결해 줄 수 없다면서 '외무성에 공식 문의는 하겠다'고 차일피일 시간만 보내고 있었다.

사실 소련 대사관 영사는 외무성 측에서 해결 중이기에 그를 멀리 유형지에 보내지 말고 그의 건강에 대하여 가능한 도움을 달라고 북한 당국에 요청하였다. 그런데 그 당시는 그런 전화로 소련대사관에서 북한 외무성으로 요청했다하여도 보호가 되진 않았다. 이렇게 밤낮 손톱방아를 찧으며 무시무시한 생활을 4개월 이상 하던 중, 하루는 유장군의 부인인 김용옥이 소련 대사관에 갔다가 두 사람의 초청장을 가져 왔다. 그에 따라 유장군, 김용옥 두 부부는 장모와 세 아이를 데리고 소련으로 오게 되었다.

유장군은 자기의 회상기에서 류경수 중장의 장례식에 참가하게 된 사실을 깊은 애정으로 기록하였다. 사실 그들 두 사람은 아주 다정했다. 류경수 중장은 훌륭한 영장이었으며 인간적으로 동무적으로 위신있는 사람이었다. 그런데 유장군은 류경수 중장이 죽게 된 사실에 대해서는 한마디도 언급하지 않았다. 그 당시에는 또 그 진실을 알 수도 없었다. 류경수 장군의 장례식에서는 그가 부관의 오발에 의하여 사망했다고 발표되었었다. 그러나 모두 진실로 듣지 않았다. 다들 수군대며 이렇게 말했었다.

"부관이 자기 상관을 엄호해야지 어떻게 총으로 오발하여 쏠 수 있는가? 이것은 군인으로서는 도저히 있을 수 없는 일이다."

그렇게 모두가 사망원인에 대한 발표를 곧이듣지 않았다. 약 1년 후, 류경수 장군의 죽음에 대해 지금까지와는 전혀 다른 공식 보도가 발표되었다. 거기에는 '부관이 반당종파분자였기 때문에 고의적으로 자기 상관을 총살하였기에 그 부관을 검거하여 처형했다'고 하였다. 결국 사람들은 그것이 위임받은 암살이었다는 것을 알게 되었다. 이렇게 류경수 장군을 암살 한 다음, 그의 무남독녀 외딸 류춘희도 북한에서 종적이 사라졌는데 그 이유가 어이없었다. 김일성의 본처에서 난 딸인 김경희가 다른 남자와의 이성관계를 하였다는 사실을 알고 있다는 것이 그 이유였으니 참으로 어이없을 수밖에 없다.

유성철 장군이 이야기한 것 중에 이런 것도 있었다. 리익선 장군은 중국에서 빨치산 활동시기에 김일성보다 지위가 훨씬 높은 지대장이었다. 당시 김일성은 연대장, 사단장 계급에 있었다. 북한에서 사상검토가 한창일 때였다. 하루는 리익선 장군이 간부들 몇 명이 모인 좌석에서 사상검토 사업에 대하여 불만을 표하면서 말했다.

"김일성 제 놈이 감히 자신의 처지를 모르고 수많은 간부들을 처단한단 말인가? 이것이 무슨 공산당원인가? 김일성이 그 자식부터 처단해야지!"

이 말을 들은 사람들 중 누군가가 그 말을 김일성에게 그대로 밀고하였다. 보고를 들은 김일성은 아주 분개하면서 자기가 가장 심복하는 김을설(당시 평양시 경무장-즉 김일성의 헌병대대장)을 불러 놓고 과제를 주되 지금 당장 리익선을 체포해서 서평양 공동묘지 주변어 나가 야간을 이용하여 산매장하라고 하였다. 김을설은 김일성의 지시대로 시경무대대원 중에서 가장 신임 있는 1개 분대를 파급하여 공동묘지에 웅덩이를 파놓은 다음, 이미 낮에 체포하여 경무부에 가두어 두었던 리익선 장군을 밤에 끌고 나가 산매장하였다. 리익선 장군은 세상을 떠나면서도 말하기를 '내가 진실한 공산당원으로서, 거짓 공산당원인 너희들 손에 의해 죽지만 너희들의 종말이 멀지 않을 것이다'라고 했다. 이 말을 듣자 김을설은 삽으로 리익선 장군의 머리를 때려서 죽게 했다고 하였다. 끔찍한 이 이야기는 당시 소련 대사로 있던 리상조 장군도 들었고 여러 동무들도 들었다.

유성철은 1959년에 모스크바시에 가족과 함께 도착한 후, 민족보위성 간부국에서 연금을 제정 받고 친척들이 살고 있는 타슈켄트시로 오게 되었다. 타슈켄트시에 도착한 이후 무료로 사택을 배정 받고 장군의 취직 문제, 자식들의 학교 입학문제, 부인의 취직문제까지 해결 받았다.

유장군은 연금 생활을 하면서도 직장에 출근하여 시 민간항공기업소

에서 자동차 운수부장으로
장기간 있다가 1985년 퇴직
하고, 완전히 연금 생활에
넘어 가면서 사회사업에 열
성적으로 참가하게 되었다.
유장군은 북한으로부터 소련
에 귀국한 유가족 후원회 부
위원장으로, 조국통일 구국
민주전선 상임위원회 위원으

만년의 유성철과 그의 부인

로 생애의 마지막 날까지 일했다. 유장군은 '한국 해외동포 모국방문 후
원회'의 초청을 받고 한국을 2차 방문하였으며, 미주 해외동포들의 초청
에 의하여 미국의 여러 주요 도시들을 방문하였으며, 북한 정부의 공식
초청을 받고 1990년 김일성의 탄생 78주년에 즈음하여 처음이자 마지
막으로 그렇게 애태우던 평양도 방문하였으나 방문 도중, 심리적 불안
감과 병환으로 인하여 기한 전에 집으로 귀환하였다. 유장군은 조국의
해방과 그의 번영을 위하여 자기 청춘을 다 바치면서 아주 준엄한 시기
에 가장 어려운 임무인 정찰병의 임무를 수행하였다.

　조국을 일제에게서 해방해야 한다는 영예로운 애국심 앞에서 정찰임
무 수행 시 느끼는 고독감과 배고픔을 모두 참았으며 때로는 생명의 안
위에 위험도 느끼면서 이를 악물고 고생을 겪었던 것을 우리는 이해하
여야 한다. 유장군의 이러한 고생에 대하여 그의 동반자인, 빨치산 출신
김성국은 이렇게 얘기하였다.

　"약 한달 동안 더운밥과 국을 먹지 못하니 두 사람은 일주일 동안이나
대변을 볼 수 없어 죽을 지경에 이르렀다. 산 속에서 하는 수 없이 두
사람은 나무꼬챙이를 가지고 서로 항문을 열어 주어 요행으로 살 수 있
었다."

　이렇게 조국을 위하여 고생했던 유 장군은 늘그막에 변비증세에 의

하여 음식을 거르기 시작하더니 1995년 1월 10일에 타슈켄트시에서 저
세상으로 돌아갔다. 현재 그의 아들 3형제와 딸 하나, 부인 김용옥은
타슈켄트시에서 행복하게 살고 있으며 손녀 하나는 현재 모스크바 로
모노쏘브 국립종합 대학(모스크바대학) 경제학부 제3학년에서 수업하
고 있다.

1995년 10월 25일 장학봉

전 김일성종합대학 총장

유성훈은 1906년 12월 29일에 원동변강 쑤찬 구역 남향동 중농의 가정에서 태어났다. 그는 유년 때부터 영리하고 지혜로워 어른스러웠다. 남향동에 소학교는 있었으나 그의 부모들은 학교에 보내지 않고 7세 되는 해부터 집에서 독선생을 구하여 고학을 시켰다.

유성훈은 1917년 초중에 입학하여 1920년에 우수한 성적으로 졸업하였다. 그 후, 원동에서 명성이 높았던 소왕령 한인 사범전문학교를 1924년에 졸업하였다. 사전을 졸업한 후 약 6년간 고중 및 초중 역사교원을 역임하고 초중, 고중학교 교정 직무도 거쳤다.

당시 원동변강에는 지식을 소유한 한인 간부들이 아주 희소하였다. 일제에 조국을 점령당하고 살길이 없었던 한인들은 무작정 살길을 찾아 만주로 찾아 들었다가 그 곳에서 지주들의 횡포를 견디기 어렵자 다시 원동변강으로 들어 온 빈농들이 대부분이었다. 1919년 3·1운동이 있은 다음에야 인텔리들도 일제의 탄압을 피해 원동변강으로 넘어오곤 했다. 이들 중 다수가 원동에서 빨치산 운동, 혁명군 등에 가담하여 백러시아군과 전쟁을 하였다. 이 인텔리 계층의 사람들은 소련에서 해방전쟁이 끝나더라도 계속하여 조선반도를 일제로부터 해방시키는 전쟁을 이어나 갈 생각이었다. 그러나 소련정부는 빨치산 부대들에게 전쟁 대신 경제건설에 나서야 한다는 노선으로 한인들의 무장해제를 요구했다.

이렇게 되어 한인들은 당의 노선에 순응하고 경제복구 건설로 들어서면서 한인학교를 세우고 아이들을 가르치기 시작했다. 유성훈은 원동변강에서 태어났지만 한인에 대한 지식이 풍부하여 교원 인텔리로서는 전혀 손색이 없었다. 그렇기 때문에 그는 1931년까지 원동변강 연해주 각 지방에서 뛰어난 교원으로 일하게 되었던 것이다.

교원 생활 중에서도 유성훈은 자신의 공부를 더하기 위해 노력했다. 때마침 원동 블라디보스토크에 한인 사범대학이 설립되자, 그 곳에 입학했다. 1932년이었다. 그는 학생이면서 대학 내에 새로 조직된 '노동학원' 즉 대학 예비과에서 교원으로 강의도 하였다. 때문에 경제적인 문제를 대학에서 해결할 수 있어서 구속을 그리 많이 받지 않고 공부에 매진할 수 있었다.

원동변강 블라디보스토크 한인사범대학은 세계 역사에서 처음으로 열린 순수한 한국어 사범대학으로서 1931년에 개학을 선포하였다. 대학에는 어문학부, 역사학부, 수물학부, 화학학부가 있었다. 조직 초기에는 27명의 교직원에 고려인은 19명이었으며, 첫 입학자 수는 78명이었는데 1935년에 무려 213명으로 늘어날 정도로 인기가 높았다. 이 대학에는 당시 유명한 한인 인텔리, 박사, 학사들이 다 몰려와서 강의를 하였는데 계봉우 한국어 박사, 허가이 수학 박사, 오 가이 뾰드로 역사학 박사, 리 빠엘 생물학 박사 외에도 서울과 동경에서 대학을 졸업한 많은 학자들이 교수 진영에 참가했다.

유성훈은 당시 이미 사회생활에 경험이 많은, 숙성된 간부로서 대학생활을 하면서 노동학원의 교원도 하고, 사회사업에도 열성적으로 참가하여 조직을 진행하였다. 그는 사대 역사학부를 1935년에 우수한 성적으로 졸업하고 해삼 시(블라디보스토크시)에서 약 27Km 덜어진 말쯤 시 초중학교 교장으로 임명받았다.

당시 고중학교는 블라디보스토크, 하바롭스크, 한인 자치현이 있던 뽀시예트 구역 크라쓰끼노 등에 있었고, 소왕령에는 한인 사전이 있었다. 교육경험과 학교에 대한 지도경험이 풍부했던 유성훈은 말쯤 시의 고려인 초중학교를 원동변강에서 모범학교로 만들었다. 원동변강과 연해주 등에서 진행되는 각종 경험교환회의 등에는 한번도 빠짐없이 참가하시면서 한인 사회에서 모범적인 교육자로 칭송을 받았다.

이때는 원동변강에서 한인들의 생활과 문화가 급속도로 발전되던 시기였다. 그러나 1937년 10월에 한인들에 대한 강제이주가 시작되면서 찬란하게 이루어가던 한인문화는 허물어져 버렸다. 스탈린의 탄압정책에 의해 완전히 말살되다시피 하였고 살아남은 어른들이나 자라나는 후세들은 로어 문화로 전환하여야만 살 수 있었다.

유성훈도 정든 학교를 떠나 한인 강제이주민들과 함께 화물열차에 실려 카자흐스탄 공화국 까라간다 탄광에 도착하였다. 까라간다에는 한인학교를 열만한 자리도 없었고 교육기재 등 그 어떤 도구도 없었다. 그럼에도 유성훈은 빈집 하나를 배정받아서 한반에 두 학급씩, 12월 1일부터 공부를 하게 만들었다. 그러나 이것 역시 1938년 1월부터 난관에 봉착하게 되었다.

그것은 전체 한인학교들은 한국어 교육을 폐지하고, 종전의 강령대로 로어로 교육을 계속하라는 것이었다. 유성훈의 교육 능력은 아주 방불하였지만 로어에는 약하였다. 이런 형편에서 초중 교장도 변변히 할 수 없었지만, 아이들에게 한 과목도 가르칠 수 없었다. 로어를 잘 모르는 유성훈에게 한국어로 가르치지 말고 로어로만 하라고 했으니 당연한 결과였다.

결국 유성훈은 까라간다 시를 떠나 사범대학이 이주하여 온 카자흐스 탄 공화국 크슬올르다 시에 가서 한국어 강좌에서 임시로 일하면서, 또 로어 강좌에서 청강으로 공부를 하였다. 이렇게 1년간 고생하다가 1941 년에는 우즈베키스탄 공화국 하칠칙 구역 레닌 명칭 초중에서 열성적으 로 일하며 자습도 하고 학교건설에도 열성을 다했다. 이 곳어서 새 학교 를 세우고 2년 동안 일하다가 학무부의 조동으로 타슈켄트시 근방 안기 율 고중에 교장으로 배치되어 1943년부터 일하였다. 유성훈이 안기율 고 중 교장으로 일하던 시기는 소련에 있어서 아주 큰 시련의 시기였다. 벌 서 수년째 계속되고 있는 독소전쟁으로 많은 유능한 간부들이 전선에 나가게 되었으며, 도시와 농촌에는 인재들이 부족하여 총 생산량을 총족 시키지 못하였고, 인민생활은 아주 궁핍하게 되었다. 이러한 환경에서 고중학교장으로 일하기도 그리 쉬운 일은 아니었다. 학생들은 공부도 하 고 야전 일도 하였으며, 때로는 서쪽 전쟁지역으로부터 실려 오는 군수 공장 시설품들을 하차하는 일에 수일씩 동원되어 일하였다. 부분적 대학 교수, 학자, 박사들까지도 하차사업에 동원되어 일했다. 밤이면 역전, 수 직실 등에서 눈을 붙이면서 일했다. 이렇게 바쁜 환경에서 3년간 일하다 가 1945년 8월에 유성훈은 군 군사동원부의 명령을 받아 공화국 군사동 원부에 도착했다. 원동 변강 연해주에 주둔하 고 있는 제25군단 사령 부에 신속히 가야된다 는 지시를 받고 곧바로 출발하였다. 유성훈은 1928년에 장가들어 가 정을 이루고 있었는데 이때 벌써 아들 3형제 가 있었다. 그럼에도 불

가족사진. 좌로부터 부인 이덕선. 차남 떼세이. 딸 나자. 유성훈

구하고 바삐 움직여야 하는 군의 명령이라 가정에 대해 어떤 조치를 하기도 전에 곧바로 출발하여야만 했다.

유성훈은 제25군단 주재지인 원동 워로실로브시에 도착하여 정치부의 지시를 받고 일했다. 여기서도 오래 지체하지 못하고 또 전선을 따라 옮겨야 했다. 동만주 국경을 공격하는 소련군 정치부에 속하여 일본 패잔병들에게서 입수한 문건들과 한인 일본군 병사들에 대한 제문제들을 취급하면서 동만주를 지나 두만강을 넘고, 종성, 회령, 무산, 청진, 나진, 함흥시를 차례로 넘어 1945년 9월 말에 평양에 도착하였다.

유성훈은 평양에서 제25군단 민정사령부에 속하여 정치부의 지시를 받으면서 일하였다. 민정사령부란, 군대가 주둔 구역 인민들을 지도하는 기관이다. 여기에는 각 산업 부분들을 지도하기 위한 부서들이 있는가 하면, 출판, 보건, 보안, 내무, 교육부까지 합하여 한 국가의 내각 체계를 그대로 갖추고 있는 방대한 조직이었다.

유성훈은 주로 과학과 고등교육부, 출판 편찬부까지 지도하면서 1946년 5월까지 일했다. 1946년 6월부터는 내각 고급지도 간부학교에서 학부장 겸 철학강사로 일했다. 이 학교는 동평양 사동 탄광촌에 주재하고 있었는데, 약 350여명의 청강생들이 3개월 기한으로 양성되었다. 이 350여명의 학생들은 군 인민위원회 위원장, 군당위원장이 가장 낮은 계급이었을 정도로 면목이 만만치 않았다. 각 도당 고급간부들과 각 성에서의 상과 부상들도 모두 맑스 레닌주의 학습을 받아야만 되었다. 학교에는 350명을 위한 기숙사가 있었고, 이들을 수용하는 고급식당이 있었다. 제반 비용은 소련군대 본부에서 현품 또는 현금으로 지불하여 주었다. 이 학교의 교장은 김일성, 부교장은 김창만, 박영빈으로 1950년 9월까지, 즉 6·25 동족상잔 중 평양이 함락되는 날까지 재임했다. 전쟁 시기에는 학교가 동만주 국경 만포를 거쳐 동북까지 이주하여 갔다가 다시 평북으로 왔다.

내각 고급지도 간부학교는 초기부터 교원진영도 대단하였다. 소련에서 북한으로 나온 전체 학자 지식층은 전부 이 학교에서 일하였다. 유선훈, 박영빈, 정국록, 강상호, 김동철, 현히안, 장남익, 박형식 등이 일했으며 리춘백도 인민군대 복무에 들어가기 전까지 교수로 있었다.

내각 간부학교 제1회 졸업식은 1946년 9월 중순에 있었는데 김일성 내각수상, 김두봉 상임위원회 위원장, 최용건 만주당 당수를 미롯하여 소련 제25군단 스티코프 대장, 민정사령부 사령관 로마넨코 소장, 제25군단 정치부장 그로모브 대좌, 정치부 선전선동부장 예르밀로브 등 고위 간부들이 직접 참석하여 성대히 진행되었다. 이 자리에서 박일 김일성대학 부총장은 로어로 "장백산 줄기 줄기"라는 김일성 장군을 칭송한 노래를 낭송하여 관중들로부터 절찬을 받기도 했다. 김일성은 1948년에 남한의 국회의원 100여명 이상을 초청하여 간부학교에서 공부를 시키겠다며, 통일정부를 세우겠다고 공언하기도 했다.

결국 김일성은 1950년 6월 25일에 남북통일을 이루겠다며 동족상잔을 개시하였다. 유성훈은 6·25 사변 당시 노동당 중앙의 지시를 받고 서울로 나가서 많은 활동을 했다. 유성훈은 점령한 남한에 북한의 제도를 확립시키기 위해 각 도에는 도당을 조직하고 서울특별시에는 시당, 시인민위원회를 조직하는 일을 했다.

당시 서울 중앙청에는 전선사령부, 고려호텔에는 서울시 인민위원회가 박창식의 지도 하에 있었고, 서울 시당은 리승엽이 지도, 인민군 전선 총정치국은 작은 김일 지도 하에 창경궁에서 사업하였다.

1950년 9월 28일 서울시가 함락되자, 인민군은 전반적인 후퇴를 시작했다. 유성훈은 뼈를 깎는 고생을 겪으면서 만포까지 후퇴하여 그 곳에서 임시 운영중이던 내각 고급지도 간부학교를 찾아 다시 총책임자로 평안북도 정주시에서 1954년까지 일했다. 1954년 가을부터는 김일성 종합대학 총장으로 일했다. 김일성 종합대학은 평양 모란봉 서북편의 아주 경치가 수려한 장소에 자리잡았으나, 6·25 전쟁 때 완전히 파괴되었다. 전후 단기간에 복구하여 전쟁 전보다 더 웅장하게 건설하였다.

그러나 북한 전역은 전쟁 3년간으로 인해 전체 산업시설이 폐허가 되고, 농촌 경리가 파산된 조건이 되었다. 이로 인해 기진맥진했던 인민들의 구제를 소련과 중국정부의 도움을 얻어 겨우 해결하면서 복구사업을 진행하기 시작했다. 북한에서의 물질 생산량은 보잘 것 없었던 상황이었다. 이런 조건에서 전체 대학 내 대학생 및 종업원들은 밤낮으로 일하여야 겨우 먹고 살아가기 바쁠 정도였다. 그러나 인민과 대학생들은 광명한 미래를 믿으면서 허리띠를 졸라매고 일했으며 과학도 연구하였다. 이런 조건에서 유성훈은 미래에 대한 희망을 창출하는 심정으로 열성을 다하여 대학 내 모든 사업들을 조직지도하며, 자신에게 할당된 강의도 한 번도 빠짐없이 진행하였다. 이렇게 자신이 조직한 사업들이 진행되어 나감에 대해 유쾌감도 느끼면서 자신이 지도하는 단체 군중들의 신임도 두텁게 되어 가는 것도 피부로 느낄 수 있었다.

1956년 초에 유성훈은 소련 우즈베키스탄 공화국 뽈릿오젤 꼴호즈에 거주하고 있던 친누이 동생 유 웨라 빠블로브나와 꼴호즈에서 위신있게 일하고 있던 남편 박 세르게이에게 편지를 보냈다.

"이제는 소련에서 그만 일하시고 조선으로 나와 조국을 위해 같이 일하자."

편지를 받은 두 사람은 선조들의 고향 땅에 가서 일하겠다고 생각하며 북한 정부의 정식 초청장을 기다리고 있었다. 이 두 사람은 우즈베키스탄 공화국에 살면서 이미 살림살이가 넉넉하였다. 당시 북한의 고급 간부들도 그들의 살림살이에는 미치지 못할 정도로 소련에서는 아주 풍족하게 살고 있던 사람들이었다. 이들이 고급승용차나 호사스러운 생활을 마다하고 북한으로 들어와 일하겠다는 생각을 가지게 한 것은 다름 아닌 "내 조국 땅에서 일하는 사명감" 뿐이었다.

그러나 1957년까지도 북한에서의 초청장은 오지 않았다. 뽈릿오젤 꼴호즈는 점점 커가는 형편이었지만 북한에 들어가서 일하겠다는 마음을 다잡아 둔 상태라 연락이 없는 것이 안타까울 뿐이었다. 그러던 중에 북한에서는 사상 검토운동이 한창 전개되고 있었다. 들려오는 소문에 의하면 벌써 1차로 몇 명이 감옥에 들어갔다, 어떤 사람은 탄광, 광산촌으로 정배살이를 떠났다는 것이었다. 1957년 9월에 정율, 전동혁, 기석복, 작은 김일, 명월봉 등이 소련으로 귀국하면서 가져 온 유성훈의 편지를 받게 되었다.

"내가 아마도 여기에 와서 과오를 범한 일이 있는 것 같으니, 누이동생과 매부 두 사람은 아직 여기로 올 생각을 굳히지 말고 소련에서 기다리라."

그 몇 달 뒤, 유성훈의 친동생 유성철(총참모부 부참모장 겸 작전국장)이 가족을 데리고 타슈켄트로 돌아왔다. 유 웨라는 작은 오빠인 유성철에게서 모든 사실을 자세히 듣게 되었다. 그때서야 유 웨라와 박 세르게이는 낙원처럼 믿고 있던 북한이 독재자의 마수에 의해 움직여지고 있음을 알게 되었다. 지상천국이 아니라 싸움판이요, 인간의 불화가 팽배해진 곳, 인권이 무시되어 반대파는 무조건 때려잡는 곳이라는 것을 분명하게 알게 되었던 것이다.

유성훈은 항상 '친척들이 어디에 살던 한 곳에 모여 살면 좋겠다'고 말했다. 그래서 북한의 아름다운 산천에서 모두 모여 살기를 원했던 것이었다. 수정처럼 청백하고 인자한 선비 같은 유성훈에게도 김일성은 사상 검토라는 올가미를 걸어 총장 직무에서 해임시켰다. 사상 검토를 2달째 받고 있었는데 참으로 어이없는 일들이 많았다. 있지도 않은 사실을 있는 것으로 자아비판하라고 하니 그 답답함이 이루 말할 수 없을 정도였다. 그것도 매일 수십 명이 모인 자리에서 범죄사실을 고하라고 하니, 급기야는 입맛도 다 사라져 1959년 2월에 황달병에 걸려 집에 누워 있어야 할 지경에 이르렀다. 유성훈은 여러 번 자살할 생각을 하다가 '죄가 없는데 내가 왜 자살을 택해야 하는가?'하는 생각에 김일성에게 호소하기로 마음먹고 편지를 보냈다.

"나는 소련에서 이 곳에 파견되어 수상 동지의 지시를 지켜가며 집행하면서 근 15년간 일해 왔는데 요즘에는 담염에 걸려 황달병으로 침대에 누워지내야만 합니다. 내가 마지막으로 수상 동지에게 신청하는 바는 나를 소련 예쎈뚜끼 휴양소에 가서 장기간 치료나 받고 다시 돌아 와 일하게 해 주시길 바랍니다."

이런 내용의 편지를 보낸 후 1959년 5월에 김일성 수상으로부터 소련으로의 치료 허가가 내려졌다. 소련으로 귀환하는 것이 아니라 임시로 병치료를 위해 소련으로 들어가는 것으로 수속되어 1959년 말에 소련대사관의 허가가 떨어졌다. 유성훈의 아들 형제는 이미 2년 전부터 모스크바에 유학중이었고, 부인은 병 수발로, 어린 딸은 혼자 둘 수 없어 같이 데리고 소련으로 오다보니 식구 전체가 소련으로 모두 오게 되었다.

유성훈은 1959년 11월에 예쎈뚜끼 휴양소에 도착하여 치료를 받으면서 소련 공산당 중앙위원회에 청원을 내어 소련에 귀향하는 것으로 수속하고 예쎈뚜끼 휴양소에 살림집을 배정받았다. 휴양소에서 장기간 치료를 받아 황달병은 고쳤으나 심장병이 도져 계속해서 치료를 받아야 했다. 그 동안 책을 쓰기도 했다. 또 예쎈뚜끼 시당 직외강사로 여러 휴양소와 각 기관을 돌아다니며 강의도 했다.

유성훈의 마음속에는 늘 조국이 독재자의 손아귀에서 조종되고 있음이 안타까웠다. 마음 근심으로 늘 조국을 걱정하던 유성훈은 1966년 6월에 60세의 일기로 예쎈뚜끼 시에서 세상을 떠났다. 현재 유성훈의 부인 리덕선 여사와 딸 나자는 예쎈뚜끼에서 잘 지내고 있으며 차남 유 뻬세이는 모스크바에서 교육사업에 종사하고 있다.

1998년 장학봉

윤 성 복
(1913. 1. 11 ~ 1965. 5. 10)

전 내무성 소장

윤성복은 1913년에 소련 연해주 쑤찬 구역 쁘로홉까 촌에서 태어났다. 향촌에서 소학교를 나온 후, 북쁘로홉까 한인촌에서 중학을 마친 다음 1931년에 워로실로브시 한인 사범전문학교에 입학하여 1934년에 졸업하였다. 1934년에서 1936년까지 그로제꼬브 초중에서 교원으로 일하다가 1936년에 학업을 계속하고자 블라디보스토크시 한인 사범대학에 입학하였다.

1937년 원동변강으로부터 한인 강제이주로 인해 학교를 따라 카자흐스탄 공화국 크슬오르다시로 이주하였다. 그러나 가정 형편이 넉넉지 못하여 1938년에 학업을 중단해야만 했다. 그래서 1938~1939년까지 까자란쓰크 시에 있는 중학교에서 교원으로 근무하였다. 그 후에도 윤성복은 학업에 대한 미련을 버리지 못하여 1940년에 다시 사범대학에 진학하였으나 1942년, 졸업을 앞두고 또 중퇴를 해야 했다.

대외문화 연락위원회 부회장 시절, 루마니아 문화성 상을 영접하던 모습

윤성복은 북한으로 파견 나가기 전까지 소련 중앙아시아 타슈켄트 주 중칠칙 구역 오르드조니끼드제 꼴호즈 협동조합에서 문화선전부장으로 일하였다.

그는 1945년 11월 1일, 군사동원부의 명령에 따라 원동변강에 주둔하고 있던 소련 제25군단에 배속되어 있다가 군단 지휘부와 함께 북한의 평양으로 이동하였다. 그 후 소련 제25군단사령부의 명령에 따라 함경남도 소련군 정치사령부 통역관으로 일하였다.

1948년에 소련군이 북한에서 철수를 시작하면서 윤성복은 북한 인민권을 가지게 되었다. 그리고 조선노동당에 입당하였다. 이후 그는 북한 정부 내각의 근무명령에 따라 평안북도 내무부장으로 일하였으며, 1950년 5월부터는 내무성 검찰처장으로 근무했다. 1950년 6·25 동족상잔이 시작되면서부터는 남반부 대전지구 내무부 책임자로 있으면서 남한으로의 인민군 진입에 도움을 주는 역할을 하였다.

1950년 10월 북한인민군이 후퇴를 거듭하자, 인민군 최고사령부 정찰국 부국장으로 잠시 일하다가 전근되어 1951년부터는 내무성 보안부국장, 함경남도 내무부장 등으로 전근을 거듭하였다. 1952년 7월에는 내무성 제1국 소장으로 전근되어 근무 중에 중앙정부 내무성과 정치안전성이 합성됨에 따라 1952년 11월부터는 조선인민군 정치안전국 부국장으로 근무하게 되었다. 이때 평양특별시 정권기관에서 서기장으로 근무하던 김영애와 결혼했다.

1953년 7월에 정전이 비준되면서, 동년 9월 윤성복은 당중앙위원회의 파견에 의해 평안남도 도당 부위원장으로 선출되었다. 그러나 1956년부터 당 내부에서 사상검토 사업이 맹렬하게 진행되면서 사업에서 전근되어 조선내각 대외문화 연락위원회 부위원장으로 전근되었다. 이 시기는 소련출신 간부들의 숙청 작업이 가장 맹렬하던 때여서 많은 간부들이 하부 직책으로 밀려 내려가던 시절이었다.

그는 문화 연락위원회 부위원장으로 2년 동안 근무 후, 1958년부터는 내각 임업국 부국장으로 근무하였지만, 결국 1961년 소련으로 귀환하였다. 소련에 귀환하여 여러 친척들과 친구들이 살고 있는 타슈켄트시에 들어 와 소련 공훈 사회보장생활을 하다가, 1965년 5월 10일 불시에 다가온 심장마비로 세상을 떠났다.

슬하에는 딸 하나, 아들 형제를 두었고 손자들도 5형제나 두었다. 부인 김영애와 아들 형제는 지금도 타슈켄트에서 행복하게 열심히 살고 있다. 윤성복은 북한에서 일할 때 조선해방 사업의 의대한 성과와 업적을 기린 국기훈장, 자유독립훈장 등 많은 메달과 표창을 받았으며, 소련정부로부터도 메달과 표창을 많이 받았던 인재였다.

대외문화 연락위원회 부회장 시절,
루마니아 문화성상을 영접하던 모습

1999년 9월 26일 타슈켄트에서 장학봉

전 충청북도 당위원장

본명이 장 보리쓰 니꼴라예위치인 장남익은 1910년 원동변강 수청구역 신영동 빈농의 가정에서 태어났다. 부친 장히경은 1881년생으로써 함경북도에서 부모들과 같이 살다가 1906년 로령지 쑤찬 구역 다우지미촌, 신영동, 황거우로 옮겨와 주로 농업에 종사하였다. 

장남익은 향촌에서 소학을 졸업한 다음 올긴 구역 올리가시에서 1925년에 초중을 졸업했다. 1926년에 블라디보스토크로 가서 중등기술전문학교에 입학하여 1929년에 졸업하였다. 초중을 나온 후 고중에 들어가지 않고 기술전문학교에 들어가게 된 것은 경제 형편 때문이었다. 그는 공장제조소 전문학교를 나온 다음에 낮에는 일하여 돈을 벌고 밤이면 대학 예과인 노동학원에서 공부하여 대학에 입학하고 고등상식을 소유할 예정이었다.

장남익은 본래 결단성이 강하고 인내심이 강한 사람으로 자기 계획을 어김없이 실행하여, 1934년에 노동학원을 나와 그 해에 원동변강에서 가장 유명한 원동변강 국립종합대학 수물과에 입학하여, 한인 강제이주

전까지 3학년을 마감하였다.

한인 강제이주 때 부모들과 헤어져서 블라디보스토크 이주민들과 같이 카자흐스탄 알마아따시에 도착하여 알마아따시 국립종합대학에서 공부를 계속했다. 강제이주 당시 부모는 원동변강 올긴 구역에서 살고 있었다. 거기에서 살고 있던 한인들의 강제이주 열차는 우즈베키스탄 타슈켄트주 상칠칙 구역 뽈릿오젤 꼴호즈에 도착하였다. 장남익은 알마아따 국립종합대학에서 1년간 공부한 뒤 부모를 찾아 우즈베키스탄으로 갔으며, 타슈켄트 국립종합대학으로 전학하였다. 1939년에 수물과를 졸업하고 우즈베키스탄 교육성의 파견에 의하여 중칠칙 구역 행정소재지인 또아뗴빠 고중에서 2년 동안 수학교원 겸 교무주임으로 일했다.

1941년에는 타슈켄트 주 교육부의 파견에 의하여 한인들이 집중적으로 모여 살고 있는 협동조합 뽈릿웃젤에 있는 초중 교장으로 일하게 되었다. 이 시기에 한인 학생들이 공부하는 교육체계에는 든애로가 있었는데, 그것은 한어로 교수하던 교원들의 노어가 약했기 때문에 많은 교원들이 무직업 상태에 처하게 되었었다는 것이었다. 학생들도 한어로 어제까지 교육받던 것이 갑자기 노어로 교육받게 되니 역시 애로가 컸다. 때로는 교원들이 노어로 과목 내용을 잘 설명하지 못하여 학생들이 과목의 정확한 내용을 파악하지 못하고 지나치는 때도 있었고, 또 학생들 중에도 노어가 특별히 약한 학생들이 있었기 때문에 역시 과목내용을 똑똑하게 파악하지 못하는 경우가 부지기수였다. 또 교원 숫자는 그대로였으나 조선어가 폐지되었기 때문에 노어로 용이하게 교수할 교원들이 부족하여 몇몇 과목들은 교육 자체를 할 수 없었다.

이런 상황은 장남익을 팔방미인으로 만들었다. 장남익은 한국어는 약한 반면에 노어는 아주 능통하였다. 어려서부터 러시아어로 공부하였으며 러시아 대학 수물과에 입학하여 공부하였고, 강제이주 이후에도 순 노어로 교수하는 대학에서만 공부하였다. 때문에 한인들이 집중적으로 살고 있는 뽈릿오젤 집단경리 고중에 장남익을 파견한 것도 이런 실력 때문이었다.

뽈릿옷젤꼴호즈는 자치조합이라고 불러왔다. 그것은 순전히 한인들로만 구성된 경리란 뜻이었다. 때문에 그런 한인 경리 바탕 위에 있는 학교이기 때문에 학생들도 99% 이상 한인 아이들이었다. 이런 학교에서 순전히 노어로 교육을 진행하자니 힘들었다. 그 당시 상부 명령이 교육을 노어로 하라고 하였기에 학교 내에서의 일체 대화는 노어로 하여야 되었다.

장남익은 학교 내에서 규율을 강화하였으며, 교육체계를 엄격하게 설립하고 각 학과 과목별 교수 검열을 조직성있게 진행하였다. 본래 교장으로 임명받기 전에 또이제빠 시에서 2년간 교무주임으로 일한 경력은 그가 교장 직무에 용이하게 수행하는 데 많은 도움을 주었다.

규율은 교육에서만 강화한 것이 아니라 노동에서도 강화하였다. 소련 조국전쟁시기(1941~1945년) 상황에서는 고중학생들이란 국가 업무수행에 있어서 큰 노동력이었다. 우즈베키스탄에 있어서 가장 중대한 국가적 임무는 목화 생산 수준을 제고하며 그 질을 제고하여 매년 수확을 제때에 거두어 국가적 수매 계획을 될 수 있는 한 기한 전에 실행하는 것이었다.

이에 따라 각 학교에서는 1년 교육일 9개월 중에 3개월은(9~11월) 오전 중에만 공부하던가, 그렇지 않으면 몇 주일간 폐강하고 온 종일 목화 추수에 동원되어 일하였다. 그런데 목화 추수 노동현장에서 규율 강화는 학교 강당에서보다 더 어려웠다. 왜냐하면 넓은 목화밭에서 제 맘대로 뛰어 다니며 일하는 학생들을 관리하기는 용이하지 않았다. 그러나 장남익은 학생 군중 속, 교원 군중 속에서 인자하면서도 인내성 있게 굳센 규율을 수립하여 뽈릿올젯 총경리 지도자들의 회의에서도 수차 칭찬을 받았다.

장남익은 당시 30세가 넘은 성숙되고 모든 방면으로 보아 잘 준비된 인물이었으나 아직 결혼 전이었다. 이때, 동 학교에는 지리학 선생 박 나

1946년 친구들과
뒷줄 좌로부터 장남익, 남봉식
앞줄 좌로부터 오기찬, 정학준

제스다가 일하고 있었다. 그녀는 크라쓰노야르쓰크시에서 교원대학을 졸업하였으며 20세를 넘긴 참한 색시감이었다. 두 사람은 아주 순조롭게 약혼하여 1943년에 결혼하였다.

이 때가 전쟁시기였으나 뽈릿올젯 꼴호즈 회원들은 항상 모든 업무를 다른 경리집단보다 먼저 실행함으로써 경제 형편은 아주 여유로웠고, 사택 건축사업도 잘 되었다. 모두들 이 협동조합을 모범협동경리라고 칭하였다.

1944년에 장남익은 첫 딸을 보게 되었으며, 부모에게서 분가하여 따로 살았는데 아주 풍부한 살림이었다. 그는 교장 직무어서 오래 일하지 못하고 군사동원부의 명령에 의하여 초병되었다. 1945년 4월 말일에 사랑하는 가정과, 직장 친구들과 이별하고 급행열차로 원동변강으로 가게 되었다. 소련 제25군단 본부에 도착한 장남익은 당일로 뽀씨예로 구역 훈춘 방향에 파견되어 제25군단 산하 1118 탱크 기계화 여단에 배속되었다.

그는 곧바로 평양까지 이동했고, 제25군단 정치부 지시에 의하여 민정사령부 로마넨꼬 소장 밑에서 일하였다. 민정사령부란 군대가 자기점령지역에서 지방 인민기관을 지도하는 군인 정치기관이므로 군복을 입고서도 항상 지방 인민기관과 접촉하면서 일하게 되었다.

당시 북에서 제일 먼저 진행한 큰 정치적 사업은 토지개혁이었다. 농민이 전인구 총수에서 60% 이상을 차지하는 상황에서 토지개혁은 큰 혁명적인 일이기도 했다. 농민 중에서도 토지가 전혀 없는 빈농이 절대다수인 나라에서 지주의 토지를 무상으로 몰수하여 빈농들에게 가족 수효에 따라 분배하여 준다는 문제는 문제 중의 문제였다. 이로 인하여 몇몇 지방에서는 살인사건, 화재사건 등이 빈번하였으며 많은 지주들이 남한으로 월남하였다.

장남익은 이 토지개혁이 끝나고, 많은 산업이 국유화로 변환하는 작업이 시작됨으로 하루도 쉴 사이 없이 각 지방으로 출장다니며 일하였다. 1946년 4월 말에는 휴가를 받아서 자신이 살았던 소련의 뽈릿올젯꼴호즈로 갔다. 그리곤 가족을 데리고 다시 평양으로 돌아왔다.

그 후 그는 새로 조직된 내각 중앙 지도간부학교에 교원으로 파견 받아 가게 되었다. 내각 지도간부학교는 공화국 내에서 높은 직무에서 일하는 간부들, 즉 군당·군인민위원회 이상 각 도 책임자 및 각 성의 상까지 포함되었다. 매 기에 300명씩·학습기간은 3개월·계속 순회적으로 간부 양성을 했다. 첨부하여 말하자면 마르크스레닌주의 사상으로 재교육하는 학교였다. 학교의 명예교장은 김일성이었고 교무주임으로는 박영빈이 역임하였다.

장남익은 내각 지도간부학교에서 세계 정치 지도라는 과목으로 2차대전 이후 세계 영토들이 어떻게 분할되었는가하는 과목을 가르쳤다. 3년 동안, 즉 1949년까지 교수로 있다가 박영빈이 중앙당 조직부로 올라가자 그를 대신하여 교무주임으로 일했다.

1950년 6월 25일에 한반도에서 동족상잔이 시작되자, 내각 지도간부학교 교육 체계도 많이 변경되었고 강의실도 동평양 사동에 그대로 있을 수 없었다. 전쟁 개시 3개월이 지나면서 유엔군 폭격이 심하겠고 사동학교는 임시로 순안으로 이주하게 되었다. 장남익은 1950년 8월 중순에 당중앙위원회에 초청되어 가게 되었다. 당 중앙에는 김일성 수상 외에 각 부장들과 기타 책임자들이 모였다. 회의실에는 남조선에서 파견되어 내각 지도간부학교에서 공부했던 간부들과 기타 당 중앙위원들이 다수 모여 있었다. 회의의 내용은 간단하였으나 중대한 문제였다. 문제는 인민군대가 남한 지역 영토의 근 80%를 해방하였으나, 남한에 있던 남로당의 활약이 전혀 없었다는 것이었다. 때문에 김일성 수상은 남한에 새로 노동당을 조직하겠다는 것이었다. 이것은 남노당인 것이 아니라 조선노동당 각 지역별 지부들을 조직한다는 것이었다. 김일성은 강한 목소리로 지시했다.

"… 이것을 위하여 조선노동당중앙위원회는 남조선 8도에 도당 위원장들을 파견하여 보내시오. 위원장들은 모두 현지에 도착하여 조선노동당들을 조직하고 전쟁의 복잡한 시기에 핵심적 역할을 하여 남한의 완전 해방을 쟁취하시오."

이 회의에서 장남익은 충청북도 도당 위원장으로 임명되어 남한으로 가게 되었다. 남한으로 출발하는 일행에는 남한에서 들어와 공부한 당 열성자들과 당 중앙위원 몇 명씩이 배속되었다. 각 도에 파견되는 일행에게는 현금 몇 만원씩이 지급되었고, 현지까지 도착하는 방법은 당시 남한으로 가는 군수품 운반차를 이용하여 가라고 하면서, 인민군 후방부 사령관에게 지시하였다고 하였다. 기타 모든 문제는 현지에 도착하여 도당 위원장으로써 자기 주관대로 해결하라고 하였다.

회의가 끝나자 남한으로 파견되는 사람들에게는 그 즉석에서 해당 직무의 임명장과 노동당 중앙의 파견장이 수여 되었다. 장남익도 충북 도당 위원장 임명장과 당 중앙의 파견장에 김일성의 직인이 박힌 것을 받았다. 그 파견장을 보이면 북한 권력이 이행되는 지역에서는 어디든 또 임의의 운반 수단을 무료로 이용할 수 있었다. 장남익은 평양을 출발하여 서울까지 무사히 도착했다. 다음에 한강을 건너서부터는 아주 극심한 고생으로 충북도 소재지 청주까지 도착하였다.

도착하고 보니 9월 15일이었는데 그때는 낙동강 계선까지 나갔던 인민군이 유엔군에게 압도당하여 후퇴하는 시기였다. 같은 날 이미 유엔군이 인천에 상륙하여 벌써 남북 두 방향으로 세력을 넓히며 공격을 개시하고 있었다. 이렇게 어려운 상황에 봉착한 장남익은 당 조직에 대한 회의를 한 번 소집할 사이도 없었다. 어떻게 조직적으로 후퇴하여 다시 북으로 무사히 귀환할 것인가가 문제였다.

그런데 청주는 인민군대가 지나가지도 않았을 뿐더러, 또 후퇴하는 인민군대도 들어오지 않았다. 장남익의 손에는 당 중앙에서 내려준 막강한 위임장이 있었으나 이 곳에서는 북한 정권이 이행되지 않다 보니 무용지물이 되고 말았다. 그보다도 인민군대가 승승장구할 때에는 북한이 좋다고 응원하던 남한 인민들이 이제는 북한을 침략자로 몰며 전쟁을 개시한 장본인으로 취급하고 있었다. 이런 상황에 처하자 장남익의 동반자 중 남한출신들은 전부 야간을 이용하여 도망 가버리고 북한출신 8명만 남았다.

장남익은 어떻게 해서든 유엔군에게 포로가 되지 않고 북으로 가야했다. 그는 충주, 제천, 원주, 춘천을 경유하여 강원도를 지나고 평남 양덕, 맹산으로 올라갈 생각으로 충주를 향하여 걸었다. 그의 계획은 유엔군이나 남한군대를 절대 만나지 말자는 계획이었다. 3일 만에 겨우 충주에 도착하니 일행은 모두 발에 탈이 나서 더 걸어 갈 수 없었다. 그래서 그 곳 여관에서 하루 동안 묵어가려고 하다가, 그만 지방 자위대에게 붙잡혀 신분조사가 시작되었다.

이 때 일행 3명은 북한에서 파견된 빨갱이 특무들이라고 하여 여관 창고에 감금되었다. 이 날이 바로 9월 25일, 서울에서 유엔군과 시가전이 전개되기 시작한 날이었다. 그 후 장남익에 대한 소식은 더 없었다. 많은 사람들의 의견에 의하면 유엔군에게 포로가 되었으면 목숨은 살 수 있을 것이라고 했으나, 장남익의 성격에 목숨을 살리겠다고 큰길에 나가 유엔군에게 투항할 수는 없었을 것이다. 물론 지방 자위대는 아무런 형법도 준수함이 없이 자기들 임의대로 처리하였을 것이 뻔했다.

한편, 장남익의 부인 박 나제스다는 내각 지도간부학교에서 노어 교원으로 일하던 것을 사직하였다. 그녀는 소련출신 간부들의 가족들이 조직적으로 중국으로 피난 보내질 때, 아이들을 데리고 하얼빈시에 가게 되었다. 여기에서 피난민 가족들은 중국 정부에서 내려주는 보조금을 받으면서 편안하게 살았으며, 아이들은 하얼빈에 살고 있는 백계 러시아인들의 자식들이 공부하고 있는 학교에서 공부하게 되었다.

조선 동족상잔이 1953년에 끝나자, 조선 피난민들은 동년 8월에 조선에 다시 나오게 되었고 박 나제스다도 자식 오누이를 데리고 평양으로 나와 소련출신 아이들이 공부하는 6고중에서 교원 일을 하였다. 그녀는 장남익의 소식이 있을까하고 전쟁 이후에도 근 3년을 북한에서 기다리다가, 1955년 말에 자신의 친척들이 살고있는 뽈릿올젯 꼴호즈로 돌아왔다.

그녀는 현재 타슈켄트시 칠란자르 구역에서 자식 오누이를 거느리고 행복하게 살고 있다. 장남 장 아나똘리는 지금 51세로, 타슈켄트 기술전문대학을 졸업하고 현재 국영통계부에서 책임기사로 일하고 있으며, 딸 장 마라는 타슈켄트 직조기술대학을 졸업하고 출가한 후, 현재 월코그라드시에서 행복하게 살고 있다.

박 나제스다 안드레예나는 현재 연금생으로, 또 조선혁명을 위하여 희생된 유가족으로 국가 보장을 잘 받으며 행복하게 살면서 양단된 조선의 신속한 통일을 염원하고 있다.

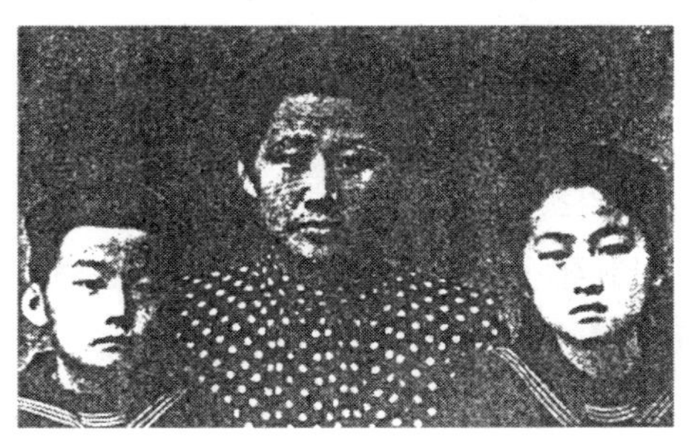

1955년 평양에서
부인 박 나제스다와 딸 마라(오른쪽), 아들 똘랴

1998년 6월 타슈켄트에서 장학봉

장철은 1914년 9월 20일에 원동변강 연해주 뽀시예트 구역 노보끼옙스크 시 빈농의 가정에서 태어났다. 고향에서 소학교와 초중을 졸업하고 사범전문학교까지 마쳤다. 1923년에 사전을 졸업한 장철은 2년간 초중학교 교원 겸 소년단 지도원으로 일했고, 1933년부터 1937년까지는 군 공청단체 지도원을 거쳐 군 공청회 책임서기로 일하였다.

1937년 강제 이주에 의해 우즈베키스탄 공화국에 도착한 장철은 1938년부터 1940년까지 타슈켄트주 상칠칙 구역에서, 1941년부터 1943년까지는 하칠칙 구역에서 당 지도원으로 근무했다. 그는 1945년 말까지 하칠칙 구역 국영농장 당조직원으로 일하다가, 1946년 초 군사동원부의 명령에 따라 북한으로 파견되어 북한 주둔 소련군 제25군단 민정사령부 산업부 계통에서 통역관으로 근무했다.

1946년 말부터 북한 정부 계통의 정치안전부 부책임자로 1947년까지 일했다. 1948년부터 1950년 동족상잔 발발 전까지는 평안북도 모노싸이트우란 광석 철광에서 당 중앙 대표자로 일하다가 전쟁이 시작되자, 전선 후방 부사령관으로 임명되어 일하였다.

홍남비료 공장지배인 근무할 때 당열성자회의에서 보고하는 장면

전쟁이 끝나면서 장철은 함경남도 홍남 비료공장 지배인으로 임명되어 비료공장을 복구하는 일에 앞장서게 되었다. 1955년에 비료공장이 완전 복구되어 비료 생산이 가능하게 되자, 장철은 다시 중앙으로 송환되어 조선인민군 최고사령부 후방 부사령관으로 근무하게 되었다. 당시 군사칭호는 중장이었다.

1959년 말 소련으로 귀환한 장철은 소련 공산당의 파견에 의해 타슈켄트에 도착하여, 고급당학교를 수료한 후 1963년부터 공화국 건설성 당 조직원이 되어 1968년까지 근무하였다. 이후 1974년까지는 한인들이 모여 경영하고 있던 벼 재배 모범 국영농장 당조직자로 일했다.

그 후 년금생활로 넘어가 부인 김혜숙, 아들 장 와씰리, 두 손녀 등을 데리고 타슈켄트에서 행복하게 여생을 보내다가 1995년 4월 28일에 운명을 달리하였다. 장철은 국가 훈장들을 수여 받았었다.

한편 그는 1990년에 김일성 초청에 의해 북한으로 들어 가 군사칭호 대장으로 임명되었고, 북한에서 두어 차례 휴식을 취하기도 했다.

전 김책 정치군관학교 교장

어린시절에서 입북까지

나는 1917년 4월 6일에 원동변강 수도인 하바롭스크에서 태어났다. 당시 아버지는 하바롭스크 역전에서 노동자로 일하였다. 나의 할아버지 장 공방은 당시 다른 아들 3형제와 같이 원동변강 연해주 뽀씨예브 구역 노브끼엡쓰크에서 농업에 종사하였다. 그때 할아버지 집에는 할아버지 한 분이 더 계셨던 바, 장 풍인이라고 불렸던 나의 큰할아버지였다. 나중에 할아버지 이름이나 또, 큰할아버지 이름이 모두 적으나마 벼슬칭호라는 것을 알게 되었는데, 공방은 공업을 지도하는 사람이었고 풍인은 시인이었다.

아버지와 할머니 말씀에 의하면, 할아버지 당대에는 함경북도 부령읍에서 농업에 종사하면서 살았는데 큰 할아버지도 같은 마을에서 부부가 살았으며, 자식이 없었고 큰 할아버지는 한문 서당에서 훈장질을 하였다고 하였다. 조선이 합방되기 직전에 맏아버지 장승국과 둘째아버지 장용국은 조선 정부군에서 병정살이를 하다가 조선이 합방되면서 일본 정권에 복종하지 않고 담당 지휘관의 지도 하에 일제를 반대, 투쟁하면서 만주까지 밀려 들어왔다가 러시아 영토로 넘어왔다고 하였다. 그들이 속한 부대의 총대장이 바로 홍범도 장군이었다고 한다.

할아버지는 아들 4형제, 승국·용국·성국·세준을 두었으나 장남이 러시아로 월경하였기 때문에 1912년에 원동변강 연해주로 아들 형제, 그리고 할머니와 함께 이주하였다. 큰 할아버지는 그 후에도 약 10여 년 간 계속 부령에 계시다가 큰 할머니가 세상을 떠난 다음인 1922년에야 동생을 찾아서 러시아로 넘어왔다. 러시아에 망명한 할아버지 일가는 연해주 뽀씨예브 구역 노브끼옙쓰크시(조선말로 옌추영)에서 농업에 종사하였다. 아버지는 집을 떠나 하바롭스크에서 일하였다.

1919년 조선에서 독립만세 사건이 있은 뒤, 원동변강에 살고 있던 한인들은 홍범도 독립군대를 통하여 조선을 해방할 것을 지획하고 그 군대를 더 강화하였다. 모스크바에서 혁명이 승리하였으니 이제 붉은 군대가 원동변강에 나오면 힘을 합쳐서 조선도 해방되리라고 생각한 것이었다. 그러나 그런 기대와는 정반대의 행동을 붉은 군대는 실시하였다. 원동변강에서 소비에트 제도를 수립하는 전쟁에서 홍범도 장군, 채예 장군, 한창걸 등이 지도하는 한인 빨치산 부대들이 많은 공로를 세웠음에도 불구하고, 일본군대와 백계를 원동변강지역에서 몰아낸 다음, 한인 빨치산 부대를 전부 무장해제 시켰다. 이 당시에 많은 한인 전투원들은 조선 해방에 대한 염원이 성취되지 못한 것을 안타까워하면서 눈물을 흘렸고, 일부는 만주로 다시 넘어갔다.

어머니 리 마리나(당시 러시아 국적에 입적한 사람은 전부다 공민증을 받을 당시 러시아 이름으로 교환하게 되었음)는 아버지가 빨치산 부대에 들어갔을 때 나를 데리고 할아버지가 살고 있는 노브끼옅쓰크시로 이사하였다. 1923년 할아버지 집에는 모두 가정을 이룬 아들 4형제, 할아버지 2명, 할머니 1명 등 합하여 15명의 식구가 살고 있었는데 그 해에 큰 할아버지가 돌아가시고, 1925년에는 할아버지가 65세를 일기로 세상을 떠났다.

생전에 큰 할아버지는 동네아이들을 모아놓고 천자공부를 시켰는데,

나도 6세가 되는 해부터 큰 할아버지에게서 구학천자 '하늘천, 따지, 검을현, 누를황, 집우, 집주'를 배우고 그 다음해인 7세 때부터는 신학천자를 배우게 되었다. 신학천자는 '하늘천, 따지, 날일, 달월, 바람풍, 구름운, 비우, 이슬로'의 서차로 공부하도록 꾸며져 있었다. 나는 천자 두 권을 필하고 1926년부터는 한국인 소학교에 다니기 시작하였다.

할아버지의 3년상을 지내고 아들 4형제는 모두 사방으로 흩어지게 되었다. 아버지는 우리 오누이와 어머니를 데리고 다시 하바롭스크로 갔고, 둘째 아버지는 쓰빠쓰크시, 4째 삼촌은 블라디보스토크시로 갔다. 그래서 나는 하바롭스크에서 인민학교에 다니기 시작했다. 1931년에 인민학교를 졸업하고 블라디보스토크 어산업 학교에 가서 3년 공부하면서 1년 6개월은 공부하고, 나머지 기간은 실습 배를 타고 나호드까, 유단재, 뽀뽀우 섬 등을 돌면서 실습을 마쳤다. 그러나 나는 실습과정의 배고픈 고생을 견디지 못하여 집으로 도망쳐 와 하바롭스크 고급 중학교에 편입하여 공부를 계속하였다.

하바롭스크 고급 중학교에는 조선에서 들어온 많은 지식인들이 교편을 잡고 일하였다. 대표적으로 계봉우, 백성환, 조명희, 박정규, 리소림, 리정림 등이며 역시 조선에서 공부를 하고 온 김동운 선생 등도 학생들의 사랑을 받았다. 나는 이 학교에서 9학년을 졸업하고 강제이주 당한 후, 악쭈빈쓰크에서 고중을 노어로 졸업하였다.

우리 집은 이 당시에 하바롭스크 역사 바로 맞은편에 있는 동거똘이라는 노동자 부락에 있었다. 그런데, 1937년 8월 27일부터 한인들을 실은 화물차가 매시간 주야로 서쪽으로 계속 가는 것이었다. 행선지를 물어도 어느 누구 하나 대답을 주지 않았고, 화물차에 실려 가는 수많은 한인들은 영문도 몰랐다. 그 해 9월초 우리 고중은 예년처럼 개학하였지만, 타지역에서 와서 합숙생활을 하면서 공부하던 학생들은 아무도 오지 않아서 강당이 텅텅 빌 정도였다.

당시 원동변강 지역에는 고려인 고중이라고는 하바롭스크·블라디보스토크·뽀씨예트 구역의 크라쓰끼노 이렇게 3개 학교 밖에 없었다. 그래서인지 우리 고중에는 학생이 천여 명 정도로 많았다. 인민학교반을 제외한 5학년부터는 학생들이 많아서 2조를 넘어 3조, 4조까지 있었다. 지방 각 촌들에는 인민학교나 초중 밖에는 없었다.

학생들은 한인들이 밤낮으로 실려 가는 상황에 대하여 선생들에게 그 연유를 물었으나, 선생들은 국경전선에서 살던 사람들을 이주시킨다고만 대답하였다. 그러던 차 9월 21일경 고려중학교 14세 이상 전체 학생들과 교원 일동은 하바롭스크에서 제일 큰 영화극장인 '기간트(거인)'에서 중대한 문제로 회의가 있으니 모두 집합하라고 하였다. 집합 시간은 오전 학습을 마친 오후 4시라고 하였다. 우리는 무슨 좋은 새소식이나 있을까 생각하면서 4시에 맞추어 극장을 찾아갔다. 정각 4시가 되자, 시당 위원장, 시 민청위원장, 시 소비에트 위원장 등 3명이 무대에 올랐고 시당 위원장이 먼저 말을 시작하였다.

"오늘 이 모임은 소련공산당중앙위원회와 소련 내각에서 1937년 8월 21일부로 결정된 사항을 전달하기 위한 것이다. 원동변강 지역에 살고 있는 한인들을 전부 이주시켜 카자흐스탄과 중앙아시아에 보내는 문제에 대한 대책을 강구하기 위해 한인 공청원들과 한인 당원들의 연합 열성자 회의 개회를 선언한다."

그는 계속하여 결정서를 낭독하였다. 이날 극장에는 우리 고중 학생, 교직원뿐 아니라 하바롭스크 시내에 있는 많은 기관들과 그 기관들에서 일하고 있는 전체 한인들은 다 모였는데 하바롭스크 원동변강 고려인 공산대학 전체 학생 교직원, 원동변강 한인 출판사, 라디오 방송국, 시내 각당 정권기관, 내무성 계통, 각종 사법기관, 상업기관, 각 생산기관 등에서 일하는 전체 직원들을 종합하여 거의 천여 명이 모였었다.

시당 위원장의 당 중앙과 중앙정부의 결정 낭독이 끝나고, 그 결정을 잘 집행을 위한 한인들의 협조를 받을 목적으로 연합 공청, 당 열성자 회의를 소집하였다. 그러나 회의에서는 결정의 반인민성, 각 민족의 평등권에 대한 레닌의 민족정책 위반, 각 민족의 자유 거주지 선택에 대한 권리 위반 등에 대한 질문과 그 결정의 내용이 잘못되었다는 반대 토론이 견결하게 나오기 시작했다. 몇몇의 언변가들은 본 대회에서 당 중앙과 중앙정부 결정을 반대 항의하는 결의문을 채택할 것을 극장에 모인 관중들에게 호소하였다. 이런 분위기에 당황한 시당 위원장은 언변가들의 출연을 중단하고 무대 막을 닫으면서 열성자 회의를 끝마친다고 하였다. 장내에 모인 한인 인텔리들은 당 중앙의 문건에 대하여 분노의 뜻을 참지 못하고 비판하였다. 몇 분이 지나지 않아서 영화관에는 영화를 틀기 시작하였고 벌써 영화구경꾼들이 모여들었다. 열성자 회의에 참가하였던 한인들은 어쩔 수 없이 집으로 돌아갔다.

당시 원동변강에 살고 있는 한인들의 문화는 최고봉에 달하였고, 당시 전 세계에 하나밖에 없었던 순전한 한인 사범 대학을 만들었었다. 하바롭스크 고중에는 그 사범대학의 제1기 최우등생들인 강진태, 박 예브도끼야, 디미뜨롭나 선생과 박 니꼴라이 화학선생 등이 가르치고 있었다. 나는 그들에게서 글을 배울 수 있는 영예를 가졌었다. 그러나 그 후, 강진태 선생은 께게베 손에 잡혀 유형지에서 세상을 떠나기도 했다. 하바롭스크 고중은 원동변강의 다른 고중들에 비하여 자랑할만한, 1935년에 준공된 모범적 청사를 가지고 있었다. 나는 강제이주를 당한 후에도 내 기억에서 잊을 수 없는 하바롭스크 고중에 2번이나 찾아 가 보았는데, 그 청사는 하바롭스크 젊은이들의 체육전문학교로 이용되고 있었다. 나는 동창생들과 한 책상에 앉아서 공부하던 그 광명하고 아담했던 강의실에 가서 행복하였던 한 때를 가슴 아릴 정도로 회상하여 보기도 했었다.

열성자 회의가 있었던 그 날, 집에 돌아와서 당일 오후에 기간트 극장에서 소집되었던 회의 내용에 대하여 집안 식구들에게 자세히 이야기한 다음, 하바롭스크 시내에 살고 있는 한인들은 9월 23일까지 전부 여기를 떠나서 중앙아시아로 가야 된다고 말했다. 어머니는 이미 그 내용을 반드시 살인을 유발□□ 것은 아□□지만 알코올로 인한 살인이 특히 주말에 많은 것은 싸움, 말다툼□□□같은 형태□ 발전하여 알코올의 만취영향으로 대인접촉을 우쭐하게 하는 한□□ □제력의 저□에 따른 인격과 행동의 이질성과 이상한 관계가 나타나는 것으□ □보인다.48)

(2) 알코올과 관□□□ 살인□ 실태

1995년부터 □□7년까□ 3년 동안 서울지방검찰청, 서울지검 동부지청, 서울지검 남부지□□ □울검검 북부지청, 서울지검 서부지청 등 서울지역 소재 5개 검찰청에서 □□리한 □건에 대한 조사에서 범죄자가 범행을 할 당시 술을 마신 상태였는지를 □□□하였다.49) 그 조사결과 전체범죄자 545명 가운데 사건 당시 음주 상태였던 경우가 51%이고, 음주하지 않은 상태였던 경우가 49%로 각각 집계되었다. 그 중 아래의 <표 1-12>에서 보는 것처럼 폭행·상해는 52.3%, 살인은 50%가 음주상태에서 일어난 것으로 나타나고 있어 음주와 살인은 관겨는 상당하다고 할 수 있다.

<표 1-12> 사건 당시 범죄자의 음주여부

구 분	살 인(%)	폭행상해(%)	전 체(%)
했음	133(50.0)	146(52.3)	279(51.2)
아님	133(50.0)	133(47.7)	266(48.8)
계	266(100.0)	279(100.0)	545(100.0)

한편 전체적으로 볼 때도 아래의 <표 1-13>에서 보는 것처럼 살인범죄자의 범행 시 정상적인 정신상태를 제외하면 음주한 상태에서 살인을 저지르는 비율이 가장 높을 것을 알 수 있다.

---

48) 이봉건 역/Gerald C. Davison and John M. Neale, 이상심리, 57면.

49) 박순진, 범죄자와 피해자의 상호작용에 관한 연구, 형사정책연구보고서, 한국형사정책연구원, 1999, 88면.

<표 1-13> 살인범죄시 범죄자 정신상태별 현황

구분	총계		정상		정신장애						주취		월경 시 이상	미상
					정신 이상		정신 박약		기타 정신장애					
	남	여	남	여	남	여	남	여	남	여	남	여		
2011	975	145	396	67	26	13	4	1	29	11	400	26	–	147
2012	925	173	370	84	22	7	–	2	25	9	386	39	–	154

주 : 범죄분석, 대검찰청.

그리고 범죄자는 범행 당시 음주 상태인 경우가 음주를 하지 않은 경우보다 흉기 또는 도구를 사용하는 경우가 많다. 범죄자가 음주 상태인 경우 흉기를 사용한 비율이 44%이고, 기타 도구를 사용한 비율이 22%, 흉기 또는 도구를 사용하지 않은 비율이 33%이었다. 이에 비해 음주를 하지 않은 상태인 경우에는 흉기를 사용한 비율이 34%, 기타 도구를 사용한 비율이 25%, 흉기 또는 도구를 사용하지 않은 비율이 42%로 나타났다.[50] 이것을 볼 때 범죄자가 음주를 하였을 경우에는 흉기를 사용할 가능성이 높아 그만큼 살인이 일어날 가능성이 높은 것을 알 수 있다.

VII. 정신장애와 살인

1. 정신장애자의 범죄 현황

정신장애범죄자에 대한 판례를 검토해 보면, 정신장애자는 주로 타인의 생명을 박탈하거나 신체에 심각한 손상을 초래하는 강력범죄가 대다수를 차지하고 있는 것으로 나타난다. 특히 살인범죄의 경우에는 '정서·사고·지각·동기와 행동·의식 등의 기능이 비정상적인 정신분열증과 주로 2개 이상의 정신과적 증상을 수반하는 정신장애가 약 41%를 차지한다.[51]

---

50) 박순진, 범죄자와 피해자의 상호작용에 관한 연구, 116면.

51) 신관우, "정신장애 범죄자와 정신감정 – 정신감정관련 판례 분석을 중심으로–", 자치경찰연구 제4권 제1호, 한국자치경찰학회, 2011. 6, 132~133면.

2. 정신장애와 살인의 관계

일반적으로 정신이상의 정도가 심하면 거의 사회생활이 불가능하여 대인관계가 극히 한정된다. 표면상으로 나타나는 인격의 붕괴도 없이 활발한 욕구나 감정의 움직임이 있고 사회와의 접촉이 유지된 채로 판단력·통제력의 저하나 주관적인 이상체험 등이 겹쳐 주위와의 관계에 이상이 있는 가운데 돌발적으로 정신장애가 발생하는 것이다.

이 같은 정신이상자는 범행 후의 태도가 이상할 정도로 태연하며 살인범행의 동기가 밝혀지고 나면 너무나도 사소하고 대수롭지 않게 생각하는 경우가 있다.[52] 즉 살인의 동기가 표면적으로 돈을 얻어 사업을 하고 싶었다거나 어떤 사람을 없애 버리고 싶었다는 욕망과 같은 오직 합리적인 동기만을 장황하게 나열하고 있으나, 그 이면에는 비합리적인 동기가 개입되어 있다는 것이다. 주로 정신장애로 인한 살인자가 갖는 사고의 장애는 망상인데, 망상은 현실적으로 사실이 아닌 것을 사실인 것처럼 믿는 것이다. 어떤 사람들은 살인하도록 명령하는 내부의 지시를 따른다는 것이다. 다른 사람들이 그들에게 해를 끼치려고 음모하고 있다는 편집광적인 의심에 대하여 자신을 방어하는 수단으로 공격을 하는 자도 있다. 또한 어떤 사람은 영향력이 있는 사람을 제거시키는 것이 그들의 영웅적 책임이라는 확신 때문에 살인을 하는 경우도 있다.[53]

---

52) 2000년 2월 8개월간 3명을 강간·살해한 혐의로 검거된 연쇄살인범 황○진(남 23세)은 평소엔 외국어와 컴퓨터를 잘하고 싹싹하였으며, 교회 중고등부 회장까지도 맡았다고 한다. 그의 범행행적을 보면 1차 범행 시는 1999년 6월 21일 목이 졸려 실신한 언니 옆에서 동생을 성폭행하려다가 강하게 저항을 하자 동생을 과도로 위협해 이불 속에 머리를 묻게 한 뒤 실신한 언니를 성폭행하고 살해한 태연함을 보였다. 2차 범행 시는 2000년 2월 16일 나이트클럽에서 만난 피해자의 집에서 피해자를 성폭행하려 했으나 거세게 반항하자 목을 졸라 숨지게 하고, 신고할까봐 옆방에서 자고 있던 친구를 죽이려 들어갔다가 피해자가 반항하는 과정에서 옷이 벗겨져 순간적으로 욕정이 들어 성폭행하고 살해하였다. 다음날 태연히 직장에 출근하여 휴대폰에 '연락이 안 돼 궁금하다'는 내용의 음성메시지를 남겨놓기까지 하고, 이틀 후에는 피해자의 집에 불을 질렀다. 범인 황씨는 고교 졸업 후 절도전과 2범이었고, 1998년 10월에는 서울 적십자병원에 17일간 우울증으로 입원치료를 받았던 병력이 있었던 사람이다(조선일보 2000. 2. 24).

53) P. Reich and R. B. Hepps, 'Homicide during a Psychosis Inducted by LSD', Journal of the

제4절   특수한 형태의 살인

동일범이 여러 사람을 살해하는 다수살인은 장소의 이동 여부, 단일 혹은 연속성, 사건의 개별성 및 심리적 냉각기의 유무에 따라 대량(다중)살인, 연속살인, 연쇄살인으로 분류된다.

I. 대량살인

1. 의 의

'대량살인(大量殺人)'은 다수의 피해자를 발생시킨다는 점에서 특이성을 지니는 살인이고, 그 동기는 격정적인 요인이 대부분이다. 대량살인의 피해자는 가해자와 아무런 관계가 없는 사람이 우연한 기회에 피해자가 되는 일이 많고, 살인자의 인격이나 동기에 대해서도 이해하기 곤란한 경우가 적지 않다. 또한 대량살인범들은 어린 시절에 부모로부터 학대를 받았거나 버림을 받은 사람이 대부분이라고 하다. 이들이 성인이 되었을 때 어린 시절의 소외감을 보상받으려는 잠재의식에 사로잡히게 되고, 이런 심리상황에서 성인이 되어서도 어릴 때처럼 주의의 버림을 받게 되면 불만은 폭발하게 된다. 이처럼 대량살인 범죄자들의 범죄동기는 범행시의 상황이나 피해자의 유발이라고 하기보다는 가해자 측의 정신병리가 중요한 요인으로 되는 경우가 많으며, 인격이상이나 정신분열증, 알코올 중독 등과의 관계가 많다.

2. 사 례

(1) 1982년 4월 경찰관 우범곤 사건

[사건개요] 1982년 4월 26일 오후 7시 30분경에 예비군 무기고에서 카빈소총 2정, 실탄 180발, 수류탄 7발을 들고 나왔다. 우범곤은 우선 우체국에서 일하던

American Medical Association, 1972, pp.869~871.

알고 있었다.

"벌써 12시경에 내무원 5명과 군 인민위원회 대표 4명이 이 동거똘에 살고있는 한인들을 모아놓고 무슨 명령서를 읽어서 지금 조선인들 집집 마다 난장판이 일어났다."

"그러셨군요 어머니. 저는 속히 저녁을 먹고 삼촌 집에 가 봐야겠습 니다."

나는 저녁을 빨리 먹고 집에서 그리 멀지 않은 곳에 살고 있는 삼촌 집으로 갔다. 거기도 벌써 내무원들이 와서 알려주었다고 하면서 짐들 을 꾸릴 준비를 하고 있었다. 집에 돌아와 부모들과 내일 할 일들에 대 하여 상의하였던 바 우선 아버지는 직장에 가서 퇴직수속을 했다. 전 가 족에 대한 이주 장악금(이주보조금)을 타고 집에서 짐을 꾸려야 하였다.

고중 상급반 학생들은 교장선생의 지시에 따라 아침 상학 시간까지 학교에 집합하게 되었다. 나는 아침에 책가방 없이 8시에 학교 마당에 도착했다. 전체 학생들이 마당에서 야단법석 되었고 누구도 강당에 들 어가지 않았다. 인민반 학생들은 한 명도 학교에 오지 않았는데 벌써 이 주를 시작한 것 같았다. 학생들 속에는 교무주임 유 선생이 서 있다가 고급반 학생들이 거의 다 집합된 것을 보고 이야기를 시작하였다.

"사람들이 다 이주하여 가게 되니 교재와 직관물들을 가지고 가야 되 기 때문에 이것들을 꾸려야 되겠다."

유 선생이 직접 분류하여 누구누구는 도서실에 가고, 다음 누구는 물 리실험실, 화학실험실, 교원실 등으로 가른 후, 다음 십여 명은 이름을 부른 후 교원들의 주택들이 있는 세로노바 거리로 가서 교원들 가정을 도와주어야 되겠다고 했다. 교무주임 선생은 지난밤에 께게베에서 남자 선생들을 모두 체포하여 데려갔다고 했다. 그리고 난 다음 눈물을 흘리 면서 아주 슬프게 목놓아 울었다. 우리도 따라 울었다.

십여 명 학생들은 교무주임 선생을 따라 세로노바 거리 교원들의 사 택(하바롭스크 고중 낡은 청사를 꾸려서 교원들의 사택으로 변경시켰음)

에 도착하니 짐들은 전부 뒤집혀지고, 헝클어지고, 사람들은 울고 있었
는데 몇 노인들은 심장마비로 인하여 자리에 누워 앓고 있었다. 구급차
가 한 대 오기는 하였으나 사람들의 울음소리는 끊임없었다. 기간트 극
장에서 회의가 있은 다음, 께게베 일꾼들이 이 교원사택에 와서 밤새 가
택수색을 하고 살림살이 짐, 책상들을 먼저 버려놓고 주인들은 몽땅 체
포하여 갔던 것이다.

　나는 먼저 제일 존경했던 김도운(김일)선생의 사택에 들어갔다. 그
집에는 아들 형제와 딸 형제, 부인과 그의 장모가 있었다. 제일 큰 맏딸
웨라가 13세였고, 그 아래로 10살, 8살, 5살, 3살박이가 있었다. 김일
선생은 당시 50세 정도, 부인은 40세, 장모는 60세 정도의 나이였다.
이런 형편에 김일 선생이 체포되고 보니 부인은 덜컥 심장마비에 걸려
누워있었다. 이러한 형편에서도 내일 모레는 전부 다 떠나야만 되었다.
그런데 누군가는 짐을 꾸려주고 시 인민원회에 가서 이주민들에게 주는
장악금을 타와야 했다.

　나는 같이 간 학생 한 명에게 사모님과 할머니가 가리키는 대로 흐트
러진 짐을 꾸리게 하였다. 그리곤 큰딸 웨라를 데리고, 사모님의 공민증
을 가지고 시 인민위원회에 가서 장악금 타는 수속을 하였다. 거기에 살
고 있던 선생들의 형편은 거의 매한가지였다. 다만 차이가 있다면 김일
선생과는 달리 늙은 할아버지나 할머니들이 없었을 뿐이었다. 김일 선
생은 수학과목을 가르쳤는데 고중에서 가장 인기 있는 선생이었다. 선
생은 수학을 너무나 잘하여서 1935년 여름 하바롭스크 수학선생 대회
에서 일등상을 쟁취하고 원동변강 대회를 걸쳐 모스크바 전국대회까지
참가하여 국가표창까지 받았었다. 선생은 가르쳐주는 과목에서만 모범
적인 것이 아니라 옷차림과 걸음걸이, 심지어는 설명하는 말투까지 모
범적이었다. 언제든지 입에서 던져진 단어를 반복하는 법이 없었다. 참
으로 천재적인 인물이었다. 그러나 김일 선생은 악독한 스탈린 독재 께
게베에 의하여 학살당하였다. 선생의 가정은 이주 후 타슈켄트시에서 살

있는데 부인도 장모도 딸 웨라도 사망했다. 그 아래 아이들과 손자들만 살아가고 있다.

조국이 낳아주었고 교양 교육하여 천재적 인물로 만들어 졌던 선생들은 스탈린의 독재주의 무법천지에 의하여 처단 당했고 몇 명의 교원들은 유형지인 카자흐스탄 공화국 악주빈쓰크에 도착하였다. 주 소재지 악쭈빈쓰크에서 160Km정도 떨어진 국영 목축경리 야르무하메드 부게트싸이라는 촌락에서, 교원들은 학교를 열고 러시아 사람, 카자흐스탄 사람, 새로 대학을 나온 고려사람 등을 교원으로 보충했다. 몇 개월 전, 즉 9월 20일까지 조선말로 공부하던 고중이 11월 초순부터는 러시아어로 공부하게 되었다. 이렇게 되니 몇몇 남은 교원들과 종전부터 공부하던 학생들은 언어가 바뀌어서 큰 고생을 하였다. 그 대신 러시아 학교에서 공부하다가 우리와 같이 이주 당한 학생들은 불행 중 다행이었다. 그런데 이들 교원들 중 강진태, 허 뾰뜨르 등 몇몇은 강제이주 당하여 목적지에 도착한 후에도 수많은 기술자 인텔리들과 함께 께게베에 체포되어 갔다.

나의 부모들은 강제이주 그 이듬해 봄에 타슈켄트시에 이주하여 왔는데, 악주빈쓰크에서는 농사 조건이 기본적으로 없었기 때문이었다. 나는 부모들이 떠났지만, 학교 주변에서 자취를 하면서 1939년에 고중을 마감했고 그 해 부모들을 따라 타슈켄트 주 중칠칙 구역 몰로또브 명칭 협동조합으로 갔다. 그 후 타슈켄트 국립종합대학에서 공부하려 하였으나, 한인 이주민들을 받지 않았기 때문에 협동조합에서 부모들과 같이 벼농사를 하였다.

1940년부터 타슈켄트 대학들에서 한인학생들을 받아 주기 시작했다. 나는 중앙아시아 국립종합대학 역사학부에 입학하였다. 1학년을 필했을 때 독·소 전쟁이 시작되었다. 전쟁포고가 내리자 각 반 학생 숫자는 절반 이상으로 줄어들었다. 남자학생들은 전부 전선으로 나가는 판인데 한인 남학생들은 동원되지 않았다. 나는 시 군사동원부에 가서 전선에 보내달라고 했는데 상부 지시에 의하여 고려인들은 징병하지 않기로 되어 있다고 하였다. 이럭저럭 1학년 진급시험은 치렀으나 강의실에 가면 여학생이 90% 이상이고 나머지는 고려인들과 불구자뿐이어서 여성들이나 교원들을 보기가 부끄러웠다. 교원들 중에서도 55세미만 되는 남자들은 전선으로 나갔다. 몇몇 여학생들도 자원병으로 전선에 나갔다.

가을이 되어 다시 공부하려고 학교에 왔으나, 약 1주일간 공부한 후 전체 학생들을 농촌 합동경리전야에 내보내며 목화 뜯기를 하게 하였다. 밭머리에는 '모든 것은 전선을 위하여 모든 것은 승리를 위하여'라고 쓴 표어와 '목화는 화약을 만들며 군인들의 옷을 만드는 전략품이다. 모두 다 승리를 위하여!'라는 등의 표어들이 걸려 있었다.

모두가 전선에 동원되고 보니 힘든 일을 할 수 있는 역군은 다만 한인 대학생들이었기 때문에, 우리들은 뽑혀 다니며 가장 무겁고 힘든 일들을 하면서도 군중들 앞에서는 항상 조심스러웠다. 약 한 달 반 동안 목화 뜯기에 동원되었던 학생들이 다시 대학에 돌아와 강의를 듣게 되었으나, 낮이면 강의를 듣고 오후에는 역전에 나가 서부전선 지역에서 급히 운송되어 오는 공장기계 시설품들을 하차하는 작업을 하게 하였다. 이 작업에는 교원들도 동원되었다. 하차작업이 몰리고 급격히 차량들을 다시 전선으로 보내야 될 때에는 하차작업이 그 이튿날 아침 4~5시까지 계속되었다. 그러고도 아침에는 수강하러 가야했다.

우크라이나와 백러시아가 파쇼 군대에 점령당하자, 그곳 대학들의 유명한 학사, 박사, 아까제미크 등이 대부분 타슈켄트시에 모여들게 되었다. 나는 그 전까지는 교과서 표제에서만 이름을 볼 수 있었던 유명한 역사학 박사 꼬쓰민쓰끼, 도노부, 하이뚠, 바실레워치 등 박사들을 직접 만나보게 되었으며 그들의 강의를 듣게 되었다. 서쪽에서 밀려 온 피난민 박사들 중 어떤 사람은 시내에 사택이 없는 관계로 수 주일씩 역 대기실에서 자기 가방을 베개 삼아 자고서는 아침이면 대학에 출근하곤 하였다. 이런 환경에서 공부하는 동안 나는 수차 께게베에 불려갔다. 이른바 정치안전부 제5호실이었다.

"조선에 일하러 가야된다."

"일제 헌병들이 그렇게 심하게 검열한다는데 내가 어떻게 조선에 정찰병으로 갈 수 있겠는가?"

그렇게 수차 거절하면서 서북전선으로 보내달라고 요구했다. 그 결과 나는 조선으로 가지 못하고 동창생인 신붕남, 김예핌 등 7명이 타슈켄트의 여러 대학에서 징집되어 모스크바시로 가서 2년 동안 정찰군관학교를 공부하고 조선에 도착하였다. 이들은 1944년 초에 전부 개별적으로 조선에 도착하였기 때문에 그 행방들을 서로 알 수 없었다. 그러나 반정탐반이 아주 면밀하게 조직된 일제 하의 조선 내에서는 정찰 행동이 용이하지 않았다. 결국 6개월 안에 7명 모두가 체포되어 평양감옥에 6명, 청진감옥에는 김예핌이 갇히게 되었다.

평양 감옥에 투옥되었던 신붕남 이하 5명은 8·15 직전에 모두 사형당했다. 해방 후 감옥 내 심문 문건들을 보면 신붕남은 평양과 원산 사이의 기차에서 체포되었다고 기록되어 있었다. 그들 6명은 1945년 8월 2일에 일시에 교살되었다는 것이 증명되었다. 해방 1년이 지난 1946년의 청진감옥 문서에 의하면 김예핌이 제일 먼저 체포되면서 모스크바시에서 공부할 때 어떤 사람들과 같이 공부하였다는 것을 말해준 것이 기록되어 있었다. 때문에 김예핌은 일제가 사형하지 않고 목숨을 살려 앞으로도 계속 이용할 목적으로 그를 청진감옥에 잡아넣게 된 것이고 그 상태에서 해방을 맞이하였던 것이다.

이러한 내막을 모르고 소련군대는 청진을 해방함과 동시에 형무소 문을 열게되니 그 안에서 소련 말을 잘하는 죄수 한 명이 있음을 보고는 김예핌을 통역원으로 높이 평가하여 등용하였던 것이었다. 그 후에 모든 진실이 밝혀지게 되자, 김예핌은 소련 께게베에 체포되어 모스크바시로 후송된 다음 1947년에 군사재판에 의하여, 당시 사형이 없는 소련 형법에 의해 최고형인 20년을 받고 시베리아 강제 노동수용소에 수감되었고 거기서 사망하였다.

내가 1942년에 겨우 대학 2년을 마치게 되었을 때, 군대 복무에 가지 않은 남자 대학생들을 전부 군사동원부 명령에 의하여 노력 전선으로 파견되었다. 한인청년들 대부분이 서부전선·북부전선 부근으로 새로운 철로 시설과 철교 시설에 동원되었다. 우리 대학에서 동원된 학생들은 우즈베키스탄의 수력발전소 건설과 탄광 등에 부족한 노동력 보충을 위하여 파견되었다. 나는 칠직강 수력발전소 건설에 동원되어 2년간 일하고 1944년에는 제대되어 부모들이 사는 협동조합에 돌아가 협동조합의 문화부장 겸 인민학교 교원 일을 하면서, 대학에는 통신학부에 수속하였다. 나는 검정시험 수험생 법으로 진급시험을 받고자 공부하였다. 이 방법으로 3학년 진급 자격 시험을 얻어 1945년에는 대학에 다시 가서 정식으로 공부를 시작하게 되었다.

그때 군사동원부대에서 호출장이 내렸다. 이번에는 조선으로 들어가지만 정찰임무 수행이 아니라 제25군단 소속 군대복무였다. 나는 원동 변강 고향에 도착하여 제25군단에 소속되었다가 소련군대가 해방하여 놓은 조선 평양에 도착하여 군단 정치부에 속하게 되었다. 1946년 1월 황해도 신천 소련군사령부에서 통역원을 하면서 제25군단 민정사령부의 지시에 따라 토지개혁·산업국유화 정책 등을 군 인민위원회를 통하여 실행하였다. 그 후 전근되어 평양에 올라가 내각 중앙 지도간부학교에 가서 경리부 교장으로 1949년까지 있다가 1950년 6·25와 더불어 인민군대에 들어가게 되었다.

전쟁시 처음에는 정치부 지도원으로 대전까지 나갔다가 1950년 8월 1일부터 인천 해안방어여단 정치부장의 직무로 근무하였다. 이 시기 인민군대는 생사 결판의 시기였다. 인민군의 남진은 낙동강 계선에서 완전히 좌절되고 보충병이 전혀 없는 상황이었는데, 부산에 상륙한 유엔군은 낙동강 계선에서 완강한 방어를 하면서 육·해·공군 3개 병종의 긴밀한 협동 군사전략 전술적 동작으로 인민군대 무력과 공화국 경제력에 치명적 타격을 가하고 있었다. 이런 형편에 처하자 김일성 최고사령 관은 가장 혹독한 명령을 각 군부대에 하달했는데, 그 내용은 조선인민 군은 전투 임무수행에서 상관이나 상부의 명령을 조국의 명령으로 인정 하고 일보도 퇴각하지 말아야 한다는 것이었다. 만약 상부명령을 실행 하지 못하였거나 자기 마음대로 퇴각하였을 시에는 상관은 그 즉석에서 총살하도록 지시했다. 이 명령대로 했다면 남한에 침범한 인민군은 전 부 총살당해야 했다. 명령은 실천할 수 없는 혹독한 지시였으나 인민군 내 정치꾼들은 그 명령의 실천을 위하여 엄격한 당 정치사업을 진행하 였다. 인민군 각 부대 구분대에서는 하부 말단 분대에 이르기까지 당 민 청회를 열고 결의문을 채택한 후 그 결의문 아래에 '내가 이 엄숙한 결 의문을 위반하였을 시 나는 조국의 엄벌을 받겠다'라고 쓰고 자필 서명 을 하였다. 특히 해안방어 전투원들은 바다로부터 상륙하는 적을 상대 하지 않고 후퇴할 시는 자기 지휘관의 총에 맞아 죽게 되어 있었다.

이런 형편에서 상부에서 내려오는 사람들은 유엔군이 인천상륙을 계 획하고 만반의 준비를 갖추고 있다는 말을 많이 했다. 유엔군들의 인천 상륙작전에 대한 말이 이미 8월 말부터 무성했었으나 보충병이나 보충 전투기재는 전혀 도착하지 않았다. 따로 조치를 취할 방법이 없는 상태 였던 것이었다. 9월 초순부터는 상공에 거의 매일 수백 대의 비행기가 돌고 있었으며 수백 척의 크고 작은 군함들과 어뢰정들이 바다를 가득 덮고 있었다.

당시 인민군의 인천여단 군사 전투력이란 포병 2개 대대뿐이었는데 1 개 대대는 월미도에 배치하고 1개 대대는 인천 중요 요새에 배치했다. 1개 경비중대는 해안선에 배치하였다. 그런데 1개 통신중대 약 30명은 신출내기 통신수들이었다. 또한 참모부에는 김창희 참모장을 위시하여 15명 가량의 정치부 성원, 연락병들 약 10여명 밖에는 없었다. 우리에 게는 탱크 한 대도 없었다. 보조 전투기재라고는 화물차 2대와 지프승 용차 한 대가 있을 뿐이었다.

유엔군 상륙을 1주일 앞두고 여단장 리청송 소장은 약 2개 대대 병력을 인솔하고 군산 방향으로 해안방어 배치를 위하여 떠난 후 영영 무소식이 되었다. 인민군의 전반적 후퇴 이후에도 그가 인솔한 전투원에 대하여서는 무소식이 되고 말았다. 정확한 소식은 모르나 유엔군 정보를 청취한 일부 간부들의 이야기에 의하면 리청송 소장은 군산까지 도착하지 못하고 도중에서 유엔군에게 포위되어 전사하였다고 말했다.

인천여단은 이렇게 적은 병력을 가지고서도 최고사령관의 명령에 의하여 자기의 목숨으로 인천을 방어하려고 하였다. 9월 10일부터 상륙작전을 앞둔 연합군의 예비적 공격이 시작되었던 바, 연 5일간 밤낮 공중에서 항공포격, 바다에서 함포 사격이 계속된 결과 월미도의 표면 면적은 100% 포탄과 폭탄의 폭발로 인하여 땅이 1미터 깊이로 완전히 파헤쳐지게 되었다. 세상에서 가장 아름다운 휴양소라도 만들 수 있던 모습의 월미도는 각종 과실나무들이 엉켜진 공원으로써 포도송이들이 아담스럽게 드리웠었다. 거기에 있던 아름다운 별장들은 유엔군의 5일간 함포·항공사격에 인해 완전히 사하라 사막처럼 허허벌판이 되어버렸다. 그 흙 밑에 우리 포대대의 많은 전투원들도 영원히 매장되어 버리고 말았다.

나는 뒷산에 위치한 전투지휘소에서, 전에는 예상도 할 수 없는 광경들을 멍하니 내려다만 보았다. 그때가 바로 1950년 9월 15일 아침 7시가량이었다. 유엔군의 상륙은 우리 전투원들의 저항이 완전히 좌절된 다음에 시작되었다. 부분적으로 잠복하고 있던 전투원들이 몇 곳에서 자동총사격을 하였으나 그것은 달걀로 바위를 때리는 격이었다. 나는 유엔군의 대형 함선들이 바닷가에 접하여 뒷문을 쫙 열면 거기에서 탱크들이 쏟아져 나오는 모습과 전투원들을 실은 작은 배들이 수없이 바닷가에 접근하는 것을 내려다보면서, 지휘소에 남은 군관들과 연락병인 신명절 중사와 함께 뒷산을 넘어 후퇴할 것을 계획하고 아래에 그 지시를 내렸다. 나는 당시 여단장 대리로 있었다.

종일 산기슭과 신작로, 오솔길을 걸어서 김포 비행장까지 도착하니 저녁이었다. 나는 작전과장에게 지시하여 참모장은 속히 서울로 호송하게 하고 인천여단에서 살아남은 총 인원수를 점호하라고 하니 총인원 26명이라고 하였다. 우리들은 쉬지 않고 밤을 새며 계속 행군하여 서울 방향으로 가는 동안 몇 번이나 죽을 고비를 겪었다. 유엔군은 인천에 상륙한 후 우리보다 더 빨리 앞으로 나가면서 김포 비행장과 서울 사이의 높은 고지들을 다 점령하고 그곳에 기관포와 기관총을 걸고 있었다. 그들은 지나가는 인민군대들을 사격하였다. 때문에 우리들은 대로에 접근하지 못하고 오솔길과 관목, 수풀이나 밭을 밟으면서 서울로 행하여 갔다. 한 번은 산위 고지에서 큰길을 향하여 계속 기총소사를 하기에 우리는 콩밭에 기어들었던 일도 있었다. 그러나 고지에서 내려다보면 콩밭에서 기는 사람들이 다 보이기에 계속 콩밭에 대고 기총소사를 하였다. 나는 이 콩밭에서 다 죽는다고 생각하였다.

다른 곳으로 우회하여 돌아 갈 길은 없었다. 그 콩밭에서 5명의 전투원을 잃었는데 그 중에는 직속부하인 정치부부장이 포함되었다. 내가 제일 앞에서 기고 그 뒤에 연락병 신명절이 기어오고, 그 다음 중좌인 정치부부장이 기어오다가 전사하였던 것이다. 사람이란 총에 맞으면 바로 죽는 법이 없고 꼭 얼마간 신음하다 죽는 법이다. 나는 그를 내버려 두고 갈 수가 없어서 신명절과 함께 그의 신음소리가 끝날 때까지 죽은 사람처럼 콩밭에 가만히 누워 있다가 연락병을 시켜 손수건을 그의 얼굴에다 덮어주고 다시 기어서 그 콩밭을 지났다. 내 손에서 손수건을 받으며 연락병은 "부부장 동지의 손목에 미국제 손목시계 새 것이 있는데 그것을 떼어 올까"하고 물었다. 나는 목멘 소리로 떼지 말라고 호통을 치고서는 곧바로 공연히 그렇게 하였다고 후회하였다. 그것은 급할 때 요긴한 경제 재원이었던 것이다. 이외에 우리가 잃은 전투원은 통신중대 통신수 3명과 다른 전사 한 명이었다. 참모장 김창희는 벌써 15일에 부상당하여 후송되었기 때문에 나머지 인원은 나의 지도 하에 작전과정이 인솔하였다.

우리가 서울에 도착하였을 때는 17일 오후였다. 작전과장은 서울 전선사령부에서 700명의 보충인원을 받아 가지고 의정부 동두천을 지나 연천 서편 임진강을 건너 황해도 장풍군에 가게 되었다. 우리들의 전투 의무는 여기에서 10일간 전투훈련을 한 다음, 무기를 접수하고 다시 나가 인천을 탈취하는 것이었다. 그러나 우리가 목적지에 도착하고 5일 만에 서울이 떨어졌다. 나는 해군사령관 한일무의 무전 명령을 받고 700명 전투원들로 2개 대대를 조직해서 평북 운산 대유동을 걸쳐서 신의주에 도착하였다. 이때는 벌써 서울뿐만 아니라 평양도 떨어졌을 때였다. 나는 신의주에서 부대를 인솔해 압록강을 건너 안동시로 들어갔다. 그곳에서 작전과장 인솔 하에 전투원들을 기차에 태워 만포에 모이도록 지시하고, 나는 자동차로 압록강을 따라 만포에 도착하였다. 이때는 벌써 10월말, 중국 인민해방군이 '항미원조' 표어를 들고 조선에 들어섰을 때였다. 이들을 가리켜 중국 인민지원군이라고 하였다.

만포에 도착하여 최고 사령관의 명령으로 인천여단 전투원들을 해안방어 26남포 여단장 강병학 대좌 동지에게 인계하고, 나는 중국 동만주 한인 민족자치현 연길시에 도착하여 보병 32사 정치부장으로 갔다. 그곳에서 사단의 동기 훈련을 끝마치고 3월에 다시 사단과 같이 동부전선 철원 계선 제2집단군 최현 중장의 관리 하에 들어가게 되었다.

나는 여기에서 전투에 한번도 진입하여 보지 못하고, 다시 최고사령관의 명령으로 중국 남만주 동풍에 새로 조직된 조선인민군 항공 제1방사기 사단 정치부장으로 가게 되었다. 비행기의 협조를 받지 못하여 제1차 진공에서 완전한 실패한 조선인민군은 새로운 항공부대들을 조직하여 다시 남한에 진군하여 보려고 꿈꾸었던 것이다.

동족 상잔과 군인들의 가정

조선전쟁에 참가한 나는 자국 영토 내에 같은 민족들의 상잔이란 없어야 된다는 것을 뼈저리게 느꼈다. 다 성장한 아이들을 볼 때마다, 암으로 일찍 죽은 부인을 생각할 때마다 지금도 가슴 아프게 회고하고 있다. 내가 일하던 내각 지도간부 학교는 평양에서 경치가 좋은 사동에 위치하고 있었다. 이 부락은 대동강변 절벽위에 '림강전'이 서 있는 솔밭공원 아래에 촘촘하게 들어앉은 부락이었다. 부락의 한쪽 옆 솔밭 기슭에는 사동 간부학교가 있었고, 또 그 옆에 평양 음악대학이 있었다. 그 앞으로 고지에 접근하면서 몇 개의 방공호가 있었는데 이 방공호들은 일제가 만약을 위하여 석조로 잘 건설한 것이었다. 6·25 전쟁이 시작된 후 평양감옥도 폭격을 당했는데 북한 내무성 각 형무소 지도국은 죄인들을 하는 수 없이 농촌에 분산시키는 한편 특별한 죄인들은 이러한 방공호들에 배치하였다. 그러던 차 유엔군이 북한에 입성하기 전날 일부 특별 죄인들은 다시 평양 중앙형무소에 운송하여 총살하고, 이 방공호에 남아 있던 나머지 죄인들은 그 방공호를 폭파하여 전부 죽였다.

그 후 평양에 유엔군이 입성했다. 남한의 치안대원들과 지방 인민들의 협조에 의하여 방공호 안에서 몰살한 죄수들의 시체를 파내어 내각 간부학교 마당에 백포를 펴놓고 그 위에 시체들을 나란히 눕혀 놓았다. 그렇게 조치를 한 다음, 사동 간부학교 교원과 노동당원, 인민군 복무자 가족들을 강제로 불러 그 죽은 죄인들을 씻어내게 하였는데, 몇몇 시체의 주인들은 인민군 가족들로 하여금 그 시체들을 순전히 손으로만 소제하게 하였다. 그러면서 그 소제원들을 구타하고 멸시하였다. 그 소제원들 중에는 연로한 할아버지, 할머니도 있었으며 인민군 군인들의 젊은 부인들도 있었다. 그러나 사회가 잘못되어 두 사상으로 분류된 사람의 심리는 묘해서, 멸시받았던 자들은 자기의 이전명예를 회복하는 듯이 다른 무리에게 또 멸시를 주는 한편, 인간으로써 도저히 용서할 수

뒷줄 양자 오정규
앞줄 우로부터 딸 삼형제인 또마. 또샤. 넬랴

없는 마지막 행동까지 하는 것이었다.

당시, 나의 가정은 부인 채딴냐가 29세, 딸 3형제 중 장녀 마가 8세, 2녀가 3세, 3녀가 1세였다. 부인은 1946년에 평양에 도착한 후 평양사대, 김책대학 등에서 노어 선생을 하다가 1949년부터는 사동 간부학교에서 노어선생 노릇을 하였다. 내가 전선에 나가자, 시월 중순에 사동 간부학교 경리부는 나의 가정을 화물차에 실어서 피난시키면서 청천강 이남 개천시를 조금 못 미친 어느 촌락에다가 부려 놓고, 농촌 초가집 주인에게 얼마동안 있기로 허가를 받았다.

10월 20일, 평양이 떨어지고 순천, 숙천에 유엔군이 들어왔다며 주인은 우리 가정에게 떠나라고 했다. 주인은 "숙천에 벌써 낙하산 부대가 내렸는데 내일에는 이 촌에 들어온다."고 하였다.

딴냐는 하는 수 없이 세 아이를 데리고 길가에 나갔다. 유숙하던 집에서 길가까지 약 500미터정도 되는 거리를 한 살짜리를 업고 세 살짜리 또샤는 이끌고 또마는 걸리면서 땀을 흘리며 길까지 겨우 나오니 수백 명 사람들이 아이들을 업고 이끌고 하면서 모두 북쪽으로, 개천 쪽으로 빨리 걸어가는 것이었다. 개천이 거리가 얼마나 되는지 모르기도 하거니와 세 아이를 데리고 걸어가려고 생각조차 할 수 없었다. 제일 큰 문제는 세 살 먹은 또샤였다. 연약한 여자 몸으로 두 아이를 업을 수 없고 세 살짜리 아이가 걸으면 얼마나 걸을 것인가? 딴냐는 길옆의 작은 나무 그늘 밑에 앉아서 다같이 죽으면 죽었지 더 나아갈 수는 없다고 투덜거렸다. 그때 어떤 피난민 여자가 딴냐에게 말했다.

"이 아이 하나는 내버리고 세 명은 걸어가 살아야 되지 않는가?"

그러자, 그 옆의 또 다른 여자도 덩달아 말을 부추겼다.

"아니 … 지금 토지 개혁 때 남한에 도망갔던 많은 사람들이 돌아와 치안대를 조직하고 간부들이 죽어나고 인민군대 가족은 몽땅 학살했다는데 아이들을 데리고 가다가 모두 다 죽게 되면 어떡하오? 아이 하나는 저 풀숲에 내버리고 가는 게 다른 사람들이 사는 길이오."

딴냐는 그런 말들을 듣고 생각해보니 그럴 것도 같았다. 그래서 또샤를 그 자리에 떨궈두려고 생각하면서 일어서려고 하니, 세 살짜리 아이는 벌써 치마꼬리를 꼭 붙잡으면서 '마마!'하고 더 고함을 치고 우는 것이었다. 딴냐는 주저앉으며 생각하기를 아이를 버리고 가는 일은 인간의 도덕을 가진 사람으로서 할 일이 아니라고 생각했다. 자신이 살겠다고 자식을 풀 섶에 던지고 간다는 것은 사람으로서 할 수 없는 일이라고 생각하면서 세 아이와 부둥켜 앉아 울었다. 이렇게 죽으라고 던지자고 해도 던질 수 없고, 울지 말라고 때리면 더 높이 소리쳐 우는 것을 ….

인간으로 살아가라고 세상에 태어나게 해놓고 삼 년 동안이나 금이야 옥이야 키우던 아이를 죽으라고 풀 섶에 던진다는 것은 정말 인간적이지 않음을 알고는 더욱 눈물이 솟구쳤다. 딴냐는 계속 울고 앉아 있었으나 다른 피난민들은 계속 길을 가득 채우면서 북으로 북으로 가고 있었다.

바로 이때, 지팡이를 짚고 지나가던 어떤 전사 한 명이 딴냐에게 왜 앉아 울기만 하는가하고 물었다. 자신의 기구한 형편을 이야기하자, 그 전사는 또샤를 대뜸 안으면서 어서 가자고 하였다. 이들이 약 1Km정도 걸어가니 군대 견인차 한 대가 포를 견인하고 차 위에 수십 명의 부상병들을 싣고 오르막길로 겨우 올라오는 것이었다. 이때 또샤를 안은 전사가 큰길에 나서면서 높은 소리로 차라리 이 아이를 죽이고 너희들만 가라고 하면서 지팡이를 내흔들었다. 운전기사는 운전하던 차를 멈추고 큰소리로 물었다.

"어떻게 하라는 거야? 다 죽자는 거야? 그렇지 아니면 부상병이라도 가게 할거야?"

전사가 그 말에 대답했다.

"이 아이들이 다 죽고 너희는 살아서 무엇을 하겠다는 말인가?"

그러니깐 차 위에 탔던 전사 한 명이 내리면서 말했다.

"내 대신 그 아이들 두 명을 실어라."

그러니 또 다른 전사 한 명이 내려서 세 번째 아이도 싣고 딴냐에게도 타라고 하였다. 부상병들은 전부 포 다리, 포대 위에 매달려가면서도 아무 말도 없었다. 그 차에 앉은 딴냐는 개천을 지나 허천까지 갈 수 있었다. 여기까지 도착한 운전기사는 여기에서 휘발유를 더 얻으면 내일 아침에 더 갈 수 있어도 그렇지 않으면 갈 수가 없다고 하였다. 딴냐는 하는 수 없이 아이들을 데리고 저 멀리 산기슭에 보이는 초가집에 찾아가니, 거기에서 뜻밖에 소련에서 같이 나온 리춘백의 가족과 그의 부인 류다를 만났게 되었다. 그녀는 벌써 이틀 전에 여기에 도착하였다고 하였다.

류다에게는 아이 2명이 있었는데 큰딸 쓰웨따가 11살, 아들 쓸라가 8살이었다. 애들이 그나마 큰 편이어서 류다는 딴냐보다 큰 근심은 없었다. 그러나 중국으로 넘어가자면 만포까지 가야되는데 자동차가 없어서 문제였다. 딴냐는 류다를 만난 것이 큰 친척을 만난 것보다 더 반가웠다. 류다는 딴냐에게 "이제는 죽어도 같이 죽고 살아도 같이 살자"고 했다. 딴냐에게는 큰 의지가 생긴 것 같았고 살길이 열린 것 같기도 하였다. 류다는 리춘백이 가지고 다니던 권총이 있었던 바, 그것을 보이면서 유엔군 흑인이 하나 둘쯤 들어오는 것은 염려 없이 쏘아 죽일 수 있다고 하였다. 딴냐는 그런 재간도 없었고 대담성도 없었다.

그 며칠 뒤, 원산에 유엔군이 상륙하였으며 개천과 안주에 적이 들어왔기에 속히 만포로 이동하여야 되었다. 그 밤으로 허천을 떠나야 했기 때문에 늦은 밤임에도 불구하고 큰길에 나가 지나가는 차를 붙잡아 가는 수밖에 없었다. 밤에 자는 아이들을 깨워 옷을 입고 밖으로 나갔으나, 또샤는 잠에 취했는지 앉히면 뒤로 쓰러지고 앉히면 쓰러지곤 하였다. 그러하건 저러하건 딴냐는 넬랴를 업고, 자려고 우는 또샤를 이끌고 큰길가에 나갔다. 짐을 곱으로 싣고서도 그 위에 사람들을 태운 수많은 자동차들이 한대도 멈추려고 하지 않았다. 벌써 시월 말이라 날씨는 완전히 매서운 추위를 몰고 오기 시작하였다. 울면서 떨고 있는 시간에 어떤 화물차 한 대가 멈춰 주었다. 운전기사가 짐이 많은데 위험해서 어떻게 저 위에 타고 가겠느냐고 물으니 두 사람은 어찌되었든 태워만 주면 모두 타고 가겠다고 했다. 그래서 아이들 둘을 짐 위에 앉혀놓고 큰애들과 두 여인은 짐을 붙잡고 서서 강계 고개를 넘어 만포까지 손이 어는 것도 참으면서 아이들의 목숨이라도 구하자는 생각만 했다.

만포에 도착한 후 만포다리를 건너 쯔반역에 도착하니 중국 여성들이 더운 밥, 시래기 국을 끓여 놓고 무김치에 어서 속히 먹으라고 하였다. 먹는 것은 고사하고 며칠 밤을 잠 한 번 자지 못하고 떨면서 온 류다와 딴냐는 어디든 빈방에 들어와 자라고 하면 그것이 더 반가울 지경이었다. 그때 김일성의 수하 벼슬아치들이 승용차에 짐을 모조리 싣고 만포에 도착했다. 쯔반 역에서 다시 기차를 타고 하얼빈으로 가는데 그들은 짐을 가득히 싣고 기차를 탔지만 류다와 딴냐는 짐이라고는 아이들이 전부였다. 여기서부터 북만주 하얼빈시까지 도착하는 며칠간 일정한 역전에서 이미 상부에서 주문한 점심, 저녁을 먹으면서 여행객처럼 실려가 하얼빈 역전에 도착하자, 벌써 조직적으로 배당하여 놓은 적고 큰 여관들이 배정되었다. 죽을 때까지 친형제처럼 맺어진 류다와 딴냐는 한 집의 같은 방에서 지내게 되었다.

당시 리춘백 소장은 제7예비군단 군사위원으로써 아직 조선에 도착하지 못하고 사평시 지역에 군단과 같이 있었다. 그 지역에서 동기 훈련을 끝마치고 3월에야 조국의 땅인 석왕사 삼림 속에 주둔하여 전선 예비로 있었다. 때문에 하얼빈에 도착한 류다는 남편 리춘백이 있는 사평시로 얼마든지 내왕할 수 있었고, 피난 온 가정들은 류다를 행복한 여자라고

1950년 6·25전쟁 직전, 평양에서 찍은 딴냐(왼쪽·당시 29세)와 류다(오른쪽·당시 31세)

하였다.

하얼빈에 도착한 북한 간부들의 가정들은 일정한 장악금을 일인당 계산으로 국가로부터 받아 풍족하게 살아갈 수 있었고, 이 가족들을 관리하기 위하여 조선 정부 대표가 여기까지 와서 가족과 같이 있게 되었다. 그곳의 가족들은 1953년 7월 27일 정전협정이 비준될 때까지 그 곳에 계속 있었다.

정전이 되자, 두 사람은 각자 아이들을 데리고 남편들을 따라 딴냐는 묘향산 정치군관학교 소재지, 류다는 강원도 석왕사의 제7예비군단 주둔지에 도착하였다. 1953년도 가을철이 돌아오자 아이들의 공부문제로 인하여 군관 가족들은 전부 평양에 모이게 되었다. 딴냐가 묘향산에 도착한 후, 평양에 나오기 직전에 우리 가정에는 큰 불행이 생겼다.

7월 27일 정전협정이 조인된 후 최고 사령관 김일성은 8·15해방 8주년 기념행사를 본격적으로 할 예정으로 인민군내에서 전투에 참가하였던 전체 근위사단 성원들과 각 전투들에서 명성을 떨친 부대들을 전부 포함한 각 병종 군관학교 성원들을 100% 열병식에 참가시키기로 하였다. 나는 그 열병식 준비를 위하여 이미 10일 전에 군관학교 학생 2천여 명을 기차에 싣고 평양에 도착하였다. 우리 부대는 총참모부에서 정해준 동평양 비행장 부근에서 열병식 훈련을 하고 있었다.

8월 10일 오후에 총참모 부대로 무전이 날아왔다. 총참모부 당직군관이 전화를 걸어 왔는데, 우리 부대 작전부장에게 말하기를 장 교장 가정에 불상사가 생겼으니 연락되는 즉시 집에 돌아가 보라고 했다는 것이다. 내가 시계를 보니 오후 4시경이었기에 200Km 거리를 가자면 5시간이 걸리겠으니 저녁 9시경에야 집에 들어설 것을 계획하고, 작전부장을 불러 내일의 업무를 가르쳐주고 운전 부관을 데리고 집으로 향했다. 자동차 안에서 집에서 무슨 사고가 일어났는지 몰라 속을 태우던 중 차는 순천을 지나 개천에 들어가기 직전이었다. 작은 고갯길에 들어섰을 때에 우리 자동차 앞으로 큰 여우 한 마리가 새끼 둘을 데리고 길을 건너가는 것이었다. 나는 권총을 빼들고 그 놈들을 쏘려고 생각하다가 산짐승에게 나에게 하등 필요 없는 해를 입힐 것이 무어있겠냐고 생각하면서 그만 두었다. 그러지 않아도 불안하던 내 맘이 더 불안하게 되었다. 예전에 어렸을 적에 아버지가 말한 이야기가 불현듯 생각났다. 남자가 큰길로 갈 때에 여우나 뱀이 길을 건너가면 뒤에 꼭 불행을 만나게 되니 기억해두라고 했었다. 나는 속생각으로 '이것 봐라 … 그러지 않아도 집에 불상사가 생겼다고 하여 가고 있는 길인데 이것은 무엇을 의미하는가? 불상사를 예고하는가? 그러고 보니 지나가고 있는 바로 이 자리가 1950년 10월 후퇴시기에 딴냐가 세 아이들을 데리고 길가에 앉아 울음을 울던 곳이구나 ….'하고 가슴을 졸이며 운전기사에게 차를 더욱 빨리 몰아라고 하였다.

어느 덧 개천을 지나 구장을 오른편으로 보면서 산굽이를 한두 번 도니 바로 향산 역에 도달하였다. 오른편으로 차를 돌려 묘향산 골짜기를 굽이돌아 첫 차단소에 도착하니 맘은 더욱 쫄렸다. 차단소를 지나 부대 참모부에 도착하니 당직 군관이 집안일을 보고하는데 말끝에 '대좌 동지의 딸이 물에 빠져 죽었다.'는 것이었다. 나는 거기에서 부관과 같이 집으로 걸어가고 운전기사는 자기 중대에 가서 휴식하라고 하였다. 집에 들어서니 11세 되는 큰딸의 시체가 큰방에 눕혀 있었다. 딴냐의 옆에는 군관 부인 몇 명이 앉아있었고 군의관이 나에게 자세한 보고를 하는 것이었다. 동네 아이들과 같이 멱을 감으러 간 또마가 산골 물 속을 모르고 들어갔는데 그 아이는 헤엄을 칠 줄 몰랐던 것이었다. 아이가 물에 빠졌다고 집에 달려왔기에 근처에 있는 군인들이 강가에 달려가니 아이는 벌써 깊은 물 바닥에 가라앉았던 것이다. 아이를 건져내어 인공호흡을 시켰으나 물을 토하지 못하고 죽었다고 하였다. 딴냐가 그 전쟁의 어려움 속에서 겨우 살아서 중국에까지 가서 고생을 하며, 또 내가 항공사단에서 복무할 시 여러 곳을 따라 다니게 하면서 고생만 시키다가 겨우 조국 땅에 돌아왔는데, 결국 공부도 제대로 시키지 못한 상태에서 그 아이를 잃고 말았던 것이다.

인민군 제1방사기 항공사단

미군은 낙동강 계선에서부터 기본 항공 전투기재를 이용하여 자기 전투원들의 공격을 적기로부터 엄호하며 적의 공격을 방어하는 동시에, 적진지와 이동하는 적을 20미리 기관포와 로켓포로 포격 기총소사 하였다. 그러나 인민군대에는 전쟁이 중반에 이를 때까지 방사기 항공사단이 없었다. 인민군 항공방사기 사단은 1951년 8월 첫 전투를 치렀다. 그런데 이런 출중한 비행단은 북한역사에 더 이상 나타나기 어려울 정도였다.

이 항공 사단에는 2개 연대가 있었는데 각 연대에 전투기가 30대씩 60대, 사단장과 부사단장의 비행기 둘, 종합 62대의 방사기가 있었다. 훈련용 방사기 2대도 있었는데 모두 미그-17기였다. 그 외에는 야크-18기 몇 대가 보충연습기 혹은 연락용으로 이용되었다. 이 외에 사단 편제에는 기술대대 1개가 있었던 바, 이 구분대는 전투비행기들을 기술적으로 정비하며 탄약과 연료를 공급하였다. 사단 전체 성원들의 침식을 튼튼히 보장하여 주었던, 아주 중대한 전투원 집단이었다.

본래 소련 전투편제에 의하면 이 기술대대는 각 비행장에 고정적으로 고착되어있는 지상 근무원 집단이었다. 만약 항공 연대가 전투행동 목적에 따라 다른 비행장으로 이동하였을 시 그 비행기들이 도착한 비행장에 있는 기술대대가 그들을 정비 보장하게 되어 있었다. 그러나 인민군대에는 이런 대대가 하나뿐이었기 때문에 우리 대대는 훈련목적으로 항공연대들이 이동함에 따라 남만주 동풍과 안산, 북경주변 양촌, 요동반도 여순, 그리고 의주, 구성, 용성, 평양 등으로 자주 이동하였다. 이 기술대대에는 발동기 정비, 무장정비, 통신중대, 경비소대, 운수중대, 공급중대 등의 구분대들과 함께 취사원, 이발사, 세탁원, 양화 수리공까지 있었다. 때문에 한번 이동하자면 2개의 화물 열차가 필요하였다. 그것은 특별기계들로 정비된 화물자동차들이 많았기 때문이었다.

전투부대 편제에는 사단장 강대용, 부사단장 김히경, 제1연대장 태극성, 2연대장 강정덕이 배치되었고, 각 연대에는 3개 대대, 매 대대에는 3개 중대가 있었다. 매 중대에는 미그-17형 비행기 3대씩이 있었다. 1951년 8월 처음으로 전투에 투입될 시에는 미그-15기로 전투에 참가하였다. 비행기마다 37미리 포 1문에 포탄 40개와 23미리 기관총 2문과 총알 160발, 총 200발의 화력을 가졌다. 이 외에 지상 근무원으로 참모장 이하 10여명의 군관과 정치부장 외에 8명의 군관이 더 있었다.

제1방사기 사단 비행사 60명은 전부 소련 유학생들이었다. 제1차 공격 실패 후, 김일성 사령관의 명령에 따라 항공부대를 강화할 목적으로 소련 유학생 중 3학년 이상 학급에서 가장 건전한 학생들을 송환하여 방사기 비행사단에 보냈다. 소련은 비행사들을 신속한 시간 내에 준비하기 위하여, 잘 준비된 교관들과 함께 소련 삼중영웅 꼬제두브 사단장(대좌)이 인솔하는 소련 근위 항공방사기 사단을 파견하였다.

2월에 조직된 사단은 3개월 동안에 이론 상학들을 완료하고 5월에 북경부근 양촌으로 이동하여 소련 방사기 전투부대를 만났다. 낮이면 각 비행기에 우리 비행사들이 올라타고 앉아 소련 비행사가 가르쳐 주는 대로 비행기의 구조와 각각의 기능과 작용 등을 공부했고, 저녁이면 이론 상학을 진행한 결과 6월부터 비행훈련을 시작할 수 있었다. 7월

말에는 비행훈련을 끝마치고 8월에는 남만주 안산비행장으로 이동하
였다.

우리 사단은 소련으로 귀환하는 소련 항공방사기 사단장 꼬제두부,
정치부장 졸로뚜힌에게서 전투기재들을 접수받게 되었다. 이 곳에서 7
월 말에 전투기재 인계 인수사업을 완료하고 항공사령부 왕련 사령관,
리활 부사령관의 입회 하에 소련사단과 송별연회를 굉장히 크게 연 다
음, 우리 연대들은 하나씩 안동으로 이동하여 본격적으로 전투에 참가
하게 되었다.

안동에서 전투에 투입될 시 소련 삼중영웅 꼬제두부 사단은 우리 전
투부대를 전투 계선에 호송하여 주었고, 우리 비행기들에 대한 적의 침
공을 막아 주었으며, 적의 위험한 우회공격에 대하여 라디오로 우리 비
행기들에 알려주곤 하였다. 이러한 일은 우리 비행사들이 항공전에 투
입된 초에 이루어졌었다.

그 후, 우리 비행사들은 한국인의 영리한 특성을 발휘하면서 수많은
적기들을 조선 영공에서 추락시켰다. 제1연대장 태극성은 공중전에서 8
대나 추락시켜 공화국 영웅이 되었고, 강정덕은 6대를 추락시켰다. 항
공 1사단은 전쟁 2년 동안 적기를 총 21대나 추락시켰으며, 그 중에는
미공군 8군사령관 웬플리트의 아들이 그의 아버지 생일날에 전투에 나
온 것을 추락시켜 포로로 만든 경우도 있었다.

제1방사기 사단은 전투를 잘하여 최고사령관 김일성이 2차에 걸쳐
방문하였다. 항공 1사단은 영예롭게 공중전에서 위훈을 세웠지만 9명이
나 공중전에서 전사하였다. 특히 수치스러운 일은 정전 1개월을 앞둔
1953년 6월 말일 경 전투비행 모범중대장 상위 노금석이 공중 훈련 중
미그-17기를 타고 남한으로 탈출하여 김포 비행장에 착륙하였던 일이었
다. 그 당시 나는 항공 1사단을 3개월 전에 이미 떠나서 김책 정치 군관
학교 교장으로 전근되었을 때였다.

나는 그 당시에 생각하기를 '참 그 놈이 고약한 놈이로구나. 조국을

변절하고 적에게 넘어가다니 …. 그러고 보니 나도 참으로 천명이로구나. 그 사단을 떠나기를 잘했지. 계속 있었더라면 철직 유형살이를 면치 못했을 것이로다'는 생각을 했었다. 그러나 지금에 와서 그때 실정을 분석하여 볼 때, 노금석 비행사는 변절자가 아니라 어쩔 수 없는 환경에서 자기 삶의 길을 찾은 영웅적 걸음을 걸은 청년이라는 생각이다.

노금석이 남으로 귀순할 때는 박헌영과 이승엽 등 여러 남로당 간부들이 검거되었을 때였다. 당시 자기의 가장 친근하던 친구인 이승엽의 아들이 같은 비행사로 있다가 눈물을 흘리며 잡혀간 것을 노금석은 밤잠을 이루지 못하고 걱정하였다. 당시에는 문제자가 생기면 그 주변 인물까지도 철저히 조사하던 시대라 '이제 언제쯤 나를 잡으러 오나.'하고 걱정을 하지 않을 수 없었던 것이다.

목숨을 걸고 매일같이 싸운 노금석이 왜 이렇게 되었는가? 노금석의 아버지는 함흥 흥남 공장에서 모범기사로 일하다가 자위대 성원으로 함흥 방어시 전사했다. 그때 노금석의 어머니는 젖먹이 딸을 데리고 있었다. 유엔군이 후퇴할 때 함흥에 원자탄을 던진다는 소문이 퍼지면서 많은 시민들이 남한으로 내려가게 되었을 때, 노금석의 어머니도 본래 남한 출신이었고 그 곳에 친척도 있고 하기에 남한으로 내려가는 길을 택했다. 노금석은 전쟁 3년간 수차례 집에 편지를 보냈으나 회답을 한 번도 못 받다가, 1953년 정월에야 자기가 살던 마을 리장에게서 온 회답을 보았다. 아버지는 전사하고 어머니는 월남하였다고 했다. 편지는 노금석의 가슴속에 큰 아픔을 던져 주었다. 북한에 살던 노동당원의 가족이 적을 따라 남한에 갔다는 것은 조국에 대한 변절로 인정받을 것이 아니겠는가? 자신은 그 어머니의 아들. 철직, 제대, 정치범 수용소 앞으로 갈 길이 가까워진 것이다. 아득하게 죽음의 길만 보였을 것이다. 그러니 정치범 수용소에서 죽기보다 남한에 넘어가 어머니나 만나보고 죽겠다고 결심하고 사선을 넘었던 것이다. 그러니 노금석만 변절자라고 하지 말고 북한의 정치제도에 대하여서 깊이 생각해보아야 했다.

여하튼 항공사령부 간부들이 이 사건으로 인하여 많은 천대를 받았다. 그러나 이보다 더한 것은 1952년 7월에 있었던 일이었다. 항공사령부는 여성 비행사들을 이용하여 야간에 폭격기로 적 진영을 혼란시키려고 계획했다. 경비행기 야크-18형 2대를 준비하여 38선 부근 사리원 이남의 은근한 지형을 따라 작은 활주로를 준비했다. 소형 폭탄을 200Kg씩 적재한 다음, 공화국 여성비행사 영웅인 여성비행대대장 대위 태선희, 그의 가장 친근한 여성비행사 중대장 상위 진을란을 태우려고 하였다. 그러나 그들이 탄 비행기 중에 태선희 주도기가 이륙하지 못하고 약 500m 전진하여 강냉이 밭에 가 떨어졌다. 마침 다행히 비행기에 적재한 폭탄들은 폭파되지 않아 천만다행으로 목숨을 구원할 수 있었다.

그런데 뜨려던 비행기가 뜨지 못하고 강냉이 밭에 가 거꾸러진 것만 해도 비행사로써 일생의 망신이요, 비행장에도 나타나지 말아야 될 일이었다. 그런데 정반대로 그 이튿날 아침 항공사령부 참모장 김원길 소장, 그 뒤에 항공사령부 비행부사령관 리활 소장, 두 장성들은 최고사령관 김일성에게 이렇게 보고했다.

"항공사령부 영웅적 여성비행 대대는 대대장 태선희 대위가 영도하여 영웅적으로 적진지 폭격 임무를 수행하고 자기 진지에 돌아왔음. 보고자-소장 김원길."

보고하러 들어간 김원길 소장과 리활 소장을 대단한 기쁨으로 최고사령관은 맞이했고, 다음날 최고사령관의 직권명령으로 김원길 참모장, 리활 부사령관을 중장으로 승진시켰다. 태선희도 덩달아 소좌가 되었다.

북한의 출판물과 라디오 방송은 '하늘의 용사들의 대성공'이란 표제 하에 비행사들의 영웅성에 대하여 연발하였다. 그런데 어떻게 된 영문인지 태선희 대위는 아직 소좌의 견장도 달지 않고 자기 침실에 누워서 얼굴을 감추고 슬프게 울고만 있었다. 여자들의 심정이란 아이들의 심정과 비슷하여 왜곡할 줄을 잘 모른다. 그런데 자기가 잘못하여 부끄러운 일을 겪었건만 그 반대의 보고를 나라의 최고 책임자에게 해서 허위적 공훈에 표창까지 받게 되었으니 다른 사람들의 얼굴을 마주보기가 부끄러워서 우는 것이었다. 진을란 상위도 어디론가 피하고 구분대에 나타나지 않았다.

이런 형편을 알아챈 정치안전부 군관들은 진을란과 태선희를 심문하게 되었고 전투 비행을 보장한 일부 기술 근무원들부터 담화한 결과, 사건이 대단하게 조작되었다는 것이 밝혀졌다. 그 후 안전부 계통으로 최고사령부 정치안전부장 석산에게 보고가 전달되었다. 석산은 이에 대하여 신속히 최고사령관에게 보고하고 그 즉시 항공사령부로 내려갔다. 부사령관, 참모장을 불러놓고 조서를 만든 다음, 태선희와 진을란도 불러 그 조서에 서명하게 하였다. 태선희는 뒷일에 대하여 겁을 먹고 떨기는 하였지만 자기 양심상 차라리 죽는 한이 있더라도 일생을 자기가 자기를 속이고 살 수 없는 형편에서 잘 되었다고 생각하였다. 결국 최고사령관은 군사위원회에 회부하여 해결하도록 하였다.

며칠 후에 소집된 군사위원회는 항공사령부 전체 책임간부사령관 왕련 이하 김원길 참모장, 군사위원 김태건, 정치안전부장 박창선, 정치부장 등을 전부 철직, 제대시켰다. 이 중 김태건, 김원길은 1954년 사상검토 때 다시 사건을 조사하면서 투옥되어 처단되었다. 이 두 사람은 소련출신 간부로써 한번도 전투비행장에 나가 본 일도 없었건만 하부의 보고를 그대로 접수하여 최고사령관에게 허위보고를 하였다는 죄로 자기목숨을 바쳤다. 그러나 처단될 때의 실제 상황은 이들이 소련 출신이라는데 있었다.

이렇게 항공 사령부가 총탄압을 당한 후 항공사령관으로 한일무, 비행부사령관으로 리활, 참모장으로 오진우, 정치부장에 오시현, 기술부사령관에 최한극, 군사위원에 최일 등으로 새 간부진을 구성했다. 나는 이 사건이 있기 수개월 전에 최고사령관의 명령에 의하여 김책 정치군관학교 교장으로 임명되어서 인민군 총정치국의 관할 하에 당시 정치군관학교가 주둔하여 있던 평북 향산군 묘향산에 가 있어서 화를 면했었다.

김책군관학교장 시절의 장학봉

조선인민군 김책 정치군관학교

조선인민군 김책 정치군관학교는 1947년에 평양과 남포 사이에 위치하여 있는 대한리에서 처음 조직되었다. 인민군대 생성 초기에 조선인민군 각 병종 군관들을 준비하는 모체였다. 여기에는 각 병종반들과 함께 항공반도 있었다.

초대 교장에는 내각 부수상으로 있던 김책 선생이 있었기에, 선생의 사후 1951년부터 김책 정치군관학교라고 명명하였다. 정치군관학교가 조직된 후 교장들이 많이 교체되어서 나는 그 학교에 7대 교장으로 임명되어 갔다.

나는 1953년 3월부터 1955년 8월까지 일한 후, 항공사령부 군사위원으로 승진되어 전근하였다. 나는 항공 1사단에서 김책 정치군관학교로 올 때나 정치학교에서 군사위원으로 갈 때에 이것이 모두 항공 제1사단 비행사들이 전쟁시기에 영웅적으로 피를 흘리며 싸운 덕택이라는 것을 알고 있었다. 그때의 비행사들은 앞으로도 자유조선의 진실한 역군이 될 것이다. 그런데 그때의 비행사들 중 많은 사람들이 소련에서 공부하였다는 죄로 탄압을 당하여 지금 어떤 정치범수용소나 협동조합에 가서 고생하고 있는지 알 수 없다. 유명한 비행사 강대용 사단장은 내가 조선에 있을 시 이미 정치적 불신임자로 철직, 제대되어 지질탐사대에서 일하도록 강급 되었었다.

나는 정치학교에 도착하자 강령부터 곧바로 검토하였다. 때는 정전이 가까워오고 있어 전망 있고 각 방면으로 유식하고 건전한 군관들을 준비하여야 하였다. 때문에 군사 규정들과 전투훈련, 군사과학과 세계군대 역사, 세계사, 세계문학사 개념, 소련공산당사 개념 등을 군관학교 8천 시간 중에 많이 할애하면서 조선노동당 투쟁사, 조선정치 경제지리, 조선어문학 등은 어느 정도 알맞게 제한하였던 바, 그 이유는 자기나라 것의 과목은 학교 졸업 후에도 자기 열성에 따라 얼마든지 보충할 수 있다는 주관 때문이었다. 학습과정에 있어 교장은 반드시 조선노동당사를 강의하게 되어 있었으나 나는 그것을 거절하였다. 나는 교수시간 배정 시에 교원들 앞에서 노골적으로 말하였다.

"과학이란, 사람이 백과 전문하는 법이 없이 어떤 전문적 과학을 연구해야 실정에 달하는 법인데 나는 소련에서 공부한 것 정도의 소련공산당사나 세계사 같은 것은 부분적으로 강의할 수 있어도 노동당 투쟁사는 위신 있는 전문교원들에게 위임하여야 한다는 결론을 내렸다."

그때 속으로는 '매일 새로운 거짓말을 보충하여 변경시키는 거짓말 역사를 어떻게 학생들 앞에서 가르친단 말인가?'하고 생각했던 것이다. 그러나 그 당시에는 이러한 나의 결정이 정당한 결론으로 인정되었지만 내가 항공사령부 군사위원직에서 철직될 때에는 모든 것이 뒤집어져서 내가 고의적이고 독단적인 강령을 작성하였다고 하였다.

학교 편제는 일반적 연합부대 편제와 유사하여 지휘관에 교장, 부지휘관 겸 참모장 겸 교무부장, 작전부장 겸 군사학 전술학부장이 있었다. 그리고 역사, 경제, 정치, 지리, 어문학, 노어 등의 부들이 있고 그 외에 정치부, 후방부 교장 겸 후방부 부대장에게 속하는 운수중대장, 공급중대장, 양식부, 피복부, 재정부기부, 후방경리부, 그 아래에 목축장, 야채재배 보장부 등이 있었다. 이 외에도 2개의 학습대대, 통신중대, 경비중대, 군악소대 등의 편제가 있었다. 또 상급 및 고급 정치군관들의 상식 수준을 제고하기 위한 강습소가 있었던 바, 약 100명의 군관들이 3개월 기한으로 공부하였다.

나는 교장으로 배치되자 이 강습소를 나의 군사상식을 제고시키는 강습소로 인정하면서 주로 군사과목에는 빼놓지 않고 참가하였다. 학교에는 고정적으로 2명의 소련인 고문관이 있었다. 총고문에는 전쟁 때 사깝까즈 전선 정치부장으로 근무했고 소련 조국전쟁 후에는 모스크바 군사 아까제미야 정치학박사로 있었던 모로조프 소장이 있었고, 고문에는 사단 작전부장으로 있던 리보또프 중좌가 있었다. 소련 고문들은 우리가 작성한 학교 교육강령을 검열하고 그에 배당된 총 시간들을 검열했다. 그리고 또 각 학부장들이 작성한 강령 내용들을 제목별로 검열하였다. 그 외에 그들은 자기 계획에 의하여 부분적 상학에 참가하는 한편 야외 군사훈련 시간에는 꼭 참가하였으며 여유시간에는 산골짜기를 따라다니면서 사냥을 하였다. 그 외 토요일과 주일에는 평양에 있는 총고문 라주바예프 상장과 정치 총고문 그리고리예프 소장에게 가곤 하였다.

그 후 1955년부터 군대에 사상검토 사업이 시작되자 소련 고문들은 한두 명씩 자리를 뜨기 시작하여 1958년에는 전부 소련으로 귀국하고 말았다. 내가 군관학교에서 일하는 동안 최고사령관 김일성은 두 번이나 학교를 방문하였다. 매번 전투 훈련을 강화할 데 대하여 강조하는 한편, 묘향산 자연 풍경의 특수성에 대해서도 강조했다. 묘향산의 자연은 그 웅대함과 그 아름다움이 서로 잘 어울려 한 개의 명승지를 이루었다고 강조하였던 바 그 당시에 벌써 거기에다 혁명박물관을 지을 것과 자기 별장을 지을 것을 계획하였던 것이다. 그 후 그 일을 전개하기 위하여 전인민적 존경을 받았던 김두봉 상임위원장이 와서 높은 고지에 놓여 있는 보현사까지 올라가 보기도 했었다.

1953년 7월 15일에 아무런 연락도 없이 불시에 박정애 부위원장이 학교로 왔었다. 당중앙위원회 부위원장이 군관학교에 올 때에는 총참모부에서 무전으로 알리게 되어 있는데 웬일인지 이번에는 아무런 예고도 없이 도착하여 나에게 말했다.

"오후 4시 정각에 군관학교 전체 성원들을 야외 구락부에 모아 달라. 당중앙위원회의 비밀편지를 읽겠다."

당의 지시이므로 나는 그 즉시 참모장에게 지시를 내려 다 모이게 명령을 내렸다. 명령대로 노천 집합소에는 군관학교 전원이 경비중대 성원 몇을 제외하고 다 모였다. 나와 박정애 부위원장이 집합소에 도착하자, 참모장 김용현은 차렷 구령을 했다.

"박정애 부위원장 동지! 명령대로 정치군관학교 전원을 집합하였습니다."

부위원장은 대답 대신에 손을 들고 전체 인원들에게 앉으시오 하였다. 박정애 부위원장은 연단에 올라가서 가지고 온 편지를 꺼내어 읽기 시작하였다. 편지내용은 대략 다음과 같았다.

"허가이의 자살사건에 대하여. 1953년 2월에 자산 저수지 폭격 이후 허가이는 김일성 수상의 지시를 거역하고, 파괴된 저수지 지역에 책임적으로 지도하지 아니한 결과 근처에 살고 있던 농민들은 막대한 손실을 보게 되었다. 그 이후 당중앙위원회에서는 허가이의 반당적 행동을 취급하기 위하여 그에게로부터 해명을 요구하였던 바, 그는 해명을 준비하겠다고 하고서는 위원회에 나오지 않았다. 그 이튿날 다시 위원회를 소집하겠으니 꼭 나오라고 했으나, 그 이튿날, 즉 7월 3일 아침에 위원들이 다시 기다렸건만 웬일인지 그 날도 허가이는 나오지 않았기 때문에 무슨 일인지 하고서 그가 살고 있던 사택에 전화를 거니 거기에서 대답하기를 허가이는 자살하였다고 하였다."

조국과 당 그리고 전체 인민에 대한 변절자, 조국전쟁의 긴박한 시기에 중요 직책을 맡고 국사에 태만하였으니 공공연한 해독자라는 등의 여러 가지로 듣기 어려운 말들을 부위원장은 함부로 남발하였다. 노천 집합장소에 모였던 지도간부들과 책임적 간부들 그리고 모든 사람들이 모두 나의 얼굴만 쳐다보면서 아무런 말도 하지 않았다. 그것은 허가이가 소련출신의 간부요, 또 내가 그를 잘 알고 있다는 것을 알았기 때문이었다. 내가 일어서서 물을 것이 있는가하고 좌중을 둘러보니 그 누구도 대답하지 않았으며, 말할 사람이 있는가하고 물어도 대답들이 없었다.

나는 한편으로 허가이의 자살에 대해 의심도 하면서 박정애도 소련출신의 간부인데 어떻게 해명되지 아니한 사건에 대한 편지를 가지고 올 수 있었을까하는 생각에 도달했다. 그러나 그보다 먼저, 정치군관학교 교장으로써 편지에 대한 결론을 전체 부하들 앞에서 내려야 하였다. 나는 다음과 같이 말하였다.

"허가이가 조국이 신임하고 높은 당적, 국가적 책임을 위임하였음에도 불구하고, 전선에서 용사들이 피 흘리는 아주 준엄한 시기에 자기 맡은바 책임을 다하지 않고 태만한 것은 조국과 인민에 대한 변절이다. 나아가서 그가 지은 죄를 당은 그래도 관대히 처리하기 위하여 위원회에 불렀으나 그는 여기에 대하여 자살로 대치하였다. 이것은 경애하는 수령 김일성 장군에 대한 멸시적 행동이다. 그렇기 때문에 우리 군관학교 성원 일동은 편지에 지적한바와 같이, 허가이가 반인민적·반당적 행동을 감행했기 때문에 그를 증오하며, 다시 한 번 우리당의 경애하는 수령 김일성 최고사령관의 영명한 정책을 지지했다는 것을 최고사령관께 전하여 달라는 것을 우리당 중앙위원회 박정애 위원장께 부탁한다."

회의는 약 두 시간 걸렸고, 박정애 부위원장은 이튿날 평양으로 돌아갔다. 나는 자살에 대하여 의심을 지울 수 없어서 박정애 부위원장을 보낸 몇 시간 후 평양으로 갔다. 정철우를 만났다. 그의 이야기 들으니 편지 내용하고는 전혀 달랐다. 박정애가 가져왔던 편지를 보면, 허가이가 근무처에 나가기 위하여 아침에 집에서 떠나는 시간이 되어서 자동차 운전기사와 부관이 문 앞에서 오래 기다려도 나오지 않기 때문에 들어가 보니 허가이가 권총으로 자살하였더라고 하였었다.

그러나 정철우에게 들으니 부관과 운전기사 2명, 간호장과 간호원, 연락병 2명은 고정적으로 허가이 침실 옆방에서 지냈기 때문에 밤에 그런 사고가 생겼다면 총소리를 들었을 것이고, 아침을 안 먹었다면 왜 안 먹는가 하고 검열할 것인데 다른 곳에 사는 운전기사와 부관이 그 시간에 허가이를 데리러 간 것처럼 만든 것은 조작의 흔적이라는 것이다. 우선 밖에서 허가이를 기다렸다는 것 자체가 아귀가 맞지 않다는 것이었다. 그리고 탱크사령관 최표덕(허가이의 장인) 장군이 8시쯤 허가이가 살고 있던 집에 도착하니 어제 저녁까지 있던 사람들은 하나도 없고 허가이의 시체도 없었다고 했다. 최표덕이 본 것은 처음 보는 보초병과 다른 군인 2명이었다는 것이다. 그들이 누구인가 하고 물으니 그들은 아침 5시에 새로 교체되어 왔는데 그때에 벌써 거기에는 아무도 없었다고 말하더라는 것이었다. 편지 내용과 현실은 전혀 달랐던 것이다.

최표덕 장군은 허가이의 맏사위인 황금철이 나진에서 전날 아침에 출장 왔기에 그와 함께 허가이의 집에서 저녁 식사도 같이하면서 밤 12시까지 있다가 집에 돌아갔던 것이다. 그런데 아침 8시에 오니 허가이가 없다는 것이었다. 아니 그 집안 식구들이 모두 없었던 것이다. 최표덕 장군은 허가이 집에서 나와 김일성 최고사령관을 찾아가서 현재의 상황을 상세히 보고하고 물었다.

"왜 죽은 사람을 그렇게 급하게 밤사이에 장례 하였는가?! 허가이는 적어도 국가요원인데 시체를 다시 파내고 해부하여 국가검진위원회 결론을 받아야 된다. 그렇지 않으면 어떤 해독자들이 고의적으로 허가이를 죽였는지도 모른다. 어제 저녁에 허가이와 만나서 이야기하고 밤 12시에 헤어졌다."

최표덕의 말을 듣고 있던 김일성은 홧김에 나오는 높은 음성으로 최표덕을 쏘아보며 대답했다.

"자총하여 죽은 놈에게 무슨 검진위원회가 필요한가?! 당신은 왜 거기에 갔는가?!"

김일성은 고함을 지르듯이 소리를 쳤다. 최표덕 장군은 대꾸했다.

"사람이 살아서 일할 때에 수상님의 부하지 죽은 다음에야 자식이나 친척들이 처리하여야 도리가 아닌가?"

김일성은 짜증나듯이 말했다.

"당신은 잔말을 말고 어서 썩 물러나라!"

이런 말썽이 있은 다음 최표덕 중장은 탱크사령관에서 철직되어 추방되었다. 그 후 또 3일이 지난 다음 제4군단장 정철우 장군도 허가이 묘지에 다녀온 죄로 철직, 제대되었으며 차후 추방당하였다. 그런데 허가이와 같이 일하던 운전기사 2명, 부관, 간호장, 간호원, 연락병, 취사원들은 그 밤으로 전부 어디로 사라졌는가? 왜 허가이를 그렇게 조급하게 밤에 묻었는가?

이러한 모든 것을 분석하여 보면, 그 형편을 목격하지 않아도 허가이는 암살되었다는 것이 확연하였다. 허가이의 맏딸 마이야는 남편과 같이 나진에 가 살았는데 나중에 아버지의 죽음에 의문을 품고 평양에 올라와 살았다. 결국 3년이 지난 뒤에 아버지와 같이 있던 사람인 운전기사 한 명을 만나게 되었다. 그는 그 당시의 환경을 자세히 말하면서 자살이란 것은 새빨간 거짓말이고 뒤에서 자동총으로 쏴서 죽였다고 하였다. 그러나 자기는 이 사건에 대하여 맹세 영수증을 썼는데 자기 입에서 이 말이 나왔다는 것이 탄로 나면 자기는 죽어야 된다고 하였다. 때문에 마이야는 이 문제를 공공연히 제기 못하고 다만 자기 형제들끼리만 알고 있다가 소련에 돌아온 다음에야 털어놓기 시작했다.

소련에서 제17차 당 대회에서 선거된 당 중앙위원들이 전원회의에서 당 중앙 정치위원을 선출할 때 끼로프가 스탈린보다 7표나 찬성투표를 더 받게 되었다. 정치위원회는 총비서를 선출하여야 되었는데, 총비서는 정치위원회에서 보통선거로 선거하는 법이었다. 첫 정치위원회에서 종전 정치위원회 위원장이었던 스탈린이 개회하고 누구를 총비서로 선거하겠는가 하고 물으면서 의견을 제출하라고 하니, 오르조니끼드제 정치위원은 말하기를 투표수를 제일 많이 받은 끼로프가 총비서로 되어야한다고 했다. 그러자 끼로프가 일어서 말하기를, 스탈린은 레닌이 추천하여 총비서가 된 사람인데 스탈린이 계속하는 것이 가장 적당하다고 하고 자기에게 대한 의견을 취소한다고 제기하였다. 그제야 스탈린이 또다시 총비서로 선출되었다. 그 후 일년이 지나지 않아 끼로프도, 오르조니끼드제도 암살당하였다. 이것을 들은 김일성은 스탈린이 죽고 4개월이 지난 북한에서 가장 인기가 좋았던 허가이와 박헌영을 위시하여 예전의 공산당 간부들을 차례대로 계획적으로 숙청한 것이었다.

나는 평양에 나가 하루 동안 묵으면서 소련서 나온 여러 동무들과 이야기하여 보았으나 누구도 확정된 말은 하지 않았다. 그 당시 최표덕 장군은 벌써 소련에 가고 없었다. 나는 학교로 돌아오기 전에 최종학 총정치국장과 김을규 부국장을 만나서 학교의 진급시험 진행정형과 각 대대, 중대, 소대 병사들의 새로 건축하는 정형에 대하여 보고하고 박정애 부위원장의 내교에 대하여서도 보고하였다. 그러나 편지 내용과 허가이의 죽음에 대하여서는 입을 벌리지 않았다.

총정치국장은 정전 담판이 속히 조인된다는 것과 이번 8·15 명절은 광복절과 전승한 것을 계기로 하여 성대히 행하게 되니 잘 준비하라는 지시를 받았다. 나는 1954년에 김웅 부상의 검열을 받고 1955년에 군사교육국장 허봉학의 검열을 받았다. 김웅 부상은 과학국장으로 좌천되기도 했으나 당시 인민군대 간부들의 군사 정치적 수준, 문화 상식적 수준으로 보아 가장 모범적인 인물이었다. 또 체격으로 보던지 언변으로 보아도 그러하였다. 그도 나중에 독립동맹 간부들이 모두 청산되는 과정에서 학대와 천대를 견디지 못하여 대동강 물에 빠져 자살하였다.

나는 1954년에 당중앙위원회 박영빈 선생의 추천에 의하여 총정치국장도 겸하여 몽고 인민혁명당 제12차 당 대회에 인민군 대표로써 노동당중앙위원회 대표들과 같이 파견되어 참가하였다. 총 대표인원은 3명이었던 바, 단장에 당중앙위원회 리효순 행정부장, 강원도 도당 위원장 김원봉 그리고 나였다. 우리들은 1954년 11월 28일에 북경에 도착하여 리영호 대사의 접대를 받아 2일 동안 북경구경을 했다. 그리고 12월 2일에 몽고 수도인 울란바토르에 도착하였다.

이때 몽고내각 수상에는 쩨젠발, 당중앙위원회 위원장에는 쌈부가 있었다. 우리 대표단은 3일 동안 몽고 수도, 몽고 각도(아이마크) 군 및 농촌 등을 돌아다니면서 유목민들의 겨울집 차림, 가축들의 월동 형편, 그리고 몽고 산업 기업소들을 보았고 고아들의 학교, 식당, 숙소 등을 구경한 다음 한일무대사의 초청을 받아 식사도 같이 하였다.

대회는 3일간 계속되었고 11월 11일에 몽고 인민공화국 창립 기념행사를 맞은 다음, 대표단은 대회 휴식시간을 이용하여 소련대사 몰로또브를 방문하였다. 그 당시 소련외무상 위신쓰끼가 니우요르크에서 사망하였기에 추도의 인사를 하기 위하여서였다. 몰로또브는 스탈린 시기에 수십 년 동안 내각수상, 부수상, 외무상 등의 직무를 수행하다가, 스탈린 사후 흐루시초프의 정책을 반대한 죄로 몽고에 망명하여 있을 때였다. 그는 전쟁 3년간에 얼마나 고생되었겠느냐 묻고는 우리의 장래를 소련에서 다 돌보아 줄 것이라고 하였다. 이때의 통역원 역할은 내가 담당하였다. 몽고에서 묘향산에 돌아 온 며칠 후, 나는 항공사령부로 전근되었다.

항공사령부

항공사령부는 사령관 한일무, 비행부사령관 리활, 참모장 오진우, 정치부장 오시현, 군사위원 최학일(박정애 부원장의 사촌오빠)이 지도하고 있었다. 내가 도착하자 최학일은 정치군관학교 교장으로 내려보내졌다. 당시 항공사령부 편제에는 항공 제1방사기사단, 항공 제2습격기사단, 항공 제3경폭격기사단, 직속 여성 경포격기 대대, 그리고 전체 전투부대들의 후방 보장을 위한 한 개의 기술사단이 있었다.

6·25 동족상잔 초에는 항공력이라곤 일개 연대 역량 뿐 이었던바 방사기는 전혀 없었고, 소련제 프로펠러 비행기인 야크쀄-9 전투기가 기본 무장이었다. 일-10 습격기 대대, 뚜-2 폭격기 대대 등이 있었고, 연습기로써 야크-18기와 뽀-2 몇 대가 있었다. 전쟁시기에는 1사는 안동, 2사는 봉성, 3사는 공주령에 있다가 말기에 신의주, 의주에 나와 있었다. 정전이 되자 1사는 순안, 2사는 미뤰, 3사는 순천에 주둔하여 있었다. 당시에 벌써 항공부대들은 기본수기가 도덕적 마멸을 당하여 훈련은 했으나 1사를 제외하고서는 전투 능력은 없었다. 차후 항공부대도 김창만의 지도 하에 군대내 사상검토를 진행하고 사단장 연대장들은 모조리 바꾸었고, 기본실력 부대를 인정부대로 인정받던 항공방사기사단은 완전한 파괴상태에 처하였다. 그 원인은 소련 사상이 농후하다는 것과 자유주의적 경향이 심하다는 것이었다.

1988년에 평양 '꼬레야' 출판사가 출판한 '영예로운 위훈'이란 책 제 92페이지를 열어보면 '용감한 매들'이라는 제목 하에 6·25 동족상잔에 참가한 비행사들의 업적을 그리고 있다. 그런데 거기에 제1항공사 비행사들은 하나도 없고, 공중전 배경도 미그 비행기들이 공중전을 벌이는 정형을 묘사하였다. 그리고 그 배경 아래 공화국 영웅 4명을 전시하였는데 그 4명 중 미그 비행사는 한 명도 없다. 그 4명 중 김기옥이 RK-9형 비행기로 용감하게 적기들을 추락시켰다는 것은 사실이다. 그러나 1950년 6월에 리문순이 B-29를 추락시켰다는 것은 새빨간 거짓말이다. 강승현과 김화룡은 신의주 상공에서 훈련 비행 중 미국 비행기 2대가 서해 바다에서 슬며시 날아 들어오는 것이 포착되자, 라-10 비행기 4대를 출격시켰다가 오히려 2대가 추락 당했다. 제2사 비행사들은 신의주 상공에서 5명이나 추락되었다. 그러나 적기는 한 대도 격추시키지 못하였다.

낡은 구형인 팔랑개비 비행기로 어떻게 최신형 전투기를 격추시켰었다고 주장하는지 어이가 없다. 이것은 공화국 영웅 메달을 그린 책을 망신시키는 격이다. 도덕적 마멸이 없으면 도저히 이런 거짓말을 꾸며낼 수가 없을 것이다. 군대 내에서 김창만이 진행한 사상검토 사업은 이러한 점도 무시로 넘겼으니 저들은 백주에 흰 것도 검다고 하는 모양이다.

사람이란 아무리 높은 직무에 있다고 하여도 식충이 아닌 이상 자기가 받들고 있는 국가정책이 현명하지 못하고 타락해 보이면 그 정부에 대한 충성심이 소멸되어 가는 법이다. 본래 김일성이 수령으로 정부 책임자로 들어앉은 것은 아무런 유래도 없이 소련 제25군단장이 스탈린의 승인을 받아 앉힌 것이다. 소련공산당은 조선에 진출하여 김일성을 잘 도와 전 조선에 공산 제도를 세우는 것이 기본목적이었기 때문에 임의의 순간을 보고서 김일성을 조선 책임자로 대치할 수 있었다. 그러나 김일성은 자신의 야망이 흐리기 때문에 북한에서 가장 인기가 좋았던 허가이를 제거하였던 것이다. 허가이가 없어진 다음부터는 소련에서 나온 간부들은 벌써 마음이 식기 시작하였다. 그 후 남한노동당 간부, 중국 독립동맹 간부, 박금철, 리효순을 위시한 지방간부 청산을 통해 김일성은 북한에서 정치적 토대를 견고히 하였다. 그러나 그의 비겁한 정책을 매일 보는 사람들은 금이 서게 하였으며 지도자에 대한 증오감은 배가되고 있었다.

6·25 동족상잔 후, 북한의 간부들은 끼리끼리 짜고 매일 저녁이면 술추렴, 까르따(카드), 화투 등을 가지고 도박들을 하면서 이렇고 저렇고 이야기들이 많았던 것도 바로 이런 문제 때문이었다. 1953년 7월 3일에 허가이를 살해한 김일성으로 인하여 소련 출신 간부들은 원심력적 타격을 받았다. 김일성 자신이 그렇게 친하다고 떠들던 허가이를 죽인 일은, 아무리 비밀로 했다고 해도 일년도 채 지나지 않아 소련에서 나온 사람들은 암살이란 것을 다 알게 되었다. 만약에 암살이 아니고 김일성의 주장대로 자살이라 하여도 그가 김일성을 증오하여 죽었을 것이지, 좋아서

자살할 수는 없을 것이 아닌가. 허가이가 죽었다는 그 사실은 소련출신 간부들의 반김일성 사상을 부추긴 꼴이었다.

누구든지 김일성은 앞으로 계속 믿을 수 없는 사람이라고 했고, 이 나라에서는 살기 어렵다는 생각을 하게 만들었던 것이다. 때문에 북한에 가서 조국을 해방시키겠다는 초심이 차츰 약화되었다. 그렇게 악전고투하고서도 조국 해방을 최대의 영예로 생각하였고, 이제부터는 내 조국에서 자손만대 내리 살겠다고 생각했던 사람들은 허가이 사건이 있은 뒤부터는 180도 마음이 돌아섰다.

1953년 학생들의 개학 시기부터 소련출신 간부들은 거의 100% 아이들을 소련에 공부하러 보냈다. 조선학교에서 공부하던 아이들의 부모들도 어떡하든 소련출신의 먼 친척이라도 찾아가서, 자식들을 소련으로 공부하러 갈 수 있도록 부탁하였다. 고아들이 합숙하여 공부하는 소련의 각 도시인 블라디보스토크, 하바롭스크, 노보씨비르쓰크, 모스크바 등에는 그런 조선 유학생들이 무척 많게 되었다. 어떤 가정에서는 아이들이 너무나 어리기 때문에 부인까지 딸려 보내기도 하였다.

몇몇 간부들은 노동당의 인자성과 정당성을 믿고 아이들도 조선에서 공부시키고 또 사상검토에 의하여 그 아이들을 데리고 협동농장, 광산으로 나가기도 했지만 결국 2~3년 후에 어른이나 아이들 할 것 없이 모두 숙청되었다.

나는 평양에 전근되어 와 있으면서 예전부터 가까이 지내던 김일과 더 가깝게 되었다. 작은 김일은 서부전선에 속해 있었고, 본부는 중화에 있었으나 가족은 평양에 있었다. 때문에 매주 토요일과 일요일 이틀은 거의 만나게 되었다. 전쟁 전에는 전사한 안동수, 박춘이 등과 같이 항상 만나곤 하였다. 어떤 때에는 황해도 송화군 방향으로 꿩 사냥도 같이 하러 가곤 하였다. 이렇게 지내던 차에 1956년 신년 설맞이 체코 협주단 연회에서 작은 김일과 인민군 총참모부 외사부장 전문홍의 쟁투가 있었다. 그 후 몇 달 지나지 않아서 김일은 철직, 제대되었고 나는 다시 김책 정치군관학교에 가게 되었다.

당시 총정치국장 최종학 상장은 나에게 제4집단군 군사위원으로 가라고 권고하였으나, 나는 집단군에 나가서 고생하기보다 정치학교로 가면 하던 일이기 때문에 어렵지 않으리라고 생각하여 그런 결심을 하였는데 차차 그 결심이 틀렸다는 것을 깨닫게 되었다. 내가 어렸을 때에 우리 큰할아버지가 나에게 타이르기를 "사람에게는 길이 한 번 밖에는 없느니라" 했던 말을 이제 와서야 깨닫게 되었다. 사람이 늙어 가는 것도 외길이요, 공부하는 것도 그렇다. 심지어 전승 후 개선가를 울리며 돌아오는 것도 그렇고 또 환갑 나이를 맞는 것도 한번이다. 죽어서 땅 밑으로 가는 것도 한번이다. 그런데 철칙을 위반하고 다시 그 자리에 돌아오니 내가 기대하던 것보다 정반대로 일들이 흘러가고 있었다.

정치군관학교로 돌아 온 후 말썽이 끊이지 않았다. 한번은 성원들이 용성으로 나가 휘발유 5톤을 차량에 적재하다가 화재가 생겨서 전체 용성 역이 몽땅 타면서 평양과 강계 사이의 전화가 이틀씩이나 두절되게 되어 최고사령관의 추궁을 받았다. 또 재정과장이 평양에 나가 현금 72만원을 쓰리꾼(따기꾼)에게 당해서 말썽이 생겼는가 하면, 후방부에 화재가 나서 재정과에 있던 현금 17만원이 몽땅 타버리기도 했다. 또 제1대대, 1소대 병사에 화재가 생겨서 말썽이 나기도 했다. 여하튼 이런저런 사고들이 이전 3년간에는 한 번도 없었는데 왜 그렇게도 자주 발생하는지 미처 수습할 사이도 없었다. 이렇게 재미없이 자기 걸음을 꾸짖으며 살아가는데 중앙으로부터 오는 소식들은 날이 가면 갈수록 점점 더 내 마음을 불안하게 하였다.

박창옥이 철직, 강직된 다음 당 중앙 조직부장이며 정치위원이던 박영빈이 역시 철직, 강직 되었고 그에 따라 박의완 부수상이 철직, 강직 되어 농촌협동조합에 나갔다. 당 중앙 산업부장을 지내던 고희만도 철직되었고, 인민군 해군사령부 참모장 공화국 영웅 김칠성도 철직, 강직 되어 아까제미야 수강생으로 보내졌다. 총정치국장 최종학도 철직 되었고 그 자리에 김책 정치학교 정치부장과 함경북도 도당 위원장으로 지내던 사람을 데려다 앉혀 놓았다.

나는 이런 환경에서 사고 끝에 사고를 내는 반복적인 일이 계속되다가 결국 철직 되어 1956년 말, 12고사포 사단 정치부장으로 평양부근 강서군에 내려가야 했다. 그곳에서 약 6개월간 있다가 인민군 최고사령부대 포병사령부 정치부부장으로 평양에 올라와 약 1년간 일했다. 그때 전시에 타박상을 당한 척추와 오른편 다리의 화상 병증이 다시 재발되면서 신체를 괴롭혀 용성 웬그리야 야전병원에 입원하였다. 병원에서 치료받고 다시 일자리에 나와 약 6개월 정도 일하면서, 로동당중앙위원회가 "당내 사상적 문학적 분야에 있어 교조주의와 관료주의 해독적 영향을 청산함에 있어서"라는 문제를 취급하면서 소련출신 간부들 중에서 문학분야에서 활동하던 사람들을 전부 정치적으로 숙청하는 것을 보게 되었다. 그때 정상진, 전동혁, 기석복과 그 외 몇 명은 당에서 엄중 경고를 받고 일자리에서 철직 되어, 어딘가 하부 말단에 내려가 무산계급, 노동 훈련을 받아야 하였다. 이들은 그렇게 되자, 소련대사관을 통하여 소련으로 귀환할 수속을 시작하였다. 결국 작은 김일, 박태섭 등 8명이 동시에 소련으로 귀환하였다.

이 당시에 많은 간부들은 철직 강요를 받은 후, 하부에 내려가면 죽음의 길이란 것을 알고 있었다. 그들은 소련 출신 간부들을 행복하다고 말하기도 했다. 왜냐하면 소련 출신 간부들은 철직이 되면 소련으로 귀환할 수 있었기 때문이었다. 그러나 소련 출신 간부들도 그때 하부로 내려간 사람들은 이상하게도 대부분이 중병에 걸리거나 사망하였고, 그들의 아이들이나 가족들은 영영 행방불명된 사람들이 많았다.

나도 소련으로의 귀환 수속을 바삐 하기 시작하였다. 나는 수속을 신속히 하기 위하여 당중앙위원회 리효순 행정부장을 찾아가 수상께 나의 청원서를 드리고 해결하여 달라고 빌었다. 리효순은 맘씨가 착하면서도 공명정대했었다. 귀환 문제는 일주일 이내로 비준되었다. 그런 다음, 나는 소련 최고 소비에트 상임위원장에게 소련 국적을 회복하여 달라는 것과 귀국을 허가하여 달라는 청원을 소련 대사관을 통하여 제출하였다. 이 문제도 1개월 이내로 해결되었다.

내가 떠난 후 당중앙위원회 박금철 위원장을 위시하여 리효순 등 간부들이 반 김일성 쿠데타준비 혐의로 철직, 처단 당하였다는 소식을 듣고 나는 리효순을 몹시 애도하였다. 나는 리효순과 많은 인연을 가지고 있었다. 1954년 11월 리효순을 단장으로 북경시를 거쳐 몽고 인민공화국 인민혁명당 12차 당 대회 참가 차로 갔을 때, 대회가 끝나고 몽고 인민공화국 창립 30주년 연회가 11일에 있었다.

연회장 정문 어귀에서 쩨전발 수상이 자기 부인인 러시아 여인 이리나를 앞에 세우고 각 나라 대표들을 영접하는 순간이었다. 우리 대표들은 리효순 단장을 앞세우고 내가 두 번째, 김원봉이 세 번째 순서로 들어가면서 인사를 올렸다. 그런데 리효순 단장은 서양 예절을 잘 몰라 여자와 먼저 인사를 나누어야 한다는 것을 몰랐다. 그는 쩨젠발의 부인인 이리나를 돌아서 먼저 쩨젠발하고 인사를 나누고 그 다음으로 담바 비서하고 인사했다. 그런 후에야 다시 돌아와서 이리나하고 인사를 하였다. 이것은 서양예절에는 위반되었으나 순박한 리효순은 동양적 유교관을 그대로 준수하였던 것이다. 그 후 그와 그 이야기를 하니, 그는 이렇게 말했다.

"참으로 별소리 다하시오. 그들은 그들 법대로 살고 우리는 우리 법대로 사는 것이 올바른 것이 아닌가? 어쨌든 서로 존경하고 위법하지 아니하면 된다."

여하간 박금철과 리효순 두 사람은 보기 드물게 샘물처럼 깨끗하고 양처럼 순박한 간부들이었었다.

1958년 7월 14일, 나는 북한에 도착한지 13년 만에 한인들의 대대손손 넋이 스며있고 먼저 간 사람들의 뼈가 묻혀있고 미래 한인들의 꽃이 필 내 나라 내 조국을 하직하고 눈물을 흘리면서 다시 소련으로 귀국하였다. 소련의 모스크바시에 도착하니 소련공산당중앙위원회 간부부와 조직부에서 불러서 가게 되었다. 모스크바 소련공산당 중앙본부에 찾아가니 북한에서 나에 대해 기술한 평정서가 왔다고 하면서 서류를 내어놓았다. 조선노동당 조직부에서 써 보낸 그 평정서는 노어로 쓰여 있었다.

평정서에는 장학봉이 언제 조선으로 나갔으며 무엇을 하였다는 것 등을 자세히 기록하면서, 민주건설에 열성적으로 참가하고 조선인민의 조국 전쟁에서 용감성을 발휘하여 공화국과 노동당을 위하여 영웅무쌍하게 투쟁하였으나 마지막 시기에 자유주의적 경향에 휩쓸려, 조선 인민의 전설적 영웅인 김일성과 그의 항일부대를 비방하는 반당적·반인민적 행동을 감행하였다고 기록해 놓았었다. 예를 들면, 1956년 새해 설맞이 연회에서 일어났던 싸움에 대하여 쓴 다음, 이렇게 자유주의적 경향이 농후하며 상부에 존엄성이 약한 관계로 노동당은 관대히 처리하여 그의 요구대로 소련에 귀환시킨다고 썼다. 나는 평정서를 읽은 조직부 부부장에게서 어떤 추종적 질문이 있는가 하고 기다리고 있으니 그가 드디어 입을 열었다.

"좋다. 이것은 조선 노동당이 평정한 것이지만 우리에게는 다른 계통으로 접수된 평정서도 있으니 참고로 사용하겠다. 그래 … 앞으로의 계획이 무엇인가?"

나는 간단히 대답했다.

"우선 부모들이 살고 있는 타슈켄트시로 보내 달라. 그 곳에 가서 살 수 있도록 사택 보장과 나의 취직문제를 해결토록 도움을 주었으면 좋겠다."

그랬더니 그가 또 말을 이었다.

"지금 조선과 중국에서 진행되고 있는 운동이 염미적(정치적 불구를 일컫는 말) 정치적 운동이기 때문에, 앞으로 조선으로 다시 일하러 갈지도 모르니 약 3~4년 정도 정치 사상적 과학적 상식을 더 보충하여 두는 것이 좋겠다. 3~4년이 지나가면 강가에 물도 많이 흘러 갈 터인데 그 나라의 정치도 변할 것이다. 당신의 생각은 어떤가?"

나는 좋다고 대답했다. 그러자 그는 "타슈켄트시에 가서 중앙당 학교에서 공부하는 것이 좋겠다"고 했다. 그리고, 타슈켄트시에 도착하여 당 중앙위원회 조직부장 싸파예프를 찾아가면 공부 문제, 사택 문제, 경제 문제까지 다 해결하여 줄 것이라고 하면서 내일 아침에는 소련 무력성 총참모부 간부국에 가보라고 하였다. 나는 그가 시키는 대로 소련 무력성 간부국에 찾아갔다. 거기에서 나는 제대비 3개월 분과 일년간 군사 칭호비를 받고, 중앙아시아 구역 간부국에 전할 편지도 받아 가지고 타슈켄트시로 왔다.

타슈켄트시에 도착하여 곧바로 사택을 배정 받았으며 부인의 취직 문제와 아이들의 학교 문제를 해결했다. 9월 1일이 되자, 나도 당 중앙 고급학교에 가게 되었다. 그곳에는 벌써 일년 먼저 조선에서 온 작은 김일, 기석복, 정상진, 리춘백, 김용택, 박태섭, 송진파 등의 동지들이 수강하고 있었으며 나, 장철, 정철우가 뒤에 도착하여 공부하게 되었다. 조선 속담에 '다리 부러진 노루들이 한 곳에 묻힌다.'고 북한에서 제일 나쁜 일꾼으로 추방된 사람들이 그 곳에 돌아와 숨을 마음껏 쉬고 돈도 넉넉하게 쓰고 있으니 얼마나 행복하였는지 지금도 생각하면 즐겁다. 그러나 이것은 모두 나의 부인 채 딴냐의 덕분이었다.

나는 노동당 악질 분자들의 말대로 밑바닥에 내려가 몇 해 고생하다가 다시 올라오려 하였으나 나의 부인 딴냐는 그것은 절대로 안 된다고 하면서 소련으로 돌아가자고 했던 것이다. 소련으로 돌아가지 않으면 자기 혼자서라도 아이들을 데리고 간다고 하니 할 수 없이 소련으로 돌아 온 것이었다. 나처럼 고지식한 생각으로 북한에 머물었던 김철우, 안철, 장익환, 김철운, 허익, 전일 등 동지들은 가족들과 같이 영영 없어지고 말았다. 북한 역사에서 노동당의 지시에 따라 하부에 내려갔다가 다시 살아 위로 올라온 사람은 단 한 명도 없다. 그러니 나는 부인 덕으

젊은 시절. 근무중인 장학봉

로 죽음의 함정에서 빠져나온 셈이었다.

나는 1962년에 당 학교를 졸업하고, 그 해 7월 2일부터 우즈베키스탄 공화국 경공업성 산하 피혁잡화 공장 지배인으로 파견되었다. 나는 공장에서 일하며 생각하기를 아마도 4년 동안 북한에 변화의 강물이 많이 흐르지 못 하였던 모양이라고 생각하였던 바, 그 이유는 내가 다시 조선에 가지 못하게 된 경우와 조선과 중국에서는 반소 바람이 심하게 불어서 소중 국경에서는 전쟁까지 야기되었기 때문이었다.

나는 피혁제품을 만들어 보지 못한 사람이기에 많이 고민한 일도 있었으나 공장도 대중의 힘으로 움직이고 또 열성과 창의에 따라 결과적 승리도 올 것이니 전쟁이나 별 차이가 없겠다고 생각하고 군중을 장악하는 문제, 대중의 열성을 발휘하는 문제, 창의 고안에 대하여 관심을 돌리는 등 일에 정열적이었다. 군중을 장악하자면 사회보장 문제를 기동성 있게 해결하면서 노동자 속에서 핵심분자를 골라잡아야 했다. 그러기 위하여 나는 각 분공장 책임자, 기술공정기사, 기술공정 검열원, 기술공정 창의고안 일꾼들, 기계기술자들을 모아놓고 경험 교환회도 가졌고 선진 기술자들을 표창하는 한편, 우수한 기술자들을 선발하여 소련 지역 어디든지 제한 없이 3~4명씩 출장을 보내어 다른 공장들의 선진기술을 도입케 하였다.

중앙아시아에는 피혁잡화제품이 많이 생산되지만, 피혁으로 생산되는 운동기구들은 전혀 없었다. 때문에 축구공, 배구공, 야구공, 농구공 등을 만들 수 있는 기술자들을 급속히 양성하면서 피혁공장들과 계약을 체결하는 한편 신속한 시간 내에 그 제품들의 견본을 지어 소련 중앙 상품전람회에 보내었다. 그 결과, 2~3년 만에 공장은 확대되게 되었으며 생산 이윤도 높아졌다. 다음으로는 운동복을 생산하였고 곧 이어 운동화도 생산했다.

체육에 관한 모든 물건, 고기잡이꾼들을 위한 천막 등 약 100여종을 새로 도입 생산하여 국가에 이윤을 고조하여, 1975년에는 새로운 공장을 150만 달러의 설계 예산으로 짓기 시작하여 1979년에 완성하였으며 안지산 주에 새로 체육·운동 시설품 공장을 지었다.

이렇게 생산 기업소가 확대되고 공장 이윤이 높아지자, 경공업성과 지역 행정 및 당 기관은 우리 공장을 인정하기 시작하였으며 나에 대한 관계도 퍽 다르게 되었다. 20여 년간 공장 지배인으로 일하는 동안 계속 지방 및 시 소비에트 대의원으로 정부적 범위에서 진행하는 큰 행사들에 거의 다 참가하게 되었다. 나는 항상 상관에게서 칭찬을 받고 표창도 수차 받았으나 책벌은 한 번도 받지 않았다. 이 기간에 승용차는 3대를 교환하였으나 운전기사는 한번도 바꾸지 않고 20년간 한 운전기사가 나를 태워 다녔다.

1979년에 환갑을 지내게 되었다. 나의 환갑 연회에는 나를 축하하기 위하여 상업관리국장 쎄르게예브, 원료자재 공급국장 리블라지미르, 피혁산품 생산관리국장 치딸린, 구역 당 위원회, 구역인민위원회, 공화국 상업성, 체육운동 상품관리국장 등의 고관들 외에도 내가 일하고 있는 공장 직원들과 나의 친척 친구들 합하여 300여명이 참가하여 연회가 성대하게 거행되었다.

환갑이 지나고 2년이 경과하자, 나는 자기 직무를 기사장에게 인계하고 간부부장, 부총기사, 원료공급상급기사 등의 직무를 수행하다가 1987년에 70세 진갑이 되자 퇴직하고 사회보장으로 준비되어 있는 연금생으로 나왔다. 내가 연금생으로 나오기 2년 전에 나의 일생에 있어서 가장 불행한 일이 생겼다. 조선 6·25 동족상잔에서 세 아이를 데리고 그

렇게 가슴 저린 고생을
겪으며 사선을 헤치고
용하게 살았던 나의 부
인 딴냐는 전쟁이후 계
속 위병으로 고생하다가
그 병이 위암으로 넘어
가서 1985년 9월 29일
에 타슈켄트 중앙내과병
원에서 64세를 일기로
세상을 떠났다.

환갑연회에 참석한 리·아·치따린(우즈베키스탄공화국 경공업성 피혁제품생산관리국장)씨가 축사를 마친 후 장학봉과 포옹하는 장면

　　연금생활로 나와서 제일 즐거운 일은 1990년 초 재소 조선인들의 문화협회 모스크바 창립대회였다. 53년 동안 도덕적으로 짓밟혀 인격을 제대로 회복하지 못하고, 진정한 인권 회복의 날을 기다리고 있던 재소 한인 대표들은 모스크바시로 모여들었다. 모스크바 오크짜브리 대회실에는 3백명 이상의 각 공화국, 시, 주 대표들이 앉아 있었고, 이런 대회가 진행된다는 소문을 들은 연로한 한인 십여 명 이상이 초청장도 없이 회의 진행되는 접수실과 복도에 앉아서 한인 권리에 대한 새소식들을 기다리고 있었다.

　　나는 대회 휴식기간에 복도 접대실에 앉아 있는 노인들과 이야기를 하게 되었다. 그런데 모두 할머니들이었고 할아버지는 한 명도 없었다. 그 원인이 궁금했는데, 알고 보니 스탈린 시대에 한인 남자들은 몽땅 일본 스파이로 몰아 잡아간 까닭이었다. 몇몇 할머니들은 모스크바시에서 살다가 불순분자 가족이라는 명분 때문에 자식들을 데리고 남의 집 지하실에서 숨어살면서 이웃집 청소도 하고 빨래도 해주면서 목숨을 이어 왔다고 하였다. 나는 그들의 이야기를 들으면서 눈물을 감출 수 없었다. 참으로 자유, 인권이란 이렇게 값진 물건이로구나 하는 것을 확실히 느끼게 하였다.

대회에서 언변가들은 인권을 박탈당한 한인 무리들이 강제 이주 당한 후 이리 저리 몰려다니면서 닥치는 대로 자고 먹고, 병이 나서 길가에서 죽으면 아무 곳이나 파묻었던 과거를 회상하였다. 또 땅을 잃고 나라 잃은 백의민족 동포들이 만주벌판과 소련 원동변강에서 살면서 천대받아 온 것을 기억하면서, 우리가 오늘에 와서 문화 자치라도 가지고 인간답게 살기 위해 문화협회가 필요하다고 역설하였다.

토론자 중에서는 남 쓰웨뜰하나라는 여성이 라트비아 공화국 리가 국립대학 역사학 박사였던 바, 이 여성은 대회장의 공기를 폭파시키듯 새로운 문건을 내들고 한인들은 문화자치가 아니라 영토도 포함한 완전한 민족자치를 다져야 된다고 연설했다. 회장에는 주끼야노프 최고 소비에트 상임위원장이 앉아 있었다. 그 여성의 증언에 의하면 1937년 강제 이주 직전 약 3개월 전에 한인 자치구역에 대한 소련 최고소비에트 정령이 있었으나, 그 정령은 강제 이주로 인하여 실천되지 못하였다. 그녀는 이제 한인 명예회복이 필요하듯 이 자치구도 회복되어야 한다고 강조하였다.

대회는 모스크바 국립종합대학 역사 학부장 박 미하일 박사를 위원장으로 결정하고 중앙위원회를 선거하고 각 공화국들에도 문화협회를 조직할 것을 결정지었다. 그 후 소련이 붕괴되면서 전면적으로 문화협회가 국제문화협회로 개조되었다. 그 당시에는 문화협회가 자기 구역 강령대로 사업하였기 때문에 사업이 단순하였다. 현재에 이르러 이런 문화협회들은 분산되어 북한정책을 지지하는 범민련, 조국통일촉진회 등 통일·사회단체들이 생겨 군중을 끌어당기고 있어서 뜯기고 갈라지고 하여 빈약하게 되었다.

우즈베키스탄에는 그 후, 향두막이(정치적 불구자를 일컫는 말) 변하여 '재생비판' 단체가 조직되었는데 문화협회와 힘을 통합하여 굳센 힘으로 문화강령을 추진시켜야 함에도 불구하고 오히려 다른 배를 타고 성격이 다른 문화세계로 가려하니 불쌍한 인민들은 '어떤 배를 탈 것인가?'하는 것을 결심하지 못하여 곤란한 형편에 처하여 있다. 내 생각에는 두 동강이 난 조국을 통일시키고자 노력하는 전 재소련 한인들이 하나의 사회단체로 통일되어 한 뜻과 굳센 의지로 조국통일을 위하여 적극 노력하여야 한다고 생각한다.

나는 1990년 6월, 서울 문화방송협회에서 초청한 모임에 '소련 공훈 노인단'의 일원으로 참가했다. 우즈베키스탄에서 9명이 가게 되었다. 나는 본래 북한에 소련군 소속으로 들어가 있다가 소련 군대가 철회될 때 조선 국적을 접수하고 북한 공민으로, 주로 조선 인민군 소속으로 1958년까지 있었던 관계로 북한을 잘 안다. 반면에 전쟁시 대전. 인천, 서울에 가 있었으나 남한 형편은 그리 잘 모르는 형편이었다.

남한으로 향할 때 나의 마음은 어느 정도 조마조마 하였던 바, 그것은 내 자신이 남침한 북한 인민군의 한사람으로써, 그 남침의 40주년에 남한을 방문했다는 것은 부끄럽지 않을 수 없었기 때문이었다. 그러나 나는 이 전쟁에 당시 공산당원으로써 상부의 명령을 받아 참가하였다는 것이 어느 정도 나의 마음을 안심시켰다. 40년이 지나간 다음에 김포 비행장에 내려서니, 내가 1950년 9월 중순에 인천에서 후퇴할 시 지나가며 보던 그 면모는 영영 없어지고 신기한 새로운 세상에 도착한 느낌을 느꼈다.

서울 시내에 가까이 가면서 영등포 비행장을 물으니 그 비행장은 없어지고 여의도에 새도시가 건설되었다고 하였다. 서울이 유럽처럼 새로운 도시가 되어 그 웅장함과 아름다움이 나의 마음을, 아니 우리 일행의 마음을 아주 기쁘게 사로잡았다. 그것은 우리 민족도 이렇게 굉장하고 화려하고 아름다운 수도를 가지고 있다는 자부심이 심연 깊은 곳에서 우러나왔기 때문이었다.

우리 일행은 서울에 도착하여 6·25 40주년 행사에 참여한 다음, 수원, 대전, 경주, 포항, 부산까지 가면서 곳곳에 건설되고 설비된 큰 공장들과 공업 시설들을 구경하는 한편, 아름답고 매력 있게 건설된 새 도시들, 농장들, 농촌들을 부러운 마음으로 바라보았다. 이 모든 것들이 바로 우리 한국인들의 손으로 닦아 놓은 기적들이구나 하는 생각을 하면서 어디를 가더라도 생동감이 넘치는 남한 생활의 모습이 활기 있게 느껴졌고, 무한한 가능성을 가진 나라로 만들었구나하는 생각에 내 마음은 흡족하였다. 또 우리 일행은 휴전선 경계선도 보았고 개성 정전 담판지역의 판문점도 보았다.

우리 일행 중에는 강상호 전 북한 내무성 차장도 있었고, 판문점 정전 담판 조중측 수석 대표로 2년 동안이나 근무한 사람도 있었다. 그는 서울 방문 당시 80세 고령이었지만 정정하게 손으로 판문점 회의실 내 양측에 놓여있는 회전의자를 가리키면서 '바로 저기 저 자리에 내가 2년 동안 앉아 일하였다.'고 말하기도 했다. 우리 일행은 서울까지 돌아와 저녁에는 남한 쪽 이산가족 대표들과 만나 여러 가지 담화들을 나눈 후, 그 다음 날 모스크바시로 출발하게 되었다. 우리 일행 중에는 80세 넘은 노인들이 다수 있었던 바, 그들은 김포 비행장에 나가는 버스를 타고 서울과 하직하면서 슬픈 눈물을 흘리었다.

1992년 3월에 나는 중앙일보사의 초청에 의하여 한국에 다시 되었던 바, 카자흐 공화국에서도 정율 선생이 초청 받아 나와 함께 가게 되었다. 그때, 우리들은 중앙일보사 주선에 의하여 여러 가지 상봉이 있었는데 그 중에 가장 깊은 인상을 남긴 것은 국제 인권옹호 한국연맹 김 위원장과의 상봉이었다. 우리는 김 위원장을 통하여 재소 고려인 유가족들의 가장 아픈 문제를 해결하려 하였던 것이다. 그 아픈 문제란 우리 유가족들 중에 40여년이 경과하는 동안 북한에서 숙청 당한 자기 남편이나 아버지의 종적을 모르고 있는 것이었다. 우리는 숙청당한 인원 45명에 대한 명단을 제출하면서 국제 인권옹호 위원회와 유엔을 통하여 해결하여 달라고 건의하였다.

1994년 10월 26일에는 구국전선과 북한민주화촉진협의회의 초청을 받아 타슈켄트에서 9명이 한국을 방문하게 되었다. 우리 일행이 서울올

림픽 대회의실에 28일에 도착하여 알게 된 것은 대회명칭을 '북한 민주화와 인권회복을 위한 94 서울대회'라고 명명한 것을 알게 되었다. 대회에서는 북한민주화촉진협의회 회장 이연길 선생의 개회사가 있은 다음에 조선 민주통일 구국전선 상임의장 박갑동 선생의 구국전선 기조 보고가 있은 다음, 여러 대표들의 호소문, 메시지들을 낭독하였고 이어서 대회의 결의문도 채택되었다. 그런데 이 대회에서 아주 심한 정신적 충격을 받은 문건이 있었다. 기조보고 다음에 이복순 상임위원이 낭독한 '북한 동포에게 보내는 호소문'이었다. 그 호소문을 낭독할 때에 장내에 있는 많은 사람들은 눈물을 감출 수 없었으며, 우리 대표단 중에서도 아버지를 김일성에게 암살당한 허가이 딸 허리라, 역시 아버지들을 북한 노동당 형리들에게 빼앗긴 김동철의 아들 김 와씰리, 김원길의 아들 김 로베르흐, 남편이 반 김일성 혐의로 처단 당한 박 소야등 구국전선 위원 4명은 완전히 목놓아 울었었다. '94 구국전선 서울대회'는 성황리에 진행되었으며 전체 참가자들의 지지를 받아 자기 목적을 달성하였다.

구국전선 대회에 참가하였던 한국 외에 거주하는 대표들은 진주시 민주 열성자 사회단체, 문화 및 과학계 인사들의 초청을 받고 가는 길에 박갑동 선생의 출생지 상천군 단계리에 들러 선생이 태어난 집, 세습영지, 여러 채의 건물도 보고 또 선생의 고향친구와 친척들의 따뜻한 환영과 선물도 다수 받았다. 진주시 동방여관 회의실에서 우리 전체 대표단을 위한 환영회는 제2서울대회와도 유사하였다.

박 선생이 예전에 서울 고보와 동경 와세다 대학시절, 공산주의 운동 참가시절, 남로당 총재로 있을 때 희망과 사선을 같이 하던 친구들이 줄지어 나오면서 구국전선 대표들은 열렬히 축하하고 많은 선물도 안겨주었다. 일행은 서울로 돌아오는 길에 대전시 부근 온정리에 정거하여 하루 동안 묵으면서 한인들에게 자연의 세례를 베풀어 준 약수온정도 하고 독립기념관, 또 엑스포-94 전람회장도 구경하였다. 엑스포-94 전람회장은 한국이 달성한 과학과 기술문화 등을 간단히 요약하여 전재한 기록적인 상영실이기도 하였다. 우리 일행은 전람회관을 나오면서 우리 조국이 달성한 기술에 대하여 만족감과 영예로움을 금할 수 없었다.

또 우리 일행은 독립기념관의 장엄하게 차려놓은 현관에서, 일제로 인하여 우리 조국이 합방될 시에 일제 강점자들에게 투항함이 없이 싸우고 있는 장면을 묘사한 사판을 보게 되었다. 이 사판은 위대한 러시아 군대가 강점하여 들어오는 불란서 군대에 치명적 타격을 주고 있는 장면을 묘사한 '보로진쓰꼬에 쓰라제니예' 사판(보로지노 전쟁)과도 비슷하였다.

대전 사판에 묘사된, 일제에 대한 항거전은 위대한 영장 허위 장군이 지도하였다는 것인 바, 마침 우리 일행 속에는 그 위대한 애국자 허위 장군의 손자 허진이 있었다. 일행은 박물관에서 나오는 길에 허위장군의 묘지도 가서 돌아보았다. 일행은 대전시에서 많은 것을 보고 많은 것을 배우고 깊은 감상에 잠기어 서울로 오는 길에 산기슭 아래에 집들이 조밀하게 서 있는 촌가에 우리 버스가 잠시 정거하였을 때, 우리는 구경차 농민들의 정원을 들여다보면서, 아담하고 윤택하게 꾸려진 큰집 좌우 옆에는 벽이 부서질 정도로 각종 곡식으로 적산되어 있는 창고들이 있는 것을 보았는가 하면, 정원 뒤 조금 높은 땅에는 각종 과실나무들이 무성한 장면도 보았다. 일행은 기아자동차 공장을 들러 서울에 도착하였다.

다음 날, 우리는 남한에서 유명한 정치인들을 만나게 되었다. 이주화 국회의원, 유성환 국회의원, 이한동 국회총무와 만나 좌담회를 가지게 되었다. 자유롭고 자연스러운 이 좌담회에서는 남한의 사회, 경제 발전에 관한 제 문제들, 남북한의 관계 문제와 관련하여 통일방침에 대하여 주로 논의하였다. 좌담회에서는 박갑동 선생과 리연길 선생을 비롯하여 구국전선 상무위원들이 다소 말을 하였다. 우리는 거기에 모였던 모든 사람들과 같이 점심 식사를 하였다. 점심 식사 후에는 해외동포 모국방문 후원회에서 조직한 한강에서의 뱃놀이를 약 2시간에 걸쳐 감개무량하게 보냈다.

뱃놀이 후에는 박갑동 구국전선 상임의장을 따라 국회의 작은 회의실에서 김종필 대표위원과 외무통일 위원장 나웅배씨와 국회대변인 박범진씨와도 만났으며 안전기획부의 남영식과도 만났다. 일행은 남한의 높은 인사들과의 만남이 끝난 다음, 다시 목산 여관에 와서 마지막 송별의 하루 밤을 보내고 김포 비행장에 나오게 되었다.

버스에 몸을 싣고 한강을 오른편으로 보며 공항까지 달리는 동안, 무너진 한강다리를 통하여 영등포 비행장, 김포 비행장을 걸쳐 인천항까지 또 그로부터 9월 15일에 패잔병의 처지로 도보로 큰 길옆 오솔길로 몇 번이나 사선을 헤치면서 서울 중앙청사까지 들어오던 일들이 새삼스럽게 뇌리에 떠올랐다.

1995년 7월 31일 타슈켄트시에서 장학봉

전 동 인
(1912. 11. 14 ~ 1982. 1. 24)

전 김일성 종합대학 도서관리학부 학부장

전동인은 1912년 11월 14일에 원동변강 연해주 소왕령시에서 태어났다.

고향에서 한인 사범전문학교를 졸업한 후, 1933년에 블라디보스토크 사범대학에 입학하여 1937년에 동 대학을 졸업하였다. 이어 카자흐스탄 공화국 크슬오르다시에 있는 사범대학 도서관리학부를 졸업하였다. 1937년부터 1940년 사이에는 우즈베키스탄 공화국 바까바드시와 누꾸스시에서 중학교 교원으로 근무하였다. 1940년부터 1948년까지는 카자흐스탄 공화국 딸디꾸르간 주 '레닌의 길' 꼴호즈에서 고중 교원으로 일하였다.

1948년에 소련공산당중앙위원회 결정에 의하여 조선민주주의인민공화국으로 국제공산당 임무를 수행하기 위하여 파견되었다. 북한에 도착한 전동인은 1948년부터 1954년까지는 평양의 김일성 종합대학 도서관리학부 학부장으로 근무하였고, 이어 1955년부터 1958년까지는 교육성 내 교육도서출판관리국 교육교재 출판사 교정 부사장으로 근무하였다.

전동인은 북한의 장래가 불투명한 것을 느끼고 1958년에 소련으로 귀환하였다. 이후 카자흐스탄 공화국 크슬오르다시에서 한인 신문인 '레닌기치'에서 교정원으로 1958년부터 1971년까지 근무한 후, 1972년부터는 공화국 공훈 연금생으로 생활을 하다가 1982년 1월 24일에 세상을 떠났다.

전동인은 북한에서 일할 때 북한정부로부터 국기훈장 3급을 표창 받았으며 북한정부와 소련정부로부터 많은 메달과 표창장을 수여 받았던 뛰어난 인재였다. 조국의 완전한 통일과 북한 인민들의 민주화 운동에 늘 관심을 가졌다.

타슈켄트에서 장학봉

전 외무성 참사

정국록은 1916년 12월 29일, 북한 명천군 명천읍 빈민가정에서 태어났다. 1923년 나이 7세되던 해에 부모를 따라 소련 원동변강으로 이주하여 살게 되었다. 원동변강 연해주에 도착한 후, 1924년부터 소학교에서 공부하기 시작하여 1928년에 졸업하고, 초중에 곧바로 입학하여 1931년에 졸업했다. 1931년 가을에 니꼴스크-우쑤리스크 시에 있는 한인 사범 전문학교에 입학하여 1934년에 졸업했다.

그 후 원동변강의 수도인 하바롭스크 시에 파견되어 한인고중에서 어문학 교원으로 1936년까지 근무했다. 당시 그는 아주 젊은 청년으로서 총명하고 인기 있는 인텔리로 전체 학생들의 총애를 받았으며, 교직원들의 따뜻한 사랑을 받는 한편, 전체 하바롭스크 시에 살고 있던 한인들에게서도 신뢰있고 위신있는 청년으로 인정받았다.

그는 한인들의 모임에는 제일 먼저 초청되어 모임에서 열리는 예술공연을 조직 진행하면서 한인들의 문화 전통계승을 위해 노력하였다. 당시 공연 중 가장 인기 있던 것은 그가 읊는 시낭송이었다. 그가 읽어 준시는 '나는 할 말도 못하고 벽은 아무 대답도 안하니', '짓밟힌 고려' '동 반구의 북편' '소비에트 체포원' 등이었다. 주로 한인들의 고난을 엮은 내용들이었다. 늘 한인들의 사랑을 받던 그는 하바롭스크 고중에서 2년 간의 근무를 마치고 1936년에 블라디보스토크의 한인 사대로 다시 공부하러 떠났다.

그가 하바롭스크 한인 고중을 떠나니 그의 빈자리는 참으로 컸다. 우선 교원들 중에서 그처럼 문화예술에 재질을 가진 사람이 없었다. 그래서 학생 관중의 예술적 장기와 청년 관중을 지도하는 기교를 지닌 인재들에게 기대게 되었다. 학생들 중에는 1945년 북한으로 들어가서 돌아오지 못한 리할복, 리사남(작은 리춘백), 김기석을 위시하여 염성만, 항만금, 김호봉, 김광진 동지들이 있었으며, 특별 장기를 지닌 학생들 중에는 최유라, 한밀라, 정워똘, 박철용, 한클라라, 정두냐 등이 있었다. 1937년에 한인 사대 졸업생들인 강진태, 박예브로끼야, 박니꼴라이 등이 고중으로 옴으로서 학교 예술 청년사업이 잘 진행될 수 있었다. 그러나 1937년은 전체 한인들에 대한 강제이주 시기였으므로 원동변강의 한인들의 삶은 완전히 파괴되었다.

1936년에 블라디보스토크 한인 사범대학에 입학한 정국록은 1937년 한인 강제이주와 관련하여 카자흐스탄 공화국 크슬올르다에 대학과 함께 이주하였다. 대학에서 2년은 한국어로 공부하고 2년은 로어로 공부하여야 했다. 한인 강제이주 후부터는 한국어로 강좌를 하지 못하게 소련정부가 고의적으로 조치를 했기 때문이었다.

1940년에 사대를 졸업하고 카자흐스탄 공화국에 파견되어 한인집단 농장 꼴호즈 경리 촌에서 처음에는 문학교원으로 곧 고중 교장이 되어 3년간을 근무하였다. 한어로 교육을 못하게 하는 정책으로 말미암아 자신의 '민족문화 전통 계승'이라는 현란한 능력을 펼칠 기회가 그리 많지 않았다. 그럼에도 불구하고 그는 늘 주변에서 신망받고 위신있는 교원집단의 행정적 간부로서 지냈다.

1945년 8월 15일 조선이 일제로부터 해방되자, 그는 1945년 10월에 소련 붉은 군대에 초병되어 북한 주둔 소련 제25군단 민정사령부에서 통역원으로 일하게 되었다. 통역원로 1945년 10월부터 1946년 5월까지 일하다가, 1946년 6월에 북한 내각 직속 고급지도 간부학교가 조직되자 거기에서 세계 정치지도 강좌의 상급교원으로 1950년 3월까지 근무하였다.

1950년 3월부터 1951년 4월까지는 평양의 소련 제25군단 정치부가 발간한 소련군 신문 '소비에트 신보사'의 지방부장으로 일했다. 이 신문은 소련의 정책을 북한에 그대로 이행하기 위한 지도적이고 권위있는 신문으로서 소련의 『프라우다』지와 비슷한 역할을 했다. 소련군 제25군단 정치부가 그를 신문사 계통으로 전근시킨 것은 앞으로 출판물 계통의 지도적 간부로 발전시키려는 목적이었다. 그가 비록 소련에서 준비된 간부라 할지라도 한국어에 능통하고 소유한 문학적 소질이 풍부한 역군이었기 때문이었다.

정국록은 6·25 동족상잔의 전쟁기간에는 북한의 국가 정책을 대표하는 북한 신문『민주 조선』의 주필로 임명되어 1951년 1월부터 1954년 1월까지 근무하였다. 『민주 조선』은 전쟁 중이라는 어려운 상황에서 동북까지 후퇴하여서도, 또 평양으로 다시 재입성하여 방공호 속에서도 발간하였다. 어떠한 상태에서도 정간하는 일없이 꾸준히 발간된 신문이었다.

전쟁이 끝나고 1954년으로 접어들자, 북한의 인민 집단들이 사상적으로 와해되면서 여러 목소리를 내고 있었다. 이것은 당 중앙의 수뇌부가 인민들의 분위기를 그룹화시키면서 자신들에게 유리하도록 만든 결과였다.

특히 1953년 7월에 북한의 당 지도자인 허가이가 죽으면서, 소그룹화 된 집단들은 서로를 무서워하기 시작했다. 이러한 집단들은 어디서 북한으로 들어왔는가에 따라서 지역별로 무리를 나누기 시작했다. 남한파, 연안파, 소련파, 지방파, 빨치산파 등으로 나누었고 종파분자, 반당파, 남로당파 등으로 구분하였다. 전쟁이 끝나면서 많은 인민들이 노동당 정책을 반대했고 김일성 수상에 대한 반대 의견이 많이 나돌았다. "전쟁에서 전체 인민들이 피흘렸건만 모든 공훈은 김일성 혼자 독점하고 있다"라는 소문이 떠돌았다.

정국록은 1954년 2월 교육성 차관으로 영전되었다. 그러나 이것이 영전인가 조동인가 하는 말들이 많았다. 외형적인 면으로 볼 때는 교육성 차관이라는 높은 벼슬직으로 갔으니 영전이 분명했다. 그렇지만『민주 조선』주필직은 아주 위신있고 중요한 자리였다. 그래서 상당수 사람들은 영전이 아니라 필요에 의한 조동이라고 분석했다.

왜 신문사 주필을 교육성 차관으로 전근 시켰을까. 뒤에 나타나지만 이것은 김일성의 간교한 정책이었다. 조선 노동당은 사상 검토가 시작되자, 중요 단위 책임자들을 한 계급씩 낮추어 가는 방법을 사용했다. 고위직 간부들이 하루아침에 일반 인민이 된다면 그 반대여론이 상당할 것을 염두에 두어서 차례로 시간을 보아가며 강등시킨 것이었다. 이러한 경우는 무슨 꼬투리이던 죄과가 성립되지 않았을 경우에 해당되었다. 정국록이 사상 검토에서 문책 당할만한 자료가 거의 보이질 않자 여러 가지의 조동 방법을 사용하였던 것이다.

이후 그는 교육성 부상 직무에 약 11개월 근무하다가 1955년 1월에는 개성 정전담판위원회 조선·중국 수석대표로 조동되어 그 책임에서 1958년 1월까지 역임하였다. 소련출신 간부들이 거의 숙청되어 버린 상황에서 다시 외무성 참사로 발령을 받아 1960년 말까지 근무했다.

결국 정국록은 1961년 3월에 소련으로 귀국하여 모스크바에서 일하게 되었다. 모스크바에서 소련 공산당의 주선으로 주택을 배정받고 아이들의 학업과 부인의 취직문제도 해결 받았다. 그러나 정작 자신의 취직 문제는 그리 쉽지 않았다. 일단 모스크바의 많은 대학들로부터 외국어 강좌를 해달라는 초청을 받았으나 거절하였다. 몸은 비록 모스크바에 있지만 일은 조국을 위한 직업을 택하고 싶었기 때문이었다.

결국 그는 집필활동을 시작했다. 북한의 정책을 백일하에 드러내는 책을 내기도 하고, 출판물에 현 정치에 대한 글도 썼고 라디오나 텔레비전을 통해서도 발표했다. 그는 또 방송국 한국어 방송부에 들어가서 그 책임자로 일했다. 즉, 한국말 방송부 책임자로서 자신의 마지막 생까지 일하였다.

정국록은 북한이 기본 노선에서 탈루하여 그릇된 사회주의, 반인민적 독재주의, 김일성 주의로 걸어가는 것을 보고 많은 고민을 하였다. 그는 1988년 6월 모스크바에서 심장병으로 세상을 떠나기 전까지 부인인 김나딸리야와 손자들을 돌보면서 애국적인 일에 앞섰다.

정국록의 부인 김나딸리야의 증언과 회고에 따라 1996년 5월에
모스크바에서 장학봉

전 문화선전성 부상

정상진은 1918년 5월 5일에 원동변강 연해주 블라디보스토크에서 태어났다. 소련 지역에 살고있는 한인들의 문화 중심지이며, 원동변강에서 공업·산업문화 중심지였으며 큰 항구 도시인 블라디보스토크에는 한인 소학·초중 및 고중까지 있었던 관계로 그는 고향 도시에서 1936년에 고중까지 졸업하고 그 해, 원동변강의 한인사대 어문학부에 입학하였다.

중학교 학창시절에는 아주 열성적으로 교내 각종 사회단체들의 사업에 열성적으로 참가하였다. 그의 사회단체들에서의 사업은 단지 학교 내 범위에서뿐만 아니라 전 원동변강 범위에서 젊은 한인 학생 군중 속에 널리 알려져 있었다.

정상진은 매년 원동변강 범위에서 조직 진행되는 소년단 쓸료트(소년단대회)에 열성적으로 참가하여 강력한 조직 지혜를 보였다. 또한 매년 동기방학이면 순전히 자기학교 학생들의 힘으로 각종 연예 예술극단과 각종 체육단들을 조직하여 가지고 각 군, 촌 등에 있는 궁벽한 농촌들에 새로운 문화적 위풍들을 보급하면서 아직 잠자고 있던 한인청년들의 마음을 감동케 하였다. 그 당시에 블라디보스토크 소년단 대회에 참가하였던 많은 남녀 어른들과 또 그 당시에 하바롭스크나 우쑤리스크에 살고 있던 많은 어른들은 지금까지도 그 당시 느껴진 감상들에 대하여 인상 깊게 이야기하곤 한다.

정상진은 친구들 간의 관계를 잘 조절함으로써 누구든지 그와 대면한 사람은 모두 그를 아주 좋은 사람이라고 인정했다. 때문에 항상 그에게는 아주 가까운 친구들이 많았다.

정상진은 원동변강 블라디보스토크에서 입학한 사범대학 어문학부를 1940년에 까자흐 공화국 크슬오로다 시에서 필하였다. 이것은 한인에 대한 강제이주 정책 때문에 한인 사범대학이 크슬오로다에 이동하였기 때문이었다. 사대를 졸업한 그는 공화국 교육성의 파견에 의해 드살라가스시 고중 어문학교원으로 일하였다.

대학을 필한 후 일년을 일하자, 소비에트인의 위대한 조국전쟁이 시작되었다. 원래 항구도시에서 태어나 유년시절, 학생시절을 블라디보스토크 항구에서 지낸 정상진은 늘 바라보던 해군들의 멋진 모습에 동화되어 자신도 해병대에 복무하면서 저런 모습이 되고 싶다는 생각을 해왔었다. 그러나 한인들은 조국전쟁의 위급한 시기에도 군대 복무에 초병하지 않았기에 그는 수차 시당 위원회 시 군사동원부에 가서 전선에 자원하여 나가겠다는 청원을 제출하였다.

마침내 1945년 3월에 초병 되어 그의 요구대로 태평양 소군 해병중심지인 블라디보스토크 기지에 도착하게 되었다. 뼈가 굵어진 27세 나이에 군복을 처음 입은 정상진은 군대 복무가 아주 바빴다. 대열 규정과 더불어 내무규정, 전투규정 등을 연구하며 사격 연습도 게을리 하지 않으며 정치 상학에도 다녀야 했다. 이렇게 분주하고 복잡한 상황이었지만 시간이 흘러 5월 9일에 독·소 전쟁은 끝나고 8월 8일이 다가왔다. 독·소 전쟁에서 승리한 소련은 연합국의 의무대로 일본제국에 전쟁을 선포하였다.

정상진은 8월 8일 저녁에 블라디보스토크 해군기지에서 명령을 받고 커다란 군함에 올라탄 후 태평양 쪽으로 나가 북한의 청진 앞바다에 도착하게 되었다. 다음날 아침 5시경, 상륙정에 갈아타고 다른 수많은 어뢰정, 수뢰정들을 따라 바로 청진항에 들어가게 되었다.

그가 탄 상륙정이 청진항 부두에 도착하기도 전, 이미 어뢰정과 수뢰정은 청진항구에 들어가 몇 개의 군함들을 폭파하면서 발연 폭탄을 폭파시켜 수면에 연막을 처 놓았으며, 항공대는 부두 오른쪽에 무수히 서 있는 창고들을 폭격하고 있었다. 청진시는 천지개벽하듯 높은 뇌성과 같이 천지를 진동하는 소리와 함께 바다 쪽에서 사격하는 함포소리, 공중 폭격소리, 연기, 먼지 등이 청진시내를 덮어 상황을 분별할 수 없을 정도였다. 그 순간을 이용하여 정상진이 탄 상륙정은 청진 부둣가에 도착했고, 87명의 해군 육전대는 지휘관 중좌를 중심으로 전투태세를 갖추고 청진부두에 올라서 전투서열로 지휘관의 구령에 따라 전진하였다.

해병들의 기본 전투임무는 군함에서 상륙정에 갈아타기 직전에 지시받은 바와 같이 청진시내를 횡단하고 청진시 뒷산에 올라가 삼림 속에 진지를 형성하고 적의 반공격을 제압하며 차후 아군의 낙하산 부대의 발붙임을 도와 한 개의 군부대 실력을 조성한 다음, 만주 쪽으로부터 공격하여 나오는 소련군 25군단 각 연합부대와 부대들을 지탱할 수 있는 병력이 되는 동시에, 적에게 있어서는 척후에 잠입한 무장력으로서 치명적 타격을 입히며 적을 패망으로 이끄는 전위부대 역할이었다. 정상진은 청진 상륙전에 대하여 자기 동지들에게 수차 다음과 같이 회상하였다.

"상륙정에 오르기 직전에 부대장은 전체 구분대를 정렬하여 놓고 말하기를 '당신들의 기본 임무는 청진시내에서 적의 어떠한 병력이 저항하던지 간에, 또 자기 역량을 얼마나 잃던지 간에, 동지들 87여 명 중 40명이 남던, 20명이 남던, 단 10명이 남더라도 청진 뒷 산정에 올라, 거기에다 자리잡고 발붙이는 것이오. 전진하는 과정에 물론 희생자가 발

생할 것이니 거기에 대해서는 신경 쓰지 말고 계속 빠른 속도로 전진해
야하오. 희생자들은 차후 뒤따르는 위생부대가 처리할 것이오. 특별히
주의할 것은 부대통역원 정유리 중위의 생명에 대하여 관심을 돌리시오.
척후에서 지방 민족과 통화하는 사람이 없으면 한 시간이라도 견디기
어려우니 그가 죽으면 당신들도 죽은 목숨이나 마찬가지 일 것이오.'하
였다. 이 말을 들을 때 나의 등골에서는 땀이 쭉 나왔다. 상륙한 다음,
해병들이 전투 서열을 지었다. 4개 종대로 자동총 구분대가 자동총과
수류탄으로 무장하고 나가는 뒤를 이어, 경기관총과 반전차총, 반전차
수류탄으로 무장한 대오가 차례대로 나서고, 중기관총, 42미리 박격포
도 몇 대 뒤따르고 있었다. 자동총 구분대 전면에 적병의 조직적 집중적
저항은 별반 없었으나 4~5명, 6~7명 정도 되는 구분대의 저항과 개별
적 결사대들이 자동총과 수류탄을 던지며 완강하게 대항하였다. 상륙병
들이 먼저 전투임무를 수행하고 목적지에 도착하였을 때 총인원 87명
중 52명이 대열을 만들어 총지휘관에게 보고하였다. 상륙부대 지휘관
중좌 동지는 이런 정황을 군함에 있는 부대장에게 보고하고, 해병들에
게 라디오를 통해 전달받은 다음과 같은 부대장의 명령을 전달하였다.
'총인원 52명 중 상륙지휘관과 정치부지휘관 소좌에게는 레닌 훈장을
수여하며 다음 38명에게는 적기훈장, 그 나머지 12명에게는 적성훈장
을 수여했다.' 이 명령에 따라 나도 적기훈장을 수여 받는 명예를 지니
게 되었다."

　　이후 남쪽으로부터 조직적으로 수차에 걸쳐 적의 소 구분대들이 자기
후방에 기어든 적들을 청산하려고 시도하였으나 바닷가로부터 무수히
상륙하고 있는 아군 해군 육전부대들의 맹공격에 따라 매번 좌절되곤
하였다. 정상진 일행 상륙부대는 오전에 적으로부터 수차 공격을 받는
동시에 적의 장거리 포사격에 일분도 눈코 뜰 사이 없이 방어태세를 계
속 보존하고 있다가 오후 2시경이 되자, 북으로부터 아군 육군대 연합
부대들이 쳐들어옴으로써 청진시를 방어하던 라남 사단은 완전히 투항

하고 청진시는 해방되었다.

청진시민들은 소련해방군을 열렬히 환영하였다. 그 날 정상진은 청진시민들에게서 대환영과 눈물겨운 악수도 많이 받았다. 검은 해군복을 입은 수많은 러시아인들 중에서 조선말을 꽤 잘하는 한인 한 명을 발견한 청진시민들은 해방군들 속에 한인도 있다는 것을 알고 정상진을 군인들 속에서 떼어내려 하였다. 정상진은 동족을 해방시킨 기쁨의 눈물을 삼키며 손을 흔들었으나 대오에서 떨어질 수 없어 지휘관의 구령대로 걸어가면서 때로는 모자를 벗어 흔들기도 하였다.

청진시 뒤에 높이 가로막혀 있는 산정을 차지한 정상진 일행 해군 상륙대는 그 날 하루 동안 전투태세를 유지한 형편에서 낮 시간을 보내고, 부두 창고들에서 곡물이 타고 있는 냄새를 맡으면서 연기가 물씬 나오는 연막을 뚫고 나가 아침에 타고 들어 온 상륙정에 다시 올라탔다.

이렇게 육·해·공군의 협동작전에 의하여 청진시는 1945년 8월 9일에 해방되고 그 해방의 승리를 고착하기 위하여 육군부대들은 시내에 남기고 해군들은 다시 바닷가에 나가 청진부두에서 적선들의 침입을 경계하면서 이틀 간 바다에 머물러 있었다. 소련 해병대는 8월 11일에 원산항에 접근하였다.

원산항은 벌써 8월 9일 아침에 소련군 다른 해군부대들의 공격에 의하여 해방되어 있었다. 때문에 정상진 일행은 원산항에서는 아무런 전투도 없이 평화로운 환경에서 상륙하였다. 원산 시가지는 벌써 완전히 질서가 잡히고 시가에는 소련군 순찰 구분대들이 돌고 있었다.

소련군대의 결정적 역할에 의하여 해방된 지 1개월이 지나자, 평양에는 소련군 25군단 사령부외에 전북한의 영토와 인민을 운영하기 위하여, 소장 로마녠꼬의 지도 하에 소련군 민정사령부를 조직하고 각 지방과 중앙에 이르기까지 임시 인민위원회들을 조직하였다. 그와 병행하여 소련군 민정사령부는 각급 인민위원회들과 밀접한 연계 하에서 사업하기 위하여 소군 위수 사령부들을 각 군·시·도들에 조직하였다.

원산에 도착한 정상진 해군 중위는 경무부에서 책임통역관을 하면서 소련군들과 함께 시내 질서유지 및 적산통계, 임시 인민위원회에 인계사업 등에 열중하다가 원산시 인민위원회 위원장 강계덕의 요청과 소련 경무부 사령관의 지시에 따라 원산시 인민위원회 문화교육부 차장으로 일하였다. 이것은 시 인민위원회가 모든 일을 시 경무부 위수 사령관의 승인 하에서만 시행하게 되어 있었기 때문에, 시 인민위원회 책임 통역관이었지만 그의 역할은 시 인민위원회 부위원장의 역할보다도 더하였다. 당시 정상진은 태어난 이후 가장 많은 일들을 하던 시기이기도 했다.

이렇게 복잡한 하루하루를 보내고 있는데 평양에서 전화로 지시가 내려왔다. 다음날 아침에 수십 년 동안 조선 해방을 위하여 일제와 영웅무쌍하게 싸우던 조선인민의 전설적 영웅 김일성이 군함을 타고 원산항에 도착하니 사업들을 질서 있게 조직하고 영광스럽게 맞이하라는 것이었다. 그러나 시민환영대회는 조직하지 말라는 지시가 내려왔다. 이런 전화 지시가 시 인민위원회에 내려오자 소련 최고사령부로부터 역시 동일한 지시가 내려왔다. 이런 지시를 받은 시 경무부 위수사령관 대좌는 즉석으로 정상진을 불러서 내일은 영웅을 맞이하여야 된다고 하였다. 정상진은 시 인민위원회에 다시 돌아와 영웅 영접은 작은 행사 규모로 하게 되었기 때문에 시위원장, 부위원장 태성수, 보안부장 박병섭 등 3명만 참가해야 된다고 전달하였다. 그 당시 정상진은 사령관과 시 인민위원장의 통역을 겸하여 하게 되었다.

1945년 9월 19일 오전 11시경이 되자, 소련 화물선 '뿌가쵸브'호가 원산항 부두에 인접하였다. 부둣가에서 마중하는 사람들은 배에서 내리는 이들을 하나하나씩 쳐다보면서 김일성 장군이 어느 사람인가하고 묻기도 하였다. 그 빨치산 일행에는 나이도 있고 위신 있게 보이는 리동화 소좌도 있었고, 최용건 대위, 김책 대위도 있었지만 그들은 영웅으로 대접하지 아니했다.

정상진은 1946년 8월까지 원산시 인민위원회에서 일하다가 평양에 올라와 문화예술 총동맹 중앙위원회 부위원장으로 한설야와 같이 일하였다. 그는 소련, 체코, 독일, 중국 등 여러 나라들에서 진행되는 작가 예술동맹 대회들에 조선작가 동맹 대표들을 인솔하여 참가하였다. 이때 갓 조직된 문화예술동맹의 모든 조직 규범과 활동 원칙들에 대한 강령들은 소련 문화예술동맹의 규약 강령대로 하였기 때문에 그의 활동 범위는 방대하였으며 그에 따라 위신도 높았다.

1950년 6월에 동족상잔이 시작되자, 노동당중앙위원회의 명령에 따라 정상진도 군복을 입게 되었으며 문화예술인과는 아주 거리가 먼 포병사령부 병기총국 부국장직에 파견되었다. 일년 동안 군복무에 군사 칭호는 높아져 대좌가 되었으나 처음으로 가혹한 고생을 하였다. 군복무의 영예를 감수하지 못하고 과거 예술동맹사업에 대하여 회고하던 1951년 말에 그는 인민군대에서 제대되어 공화국 문화선전성 차관의 직무에 임명되어 허정숙과 같이 일하게 되었다.

이 시기는 전쟁으로 인하여 산업 기업소들이 파괴되고 농촌경리 수확고가 저하되어 공화국 전체 인민들과 군대는 타국의 원조로써 살아가는 형편에서, 전 인민과 사병들의 다 죽어가는 사기를 고취시켜 삶의 길로 인도하는 문제가 아주 중대하였다. 문화선전성은 한편으로는 세계 각국에 공화국 인민군대가 1차 공격에 실패하고 진지전으로 넘어갔으나 아직 죽지 않고 살아있다는 것과, 농업도 산업도 파괴되어 폐허화 되었지만 앞으로 복구하면 움직일 수 있다는 것을 보여주기 위하여 선전했다. 그렇게 해야 외국에서 얼마라도 원조를 받을 수 있었기 때문이었다.

이러한 환경에서 공화국의 각 사절단들을 조직하여 여러 형제국들에 파견하여야 되었으며 그와 병행하여 외국의 많은 사절단들을 초청하여 나라의 처참한 환경 속에서도 불굴의 인민은 움직이고 있다는 것을 보여 주어야 했다. 정상진은 전쟁의 어려운 시기에도 열성을 다하여 예술사업과 선전사업을 진행하였다. 음악예술단을 조직하여 외국에도 보내고, 그와 때를 같이하여 각 도·시·군에 순회공연을 조직하는가 하면 최전방 전호들에서 밤낮 떨고 있는 구분대까지 파견하여 그들로 하여금 "우리 후방은 아직도 살아있다"라는 것을 알려주었다.

1953년 7월 말에 정전이 성립되었을 때, 북한으로서는 전쟁으로 말미암아 파괴된 경제를 복구하는 사업은 그 경제를 새로 건설하는 사업보다 더 힘들었다. 전쟁 3년 동안 악조건에서 겨우 빠져나온 인민들은 그 지친 몸으로 잿더미로 변한 공장을 복구하는 일을 시작하였다.

그렇게 국가의 기틀을 확립해야하는 환경에서도 노동당 중앙 수뇌부는 권력다툼과 숙청작업을 계속하고 있었다. 사상검토를 진행하여 인민을 신임자, 불신분자, 중간층 등의 3등급으로 구별하여 놓았다. 이런 환경에서 정상진은 있는 힘을 다하여 일하였으나 사상검토 운동이 전반적 반소단계로 넘어갔을 때인 1955년 제 1/4분기부터는 전동혁, 기석복 등과 함께 김일성 독재체제의 사상검토 함정에 빠지게 되었다.

이들에 대한 사상검토 제목은 '당의 문화예술로선에 있어서의 교조주의·관료주의·기회주의 및 가족주의와의 투쟁에 대하여'라고 명명하여 놓고 조선의 실정을 타산함이 없이, 소련식 기회주의·관료주의 그에다가 허가이를 선두로 한 소련가족주의, 심지어는 소련을 자랑하기 좋아하며 섬기기 좋아하는 사대주의 등의 이름으로 사상검토 대상에 모두 걸리도록 했다.

정상진이 남한에서 이북으로 들어온 유명한 작가와 예술인들을 그들의 실력대로 적임 직책에 등용한 것을 두고, 특별한 비호정책을 썼다는 것으로 오도시켜 사상검토 회의 결정문에는 "조선노동당 책벌에서 가장 엄중한 책벌을 등기하는 엄중 경고에, 현직에서 철직하여 재교양 목적으로 하급당 단체에 전근시킨다"고 썼다.

부상(차관)직무에서 철직된 정상진은 약 2개월간 무직으로 집에 앉아 있다가 중앙도서관 관장으로 임명되었다. 도서관장이란 본래 안전하게 앉아있으면서 깊은 과학 이론이나 연구하며 어떤 새로운 발명을 목적으로 하고 맘을 놓고 틀을 갖춰야 할 것이었으나, 김일성의 사상검토에서 골수를 다 썩히고서 윗급에서 아랫급으로 내몰렸으니 안심이란 말과 연구란 말은 묻지 않는 편이 맞을 것이다.

정상진에게 매일 들려오는 소식은 누구는 어떻게 되었고 또 누구는 지난밤에 잡혀갔고 하는 말 외에는, 인정답고 생동한 말들은 들려오지 않았다. 몇 해 전부터 도서관장 직무는 높은 직무에서 툭 떨어지면 그 장소에 와서 몇 달 동안 속을 썩히다가 감옥이나 유형지로 가는 정박소나 다름없었다. 정상진도 이 직무에 와서 앉기는 하였으나 또 다시 어디로 내려 보내겠는지 하며, 내일에 대한 확신성이 없어 매일같이 손톱방아를 찧고 있었다. 매일 오전 중에 자기 방에 와 앉아있으면서 신문과 화보들을 뒤적이며 뉴스나 찾아보고 점심에는 사택에 갔다가 몸이 좀 불편하다는 핑계를 대고 오후에는 자기처럼 일자리에서 쫓겨난 사람의 집에 가서 서로 속상한 이야기를 나누며 소일하였다. 주로 어느 친구가 어디에 몰려가서 어떻게 고생했다는 이야기, 또 자기들은 앞으로 어떻게 해야 되겠는가? 등에 대한 이야기들을 되풀이하다가 어느 장소에 전화나 걸어 누가 자기를 찾지 않던가 하고 알아본 뒤에 곧장 집에 돌아가곤 하였다.

이렇다보니 정상진은 평양 중앙거리를 4년간이나 하얀 차만 타고 다니던 것이 이제는 중앙거리를 피하여 뒷골목으로 다니면서, 행여 안면 있는 사람이나 마주치지 않는가 살피면서 속보를 살금살금 걸어 도서관에 가곤 하였다. 기쁜 일이 있을 때에는 시간이 가는 사이 없이 빨리 흐르건만 …. 평양이 온통 신음과 눈물이 섞인 한숨으로 오염된 공기 속에서 멈춰 서 있는 것 같기도 하였다. 정상진은 결심하기를 이런 악취 속에서 오래있으면 사상적으로 뇌수만 썩는 것이 아니라 창자도 부패되어 김일성 졸개들의 구둣발에 짓밟히고 말 것이라고 생각하면서 자유로운 소련 땅에 망명하여야 된다고 생각하였다.

그래서 1957년 8월에 정상진, 기석복, 정동혁, 김일, 명월봉, 박태섭, 리춘백, 김용택 등 8명은 일제히 소련 정부에 국적을 요구하는 청원을 제출하였다. 1957년 10월에 소련정부의 국적에 대한 허가가 나오게 되자, 이들 8명은 평양을 출발하였다. 정상진은 평양역에서부터 안동 역까지 도착하는 10시간 동안에 짐 수색을 두 차례나 당하면서 계속 떨어야 했다. 저들이 언제 어떤 핑계를 대면서 다시 북한으로 끌고 갈 것만 같을 정도로 불안 초조했다. 중국 안동 역으로 건너와서야 한숨을 길게 쉬고 어느 정도 안심할 수 있었다.

8일 뒤에 모스크바시에 도착한 정상진 일행 8명을 소련공산당중앙위원회 조직부 지도원들이 맞아주었다. 북한에서 돌아 그들과 담화하는 당 중앙 지도원에게는 조선노동당중앙위원회에서 보내온 소위 「사업평정서」가 있었다. 거기에는 죄인들에 대하여 검찰소에서 보내온 신고서처럼 써 보내어 졌는데 거기에 기록된 글을 보면 정상진 일행 8명은 소련 땅에 들어와서도 재판을 받아야 되는 상황으로 만들어져 있었다.

당 중앙 조직부 지도원들은 평정서를 다 읽어주고 끝으로 하는 말이 "우리들은 현재의 조선 실정을 다 잘 알고 있으니 평정서 내용에 대하여서는 안심하라"고 하면서 당 중앙 지도부의 지시대로 타슈켄트 중앙당학교에 가서 4년간 공부를 하라고 하였다. 4년이면 강가에 물도 많이 흘러갈 터인데 그때에 환경이 변경되면 조선에 다시 돌아갈 수도 있을 것이라고 하였다. 그 후 8명은 타슈켄트 당중앙위원회에 와서 모든 문제들을 해결 받고 4년 동안 재교양 받은 다음 1961년에 중앙당학교를 훌륭한 성적으로 졸업하였다.

정상진은 크슬오르다시에 있는 『레닌기치』 신문사 선전부장으로 5년간 일하고 전근되어, 타직 공화국 두샴베시 주재기자로 1985년까지 일했다. 그 후 알마타에 옮겨온 『레닌기치』 신문사에 다시 돌아가 현재까지 논설위원으로 일하고 있다.

정상진은 학창시절부터 자기 일생을 대중 속에서 문화군중사회사업을 열성적으로 하여왔다. 현재에도 기본 사업은 고려인들을 위한 신문을 만드는 사업에 매일같이 주력하면서도 고려인 민족운동에 전력을 다하고 있다.

1991년 정월에는 모스크바시에 있는 허진을 위시하여, 이전에 북한에서 일하다가 당시 소련에 들어와 있던 전 북한 간부 가족들에게 가능한 정도에서라도 도와주어야 된다는 결심으로 재소 고려인 유가족 후원회를 조직하기로 계획하였다.

1991년 3월에 허진, 정상진, 강상호, 유성철, 남봉식, 박병율 등은 모스크바시에서 유가족후원회 창립에 대한 선언서를 발표하고 유가족후원회 위원장에 정상진을 추대하였다. 그는 그 후 금일까지 유가족후원회 사업을 꾸준히 하면서 많은 유가족들에게 물심양면으로 도움을 주고 있다.

1993년 서울 방문시 유명작곡가 김순남의 딸 자택에서
장학봉(제일 왼쪽), 박갑동(왼쪽 두 번째) 등과 함께 기념촬영한 정상진(오른쪽 두 번째)

1993년 3월에는 유가족들의 행방불명된 세대주들의 행방을 해명하기 위하여 그들의 명단을 작성하여 유엔 인권옹호 위원회 한국분과 위원장을 찾아서, 서울로 가서 그 명단을 제출하면서 끝까지 해결하여 달라고 부탁했다. 또 1994년 여름에는 제네바에서 열린 유엔 인권옹호 위원회 총회에 소련 고려인 유가족 위원회 명의로 참가하면서 행방불명된 간부들의 행방을 속히 찾아 줄 것 강력히 요구하였다.

1992년 3월에는 전 북한 책임적 간부들이 비록 해외에 나와 망명생활은 하나 각 국에 흩어져있음을 안타까이 여기고, 그들의 역량이 대단하다는 것을 인식하고 일본 동경에 있던 박갑동의 지도 하에 수십 명의 책임적 간부들이 모스크바시에 모여서 '민주통일 구국전선' 조직에 대한 선언서를 발표하였다. 제1차 창립 총회는 우선 민주통일 구국전선 상임 의장으로 박갑동을 선출하고 부의장에 리상조, 서휘를 선출하였으며, 정상진을 사무총장으로 선거하였다.

전 조선인민군 제4집단군 사령관

날씨가 여름 한복판으로 치닫자 무더위가 시작되면서 장마철이 가까워오고 있었다.

3년 째 끌고 계속되는 한반도 동족 상잔은 불변부동의 국지전으로 남북 군대에 지루함을 주었으나, 북한 군대 총참모부는 정전 협정이 조인될 기회를 이용하여 동부전선 분계선을 도발적으로 변동시키려고 꾀를 구미고 있었다. 그에 따라 각 야전 집단군 및 연합부대장은 신경이 예민해졌고 상부 명령만 기다리고 있었다.

1953년 7월 2일 아침 10시. 제4야전군 사령관 정철우 장군은 평양에 있는 탱크 장갑차 사령관 최표덕 중장에게서 불시의 전화를 받았다.

"지난밤에 허가이가 불시에 죽었는데 상부의 말에 의하면 자살이라고 하나 그것을 확증할 수 없게 되었소. 왜냐하면 내가 전화를 받자마자 허가이 사택에 도착하니 이미 밤사이에 매장하여 버렸소. 내가 이 문제에 대하여 최고사령관 김일성에게 사망 원인 해명위원회를 조직할 것을 제기하니까 '자살한 사건에 무슨 위원회가 필요한가?'하고 오히려 큰소리로 호통을 치지 않겠소. 그러니 이 문제를 어떻게 하면 좋겠소?"

　　최 장군과 통화를 끝낸 정철우 장군은 부관을 불러 약주 한 병과 약
간의 안주를 가져오게 한 뒤, 자동차 운전기사를 불러 약주를 차에 싣고
평양으로 떠날 준비를 하게 하였다. 그런 다음 군단 참모장과 군사위원
을 불러서 자기가 평양으로 떠나니 밤늦게까지 기다리지 말라고 부탁하
면서 자기가 평양에 가게 된 사연에 대하여서는 아무 말도 없이 평양으
로 향했다.

　　평양에 도착한 정 장군은 먼저 최표덕 사령관에게 찾아가 비참한 일
이 벌어진 사연에 대하여 잠깐 토론한 다음, 정치안전부, 내무성 정부
호위처 계통을 밟아 나중에 허가이 시체를 어디에 묻었다는 것을 확인
하였다. 그리고 최표덕 사령관과 같이 그 곳으로 찾아갔다. 허가이가 묻
힌 곳은 공동묘지도 아닌 곳이었고 묘지 형태도 제대로 갖추어지지 않
았다. 비석 하나도 세우지 않아 도저히 북한 정권 중심인물의 묘지라고
는 생각할 수 없을 정도로 형편없이 어설프게 만들어져 있었다. 두 사령
관은 서글픈 마음을 감추지 못하고 쓰디쓴 표정을 지어야만 했다.

　　두 사령관은 자동차 운전기사, 부관들의 도움을 받아, 근처 농민의 집
에서 삽을 빌어다가 묘를 좀 가지런히 했다. 그런 후, 술 한 병을 묘지
에 부어놓고 자신들도 한 잔씩 부어 마시며 주먹으로 묏자리를 두드리
면서 꺼이꺼이 울었다.

　　저녁 편에 해가 기울어지자 두 사령관은 평양에 돌아왔다. 그 날 저녁
에 정철우 장군은 곧바로 4군단 본부로 돌아왔다. 최표덕 장군은 이틀
뒤 급하게 소련으로 출국했다. 그런데 최 장군이 평양을 떠난 지 이틀
뒤에 그의 딸 니나 뻬뜨로브나(허가이 처)가 평양에 도착했다. 그는 평
양 상황을 예전처럼 생각하고 최고사령관에게 면회를 간청하였으나 김
일성은 면회를 거절하였다. 그래서 허가이의 처는 허가이 사택에 있던
전 가족의 짐을 요구했다. 그랬더니 집을 지키던 사람이 말했다.

　　"그것은 죽은 사람의 짐이어서 전부 불살라 태워 버렸다."

　　"그러면 허가이의 부관, 운전기사, 비서, 간호원, 이들 중 누구든지

좋으니 한 명만 만나게 해 달라."

"다들 어디로 조동되었는지 모르겠다."

허가이의 처는 하는 수 없이 4군단 사령관 정철우 장군에게 전화를 걸었다. 정 장군은 하던 일을 중단하고 평양에 들어와서 니나 뻬뜨로브나를 만나 비참한 이야기를 나누고 즉시 니나 뻬뜨로브나를 데리고 허가이 묘지에 갔다. 니나 뻬뜨로브나에게 있어서 이 걸음은 둘도 없는 가장 가까운 사람의 묘지였지만 첫 번이자 마지막 걸음이었다.

조선인민군 서부전선 사령관 리권무 중장(오른쪽)과
제4집단군 사령관 정철우 소장

정 장군은 남편의 묘지 앞에서 아주 슬프게 하염없이 울고 있는 니나 뻬뜨로브나를 보면서 이전에 소련 조국전쟁 시기에 타슈켄트 주 양기율 구역에서 허가이와 같이 지냈던 기억을 더듬었다. 같은 구역에서 허가이는 구역당 비서였고 정철우는 구역공청회 비서였다. 정철우가 하칠칙 구역 지미뜨로브 꼴호즈 위원장으로 파견될 당시에 허가이의 추천을 받았으며, 북한에 나갈 때에도 같은 비행기로 나갔던 기억이 새록새록 하였다. 북한에 들어와서 공청동맹 중앙위원회 조직부장, 부위원장, 내무성 간부학교 교장, 조선인민군 제10탱크장갑차 사단장으로 미군에 대항하여 낙동강 계선, 팔공산과 추풍령 고개까지 나가서 부산 점령을 눈앞에 두었던 일, 미군의 반공격과 절대 우세한 항공대의 제압에 의하여 평북 정주계선까지 후퇴하였다가, 최고사령관 김일성을 만나 다시 지시를 받고 중국지원군들과 협동작전을 하였던 일, 박천을 해방시키고 청천강 계선을 넘어서 안주, 숙천, 순안을 거쳐 평양을 해방한 다음 계속하여 다시 서울 해방전투에 참가하고 제4군단장으로 임명되었던 일들이 주마등처럼 지나갔다. 눈물에 눈물이 축적되어 있던 악전고투를 허가이와 최표덕 장군은 부동적 동지애로 결합되어 넘겨 왔었던 기억도 삼삼하여 눈물이 앞을 가렸다. 이들은 인간적으로 보아서도 아주 깨끗하고 건전하여 누구에게나 모범이 될 만한 사람들이었다.

정 장군은 아무런 의심도 없이 허가이 부인 니나 뻬뜨로브나를 도와 남편의 묘지에 가 보게 하였으나 김일성은 벌써 7월 2일에 정 장군이 최 장군하고 같이 허가이 묘지를 찾아본 사건에 대하여 눈을 부릅뜨고서 이 놈들을 잡겠다고 이를 갈고 있었다.

1953년 3월 5일에 스탈린이 사망하자, 김일성은 국내외 정세를 분석하고자 노심초사하였다. 때문에 최표덕 장군도 화를 모면하였고, 정 장군도 사령관 직위에서 철직, 제대되었지만 그래도 다른 간부들에 비하여 약한 처벌을 받고 건설위원회 건설국장으로 발령 받아 1959년까지 일했다.

정철우는 1916년 11월 13일에 원동변강 연해주 쑤이푼 구역 쑤이푼 촌에서 탄생하였다. 1935년에 중학을 나온 다음, 수리공으로 일하다가 트랙터 운전기사 강습을 필하고 향촌에서 트랙터 운전기사로 조선인들의 강제 이주 때까지 일하였다. 중앙아시아 우즈베키스탄에 도착하여 1938년에 페르가나 사범대학에 입학하여 1941년에 필하였다. 사범대학을 졸업한 후 타슈켄트 주 양기율 시에서 중학교 교원으로 일하다가 그 학교 교장으로 일하였으며, 1943년에 타슈켄트 주 하칠칙 구역 공산청년회 책임비서로, 1944년 말부터는 지미뜨로브 한인 꼴호즈 관리위원장으로 1946년 초까지 일했다. 이 때 소련공산당 조직위원회의 결정에 따라 새조선 건설사업에 파견되었다.

북조선에 도착한 그는 허가이가 당을 건설하듯이 공산청년회, 민주청년동맹을 소련 레닌 공청회 양식으로 조직 지도하였으며, 체코 수도 프라하에서 열린 국제청년대학생 대회에 조선민주청년동맹 대표로, 조선청년 대표단의 단장으로 참가하였으며, 모스크바 전 세계 평화옹호대회에도 참가했었다.

정철우는 본래 그 생김새가 강철같이 튼튼하다하여 청년시절에 '시멘트'라는 별명으로 불렸다. 그 별명은 늙어 죽을 때까지 본명보다 더 인기 있게 불렸다. 누구나 '시멘트'라고 하면 그것이 정철우라는 것을 쉽게 알았다. 그는 본래 유년시절부터 체육을 즐겼으며 페르가나 사대에서 공부할 때에는 권투선수로도 활동했는데 우즈베키스탄 공화국 권투시합에서 우승도 많이 쟁취하였다. 그렇게 건강한 체질을 보유한 그는 사단장, 부사령관, 사령관으로 있을 때 참 장군답게 부하들을 통솔하여 항상 승리에로 이르게 하였으며, 자기 부하를 교육 교양함에 큰 배려를 돌린 모범적 영장이었다.

정철우는 1959년에 고혈압 병으로 인하여 소련으로 귀환하여 타슈켄트시의 중앙당학교에 입학하여 1963년에 필하였다. 그 후 우즈베키스탄 중앙 직맹 조직부장으로 배치되어 일하다가 1963년 12월부터 벼 재배 국영농장 지배인으로 1969년까지 일하였다. 1972년까지 상칠칙 구역 대마가공 공장 지배인으로, 1972년 5월부터는 우쓰만유슈뽀브 농산 총연합 부지배인으로 있다가, 1977년 5월 19일에 중환 끝에 61세를 일기로 세상을 떠났다.

현재 부인 박예까쩨리니나는 타슈켄트시에서 살고 있고, 맏딸 정림마는 코스타리카 사람에게 시집을 가서 남아메리카 코스타리카에서 아주 부유하게 살고 있다. 둘째 딸 정류샤는 타슈켄트시에서 출가하여 어머니를 돌보며 잘살고 있다. 박 예까쩨리니나는 재소 고려인 유가족 후원회 성원으로 사회사업에 열성적으로 나오고 있으며 매일같이 조국통일을 염원하며 살고 있다.

부인 박예까쩨리나 말에 따라 정류샤가 정리

조 영 철
(1909. 12. 13 ~ 1980. 3. 25)

전 보건성 부상

조영철은 1909년 12월 13일 함경북도 길주군 화대면 하평촌에서 빈농의 장남으로 태어났다. 하평촌과 그 일대지역인 하포, 무수대 촌 일대는 토지도 아주 척박하였지만 해변 역시 고기잡이도 잘 되지 않는, 사람살기가 아주 힘든 곳이었다. 부모들은 자기 토지는 한 평도 없이 일생 소작농을 하여왔다. 조영철은 이렇게 넉넉하지 못한 가정 형편에서 배고픔을 많이 겪으면서 겨우 소학 공부를 하였다.

그러나 어린 시절을 보내던 하평촌 주변의 경치는 더 말할 것도 없이 아름다운 동네였다. 항상 동해 바다의 파도소리가 들릴 정도로 바다와 가까웠고, 봄이면 농촌과 바다 사이의 십리 길도 넘는 모래밭에는 들장미가 피어 있었고, 여름과 가을에는 아주 맛있는 당구 열매가 풍성하였다. 가까운 강변에서 물장구도 치며 고기잡이도 하였고 공차기하던 일은 조영철이 일생을 두고 항상 친구들에게 자랑하곤 하였다.

조영철은 향촌에서 소학교를 나와 겨우 끼니를 이어가며 살아가던 차, 1910년부터 일제의 합방 정책에 이중 삼중의 압박을 견디지 못하여 쪽바가지를 거머쥐고 소련 땅에 발을 돌린 부모를 따라 15세 되던 1924년에 원동변강 연해주 뽀시예트 구역에 들어왔다.

부모를 따라 원동변강 연해주에 들어선 조영철은 뽀시예트 노보옙스크란 작은 군 소재지 도시에 도착하였다. 자신의 토지가 없던 부친은 여름이면 소작농사를 하고 겨울이면 정미소에서 고용살이를 하면서 살아갔다. 빈천한 가정은 어디로 가던지 고생은 마찬가지였다. 그나마 소련 땅에서는 소작료나 고용살이 봉급이 북한에 비하면 비교적 괜찮은 편이었고 집세가 싼 편이었다. 덕분에 조영철은 초중과 고중을 나올 수 있었다.

1931년에는 원동변강 위로실로브시(소왕령)에 가서 사범전문학교에 입학하여 1934년에 우수한 성적으로 사전을 졸업하였다. 사전을 졸업한 그는 한인들이 많이 살고 있는 알레싼드르 미하일롭까 다반 촌 초중에 파견 받아 가게 되었다. 이 다반 촌에는 원동변강에서 유명한 벼 생산 국영농장과 농촌기계 임업소가 있었고, 그에 따라 많은 숫자의 기계 기술자들이 있었으며 한인 간부들도 많았다. 조영철은 다반 초중에 파견된 것을 아주 영예롭게 생각하였다.

당시 그는 25세의 원기 왕성한 미남으로서 언변도 좋았고, 청년들을 지도하는 수완도 있어 농촌 청년들 사이에서 상당한 신임을 받았다. 다반 촌 초중 선생으로 있으면서 다반 촌 지역 공산청년회 책임비서로 활동하였다. 그는 1934년 처음으로 다반 촌에 왔을 때 결혼 대상자를 결정

1944년 타슈켄트에서 부인 유 나자와 함께

하였다. 1937년 유 가이 나제스다가 20세가 되던 해에 드디어 결혼이 이루어졌다. 그러나 그 해에 전체 한인들이 다같이 강제 이주를 당하여 정말 어려운 신혼생활을 해야 했다.

조영철은 1937년 한인 강제 이주 시에 부모들과 함께 카자흐스탄공화국 악주빈쓰크 주 가라 부락 구역에 있는 부게크씨이 국영농장에 실려 왔다. 낯설고 주변환경이 익지 않은 곳인데다 사람이 존재하는 기본토대가 전혀 달라 유목민 생활과 다름없이 살아야 했다.

그는 이곳에 와서도 초중 교원 일을 계속 하였다. 만 4년간이란 긴 세월을 허허벌판에서 강제 이주민들과 같이 살다가 독일과의 전쟁이 시작되자, 우즈베키스탄 공화국 타슈켄트 주 중칠칙 구역 노브버이 뿌찌(새길 협동조합)로 이주하여 왔다. 한인들에게는 생활 조건이 절대로 적합지 않은 악쭈빈쓰크 주에서는 일생 농업이나 어업에 종사하던 사람들은 살 수 없기 때문에 대부분 그 곳을 버리고 떠났던 것이다. 중앙아시아는 기후가 무덥고, 말라리아 병이 많이 돌기는 해도 토지가 비옥하고 더운 철이 오래 계속되기 때문에 벼농사는 원동변강에 비할 바 없이 잘 되었다. 본래 교원인 조영철은 협동조합에 와서도 계속 교원사업에 종사하였다.

1945년 7월 중순에 타슈켄트 주 군사동원부로부터 동원령이 내려졌다. 한인을 대상으로 한 제1차 모집이었다. 이들은 소련군과 함께 군대 통역원으로 북한 땅을 디디게 된 한인 소련군들이었다. 조영철은 소련군 제25군단 산하 연합부대 성원들과 함께 9월에 평양에 입성한 후 제25군단 정치부에서 평양 신문사 하나를 개조하여 '조선신문'이라고 명명하고 발간하기 시작하였다.

조영철은 신문사의 문학 교정원으로 1945년 9월부터 1950년 6월 동족상잔이 시작될 때까지 일하였다. 전쟁이 시작되자, 신문사에서 송환되어 조선인민군 후방사령부 특별군정 대표로 파견되어 인민군의 보급문제 해결에 대대적으로 도움을 주면서 1951년 2월까지 일했다. 인민 군대

1951년 천재시인 조기천의 묘비 앞에서 작가동맹부위원장. 김영환과 함께

가 중국 지원군과 협동작전을 하면서 다시 서울까지 출전하였을 때 또 다시 총정치국으로 전근되었다.

평양을 해방시키고 인민군대는 다시 개성까지 완전히 해방시키고 또 다시 38선을 지나 서울까지 나갔었으나, 몇 달 견디지 못하고 서울과 함께 남조선 땅은 또 다시 파괴되고, 인민 생활은 말할 바 없이 파산되었다. 농촌에서는 씨앗이 없어서 농사를 못 짓고, 노동자들은 일할 공장이나 광산이 없었다. 이때 조영철은 조선인민군대 내에서 최전방 전선에 이르기까지 문화기재를 담당하여 주는 제6부장으로 임명되었다. 인민들의 일반적 생활이 파산되자, 인민군대의 전투태세도 완전히 좌절되어 방어선이 무너지고, 각종 전염병이 군대 내에 퍼져 사기가 떨어지고 전투능력이 완전히 떨어졌다. 와해되어 가는 형편이었다. 이 환경에서 정치선동 선전사업은 아주 큰 의의를 가졌다. 조영철은 환경을 면밀히 고찰하고 소련으로부터 대량으로 라디오와 각종 책자, 방송기재, 수신기, 확성기 등을 구입하여 최전선까지 보내주어 군무자들의 사기를 북돋아주었다.

1953년 4월 10일에 조영철은 다시 송환장을 받아 인민군대에서 제대하여 사회로 나가게 되었다. 기다리지 않던 영전이었다. 전쟁 초부터 시작하여 전시에서 인민 군대 내 후방보장사업을 책임지고 보장했던 그는 이제 상당한 이력이 붙어있었다. 국내의 모든 산업이 파괴된 조건 하에서 외국과의 연락은 매우 중요하였다. 더구나 전쟁 3년 동안 인민들의 건강은 더 말할 바 없이 허약하게 되었으며, 매년 봄마다 호열자, 장티푸스, 말라리아 등의 수많은 전염병이 퍼지곤 하였다. 이런 조건에서 보건성 사업은 아주 중대하였다. 조영철은 공화국 보건성 부상으로 임명받은 것이었다.

그는 전쟁 후 그 복잡하고 곤란한 형편에서, 전문적인 인적 자원이 절대 부족하고 의료시설과 약이 없는 상황 속에서 새로운 직무를 맡게 되었으나 그 곳에서도 전심전력을 다해 일하였다. 사방으로 다니며 의료보건 체계를 수립해 나갔고 소련, 체코, 헝가리, 중국 등에 가서 약재들을 거두어들이는 등 불굴의 태세로 일하였다. 그가 7년간 부상으로 일하는 동안 많은 간부들을 양성하였으며, 농촌과 협동조합마다 진료소를 다 지어 놓고 군 소재지에는 종합 진료소와 병원들까지 건설하여 놓았다.

조영철은 본래 북한 길주 태생이어서 죽어도 북한에서 늙어 죽으려고 각오하며 살았다. 그러나 김일성은 수년 째 계속하여 사상검토를 실시하여 수많은 간부들을 숙청, 투옥시키거나 유형지로 보냈다. 이 결과 소련출신 간부들은 불과 십여 명만 남고 모두 숙청되었다. 형편이 이러함에도 불구하고 조영철은 애를 쓰고 일하였으나 내심으로는 북조선 정책을 믿을 수 없었기 때문에 북한과 소련의 이중국적을 가지고 일하였다. 이러다 보니 북한 노동당 지도부는 그를 신임할 수 없었다. 때문에 수차 국적을 옮기라는 권고가 있었으나 그에 응하지 않자 결국 해고당하고 말았다. 그는 할 수 없이 소련으로 귀국하게 되었다.

조영철이 부인과 함께 소련으로 귀환하기 앞서. 김영활(왼쪽 끝)이 평양역으로 마중을 나왔다

1954년 북한에서 찍은 가족사진
좌로부터 장녀 벨라, 부인 유 나제스다, 장남 왈렌찐,
조영철. 차녀 로자

조영철은 북한에서 태어나 1924년에 소련에 입국하였으며 1945년에 다시 북한에 가서 15년간 일하다가 1960년 2월에 타슈켄트시로 돌아와서 1980년까지 약 20년간 친구들이 일하고 있는 국영농장을 돌아다니며 지도사업을 하였다. 그런 후 1980년도부터는 연금으로 생활을 하였다. 그는 아들 하나와 딸 2명을 모두 결혼시켰고, 부인 유 나제스다를 남겨놓고 1980년 3월 25일 세상을 떠났다.

조 왈렌찌나
(1917. 4. 10 ~ 현재생존)

전 노어 어문학 교원

조 왈렌찌나는 1917년 4월 10일 원동변강 연해주 니꼴쓰크 우쑤리시에서 태어났다. 고향도시에서 사범전문학교를 졸업한 1937년에 한인 강제이주로 인하여 카자흐스탄 공화국 크슬오르다시에서 국영 사범전문대학 노어 어문학부를 다녔고 1942년에 동 대학을 졸업하였다. 졸업과 동시에 크슬오르다시 고중에서 어문학 교원으로 1947년까지 근무하였다.

1947년에 1년간 특별교원 강습을 받은 후, 조선민주주의 인민공화국 평양으로 파견되어 갔다. 1950년 6·25 동족상잔이 시작되자, 전쟁 초에 유엔군의 평양폭격 때 부상을 입어 다리를 다쳤다. 결국 가족들과 함께 중국 하얼빈시로 후송되었고 그 곳에서 전쟁 3년 동안 통원치료를 받으며 중학교에서 노어 어문학 교원으로 일하였다.

조 왈렌찌나는 1953년에 정전이 되자, 다시 평양으로 들어 와 고중 노어 어문학 교원으로 일하다가 1960년에 소련으로 귀환하였다. 그 뒤 카자흐스탄 공화국 알마아따시 장애인 고중에서 어문학 교원으로 1972년까지 일한 후, 1972년부터 사회보장 연금생으로 생활을 하게 되었다.

2000년 2월 11일 타슈켄트에서 장학봉

전 조선인민군 동부전선 제7군단 군사위원

조선인민군 동부전선 제7군단
군사위원으로 근무할 때

본명은 천유리 알렉싸드로위치로써 1914년 4월 29일, 원동변강 연해주 뽀시예트 구역 부르씨 촌 빈농의 가정에서 태어났다. 1924년에 향촌 소학교에 입학하여 1928년에 필하였다. 1930년부터 1931년까지 아버지를 도와 향촌에서 농업에 종사하였다. 1931년 가을에 연해주 뽀시예트 구역 쓰라바놉까 촌에 있는 초중에 입학하였고 3년 만인 1933년에 필하였다. 1933년 9월에는 연해주 우쑤리스크에 있는 한인 사범전문학교에 입학하였다. 1937년에 우스리스크 사전을 나온 다음, 원동변강 교육국의 파견에 따라 우쑤리 주 야꼽례브 구역 비파고르 촌 인민학교에서 교편을 잡고 일하였다.

원동변강으로부터 한인들을 전반적으로 강제 이주함과 관련하여 1937년 11월에 우즈베키스탄 공화국 타슈켄트 주 중칠칙 구역 까라쑤 촌에 도착하여 학교에서 교원으로 일하였다. 강제 이주 후 생활 형편이 안착되지 못한 조건에서도 그는 계속 교원으로 근무하면서, 1939년 여

름에 타슈켄트 니사미 사범대학 통신학부 역사학과에 입학했다. 1944
년 하기에 졸업하고 국가 검정시험을 통과하고 중학교 역사교원이란 국
가 직위 명칭을 수여 받았다.

천율은 1939년에 전 연맹 레닌 공산 청년회 회원으로 임명되었으며
1944년에는 레닌 공산청년회 보증을 받아 전 연맹 소련 공산당에 입당
하였다. 그의 부모들은 1930년까지는 자기 경작지를 소유한지 못한 빈
농이었으며 그 후, 소련 공산당의 단합화 정책에 따라 꼴흐즈 회원이 되
었었다.

천율은 1945년 10월까지 고급중학교의 뛰어난 교원으로 일하다가,
주 군사동원부의 명령에 따라 동년 10월 말에 원동변강 제 25군단 관할
하에 11월 1일부터 소련군 통역관으로 북한에 들어가게 되었다. 북한에
도착한 이후 그의 간단한 약력은 다음과 같다.

- 1945년 11월부터 25군단 민정사령부 로마넨꼬 사령관 관할 하에서
  북한 산업기업소 국유화에 종사.
- 1946년 4월~1948년 8월 31 조선인민군 3사, 1연대 통역관, 군사
  칭호는 대위.
- 1948년 9월 1일~1949년 5월 1일 인민군 항공 교도대 통역관, 군
  사칭호는 소좌.
- 1949년 5월 2일~1950년 10월 1일 민족 보위성 문화 훈련국 선전
  선동부장, 중좌.
- 1950년 10월 2일~1951년 10월 5일 해군사령부 정·부국장, 대좌.
- 1951년 10월 6일~1952년 10월 18일 항공 사령부 기술사단 정치
  부장, 대좌.
- 1952년 10월 20일~1954년 10월 20일 조선인민군 신문사 책임 주
  필, 대좌.
- 1954년 10월 21일부터 인민군 동부전선 제7군단 군사위원, 소장.

천율은 조선 인민군대를 조직한 간부 중의 한 사람이었다. 그의 기본 특성은 언제나 자기에게 맡겨진 책임을 꾸준하게 실천에 옮기며 남을 잘 이해하고 동정하여 주는 성격이었다. 때문에 그를 알고 있는 많은 사람들은 말하기를 '천율 선생은 법이 없이 살 사람'이라고 하였다. 그에 따라 그는 일천한 나이에도 불구하고 매년 진급이 상승세를 탈 수밖에 없었다.

인민군대 내에서 군인들의 사상 동향을 좌우하는 조선 인민군 신문의 책임주필 직무를 지냈다는 것은 상부에서 뛰어난 신임을 받고 일하였다는 것을 여지없이 보여주는 것이었다. 당시 민족 보위상으로 있던 김창봉 상장은 천율을 가장 신뢰했으며, 발전성이 무궁한 간부로 인정하고 소련 군사 아까제미야로 공부하러 가라고 수차 권고하였다. 그러나 겸손한 천율은 당시 복잡한 세계정세를 충분히 파악하여 군사 대학은 세계정세가 좀 완화된 조건에서 가겠다며 매번 사양하였다.

1954년 9월에 전 7군단 군사위원으로 있던 리춘백 소장이 안일무사하다는 결정을 상부로부터 받아 인민군대 군사위원 직무에서 철직, 제대 당하자 최고사령관 김일성은 그 직무에 천율을 추대하였다. 그에 따라 그의 군사 칭호도 대좌로부터 소장으로 승급되었다.

당시 군단장 직무에는 빨치산 출신 정문섭 소장이 있었다. 7군단이라는 연합부대는 인민군대의 전반적 후퇴 후, 동만주 사평시에서 예비군들을 모아 조직한, 군사훈련이 수준급인 예비 병력이었다. 1951년 4월에 조선 땅에 나오기는 하였으나 강원도 석왕사 깊은 삼림 속에 숨어 있으면서 활동한 군단이었다. 전투 훈련은 많이 했으나 전세가 국지전으로 지지부진해지자 실제 전투에는 한 번도 참가하지 못했다. 당시 군단 본부는 강원도 어포에 위치하고 있었다.

1958년 3·8부녀절을 계기로 김일성이 초대한 연회에 참가한 장면. 우로부터 천율,
그 옆이 소련 고문부부. 박정애. 김일성

　　1958년이 되자, 인민군대 내 사상통일이란 완전히 와해된 형편이었
다. 고급 군관들이 가슴속에 깊이 품고 있는 사상 동향은 일치를 나타내
지 못했다. 그것은 4년 이상 진행되고 있는 사상검토 운동 때문이었다.
군대 내에 어느 정도 보유되어 있던 사상적 통일과 기율은 안전히 와해
되어 군관들이 상호 상대방을 적으로 보기 시작했고, 어떻게 하면 타인
에게 약점을 잡히지 않고 살아 갈 수 있을 것인가에 골몰하기 시작했다.
될 수 있는 대로 남의 허물을 신속히 발견하여 상부에 급속히 밀고해야
신임을 얻을 수 있다는 정신으로 살고 있는 때였다. 그러니 사상검토란
사상제고를 위한 것이 아니라 통제 수단으로 실시된 것이었다.
　　김일성은 인민군대 내에서 김일성파에게 제일 큰 위험 집단으로 보이
던 중국 연안파를 사상검토를 통해 완전히 소멸하였다. 소련파도 끝장
을 보는 판이었다. 천율은 남에게 악한 일이라고는 해 본 적이 없고 항
상 이웃을 사랑하고 도와주고 하면서 지금까지 살아 왔지만 현재의 정
세가 돌아가는 것을 살펴보니 자기 자신도 자기를 믿지 못하겠다는 것
을 차츰 인식하게 되었다. 특히 자신과 가장 다정하던 동부전선 군사위

군사위원 시절. 중국으로 귀환하고 있는 중국지원군 연합부대장과
작별인사를 나누고 있는 천율

원 김철우, 3군단 군사위원 김학천 등이 반당종파분자로 철직, 출당된 것을 보고 자기도 그들과 같이 애를 태우게 되었으며 예방대책에 대하여 생각하지 아니할 수 없게 되었다.

어느 날 천율이 부인 채안나를 시켜 평양에 다녀오라고 하였다. 부인에게 당부한 말은 평양에 가서 아직 남아 있는 몇몇 소련 간부들의 동향을 알아보라는 것과 자기 친동생 천이완을 찾아가서 소련으로 돌아갈 수속을 하지 않겠느냐는 의사타진을 해 보라는 것이었다. 친동생 천이완은 당시 포병사령부 병기 총국장으로 일하고 있을 때였다.

채안나는 남편이 시키는 대로 소련으로 돌아갈 수속에 대한 말을 천이완에게 전하니 천이완은 화를 내며 일어서더니 쏘아붙였다.

"지금이 어떤 시기라고 그러십니까? 내가 최고사령관에게 그런 제의를 하였다간 정말 가지도 오지도 못하고 목이 떨어질 수 있으니, 그런 생각 하지 말고 제자리에 가만히 앉아 있는 것이 좋을 것입니다."

천이완이 그렇게 말하는 것은 충분히 이해가 갈만한 대목이었다. 그는 아직 신임을 받고 있었다. 약 6개월 전에 민족보위상 김창봉이 모스크바시로 출장가면서 가장 신임할 수 있는 사람으로써 천이완을 동행시킬 정도였다. 김창봉 보위상은 서부전선 전연부대 혹은 연합부대 등에서 사단장 및 군단장 직무에서 오랫동안 있었으나 민족보위상 범위에서는 천이완 소장에게 물어봐야 할 문제들이 많았으며 노어나, 군사학 및 병기 부문에 있어서는 둘도 없는 고문이었다. 보위상이 천이완을 신임하게 된 것은 인민군대 조직 창시부터 천율 소장을 잘 알고 있었기 때문이기도 하였다.

천율은 친동생이 아무리 반대하였다 하더라도 시대의 상황이 시시각각으로 변하는 환경에서 무심하게 앉아 있기란 송곳방석에 올라앉는 격이라는 생각이 들었다. 때문에 그는 또 다시 부인을 평양에 보내되 이번에는 문의하러 보낸 것이 아니라 자신의 결심을 전하며, 한편으로는 소련 귀환에 관한 문건 수속도 시작하려고 하였다. 자신은 아이들을 소련에 살고 있는 둘째 동생에게 보내기로 결정하고 소련대사관에서 그것을 수속한다는 것을 전하였다. 자기들 부부가 행여 소련에 가지 못하고 조선에서 죽는 한이 있더라도 아이들은 자유로운 소련 땅에 가서 자라고 공부나 맘껏 하고 살라는 것이었다. 채안나는 결심한 대로 1959년 하기방학 시기를 이용하여 아들 형제, 딸 등 5명을 데리고 모스크바시를 걸쳐 타슈켄트시에 도착하였다.

조선 속담에 낮말은 새가 듣고 밤말은 쥐가 듣는다는 말이 있다. 7군단 군사위원 천율 소장이 자기 아이들을 빼돌려 먼저 소련에 보냈다는 소문이 당 중앙에까지 전달되자 중앙당 사상검토 지도부는 유명한 반소분자 김창만의 지시에 따라 제7군단 간부들의 사상검토를 시작하였다. 이 지시에 따라 군사위원 천율 소장의 사상 검토도 시작되었다. 7군단 지휘부 초급당 단체 사상검토 당회를 정식으로 시작한다고 선포한 다음, 매일 기본 작업이후 오후 4시부터 시작하여 저녁 8시까지 당 회의를 반복하는 것이었다.

사상검토 당 회의 첫날부터 천율 군사위원에게 질문하여 솔직히 실토하라고 권고한 내용은 기상천외한 내용이었다. 폭동 준비 지시를 하부에 주었다는 상상도 못할 내용이 첫째였으며, 왜 아이들을 소련에 먼저 빼돌리고 자신도 장차 도망갈 준비를 했는가는 다음 문제였다.

1959년 8월 10일경에 군단사령관 정문섭이 평양에 올라가고 군단책임자로 천율 군사위원이 임시 있을 때였다. 동부전선 사령부에서 지시가 내려오기를 8·15 주간 경비를 강화하라고 하였다. 이것은 이번뿐만 아니라 만약의 경우를 대비하여 매년 기념 경비주간을 배가, 강화하는 법이기 때문에 이번에도 위에서 지시가 내려온 대로 하부 각 사단, 연대, 대대들에게 경비주간 사이에 경각심을 높여 전투준비 태세로 경비를 강화하라고 지시하였던 것이다. 이것을 중앙당 사상검토 지도원들은 북한 중앙정부를 반대하기 위한 폭동 지시였다고 주장하며 그 지령을 각 사단에 내렸다고 생트집을 걸고 매일같이 자백하라는 것이었다.

천율 소장은 매일 당 회의가 개회되면 자신은 어떤 폭동준비 지시도 하부에 내린 바가 없다는 말을 되풀이하여야만 하였다. 그냥 8·15 경비주간에 특별경비를 강화하라는 지시는 하부에 준 일이 있다고 주장하였으나, 중앙당 지도원들은 아예 그런 말은 예상하고 있었다는 듯 폭동지시 부분만 계속 고백하라는 것이었다.

이렇게 약 1주일 지나간 뒤, 어느 날부터는 저녁 8시가 되면 다른 단원들은 전부 집에 가게하고, 천 소장만 작은 독방 유치장에 집어넣고는 거기에서 밤새도록 심문을 하는 것이었다. 휴식은 단 2시간 정도 허용되었다. 잠을 자지 못하게 하기 위해서 사상검토 지도원 2명이 교대로 들어와서는 자백서를 쓰라고 요구하며 한 사람은 쉬다가 다시 오곤 하면서 교대로 강요를 하는 것이었다. 이것은 필경 잠자지 못하여 정신이 혼미해지면 그런 지경에서는 안한 일을 했다고 자백할 수도 있다고 판단한 것이었다. 그러나 천율 소장은 잠을 자지 못하여 코에서 피를 쏟으면서도 이를 악물고 안한 일은 안했다고 하였다.

천율 소장이 유치장에 검거되어 있다는 소문이 평양에 퍼지자, 보위성 포병사령부 병기 총국장으로 있던 천이완이 민족보위상에게서 허가를 받아 가지고 7군단 본부 강원도 어포시에 면회 차 친형을 만나러 내려 왔다. 천이완은 형을 만나자 반갑게 인사를 올리고 단 한 마디만 물었다.

"형님! 정말 그런 지시가 있었소?"

그에 형이 억울한 듯 대답했다.

"정말 그런 일은 절대로 없었다. 없는 일을 있다고 고백하라고 하니 어떻게 하겠는가? 아마도 죽는 수밖에 없는 것 같다."

그러자 동생은 그 말에 대하여 단호하게 말했다.

"형님. 정말 폭동 지시가 없었으면 죽어서는 절대 안되오. 만약에 형님이 죽으면 죄가 있으니 고백하기 부끄러워 자살하였다고 문건을 만들어 놓을 수도 있지 않습니까. 그러면 동생인 나에게도 수치요, 전 가족, 친척들에게 전부 수치롭게 되오. 그러니 절대로 주의해야 되오."

동생의 말을 눈물로 듣던 천율 소장은 끝으로 말했다.

"글쎄, 주의하면서 죽지 말자고 하니 견디기 너무나 힘들어 그러는 것인 게지."

두 형제는 몇 분 동안 유치장에서 면회하던 중, 천이완은 이 방에 비밀 녹음 장치가 되어 있는지 모르니 형을 데리고 밖에 나가서 몇 마디 이야기를 해야겠다고 생각했다. 그래서 사상검토 지도원을 찾아가서 형님의 건강이 아주 쇠약한데 신성한 공기나 좀 마시도록 정원에 좀 앉아 있게 해 달라고 부탁했다. 잠시 후원에서 이야기하는 것을 허락받아 나무 그늘 밑에 의자를 놓고 두 사람이 앉아서 이야기를 계속했다.

"형님! 그런데 그 폭동 준비라는 말이 어디에선가 확실히 있기는 있은 모양이오? 나는 중앙에 앉아 있다가 보니 여기저기서 뜬소문만 들려오는 것을 들을 뿐이지 똑똑한 것은 알 수 없거든요. 이 말이 처음에는 서부전선 제4군단에서 어떤 폭동준비가 있었다고 군단장 장평산, 군사위원 최학일 참모장 할 것 없이 몽땅 철직, 검거하지 않았소. 그런데 소문에 의하면 먼저 당 중앙 지시로 만약의 경우에 남포에 적이 상륙하면 강서 기계공장 노동자들을 동원하여 무장하고 적에게 대항시킬 목적으로 수차 훈련들을 조직 연습하고서는 그 후에는 그것을 반당종파분자들이 중앙정부를 반대하는 폭동준비라고 결론하고 군대 간부들 이외에도 공장 간부들, 군당, 도당 간부들까지 철직, 투옥하였으니 이것이 대관절 무슨 일이오? 하기는 여기저기서 중앙을 반대하는 폭동준비를 하였다 하니 그 놈의 중앙이 망하기는 속히 망하겠구만! 그런데 없는 적을 잡노라고 계속 덧거리 거는 격식으로 헛총질만 하면서 진실한 간부들을 애매하게 잡아 놓고 못 살게 구는 모양이야."

이런 말을 듣던 천율 소장이 입을 열었다.

"있기는 무슨 폭동 준비가 있었다고 그러는가? 아무런 폭동준비도 없었소. 그저 노루가 제 방귀에 놀랜다고 그동안 종파 잡기, 반인민파 잡기, 반당분자 잡기를 하다보니 우수한 간부들은 다 청산되었고, 그 외 연계를 맺고 있던 간부들이 무엇을 꾸미지는 않는가하고 지레 겁을 먹고 몇 명 남지 않은 노련한 간부들을 끝까지 청산하려는 수작이지."

천율의 부인 채안나는 자신이 평양을 떠난 다음에 남편에게 불행이 닥쳐올 것을 예견하지 못하고 아이들 5명을 데리고 모스크바시에 도착하였다. 채안나는 아이들이 외국 출장 중인 가족들의 아이들만 살고 있는 합숙소에서 살면서 공부할 수 있는 수속을 마치고 둘째 시동생을 찾아 타슈켄트시에 도착하였다. 평양을 떠날 때는 아이들을 친척집에 데려다 두고 살겠다고 하였지만 5명의 아이들을 장기간 친척집에 붙여 놓을 수 없어서 합숙 수속을 했던 것이다. 그러나 당분간 신학기가 시작될 때까지는 여섯 식구가 친척집에서 살 예정이었다. 13년 만에 타슈켄트시로 돌아온 채안나는 만나볼 사람들도 많았지만 우선 친정식구와 친척들을 만나 보며 인사도 하는 동안 시간은 빨리 흘러 벌써 보름이 지나갔다. 그녀는 친정에서 여러 사람들과 함께 13년 동안 그립던 이야기, 보고 싶던 이야기, 아들이 성장하여 짝을 맞추어 결혼하던 이야기와 함께 지난 13년간 변화된 조선의 정세도 이야기했다. 이제는 북한이 내일에 대한 확신성이 없어져서 소련서 파견되어 갔던 가정들의 대다수는 귀환하고 있으며 많은 가족의 세대주들은 검거, 투옥되고 현재 행방불명이 되었다는 이야기 등을 끊길 사이 없이 계속하였다 그러던 어느 날 아침 새벽에 둘째 시애끼가 자동차를 타고 찾아 와서 평양에서 날아온 전보문을 내어놓는 것이었다.

형님 안녕하십니까. 요새 맏형님 몸이 좀 편치 않으니 아주더니께서 아이들은 거기에 놓아두고 신속히 집으로 돌아 왔으면 좋겠습니다. -천이완

전보문을 받아 쥔 채안나는 뭔가 심상치 않은 일이 생겼다고 예견하고 눈물을 흘렸다. 그녀는 아이 4명을 친정에 두고 막내딸 류쌰만 데리고 그 날로 타슈켄트시를 출발하여 모스크바시를 거쳐 평양에 도착하였다. 평양 공항에서 작은 시아주버니 부부를 만나 천이완이 면회하러 강원도 어포에 갔던 이야기, 또 소련파 누구누구는 사상검토에 걸려 지금 애를 태우고 있다는 등 이야기를 들었다. 그녀는 마음이 불안하여 평양에서 하루도 휴식하지 않고 그 날 저녁으로 어포로 출발했다. 동족상잔이 휴전된 후 스산하게 변해버린 촌락이지만 5년간이나 생계를 유지했던 고장이라 아는 사람도 많았건만 어포 역전에 도착해도 맞아주는 사람이 없으니 외롭기가 더 말할 바 없었다. 예전 같으면 천율 소장은 일이 복잡하여 못 나온다고 할지라도 부관과 운전기사는 꼭 나와서 짐을 받아 주기도 했는데 역전 좌우를 살펴보아도 자기를 기다리고 맞아주는 사람은 하나 없었고 아는 체 하는 사람들도 없었다.

집에 찾아가니 집에는 자물쇠가 채워져 있었고, 이웃집 아주머니의 말에 의하면 열쇠는 사상검토 지도원이 가지고 갔다고 했다. 무겁게 들

고 온 각종 양식 봉지들을 집 정문 앞에 내려놓고 열쇠를 찾으러 군단 본부로 가게 되었다. 열쇠를 찾는 김에 사상검토 지도원에게 천율 소장과의 면회를 허락해 줄 것을 요청하니 낮에는 시간이 없어서 안 된다고 저녁 8시 이후에 잠시 만날 수 있다고 했다.

집에 돌아와 문을 열고 가지고 온 짐들을 들여놓고 방안의 상태를 살펴보니 난장판이라 어떻게 정리해야 할지 갈피를 잡을 수도 없게 해놓았다. 채안나는 이 모든 것이 전부 사상검토 지도자의 솜씨라는 것을 짐작하고 속생각으로 너희들이 자기들끼리 맘대로 수색하였으니 우리 살림살이가 청백하다는 것은 알게 되었을 것이다라며 스스로에게 안위를 시켰다. 다른 한편으로는 이전까지도 그렇게 존경하던 사람을 무엇 때문에 적대시하고 가택 수색까지 하면서 이 야단인지 도저히 알 수가 없었다. 그녀는 방구들 바닥에 주저앉아 어제 저녁부터 굶었으나 배고픈 생각도 못하고 꼭 만나봐야 할 남편은 앞으로도 10시간가량 기다려야 하니 애태우는 생각으로 하염없이 느끼며 울었다. 타슈켄트시에서 출발한 후 제때에 먹지도 자지도 못한 연약한 여자의 몸이라 구들바닥에 쓰러져 잠들었다가 깨어보니 시간은 벌써 오후 2시가 되어 간단한 점심 식사를 하고 있을 때였다. 친정어머니처럼 지내던 이웃집 아주머니가 들어왔다. 그 많고 친했던 군관 부인들은 누구 한 사람 찾아오는 사람이 없었다.

그 이웃 아주머니 말에 의하면 이웃집 군관 부인들이 문안하러 들어올 생각은 저마다 있지만 사상검토 당 회의에 밀고 될까 봐 두려워서 못 오고 있다고 말했다. 군관들 중에 이미 누구누구가 사상검토에 걸려 천율 소장처럼 유치장 생활을 한다는 것과, 사상검토가 시작되자 동네 전체가 벌집 쑤셔놓은 듯 완전히 뒤끓고 있다며 아주머니가 말을 계속이었다. 군관 아주머니들은 저녁이면 식사를 준비하여 아이들만 먹여 잠재워 놓고 자기들은 손톱방아를 찧으면서 남편이 제 시간에 돌아오지 않으면 울음부터 터트린다고 말했다. 때문에 군관들은 아침에 출근할 때면 마지막 작별 인사를 하고 떠나며, 가방에는 벌써 오래 전부터 세면 도구와 팬티 하나쯤은 여유로 가지고 다닌다고 했다. 채안나는 이런 저런 새로운 소식을 이야기하다 보니 시간은 벌써 저녁 7시가 되어 사령부에 갈 차비를 하면서 아주머니에게 애정스런 인사를 했다. 아주머니는 말하기를 자기는 살만큼 살았기 때문에 무서운 것이 하나도 없다고 하면서 차후 또 놀러 오겠다고 했다.

천율 소장의 사상검토 정황은 25일이 지났음에도 불구하고 계속 폭동준비에 대한 지시를 고백하라는 것과 아이들을 소련으로 빼낸 것은 소련으로 도망치려는 것이었으며, 조선은 앞으로 강한 나라가 될 것을 믿지 않고 아이들을 소련으로 공부하러 보냈으며, 항상 소련을 위대한 나라로만 보며 그에 모든 것을 섬기려는 사대주의자이며, 조선 인민에 대한 배신자라고 비판하면서 밤마다 재우지 않고 심문하는 것이었다.

천율 소장은 본래 기질이 약한 사람인데다 2년 전에 원산에 갔다가 집에 돌아오는 길에 자동차 전복을 당해 타박상을 입은 후 일주일간이나 병원에서 무의식 상태에 처하여 있었던 적이 있어 허약함이 이루 말할 수 없었다. 거기에다 사상검토로 들어서면서 식사도 잘 하지 못하고 있는 형편이었다. 채안나는 세상에서 제일 귀중한 자기 남편이 보잘 것 없이 홀쭉해진 모습을 쳐다보고 눈물이 북받치어 인사의 말도 변변히 하지 못하고 그저 울기만 했다. 천율이 울지 말라고 달래는 말에 간단히 소련의 생활을 이야기 해주었다. 이때 천율 소장은 식사 문제는 둘째고 밤이면 2시간 정도 밖에 재우지 않고 교대로 심문하는 일이 너무나 힘들어 아마도 죽어야 할 것 같다고 했다. 채안나는 그래도 저들이 죽이지 않는 한 목숨이 살아 있는 때까지 살아야 된다고 하면서 자살하면 절대로 안 된다고 울면서 빌었다. 당신은 아직 죄인이 아닌데 이제 자살만 하면 죄인이 되기 때문에 꼭 참아야 된다고 했다.

그 후에도 7군단 사상검토 회의는 발동 걸어 놓은 엔진이 돌아가는 격으로 계속 진행되고 있었으나 새로운 변동이라고는 없었다. 그저 매일 그 말이었다. 이렇게 질질 끌다가 사상검토 지도원들도 맥이 빠졌는지 사상검토 회의의 종결 준비를 하였으나, 취조대상인 장본인을 완전히 죄 없이 석방한다는 것은 사상검토 운동의 완전한 패배를 의미하는 것이기에, 죄가 없어도 여하한 방법으로든지 죄를 씌워 놓아야 했다. 그러나 천율 소장에게 죄를 씌운다는 것은 간단한 일이 아니었다. 그는 수정과 같이 청백하였고 이웃에 대하여 항상 선하였고 위법과 악이라는 것은 생전 모르고 살아왔기 때문이었다.

때문에 사상검토 지도부는 나라와 당을 믿지 않고 아이들을 소련으로 빼어 내보낸 행동은 반당, 배족 사대주의 행동임으로 노동당 대열에서 출당시키고 소련으로 추방하는 것이 적당하다고 당 총회에서 결정했다. 사상검토 지도원은 이 결론이 내려지기 전에 수차 천율 소장에게 권고하기를 소련으로 귀국하는 것이 좋겠다고 하였다. 이렇게 천율 소장을 매일같이 죽음 가까이로 끌고 가던 사상검토 회의는 죽음을 얼마 남기지 않은 상태라는 핑계를 대고, 할 수 없이 그를 석방하였다. 천율 소장은 집에 돌아와 부인 앞에서 주먹으로 상을 치며 울었다. 그것은 25년 동안 간직하고 있던 레닌 공산당원이란 정치적 생명이 끊어졌다는 생각이 들어서였다. 그러나 채안나는 나직하고도 결연하게 입을 열었다.

"이제 그까짓 당증은 있어도 뭘 하겠소. 이 정도 고생하고서도 살아 나온 것이 기적이오. 다른 사람들을 보시오. 임자하고 같이 유치장 생활하기 시작한 가족들은 살 마음이 하나도 없어 울음으로 세월을 보내지 않소. 그러니 당신이 이것으로 끝난 것도 하느님의 덕분인 줄 생각하시오. 이제 소련에 돌아가서 아이들이나 도와 끝까지 공부를 시키고 살림살이를 세우면 그 아이들 덕분에라도 아무 염려 없이 평안히 살수 있소."

채안나의 말이 끝나자 천율이 말했다.

"이 곳이 내 진실된 조국인데 여기서 살게 되지 못하게 되고 부득불 가게 되었으니 이것이 얼마나 애통한 일이오. 사람이 산다는 것이 일하여 배부르면 다 되는 것이 아니라 인간 세상에 진출하여 지향과 목적 있게 정치적 생활을 하여야 하지 않소? 그런데 이제는 그 당증을 빼앗겼으니 나의 정치적 생명은 끊어지지 않았소. 그러니 나는 다 살았단 말이요. 모르겠오. 나는 속이 답답하고 앞이 캄캄한 게 아무 생각도 나지 않소."

이 말을 자세히 듣던 채안나는 어찌되었던 간에 주인의 마음을 잘 설득시켜 희망을 조금씩 주면서 안심시키고, 이제는 7군단에서는 볼 장 다 봤는데 속히 평양에 이사하여 올라가 소련 입국수속을 해야 될 것을 생각하면서 조용히 말했다.

"어이구 …. 별 말씀 다 하시구려. 이제 소련에 귀국하여 다시 일을 잘하면 복당할 수도 있겠지. 아무 근심도 하지 마시고 속히 이곳을 뜹시다."

며칠 지나지 않아서 천율 소장은 정든 곳, 정든 이웃들을 떨쳐두고 떨어지지 않는 걸음으로 평양의 천이완 집으로 출발하였다.

동생의 집에 도착한 천율은 병기총국장으로 있는 동생을 함께 데리고 귀국할 것을 결심하고 동생에게 권고하였다.

"동생! 내가 반당종파분자로 출당, 철직, 제대되었으니 동생의 앞길도 이제는 가로막힌 것이 사실이요. 하니 민족보위상을 찾아가서 이런 조건에서 일할 수 없으니 해임, 제대시켜 달라고 하고, 나하고 같이 소련에 귀국하겠으니 최고사령관께 건의하여 달라는 요청을 하오."

천이완은 형의 권유대로 민족보위상에게 그렇게 말했다. 보위상은 상황을 알아본다고 하면서 최고사령관에게 건의하겠다고 하였다. 평양에 올라와 동생의 집에 함께 있던 천율은 3개월 만에 귀국 허가를 받았다. 그러나 동생 천이완의 귀국 문제를 쾌히 동의하고 최고사령관께 건의한다고 하였으나, 민족보위성 총정치국에서는 귀국 문건을 가지고 차일피일 미루면서 근 반년 동안 비준을 승낙해주지 않아서 떠날 수가 없었다. 총정치국은 천이완의 문제도 천율의 문제처럼 사상검토 구렁에 넣고서 확대경으로 그의 몸체를 투시하여 보려는 의도였다. 그러나 천율은 여하한 조건에서도 동생은 꼭 데리고 떠나려고 결심하였다. 그러던 중 1960년 12월 비준이 나와 소련에 귀국하게 되었다.

그런데 조국을 배반하고 떠나는 귀국자들은 누구나 할 것 없이 전부 자기 경비로 북한을 떠나가라는 것이었다. 이것도 문제 거리가 되었다. 조선에 나올 때에 소련 정부로부터 파견 받아와서 사업하였지만, 1948년에 전체 소련군대 성원들을 철거할 때 김일성이 조선 정부의 명의로 조선민족 간부들은 모두 북한에 남겨둘 것을 요구하였기에 소련출신 조선족 간부들이 조선에 남아 있게 되었던 것이다. 그런데 이제 와서 가겠으면 자기 돈으로 가라고 하니 문제였다.

이것은 김일성의 지시가 아니고서는 하부에서 자기 마음대로 결정할 수 없는 일인데 이 문제에 대하여 김일성에게 제기한다는 것은 위험한 일이었다. 여비가 없으면 귀국 허가를 전부 취소하여 버리라고 하면 이 때까지 애쓰며 고생하던 일이 전부 수포로 돌아갈 것은 뻔한 일이었다. 김일성이란 사람은 독재자이기 때문에 한번 말하면 변동이 없는 사람이었다. 전체 인민의 어버이가 성을 내고 그 놈들을 보내지 말라고 하면 그저 그만일 것은 뻔한 일이었다. 때문에 하는 수 없이 두 가정은 자기에게 있던 모든 가정 물품, 여유 의복, 내복까지 다 팔아 돈을 만들어 가지고 신속히 평양을 떠나도록 노력하였다. 마침내 천율의 결심대로 조선에 나갈 때처럼 자기 동생을 데리고, 정들었던 조국을 등지고 애석한 마음으로 모스크바시를 향하여 떠나게 되었고 1960년 12월 25일에 도착하였다.

모스크바시에 도착한 두 가정은 소련 무력성 대표의 마중을 받아 까산 철도역에서부터 모스크바 중앙 호텔인 로씨야 호텔에 가족들을 묵게 하고 1961년 설까지는 푹 쉬라고 하였다. 두 가정은 일주일동안 모스크바시에서 휴식하면서 조선에서 먼저 귀환하여 모스크바시에 자리잡고 있던 여러 집의 초대를 받아 이집 저집 다니면서, 조선에서 사상검토시

가슴속에 깊이 응어리진 한을 조금이나마 잊는 느낌을 받았다. 1961년 1월 4일에야 간부국의 초대를 받아 천 소장 형제는 보위성, 즉 소련 무력성에 가게 되었다. 간단한 신년인사가 있은 다음, 그 날부터 시작하여 무력성 연금생 수속을 하였다. 곧이어 소련 공산당 조직부를 통하여 타슈켄트시에 가서 사택보장문제, 부인의 취직 문제, 아이들의 학업 문제와 장학금에 대한 문제들을 해결 받고 친척들이 살고 있는 타슈켄트시로 출발하였다.

타슈켄트시에 도착한 천율은 가져온 서류대로 여러 문제들을 다 해결 받은 다음, 친척들까지 다 찾아보고 집에 돌아왔는데, 1961년 하기부터 중병으로 앓게 되었다. 여러 병원에 돌아다니고 유명한 의사들에게 다 보였으나 그의 병은 중환으로 치료할 수 없었다. 우즈베키스탄 공화국 중앙 종합치료소의 진단에 의하면 위암이었다. 천율은 근 일년간 중환에 시달리다가 1962년 7월 10일에 48세를 일기로 세상을 떠났다.

천율이 이렇게 생기 왕성할 중년 시절에 자기 생명을 채 살지 못하고 세상을 떠나게 된 것은, 정직한 그를 사상검토의 함정에 빠트려 놓고 인간 이하의 천대로써 그를 심문함으로써 그의 애간장을 다 녹아내리게 하고, 유치장에 가두어 40여 일 동안 물도 제대에 마시지 못하게 했던 것이 원인이었다. 천율이 일찍 세상을 떠난 후, 채안나는 국가와 여러 친척들의 도움, 또 자신의 근면성으로 아들 딸 5남매를 전부 대학을 나오게 하였으며 사회로 진출하여 훌륭하게 이바지할 수 있게 했다. 그들 중 차남 천블라지미트는 우즈베키스탄 공화국 건축성 대리석 꼴포라찌야 부기부장 겸 경리 부회장으로 활동적으로 일하고 있다.

1995년 11월 20일 장남 천레오니드

전 조선인민군 포병사령부 병기 총국장, 소장

1947년 조선인민군 체육부장으로 근무할 때의 천이완. 오른쪽은 친형인 천율 장군

본명은 천이완 알렉싼드로위치로 1919년 10월 1생 원동변강 연해주 뽀시예트 구역 쓸라바높까 촌 빈농의 가정에서 태어났다. 1928년에 쓸라바높까 촌 인민학교에 입학하여 1932년에 필하였다. 계속하여 쓸라바높까 농민청년중학교에 입학하여 1935년에 그 학교를 졸업하였다.

1935년에 원동변강의 유일한 한인 사범전문학교에 입학한 후, 1937년 2학년을 다니던 중 원동변강으로부터 전체 한인들의 강제 이주로 말미암아 학교는 중앙아시아 카자흐 공화국 카자린스크에 오게 되었다. 천이완도 학교를 따라 카자흐에 도착하여 1938년에 그 학교를 필하였다.

전문학교를 졸업하면 법적으로 파견 받은 곳에 가서 2년간 교원 직무에서 꼭 일을 해야 되었다. 그러나 천이완에게는 한 가지 우월한 점이 있었는데 그것은 그가 어려서부터 체육을 잘하기로 소문이 자자했다는 것이다. 사범전문학교에서 공부할 때에도 우수한 체육 선수로써 각 체육 경기에는 빠짐없이 참가하였고, 사범전문학교 체육단 지도자로써 배구선수로 있었다. 때문에 사범대학에서도 이런 훌륭한 체육선수를 꼭 얻으려고 하였다. 사대지도부는 천이완을 직접 전문학교에서 송환하여 사대에 무조건 입학시켰다. 또 다른 한 가지 유리한 조건은 친형 천율이 일년 전에 사전을 필하고 우즈베키스탄에서 일하고 있었기 때문에 부모들에 대한 걱정, 근심이 없었다는 것이었다. 이렇게 천이완은 사전을 졸업한 그 해에 사대 자연지리학부에 입학하게 되었다.

그는 사대에서 4년 동안 공부하고 1942년에 사대 졸업 국정 시험을 치르고 고중, 전문학교 자연지리 교원 칭호를 받은 다음, 대학지도부의 파견을 받아 우즈베키스탄 공화국에 왔고, 곧바로 공화국 교육성의 파견에 따라 타슈켄트 주 중칠칙 구역 까라쑤 고중에서 자기 전문 과목들의 담당 교수로 일하였다. 이 학교에서는 벌써 1938년부터 천이완의 친형이 문학 교원을 하고 있었다. 두 형제는 한 학교에서 학부형들의 신뢰를 받으면서 소련군에 초병될 때까지 모범적으로 일하였다.

1942년에 천이완은 23세의 나이로 대학을 나왔으며, 한 해 전에 동중학을 졸업한 강 니나를 만나게 되었는데 그녀는 1923년에 원동변강 뽀시예트 구역 바라바스 촌 사무원(교원)의 가정에서 출생하였으며 공부도 잘하고 용모도 잘 생겨서 별명이 미인이었다. 그들은 1942년 11월 22일에 결혼 잔치를 양측 부모들이 보는 자리에서 성대히 행하였다.

천이완은 1945년 10월 타슈켄트 주 군사동원부의 명령에 따라 초병되어 급히 원동변강 제1전선, 25군단 관할 하에 배속되어 북한에 도착했다. 그는 1945년 11월 1일부터 25군단 민정사령부 로마넨꼬 소장의 지도 하에 북한의 토지개혁, 산업국유화 등의 민주개혁에 적극 참가하면서 인민위원회를 물심양면으로 도와가면서 일하였다.

1946년 5월 3일부터 인민군 조직과 관련하여, 포병 고문의 통역원으

조선인민군 병기총국장으로 근무할 때의 가족사진

로 포병부대들을 조직하는 일을 하였다. 군사칭호는 대위였다. 이후 1947년 3월 7일에는 조선인민군 최고사령부 체육부장(소좌), 1948년 5월 6일에는 조선인민군 탱크 사령부 통역원(중좌), 1949~1952년 4월까지는 22탱크사령부 참모장(대좌), 1952년 4월 29일부터는 포병사령부 병기총국 국장(소장) 등으로 일하였다.

소련공산당 계통으로 소련 적십자 등 여러 계통으로 종합 438명의 소련 간부들이 북한에 가서 사업하였는데, 그 중에서 45명은 완전히 탄압 당하여 투옥·총살되었고 약 120명가량 은 사상검토 후 북한으로부터 추방되어 소련에 귀환하였다. 기타 270여명 간부들은 사상검토 결과 북한의 농촌, 탄광, 광산, 임업소 등과 정치범 수용소 등에서 수감되다시피 살다가 세상을 마감하였다. 이것은 김일성의 영웅심에서 출발한 개인숭배의 결과인 것이다.

1992년 2월에 고려인 문화협회 중앙회 명의로 정치 실무적 이론 토론회를 모스크바시에서 조직하게 되었다. 그 회의에 각 공화국에서 약 200여명의 지식층 소련 한인 인텔리들이 참석하게 되었다. 이 회의에는 단 한가지의 의제가 기본이 되었다. 그것은 「고려인들 앞에 제기된 몇 가지 정치적 문제와 그 해결책에 대하여」였으며 이 회의에서 유부위원장 및 각 공화국 대표들이 보고를 하게 되었다.

기본보고에서 유부위원장은 언급하기를 소련에 살고 있는 한인들에 대한 스탈린의 탄압과 강제 이주에 대하여 '이것은 스탈린의 개인숭배의 결과'라고 강조한 다음, "현재 북한 지도자 김일성도 개인숭배가 심하여 수다한 인민들이 탄압 당하고 있다"고 말하면서 그 실례로 박헌영, 박창옥, 허가이, 박이완 등이 탄압·처단되었으며 현재 중국과 소련·출신 간부들은 전부 청산되고 없는 형편이라고 결론하였다.

이때 이 회의에 참가하고 있던 북한 대사관 참사가 연단에 올라가 발언하였다.

"우리 북한 노동당 총비서 김일성 원수에게는 개인숭배가 없다. 우리 당에는 소련에서 일하고 있던 충실한 간부들이 현재에도 일한다."

그러나 당시에 과연 북한에서 누가 일하고 있었는가? 438명 중에서 남아 있는 것이 민족보위성 김봉율 부상, 내무성 사회안전국장 방학세, 정치안전국 처장 김학인 등 3명뿐이었다. 이런 결과를 나타낸 사상 검토란 무엇인가 대략 짐작할 수 있을 것이다. 소련으로 귀환한 120여명의 소련 출신 간부들 중 사상검토 결과로 처벌을 받지 않고 돌아온 간부들은 불과 10여명에 달하며, 그 외 간부들은 모두 철직·강직·처벌을 당하했다. 천이완은 다행히 전자의 열 명에 속하였다. 그러나 이 또한 우연한 일은 아니었다. 노동당 열성자들은 아무리 공훈이 있고 존경받던 사람이라도 그를 반당분자로 만들자면 자료들을 조작하여 만들곤 하였다. 때문에 사상검토 지도자들은 천이완을 천율과 같이 단단히 얽고자 애를 썼으나 자료를 얻을 수 없었고 하부 당원들이 지지를 받을 수 없었던 것이다.

1958년 여름이 금방 지나자, 천이완의 친형 천율의 사상검토가 시작되었다. 소식을 접한 천이완은 형이 있는 강원도 이포에 내려갔다 왔다. 그것은 형이 무슨 죄를 지어서 괄시를 당하고 있는가하는 것을 알아보려는 목적이었다. 이렇게 형을 문안하려고 이포에 다녀온 후, 천이완이 근무 중인 병기 총국의 사상검토가 시작되었다.

사상검토 당 회의에서는 병기 총국장의 자료부터 검토하기 시작하였다. 그것은 일반 소련간부들에게 보편적으로 덮어씌우는 죄명과 다름없이 사대주의·관료주의·형식주의에다 조작된 증거를 덧붙여 되풀이하는 것이었다. 참으로 우스운 죄목은, 천이완의 사무실에 소련 '프라우다' 신문철이 고정적으로 있었고 천이완이 그것을 정기적으로 읽고 있다는 것과, 아주 형편이 어려운 전쟁시기에 천이완이 간이 병기장에서 방수천 1미터를 가져다가 사냥용 장화를 만들어 신었던 일이었다. 이것이 제일 큰 문제가 되었으며 또 한 가지 문제는 1945~1946년도의 일이었다.

그 당시 천이완은 소련 군관 대우를 받았으나 항상 사복을 하고 소련군 민정사령부에서 일하는 시기였으며, 아직 소련에서 가족이 오지 않아 독신생활을 하던 시기였다. 당시는 그렇게 독신생활을 하는 사람들이 많았다. 소련에서부터 잘 알고 있던 천이완의 친구들인 현히안, 박태준, 박태섭, 박춘 등이 평양 중앙부 황금정 양주 공장 근처에서 개인 집을 빌려 셋방살이로 살고 있었다. 그런데 이 근처에는 여러 가지 개인 장사꾼 상점들이 많았으며 각종 가정도구, 기계, 자전거 등 수리소도 있었던 바, 그 중에서 정태화 노인의 수리소가 비교적 컸고 빈방도 있어 퇴근 이후면 종종 모여 술추렴도 하고 어떤 때에는 밤늦게까지 앉아 있는 때도 있었다.

사상검토 지도원은 당 위원장과 함께 그 당시에 살고 있던 셋집과 종종 모여 놀던 정태화 노인 집에서 어떻게 살고 어떻게 놀고 무슨 말들을 주로 하였는가 하는 것을 조사하였다. 또 포병 참모부 몇몇 군관들로 하여금 특별 검열반을 조직하여 간리, 히천, 강게, 만포 등 병기창들을 몽땅 검열한 후, 그 결과들을 가지고 천이완에게 질문을 하면서 부정행위에 대하여 실토하라고 졸라대곤 했다. 천이완과 천율에게 있어서 부정행위란 해본 적도, 있을 수도 없었다. 간혹 동무들과 같이 술이나 먹으러 술집이나 기생집에는 가본 일이 있었지만, 반당종파라는 말은 무슨 말인지도 모르고 지내다보니 그런 말을 할 수도 없다고 천이완은 대답했다.

병기 총국 사상검토 회의는 매일 오후 4시부터 7시까지 하기로 결정되어 있었고, 어떤 문제가 없어도 매일 어제 했던 말을 오늘도 반복하였고, 당원들의 이름을 부르면서 없는 말도 자꾸만 하라고 호출하였다. 당원들은 할 수 없이 지난 시기의 소소한 일, 아무런 문젯거리도 되지 않는 일이지만, 사상검토 지도원의 독촉에 자기 차례를 담당하기 위하여 생각에 없는 말도 하곤 하였다. 당 회의에서는 새로운 사건이 나올까하여 당 회의를 제 때인 저녁 7시에 끝내지 않고 때로는 8시, 9시까지 끌곤 하였다. 이런 때면 집에서 기다리고 있는 가정부인들은 아이들에게 저녁을 먹여 잠자리에 눕혀 놓고 사상검토회의에서 돌아올 남편을 기다리면서 제 때에 집에 돌아오지 않으면 항상 눈물로 마음 졸이고 있었다. 그것은 사상검토 회의장에서 바로 검거되어 유치장이나 내무서에 보내는 일이 자주 있었기 때문이었다.

인민군대 고급간부들은 거의가 평양 중앙부 국립예술극장에서 멀지 않은 곳에 위치하여 있는 기역자형 3층 아파트에서 살고 있었다. 사상검토 회의는 전반적으로 각 국들에서 일제히 진행되고 있었다. 때문에 아파트에서 기다리던 가정부인들은 전부 형편이 일정하였으며, 어느 집 형편이 어떻다는 것은 다 잘 알고 있는 형편이었다. 사상검토 지도부에서는 김창만 부위원장이 당중앙위원회 인민군대 총책임자로 지도하고 있었던 바, 그의 지시에 따라 인민군 고급간부 사택은 매일 주야로 2～3명씩 당직을 서고 있었다. 그들은 어느 간부가 몇 시에 집에 돌아오며,

소련 고문들과 민족보위성 및 당간부들과 함께 찍은 사진
오른쪽에서 네 번째가 김일성 수상. 왼쪽 첫 번째가 천이완. 그 옆이 리권무

점심이나 저녁이면 몇 시에 어디로 가며 어느 간부 집에 어떤 사람이 찾아와서 몇 시간 있었다가 갔다는 등의 일거수일투족을 살피며 기록하였다가 매일매일 사상검토 지도자에게 보고하였고, 다음날 회의에서는 어김없이 거기에 대한 질문이 오고가게 되었다.

천이완 소장은 다른 장령들에 비하여 예외적으로 유리한 조건에 있었다. 천이완은 인민군 조직 당시부터 소련군 통역관으로 인민군 군관들과 아주 밀접하게 알고 있었다. 그 중에 민족보위상 김창봉은 천이완의 도움을 많이 받았다. 사상검토를 받을 때 김창봉의 직책은 보위상이었지만, 인민군 조직 당시에는 소대장, 중대장, 대대장으로 승급을 하면서 소련 군관들에게서 항상 군사교육을 받았던 처지였다. 그는 김일성 빨치산 기본 성원이었지만, 일반적인 전투는 할 줄은 알았지만 군사 규정들은 몰랐다. 전투에서 중대장, 대대장들은 자신들의 편의대로, 생각나는 대로 전투를 지휘하였던 것이다. 때문에 천이완은 빨치산 출신 간부들에게 절대적인 도움을 주면서 전투 규정, 내무 규정들을 해설, 설명하여 교육하였던 것이다.

그래서 민족보위상 김창봉은 오래 전부터 천이완을 알게 되었으며, 그는 마음속 깊이 천이완을 존경하였다. 때문에 민족보위상 김창봉은 수차 모스크바시에 출장 갈 때마다 매번 천이완을 자기의 동행자로 선정하였었다. 한번은 모스크바에 출장 갔을 때 천이완의 둘째형을 타슈켄트에서 초청하여 오게 하여 그와 만나보고, 천이완과 천율에 대한 태산 같은 호평을 주면서 선물로 이름 새긴 시계를 주기도 하였다.

병기국 사상검토 지도원들은 속심에 천이완을 천율 군사위원처럼 깨버렸으면 하는 생각을 가지고 있었지만 보위상과의 관계를 알고 주저하는 형편에서 겉으로는 부드러운 태도를 보였다. 그러나 병기총국장인 천이완 장군도 모르게 하부 각 병기창에는 아주 엄한 지령을 내려 병기총국장에 대한 사소한 자료로 빼지 말고 신속히 병기국 당 위원회에 보고하라고 지도하였다. 하부 부대 지도자들은 이런 소식을 병기국장에게 전하고 싶었으나 사방에서 살피고 있는 형편이라 어떻게 손쓸 수가 없었다. 때문에 그들은 병기총국장의 자동차 운전기사에게 이런 말을 전하였고, 그가 출근 시나 퇴근 시에 자동차 내부에서 국장에게 이런 저런 통보를 전하곤 하였다. 사상검토 지도원은 각 병기창, 후방부, 자정부 등을 검열하였으나 어떤 문제점도 발견 할 수 없어 꼬투리잡기에 혈안이 되었다. 천이완의 사상검토 기간이 장시간으로 이어졌다. 문제가 없으면 당증을 돌려주어야 할 터인데도 근 반년이란 긴 세월을 끌었다.

병기 총국장 천이완은 장령이라 하여도 다른 장령들에 비하여 넉넉한 생활을 못했다. 전쟁 후 북한의 힘든 경제 환경에서 아이 6명을 먹이고 입히자면(아들 4, 딸 2형제) 쉬운 일이 아니었다. 그런 형편에 장남 월랴는 미닌히트 병을 앓고 있어 적십자 병원의 파견에 의하여 모스크바시에 치료받으러 가야했었다. 치료비와 입원비 등 모든 비용은 소련 법에 의하여 무료라 할지라도 왕복 차비와 일주일간 차에서 먹고 살 비용, 보호자 2명의 소요비용만 계산해도 적지 않은 돈이 요구되었다.

천이완은 하는 수 없이 소련 대사관에 가서 영사를 만나, 사실 이야기를 하고 얼마 정도는 도움을 받았다. 가정에서 모든 것을 검열하고, 무엇이나 여벌이 있는 것은 몽땅 장마당에 들고 가서 팔게 하여 돈을 모으고 있는 이 시기에 보위성 부상으로 있는 최현이 어디서 이 소문을 듣고 천이완을 자기 사무실에 초청했다. 최현은 만주 빨치산 시절부터 가슴 옆에 깊이 숨겨 가지고 다니던 금으로 된 회중시계와 금줄을 내어 주며 말했다.

"귀중한 아이를 살려야지! 나는 이제 다 늙어서 금시계는 하여 뭘 하겠냐? 이것을 팔면 몇 만원은 족히 될 터이니 아이를 살리는 곳에 사용하시오!"

좋은 사람에게 귀인은 항상 있는 법이라더니, 최현은 많은 사람들에게 귀인이었다.

7군단 군사위원 천율 소장의 사상검토는 출당, 철직으로 처리되었기에 본인은 소련으로의 귀환을 허락하여 줄 것을 상부에 요구했다. 이에 따라 천율 소장은 동생인 천이완을 찾아 평양에 올라와 소련에 같이 돌아갈 준비를 하라고 말했다. 올 때에도 같이 왔으니 갈 때에도 꼭 데리고 가겠다고 견결히 말하였다. 그렇지 않아도 천이완 소장도 벌써 그렇게 결심하고 있었다. 왜냐하면, 친형 천율 소장이 반당종파분자로 낙인받아 당에서 출당 되었으니 자신의 사상검토 회의가 무사히 끝난다 하여도 남 보기 부끄러운 일이었다. 천이완은 보위상을 찾아가 이 사실 이야기를 자세히 하였다. 보위상은 천이완의 말을 명심하여 들은 다음, 사실 그렇다고 인정하고 자기가 직접 이 문제에 대하여 최고사령관 김일성에게 제기하겠다고 하였다.

천율은 자기가 일하던 7군단에서 모든 일들을 정리하고 평양에 올라와 천이완의 집에 함께 있게 되었다. 그런데 천율의 귀국 수속은 이미 시작되었음에도 불구하고 천이완의 수속은 아직 시작할 수도 없었다. 그것은 사상검토 지도원이 천이완에게 당증을 주지 않기 때문이었다. 그 지도원은 천이완의 뒷조사를 계속하면서 사상검토회의의 첫날에 회수한 당증을 차일피일 내주지 않는 것이었다. 이미 사상검토회의가 끝난 지 2개월이 넘은 때였다. 하루는 천이완의 부인 강 니나가 남편이 혼자서 속태우면서 말을 하지 않는데 대하여 걱정스럽게 물었다.

"무슨 문제가 해결되지 않아요? 늘 혼자 속만 태우는 것 같으오."

그제야 천이완은 입을 열고 대답했다.

"이제 모든 문제가 다 해결되었는데 사상검토 지도장의 허락이 없다면서 병기총국 당 위원장이 나의 당증을 다시 돌려주지 않아서 그러오."

"그까짓 당증은 뭘 하겠소? 소련에 가기만 하면 그런 거 없어도 살터인데 …."

"아니오. 그 당증을 중앙당에 가져다주어야 전당 수속을 하여 주는 법이라오. 당증이 없으면 출당된 사람이 되는데 소련공산당에서 물으면 무엇이라고 대답하겠소? 시간이 걸려도 전당은 해 가지고 가야 하지요."

"그러면 당신은 모르는 척 하고 가만히 계시오. 내가 총정치국장 허봉학의 처하고 잘 알고 있으니 그 사람에게 부탁하면 될 수 있을 것 같소."

그 이튿날 낮에 남편이 일하러 나간 틈을 타서 니나는 총정치국장의 집에 먼저 전화를 걸어 놀러 간다고 했다. 그런 후 그 집 아이들에게 줄 과자를 사 가지고 갔다. 니나가 집 근처에 가니깐 이미 허봉학의 부인은 밖에 나와 기다려 반갑게 맞이하였다. 강니나는 보위상 사택, 총정치국장 사택 등을 종종 다녀서 그들 가족들과 비서, 간호장, 청소부까지 잘 알고 접대하는 형편이었다. 니나는 시아주버니인 천율 소장의 사상검토 결과를 말하고 소련으로 귀국하면서 우리도 데리고 가겠다고 하니 하는 수 없이 소련으로 귀국하게 되어서 인사하러 왔다고 말했다. 그러면서 병기 총국당 위원장이 당증을 주지 않아 전당 수속을 하지 못하여 못 떠난다고 하였다. 그러니 총정치국장이 저녁에 집으로 돌아오면 병기 총국에 전화를 걸어 원만히 처리될 수 있도록 해달라고 부탁하고 작별인사를 나누고 헤어졌다. 자기 부인의 말을 듣지 않는 남편은 약에 쓰자고 하여도 없다고 하는 조선 속담이 있더니 그것이 사실이었다. 이렇게 되어 문제는 쉽게 해결되었다. 불과 3일이 되지 않아서 병기총국 당 위원장은 사상검토 지도원의 명의로 천이완 소장에게 당증을 다시 내 주었다.

천이완은 이튿날 아침에 당 중앙 조직부에 전화를 걸고 당증을 가지고 간다는 보고를 했다. 그 후 그들은 당증을 접수하면서 말했다.

"행정적 문제가 다 해결되었으면 소련에 가도 좋소. 동지에 대한 당 문건은 차후 선생의 뒤를 따라 당 계통으로 소련공산당에 전달될 것이오."

이렇게 해서 4개월 이상 걸린 소련 수속을 완료하여 1960년 12월 17일에는 평양을 출발하여 소련으로 떠나게 되었다. 천율, 천이완 두 형제는 15년이란 긴 세월을 북한의 민주건설, 특히 인민군대 건설에 있는 힘과 청춘의 지혜를 바쳐 일하였건만 소련으로 귀환할 때에는 자신들의 여비로 가라고 하였다.

소련에서의 생활 문제를 해결하자면, 다시 소련대사관 소련무력성을 거쳐서 해결 할 수는 있었지만 1개월 이상의 시일이 요구되었기 때문에 돈 문제는 차후 모스크바시에 도착한 다음에 해결할 생각을 가졌다. 입국비자가 나왔기 때문에 떠나야 한다고 결심했다. 그런데 모스크바시까지의 차비와 짐 운반 등에 필요한 돈 문제였다. 두 가정은 꾸렸던 짐을 몽땅 헤치고 무엇이나 쓸만할 것은 전부 장마당에 가져가서 팔아 돈을 만들게 하였다. 이렇게 두 가족은 장마당에서 푼돈을 모아 가지고 각자의 여비를 마련해 기차를 타고 소련에 귀환하게 되었다.

두 장령 가족은 자기들이 살던 사택에서 평양 역전까지 약 2Km(5리 정도)거리를 리어카꾼들을 불러 삯을 주고 짐을 싣고 어른들은 버스를 타고 나갔다. 떠나기 전날에 천이완이 포병사령부 후방부에 화물차 한

대만 허락하여 짐이나 역전까지 싣고 가게 해 달라고 요청했는데, 후방 부는 매정하게 대답하기를 빈차가 없다고 거절하였다.

천이완은 3개월 이상을 사상검토 회의에서 애를 태우고, 또 떠날 때에도 이런저런 애로 사항들을 겪으며 냉대를 받게 되니 마음이 씁쓸했다. 그러나 한평생 잊을 수 없을 평양을 뒤로하고 달리는 기차에 몸을 실어야만 되었다. 두 장령이 차안에 들어앉아 하염없이 차창 밖을 내다보니, 평양역을 떠나 차음보이는 곳이 간리 병기창이었다. 천이완은 여기에서 8년 동안 병기 관리국장으로 있으면서 몇 번이나 다녀갔던지 그 안에 어떤 병기들과 탄약들이 어떻게 진열되어 있다는 것이 눈앞에 환하게 보였다. 천이완은 자신도 모르게 눈물이 흘러내리고 있음을 알고 눈물을 훔쳤다. 얼굴을 돌려 형님을 쳐다보니 표정이 변화됨이 없이 조용히 창 밖만 응시하는 것이었다. 그렇게 서로가 말없이 신의주까지 도착하여 세관소에서 검열을 받았다. 드디어 기차는 압록강 철교를 지나 안동에 도착하였다.

안동에 도착한 두 형제는 험악한 사선을 뚫고 나온 것처럼, 숨도 자유롭게 쉬고 음성도 높여 말도 크게 하였다. 천이완은 술 한 병을 들고 와 천율을 부르며 우리가 자유로운 중국에 도착한 기념으로 한 잔씩 들자고 권했다. 두 사람은 자신들이 안동 땅에 도착한 것을 의심스럽게 여길 정도였다. 죽음의 터널에서 갇혀 있다가 빛을 보는 느낌이었다.

두 가족은 경제적으로 조금 어렵긴 했지만 중국에서부터는 자유를 만끽하며 모스크바시까지 무사히 도착하였다. 모스크바시에 도착한 두 가정은 소련 국방성 간부국 대표 소좌의 접대를 받아 버스로 소련 모스크바시의 로씨야 호텔에 들게 되었다. 두 장령을 영접 안내한 소좌는 소련 무력성 간부국의 지시에 따라 말했다.

"오늘이 12월 27일 연말이기도 하거니와 새해를 전후하여서는 무슨 문제들이든지 해결되기 어려우니, 마음 놓고 푹 쉬면서 새해 연휴나 잘 쉬고 정월 3일부터 문제들을 해결하자."

그래서 연말연시를 겸해 두 장령들은 15년 동안이나 그리던 동지들을 모스크바에서 만나 보며 동무들과 같이 설도 멋있고 자유롭게 보낼 수 있었다. 정월 3일부터 3일 동안 천이완은 연금 문제와 타슈켄트시에 가서의 사택 문제, 부인의 취직 문제, 아이들의 학업 문제 등에 대한 해결을 받았다. 사택은 한 집에 배정 받고 행복한 연금생활을 시작하게 되었다. 그러나 조국을 떠나온 천율 소장이 계속 앓게 되어 우환이 들었다. 게다가 천이완은 남자로써 42세에 연금생활을 할 권리가 있다 하여도, 본래 건강한 체육인의 성질로 직업 없이 집에 앉아 있을 수 없었다. 또 북한에 가기 전까지 살았던 우즈베키스탄 공화국 타슈켄트에 있던 동창생과 친척들은 그곳으로 와서 살 것을 권유했다. 천이완은 그들의 권고에 따라 1961년 7월부터 공화국 원유 및 가스산업 가스도관 배설 기계 관리국장으로 일하게 되었다.

1967년 7월부터는 공화국 건설성 산하 건설도구 관리국장으로 1979년까지 일했다. 환갑을 맞이한 다음 은퇴하여 10년 동안 공훈의 대가를 여유롭게 즐기면서 휴식을 하였다. 매년마다 부인 강니나와 함께 소련 전역의 곳곳에 있는 휴양소, 정양소 등을 다니며 휴식하였다. 때로는 소련 관광단 성원으로 전 유럽 국가를 여행 다니기도 했다.

천이완은 아주 행복한 생활을 하면서도 조국이 통일되면 꼭 고국에 나가서 자유롭게 살 것을 소망하였으며 자식들도 그런 정신으로 교양 하였다. 천이완은 자기 생애의 마지막 시기인 1987년부터 고혈압으로 신음하다가 1989년

1961년 소련 귀환 후 천이완 부부와 장모(가운데)

타슈켄트 내무성 전문학교 법학부
를 졸업하고 내무성 검열국 각은
행 검열부장으로 근무하던 차남
천 알렉세이

1989년 10월 10일에 세상을 떠났다.

천이완은 생전에 아들 4형제를 다 장가보
냈고 딸도 다 시집보내어 손자들이 무수한
가운데 아주 평화롭게 살았었다. 부인 강니
나는 오늘도 건강한 몸으로 유가족 후원회의
가장 열성자로 활동하며 손자들을 돌보아주
고 있다.

1995년 12월 5일 장남 천월랴

전 교통성 산하 자동차 및 도로 총관리국장

천치억은 1912년 12월 3일에 원동변강 연해주에서 태어났다. 1929년에 고향도시 블라디보스토크시에서 고중을 졸업한 후 곧바로 1년 동안 하바롭스크 변강 알렉산드로 미하이롭까 촌에서 교원으로 일했다. 또한 같은 해인 1930년에 모스크바로 유학을 떠나 1936년에 모스크바 자동차도로대학을 졸업하였다.

대학을 졸업하면서 원동변강 연해주 내무부 자동차 도로 관리국 기술검정부장으로 파견되어 일한 다음, 한인 강제이주로 인하여 카자흐스탄 공화국 침껜트시에 도착하게 되었다. 이곳에 도착한 후 1938~1940년까지 침껜트시 자동차 운전기사 학교 교무주임으로 일하였고 1940~1942년 사이에는 남부 카자흐스탄 자동차 관리국 총기사로 일했다. 이어 1942~1943년에는 자동차 전문학교 교장으로 근무하였다.

1943~1944년 사이에는 남부 카자흐스탄 주에서 알마아따시로 전근되어 알마아따 주 자동차 관리국 총서기로 일하였다. 1945~1946년 사이에는 알마아따 주 자동차 총관리국 국장으로 일하게 되었다. 1946년에 소련공산당중앙위원회의 결정에 따라 북한으로 국제공산당의 임무를 수행할 목적으로 파견가게 되었다.

북한에 도착한 천치억은 1946~1948년 사이에 교통성 산하 자동차 관리국 부국장 직무에서 시작하여 국장까지 역임하였다. 1948년에 북한 중앙정부가 조직되고 내각이 편성되자, 교통성 내 교통운수국 총국장으로 일하였다. 6·25 동족상잔이 시작되자 군대 내 운수관리 총국장 직무에서, 군사 칭호 소장으로 1953년까지 일했다. 1953년 6·25 전쟁이 끝나자, 다시 교통성 산하 자동차 및 도로 총관리국장 직무에서 일했다.

천치억도 사상검토 자백 운동에 시달렸다. 사상검토를 받던 와중에 골수염을 앓기 시작하여 몇 달간 무진장 고생을 하였으나, 결국 소련으로 귀환하기로 결심하고 1961년에 소련으로 귀환하였다. 소련공산당중앙위원회의 결정을 받은 천치억은 카자흐스탄 공화국 알마아따시로 가게 되어, 카자흐스탄 공화국 교통성 산하 기술 총관리국 부국장으로 1972년까지 일하게 되었다. 그 후 1989년 12월 21일에 세상을 떠나는 날까지 공화국급 연금 생활을 하였다.

천치억은 북한에서 일했을 때 국기훈장, 자유독립훈장 외 많은 메달과 표창장을 받았으며, 수십 개의 소련정부 훈장과 메달도 수여 받았다. 현재 자손들은 모두 알마아따시에 모여 살고 있다.

최 종 학
(1908. 3. 14 ~ 1961)

전 조선인민군 총정치국장, 대장

최종학은 1908년 3월 14일에 다반군 재티거우 촌락에서 빈농의 장남으로 태어났다. 다반군은 원동변강에서 좀 떨어진 씨오테아린 산맥 산기슭, 우쑤리 삼림 중심부에 위치하여 있다. 지리상으로 볼 때 두메산골이라고 인정할 수 있으나, 소련 10월 혁명 후 원동변강에 쏘베트 주권 설립 투쟁시기에 있어서는 아주 중대한 역할을 하였다. 이 곳에 빨치산 대부대들과 러시아 혁명군들이 자기 역량들을 집결하여 가지고 제정 러시아 백파군과 일제 침략군에게 치명적 타격을 주고 전체 원동변강을 해방할 수 있었던 것이다.

1920년 즉, 최종학이 소학을 졸업하던 해에 부모들은 재피거우 촌을 떠나서 한인들이 대대적으로 집중하여 살고 있던, 북한 국경지대인 옌수영에서 얼마 떨어지지 않은 곳인 뽀씨에트 구역 시지미 촌으로 이주하여 왔다. 시지미 촌으로 이사하여 온 후, 부모들은 계속 농사에 종사하고 최종학은 초중에 입학하여 1923년에 졸업하였다. 시지미 촌에는 고중이 없고 고중은 뽀씨예트 전 구역에 단 한 곳, 즉 뽀씨에트 구역 행정 중앙도시인 크라쓰끼노에만 있었기 때문에 1923년부터 그 도시에서 유학생활을 하게 되었다.

당시에 원동변강에는 한인 고중이란 단 3곳, 즉 뽀씨예트 구역 중앙도시 크라쓰끼노, 원동변강에서 제일 큰 항구도시 블라디보스토크 및

686　북조선을 만든 고려인 이야기

하바롭쓰크 등 세 곳에 있었고, 원동변강에 단 하나밖에 없는 한인 사범 전문학교는 소왕령(현재 우수리쓰크 지역)에 있었다. 이 시기에 아직 한 인 사대는 없었기 때문에 공부를 계속하려는 목적을 품은 사람들은 모 두 러시아의 중앙지대인 모스크바, 레닌그라드, 끼예브(우크라이나)시 로 가곤 하였다. 가정 형편이 그렇게 넉넉하지 못한 가정에서 태어난 최 종학은 대학에 합격될 수 있는 고중 상식은 소유하였지만 경제 형편으 로 인하여 유학을 떠나지 못하고, 부모들이 있는 시지미 촌에 돌아 와 부모들의 농사일도 도우면서, 농촌 공청회 사업을 군 공청회 지도 하에 서 조직 진행하였다.

본래 언변도 있고 청년 군중들 중에서 사업조직 집행 수단과 솜씨도 방불하여 1928년까지 일하였는데, 그의 대중 조직 능력 및 상부 지령의 집행 능력과 그의 기동성으로 보아 전망 있는 당 간부가 될 수 있음을 판정한 뽀씨에트 군당 위원회는 그를 원동변강의 수도인 하바롭쓰크의 공산대학에서 공부하게끔 파견하였다. 그는 1932년에 공산대학 공청학 부를 훌륭한 성적으로 졸업하였다.

1928년도부터 소련 공산당은 농촌 경리 단합화, 협동화 정책을 시작 하였으나 그 정책은 전인민적 지지를 받지 못하고 아주 미약하게 진행 되었었다. 이 정책은 토지 몰수 정책과 관련되었기 때문에 몇몇 지방에 서는 반대파들이 협동화 정책을 실행하고 있는 당 단체 대표자들을 살 해하면서 협동화 정책에 막대한 역행을 표현하였다. 이러한 형편을 고 려하여 소련 공산당중앙위원회는 '협동화 정책을 더 강하게, 빠른 속도 로 진행하기 위하여'라는 결정을 채택하고, 그에 근거하여 각 군에 '기계 임경소'를 조직하였으며, 그 임경소마다 정치부를 조직하였다. 이 정치 부들을 지도하기 위하여 당 중앙은 3,200여명의 준비된 공산당원들을 그 정치부의 지도자들로 임명하여 내보냈었다.

바로 이 무렵에 공산대학을 졸업한 최종학은 위로실로브 주 한까이 구역에 새로 조직된 기계 임경소 정치부의 공산청년회 비서로 임명되어

일하게 되었다. 1934년부터는 한까이 구역 당 위원회 책임지도원으로,
또 얼마 후인 1936~1937년 사이에는 군당 제3비서로 한인들의 강제
이주 때까지 일하였다.

강제이주 당시 그는 부모들과 함께 호레슴 주 구루렌 구역 우즈베키
스탄 공화국에 도착하였다. 새로 실려 온 도착지는 집이 몇 채 보이지
않는, 아주 거친 갈대밭만 보이는 스산한 농촌지대였다. 최종학은 자기
가 장차 살아 갈 길도 물론이거니와, 같이 실려 온 조선 동포들의 운명
을 위하여서도 속수무책하여서는 안되겠다 싶어 군당 위원회를 찾아갔
다. 군당 위원회에서는 그를 그 즉시 군당 책임지도원으로 임명했다.

최종학은 이주민들을 조직적으로 각 농촌별로 분배 이동시키고, 비어
있는 각종 목화 건조실, 헛간, 학교 등을 수리하여 월동 준비를 하게 하
는 한편, 원주민들의 집이 두 칸이면 한 칸을 내어 우선 어린아이들과
늙은 노인들이 묵을 수 있도록 조치하고, 그 외에 모자라는 젊은 세대들
은 땅굴을 파고 반토굴막을 지어서 월동준비를 하였다.

지방 당 단체는 최종학을 만난 것을 아주 기쁘게 생각하고 1938년
정초부터 그를 구루렌 구역 당 제2비서로 임명하고, 새해 농산 준비를
대대적으로 시작하게 했던 바, 본래 원동변강에서 당 공청 조직사업에
능란했던 그는 각 농촌별로 협동조합을 조직하게 하고 그에 능숙한 활
동가들을 선발하여 위원장들로 배치하는 한편, 자기가 일하고 있는 군
당을 통해 새해에 심어야 할 각 농산물의 씨앗, 농산기계, 운수기재 등
을 중앙정부에 요청하여 신속히 해결 받게 했다.

강제이주 당하여 온 한인들은 이주 도중 뿐 아니라 호레슴 주 구루렌
구역까지 도착하여서도 많이 죽었는데, 특히 어린아이들과 늙은이들이
많았다. 1938년 봄에 벼 파종은 시작되었으나 몇몇 가족들은 전답에 씨
앗을 뿌려보지도 못하고 병든 아이들과 부모들을 시중하고 있는 형편에
서 신음하다가 모두가 죽어버린 집도 있었다.

그러나 생명력이란 오묘하여 봄 파종을 제대로 한 집에서는 가을에

가서 아주 훌륭한 수확을 거두었다. 황무지 갈대밭에 처음 파종한 벼 농작들은 60~80%의 수확(160석까지)을 거두었으며, 그 중에서도 '기간트'와 '제3인터내셔널' 협동조합들은 기적적인 수확을 거두어 전 연맹적으로 명성을 떨치게 되었다. 특히 강제이주민들은 국가 결정에 의하여 3년간 국가 곡물 수매에서 해방되어 막대한 수확을 거두어 잘 살게 되었으며, 1938년부터 국가의 대부로 살림집들을 대대적으로 건설하기 시작했다.

이때부터 시작하여 1940년까지 3년 동안 많은 고려인들의 협동조합들은 자기 경리들을 본격적으로 정리하고 일으켜 세우게 되었다. 이주민들이 생활 질서를 확립하고 협동조합을 견고하게 인도하는 일에서 최종학의 역할은 아주 지대하였다. 그의 사업수단과 조직 능력으로 보아서 벌써 오래 전부터 군당 제1비서 자리에 올라 설 준비는 되었으나, 아직 제1비서 자리에는 선발되지 못하고 있는 때에, 즉 1940년 초에 우즈베키스탄 공산당 중앙의 파견을 받아 모스크바시로 유학을 떠나게 되었다.

모스크바시에 도착하여 1941년까지 2년간 외국에 파견하는 정찰학교에서 공부하고 있던 도중, 최종학은 모스크바 소련군 최고사령부 총정치국에 송환되어 다시 레닌그라드(현재 성 뻬쩨르부르그)로 공부하러 가게 되었다. 그 곳에 도착하고 보니 많은 한인 군관들이 군복을 입은 채 특별조에서 한글 공부를 하고 있는 것이었다. 나중에 알고 보니, 소련군 정치총국은 공산당중앙위원회의 지시에 의하여 이 때에 이미 조선반도를 일본제국주의자들에게서 해방하면 평양에서 한인어로 '소련 신보' 신문을 발간할 것을 계획하고 레닌그라드에서 그 간부들을 준비하는 것이었다.

최종학은 이 특별조에서 공부하고 있는 소좌 강 미하일(차후 북한에서는 강 소좌로 칭함), 츠센 왈렌찐, 박 왈렌찐, 림봉길, 최 아나똘리(인민군대 조직 창시부터 동족상잔이 시작되는 날까지 인민군 후방 총국장

역임), 시인 조기천 등 동지들과 만나게 되어 같이 공부를 하였으며, 차후 북한에서 장기간 같이 사업을 하게 된 것이다.

평양에 도착한 최종학 일행은 계획대로 소련군 중좌 유르사노부 동지를 총지도자 겸 주필로 삼고 『쏘베트 신보』라는 신문을 한국어로 1945년 10월 중순경부터 발간하여 북한 전역에 무료로 배포 및 발송하였다. 1945년 8월에 해방된 북한이 5~6개월 지난 1946년 2월이 되자, 소련으로부터 많은 기술자, 지식인들이 북한에 파견되어(폴란드 국립종합대학 교수의 발표 자료에 의하면 약 438명에 달한다) 『쏘베트 신보』의 사업은 아주 쉽게 진행되었다. 조선 속담에 "맷돌은 석수쟁이가 만들어야 한다."고 신문은 신문쟁이들이 만들어야 제 맛이 나는 법이다. 소련 군대에서 특별히 준비한 쏘베트 신보 일꾼보다, 일생을 소련에서 신문 만드는 일에 능숙한 많은 인텔리들이 신문사 일을 쉽게 하였으며, 그 외 지방 기존 신문들에 많은 지도적 도움을 주거나, 그렇지 않으면 직접 지도자(주필)로 일하였다.

소련 제25군단 정치부와 민정사령부는 이 신문사에서 구축시킬 수 있는, 많은 준비된 간부들을 긴요한 근무 요소에 옮겨 놓을 수 있음으로 모든 일이 원만하게 되었다. 신문사에서 일꾼들이 많아지게 되었고, 과잉 인력 수급에 의해 그 곳에서 나온 많은 간부들은 주로 출판물 검열국에서 일하게 되었다. 제25군단 정치부는 북한에서 출판되는 모든 신문, 잡지, 책, 라디오, 텔레비전 프로그램 등이 전부 출판물 검열국을 통해야 실효를 발휘할 수 있게 하였다. 이것은 이 문화선전 계통에 자본주의 이데올로기의 침투를 방지하는 대책이었다.

최종학의 일행 중에는 조선말을 잘할 수 있도록 준비된 러시아인도 2명(쏘모브와 그리고리예브)이 있었다. 이들은 조선말을 러시아 말로 번역하는데도 천하명수였지만, 러시아 원문을 가지고 조선 신문 기사를 쓰는데도 숙련된 조선 사람이 쓴 글이라도 그 실력이 낮을 정도로 탁월한 실력들이었다. 그래서 이 사람들도 모두 출판물 검열국에서 일하게 되었다.

이 때에 최종학은 조선 인민군대 정치간부로 발탁되어 자기 생애 마지막 날까지 있는 힘을 다하여 인민에게 충실하게 복무하였다. 그는 1946년 2월에 『소베트 신보』에서 발탁되어 새로 조직된 조선인민군 제2차 정치부장 겸 부사단장으로 1948년까지 근무하다가, 다시 조선인민군 제1차 정치부장 겸 부사단장으로 승급되었다.

동족상잔이 시작되기 직전에 전선 정치부장으로 근무하게 되었다. 1950년 12월부터 전선이 동부와 서부 전선으로 분리되자, 그는 동부 전선 군사위원(당시 서부 전선 군사위원은 작은 김일)으로 임명되었다. 그 후 동족상잔이 시작되던 첫날부터 총정치국 국장으로 임명되던 1953년 2월까지, 즉 동족상잔의 3년 동안 전선에서, 야전에서 조선인민군 장병들의 정치사상의 순결성, 당과 정부에 대한 충실성, 나아가서는 전체 인민에 대한 헌신성의 정신으로 교육함에 자기의 힘을 아끼지 않고 노력하였다.

1951년 3월부터 진지전으로 넘어 간 후 전투 계선은 고정 불변으로 1953년 6월까지 계속되었다. 전선에 동원된 사병들은 모두 장기간의 전쟁에 염증이 났으며, 가정 살림살이에 고적을 느끼고 있었다. 이러한 환경에서 인민군대 내 당 정치 교양사업은 배로 바쁘게 되었다. 그것은 안일사상에 젖은 군관들이 음주, 투전을 일삼았고 사병들은 부모처자가 그리워 도주하는 사건이 빈번하였으며, 주변 촌락에서 강간사건도 종종 일어났다. 군인이란 항상 전투태세를 보전하면서 전투 계선의 변동이 동반되어야 전투 규율이 서게 되는 법인데, 이것은 매일같이 한 곳에 임박하고 있다보니 그 곳에 살고 있는 동네 사람들이나 군인들이나 할 것 없이 전부 한 촌 동거인이 되어 버리고 말았다. 이런 환경에서 장병들의 사상 교육사업, 전투태세를 보전하기 위한 사업은 대단히 힘들었다.

그러나 최종학은 있는 힘을 다하여 일을 잘 조직한 결과 대성과를 거두었으며, 1953년 3월에는 자기가 보던 사업을 김철우 소장에게 인계하

1953년 8·15 열병식에서 연단에 오른 장면
좌로부터 최종학 대장. 리영호 해군 중장. 팽덕회 중국지원군 사령관. 한일무 항공 중장

고, 총정치국장으로 있던 김재욱 중장이 평남도당 위원장으로 자리를 옮긴 다음, 조선 인민군 총정치국장으로 영전되었다.

벌써 3년째 끌고 계속되는 정전 담판 회의는 장병들의 사상 동태에 막대한 영향을 주었다. 문제는 끝까지 전쟁을 계속할 것인가, 그렇지 않으면 전호를 버리고 제각기 집에 돌아가 평화로운 생활을 할 것인가에 있었다. 이런 환경에서 인민군 총정치국 사업은 비할 바 없이 힘들었다. 총정치국은 전체 장병들의 사상 동태에 대하여 책임지면서, 자기가 지도하는 군대 내 당, 민청단체와 매주 2차례 진행되는 정치 상학을 통하여 전체 병사 장령들의 정신을 당 중앙이 요구하는 수준에 제고 시켜야 하였다.

그러나 수년간 각 계단을 밟아오면서 인민군 정치사업을 지도한 최종학 상장에게는 별로 두려운 것이 없었다. 사병들의 안일무사 사상과의 투쟁을 적극적으로 진행하기 위하여 최 장군은 총정치국 내에 검열위원회를 조직하고 매월 각 군단, 사단, 연대, 대대, 중대까지 내려가 사상교양사업을 검열하여 단계별로 현지에서 총화를 지었다. 안일무사 사상에 젖은 군관들은 그 즉석에서 집단군이나 전선 사령관과의 협의 하에 제대, 철직까지 시켰다. 그와 병행하여 각 사단 집단군들의 군대 내 예술사업을 장려하면서 협주단을 조직하여 주기적으로 순차적 공연을 강화하면서, 군대 내에 숨어 있는 장기를 속출하여 등용하면서 계속 발전시키도록 하였다. 이와 함께 전 인민군대 내에서 아주 기술이 으뜸가는 예술인들로 중앙예술협주단을 조직하였다. 또 담당자를 모스크바시에 파견하여 소련군 정치총국의 지지를 받은 후, 형제국들인 체코, 헝가리, 독일, 폴란드, 몽고, 중국, 월남 등의 나라에 '사실적 사회주의 예술교환'이라는 이름으로, '자기 조국의 자유와 독립을 위하여 피와 목숨으로 그를 사수하는 인민군 예술단'이라고 선전하였다. 그 뿐만 아니라 정치 일꾼들 중에서 일 잘하며 사상이 건전한 인재들을 표창, 장려하는 의미에서 각 형제국에서 진행되는 당, 민청 일꾼들과 여성대회에도 인민군 대표들을 빠짐없이 파견하고 또 그들의 귀환 보고는 각 구분대 별로 청취하고 토론하게 하였다.

인민군대 내 당 정치사업은 최종학 상장이 임명되자, 비교적 잘 되어 갔음으로 최종학 상장은 대장으로 승급되었다. 그러나 그것은 임시적이었다. 사상검토 사업으로 인하여 북한의 건전한 노동당원들이 수만 명이 처단, 검거, 유형살이로 망하기 시작하였다. 김일성은 1955년 정초부터 인민군대 내에서도 사상 검토사업을 시작하라고 지시하고, 인민군대 내 사상검토 작업은 북한에서도 반소련 사상 거두인 김창만에게 위임하였다. 김창만은 김일성에세 온갖 미사여구로 아첨하였고, 김일성은 그를 총책임자로 임명한 것이었다. 김일성은 김창만이 올려주는 보고, 결제를 의심하지 않고 그대로 승낙하였다.

총정치국 국장(인민군 상장)으로 근무할 때

　김창만은 인민군대 내 사상검토 사업을 처음엔 반연안파 방향으로 돌리려 했으나 반연안파 운동은 벌써 김일성 자신의 지도 하에 1954년도부터 대대적으로 진행되었었다. 김창만은 이 방향에서 수정을 조금 하려 했으나, 김일성이 직접 손을 댄 일이라서 관여할 수 없었고, 반소련 방향에 주력을 돌리면서 최종학 대장에 대한 자료를 수집하기 시작했다. 우선 간부 배치 상황부터 파악하고, 소련출신 정치 간부들이 일하고 있는 곳부터 먼저 시작하여 검열 검토사업을 시작하였다. 동부전선 군사위원인 김철우, 서부전선 군사위원인 김일(흔히 작은 김일이라 부름), 1군단 천율, 2군단 김학천, 정치군관학교, 항공사령부, 총정치국 등을 모조리 뒤집었다.

　김창만은 본래 연안파로써 김일성으로부터 높이 등용되려 했으나 매번 소련출신 간부들이 그의 야망에 방해를 걸었다. 김일성이 그를 중앙당 선전부장으로 임명하고자 했을 때 박창옥이 길을 막았으며, 중앙당 부위원장에 임명하려 할 때는 허가이가 막았고, 총정치국장에는 최종학이 길을 막았다. 그리고 최종학에 대해서는 개인적 감정도 있었다. 그것은 김창만의 부인이 1954년에, 즉 소련군이 평양에 입성한 지 얼마 되지 않았던 시기에 조선반도 해방자 최종학 소련군 대위를 잘 알고 지냈었다는 것이다. 잘 알고 지내는 것이 별문제는 아니었건만 반소련 거두 김창만은 이로 인하여 신경을 많이 썼다. 때문에 최종학에 대하여 여러 친구들은 모르고 있던 문제까지 더 광범위하게 알게 되었다.

　최 대장은 1957년에 들어서면서 인민군대 내 사상검토 사업이 강하게 진행되자, 김창만이 주동한 반소련 집단의 조직적 공격을 받았다. 검열 보고자료의 최고 피고자의 이름은 늘 소련출신 간부들이었다. 이때 김일성은 각 사업장마다 있는 소련출신 간부들을 전부 제거하려는 계획이었고, 인민군대는 마지막 단계였다. 김일성은 이렇게 외부에서 들어온 간부들은 순차적으로 숙청하였다. 남한, 중국 연안, 소련 및 기타 다른 나라들에서 북한의 사회주의 건설을 위하여 들어온 오래된 공산당원들을 모조리 청산하고, 북한에는 김일성 부자가 지도하는 독재주의, 봉건적 세습제도, 가짜 사회주의를 건설하려는 것이었다.

김창만 반소련 집단 검열원들은 인민군대 조직 이후 10년 동안에 있었던 일, 그 중에서 3년 전쟁 기간 동안에 있었던 일들을 면밀히 검토하여 사상검토 사업에 써먹었다. 진격, 후퇴, 또 진격과 후퇴하는 것이 전쟁에서 다반사임에도 불구하고 그 원인이 최종학 대장의 통솔력 부재라고 주장했다. 한마디로 말하여 그 동안에 있은 모든 일의 실패 원인은, 전부 인민군대 내 당 정치 사상 교양사업이 목적 지향성 없이 진행된 결과였다고 주장하며 김일성에게 최종학 대장을 현직에서 철직, 제대시킬 것을 요구했다. 김일성은 바로 그 요구를 기다리고 있었던 바, 사상검토 진행과 총결적 검열이 높이 평가받을 성과를 이룩하였다면서 최종학 대장을 1957년 중순에 철직, 제대시켰다.

최종학 대장은 현직에서 쫓겨나 가택 감금을 당하고 있으면서, 1958년 5월 27일에 소련으로 귀환할 준비를 하고 있던 중, 방송위원회 위원장 남봉식에게 전화를 걸어 저녁식사에 초대하였다. 남봉식은 대단히 고맙게 생각하고 저녁 7시경에 최종학의 사택에 찾아갔다. 서로 인사가 있은 다음, 남봉식이 최종학에게 물었다.

"반당종파분자가 이렇게 선생님 사택을 찾아와도 괜찮습니까?"

최종학 대장이 나직하게 대답했다.

"나야 이제 다 죽은 목숨인데 무엇 겁나는 게 있겠소."

"최 선생님이 그렇게 생각하셔서야 되겠습니까? 그래도 다시 소생할 길이 있겠지요."

이렇게 남봉식은 최종학을 위안했다. 저녁식사를 하는 도중, 최종학이 사상검토 사업 때의 상황을 이야기했다.

"마지막 총결 군사위원회가 진행되던 때였소. 최고사령부 군사위원회는 최용건 민족보위상이 위원장으로 진행하였는데 그때 김일성도 참가하였소. 사상검토 진행 결과보고는 김창만이 장시간 하였는데 김창만은 악의와 독성을 다하여 나를 헐뜯고 … 보고서가 아니라 나의 인격을 시궁창에 던지듯 야비하게 공격하였다오. 기본보고가 끝난 다음, 위원장은 총정치국장 최종학 대장에게 발언권을 준다고 선포하였지요. 나는 며칠 동안 준비한 보고문을 들고 연단에 가까이 갔소. 그때 민족보위상 최용건은 자기 부관 대위에게 명령하기를 '저 놈의 보고를 들을 것도 없으니 견장을 잡아떼어 오라'고 고함을 지르두만…. 그 소리가 떨어지자마자 군관 대위는 300여명 군관 장령들이 모인 광경 속에서 나의 어깨에 붙은 견장을 잡아떼지 않겠소. 그 다음 최용건은 다시 '저 놈의 윗도리를 벗겨라!'고 지시를 했고 …. 그 소리가 떨어지자마자 부관은 달려들어 상의까지 벗기질 않았겠소. 이렇게 나는 순식간에 털을 뽑아 놓은 암탉 모양으로 관중 앞에 서서 인간으로서 견디기 어려운 수치와 학대를 받았으며 멸시를 당하였다오."

최종학 대장은 탄생 이후 50여년을 살아오면서 20여 년간 여러 가지 직무에서 일하였으며, 멸시와 천대 속에 쏘련의 한인 강제 이주도 당하였지만, 이렇게 북한 노동당이 계획하고 그가 실시한 정책 하에서 직접 그 정책의 괴수인 김일성의 목격 하에 받은 멸시와 천대는 그 무엇에도 비할 바 없는 것이었다. 이렇게 속내의만 입고 재판정에 끌려 온 죄인처럼 군사위원회에 참석했던 최 대장은 즉석에서 최용건의 "현직에서 철직하며, 인민군대에서 제대한다."는 결론을 듣고 집에 돌아와서는 자리에 누워 앓기 시작했다.

이 악랄한 계획을 조작 설계한 김창만은 큰 승리를 거둔 대장처럼 또 다른 쏘련 출신 간부들을 꺾기 위한 흉계를 계속 꾸미고, 당 중앙에 박혀 있으면서 김일성에게 아첨하였다. 그런데 이 아첨꾼은 최 대장에 대한 복수를 여기에서 멈추지 않았다. 최 대장에게는 아들 형제가 있었는데 당시에 장남 최아파나시는 쏘련 모스크바 경제대학 제4학년에 재학 중이었다. 김창만은 교육상에게 명령하여 반인민, 반당종파분자의 아들이라며 즉각 모스크바시로부터 송환하게 하고, 내무상에게 지시를 내려 평양역에 도착 즉시 체포하여 강동 정치범 수용소에서 살게 만들라고 지시를 내렸다.

당 중앙 선전부장의 지시는 그대로 실행되었다. 1958년도 가을에 경제대학 4학년에 재학중이던 최아파나시는 아무런 재판도, 충고도 없이 정치범 수용소에 도착하여 강제노동을 하게 되었다. 최아파나시는 수용소에 오게 된 원인을 해명하여 달라고 했지만 그 누구도 해명하여 주지 않았다. 이렇게 인권도, 자유도 법도 없는 나라에서 영문도 모른 채 계속 죄인 생활을 하기란 큰 바다에서 쪽배를 타고 목적 없이 어디론가 가는 것과 마찬가지였다. 모스크바 대학생 졸업반 문화 수준에서 강제 수용소의 삶은 차라리 죽는 것만도 못했다. 이렇게 1년 동안 고생하면서 결심하기를 길은 딱 두 가지였다. 하나는 죽음이오, 또 하나는 도망치는 것이었다.

죽자하니 22세 나이에 어떻게 죽을 수 없었다. 도망치면 어디로 가서 살 수 있을 것인가도 고민이었다. 북한 전체가 이런 개판인데 어디로 가면 살 수 있겠는가? 이렇게 생각하고 있는 중 하루는 화물 자동차가 평양으로 식량 수령을 나간다고 하는데 운수노동자로 가라는 것이었다. 본래 맘씨 착한 아파나는 화물차 운전기사하고 아주 친한 사이였다.

평양시에 도착하자, 최아파나시는 운전기사더러 부탁하기를 소련대사관 곁으로 지나가자고 권했다. 최아파나시의 목적을 모르는 운전기사는 바로 소련대사관 곁으로 지나갔다. 이 때에 최아파나시는 잽싸게 자동차에서 뛰어 내려 대사관 출입문 입구에 서 있는 보초병을 밀고 안으로 뛰어 들어가면서 금방 나오겠다고 말했다. 대사관 안으로 들어 간 최아파나시는 곧바로 영사관 사무실을 찾아가 아무런 노크도 없이 영사 앞에 다가가서 호소를 했다.

"나를 살려 주시오!"

어리둥절한 영사는 그 영문을 물었다. 그때야 최아파나시는 '이제 살 때를 만났다'면서 자기의 이력을 간단히 소개하고 자기를 소련으로 보내

달라고 했다. 그렇지 않고 이제 이 울타리 밖을 나서면 자기는 죽는다
고 말했다. 영사는 대사와 토의하고 최아파나시를 뒷방에 숨겨 주었다.
그 며칠 후 최아파나시는 무사히 모스크바시에 도착하여 자기 친척들
도 만나고 일을 하면서 야간을 이용하여 대학을 졸업하고 장가도 들고
하였다.

　이 일이 있은 지 얼마 후, 최종학 대장의 건강이 좀 좋아지자 당 중앙
은 그를 함경북도 길주 파이프 공장으로 지배인 직무에 파견하였다. 그
를 생각해서라기보다는 중앙에서부터 먼 주변 지역에 파견하여 거기서
정배살이하다가 죽으라는 것이었다. 그래도 최종학은 길주에 내려가 있
는 힘을 다하여 일하였다. 그러나 그것도 당분간이었다.

　최아파나시가 도주하여 소련에 갔다는 것이 소문은 나지 않았지만, 당
중앙은 알고 있었다. 먼저 번에는 아들이 부친의 일로 인해 강제 수용소
생활을 하게 되었는데 이번에는 아버지가 아들로 인해 길주 파이프 공
장지배인 직무에서도 철직당하였다. 최종학은 1960년도부터 보통부기부
출납부장 직무에서 일하다가 1961년 53세의 생생한 나이에 길주에서 죽
고 말았다.

　최아파나시는 현재 조국민주평화통일구국전선 사무총장으로 거세게
활약하면서 모스크바시에서 거주하고 있다. 현재 최아파나시는 소련 '이
스베스찌야' 신문사를 통하여 구국전선 신문을 노어로 번역하여 1/4분기
에 한 번씩 책으로 출판하여 구소련 각 공화국들에 보내 주고 있다.

1997년 11월 16일 모스크바시에서 최아파나시

전 노어 고중 수학 교원 겸 부교장

최찌혼 루끼치는 1913년 9월 9일에 원동변강 연해주 수청 구역 시베찬에서 빈농인 최 루까의 2남으로 태어났다. 그의 부친 최 루까는 1914년에 러시아 군대에 징병되어 제1차 세계대전에 참가한 참전용사였다. 최찌혼이 태어난 시베찬 촌(노어로 알렉쎄옙까)은 원동변강에서 유명한 다우지미 촌에서 약 10리가량 떨어져 있으며, 포수동과 아래령도 약 10~15리 간격을 두고 있는가 하면, 유명한 부두이며 대어장인 나호도까 항과 뿌쨔진 및 유단재 항들도 약 30~40리 거리에 있는, 한인 밀집지역으로서 동만주의 간도나 연길시와도 비슷하였다.

매년 단오 때면 다우지미와 시베찬 사이에 놓여 있는 큰 병원 촌에서 운동시합을 하였다. 이 때는 동만주에 살고 있는 한인 운동팀들도 참가하였던 바, 매년 친선 축구시합에 참가하여 명성을 떨친 간도 동흥중학교 축구팀도 있었다. 한인들이 강제 이주 당하기 전까지는 매년 한인들의 명절인 단오, 추석이 되면 이 광장에서 축구뿐만 아니라, 씨름, 그네

뛰기, 널뛰기, 줄당기기를 하였고 한인들이 즐겨먹는 각종 떡, 국수, 떡국, 편 등을 많이 만들어 넉넉한 날을 보내기도 하였다. 이 명절이면 오래 동안 만나보지 못한 사람끼리 서로 만나보기 위하여 수백리 길도 불원천리하고 모여들었고, 소 술기, 말 달구지, 당나귀 등을 타고 몰려 와서는 3~4일 동안은 운동장 주변에 풍을 쳐놓고 유숙하면서 운동구경을 하였다.

최찌혼이 사는 지역은 이렇게 위치 좋고 토양이 비옥하며 큰 삼림과 해변이 가까이 있었고, 다우지미 강과 시베찬 강이 촌락의 옆을 스쳐 흐르고 있었다. 인근의 큰 바다에서 잡아오는 청어, 가자미, 정어리, 명태 외에도 연어, 송어, 황어 및 숭어 등이 무진장하게 강을 따라 올라와 물고기도 풍부하였다.

최찌혼은 향촌 시베찬에서 초중을 졸업하고 1929년에 형이 살고 있는 우크라이나의 하리코프시시에 찾아가서 러시아 말도 제대로 배우고, 일도 하고, 공부도 하려고 결심하였다. 최찌혼의 형은 혁명시기에 혁명군에 참가한 후 계속 군에서 복무하다가 1924년부터 하리코프시에서 살고 있었다. 최찌혼은 1936년에 하리코프시 시 농촌경리대학을 졸업하였으나 농촌으로 가지 않고 교편을 잡고 학교에서 일하기 시작 하셨다.

1941년 독·소 전쟁이 시작되자 최찌혼은 징병되어 포병부대에 배속되었다. 그는 과거 포병군관학교에서 잠시 공부한 경험이 있어 참전 첫날부터 76미리 디스떼리 사단포 포수로 우크라이나, 광야, 폴란드, 헝가리, 오스트리아, 독일 베를린 시의 해방까지 참전하였다. 최찌혼은 제14 카르빠르 포병근위사단에 속하여 독일군과 전투할 때, 중상을 당하여 윈니짜 병원에 입원하여 4개월간 중환자로 치료받은 후, 다시 자기가 복무하던 근위 포병사단을 찾으려 하였으나 전투 부대들이 빠른 속도로 서진하였던 관계로 자기 연합부대는 찾지 못하고 최고사령부 제1예비사단에서 전쟁 마지막 날까지 참전하였다.

1945년 6월에 최찌혼은 오스트리아에서 복무하였는데 모스크바 최고 사령부 간부국으로부터 군사대학에 가서 공부하라는 명을 받았다. 본래 학생 교육사업에 전심을 다하여 일하던 교육자인지라 제대를 원하였지만 전쟁이 끝나지 않은 상태여서 받아들여지지 않았다. 간부국에서는 최찌혼에게 원동변강 소련군 제25군단 대열보충국으로 파견명령을 내렸다.

파견장을 받아 들고 1945년 8월 1일 모스크바시를 출발하여 원동변강 우쑤리 시로 향하였다. 8월 10일에 우쑤리 시에 도착하니 그 곳에는 군단 후방부, 병기국, 군의소 등이 짐을 화물차에 실으며, 만주 국경선을 돌파하고 계속 전진하고 있는 전투 부대들을 뒤따라 갈 준비를 하고 있었다. 최찌혼은 아직 자리를 뜨지 않고 전투 임무를 수행하고 있는 연합부대와 부대들을 무전으로 지휘하고 있던 제25군단 지휘부에 찾아가 대열 보충국장에게 도착 보고를 하였다. 최찌혼은 그 후 집단군사령부 정찰부에 넘어가게 되었다.

제25집단군 정찰부 산하에는 유명한 88정찰여단이 있었던 바, 여단장에 중국 혁명가 주보중, 참모장에 러시아인 쎄로긴이 있었으며 바로 이 여단 제1대대장으로 김일성이 자기 대대 성원들과 함께 속하여 있었다. 그러나 이제 금방 제25집단군 본부에 도착한 최찌혼은 이러한 사실들을 알 수 없었다. 그는 평양에 도착할 때까지 계속 집단군 정찰부에 속하여 자기가 맡은 임무만 수행하였다. 때문에 소련으로부터 파견되어와 활동한 소련출신 고려인들이 400명이 넘었지만 최찌혼이 알고 지냈던 사람은 몇 명 없었다.

군내 내에서의 정찰임무란 전투 행동이 계속되는 환경에서만 그 사명이 중대하다. 일제가 투항하고 조선반도가 남북으로 갈라진 조건 하에서 정찰병들이 하여야 할 임무는 점점 감소되었다. 이런 환경에서 1946년 정초에 최찌혼은 정찰부로부터 송환되어 정치부로 넘어가 평양에서 발간되고 있던 『소비에트 신보』 신문사에서 번역원으로 일하게 되었다. 당시 남북한의 신문사들은 두 적대 계급이 38선을 경계로 하면서 각자

1947년 쏘베르 신보 신문 주필(유르자노브)과 함께 찍은 모습

가 추구하던 사상의 정당성과 생활상의 우월함을 매일 매시간 있는 힘을 다하여 각종 수단을 통해 세상에 전파하고 있는 때였다. 그렇기 때문에 최찌혼도 자신의 새로운 일터인 신문사의 근무를 아주 명예롭게 생각하였다.

신문은 토지 개혁을 앞두고 토지 개혁의 정당성과 불가피성에 대하여 강조하면서, 토지는 국가 면적의 일부분으로써 개인의 소유가 될 수 없다고 강조하였으며 1946년 3월부터 시작한 주요산업 국유화에 대하여서도 산업은 국가 경제의 기본 역량으로써 반드시 국가의 소유가 되어야 하며, 전자나 후자가 인간 착취의 토대가 되기 때문에 국가적·전인민적 소유가 되어야 한다고 강조하였다.

그러나 이 신문은 1948년 12월 소련군 제25군단의 철수와 함께 철거하게 되었다. 이때 소련공산당 조직 지도부의 결정에 따라 소련군 제25군단 산하에 적을 두고, 북한 각 기관 사회단체 및 북한 인민군 소속으로 있던 전체 고려인들은 국적, 당적, 군적 등에서 제적되어 북한적으로 넘어가게 되었다. 이 시기에 최찌혼은 자기의 원래 직업대로 소련출신 어린이들을 교육하기 위하여 평양시에 조직한 노어 고중(보통 6고중이라고 칭하였음)에서 수학 교원 겸 부교장역을 겸임하였다.

최찌혼은 성격이 아주 온순하여 누구와도 쉽게 가까워지는 사람이었다. 그는 일찍이 향촌인 원동변강 시베찬을 떠나 우크라이나 하리코프시시에서 대학을 나왔고 독·소 전쟁 전까지는 고중에서 수학교원을 하면서 러시아 여자 교원에게 장가를 들어 아들 하나를 낳은 후, 1941년에 독·소 전쟁에 참가하게 되었다. 그러나 불행하게도 그의 러시아 부인은 1943년에 사망하고 그녀에게서 태어난 아들만 살아 있었다.

소련 전쟁도 조선 전쟁도 끝났기 때문에 삼십여 세의 나이로 계속 혼자 몸으로 있을 수는 없었다. 또 자신이 일하고 있는 신문사 교정부에도 아름다운 처녀들이 많이 일하고 있었지만 장가갈 문제는 매일 같이 차일피일 미뤘다. 그러던 차에 평양 여자 조애자와 약혼하고 그녀의 부모와 오빠들의 동의를 얻어 결혼하게 되었다. 조애자의 집은 평양시 대동문 앞에 넓게 펼쳐 있는 번창한 중앙 시장과 평양 국영 백화점을 비롯하여 만물점들이 쭉 늘어서 있는 곳에 있었으며, 그녀도 신문사에 근무하고 있었다. 옛날부터 양반 내력이어서 이만 저만한 조씨 가문의 아들 4형제가 있는 집안의 4번째 딸이었다. 이렇게 새 가정이 이루어지고 약 1년이 지난 후 최찌혼은 고중 부교장 겸 수학 교원으로 부임되어 일하면서 아이들의 교육 교양에 전력을 다 하였다. 그는 6·

최찌혼의 부인 조애자 여사가 평양으로 들어가 오빠 조이걸, 언니 조애선과 함께 한 회갑연 장면

25 동족상잔 시기에도 아이들의 교육사업에만 종사하였다.

1957년이 되자, 그도 당 사상검토 회의에 저녁마다 불려나갔다.

"왜 소련 신문과 소련 책만 즐겨 읽는가? 소련파 거두들인 허가이, 박창옥, 박의완, 남일 등과 어떤 관계가 있으며, 왜 소련만 좋다고 어린이들에게 선전하는가?"

이것이 최찌혼에게 심문하는 내용이었다. 그 뒤에는 소련 사대주의자, 소련파니 하면서 매 당회의에서 심문하고 조사하고 하여 평양에서는 계속 살 수가 없었다. 1957년 말에 최찌혼은 소련 대사관에 국적 회복과 소련 입국허가증 발급에 대한 청원을 제출하여 1958년 6월에 소련 모스크바시로 귀국하였다. 소련공산당 중앙조직부에서 문건을 배정 받고 일자리 수속도 하고 아이들의 공부를 계속할 문제도 해결 받았다.

최찌혼은 소련에 귀국한 다음 골로드노쓰뜨로이라는 처녀지 개간 건설장에 가서 3년간 고생할 것을 각오하고 타슈켄트시에서 약 120Km나 떨어진 곳에서 일하면서 매주 토요일과 일요일에만 집에 왔다. 세월이 덧없이 빨리 흘러 최찌혼은 1973년에 비교적 높은 연금을 수속하여 가지고 자기 가정에 돌아왔다. 그는 나이 60에도 아주 건강체였다. 때문에 연금생활을 하면서도 부근에 있는 고중에 나가 매일 몇 시간씩 수학 강의를 하였다. 이렇게 70세 되는 해까지 매일 같이 학교에 나가 어린 세대들의 교육에 힘을 바치면서 노년의 고독을 풀곤 하였다. 그후에도 타슈켄트 칠탄사트 구에서 건강한 몸으로 지내다가 1998년 사망했다.

그의 부인은 1993년 탄생 70주년을 맞아 정든 고향을 떠난 지 35년 만에 고향인 평양시 모란봉 기슭 경제리에 갔다. 친척들이 평양 역전에서 반갑게 맞아주었으나 35년이 지나가는 사이에 아버지 어머니는 별세하고 많은 친척들도 역시 타계하였다. 부인은 평양에서 태어나 1947년에 최찌혼과 결혼한 다음 우즈베키스탄에 와서 아들과 딸 형제에다 남편의 본 부인에게서 태어난 아들까지 합하여 3형제를 키우다보니 세월이 빠른 줄도 모르고 70세를 맞은 것이다.

아들 3형제 중 작은 아들은 하리코프시 시에서 살며 큰 공장의 책임기사로, 둘째 아들은 타슈켄트시 건설장에서 책임자로 일하며, 큰 딸은 뻬쩨르부르크에서 살고 있으며, 둘째 딸은 현재 뽈릿옷쩰 협동조합에서 일하며 살고 있다.

1997년 10월 29일 타슈켄트시(이후 최찌혼의 사망사실 추가함)

1941년 6월 21일이었다.

싸라또브 탱크사단 제1연대 탱크 중대장 최 뾰뜨르 이와노위치 상위는 벌써 연 3일째 하기 정기 휴가 중임에도 불구하고 "어디에도 가지 말고 집에서 기다리라."는 상부 명령에 의하여 집에 있는 수밖에 없었다.

최 상위 가정에는 부인 옙게니야 빠블로브나와 18세 되는 맏딸 니나(뒤에 허가이 부인), 둘째딸 류다, 그리고 아홉살 된 막내가 있었다. 10년제 학교를 최우등 성적으로 졸업한 니나는 졸업식 연회에 부모를 초청하였고, 최 상위와 예브게니야 빠블로브나는 졸업식 연회에 참가하면서 난생 처음 커다란 기쁨을 느끼었다. 맏딸 니나가 최우등 성적으로 금메달을 수여 받았고, 거기에 또 학교 교육소비에트의 명의로 교장 선생이 최 상위와 예브게니야 빠블로브나를 따뜻한 말로 축하까지 해주었으니 더할 바 없는 영광이었다.

바로 그 이튿날인 6월 22일 아침 일찍부터 거리에는 사람들이 분주히 다니면서 전쟁! 전쟁! 떠들면서 높은 목소리로 이야기하였다. 독·소

전쟁의 시작이었다. 최 상위는 딸의 기쁨도 오래 즐기지 못한 채 부인, 아이들과 작별하며 전장으로 떠나며 말했다.

"만일 전선에서 나에 대한 소식이 없으면 아이들을 데리고 오빠가 계신 크슬오르다로 가시오."

그는 부인과 아이들을 어루만져 준 다음 출전하였다.

최 뾰뜨르 이와노위치는 1905년 9월 12일(양력으로는 10월 6일) 소련 원동변강 뽀크롭까 구역 대잔재 촌 빈농의 가정에서 태어났다. 1919년 공청회에 입회하고 1922년에 향촌에서 중학을 졸업하였다. 소비에트 기관 건설사업과 공청회 사업을 열심히 한 결과, 1925년에 뽀크롭까 구역 공청위원회는 그를 모스크바 국제사관학교에 파견하였다. 1928년에 학교를 우수한 성적으로 필하고 원동변강 우쑤리쓰크 76연대 소대장으로 임명되어 소련 군대 군관이 된 긍지를 지니고 군대 복무에 충실하였다.

1929년에 일제의 조종 하에 중국 백계군이 도발한 전쟁에 참가하여 자기 부대를 영웅적으로 지도하여 하얼빈 시까지 진출하였다. 이 전쟁에서 공훈을 세운 최 중위는 붉은 별 훈장을 수여 받았다. 중국 철도사변은 최 중위에게 있어서 커다란 시련이 되었으며 군사적으로나 정치적으로 받은 교훈은 자못 컸다. 바로 이 전쟁에서 최 상위는 전투세례를 받기도 했다. 그리하여 그는 군사 칭호가 승급되어 상위가 되었으며 직급도 높아져 중대장이 되었다.

그 후 그는 전투 경험이 많은 군관으로써 1930년에 레닌그라드 탱크 장갑차 군관학교에 파견되어 1932년에 우수한 성적으로 졸업하였다. 1938년에 원동변강 하쌴호 부근에서 일본군과의 전투에서도 최 중위는 탱크부대 중대장으로서 소련 탱크의 위력을 빛나게 시위하여 명성을 떨쳤다. 그러나 이때는 그에게 역사적 환경으로 보아서 아주 불리한 시기였다.

1937년에 전체 고려인들은 정치적 불신임자로 지정되어 원동변강으로부터 강제이주 당했고, 1938년 말에 최표덕에게도 일본 간첩이라는 누명이 씌워졌고 검거 투옥되었다. 그가 검거되자 엄동설한에 안전기관은 그의 가족을 군관 사택 지역에서 쫓아내면서 당장 이 지방을 떠나라고 하여 예브게니야 빠블로브나는 아이들을 데리고 하는 수없이 친척의 집으로 떠나야 했다.

그러나 아무런 죄도 없이 허위날조에 의하여 감옥에서 심의 받던 최 상위는 일년 후인 1939년 11월에 무죄석방과 함께 복귀되어 예전에 근무하던 부대에 돌아가게 되었으며 가족도 데려오게 되었다. 그러나 그것 역시 장구히 안전한 생활은 못되었다. 이런 시련을 체험했던 최 상위에게 소련 조국전쟁은 심리적으로 난관에 봉착하게 만들었다.

출전한 지 3개월이 지나도록 아무런 소식도 없었는데, 하루는 예브게니아 빠블로브나가 일하고 있는 직장으로 시 군사동원부에서 연락이 왔다. 다름 아니라 최 상위가 중상을 당하여 보리쏘글렘쓰크 야전병원에 후송되어 치료중이라는 소식이었다. 예브게니아 빠블로브나가 100Km 정도나 떨어져 있는 야전병원에 찾아갔으나 무의식 상태에 처하여 있는 고로 면회를 허가받지 못했다. 며칠이 지난 다음에야 겨우 남편을 면회하게 된 아내는 눈물이 앞을 가려 아무런 말도 할 수 없었다. 그 후 건강이 회복된 다음, 5일간 집에 와서 휴식했다. 그러나 그는 다시 전선의 자기 부대를 찾아갔다.

사단 본부에 도착한 뾰뜨르 이와노위치는 적기훈장을 수여 받음과 동시에 대위 군사칭호에 대대장으로 임명되었다. 1942년 2월에는 사단의 이동과 함께 스탈린그라드 서남부 하리코프시 부근에서 깝까즈 대원유산지를 점령할 목적으로 공격하여 오는 적들과 장기간의 맹렬한 전투 결과, 그들을 모두 소탕했다. 1943년 초에는 스탈린그라드 부근에 포위된 파쇼군대 소탕전을 성공적으로 종결했다. 최 대위는 스탈린그라드 포위섬멸작전에서 세운 공로로 인하여 적기훈장을 수여 받는 동시에 중좌 군사칭호와 연대장으로 승급되었다.

노워로씨쓰크 해방전에 투입된 최 중좌 연대는 연이어 13일간의 치열한 전투를 진행하면서 적군의 해군 육전대에 결정적 타격을 주었는데, 자신은 9월 16일에 또 다시 중상을 당하였다. 후방 야전병원에 후송되어 치료받던 최 중좌는 군사칭호 대좌로 승급되었다는 통지서는 받았으나, 10월 20일 진행된 야전병원 검진위원회는 '현역 불가능'이란 결론을 최 대좌에게 주었다. 이런 결론을 받은 최 대좌는 다시 또 전방에 나갈 것을 결심하고 퇴원 후, 모스크바 무력성 간부국에 가게 되었다.

그런데 간부국장 대기실에서 우연히 1938년 하싼호 전투 때 당시 탱크 장갑차군 대좌를 만나 그에게 일체 사연을 이야기하게 되었다. 알고 보니 그는 현재 꾸르간 시에 자리를 옮긴 스탈린그라드 탱크장갑차 군관학교 교장인 소장으로 복무하고 있었다. 그 역시 전쟁 초에 중상을 입고 현역에서 제명되어 군대간부양성에 전력 전심을 다하는 때였다. 때문에 전쟁의 풍부한 경험을 가지고 있고 영웅무쌍한 탱크병이며 정직한 군관인 최 대좌와 같은 교관들이 소장에게는 극히 필요하였다.

최표덕은 소장의 초청을 받고 꾸르간 시에서 간부양성에 몰두하기로 결심하고 그곳으로 갔다. 모스크바 무력성에서는 최 대좌에게 파견장과 함께 레닌 훈장을 수여하였다. 꾸르간 시에 도착한 최 대좌는 전 생애에서 비교적 평온하고 안전한 생활을 하였다. 그러나 이것도 오래가지 않았다. 독·소 전쟁이 독일 파쇼정부의 완전한 패망으로 종결되자, 1945년 말에 최 대좌는 소련무력성의 명령에 따라 다시 증모리여 원동변강 제 25군단 1118 집단군 산하 중탱크 연대장으로 배치되어 조선해방전쟁에 참가하였다.

1945년 8월 9일에 시작된 조선해방전쟁에 25군단은 소련군 원동변강 제1전선의 주동적 역할을 하였다. 치스쨔꼬브 대장의 지휘 하에 일본 관동군을 패망시켰던 바, 소련군은 이 전쟁에서 2만 2천명의 사병들의 생명을 치르고 만주와 북한을 해방시켰다.

평양에 도착한 최 대좌는 또 다시 소련 무력성의 명령에 의하여 모스크바시에 도착되었던 바, 무력성은 최 대좌를 소련군 탱크 장갑차군 아까제미야에 파견하였다. 최 대좌는 이 군사 고급대학을 1948년 8월에 졸업하고 조선민주주의 공화국 인민군 탱크 장갑차병총국 총고문으로 임명되었다.

이 당시에 최 대좌에게는 짧은 시간이지만 안전한 생활이 보장되어 소련으로부터 가족을 평양으로 데려왔다. 가족과 함께 맏딸 니나 뻬뜨로브나도 평양에 오게 되었다. 당시 27세 되는 니나는 2년 전에 홀아비가 된 당년 40세의 허가이에게 시집을 갔다. 북한의 제2석을 차지한 허가이는 최 뾰뜨르의 사위가 되어 두 사람은 아주 친밀하게 지냈다.

1948년 말 소련군이 북한에서 철수하자, 총고문 최 뾰뜨르 대좌는 조선인민군 탱크 장갑차병총국 국장으로 전직되었으며 소장 계급을 수여 받았다. 1950년 6월 25일 동족상잔이 개시되자, 인민군 탱크 장갑차병총국은 인민군 탱크 장갑차병 사령부로 개칭되고 최 소장은 중장으로 승급되었다. 직무는 탱크 장갑차병 사령관이었다.

최표덕 장군은 지휘관으로서, 인간으로서, 동지로서, 친구로서 몹시 소박하였으며, 진실하였으며, 깨끗하였다. 이처럼 성실한 사람도 북한이 도발한 부정의의 전쟁에 참가하였고, 일인 독재체제에 의하여 탄압까지 받아 소련으로 떠나오지 않으면 안 되었던 것이다. 최 장군이 탄압 당한 기본 트집은 그가 사위인 허가이 암살사건에 간섭하였다는 것이었다. 그 간섭이란 것의 내막은 이런 것이었다.

허가이가 암살당한 1953년 7월 2일 새벽 7시에 인민군 총참부 일반통보 참모군관이 그에게 전화로 보고했다.

"사령관 동지. 내각 부수상 허가이가 지난밤에 자살하였습니다."

불시에 이런 전화 통보를 받고 보니 최 장군은 기가 막히었다. 바로 어제 저녁 8시부터 밤 12시까지 허가이의 전시용 임시 대피호 사택에서 그의 맏사위인 황금철과 셋이서 식사도 같이하고 약주도 조금 마시면서 휴식하였는데, 그때에 허가이는 농담하기를 "우리가 이렇게 같이 앉은 사람은 3명이지만 호상 관계상 본다면 장인 2명, 사위 2명, 그렇게 4명으로 계산된다."고 하면서 껄껄 웃기도 했던 사람이었다. 만약 그 날 밤에 자살을 계획한 사람이라면 적으나마 표정에 수심을 띠는 순간이라도 보였을 터인데, 그러한 기색이라고는 전혀 없었고 아주 건강하고 생기 있고 명랑한 기분으로 자신들을 바래주었던 사람이 자살이라니 얼토당토 안한 것이었다.

아침 7시에 전화를 받은 최 사령관은 죽은 시체라도 보려고 허가이의 자택에 갔으나 집안에는 사람도, 물건도 전혀 없는 빈 사택이었고 다만 주변에는 새로 교체된 보초병 3명이 와 있었다. 사령관은 그 즉석에서 전화로 최고사령관에게 사정을 이야기하면서 따지듯이 물었다.

"내가 죽은 사람의 장인인데 왜 나의 허가도 없이 또 가족도 그를 다시 볼 수 없게 밤으로 그렇게 조급하게 매장할 이유는 어디에 있습니까? 그 이가 살아서 일할 때에는 수상동지의 부하지만 그 이가 죽은 다음 그의 시체야 가족이 처리하는 것이 원칙이 아닙니까? 그가 비록 죽었지만 그는 국가고위급 간부였는데 그의 자살 원인과 경로를 해명해야 할 국가검진위원회 결정이 있어야 하지 않겠습니까?"

최 장군의 질문에 법치국 최고 간부이자, 북한공산당 총비서 김일성은 간단하고 단호하게 대답했다.

"자살한 자에게 무슨 검진위원회가 필요한가? 당신은 필요 없는 공말은 그만두고 깨끗하게 물러서라."

그는 신경질적이고 일방적으로 통화를 끊었다. 사택에서 돌아온 최 장군은 중국 하얼빈시에 가서 피난민으로 살고 있는 허가이의 처(최 장군의 딸) 니나 뻬뜨로브나에게 전화를 걸어 허가이가 죽은 사연에 대하여 이야기하고 속히 평양으로 나오라고 하였다. 이어서 최 장군은 제4야전군 사령관 정철우 장군에게 허가이의 죽음을 알렸다. 그리고 정철우가 평양으로 오자마자 그와 함께 허가이의 무덤을 찾아가 술 한 병을 따라주고 저녁때쯤 평양으로 돌아왔다.

허가이의 묘지에 다녀온 최표덕은 그래도 국가에서 제2위에 해당되는 책임적 자리에서 일하던 사람인데, 그 죽은 원인이 해명되지 않고 있음을 묵과할 수 없었다. 북한 정권이 인간 도덕과 원리를 난폭하게 위반한데 대하여 속으로 분개하고 있었다. 그리하여 그는 조선인민군 총고문 라주바예브 대장을 방문하여 이 문제에 대하여 토의하여 보려고 찾아갔으나 그가 자리에 없어 만나지 못했다.

다시 자기 사무실에 돌아와 모든 사연을 차근차근 다시 한 번 자세히 생각하고 최고사령관 김일성에게 다시 전화를 걸었다. 이번에는 조목조목 짚어가면서 "왜 그렇게 공훈이 많고 당을 위하여 몸 바쳐 일한 사람을 우리 친척도 볼 수 없게 밤으로 매장하였는가?" 하고 따지면서 "이것은 비 법적이요, 비도덕적이다."고 말했다. 또한 "당신은 얼마 전까지도 허가이와 또 허가이의 가정과 한집 식구처럼 살지 않았는가?" 하고 물으면서 김일성의 지시를 나무랐다. 최표덕의 말을 듣고 있던 김일성은 통화를 억지로 중단하였다.

곧이어 최표덕은 총고문을 찾으려고 그의 사택에 전화를 거니 마침 집에 있기에 그에게 속히 찾아갔다. 라주바예브 장군은 최표덕을 항상 존경하고 위하였다. 총고문은 최 장군의 이야기를 아주 침착하게 들은 후 최 장군에게 권고하였다.

"뾰뜨르 이와노위치! 금일 밤으로 신속히 준비하여 가지고 내일 아침 차로 소련으로 떠나가시오!"

그는 그렇게 권유한 다음, 소련대사에게 전화를 걸어 지시를 내리기 시작했다.

"금일 밤으로 뾰뜨르 이와노위치에게 입국 허가증을 발급하여 주도록 하라!"

총고문은 최 장군에게 나무라듯 말했다.

"뾰뜨르 이와노위치! 당신이 지금 정신이 있는가?"

최 장군은 그 말이 무슨 뜻인지 내용을 해독하지 못하여 어리벙벙해 있는데 총고문은 계속하여 말을 이었다.

"지금 조선의 상황은 전쟁이 계속되고 있는 전시다. 전시 법령에 의거하면 최 장군을 지금 현재에도 검거할 수 있지 않는가? 검거된 다음에는 무조건 김일성이 옳지 최 장군이 옳겠는가? 그러니까 최고사령관의 명령이 나오기 전에 소련 입국증을 가지고 군복을 벗고 사복을 한 다음, 내일 아침 차로 평양을 떠나 중국을 거쳐 소련에 귀국해야 된다. 그것이 당신의 안전을 도모하는 길이다."

최 장군은 총고문의 말을 이해하고 그의 지시대로 하였다. 허가이가 죽은 지 이틀이 지난 7월 4일 아침, 그 날은 토요일이어서 최표덕은 조금 늦게 사령부 사무실로 나갔다. 사령부 참모장은 최고사령관의 명령서가 내려왔다고 하면서 봉투를 주었다. 최 사령관은 속으로 예견하면서 봉투를 개봉하니 벌써 7월 3일부로 김일성이 최 장군을 해임하였다는 통지서였다.

무법천지·일인 독재국가인 북한에서 누구하고도 이 애통한 일을 상의할 사람도 없는 환경에서 그 진실을 밝히려다 허가이 모양으로 되는 것보다는 조국을 떠나는 것이 낫겠다는 생각을 하니 눈물이 흘렀지만 하는 수 없이 소련에 돌아가 아이들이나 양육하여야 되겠다고 결심했다. 그래서 두 집 아이들(허가이 가정까지) 8명과 어른 2명, 총 10명의 식구가 조국 땅을 등지고 압록강을 건너 소련 모스크바시에 도착하였다.

소련 무력성은 소련 공산당의 성실한 아들이요, 소련 조국전쟁 시기에 용감하게 적과 싸운 전 소련 인민의 충신인 최 장군을 아주 영예롭게 마중하였다. 그와 그의 부인에게 연금을 제정하여 주는 한편, 사택 문제도 해결하여 주었으며 어른들과 아이들의 취직 문제, 공부하는 문제 등을 전부 해결해주고 최 장군에게는 또 다시 군사고급지휘관 아까제미야에서 공부할 것을 권고하였다.

무력성 간부부는 말하기를 전략 전술에 대한 깊은 상식은 어느 때라도 방해되지 않을 것이니 많이 배워두는 것이 좋다고 하였다. 최 장군은 무력성 간부부 파견대로 고급지휘관 아까제미야를 1955년에 졸업하고 무력성 총참모부 지도검열 총국에서 검열원으로 1960년까지 일하고 1961년부터 완전히 연금생활로 넘어갔다.

그는 연금생활에 넘어갔으나 자기의 풍부한 전투 경험과 과거 교관을 지낸 경험까지 소유한 유능한 교육자 강사로써 종종 각종 군사대학에 강사로써 초청 받았으며, 종전에 자기가 복무하던 군부대, 연합부대들과 교육기관, 종합훈련을 목적한 무력성 총참모부 상학 등에 초청되어 출연하곤 하였다. 그는 그런 사명을 목적으로 하고 타슈켄트시로 왔다가 전 북한 출신 간부들도 많이 만나서 수일간씩 휴식하다 가곤 하였다.

이렇게 최표덕 장군은 일생을 장군답게, 힘든 시기와 환경에서 5차에 걸쳐 전쟁에 참가하여서 영웅무쌍하게 싸웠고 수차례에 걸쳐 경상, 중상을 당하여 피도 많이 흘리면서 고난 고초를 많이 겪었으나, 김일성에게서 받은 고난 고초는 평생 잊혀지지 않는 배신감으로 남았다. 그러나 최 장군은 그때도 낙심치 않고, 정의는 어느 때던 승리하리라는 것을 믿으면서 자기 마음을 다스렸다. 최 장군은 임의의 환경에서도 출로를 얻어내는 꾸준하고 참을성 있는 성숙된 간부로써 진실한 동방예의지국의 후손답게 살고 복무하였으며 전우들과 후손들의 존경 속에서 기쁨을 누렸다.

그의 가슴에는 레닌 훈장 1개, 적기 훈장 2개, 적성 훈장 2개, 조선인민공화국 국기 훈장, 자유독립 훈장 2개, 몽고인민공화국 훈장과 수많은 메달들이 빛나고 있었다. 최표덕 장군은 자나깨나 조국을 그리워하였으며 조국의 조속한 통일을 갈망하고 살았다.

그의 큰딸 니나 뻬뜨로브나는 1972년에 마음고생으로 인한 중환 끝에 50세를 일기로 사망했다. 그 뒤 최표덕 장군은 중환에 걸려 1973년 2월 18일에 모스크바시에서 죽었다. 예브게니야 빠블로브나도 1975년

에 사망하고 현재 모스크바시에는 작은 딸 류드밀라 뻬뜨로브나와 막내
아들이 자손들을 데리고 살고 있다.

　　　　최표덕의 딸 최유드밀라의 자료에 의해 장학봉 정리

전 조선인민군 항공사령부 기술 기재 및 항공 사령부 후방 총국장

최한극은 1915년 3월 18일에 원동 변강 연해주 부조노브 구역 다우지미 촌 빈농의 가정에서 태어났다. 향촌에서 1923년부터 공부를 시작하여 소학교와 초중을 졸업하였고, 경제 형편이 좋지 않아 3년간 아버지의 뒤를 따라 향촌에 조직된 '몽리야'라는 협동조합에서 농사일을 하였다.

3년 동안 부지런히 돈을 모아서 니꼴쓰크 우쑤리쓰크(소왕령)시에 가서 1934년에 사전에 입학하였다. 1937년에 사전을 졸업하였으나 원동변강으로부터의 한인 강제이주로 인하여 중앙 아시아 우즈베키스탄 타슈켄트 주 상칠칙 구역 뽈릿옷젤 꼴호즈(협동조합)에 오게 되었다. 최한극은 협동조합에서 1939년까지 초중 교원으로 일하고, 1939년에 페르가나시 사대에 입학하여 1943년에 졸업한 후 자기 고향 협동조합에 돌아와 1946년까지 교편을 잡고 일하였다.

1946년에 우즈베키스탄 공화국 교육성에서 조직한 특별 단기강습에 연임되어 노어 교수 강습을 받게 되었던 바, 그것은 조선에 파견하기 위

한 강습이었다. 강습은 모스크바 중앙공산당의 지시에 따라 조직되었으며 약 200여명의 한인 청년들이 공부하였다. 강습소의 기본 과목은 노어 교수 방법과 한국어 회화 연습이었으며, 그 외에 소련 공산당 역사와 소련에서 파견되는 간부들이 외국에 가서 있을 때 반드시 지켜야 할 고상한 도덕적 품성에 대하여서도 강의가 있었다. 청강생들은 강습이 끝난 후 전부 가족과 함께 모스크바시에 파견되어 국제 혁명자 후원회 중앙위원회 명의로 조직한 합숙소에서 며칠 살면서 각자 외국에 떠날 의복 차림까지 준비 한 후 1947년 2월에 평양으로 파견되었다.

평양에 도착한 최한극은 비교적 한글 상식이 풍부한 간부로써 교육성 교육교재 출판사 책임검열원으로 있다가, 1948년 9월 20일부터는 조선 인민군 항공사령부 소련 고문들의 책임번역원으로 일하였다. 당시 항공사령부에는 소련 고문들이 특별히 많았던 바, 그것은 병종 중에서 항공병종이 가장 고급 기계들을 가지고 있는 병종으로서 그것을 잘 연구하지 않으면 비행기를 탈 수가 없었기 때문에 총고문 뻬뜨라 쵸브 이외에 무장 고문, 통신 고문, 각종 계기 고문(고도기, 속도기, 기압기, 방향 판정기, 온도기)등이 각 대대 이상, 연대와 사단에 많이 있었다. 왜냐하면 이런 각종 담당 항목들이 잘 조합되어야지만 야간 항행도 가능했기 때문이었다.

최한극은 1948년부터 1950년 초까지 항공사령부 비행 고문들의 책임통역관 직무에 있을 때, 열심히 항공기 공부를 하여 일급기사가 되기도 하였다. 이렇게 뛰어난 발군의 실력을 갖춘 것은 그 자신이 항상 공부를 게을리 하지 않는 덕분이었다. 자신도 몇 번 말한 것처럼 '통역원 자신이 먼저 내용을 알아야 그의 해명을 받는 기술 근무원이 알게 되는 것은 교육의 철칙'인 것을 철칙으로 삼고 살았다.

결국 최한극은 항공 기술 기재, 특히 비행기 발동기인 M-1, PD-45, BK-1 등에 대하여 명철한 기사가 되었기 때문에 기술 방면에서 항공사령부 범위에서는 북한 내 최고 기술 책임자로 일할 수 있었던 것이다.

본래 성격상 말씨가 아주 무겁고 심중하며, 맡은바 책임에 대해 철저하게 끝까지 수행하는 성격이었으며 그 대신 정치나 기타 동지들이 돌리고 있는 말공부에 대하여서는 관심이 적은 사람이었다.

6·25 전쟁 당시 북한의 항공대는 전체 2개 연대의 분량이 되는 전투 부대들과 전투 기술기재들을 소유하고 있었다. 그때 북한항공대는 소련제 비행기 야크N-9가 약 20여대 가량 있었고, 제2연대에는 야크-18형이나 연습기 그렇지 않으면 여성 비생사들이 야간을 이용하여 폭격에 사용하는 소위 야간 폭격기라 일컫는 비행기들이 있었다. 그 나머지 약 10여대 가량은 소련에서 '강냉이' 비행기라고 불렀던 '뽀-2'형 비행기였다. 이 비행기는 비행고가 상당히 낮은 연습용 비행기였기 때문에 강냉이 밭의 높이를 떠다닌다고 하여 강냉이 비행기라고 변명을 지어 불렀던 것이다. 북한은 6·25 동족상잔에 이 1개 연대를 동원하여 남한 영등포, 김포 비행장에 야간 폭격을 하기도 했으나 6월 28일에 유엔 비행기가 투입되면서 북한 항공대는 전멸의 상태에 이르게 되어 항공기재들은 평양에 버리고 요행히 살아남은 비행사 몇 명을 이끌고 중국 통화에 만포선을 거쳐서 들어가게 되었다.

1951년 1월 29일에 최한극은 처음으로 북한에서 책임적 직무에 들어서게 되었다. 그가 최고 사령부 명령에 따라 동만주 통화에 도착하니 비행기는 한 대도 없고 비행 학생들만 약 100여명 집결하여 있었다. 거기에 북한을 지원하는 소련 비행사단이 있었던 바, 그 사단은 소련 3중 영웅이고 전설적인 비행사 고제두브가 지도하는 사단이었다.

최한극은 자기가 근무하게 된 비행사단에서 소련 3중 영웅 비행사 고제두브를 만나게 된 것을 기뻐했으며, 이때부터 사단 기술 부사단장과 만나 면밀한 계획 밑에 상부의 명령을 수행하게 되었다. 통화 비행장에서 만난 소·조 비행사들의 기본 목적은, 소련 유학생 2~3학년으로 구성된 비행 훈련 학생들을 저녁이면 6시간씩 소련 비행사의 비행기에 올라타고 각 기계구조, 각 계기 작용, 기능, 수리 방법 등을 직접 손으로 작

동시키면서 공부하게 하
였다. 그 결과 7개월이
란 단기간에 비행사들은
단독 비행을 할 수 있었
고, 기술 근무원들은 기
재를 준비하여 지원할
수 있었다.

조선 비행사들은 전부
소련에서 2~3년씩 공부
하던 학생들이기 때문에

1955년 북한에서 부인 강철순과

통역원이나 해설원이 필요 없었으며, 저녁에 진행하는 이론 강의인 기체
역학, 재료역학, 항법이론 등도 아무런 문제없이 청취하곤 하였다. 소련
교관들은 교육과정에서 항상 말하기를 "비행사란 한 비행장에서 공부하
고 전투에 참가하게 되면 예견치 않은 불상사를 많이 낸다."고 하면서
조선 비행사들을 서로 다른 비행장들에서 서로 다른 소련 항공부대들과
만나게 하는 등 각 방면으로 숙련 시켰다. 이리하여 북한 비행사들은 하
얼빈, 공주령, 안산, 상해, 북경 양촌, 대현, 안동 비행장 등에서 단련되었
으며, 조국 내의 비행장인 의주, 신의주, 순천, 원산, 순안 등의 비행장에
서도 훈련하였다.

제1방사기 사단 사단장에는 개성이 깨끗한 강대용 소장, 제12연대
연대장에는 공화국 영웅 태극성이 지명되었다. 전쟁 3년 동안 유엔 비
행기들에 대적하여 영웅적으로 잘 싸웠던 항공 제1방사기 사단은 2명의
조국 영웅을 배출하였으며, 적기 16대를 추락시켰다. 그 과정에서 유엔
항공대 남한주둔사령관 밴플리트 중장의 아들도 북한 상공에서 공중전
결과 추락되어 포로가 되었다.

최한극은 전쟁 3년 동안 자기 임무를 아주 영웅적으로 수행하였는데
근무기간 중 기술 정비의 불량으로 인한 비행사고는 한 번도 없었다. 항

상 겸손했던 그는 언제나 조건 여하를 불문하고 최대의 심혈을 다하여 일하였다. 그러나 소련출신 최한극은 어떤 빛나는 표창도 수여 받지 못하고 동족상잔이 끝난 1954년 2월부터 항공사령부 기술부사령관, 1956년 정월부터 1958년 5월까지 조선인민군 항공사령부 기술 기재 및 항공사령부 후방 총국장을 겸하여 1958년 5월까지 일하였다.

차후 인민군대 내 사상검토 사업이 강화되면서 가장 정직하게 일했던 최한극은 자신의 잘못에 대하여 자백하라는 당회의에서 매번 자신의 사상검토 부당성에 대한 문제를 제기하곤 하였다.

최한극은 한국에 대한 상식이 방불하며, 사업에서 많은 경험이 있었기 때문에 다정한 동무들과 만나면 항상 말하기를 "나는 마지막 순간까지 나의 선조들의 조국인 북한에서 조국을 위하여 선량한 새나라 새민주조선을 위하여 살겠다."고 하였다. 그러나 1958년 소련출신 간부들이 모두 청산되자, 아무리 단정한 사람이라 하여도 북한에서 더 살아갈 재미와 용기가 없었다.

더구나 모두 청산해버린 소련파에 대하여 다시 반복하면서 신속히 자기 잘못을 자백하라고 매번 당회의에서 윽박지르니 배겨낼 방도가

1956년 평양에서 찍은 가족사진. 오른쪽의 흰 한복을 입은 이가 어머니

없었다. 그 당시에 이르러서는 예전에 항공대 조직 창시부터 일하던 항공사령부 간부들은 북한에 한 명도 없었다. 사령관 왕련, 참모장 기언봉, 군사위원 기태건, 기술부사령관 이용수 등이 전부 철직, 처단되고 새로운 간부들로 교체되었던 바, 항공사령부 분위기는 예전과는 전혀 딴판이었다.

때문에 최한극은 기회를 보아가며 이럭저럭 차일피일 미루다가 1962년 초순에 모스크바시에 도착하여 중앙당 간부부에서 타슈켄트시로 파견 받아 오게 되었다. 타슈켄트시에 도착한 최한극은 우선 사택을 배정 받고 아이들의 공부 문제를 해결하고 자신과 부인의 취직 문제 등을 해결 받았다. 소련에 귀환 할 당시 연령이 47세였기 때문에 아직 연금생 연령까지 13년간 일해야 되었으나 조선 전쟁에 참가했기 때문에 소련 정부는 전쟁 3년간을 9년으로 계산해 주었다. 때문에 7년간 더 일하면 연금생활에 넘어 갈 수 있었다.

최한극은 우즈베키스탄 공산당 조직부의 파견에 따라 우즈베키스탄 공화국 민간항공 주선으로 타슈켄트 민간항공 쎄르겔리 지부에서 항공 책임기사 직무를 맡아 연금생활로 나갈 때까지 일하였다. 1970년부터 연금생활을 하면서 조선에 대한 소식이 실린 모든 신문과 책자들을 하나도 빠짐없이 열심히 읽으면서 조국 통일에 대하여 매일같이 염원하면서 살았다.

최한극은 자신의 진실한 노력적 위훈에 의하여 북한에서 국기 훈장, 자유독립 훈장, 군 공훈 메달을 받았으며 소련에서는 '위대한 조국 전쟁 시기 영웅적 노동 위훈'이라는 메달 외에 3개의 메달을 수여 받았다. 그는 1975년 1월 10일에 60세를 일기로 세상을 떠났다. 그는 6명의 남녀 자손들을 성장시켜, 사회에 출세시켜 놓고 눈을 감았다. 현재 부인 강철순은 아이들과 같이 행복하게 살아가고 있다.

1997년 8월 23일 타슈켄트시에서 장학봉

전 조선인민군 항공 사령관, 전 몽고 대사

한일무 중장은 1908년 8월 12일 함경남도 함흥시에서 태어났다. 일본 제국주의가 조선을 합방한 후, 그의 부모는 외아들을 등에 업고 1916년에 원동변강 연해주 뽀시예트 구역에 와서 정착, 농사를 짓기 시작하였으며 어린 아들도 학교에 다니게 하였다.

항공사령관 한일무 중장

뽀시예트 구역은 러시아 땅이라 하지만 두만강 건너 첫 지역으로서 산천과 기후가 북한과 다름없었다. 때문에 러시아 땅에 들어온 사람은 맨 처음 뽀시예트 구역에 와서 자리를 먼저 틀곤 하였다. 이 지역은 토양이 비옥하며, 해변과 강이 가까워 물고기가 풍부하였다. 그리고 철도나 수로가 큰 도시 항구들과 밀접하게 연결되어 있어 사람 살기에는 아주 편리하였던 곳이다. 그의 부모는 자유로운 러시아 땅에 와서 왜놈들의 영향을 받지 않고 아들을 공부시키는 것에 대하여 대단히 기뻐하였다.

한일무는 1920년에 소학을 나온 다음, 뽀시예트 구역 중심도시인 노보끼옙쓰크시에서 1926년에 고중을 졸업하였다. 그 후 농촌에서 군 공청위원회 지도 하에 청년군중들 속에서 공청 사업을 진행하면서 부유한 지주들 집에 돌아다니며 고용살이 노동을 하였다. 1930년도부터 원동 변강에서 농촌경리 협동화 정책이 본격적으로 진행되자, 협동조합 공청 위원장, 협동조합 당 위원장 직책을 맡아 일하였다.

1930년~1932년 사이에는 블라디보스토크 고급당 학교에서 2년간 공부하였고 그 뒤, 2년간 뽀시예트 구역장 지도원으로 일하였다. 1934년~1936년에는 하바롭쓰크 공산대학에서 2년간 공부한 다음 1937년까지 계속 구역 당 지도원으로 일하였다. 1937년 강제 이주시기에 한일무는 우즈베키스탄 공화국 타슈켄트 주 중칠칙 구역에 도착하였다. 그곳에서 군당 협동조합 당 위원회 위원장으로 1940년까지 일하였다.

1941년 2월 15일부터 한일무는 이제까지와는 전혀 다른 곳으로 옮겨 근무하게 되었다. 안전부 군관 중위로부터 국가안전위원회 5호실로 오라는 편지를 받았다. 국가안전위원회에 가니 군관은 집으로 다시 돌아가서 모스크바시로 출장 갈 준비를 하여 2시간 내로 다시 오라는 것이었다. 근 4년 이상이나 일하던 협동조합 지도부와 인사도 못 나누고 사업인계도 못한 채, 한일무는 모스크바 행 기차에 몸을 싣고 이틀 뒤에 모스크바 까산 역에 도착하였다.

까산 역에 이미 대기하고 있던 군관을 따라 목적지에 도착하니 그곳은 외국으로 파견하는 정찰 일꾼들을 양성하는 학교였다. 학교라 하기에 큰 강당과 사무실도 있겠거니 생각하면서, 교장이나 교무주임 등을 만나 인사나 하려고 준비하고 있었으나, 군관이 안내한 곳은 침식도 하고 일도 하는 숙소였다. 군관은 간단히 한 마디 말만 남기고 가버렸다.

"내일 아침 9시가 되면 교관이 올 터이니 그에게서 자세한 지시를 받으라."

한일무는 그 이튿날부터 독방에서 독학을 하면서 과목별로 선생들을 만나 과제도 받고 묻기도 하였으나, 조선사람은 한 명도 만나 본 일이 없었다. 일주일에 몇 번씩 공동 세미나가 열리는데 가보면 학생은 몇 명뿐이고, 매번 전혀 보지 못한 새로운 사람들이며, 민족도 전부 다른 민족들이었다. 그들은 소련 말도 잘하지 못하고, 공부하기를 아주 어렵게 생각하였다.

한일무는 이 학교에서 2년간 공부하고 1943년 초에 원동변강 블라디보스토크에 주둔하고 있던 태평양 함대 정찰부로 파견가게 되었다. 이 시기에 타슈켄트시 근방에서 많은 한인 청년들과 한인 지식 인텔리들을 모스크바 정찰학교에 불러다가 2년, 3년씩 공부를 시켜 조선지역과 만주 지역에 파견하였던 것이다.

모스크바 정찰학교는 비밀에 부쳐졌고, 통상 '나리마노브' 학교라 칭하였다. 학습 과정에서나 수료 후에도 서로 보지도 못하고, 누가 언제 어디로 파견되었는지 알지 못할 정도로 비밀에 붙여졌다. 그것은 파견 계통이 서로 달랐기 때문이었으며 또 체포된다고 하여도 다른 사람들에 대한 비밀을 보장하기 위해서였다. 정찰 사업은 태평양 함대와 원동변강 특별독립 군단 제1·2전선, 소련 공산당, 국제 공산당, 국제 혁명자 후원회 등이 진행했고, 심지어는 국제 적십자사 계통까지 정찰 사업을 하였다. 정찰내용은 적의 병력과 사상 동태를 파악하는데 비중이 두어졌다. 여러 가지 정찰 중에서도 해군 정찰이 제일 어려웠다. 해변 정황을 모르면서 고무보트를 타고 그곳에 접근한다는 것은 마치 푸줏간에 끌려 들어가는 소와 같았다.

한일무는 1944년과 1945년 상반기에 정찰 활동을 실행하였다. 그가 아니고 다른 소련 계층 사람들을 들여보내었더라면 그 눈치 빠른 일제의 경찰 앞에서 빠져 나오기 어려웠을 것이다. 이런 실례가 있다. 기로브꼴쇼르에서 파견된 성진 태생의 신봉남의 실례이다.

1941년~1945년 사이에 각 대학에서 약 8명의 대학생들이 정찰의무를 받고 조선반도에 들어갔었는데, 전부 1~3개월 사이에 붙잡혀 일본 헌병들에게 죽었다. 신봉남은 2년 동안이나 평양, 원산, 함흥 쪽으로 돌아다니며 자기 과업을 수행하였다. 그러나 마지막에 원산 부근에서 붙잡혀 감옥에 구금되었다가, 1945년 8월 16일에 평양감옥에서 사형 당하였다. 신봉남은 뽈랴르니 꼴호즈에서 파견되었던 타슈켄트 경제대학생 김예핌이 일본 경찰에 체포되어 신봉남에 대한 정보를 알려주어 잡혔던 것이다. 김예핌은 사형 당하지 않고 감옥에서 소련군을 맞이하여 약 3개월간 통역원으로 잘 지냈다. 그러나 1946년 초에 평양 감옥의 비밀 문건들이 소련군 정치 안전부에 넘어와 김예핌에 대한 모든 사실이 적발되어 군사 재판에서 20년 징역형을 받고 감옥에서 옥사하였다.

한일무는 임무를 수행한 다음에는 매번 육로를 이용하여 동만주 지역을 통과하여 다시 소련 국경을 넘어오곤 하였다. 1945년 8월 8일에는 큰 군함에 올라타게 되었다. 군함들은 전투원들로 초만원이었다. 정찰 임무를 받아 나갈 때에는 매번 죽을 길을 간다고 생각하며 수심도 적잖았지만 이번에는 왜 그런지 차분한 기분이 들었다. 8월 9일 새벽 5시경에 해병 육전대는 청진 항구를 불바다로 만들어 놓고 각종 무기를 들고 재빠른 동작으로 군함에서 상륙정으로 옮겨 타고 해변의 연막을 뚫고 상륙을 시작하는 것이었다. 한일무도 그 군인들 속에서 대대장과 같이 자동총을 손에 굳게 쥐고 있었다.

상륙병들은 큰 전투 없이 시내를 횡단하여 청진 뒷산에 올랐다. 백여 명 되는 해병 육전대의 기본 사명은 청진시에 있는 일본군 전투부대와 대전을 하는 것이 아니라 해변에 상륙한 다음, 적 후방을 교란시키면서 다음 주력부대가 당도 할 때까지 그 곳을 사수하는 것이었다.

한일무 일행과 청진 상륙부대는 같은 날 아침에 조·소 국경, 소·만 국경을 돌파한 소련군 제25군단 산하 연합부대가 북한지역의 후릉, 남향, 회령시 등을 경과하면서 청진시에 접근하는 것을 기다리고 있었다. 청진시나 하남시에 주둔하고 있는 일본군 부대들이 전열을 정비하여 소련 상륙병들을 포위하고 격멸시켜야 되는 것이었으나 일본군의 주력은 만주에 동원되어 있었고, 나머지 신병들로 교체된 몇 개의 구분대만 남겨진 상황에서 일본군은 8월 9일 아침 5시의 소련군 공습과 함포 사격에 대패하여 대항하지 못하였다.

한일무와 육전대는 제5군단 육군 연합 부대들을 맞이한 다음, 군함을 타고 원산으로 향하였다. 원산에도 벌써 소련 해병들에 의하여 적군이 격파되고 시내에는 소련군 경무가 조직되어 시내 질서를 유지하는 형편이었다. 그러나 전쟁은 아직 끝나지 않아 청진이나 원산에서는 시 경무부들은 조직되었으나 완전무결한 평화는 유지되지 않고, 여기저기에서 쉴 사이 없이 밤낮으로 총소리가 났다.

1945년 8월 15일, 일본이 완전히 항복하였으며 조선은 36년이란 기나긴 세월의 식민지에서 해방되었다. 항복하였다는 소리가 들리자, 감옥에 있던 수많은 애국자와 국제 공산당원들이 전체 인민들의 지지 하에 곳곳에서 인민위원회를 조직하고 나라를 움직이기 위한 첫걸음을 시작하였다. 이와 병행하여 조선 공산당 북조선 분국이 조직되었다.

한일무는 1945년 10월부터 1946년 1월까지 원산시 당 선전선동부장으로 일하였다. 1946년 1월 말부터 1946년 6월까지 약 6개월간 원산시 당 위원장으로 북조선 분국에 속하여 일하였으며, 다음 북조선 노동당이 조직되자 1946년 7월부터 1949년 10월까지 북조선 노동당 강원도 도당 위원장을 맡았다. 한편, 김일성은 조선의 무장통일을 준비하면서 그 기본 도구인 인민군대를 강화하기 위하여 인민군대를 대대적으로 개편하면서 지도 간부 진영을 강화하는 길에 들어섰다. 이때 김일성은 강원도 도당 위원장 한일무를 해군 사령관으로 임명하였다.

동족상잔이 시작되자, 대군함이나 항공모함이 한 대도 없는 인민군 해병들은 10여기의 어뢰정으로 비교적 용감하게 투쟁하여 주문진 전투에서 미국 대군함을 침몰시키

전투훈련시 민족보위상에게 훈련과정을 보고하는 한일무 사령관

면서 김군옥, 김칠성 두 명의 공화국 영웅들을 배출하였다. 해병들은 동해 바다의 모든 섬들을 점령하는 동시에 동해 바다에서 가장 크다고 하는 울릉도도 점령하였다고 한다.

그러나 유엔군 해병들을 만나면서 몇 개 남은 어뢰정들을 모조리 파괴당하고 원산까지 후퇴한 다음 육지에 올라 육로로 고원, 회산, 만포진을 지나 만주로 넘어가게 되었다. 그 후 해군사령부를 새로 조직하기 위하여 해군 군관들을 소련으로 보내 군사훈련을 시켰다. 이와 같이 해군들이 새로운 준비를 하고 있던 1952년 말에 항공사령부에 커다란 비상사태가 발생했다. 김일성은 항공사령관 왕현에게 명령했다.

"여성 비행대를 동원하여 전선 진지도 포격할 겸 야간을 이용하여 김포 비행장에 있는 유엔군 항공대와 연천 부두에 있는 원유 창고들을 포격하여 아군들의 전투 사기를 높이면서 적군들에게 타격을 주어 새해 설을 잘 맞이하도록 하시오."

그런데 전투 임무를 수행해야 할 여성 비행대 대장 태선희의 비행기가 사리원 근방에 설치하여 놓은 야간 비행장에서 뜨려고 하다가 약 200m 밖에 있는 옥수수 밭에 떨어져 파손되어 다시는 뜰 수 없었다. 비행기는 파손되었으나 적재한 폭탄들은 터지지 않았고, 비행사도 살아 불행 중 다행이었다. 그런데 최고 사령관 김일성의 명령은 어떻게 한단 말인가.

항공사령관 왕현을 중심으로 한 항공사령부 군사위원 김태건, 항공사령부 참모장 김원길, 항공부사령관 최한 등 간부들은 최고사령관에게 허위 보고를 하기로 결정하고, 최고사령관 동지가 내린 전투 임무를 성과적으로 실시하였다고 보고하였다. 그 이튿날 평양 신문과 평양 라디오 방송은 이 허위 포격을 굉장하게 자랑하였다. 서울의 국방군이 바보가 아닌 이상 이런 사실을 모를 까닭이 없었다. 그 날 밤 적기가 서울 상공에 나타난 일도 없었는데 포격은 무슨 포격이냐고 코웃음을 치면서 신문과 라디오에서 방송을 하였다.

이때 땅에서 이륙하지 못한 태선희 비행사는 침대에 누워 있으면서 식사조차 하지 않고 속을 태웠다. 이륙도 못한 자신이 어느새 북조선의 비행 영웅으로 둔갑되어 있기 때문에 심적으로 부담감을 몹시 가진 것이었다. 그런 눈치를 차린 보위성 정치안전부 군관들은 돌아다니며 근원을 조사하기 시작하였다. 허위 날조가 증명되자 항공사령부 장령들은 전부 처단을 받았다.

이런 사건이 있은 다음, 1953년 1월 중순에 김일성은 항공사령관에 한일무, 군사위원에 최학일, 참모장에 오진우를 임명하였다. 항공사령부에는 큰 폭풍이 지나간 것 같기도 하였다. 1953년 1년간은 사령부내 사업들이 잘 수습되지 않았다. 아직 전쟁은 끝나지 않았으나 항공부대들은 그 후 전투에 별로 참가하지 못하고, 무시로 제1방사기 사단 비행사들이 매일 1대씩 전투 당직을 수행하였다. 조선 인민군 항공부대는 제1방사기 사단을 제외하고는 전쟁 3년 동안에 자기 역할을 수행하지 못하고 연습으로 전쟁을 종말 지었다.

전쟁이 끝나자, 중국 요동반도 각 지역에서 기지를 옮겨왔다. 새로 사령관에 보직된 한 중장에게는 많은 과제가 산적해 있었다. 우선 전쟁시기에 대강 건설한 구성 비행장, 용성 비행장, 평양 기침리 비행장을 대대적으로 재건하여야 하였으며, 새로운 기재들을 많이 구입하여 들여와야 했다. 그리고 전투 조직을 모두 새로 준비하고 재건해야 했다. 전쟁 3년 사이에 모두 파괴된 나라에 새로운 기술과 기재들을 도입한다는 것은 어려운 일이었다. 비행기는 기술이 발전됨에 따라 기종도 새 것으로 바꿔야 했다.

한 사령관은 어려운 여건 속에서도 기본 전투부대인 제1사단 비행기·방사기와 소련제 미그 15형을 미그 17형으로 교체하고, 낡은 미그 15형은 그때까지 바람개비가 돌아가는 전투기 라―10으로 장비하였던 제2비행사단에 넘겨주는 등 다각도로 노력하여, 전투 실력은 보존하면서 점차 전투무기를 개량하고 비행 성원과 기술 근무원 성원들의 기술

향상을 위하여 많은 노력을 하였다.

이와 같이 한일무 사령관은 인민군 항공 부대들을 강병으로 전환하기 위하여 많은 노력을 하였으나 김일성이 빨치산의 내력을 잘 아는 사람들을 모두 축출할 때 49세의 나이로 제대하게 되었다. 간부 조종에 수완이 있는 김일성은 한일무 사령관을 직급상으로는 상위직이지만 실권이 없는 민족보위성 부상으로 승급시켰다. 그러나 이것도 임시였다. 한일무 부상은 그 자리에 1958년 1월부터 1958년 10월까지 있다가 다시 몽고 공화국 대사로 가게 되었다.

악명 높은 사상검토 운동은 당 위원장 3년, 해군사령관 4년, 항공사령관 4년 등 12년간 정치적 핵심 역할을 하던 한 중장의 정치적 생명을 끊어 놓았다. 생기발랄하고 용감하던 한 중장은 기왕에 죽을 바에는 자식들과 친척들이 살고 있으며, 사람들이 자유롭게 숨쉬며 자기 의사를 발표할 수 있는 소련 땅에 가서 죽을 것이지 왜 몽고 땅의 귀신이 되나 하는 생각을 하였다. 자신과 함께 생사를 같이 하며 부강한 조국건설을 위하여 분투노력하던 사람들의 원한의 피가 흐르고 있는 북한에 다시 돌아가 여생을 보낼 생각은 전혀 없었다. 때문에 한 중장은 몸에 병이 있다는 것을 이유로 김일성에게 청원서를 써 보내고, 소련 대사관에 문건을 제출하여 소련 입국수속을 한 다음 1961년 10월 24일에 모스크바시에 도착하였다. 이때 나이 53세였다. 모스크바시에 도착한 한 중장은 소련공산당 중앙 위원회 총 비서인 흐루시초프에게 다음과 같은 청원을 하였다.

"나는 1941년 하반기에 동원되어 소련공산당을 통하여 국제공산당 집행위원회의 관할 하에서 움직이게 되었던 바, 이때부터 나의 운명은 당과 굳게 연결되었다. 그 당시 내가 걸어온 길은 조선 동포들과 함께 조선을 해방하기 위한 지하투쟁이었다. 1945년 8월에 일제로부터 조선을 해방하는 투쟁에 직접 참가하였고, 조선이 해방된 첫날부터 나는 조선공산당 사업에 참가하여 시 당선전부장으로 시작하여 시 당 위원장,

도 당 위원장 직무에서 일하였으며, 1949년부터 해군 사령관 4년, 항공 사령관 4년을 하였고, 몽고인민공화국 대사 직무를 3년간 수행하다가 이제는 몸에 병이 나서 귀국하였으니 앞으로의 저의 생활 토대를 해결하여 주시기를 바랍니다.”

이런 편지를 써서 소련 공산당중앙위원회 조직부에 전달하자 일주일도 지나지 않아 소련공산당 조직부장이 초청하였다. 그를 만나 연금 문제, 주택문제, 부인의 취직문제, 아이들의 학업문제 등을 해결하였다. 연금은 당 간부들의 개별적 연금생으로 받고, 사택은 모스크바시 중심에 위치하고 있는 소련 산업 농업전람회 주변 알렉체옙까 지하철 역전에서 멀지 않은 곳에 배정 받았다.

한 중장은 여생을 그 사택에서 경제적으로 행복하게 지내었으나 조국에 대한 불만과 통일에 대한 염원 등 근심으로 고민하다가 1972년 8월

1965년 모스크바에서 찍은 한일무의 가족사진.
앞줄 우로부터 한일무, 손자 안드레이, 손녀 예레나, 부인 정시나. 뒷줄 우로부터 사위 최아파나시, 장녀 한세냐. 2녀 한밀라. 며느리 한림마. 장남 한겐나지

10일에 세상을 떠났다. 한 중장은 부인 정시나와 아들 딸 형제를 곁에 두고 눈을 감았다.

부인 정시나는 1914년 12월 9일생으로 원동변강 뽀씨예뜨 구역 노워끼옙쓰크 출신이며, 그곳에서 1936년에 한 중장을 만나 결혼한 후, 한 중장이 세상을 떠나는 날까지 다정하게 살며 한 중장의 건강을 보살펴 주었다. 한 중장이 비밀 공작대원으로 조선 해방의 날을 앞당기기 위하여 분투노력할 시기인 1941년~1945년 기간에 정시나는 한 중장이 당 위원장으로 있던 협동조합의 부위원장으로 일하였다. 조국에서 돌아온 이후, 정시나는 가정부인으로 자손들을 돌보아 주며 소일하다가 1992년 7월 1일에 모스크바시에서 세상을 떠나 한 중장 곁으로 갔다.

현재, 한 중장의 장남 한겐나지는 가족과 함께 아버지, 어머니가 살고 있던 집에서 행복하게 살고 있다. 그는 조선 민주통일 구국전선 일에 열성적으로 참가하면서 한국어, 한국 문화 풍습을 열심히 연구하고 있다. 한 중장의 사위 최아파나시는 조선 민주통일 구국전선사무총장으로서 일하고 있다.

1997년 10월 21일 모스크바시에서 장학봉

전 부수상

나의 아버지 허가이 알렉쎄이 이와노위치는 1908년에 원동변강 연해주 뽀시예트 구역에서 태어났다. 아버지는 9세 되던 해에 11살짜리 형과 함께 고아가 되었다. 부모를 잃은 아버지는 삼촌의 집에서 자라면서 어려서부터 사회사업에 열성적으로 참가하였다.

그의 유년시대와 소년시대는 헐벗음과 굶주림이었으나 소년단 공청회 사업에는 열성적으로 참가하여 군 공청회, 군당지도원급, 군 공청위원회 위원장까지 하였다. 1937년 스탈린 독재주의에 의한 조선인 강제이주 시기에 나의 어머니 리 안나(1908년생)와 딸 3형제를 데리고 떠났는데, 도중에서 딸 하나가 또 생겨 딸은 4형제가 되었다. 우리는 비교적 살기 좋은 우즈베키스탄 탸슈켄트 주 양기율 구역에 도착하였다. 우즈베키스탄에 도착한 아버지는 역시 전처럼 군 공청회, 군 공산당 위원회 비서로 일하다가 1944~1945년 시기에 폐르기나 대운하 건설공사장 당중앙위원회 대표로 일하였다.

1945년에 2차 세계대전에서 소련의 결정적 역할에 의하여 일본제국주의가 패망되고 조선반도는 해방되었다. 바로 이때 소련공산당 조직위원회 결정에 의하여 소련에 살고 있던 많은 한인공산당원들은 북한으로 파견되게 되었다. 나의 아버지도 이에 따라 1945년에 소련식으로 새로운 조선을 건설하기 위하여 북한에 파견되었다.

북한에 파견된 아버지는 처음에는 조선공산당 북조선 분국, 이어 노동당중앙위원회 위원장 김일성을 진심으로 도와 부위원장 일을 계속하였다. 북한에는 공식적 규약과 강령을 소유한 공산당이란 없었다. 김일성 자신이 중국에서 항일운동을 할 때 이미 공산당을 조직하였고 지도하였다고 하는 말은 근거조차 없는 새빨간 거짓말이다. 실제로 북한공산당은 나의 아버지 허가이가 조직한 당이다.

그러나 그는 당수가 되기 위하여 당을 조직한 것이 아니라 김일성을 위하여 당을 조직하였다. 허가이는 김일성이 그나마 북한 정치를 올바로 이끌어 나갈 것이라고 믿은 것이었다. 허가이는 오랫동안 당 조직 일군으로써 일한 풍부한 경험을 이용하여 소련공산당 강령, 규약 및 당의 조직체계들을 세세히 연구하여 그 문헌들을 조선말로 번역했고, 그런 후 조선공산당 규약 강령을 만들어 내었으며 조선공산당(이후 노동당) 세포, 초급 당단체, 당 그룹, 군당, 도당들과 당중앙위원회 등을 소련공산당 체계대로 조직했다. 당 회의 진행방법, 회의록 작성방법, 당 대회, 당 상무위원회 등을 진행하는 방법과 당 문건들을 처리하는 방법 등을 일일이 조직 정리하였으며 전체 당 일꾼들에게 자세히 가르쳤다.

허가이는 진심으로 소련공산당에서 지시한대로 김일성을 도와서 당과 행정적인 일을 전담하여 일했다. 당의 일을 전적으로 허가이가 조직 지도하였기에 북한에서는 그를 당 박사라고 칭하였다. 각 도당 위원장들이 평양에 왔다가 김일성에게서 지시를 받고도 허가이를 만나지 않고서는 내려가지 않았다. 그들은 당 중앙에 왔다가 당 박사 허가이를 만나보지 않고서는 마음이 놓이지 않아서 내려갈 수 없다고 하였다. 이렇게 진실한 간부들은 허가이를 믿었으며 그를 존경하였다.

허가이(전 북조선노동당 부위원장)와 그의 가족 사진
맨 뒷줄 좌로부터 장녀 허넬라, 차녀 허리라. 중앙 좌로부터 부인 최니나 뻬드로브나, 허가이. 맨 앞줄 좌로부터 장남. 차남. 박정태의 아들

　허가이가 이렇게 많은 인민들의 존경을 받자 김일성은 그것이 두려웠다. 김일성은 허가이의 위신을 떨구기 위하여 그를 대치할 박창옥, 박정애, 박금철, 박영빈을 내세우고 허가이를 당부위원장 직위에서 떼어 내각부수상으로 임명하였다. 이런 작업을 하기 위하여 김일성은 허가이를 반대하는 4개조의 그룹을 조직하고 당 중앙상무위원회에서 허가이를 비판하기 시작하였다.

　그들은 6·25 전쟁 당시 자산저수지를 폭격 당한 후, 그 복구 사업을 제대로 지도하지 못하였다는 생트집을 잡았다. 조선 동족상잔이 끝이 날 무렵이었다. 김일성은 이때부터, 이 비판으로 인하여 허가이가 불만을 품고 자살한다는 듯이 환경을 조성하기 시작했다. 6·25 전쟁이 끝날 무렵에 정치적 혐의로 인하여 허가이는 암살 당하였다. 허가이는 암살 당할 때 불과 45세였다.

　당시 공화국 지도층에서 허가이를 둘러싼 정치적 음모는 결과적으로

1953년 7월 2일에 허가이를 암살하고 우리에게는 자살하였다고 전하였다. 나는 그 당시 "네 박가에게 허가이가 물려 죽었다"는 소문의 의미를 알지 못하였으며 또 알 수도 없었다. 그 후 그 의미를 알고 보니 박씨 4명(박영빈·박정애·박창옥·박금철)이 아버지를 암살한 토대를 꾸려주어 김일성의 지시로 정치적으로 두려운 대상을 제거한 것이었다.

나는 다음과 같이 이것을 논증한다.

1. 아버지가 암살 당한 후, 나는 16세가 되는 중학생으로서 나의 남동생 허 이고리(당시 4세)를 데리고 이모를 따라 최표덕 장군의 집에서 오랫동안 살게 되었다. 나는 최 장군에게서 허가이의 암살사건에 대하여 수차 들었는바 그는 다음과 같이 나에게 이야기하여 주었다.

"나는 7월 1일 저녁 8시경에 허가이의 사위 황금철과 함께 허가이가 살고 있는 임시 사택(대성산 산골에 임시로 지은 집)에 찾아가서 저녁 식사도 하고 양주도 조금씩 마시면서 밤 12시까지 휴식하고 황금철과 같이 집으로 돌아왔다. 만약 그에게 내일 새벽에 자살할 계획이 있었다면 어떤 이상한 기색이라도 보였겠는데 그런 눈치라고는 전혀 보이지 않았다. 그 이튿날 아침에 전화가 오기를 허가이가 자살하였다고만 하였다. 그 즉시 자동차를 타고 어제 저녁에 갔던 사택에 다시 가니 시체도, 개인이 사용하던 짐도, 허가이와 같이 살던 3명의 부관도, 2명의 자동차 운전기사도, 연락병도, 간호원들도 한 명 없었고 다만 처음 보는 군인 몇 명이 있었다. 그들은 아무것도 모른다고 대답하였다. 그때 나는 즉석에서 김일성에게 전화를 걸어, 왜 이렇게 허가이 시체를 조급히 매장하였는가? 왜 부인, 딸, 사위, 다른 친척들의 참가도 없이 또 의사들의 검진도 없이 매장하였는가? 이것은 위법이다. 그렇기 때문에 나는 의사의 검진위원회를 조직하여 시체를 자세히 검열하고 심의한 결과를 검진위원회의 결론에 따라 출판 보도할 것을 제의하니 김일성은 '자살한 자에게 무슨 검진이 필요한가? 당신도 당장 물러가라'고 큰 고함을 질렀었다."

최 장군은 며칠 지나지 않아 소련으로 추방당하고 말았다. 김일성은 무엇이 두려워서 허가이의 시체를 조급히 감추었는가? 이것은 자기가 조작한 암살이 탄로될까 두려워서 꾸민 술책이다. 누구든지 시체를 본다면 암살과 자살을 구분할 수 있기 때문에 그렇게 한 것이다. 허가이는 적어도 국가의 대표적 인물이 아닌가? 그러니 반드시 최표덕 장군의 제의대로 국가 의사 검진위원회의 결론에 의하여 어떻게 사망되었는가? 하는 결론을 받아야 할 것이었으나 고의적으로 조직한 암살임으로 시체를 조급하게 매장하고 그 묘지도 누구에게도 알려주지 아니한 것이었다.

2. 허가이가 암살 당한지 3일 만에 나의 어머니 최 니나 뻬뜨로브나가 하얼빈시로부터 평양에 도착하였다. 도착한 즉시 김일성에게 면회를 간청하였으나 거절당하였다. 자기 남편이 사용하던 개인 물품들과 옷들을 요구하였으나 그것은 죄다 불살라 버렸다고 대답하였다. 또 밤낮으로 같이 있던 부관들, 간호원들, 연락병, 혹은 자동차 운전기사 2명 중 누구든지 만나게 해달라는 요청도 거절하면서 어디로 갔는지 모른다고 하였다.

3. 나의 자매 허 마이야는 해군학교 교관 황금철의 부인으로서 우리가 1953년에 북한을 떠난 이후에도 약 5년 동안 북한에서 살았다. 이 5년간 그는 부단하게 아버지의 죽음에 대한 진실을 찾기 위하여 혼신의 노력을 하였다. 그녀는 아버지의 부관들이나 간호원들, 연락병들, 자동차 운전기사들을 잘 알았기 때문에 그들 중에서 누구든지 만나보려고 노력하였으나 모두 헛된 일이었다. 그러다 한 사람을 만났는데 그 사람 (나는 그 사람의 이름과 직무를 알지만 여기에 쓸 수 없다. 그 사람의 신변이 문제되기 때문이다)은 그 환경을 목격하였고 또 다른 관계자들과 비밀리에 토론도 하였다고 했다. 그 사람은 이렇게 말하였다.

"아바이가 자살하였다는 것은 새빨간 거짓말이오. 어떻게 자살하는 사람이 총으로 자신을 자신의 뒤에서 쏜단 말이오. 나는 그 아바이가 뒤에서 쏜 총에 맞아 희생된 것을 목격하였는 바, 만약 그때 아바이하고

같이 있던 부관들이나 간호원들이 있다면 이것을 다 증명할 터인데 그
들은 다 청산되었기에 김일성은 자살이라고 떠들어대고 거짓말을 하고
있소."
　나는 이상의 모든 자료들에 근거하여 다시 한 번 아버지 허가이가 암
살당하였다는 것을 확증하는 바이다.

허가이의 딸 허리라

전 폴란드 주재 조선민주주의인민공화국 대사

　허빈은 1912년 12월 30일 원동변강 연해주에서 태어났다. 고향도시에서 고중을 나온 후 1935년에 연해주 블라디보스토크 사대에 입학하여 2학년을 수료했다. 한인 강제이주로 인하여 카자흐스탄 공화국 크슬오르다시에 도착하여 1939년에 사대 노어 어문학부를 졸업하게 되었다. 그 후 크슬오르다 주에서 중학교 교원으로 종사하면서 '까스리쓰'라는 단합경리 당원장 직무에서 일했다.

　1945년에 군사동원부 동원령에 의하여 원동변강에 주둔하고 있던 소련군대에 편입되어 조선 해방전투에 참가하여 북한에 주둔하게 되었다. 1946년에 소련공산당중앙위원회의 결정에 의해 국제공산당 업무를 수행하기 위하여 북한국적으로 넘어가게 되었다. 1946~1947년까지 2년간은 문화선전성 산하에서 일하였으며 1948년부터는 평안북도 신의주 국립사대 교장 직무에서 일하였다.

　1949~1953년 기간에는 평안북도 노동당중앙위원회 위원장 직무에서 일하였다. 1953~1958년 기간에는 황해북도 도당 위원장으로 사리원시에서 일하였다. 허빈은 당시 도당 위원장들 중에서도 진취적인 열성자로 인정받아 1956년에는 소련공산당 당 대회에 조선노동당 대표로 선출되어 참가하였다.

　1958~1959년에는 폴란드 인민공화국 주재 조선민주주의 인민공화

국 대사로 파견되어 일했다. 1959년 말에 송환되어 평양에 돌아온 후 1년간 사상 검토를 받았다. 사상검토가 끝나던 1960년에 정치적 처단을 당한 후 생사에 대하여 현재까지 소식이 없다.

　허빈은 민주건설에 열성적으로 참가했던 공훈으로 조선민주주의 인민공화국 국기훈장 제2급, 3급을 수여 받았으며 소련정부에서도 수많은 메달을, 몽고인민정부에서도 훈장을 수여 받았다.

1999년 11월 20일 타슈켄트에서 장학봉

전 조선노동당 중앙당학교 교장

나는 가정 부인의 한사람으로써 문인은 아니나 20년이란 기나긴 세월을 북한에 가서 허익과 함께 살면서 내가 직접 체험하고 나의 눈으로 보고들은 사실들에 대하여 꾸밈없이 쓰려고 한다.

허익은 1911년 9월 18일 원동변강 수도 하바롭스크 주변 자유 촌이란 곳에서 빈농의 가정에서 출생하였다. 향촌에서 소학교를 마감하고 이만 시에서 초중을 나왔으며 소왕령(현재 우쑤리스크)시에서 사범전문학교를 필하였다.

1932~1934년에 하바롭스크 고려인 중학교에서 교원 및 교장으로 지내다가 1934~1939년 기간에는 레닌그라드(현재 성 뻬쩨르부르그)종합대 어문학부를 졸업하였다. 1939~1942년까지 카자흐 공화국 침껜트 교원대학 어문학부 상급 교원으로 있다가 소련 조국전쟁이 개시되자, 노력전선에 출동하여 1942~1943년까지 활동했다. 1943~1945년 기간에는 타슈켄트시 근교에 있는 얀기율 시 중학교에서 교편을 잡고 있었다.

1946년 가을 북한 정부의 요청에 따라 소련 공산당·소련 정부는 36명의 준비된 간부들로서 그룹을 이루어 북한에 파견하였다. 그 일행 중

허익도 포함되어 있었다. 북한에 도착한 허익은 김일성 종합대학 어문학부 학부장, 평양시 사범대학 및 인민경제대 학장으로 근무하다가 1954년부터는 북한 노동당 중앙당학교 교장으로 일하였다.

중앙당학교 교장으로 근무하던 1959년 사상검토라는 전대미문의 숙청작업에 의해 출당 당하였다. 전쟁이 끝난 후 대두된 사상검토 사업에는 맨 처음 남한에서 들어온 사람들로부터 시작하여 중국, 소련에서 들어온 간부들을 거쳐 전체 지방간부들, 전체 북한인민들, 소련에 가서 공부한 전체 유학생들, 일제 시대로부터 조선해방운동에 가장 열성적으로 참가한 공훈 있는 간부들 모두를 차례로 인입시켜 처벌하였다. 그 사상검토에 걸린 많은 사람들은 처벌을 당하여 감옥으로 들어가고 모범농장 등 벽지에 있는 탄광, 광산, 벌목장 등에 내몰려 죽음의 지경에 이르렀다. 사상검토에 걸린 수백만 대중들 속에 허익도 한사람이었다.

허익은 북한에 나가서 12년간 인재양성, 즉 교육계통에서 꾸준히 일하였다. 1959년 가을에 그는 중앙당학교 교장 직책에서 해임되어 청진시 광산대학에 부학장으로 내려가라는 명령을 받았다. 허익은 명령대로 청진시로 내려가려고 기차표까지 끊어 가지고 떠날 시간을 기다리고 있는 도중 '청진시에 가지말고 중앙당학교에서 다시 사상검토를 받아라'는 명령을 받았다. 허익은 그 명령대로 4개월 동안이나 사상검토를 받아야만 했다.

그 사상검토의 방법이 어떠하다는 것은 글로써 다 표현하기 어려울 정도로 지나쳤다. 당시 북조선에 있던 사람들은 잘 알고 있으리라고 짐작한다. 즉 정치활동이니, 종파주의니, 가족주의니, 소련사상이 많다느니, 소련에서 나간 사람들과 친하게 지냈다느니, 나하고 아이들이 소련국적을 계속 가지고 있다느니, 아이들을 소련으로 유학 보냈다는 등의 수없이 많은 핑계를 검토의 대상으로 정했는데 기실 숙청하는 작업의 꼬투리를 잡고자 혈안이 된 것이 옳은 판단이었다. 이러한 핑계 외에도 여러 가지 사실들을 솔직하게 자백하지 않는다는 패씸죄로 1959년 말에 허익은 조선노동당에서 출당되었다.

출당 결론이 내려진 후에 차일피일 여러 날을 끌다가 함남도당에 파견을 시키면서, 거기 가서 배치를 받으라고 하여, 함남도당에 가니 수동군으로 가라고 명령하였다. 수동군으로 가니 수동 탄광으로 보냈다. 탄광 업무부에 도착하여 중노동자로 배치 받았으니 그의 정배살이는 그때부터 시작되었다.

허익은 본래 건강이 아주 허약한 사람이었는데 그것은 소년 시절에 늑막염을 앓은 후유증으로 인하여 계속 치료를 받으며 살아야 했기 때문이었다. 그는 당 중앙학교 교장직에서 해임되기 전, 공민권 문제가 제기되었을 때, 이미 소련으로 귀국하려 결심하고 당 중앙에 제기하였다. 그러나 여러 가지 핑계로 번번이 거절당하고 말았다. 나는 그 후 수차에 걸쳐 당 중앙 간부들의 자식들과 만나서 자세한 사실들에 대하여 이야기하였으나 모두 허사였다. 그 자식들은 북한 정부와 당 중앙의 지시들을 철저히 집행하노라고 정신병자 모양으로 날뛰고 있었을 뿐이었다.

허약한 몸에 아무 죄도 없는 희한한 죄 때문에 불쌍하게 고생하고 있는 남편을 어떻게든 구원하여 가지고 소련에 와서 그립고 보고 싶던 아이들과 친척들을 만나서 그 억울한 일들에 대하여 진실을 밝히면서 살아보겠다는 것이 나의 희망이었다. 그래서 나는 집에 남아있는 둘째와 셋째 아들을 소련 모스크바시에 데려다가 학교 기숙사 합숙에 수속하여 입학시킨 후, 남편이 유형살이하고 있는 조선으로 다시 갔다.

수동탄광에 간 나는 허익과 함께 7년이란 기나긴 세월을 정배살이로 지내게 되었다. 북한 어디나 막론하고 주택문제는 몹시 곤란하였다. 때문에 우리도 한 노동자의 집 방 한구석에서 살기도 하였고 남의 집 뒷간에서도 살면서 갖가지 고생을 다하다가 힘에 힘을 다하여 생계를 유지하였는데, 업무부 노동자들의 도움에 의하여 한 칸짜리 집을 지을 수 있었다.

탄광에서 사는 동안 우리는 큰 죄인과 같은 처지에서 살게 되었다. 탄광에는 주재원이란 놈이 있는데 그 놈이 우리를 못살게 굴었다. 그 놈은 우리를 누구와도 친하지도 못하게 하였고, 그 누구도 우리에게 접촉하지 못하도록 감시하였다. 심지어는 외출까지도 금지시키면서 허익의 뒤를 따라 다니는 사람까지 붙여 놓았다. 혹시 누가 우리와 친하게 지내는 것을 그 주재원 놈이 알기만 하면 갖가지 수단으로 그들을 심사하고 못살게 굴었다. 주재원 놈은 무엇이나 비밀로 조직하지만 사람들은 그 사실을 곧장 우리에게 전하여 주곤 하였다.

허익은 허약한 몸에도 그 중노동에 아주 열성적으로 참가하였다. 그 이유는 단 한가지였다. 죽지 않고 살아남아서 세월이 가면 이 억울한 문제들이 밝혀질 날을 보겠다는 것이었다. 나 역시 나의 힘이 자라는데 까지 그를 위로하고 돕고 보살피면서 살았다.

우리는 몹시도 외로웠다. 주변 경계의 눈초리가 삼엄한지라 그 외롭고 천대받고 멸시를 받으며 살아도 어디에 가서 호소 한 마디도 할 수 없었기 때문에 서러움이란 극을 치달았다. 그렇게 갖가지 고생과 곤란을 무릅쓰고 참아가면서 하루하루 세월이 흘러가서 7년이란 긴 세월을 살았던 일은 30여년이란 긴 세월이 지나간 오늘에도 항상 내 머리 속을 떠나지 않고 치를 떨게 한다.

허익은 진종일 중노동을 한 후에도 저녁마다, 일요일마다 직접 탄광 채탄굴 내로 사회동원을 나가곤 하였다. 나도 가정부인의 한사람으로써 인민반에서 제기되는 사회동원이란 일에 계속 참가하면서 별의별 일을 다 겪었다. 협동조합 지슴매기, 무거운 석탄 짐지기 뿐 아니라 건축용 돌도 머리꼭지가 통통 부어오르도록 이고 다녔다. 그런 사회동원을 나갔다 온 후에는 나는 며칠씩 일어나지 못하고 집에 누워 앓곤 하였다.

북한 정부와 노동당은 이번에는 무연탄 절약을 하면서 무연탄을 진흙에 버무려 덩이탄을 만든 다음, 그것에 구멍을 뚫어 소위 구멍탄이라는 것을 생산하였던 바, 화력이 변변치 않는 그것이라도 이용하여 음식도 만들고 난방도 해야만 했다. 그 구멍탄은 연소 당시 아주 지독한 중독성

질소가스를 배출하였는데, 그것을 가정용으로 이용하는 여러 지방들에서 많은 인민들이 중독으로 죽었다. 어떤 가족들은 일가족이 모조리 죽고 말았다.

구멍탄 가스 중독이 아주 위험한 줄은 번연히 알면서도 다른 난방 재료가 없어 할 수 없이 우리도 그 구멍탄을 이용하였다. 이미 죄인과 같은 처지에서 살고 있는 우리가 그 '인민의 정부와 어버이 수령 김일성의 지시'를 실행하지 않고 산다면 그 죄를 어떻게 보상받겠는가 말이다.

북한의 노동자·농민들의 그 가난하고 가난한 생활은 정말 이루 말할 수 없었다. 탄광 합숙이란 것은 사람이 사는 집이라고 할 수 없다. 탄광 노동자들의 배급은 노동자 800그램, 학생 400그램, 가정부인과 노인들과 아이들은 300그램이 배급되었는데 그 중에서 30%만 백미이고 그 나머지는 잡곡을 주는데 주로 강냉이였다.

가정부인들과 노인, 아이들은 하루 두끼도 겨우 먹는 셈이었고 일하는 주인들만 점심을 보장하여 주었다. 가정부인들과 노인들, 아이들이 점심을 못 먹고사니 이 얼마나 비참한 기근의 현상인가? 어린아이라도 낳은 어머니들은 배를 곯으면서 아기에게 젖까지 먹어야 되니 그 형편이 얼마나 불쌍한 일인가?

탄광 노동자들의 생활은 아주 비참하였다. 날마다 강냉이밥과 된장, 간장, 소금도 없어서 굶고 살 정도였다. 심지어 물기름도 없어서 몇 달에 한 번씩 일인당 100그램씩 분배되었다. 김일성이 사람 잡기 운동인 소위 사상검토 사업을 시작하기 전에는 그렇게도 흔하던 생선도 다 어디로 갔는지 건명태조차 구경하는 것이 하늘의 별 따기였다. 일년 동안에 고기라는 것은 김일성의 생일, 김정일 생일, 공화국 창건일, 설날에 일인당 200그램씩 맛만 보게 하는 정도였다.

때문에 탄광 배급을 가지고 살아가기는 참으로 어려웠다. 그러나 나는 갖가지 방법으로 배를 곯지 않으려고 노력했다. 식료품을 구하려고 나는 일년에 꼭 세 번씩은 평양에 다녀오곤 하였다. 평양에 다녀오는 것도 필히 군 안전부의 허가 하에 통행증을 받아야 갈 수 있었다. 때문에 나는 평양에 있는 대사관에 가서 영사부하고 약속하기를 일년에 꼭 세 번씩 호출하여 달라고 간청하였다. 소련대사관은 우리의 형편을 생각하여 나의 부탁에 어김없이 일년에 세 번씩 대사관에 초청하곤 하였다.

소련대사관 영사부는 우리에게 많은 도움을 주었다. 그 도움이 아니었더라면 우리는 어떻게 살았겠는지 과연 상상하기도 어렵다. 그 당시 대사관 영사부장 유리 니꼴라예위치 두돌라예브의 그 후한 마음과 인자함은 측량할 수도 없었으며 영원히 잊을 수 없다.

평양에 다녀 올 때마다 대사관 상점에서 가장 필요한 식료품과 또 허익에게 필요한 약품을 사 가지고 와서 그의 건강을 돌보아 주곤 하였다. 사람이 먹고사는 식료품이라는 것이 다른 어떤 짐보다도 특별히 무겁다는 것을 나는 그때 비로소 알게 되었다. 무엇이나 여유가 없는 북한의 생활상에서 가지고 다니는 짐이라는 것이 거의 없다보니 역전에는 택시나 지게꾼이라는 것도 없었다. 그러니 그 무거운 짐들을 혼자서 이고 지고 다니며 고생할 수밖에 없는 처지였다.

북한 인민들은 일생에 한 번도 배부르게 먹지 못하고 따뜻하고 깨끗한 옷을 입어보지 못하고 반 거지 모양으로 살다가 일생을 끝맺는 일이 태반이다. 탄광 심부름꾼 졸도들은, 또 그 밉살스러운 주재원 놈들은 어디에 비할 수 없이 악독한 놈들이었다. 탄광 지배인이란 그 놈도 중앙당학교 졸업생이었다. 허익이 그의 교장선생님이었다. 그러나 북한노동당 정책이 어떻게나 악독하던지 사람들의 사상은 사상검토 운동에 마비되어 '교장선생님!'하고 코가 발등에 닿을 정도로 인사하던 놈들도 길가에서 우리를 만나면 모르는 척하고 지나가곤 하였다. 탄광 지배인 놈도 마찬가지였다.

허익은 탄광 업무부 중노동자로 종일 밖에서 일하면서 건강이 매일같이 나빠지는 것도 개의치 않고 열성적으로 일을 하면서도 어떡하든 죽지만 아니하면 현명한 새날이 올 것이라고 기다렸다. 탄광 지배층 일꾼들은 언제나 우리를 신임하지도 않았고 항상 멸시하는 눈치로 대하였다. 그러나 탄광 노동자들은 늙은이 젊은이 할 것 없이 우리를 항상 존경하였고, 위로하여 주었다. 그리고 우리의 억울한 사정을 이해하여 주곤 하였다.

허익은 중노동 하는 고생보다 정신적인 고통이 더 심하여 건강은 점점 더 나빠지고 있었다. 그 신세가 불쌍하기 짝이 없었다. 아이들도, 친척도 하나 없는 타향에서 둘이서 서로 얼굴을 쳐다보면서 그날그날을 살았다. 우리 부부는 모든 곤란과 고생을 참아가면서 그 억울한 유형지에서 살았는데, 허익은 1966년 4월 26일에 소위 구멍탄의 독가스 중독으로 55세란 나이에 비참하게 세상을 떠나고 말았다.

그런데 중독으로 사망한 그 원인이 규명되지 않은 숙제였다. 우리가 두 해 겨울이나 그 집에서 살았는데 한 번도 무연탄 가스가 부엌으로 나온 일이 없었다. 그런데 어느 날 내가 집을 떠나고 허익이 혼자 있을 때에 가스가 새서 질식했다는 것이 믿어지지 않는 것이다. 그의 죽음에 의문이 들어 집 안팎을 곰곰이 살피니 누군가가 우리 집의 굴뚝을 틀어막았던 것이다. 그래서 독가스가 역류하여 방안으로 들어갔고 잠자던 허익이 질식하여 죽은 것이었다. 이 곳의 집들 굴뚝은 전부 높이가 1~1.5m 정도 밖에 안 되어서 손쉽게 굴뚝을 틀어막을 수 있었다. 우리의 굴뚝을 누가 밤에 비밀스레 막아서 허익을 죽도록 하였을까? 범인은 쉽게 추리할 수 있었지만 증거가 없었다.

우리가 유형살이를 하면서도 소련의 도움으로 지방 주민들처럼 배곯지 않고, 또 남루한 옷도 입지 않고 사는 것을 가장 밉게 본 것은 탄광 주재원, 탄광 당 위원장, 탄광 지배인 등이었다. 기타 인민들은 어떤 일이든 시간을 내어 그 주재원들의 조작을 우리에게 비밀히 알려주곤 하였었다. 그러니 탄광 노동자는 분명 아니었다는 판단이 쉽게 든다. 따라서 노동당의 상부 지시를 받는 놈들이 우리의 존재를 하루속히 탄광 지구에서 없애버리는 것이 목적이었던 것이 분명했다. 왜냐하면 자기들이 선전하는 소련수정주의 나라 인민은 헐벗고 산다는 것이 우리를 통하여 탄로되면 세계에서 제일 잘 산다는 북한 인민이 굶주리고 헐벗고 있다는 것이 백일하에 드러나게 되기 때문인 것이었다.

이렇게 허익은 놈들이 고의적으로 조직한 음모에 의하여 희생되었다. 나는 그 당시 5·1절을 앞두고 평양주재 소련대사관에서 속히 왔다가라는 통지서를 받게 되었다. 소련에 가서 유학하고 있는 아이들에게서 편지도 왔고 또 소련대사관 상점에서 식료품을 사가라는 내용이었다. 때문에 나는 4월 24일에 평양으로 떠났다. 평양에 가서 볼 일을 계획대로 다 보고 양식품도 많이 사 가지고 29일 아침에 덕사 역에 도착하였으나 무슨 일인지 약속한대로 허익은 역전에 마중 나오지 않았었다. 아침에 역전에서 내가 아는 가정부인 한 여자가 나를 마중하면서 슬픈 목소리로 말했던 것이 기억에 생생하다.

"어머니 빨리 집에 가보세요."

나는 가지고 가던 짐들을 전부 그 여자가 아는 집에다 부려놓고 정신 없이 집에 도착하니 그 주재원이란 놈이 나를 막아서면서 집에 들어가지 못하게 하였다. 나는 너무도 기가 막히어서 나에게 있는 힘을 다하여 그 주재원 놈을 뿌리치고 집안에 뛰어 들어가니 그의 시체가 나를 마중하였다. 그는 잠자듯이 고요하게 누워있었다.

고통스러운 생활을 하면서 서로 얼굴을 쳐다보면서 위로하고 살아가던 허익은 원한 많은 세상을 하직하고 떠나갔다. 이렇게 어이가 없는 일이 또 어디에 있을 것인가 하고 생각하면서 울다 못해 앞이 캄캄하였다. 그 주재원 놈은 허익이 사망한 후, 내가 집에 없는 틈을 타서 방구석에 허익의 시체를 두고 방안을 다 뒤지면서 어떤 비밀문건이나 없나하고 탐색하였으나 무슨 문건이 우리 집에 있겠는가? 그렇게 집안을 뒤지다가 내가 오기 전에 집안을 다시 정돈하고 모른 척 했지만 뒤에 동네 사람들이 그런 사실을 일러주었다.

허익은 본래 심장병이 있었기 때문에 심장병 약인 윌로카르진을 필요할 때마다 마시곤 하였다. 그런데 탄광 지도부와 주재원 놈은 허익이 그 왈로카르진 약을 독약이라며 그것을 마시고 자살하였다고 소문을 퍼뜨렸다. 나는 그들이 퍼뜨리는 소문이 너무 기가 막혀서 앞이 캄캄하여졌다. 아무 친척도, 자식들도, 가까운 친구도 하나 없이 외롭게 있는 조건에서 그런 비참한 일이 생긴데다가 또 자살하였다는 죄까지 덧씌우니 나는 미치고만 싶었다.

그러나 나는 악을 내어 정신을 차렸다. 그 왜곡된 결론을 내린 자들에게 미약한 사람으로 보이지 않으려고 노력하였다. 그때에 허익의 사망과 관련하여 함남도당에서 검열위원회가 조직되어 나왔다. 그 대표도 역시 허익은 죄가 많아서 자살하였다고 하면서 나를 위협하며 그것을 인정하라고 했다. 아무 죄도 없이 불쌍하게 고생하다가 비참하게 세상을 떠난 허익에게 자살이란 죄까지 씌우는 일이 너무나 억울하여 그 허무한 죄를 벗기 위하여 하는 수 없이 해부하라고 승낙하였다. 해부한 결과 탄산가스 중독이란 것이 완전히 결론 났고 또 늑막염 후유증으로 건강이 아주 나쁜 형편에 있었다는 것도 증명되었다.

여러 가지 시비와 말썽 끝에 하는 수 없이 탄광 업무부 노동자 몇 명과 나는 우리가 살던 집에서 멀지 않은 곳의 산골짜기에 허익의 시체를 묻었다. 장례 후 나는 당 위원장을 찾아가서 우리가 살던 집에서 나는 혼자 못살겠으니 누구의 집이라도 좋으니 같이 살게 하여 달라고 부탁을 했다. 저들의 마수가 나에게도 손을 뻗칠 것이라는 생각이 들어서였다. 나는 이미 세상을 떠나간 당 위원장의 부인이 혼자 살고 있었는데 그이와 같이 살게 되었다. 그 부인은 나를 많이 동정하여 주었다. 그때 얼마나 고마웠던지 나는 이 세상 떠날 때까지 잊을 수 없다.

허익이 세상을 떠난 10여일이 지나서 나는 평양으로 갔다. 평양 소련 대사관 영사부에 찾아가서 자세한 이야기를 하고 나는 평양에서 멀지 않은 곳에 떨어져있는 소련군 공동묘지에 허익의 시체를 옮길 것을 제기했고 허가되었다. 그러나 시체를 다시 옮겨오는 문제는 북한 토지부에 제기하여 해결하라고 하였다. 그 토지부라는 기관에서는 내가 제기한 문제를 해결하지 않고 차일피일 미루다가 끝내는 거절하였다. 대사관 영사부장 유리 다닐로위치 두돌라도부도 나와 함께 여러 기관으로 다니면서 힘을 썼으나 아무런 효과도 없었다. 그러니 더욱 탄광에서의 정배살이가 눈에 아른거렸다.

허익은 돌아갔지만 나까지 죽는다면 부모 없이 고생하는 아이들을 누가 돌보아 주겠는가하는 생각으로 5개월 뒤, 즉 1966년 8월에 허익의 시체를 탄광 산골짜기에 묻어두고 모스크바시에서 공부하고 있는 아이들을 찾아오게 되었다. 부모의 아무런 경제적 도움도 없이 외지에서 공부하는 아이들의 형편은 아주 어려웠다. 그러나 당시 소련정부와 공산당의 덕택으로 나는 모스크바시에 도착한지 일년이 안 되어 사택도 배정 받았으며 소련 적십자위원회로부터 경제적 도움도 받았다. 또 아들 3형제가 모두 대학을 나왔고 그 중 맏아들은 학사원까지 나왔다.

현재는 아들 3형제가 각자 사택들을 보장받고 남부럽지 않게 살고 있으며, 나도 허익 덕택에 그의 연금에 따라 나의 연금을 확정 받고 그 연금으로 살아가고 있다.

아들 3형제에게는 고생 끝에 행복이 왔다고 나는 말했다. 20년 동안이나 북한에 가서 고생만 했던 허익과 나의 그 비참한 생활, 또 아이들이 부모의 아무런 도움도 못 받으면서 배곯고 헐벗은 가운데 공부하던 그 고생들은 내가 살아있는 한 잠시도 잊을 수 없다. 나는 나이가 많은 사람이 되었다. 나의 청춘시절과 건강은 항상 지상낙원이라고 외치는 북한에서 다 사라지고 말았으나 나의 목숨은 아직 살아있다. 아마도 내가 허익의 몫까지 사는 모양이다. 나는 아들 3형제와 그들의 가족을 제일 큰 보물보다 더 귀중한 것으로 생각하고 살고 있다.

소련에서 북한에 나가 일하던 사람은 수없이 많았으나 북한의 보통 인민들이 어떻게 살고 있다는 것에 대해서는 그 자세한 형편을 나보다 더 잘 아는 사람은 없을 것이다. 지방에 내려가 보통 인민들과 함께 오랫동안 살아 본 사람만이 그 가난하고도 비참한 인민들의 생활을 잘 것이다. 간혹 어떤 간부들은 지방으로 출장 나가게 되면 항상 고급 대우를 받았기 때문에 북한의 실상을 아무것도 모른다.

1956~1960년 당시에는 소련에서 북한에 나간 수많은 간부들이 전부 사상검토에 걸려서 감옥에 투옥되거나 자기가 살던 집에서 쫓겨나 가족과 함께 두메산골 벌목장, 광산, 탄광, 협동조합 소위 모범농장 등에 가게 되었다. 그때부터 그들에게는 그 비참하고 서글픈 정배살이가 시작되었다.

즉 박창옥, 박이완, 최철환, 고히만, 박창식, 허민, 리용석, 김영수, 김택룡, 안일, 리춘백(리사남), 서춘식, 장주익, 장익환, 최종학, 박태준, 김철운, 김태건, 김해경, 리일, 리학복, 리종인 등 수백 명이었다. 내가 현재에 기억하고 있는 사람들의 이름만 열거했다. 그러나 실제로는 수많은 사람들이 사상검토의 희생양이 되어 숙청을 당했고 죽임을 당했다.

이 사람 중 많은 사람들은 김일성 악당들의 속임에 넘어가 전 가족을 데리고 산골짜기로 갔다. 일에서 철직시키고 지방에 추방할 당시 아주 따뜻한 말로 "지방에 나가서 한 일년 동안 고생하면 당은 관대히 처리하여 다시 돌아올 길을 열어줄 것이다."라고 하였으나 일년이 아니라 3년이 지나고 5년이 지나도 지방에 나갔던 사람들이 돌아온 일은 단 한 명도 없었다.

김일성의 지방으로의 추방정책은 지방에 나가서 전 가족이 멸망하라는 정책이었다. 몇몇 간부들의 아이들은 소련으로 가겠다고 도망치다가 불법으로 소련국경을 월경하다가 체포당하여 판결을 받고 총살을 당하거나 몇몇 아이들은 그 즉석에서 총살당하고 말았다. 유형지에 가 있던 전 조선인민군 총정치국장 최종학 대장의 아들 최아파나시는 소련 유학생으로 있다가 모스크바 대학에서 호출되어 북한 정치범 수용소에 감금되었다. 그는 3년이 지나도 풀려날 수 없음을 깨닫고 수용소 화물차운전기사와 잘 사귄 다음 그 화물차가 평양에 가게 되는 기회를 이용하여 평양 시내에 들어선 다음 소련대사관 곁으로 자동차를 몰게 했다. 그런 후 그는 차에서 뛰어내려 대사관에 달려 들어가 살려달라고 하니 대사관에서는 그를 보호하여 소련에 호송하여 현재 모스크바시에서 떳떳한 소련 사람으로 살고 있다.

그렇게 불합리한 처벌을 받고 유형지에 가서 고생하는 간부들의 부모들과 친척들, 또 몇몇 유학생들 중 북한에 입국하지 않고 소련에 남아있는 사람들은 자기 부모나 친척들에 대한 거처를 알려고 계속 북한정부와 모스크바 주재 북한대사관에 편지로 문의하고 있으나 아무런 대답도 없다. 북한의 유형지에 갔던 사람들 중 누가 어느 때에 죽었는지 살았는지 그들의 운명에 대하여 아는 사람은 하나도 없다.

나의 맏며느리는 북한 교육성 차관으로 지내던 장익환의 맏딸인데 평양에서 추방되어 농촌에 가서 고생하고 있는 주소까지 알고 있으나 수십 번 편지에 단 한차례의 회신을 받지 못하고 있으니 이것이 지상천국이란 북한의 무법천지 생지옥이다.

허익과는 직접 연관이 없지만, 당시에 북한으로 들어온 재일동포들에 관하여 쓰고자 한다.

1959~1960년 시기에 일본에서 살고 있던 재일동포들을 북한으로 귀국시키려는 선전사업이 대대적으로 진행되었다. 그에 따라 여러 가지 조직사업도 진행하고 국가 정령도 발표하였다. 그 정책과 선전에 따라 수많은 재일동포들이 북한에 귀국하게 되었다. 이 귀국동포들을 마중하고 접대하기 위한 준비사업이 아주 거대하게 진행되었다. 그들이 와서 살기 위한 사택도 준비하고 생활에 필요한 가정도구도 준비하고 기다렸다. 그런 호의적인 준비에 여러 차례에 걸쳐서 총 21만 명이 귀국하였다.

귀국 동포들 중에는 빈천한 사람도 있었고 중등 정도로 사는 사람도 있었지만 절반 이상이 다 잘사는 사람들이었다. 부자들은 자기 공장들을 다 옮겨와서 하는 수 없이 북한이라는 국가에 기부하였다. 그들은 일본과 같이 사유재산, 개인기업을 허가하는 줄 생각하였기 때문에 중등 기업가들도 양말이나 여러 가지 메리야스 내의 제품들을 짜는 기계들을 가지고 왔지만 한 사람도 써 보지 못하고 전부 국가가 소유하게 되었다. 그들의 다수는 상당한 기술을 소유한 전문가들이었다. 의학, 공학이나 높은 학식을 소유한 유식한 사람들이었지만 그 전문기술자들을 평양에는 다 배치할 수 없기에 각 도·군 농촌들에 배치하여 살게 하였다. 일본과 같이 아주 문명하고 선진적인 자본주의 나라에서 살던 그들에게는 북한의 정세와 정부의 정책이 도저히 맘에 맞지 않아서 귀국한 그 걸음을 크게 원망하면서 눈물을 흘렸다.

한번은 내가 평양에 와서 대낮에 아는 집에 찾아들어 간다 해도 그리 반갑게 대해줄 집도 없고, 또 낮에는 여관에 못 들게 하기 때문에 피곤한 다리나 쉬려고 작은 공원에 앉아있노라니 귀국동포 여인네들이 찾아와서 서로 이야기하는 것을 보다가 나도 참여하게 되었다. 그들은 이런 말을 했다.

"일본에서는 돈만 있으면 쌀, 고기, 생선이든 무엇이나 다 자기 마음대로 사먹고 자유롭게 살았는데, 이 북한에서는 돈을 가지고도 아무것도 살수가 없어 배를 곯으면서 살아야하니 이런 기막힌 일이 또 어디에 있단 말이오."

그렇게 몹시 슬픈 기색을 나타내면서 나를 부러워했다.

"사모님은 앞으로 소련으로 돌아갈 희망이 있으니 그 얼마나 영광이오. 우리는 이제는 아무데도 갈 수 없으니 생각하면 기가 막히어 어찌하면 좋을지 모르겠소."

그들은 슬픈 눈물까지 흘리며 자신들의 신세를 한탄했다. 처음 귀국 시에는 그렇게 영광스럽게 환영하면서 맞아들이던 귀국동포들의 안전한 살림도 오래 계속되지 못하였다. 귀국한 후 2~3년도 못되어 귀국동포들에게도 그 사상검토를 시작하여 성인 남자들은 몽땅 감옥에 투옥시켰고 그들의 물산을 전부 몰수했다. 그런 후 얼토당토않은 죄를 씌우고 처벌을 주어 전부 지방으로 내려 보내어 사상 재교육을 받으라고 추방하다시피 했으니 그들의 고생도 아주 비참하였다.

1960년도부터는 전반적인 범위에서 공개적으로 소련정부의 정책을 반대하는 운동이 시작되었다. 반소운동은 전부 허위날조로 시작되었다. 소련군대의 2차 대전에서의 결정적인 역할을 부인했고, 김일성은 자신이 이끄는 빨치산 부대의 힘으로 일제를 멸망시키고 조선을 해방했다고 했다. 8·15기념 행사도 금지하였다. 그것은 곧, 김일성이 북한의 해방자가 아니라 소련이나 미국이 해방자라는 것을 일컫기 때문이었다. 북한의 역사는 이렇게 허위로 날조되기 시작했던 것이다. 여러 가지 허위선전으로 소련을 비방하면서 전체 북한 인민들에게 반소사상을 강화시켰다. 한번은 탄광 인민학교 학생이 나에게 다음과 같은 질문을 하였다.

"소련은 조선조국전쟁 시기에 도와주었다는 값으로 우리 조선의 금과 은, 보물들을 몽땅 빼앗아갔다."

너무도 어이가 없어 누가 그런 말을 하던가하고 학생에게 되물었다. 그 학생은 학교 선생님이 그렇게 설명하였다고 대답하였다. 북한은 당시에 소련에서 원조를 받고 살면서도 이런 허위선전을 인민학교 학생들에게도 서슴지 않고 가르치고 있었다. 한번은 탄광 주재원 놈이 나를 불러놓고 다음과 같이 말하였다.

"아주머니. 지금 소련에서는 빵도 없어서 배를 곯으면서 살고 있는데 아주머니네 아이들을 다 조선으로 나오도록 하시오."

나는 그 놈의 말이 너무도 엉터리가 없어서 간단하게 대답했다.

"우리 아이들은 곯지 않고 다 무사히 공부하고 있으니 걱정 마시오!"

그 주재원 놈의 얼굴에 침을 '퉤'하고 뱉고 싶었으나 당시 내 형편이 곤란한지라 억지로 참았다.

나는 지금에 와서도 조용한 기회만 있으면, 지상낙원이라고 밤낮 외치는 북한에 가서 살던 일, 특히 마지막 7년 동안 유형살이하던 그 일이 눈앞에서 아른거리고, 또 허익을 생각하면 눈물이 자꾸 솟구친다. 그렇게 마음이 몹시 괴롭다가도 손자아이들을 보면서 안위를 한다. 지나간 그 슬픈 일들을 억지로 누르고 그 손자들을 어루만지며 웃음도 웃으며 살면서, 내 삶에서 이제 얼마 남지 않을 세월 안에 북한이 변하여 올바른 국가가 되길 손꼽아 기다린다.

1995년 2월 15일 윤 옐레나

전 평양 군사 아까제미 내 고급군관 강습소 정치 부소장

허학철은 1922년 4월 16일에 원동변강 연해주 뽀시예트 구역 쑤하눕가 촌 빈농의 가정에서 태어났다. 부모는 지주에게서 임차 받은 토지에서 농업을 하였으며, 1928년도부터 공산당 정책에 의한 농촌 경기 협동화 정책 시기부터 제일 선참 협동조합에 가입하였다.

허학철은 1930년, 즉 8세가 되는 해부터 향촌 소학교에서 공부하기 시작하여 1935년에 졸업하였다. 넉넉하지 못한 가정에서 자라났기 때문에 어렸을 때부터 아버지를 도와 일했다. 특히 하기 방학 때엔 잘사는 집 자석들은 여름 내내 놀이를 하며 지냈으나 그는 일을 해야만 할 정도로 어려운 생활을 겪었다.

1936년에 아버지가 불구자가 된 후, 허학철은 원동변강으로부터 한인 강제이주 때까지 형과 함께 부친을 대신하여 협동조합에서 일하였다. 강제이주 후에는 부모들과 함께 우즈베키스탄 타슈켄트 주 중칠칙 구역 아반가르드 협동조합에 도착하게 되었다. 아반가르드(한인 말로 선봉)는 갈대밭에 토굴막 몇 집 있는 곳에 한인 이주민들이 조직한 협동조합

이었다.

허학철은 아반가르드 협동조합과 인접하여 있는 협동조합 '시월의 20주년'에서 공부를 계속하여 1942년에 고중을 졸업하게 되었다. 강제 이주 후 한인 중에서 지식층의 인텔리들을 전멸시키고 언어 풍습까지 빼앗은 다음 인민교육은 노어만 하라고 명령이 내려왔었다. 한인들은 대항해보아야 손해라는 마음을 다지며 우선은 먹고사는 일에 노력을 하기 시작했다. 한인들이 꾸준히 노력한 결과 벼농사가 잘 되어서 식량 사정은 어느 정도 여유롭게 되었다. 허학철의 가정도 두 형제가 어머니와 함께 협동조합 일에 열성적으로 참가하여 생활수준은 훨씬 나아지게 되었다.

허학철은 고중 시절에 레닌 공산청년회에 가입하였다. 당시 소련에 살고 있는 청년으로서 공산청년회에 가입하지 못하면 다른 관중들이 그 청년을 조금 부족한 사람으로 보든가 그렇지 않으면 아주 행동이 불량한 사람으로 인정하였었다. 허학철은 1938년, 16세가 되는 해에 공청회에 가입하고 1942년에 고중을 졸업했다.

동년 8월에 소련 인민이 독일을 반대하는 위대한 조국 전쟁이 시작되었다. 그래서 모스크바시에 있던 자동차도로 대학이 타슈켄트 주 캅만쓰크시로 잠시 이전해 왔었다. 이를 계기로 하여 허학철은 이 대학에 입학하여 공부하게 되었다. 당시 소련 정부는 한인청년들을 노동전선이라고 명명한 각 변방이나 전선에서 가까운 곳에 건설하는 철도, 철교 건설장이나 군수품 생산기업소에 파견하였다. 허학철도 전선 쪽에 파견되어 1945년 10월까지 일했다.

1945년 10월에 다시 집에 돌아와서 대학 공부를 계속하려고 결심하고 있을 때에 또 다른 사변이 생겼다. 이번에는 공화국 타슈켄트 주 군사동원부에서 정식으로 소련군 복무에 초병한다는 군사동원증이 나왔다. 전쟁 4년간 한 시도 쉬지 못하고 바삐 돌아간 청년에게 또 다시 초병증이 나왔으니 참으로 답답할 노릇이었다. 왜냐하면 한창 공부할 시기

1947년 사단정치고문 책임통역관으로 근무할 때

였고 대학에서 공부를 이어 가고 싶었기 때문이었다. 그러나 허학철은 조국전쟁 시기에 한인들은 군대에 초병될 자격이 없어서 전선에 나가지 못하여 수치스럽다고 생각을 하고 있었는데, 이제는 붉은 군대 복무자격을 부여하여 준다고 하고, 그것도 자신의 선조들 고향인 조선으로 나가서 복무하게 된다기에 더 주저할 생각을 안 하고 반가운 마음으로 군사동원부에 달려가 모든 수속을 완료하였다.

허학철은 1945년 11월에 소련군 원동변강 제1전선사령부 산하 제25군단이 주재하여 있는 평양에 도착하여, 민정사령부 파견에 따라 강원도 인제군 사령부 통역관으로 1946년 12월 24일까지 일하였다. 1946년 12월 25일부터 1948년 7월 19일까지는 조선인민군 제1사단 정치고문의 책임번역관으로 일하였으며, 1948년 7월 20일부터 1948년 12월 20일까지는 『조선인민군 신문』 출판사 번역원으로 일했다.

그 후 북한으로부터 소련군이 철수할 때, 모스크바 소련공산당중앙위원회의 지시에 따라 허학철은 소련군 군적에서 제명되어 조선인민군 군적으로 전적하는 동시에 형식적으로 소련공민권에서도 제명하여 북한공민권에 전적하였다. 그 뒤1948년 12월 25일부터 1950년 10월 10일까지 계속 『조선인민군 신문』 출판물 군사검열원으로 일하였다. 또한 『조선인민군 전사수첩』 출판사 부주필로 1951년 2월 16일까지 일하였다. 1951년 2월 17일부터 1952년 5월 7일까지는 『선전원 수첩』 잡지사 주필로 근무하였으며 그 후, 조선인민군 총정치국 산하 김책 정치군관학교에 전근되어 처음 1년 동안은 군관학교 노어 강좌장으로 그 후부터

김책군관학교 강습소 소장으로 근무할 때 김재욱 총정치국장. 작은 리춘백. 총정치국 각 부장들과 함께

고급정치군관 단기 강습소(3개월 과정) 소장으로 1955년 8월 28일까지 일하였다.

김책 정치군관학교는 1946년 초기에 아직 연변군대도 조직되기 전에 평양남도 대한리에서 인민군대의 수뇌부를 양성할 목적을 두고 초대 교장에 김책을 추대하여 조직한 인민군정치학교가 출발이었다. 처음 이 학교에는 각 병종학부들이 있었는데 항공대도 중대 규모로 있었다. 김책은 계속 명예교장으로 있었고 책임적 간부들이 많이 교체되면서 근무하였다. 그 뒤 인민군대의 규모가 커지면서 각 병종별 학교들이 조직되어 강건 보병군관학교, 포병군관학교, 정치군관학교, 통신군관학교, 항공군관학교 등으로 갈라지면서 내무원은 내무원 군관학교를 가지게 되었다. 그리고 남한 빨치산 학교까지 따로 있었다.

허학철이 김책 정치군관학교 노어 강좌장으로 근무하던, 즉 1953년 2월 초순은 아직 남북이 총을 겨누고 동족상잔을 끝내지 않은 상태였다.

1955년 8월 『조선인민군 신문』 부주필로 근무할 때
신문사원과 함께

그때 김책 정치군관학교는 평북 향산군 묘향산에 주재하고 있었는데, 2월 2일 밤 유엔군 항공기 B-29 비행기의 대폭격을 받았다. 당시 학교에는 학생 약 2천명과 강습생들 약 200명 가량이 공부하고 있었다. 학생들이나 강습생들은 한 명도 손실을 받지 않았지만 교원들과 군의소 성원, 행정일꾼들이 많이 사상되었다. 총 사망자는 약 120명에 달하였다.

북한의 명승지인 묘향산이 대폭격을 당하여 한인들의 문화유적에 많은 손해를 입었다. 묘향산 산골에 있는 유명한 절간들은 아무런 손실이 없었으나 아래 평지에 있던 많은 절간들은 거의 파괴되고 말았다. 폭격 이후 학생들의 공부는 크게 중단되지 않았으나 학습소, 숙소 등은 전부 분산하여 학생들은 소대, 중대, 대대별로 각 골짜기 깊은 곳에 두었고, 강습소는 각 골짜기에 소대별로 배치하였다. 그 후 1953년 2월 28일 정전이 비준되는 날까지 폭격은 다시 오지 않았으나, 학생들이나 강습생들은 많은 시련을 당하였다.

허학철은 강습소에서 4년이란 기나긴 세월을 비교적 일을 잘 조직하는 간부로 평가를 받았다. 그는 신문사에서 약 1년 일하고 1956년 12월 1일부터 평양 군사 아까제미 내 고급군관 강습소로 파견 받아, 1957년 11월 22일까지 강습을 받았다. 강습을 필한 후, 그 강습소에서 정치부소장의 직무로 1960년 9월 16일까지 일하게 되었으며, 그 후 허학철은 소련으로 귀국할 준비를 하고 있었다.

　　허학철은 북한에 나갈 때 23
세의 청년으로 소련공산당에 입
당하지 않았으며, 레닌 공산청년
회 회원으로 북한에서 일하였다.
그런데 허학철이 계속 고급간부
로서 등용되려면 반드시 공산당
원이나 노동당원이 되어야 했기
때문에 계속 북한에서 활동할 것
을 결심하고 1951년 2월에 김

1957년 북한 서해전선사령부 군사위원이었던
김일(김 리와니드) 장군과 함께

책 정치군관학교 노어 강좌장으로 근무할 때 조선노동당에 입당하였었
다. 인민군대 내 정치일군은 누구나 할 것 없이 우선 노동당원이 되어야
한다는 생각에서, 향후의 전망을 예견하면서 그렇게 하였던 것이다. 그
후 허학철은 약 9년 반 동안 노동당 당원으로서 꾸준하게 조국과 당을
위하여 일하였다.

　　그러나 1956년에 노동당 내에서, 또는 인민군대 내에서는 김일성 지
도 하에서 진행된 사상검토 운동에 의해 남한파, 중국파, 소련파 등을
전부 청산하였고 김일성의 빨치산파 내에서도 2군이니 5군이니 패를 갈
라 청산을 시도하였다. 허학철은 그 어떤 파벌에도 속하지 않았고 어떤
사람과도 사상적 토론을 한 일도 없을 정도로 조신하였다. 그런 허학철
도 1960년 북한 형편을 돌이켜 보면서 더 이상 북한에서는 살 재미도
없었고 장래 희망도 보이지 않았다.

　　허학철은 지은 죄가 없음에도 불구하고 당회의에서는 소련파, 허가이
가족주의파, 사대주의자, 소련 관료주의 잔당이니 하면서 비위를 건드리
고 자존심을 상하게 하였다. 그러지 않아도 소련출신 친구들이 모두 청
산되어 가고 없는 형편이어서 정말로 북한에서는 더 살고 싶은 생각이
없었다.

　　결국 허학철은 1961년 2월에 모스크바시에 도착하여 소련 군대에서

제대 명령을 받으면서 민족보위성 명령 제0882호 1961년 6월 16일부 제59조 'B'에 따라 현역에서 예비역으로 제대되면서 소좌 군사칭호를 수여 받게 되었다.

허학철은 소련에 귀환한 후, 친척들이 많이 살고 있는 우즈베키스탄 공화국 타슈켄트시에 도착하여 그간의 공적에 따라 사택도 무료로 배정 받고, 아이들의 공부 문제, 자기와 부인의 취직 문제 등을 다 해결 받고 여러 친척들과 동지들과 함께 아주 행복하게 살며 일하였다.

허학철은 한인 신문인 『레닌기치』의 타슈켄트 특파기자로 1982년까 지 일하고 그 후 연금생활을 하다가 1990년 정월 6일에 68세를 일기로 세상을 떠났다. 그는 북한에서 일했을 때 2개의 훈장, 4개의 메달을 수 여 받았고, 소련 정부로부터도 수많은 메달을 수여 받았다. 그는 아들 딸 각각 하나씩을 곁에 앉히고 그들이 보는 가운데 세상을 떠났다. 현재 부인인 김 엘리사외따는 아들과 같이 많은 손자들을 데리고 행복하게 지내고 있다.

1997년 8월 16일 타슈켄트시에서 장학봉

전 『조·소 친선 신문』 책임주필

현히안은 1917년 2월 27일에 원동변강 연해주 와우동 깔리닌 구역 빈농의 가정에서 태어났다. 1925년, 8세 되는 해에 향촌 소학교에 입학하여 1929년에 졸업한 후, 1929년 부존니 촌 초중에 입학하여 1932년에 졸업하였다. 그 후 당시에 소왕령이라고 부르던 우쑤리스크에서 한인 사범전문에 입학하여 1935년에 우수한 성적으로 수료하였다. 그 당시에 한인 사전을 졸업한 사람은 아주 잘 준비된 초중 교원으로 인정받았으며 소학교들의 교장, 교무주임 등 책임적 교육가로 인정받았다.

현히안은 사전을 졸업한 뒤, 지리와 역사 과목을 가르치는 교원으로 고향에서 멀지 않은 갈리닌 군 소재지 고중에서 1937년까지, 즉 원동변강으로부터 한인들의 강제이주 때까지 교편을 잡고 일했다.

강제이주 당시에 우즈베키스탄 공화국 타슈켄트 주 중칠칙 구역 끼로브 국영농장에 도착하였다. 강제이주 초기에 국영농장에 도착한 한인들은 집이 없어서 지방민들이 살고 있는 집에 세를 들어 아주 보잘 것 없는 작은 살림방에서 살기도 하고, 온기 없는 사랑방에 볏짚을 깔고 살기도 했다. 혹은 집 근처에 토굴막을 파고 볏짚을 깔고 지붕은 갈대묶음으로 가리고 사는 집도 있었다. 비가 새지 않게 하기 위해 볏짚으로 가리고 극심한 고생을 하면서 겨울 4개월을 지냈지만, 삼월이 되어 날씨가 따뜻하게 되자 그때부턴 질병들이 발생하기 시작했다. 장티푸스가 대량 발생하여 1938년 봄과 여름 사이에 수많은 이주민들이 죽었다. 그러나 그런 병해에 아무런 예비 대책도 취하지 않았던 국가 보건사업은 아주 저급한 수준에서 치료사업을 진행하였다. 그 해에 아주 더운 여름 한가운데가 되니 말라리아가 급속히 전파되는가하면 어린이들에게는 홍진이 돌아가는 바람에 매일 십여 명의 사람들이 죽었다.

이렇게 한심한 형편에 봉착했지만 한인들은 낙심하지 않고 농사도 짓고 집도 건축하기 시작하였으며 아이들은 학교에 다니기 시작하였다. 원동변강에 있을 때는 한인 학교에서 고려말로 아이들을 공부시켰으나 강제이주 당한 한인들에게는 고려말로 공부하는 것도 금지되었다. 즉 한국말 교육은 폐지하라는 국가의 명령이 정식으로 학교로 내려와 전부 노어로 공부하게 되었다.

현히안은 끼로브 국영농장 고중에서 1937년 12월부터 그 학년도 말까지 지리, 역사 교원으로 일했다. 그 뒤 1938년 가을에 페르가나시에 있는 사대 지리학부에 입학하여 1941년 10월에 졸업하였다. 항상 애타게 꿈꾸고 염원하던 대학을 우수한 성적으로 졸업하였던 바, 그가 수

1942년 결혼한 부인 황웨라와 함께 기념 촬영

여 받은 졸업증에는 '상기 사대 졸업생은 국가가 인정하는 고중학교 지리·역사 교원임을 확인함'이라고 적혀 있었다. 졸업 후 가족이 살고 있는 끼로브 국영농장에 돌아오니 한인들은 국영농장을 한인 협동조합으로 개편하고, 그 전까지 초중으로 있던 학교를 학생 수효가 많아짐에 따라 고중으로 승급시켰다. 현히안은 면모가 달라진 자기 촌에 돌아와서 이제부터는 새 직무인 지리·역사 교원 겸 교무주임으로 일하게 되었다. 현히안은 끼로브 농촌에서 일하면서 교직원 전체 일동의 따뜻한 인정을 받는 품위 있는 간부로써 항상 협동조합 총회나 당 위원회에 초청을 받아 빠짐없이 참가하게 되었다.

1942년 신학년도가 막 시작된 지 얼마 안 되어 소련의 최고 명절인 시월혁명 기념일을 맞아 협동조합 당 위원회는 현히안을 소련공산당에 입당시켰다. 당시에 이것은 소련 국적을 가진 사람들에게 있어서 최고의 영예였다. 1942년은 소련 인민들이 가장 어렵게 지내던 조국전쟁 시기였다. 전선에는 피가 흐르고 소련의 많은 영토와 도시들은 파쇼 침략자인 독일군의 발톱 아래서 신음하는 시기였다. 그러나 이 시기에 고려사람들은 정치적 불신분자라고 전선에 초병하지 않고 후방건설에 동원하여 노동을 시키면서 그를 일러 후방전선이라 불렀다. 그 당시 끼로브 협동조합 촌 고중에는 아주 훌륭히 준비된 간부들이 많이 일하고 있었다. 그들 중에서 차후 북한에 나가서 많은 어려운 직무들에서 모범적으로 일한 사람들의 이름만 들추어도 대충 짐작이 간다. 리춘백, 박태섭, 박훈, 강상호, 김일, 현히안, 박태준, 박일무 등이다.

1945년 9월에 현히안은 소련군에 초병되어 원동변강 위로실로브시(현재 우쑤리스크)에 도착하여 소련군 제25군단에 군사 통역원으로 배속되어 동만주 훈춘시로 넘어갔다. 그 곳에서 방향을 돌려 후릉으로 넘어간 다음 북경성 남향 청진을 지나서 시월 중순에 평양시에 도착하여 제25군단 민정사령부에 배속되어 통역원으로 일하게 되었다.

민정사령부 계통은 활동 범위가 광범위하면서 대단히 복잡하였다. 그

1946년 교관으로 근무할 때

이유는 소련 제25군단 지도부가 북한 전체 행정기관들을 지도하는 기관이었기 때문이었다. 민정사령부는 1946년에 들어서면서 토지를 몰수하여 국유화 강령을 실행하는 한편, 5월부터는 생산수단들을 몰수하여 국유화하였다. 농민이 75%를 차지하고 있는 북한에서 토지 문제는 민정사령부의 지시에 따라 삼칠제로 농민이 7할을 가지고 국가가 3할을 가진다고 홍보가 되었다. 그런데 국가 대신 소련군이 3할을 가지면서 소련으로 쌀을 수송하는 바람에 곳곳에서 많은 소동들이 일어나기 시작했다. 거기에 국가 행정기관이 그 쌀을 받아서 국사 처리에 사용하지 못하고 소련으로 가다보니 행정기관은 국사를 위해 농민들에게서 또 다시 추가로 걷어 낼 수밖에는 도리가 없었다. 그러니 본의 아니게 불만이 심화되었다.

북한의 90여개 군, 20여개 도시에 하부 민정사령부들을 조직하고 각 도, 군, 면, 행정 지도자들은 반드시 하부 민정사령부 지시대로 사업해야 했기 때문에 수십, 수백 명의 통역원들이 필요하였다. 소련으로부터 북한에 나가 일하는 한인들은 많았으나 많은 사람들은 직접 행정 책임자 직무에서 일하다 보니 통역원은 많이 부족하였다. 그래서 민정사령부는 신속하게 단기 노어 강습소들을 열어야 했다.

현히안도 1945년 12월 중순부터 단기 노어 강습소 제4조 담임 조장 겸 교관으로 1946년 6월 말까지 일하였다. 이 노어 강습소를 졸업한 현히안의 제자들은 차후 토지 개혁, 산업국유화 사업에서 큰 성과들을 달성하고 국가적 직무에 높이 승급되어 일하였다. 그들은 현히안의 아주

1946년 3월 평양시 모란봉 을밀대 앞에서 노어강습소 제4조 청강생인 제자들과 함께.
앞줄 좌로부터 리수철, 하동초, 현히안, 허진수, 노재일, 뒷줄 좌로부터 리 현, 리용균, 김인숙, 신재식,
김만영. 황나수. 곽덕봉. 리용욱. 김낙영.림히진. 동병석

훌륭한 친구들이 되었으며 많은 사업에서 혁신적 도움을 받기도 하였다.
　현히안은 1946년 말에 통역원 단기 강습소에서 내각 고급지도간부학
교 상급교원으로 자리를 옮겨 1951년 5월 말까지 교무주임으로 일하였
다. 이 학교는 조직 당시에 소련 제25군단 정치부 직속으로 학교의 사업
계획과 각 과정의 강령은 반드시 군단 정치부 부장이 비준하였으며 그
에게 집행 과정에 대하여 보고해야 했다. 학생 수효는 300명이었던 바,
그들은 공화국 내각과 당 중앙이 추천하여 파견하였으며 교육 기한은 3
개월이었다. 제1기 학교 교장에는 김일성, 부교장에 박영빈이었다. 박영
빈은 차후 당 중앙 조직부장 겸 정치위원으로 있다가 1958년에 추방되어
타슈켄트시에 귀환하여 현재까지 90고령에 비교적 정정하게 살고 있다.
　내각 고급지도간부학교는 1948년 12월 소련군이 북한으로부터 철퇴
하자 내각 직속으로 넘어가 교육사업을 계속하였으며, 교육 대상은 부

상, 관리국장, 각 시도군 인민위원장 및 각급 당 간부들이었으나 6·25 동족상잔이 시작되기 1년 전부터는 특별반을 조직하고 거기에 인민군 고급정치간부들을 파견하여 공부시켰다. 당시 이 내각 직속 고급지도간부학교는 동평양 사동에 주재하여 있었기 때문에 다들 사동간부학교라고도 칭하였다.

사동간부학교 제1기 졸업식은 1946년에 있었다. 제1기 졸업생들은 정말 100% 고급간부들이었다. 졸업생 연혁을 보면 각 성의 부상들, 도 인민위원회 위원장과 부위원장들, 도당 위원장과 부위원장들이었던 바, 졸업식은 사동간부학교에서 진행되었었다. 졸업식에는 교장 김일성이 직접 참가하여 졸업장을 수여하여 주었으며 김두봉, 최용건도 참가하였다. 소련군 측으로 쓰뛰꼽 대장, 로마녠꼬 소장, 군단 정치부장 그로모브 대좌, 정치부 선전부장 예르밀로브 중좌, 김일성의 보좌관 겸 통역관 문에릭, 김일성 종대 부총장 박일우 등 고관들이 참가하여 졸업식이 성대하게 진행되도록 하였다.

현히안은 동족상잔이 시작되면서부터 사동학교를 인솔하여 동만주 통화시까지 후퇴하여 들어갔다가 다시 북한으로 귀국한 후 1951년 6월부터 소련 전연맹 해외문화교류 협회(웍쓰) 기관지인 『소비에트 신보』의 신문 편집국장으로 임명되어 1954년까지 일하였으며 1954년 8월부터는

1954년 쏘베트신보사 편집국장으로 근무할 때 당중앙 전원회의 참가자들과.
우로부터 리춘백, 현히안, 김용택, 명월봉, 박게라씸, 김철우, 김영활, 장학봉

『조·소 친선 신문』 책임주필로 1957년 8월까지 일하였다.

　현히안은 그 성미가 아주 온순한 편이면서, 모든 일들을 빨리 판단하였으나 결심을 빨리 실행에 옮기는 성격은 모자랐다. 현히안을 잘 아는 친구들는 항상 말하기를 참새보다도 더 영리한 사람이라고 일렀다. 1954년까지 소비에트 신보사에서 일할 때에는 그것이 소련 기관이었기 때문에 한창 사상검토 사업이 진행되는 중에도 마음 든든히 뒷짐을 짓고 다니면서 거저 남의 일을 구경하듯이 살았으나, 조·소 친선사로 근무지를 옮기면서부터는 주위 상황에 대한 생각이 전혀 달라졌다. 오늘 울고 다니는 간부들의 울음을 보면 내일 자신이 겪어야 될 울음 같기도 하였다. 소련출신이면서 사동간부학교에서 4년이나 같이 일하였던 김동철이 아무 죄도 없이 감옥에 들어가 옥사하였다는 소식이라든가, 1959년 당시 소련출신 간부들은 90% 이상이 암살, 처단, 납치, 추방 등을 당하여 아이들과 부인들이 울고 다니는 것을 볼 때 자기 앞길도 멀지 않다는 것을 예감하게 되었다.

　결국 현히안은 이때 손을 쓰지 아니하면 안 된다는 것을 결심하고 당 중앙에 갔다. 소련서 같이 왔으며 같은 기관에서 일하였던, 당시 당당한 자리에 앉아 있던 당 책임적 부장에게 청을 넣어 소련으로 유학 보내달라고 하였다. 요청은 해결되어 모스크바 중앙당 학교의 신문·잡지학부에 입학하게 되었다.

　모스크바 당 학교에서 2년간 공부한 다음 1959년도에 평양으로부터 다시 돌아오라는 호출을 받게 되자, 현히안은 북한대사관을 통하여 북한 국적을 거절한다는 청원을 제출하고 당중앙위원회에 노동당에서 제명시켜 줄 것을 요청했다. 그런 후 소련 최고 소비에트에 소련 국적 회복, 소련공산당 당원 회복에 대한 청원서를 제출하였다. 마침내 모든 문제가 계획대로 진행되어 소련공산당중앙위원회의 결정에 의하여 우즈베키스탄의 중앙당 학교에 전학되었다.

1957년 7월 모스크바로 유학을 떠나
기 전에 평양서 찍은 가족사진.
앞줄 좌로부터 현히안. 부인 황웨라,
3녀 엘라, 차녀 알라, 뒷줄 좌로부터
아들 에두아르드. 장녀 넬라

　그 결정에 따라 현히안은 타슈켄트시에 식구들과 함께 도착하여 사택도 분배받고 공부도 계속하게 되어, 1963년에 타슈켄트 중앙당 학교 신문학부를 우수한 성적으로 공부하여 수료하였다. 현히안은 이 당시에 개인과 가족의 모든 문제들이 비교적 순조롭게 해결되었으나 내심으로는 많은 고민을 하면서 살았다. 북한이 사회주의에서 완전히 이탈하여 김일성 독재주의 체제로 넘어가며 소련 및 중국과도 갈등의 형태를 빚고 있었고, 민족적 백색테러가 실행되어 수만 명의 희생자를 내고 있음을 안타까이 생각했다. 또한 조국 통일의 염원을 잊지 않고 가슴속으로 슬퍼하며 일하였으며 세월을 보내었다.

　현히안은 1963년에 중앙당 학교를 졸업하고 타슈켄트 칠란자르 구역 '차이까' 영화관 지배인으로 일하다가 고혈압으로 인하여 1970년 10월 6일에 세상을 떠났다. 현히안이 사망한 후, 부인 황 웨라는 물리학자가 된 아들 에두아르드와 딸들의 손자들을 곁에 놓고 지내고 있다. 현히안은 북한에서 국기 훈장 2급, 자유 독립 훈장 2급, 조선 해방 메달을 받았으며 소련에서도 많은 메달을 수여 받았다.

전 만경대 유가족 학원 원장

황성복은 1918년 8월 15일에 원동 변강 그로데고브 구역 자유촌에서 태어났다. 향촌에서 초중을 마친 후 블라디보스토크시에 가서 사대에 속한 노동학원에 입학하여 3년간 수료했다. 그 후 옴쓰크 시에 있는 군사학원에 입학하여 1938년에 졸업하였다. 졸업 당시의 군사 칭호는 중위였으며 정규 부대에 소대장으로 임명되었다.

이후 몇 달 되지 않아 한인 강제이주 정책에 따라 제대 처리되어 중앙아시아로 옮겨왔다. 우즈베키스탄 공화국 사마르칸트 시에 도착하여 사마르칸트 시 사대에 입학하였다. 이 사대가 다시 페르가나 시로 옮기게 되자 그 곳에 가서 1942년에 졸업을 하게 되었다.

사대 졸업 후 타슈켄트 주 상칠칙 구역에 고중학교 교장으로 파견되어 1942년부터 1945년까지 일하였다. 1945년 8월에 소·일 전쟁이 시작되자 소련군에 초모되어 소련군 제25군단 소속 군사통역관으로 만주 및 북한의 해방 전투에 참전하였다.

1945년 9월부터는 평양에 주둔한 소련군 제25군단 사령부 통역관으로 1948년까지 복무했다. 소련군이 북한에서 철수하자, 소련 공산당의 지시에 따라 북한 인민군 제1사 군사 총고문 통역관으로 근무하다가 1948년 말부터 평양 군사정치학원 부원장으로 근무했다. 1949년부터 조선 인민군 최고사령부 군사교육처 부처장으로 근무하던 중 동족상잔이 시작된 1950년 6월 25일부터 인민군 제1군단 참모장으로 복무했다. 이후 최고사령부로 송환되어 일반부 참모장, 최고사령부 군사교육처 처장 등을 역임하였다.

1954년부터 1956년 사이에는 만경대 유가족 학원 원장으로 근무하였다. 조선인민군 군사칭호는 중장, 소련군대 제대 당시 소련군 군사칭호는 중좌로서 1956년에 소련으로 귀환했다.

소련에 귀환 후 모스크바에서 제대 수속을 거친 후 타슈켄트에 도착하여 국가로부터 사택과 연금 문제를 해결 받았다. 그 뒤 1960년 말까지 타슈켄트시 인민위원회 주택관리부 계통에서 일했다. 1968년 연금생으로 수속을 받고 현재는 타슈켄트에서 많은 자손들을 거느리고 무사하고 행복한 생활을 하고 있다.

소련 조국전쟁 훈장 1급, 조선 국기훈장 2급, 조선 자유훈장 2급, 기타 소련 및 조선 메달 20여개를 수여 받았다.

타슈켄트에서 장학봉 정리

사람의 일생이란 생활 환경에 의하여 판정되는 것이지만 그것이 단순하지 않은 길이라는 것을 이제와서야 알게 되었다.

유년 학생시절이나, 처음 인간생활의 환경에 접촉할 시 나에게 생의 길이 없겠는지 생각없이 그저 만인이 움직이는 그 대해에서 다른 사람들이 하는대로 허덕일 뿐이었다.

그러나 무의식적으로 접촉하여 살아온 나의 길에는 따뜻한 인간적인 즐거움을 느낄 때도 있었고 또 예상할 수도 없었고 측량할 수도 없었던 슬픔과 아픔을 체험할 때도 있었다.

사람이란 감정적 동물인 것만큼 매 경우마다 그 환경에 대치하는 방책을 꾸미며 취하여야 하였다. 만약 그에 대응되는 적당한 대책을 결심치 못하고 거저 소홀히 경솔하게 발걸음을 떼었다가는 그 이후 오랫동안 후과를 뼈저리게 느끼게 되었다는 것을 이제 나이 90세가 다된 오늘날에서야 결론지을 수 있다.

어떠한 사람에게든 생이 길고 걸어가는 동안 반드시 귀인들이 있는 법이다. 수천만 평민들이 움직이고 있는 인생의 대해에서 이 귀인들을 잘 알아보고 그들을 존귀하게 여기며, 그들의 말씀을 명심하여 잘 듣고 실천에 옮길 수 있어야 한다. 이 귀인들 외에 다른 만인들은 전부 동료요 존경하는 동무들이다. 그러나 그 동료 중에도 몇 명의 친구가 있는바 그들은 친척보다도 더 가까운 한 항배의 구성체들이다.

나의 생애서 귀인이라고 인정된 사람은 박영빈, 최종학, 남일, 김봉율,

최현, 최광, 리효준, 김재욱 등의 선생들이다. 이 선생들의 말씀은 참으로 수정같이 깨끗한 진실의 말씀들이었다.

이 책에 실린 80명의 이야기는 전부 그들과 지인들의 노력으로 가능했다. 이들이 자료 수집에 노력을 기하여 주면서 책으로 만들어야겠다는 집필 의욕이 불붙기 시작했던 것이다.

그러나 이러한 조건들이 책 만들기에 토대는 되었으나 이 책이 사료로서 햇빛을 볼 수 있을 것이란 희망을 가질 수 없었다. 나는 여러 가지 근심과 걱정 중에 생각하기를 첫째 이 원고들을 책으로 출판하려면 진짜 한국말 원고로 만들어야 할 것이며, 그 다음에는 출판 비용이 있어야 할 것이었다. 그러한 조건에 부합하지 못하고 있던 나에게 귀인이 나타났으니 앞서 말한 '사람에게는 반드시 귀인이 있는 법'이 틀린 소리가 아닌 듯 하다.

이번에 나에게 큰 귀인이 되어 준 사람은 이연길 선생이다. 이연길 선생은 한국의 '북한민주화촉진협의회' 회장이다. 그는 6·25 전쟁 전에 함경남도 원산시에 거주하면서 북한의 정치 제도가 마음에 들지않아 학생운동에 참가하면서 원산시 내무서에 불을 지르고 동향의 몇 친구들과 함께 38선을 넘어 남한으로 의거하였던 인물로 반공에 투철한 사명을 가진 사람이다.

이연길 선생에 대한 역사는 몇 줄의 글로서 다 표현하기 어려울 정도이다. 이연길 선생은 북한 민주화의 길을 달리면서 전체 한인 민주인사들을 결속하는 사업을 강화하는 한편 '조국평화통일 구국전선' 상임의장인 박갑동 선생과 보조를 맞추면서 '북한 민주화 촉진 워싱턴대회와 서울대회, 동경대회' 등을 지속적으로 성과있도록 진행하였던 뛰어난 사람이다.

이 책은 원고를 직접 쓴 나의 노력보다 이연길 선생의 노력이 더 컸다는 것을 강조하면서 이 책으로 인해 민족 역사에 어떠한 효능성이 있다면 그 모든 결과를 이연길 선생에게 드리는 바이다.

　이 책을 읽은 여러 선생님들에게 부탁드리는바 어떤 비판적 의견이나 의문이 생기면 전화 혹은 편지로 나에게 연락을 주면 대단히 고맙게 생각하며 성실히 답변해 드릴 것을 약속한다.

2006년 5월

장 학 봉

◦ **장학봉**

1917년 러시아 하바롭스크에서 태어났다. 1937년 우즈베키스탄 타슈켄트로 강제이주되었다. 1940년 중앙아시아 국립종합대학 역사학부에 입학했다. 1945년 소련 제25군단 소속으로 평양에 입성했다. 소련군 사령부 통역으로 토지개혁, 산업국유화사업에 참여했다. 6·25전쟁때는 인민군 정치부 지도원, 인천해안방어여단 정치부장으로 참전했다. 1953년부터 김책정치사관학교 교장, 항공사령부 군사위원 등을 역임했다. 1958년 7월 14일 타슈겐트로 귀환했다.

◦ 편집 및 감수 **이신철**

성균관대학교 사학과 및 동대학원 졸업(문학박사).
현재 성균관대학교 동아시아학술원 연구교수.
대표논저: 『북의 통일 정책과 월·납북인의 통일운동(1945~1961년)』
　　　　　『사진과 그림으로 보는 북한 현대사』(공저)

북조선을 만든 고려인 이야기

초판 인쇄 • 2006년 6월 20일
초판 발행 • 2006년 6월 30일

편　　자 • 장학봉 외
기　　획 • 우즈베키스탄 고려인유가족후원회
후　　원 • 북한민주화협의회
펴 낸 이 • 한정희
펴 낸 곳 • 경인문화사
편　　집 • 권성순
주　　소 • 서울시 마포구 마포동 324-3
전　　화 • 02)718-4831~2
팩　　스 • 02)703-9711
등　　록 • 제10-18호(1973.11.8)
이 메 일 • kyunginp@chol.com
홈페이지 • 한국학서적.kr / www.kyunginp.co.kr

ISBN • 89-499-0417-9 03910

값 • 35,000원